Zu diesem Buch

«Insgesamt ein flüssiger und gut lesbarer Text. Das liegt vor allem daran, daß die durch höhere Aufgaben und Zielsetzungen verschüttete journalistische Begabung Kochs glücklicherweise immer wieder zum Durchbruch kommt. Journalistische Begabungen seines Schlages gibt es nicht allzu viele in der Öde des bundesrepublikanischen Journalismus. Da, wo das Buch reine Reportage ist, fördert es wahre Kleinode detailgenauer Beobachtungsgabe zutage. Dazu gehören etwa die Rekonstruktionen des Arbeitsablaufs (man glaubt den ‹Alten› förmlich vor sich zu sehen, wie er morgens die drei Uhren in seinem Büro kontrolliert, aufzieht und die Zeiger nachstellt) oder die im Gegensatz zu seinen geordneten Arbeits- und Wohnstätten stehende heruntergekommene Prachtvilla Collina in Cadenabbia, in der er in seinen letzten Jahren Urlaube verbrachte. Eindrucksvoll ist auch die Sterbeszene, da der 91jährige in seinen Fieberphantasien meint, auf einer Reise nach Straßburg zu sein, bei der ihm Schnee und Eis ins Gesicht schlagen, und bei der sein Sohn, Monsignore Paul, ihm das Credo und Sanctus aus der Lateinischen Messe vorsingt» (Klaus Dreher, «Süddeutsche Zeitung»).

Peter Koch, geboren 1938, war von 1960 bis 1971 politischer Korrespondent in Bonn, zunächst für die «Süddeutsche Zeitung», dann für den «Spiegel», später für den «Stern». Aus dieser Zeit rührt die persönliche Kenntnis Adenauers, den der Autor auf seiner letzten Auslandsreise begleitete. Anschließend führte er mit ihm eines der letzten Zeitschrifteninterviews (für den «Spiegel»). Peter Koch schrieb mehrere Bücher, u. a. «S. O. S. – Freiheit in Deutschland», «Wahnsinn Rüstung» und «Die Erfindungen des Dr. Konrad Adenauer» (Wunderlich Verlag, 1986).

Peter Koch

Konrad Adenauer

Eine politische Biographie

Wissenschaftliche Mitarbeit
Klaus Körner

rororo
Rowohlt

Redaktion Ingke Brodersen
Umschlaggestaltung Wolfgang Kenkel
(Foto: dpa)

Veröffentlicht im Rowohlt Taschenbuch Verlag GmbH,
Reinbek bei Hamburg, November 1988

Gesamtherstellung Clausen & Bosse, Leck
Printed in Germany
1480-ISBN 3 499 12395 9

Inhalt

Vorwort

Ob er denn, fragte Konrad Adenauer, den Brief abschicken solle. Wir waren zum Interview verabredet, im Februar 1967. Konrad Adenauer hatte seine Spanien-Reise hinter sich und fand seine Warnungen vor dem Atomwaffensperrvertrag nicht «angemessen» wiedergegeben. Ich: Natürlich solle er seine Beschwerde abschicken. So kam es dann, daß beim *Spiegel*, für den ich damals in Bonn arbeitete, zwei Adenauer-Beiträge eingingen. Zum einen die Ermahnung «... entweder überhaupt nichts mehr über mich zu schreiben oder aber in einer der Sache angemessenen Weise». Zum anderen ein Interview, es wurde eines seiner letzten. Darin nannte er den Sperrvertrag einen «Morgenthau-Plan im Quadrat».

Bis zuletzt war es eine der Hauptsorgen Adenauers, die Bundesrepublik könne wieder in die Rolle einer zweitklassigen Macht gestoßen werden, nachdem er dem westdeutschen Nachkriegsstaat die Souveränität zurückerobert hatte.

Er tat es mit Zähigkeit, List und kluger Selbstbeschränkung auf erreichbare Ziele. Zu seinen Lebzeiten hatte Adenauer sich mit dem Vorwurf auseinanderzusetzen diese Beschränkung auf das westliche Teildeutschland nicht nur hingenommen, sondern betrieben zu haben. Böswillige Unterstellungen – «Separatist» – verbanden sich da mit dem ohnmächtigen Zorn, an der Spitze des Staates einen Mann zu haben, der mit einfachem Denken und dazu noch einer einfachen Sprache ein Staatsmann wurde. Viele, die damals Adenauer attackierten, er würde zugunsten eines katholischen Kleineuropa die Einheit Deutschlands bewußt aufopfern, wollten nicht für bare Münze nehmen, was er doch nie verheimlichte: daß es ihm darum ging, zuerst den Teil Deutschlands diesseits der Elbe in das Lager der westlichen Allianz einzubinden und damit aus der Rolle des besiegten und besetzten Landes herauszuführen, ehe er sich Gedanken über eine Wiedervereinigung machen wollte. Für die Vereinigung mit dem östlichen Teil Deutschlands, der dem Kölner seit seinen frühen Politikertagen unsympathisch war, wollte er auf keinen Fall die Westbindung aufgeben.

Aus heutiger Sicht ist es fraglicher denn je geworden, ob ein bißchen mehr an Phantasie und Intellekt bei einem deutschen Nachkriegskanzler ausgereicht hätten, der Entwicklung Deutschlands eine andere Richtung zu geben. Willy Brandt gestand im Frühjahr 1984 in einem Interview, sein Rücktritt als Bundeskanzler zehn Jahre zuvor liege auch begründet in der Erkenntnis, daß seine Entspannungspolitik durch Entwicklungen in Washington und Moskau «ganz rasch wieder umkippte». Beide Supermächte wollten keine völlige Neuordnung in Europa. Auch die europäischen Nachbarstaaten sind bei allen Freundschaftsbekundungen gegenüber Bonn eher am Status quo interessiert. Der italienische Christdemokrat Andreotti sprach es offen aus, als er das Streben nach Wiedervereinigung als «Pangermanismus» abqualifizierte.

Adenauer sah die begrenzten Möglichkeiten eines westdeutschen Staates sehr viel realistischer als viele seiner Zeitgenossen. Mit Rücksicht auf das Wählervolk, das ihm die Mehrheit erhalten sollte, machte er allerdings taktische Konzessionen, als er – ohne sich im einzelnen festzulegen – nicht nur von der Wiedervereinigung, sondern gar von der Rückkehr nach Königsberg sprach. Kritikern entgegnete er kühl: «Was glauben Sie wohl, was mit Illusionen schon für Politik gemacht worden ist!»

Als junger politischer Journalist erlebte ich Konrad Adenauer von 1960 bis zu seinem Tod. Mit einem idealistischen Bild vom Funktionieren einer Demokratie vor Augen sah ich es damals als meine Aufgabe, Illusionen zu zerstören sowie Mißstände und Intrigen anzuprangern, die für mich die Erzübel des Adenauer-Staates waren. Die sieben Jahre, die ich von der Ära Adenauer noch miterlebte, hätten nicht ausgereicht, heute ein Bild dieses Mannes zu zeichnen. Dafür war ich damals auch zu sehr befangen in der allgemein herrschenden Stimmung der sechziger Jahre, die mit Adenauer nichts mehr zu tun haben wollte und auf einen liberalen Neubeginn hoffte. Doch die Faszination, die von diesem Mann ausging, wurde für mich mit zeitlichem Abstand immer größer.

Inzwischen hat sich das Adenauer-Bild gewandelt. Die Adenauer-

Forschung hat viele Details erarbeitet. Zahlreiche Wissenschaftler, die Zugang zu gesperrten Materialien erhielten, haben Bücher und Aufsätze veröffentlicht. Zeit- und Weggenossen haben ihre Memoiren geschrieben und diesen Seiten anvertraut, was sie damals nicht sagen wollten oder durften. Was es bislang nicht gibt, ist eine populäre Aufbereitung dieses umfangreichen Materials. Für mich wurde das Thema zur Herausforderung. Die 40. Jahrestage – angefangen mit dem Datum des Kriegsendes – mehren sich. Sie sind Jubiläen eigener Art geworden. Eine ganze Generation ist nachgewachsen, die wissen will, wie dieser Staat entstanden ist. Auf der anderen Seite gibt es noch Zeitzeugen. So liegt das Schwergewicht des Buches auch auf dem Nachkriegspolitiker Adenauer. Doch als dieser Mann sich an die Aufbauarbeit machte, stand er bereits im 70. Lebensjahr. Das aber heißt: seine Lebensgeschichte, die ihn persönlich und politisch prägte, durfte nicht vernachlässigt werden. Sie nimmt ein Drittel des Buches ein. Es wäre eine Nivellierung dieses Mannes, wenn dabei die problematischen Verhaltensweisen Adenauers zugunsten des lichten Bildes vom großen Staatsgründer verschwiegen würden.

Dieses Buch wäre nicht möglich gewesen ohne Unterstützung vieler, die Konrad Adenauer erlebten oder erlitten. Klaus Körner, der die wissenschaftliche Aufbereitung des Materials vornahm, und ich haben zahlreiche Gespräche geführt mit der «alten Garde» der Bonner Politiker, mit Persönlichkeiten, die Adenauer im Widerstand erlebten, und mit jenen, die den Privatmann Adenauer kannten. Unser Dank gilt der Familie Adenauer: Dr. Konrad Adenauer, Konrad Adenauer, Dr. Max Adenauer, Paul Adenauer, Frau Ria Reiners, Petra Adenauer. Wir danken Dr. Anneliese Poppinga, Adenauers langjähriger Sekretärin, heute Geschäftsführerin der Stiftung Bundeskanzler-Adenauer-Haus. Dr. Heinrich Krone und Dr. Ludger Westrick, beide neunzig Jahre alt, nahmen die Mühe auf sich, mit uns lange Gespräche zu führen. Wir danken ihnen ebenso wie Bundeskanzler Kurt Georg Kiesinger, den Ministern Hermann Höcherl, Dr. Bruno Heck, Hans Katzer, den ehemaligen Bundestagspräsidenten Dr. Eugen Gerstenmaier und Dr. Rainer Barzel, dem Ex-Abgeordneten Dr. Gerd Bucerius. Dr. Paul Franken gab uns wertvolle Informationen. Dr. Joseph Vollmar und Staatssekretär Franz Thedieck, ebenfalls Zeitzeugen aus dem Widerstand, gilt unser Dank. Die Konrad-Adenauer-Stiftung mit Dr. Klaus Gotto half. Wir bedanken uns bei ihm, wie bei den Staatssekretären Karl-Günther von Hase und Dr. Lothar Ruehl, dem Botschafter Rüdiger von Wechmar, Dr. Heinrich Böx und Gerd Schmückle. Die Journalisten-Kollegen Rudolf Augstein, Franz Hange, Walter Henkels, Henri Nannen, Jess Lukomski und Dr. Max Schulze-Vorberg waren Helfer, denen wir zu Dank verpflichtet sind. Den Zeitzeugen Dr. Karl Hohmann, Dr. Horst Osterheld, Egon Bahr, Professor Kurt Biedenkopf, Professor Gilbert Ziebura, Dr. Eduard Ackermann ein Dankeschön. Und an alle die Bitte um Nachsicht, falls mein hier gezeichneter Adenauer nicht immer den eigenen Vorstellungen entspricht. Bruno Heck sagte es mir: «Im Grunde hat jeder sein Adenauer-Bild.»

«Der Umgang mit den Menschen hat mich hart gemacht»

Aufstieg und Abstieg

Der Rückzug in die private Welt

Der Erfinder

«Verfahren und Einrichtung zur Verhütung der Verunreinigung der Luft durch die Abgase, den Ruß usw. der Feuerstellen» – mit zwei Fingern sucht sich der Mann auf der steilen Tastatur seiner Adler-Schreibmaschine die Buchstaben zusammen. Seit einer Tb-Erkrankung in früher Kindheit sind seine oberen Atemwege anfällig. Nun sinnt er auf Abhilfe gegen die Luftverschmutzung und meldet ein Verfahren zum Patent an, «dadurch gekennzeichnet, daß die Feuerstellen keinen Abzug in die Luft erhalten, sondern an die Schwemmkanalisation angeschlossen werden, und daß die Abgase dann durch diese mittels Ventilatoren abgesaugt und unschädlich gemacht werden».

Vor der Niederschrift hat er sich von der Firma Schlittor & Co., Industrielle Handelsgesellschaft in Köln, Hohenzollernring 50, fachkundig beraten lassen und erfahren, daß bei der Verbrennung von einem Kilo Briketts 10,75 Kubikmeter Abgase frei werden und daß diese Abgase mit einer mittleren Temperatur von etwa 150 Grad Celsius in den Kamin gehen. Vorsorglich fügt er seiner Schrift noch einen Absatz an: «Falls man die Temperatur der Gase, bevor sie in das Kanalnetz gelangen, herabsetzen will, kann man das auf doppelte Weise erreichen: Man kann in das Verbindungsstück zwischen Schornstein und Kanal durch dort anzubringende Öffnungen Luft von normaler Temperatur einströmen lassen, die sich dann mit den Abgasen mischt und dabei deren Temperatur heruntersetzt, oder man kann das Verbindungsstück aus einem Material und in einer solchen Form herstellen, daß eine erhebliche Abgabe von Wärme an die das Verbindungsstück umgebende Luft stattfindet. Man kann auch beide Maßnahmen miteinander verbinden. Durch diese Abkühlung der Abgase wird gleichzeitig eine Verringerung ihres Volumens bewirkt.»

Er adressiert das Schreiben an das Reichspatentamt in Berlin SW 61, Gitschiner Straße 97–103. Die eigene Anschrift tippt er auf die Rückseite des Briefumschlags: Dr. Konrad Adenauer, Rhöndorf bei Honnef am Rhein. Nach telefonischer Rücksprache notiert er wenige Tage später auf die Kopie seines Schreibens das Aktenzeichen «A 80913 V/241» und «Eingeg. beim PA am 29. 10. 36.»

Als Krimileser – Lieblingsschriftstellerin Agatha Christie – weiß Konrad Adenauer vom undurchsichtigen Londoner Smog. Deshalb läßt er über einen Bekannten beim «New Commonwealth Institute» in London eine Übersetzung anfertigen und einen Patentantrag auch beim Britischen Patentamt stellen.

Unangemeldete Besucher werden vom Hausmädchen zurückgewiesen: «Von fünf bis sechs Uhr erfindet der Herr Oberbürgermeister, da darf man ihn nicht stören.»

Der Titel «Oberbürgermeister» erinnert wie ein vergessenes Namensschild an einem längst geräumten Haus an den Glanz vergangener Zeiten. Im März 1933 ist Konrad Adenauer von den Nazis aus dem Amt vertrieben worden. 16 Jahre lang hatte er im mittelalterlichen Prachtbau des Kölner Rathauses residiert. Gustav Stresemann, Außenminister und zeitweilig Kanzler der Weimarer Republik, zählte ihn zu den «heimlichen Königen der Gegenwart».

Seit seinem Amtsantritt im Kriegsjahr 1917 hatte Adenauer seinen Ehrgeiz darangesetzt, aus der von Preußen vernachlässigten Provinz-Metropole die heimliche Hauptstadt Deutschlands zu machen. Er wollte dem östlich der Elbe gelegenen Berlin die Stadt Köln als westlichen Schwerpunkt entgegensetzen – eine «Völkerbrücke», im Ausgleich «zwischen den so unendlich verschiedenen Kulturen von Preußen und Frankreich», wie es sein Freund Benedikt Schmittmann, Professor an der Kölner Universität, ausdrückte. Adenauer orientierte sich damit an einer vom Zentrum vorgegebenen Verständigungspolitik, die Deutschland wieder «nach Europa hineinführen» sollte.

Mit der ungebremsten Bauwut eines barocken Kirchenfürsten hatte er immer neue, gigantischere Projekte angepackt, zum Nutzen der Stadt Köln, zum Frommen der eigenen Reputation. Er betrieb die Neugründung der Kölner Universität von 1388 (die alte war von den französischen Militärbehörden 1798 geschlossen worden, weil ihre Professoren sich weigerten, einen Treueeid auf die Französische Republik zu schwören) und warb im zögernden Berlin für die projektierte Hochschule als geistiges Widerstandszentrum gegen die annexionslüsternen Franzosen. Er ließ die alten Festungen schleifen, baute auf ihren Trümmern und dem vor ihnen als Schußfeld liegenden Ödland den Kölner Stadtwald auf. Erweiterung des Kölner Rheinhafens, Industrieansiedlung, die Ford-Werke, die Gründung einer Kölner Messe, ein Museum der Rheinischen Geistesgeschichte, Siedlungs- und Brückenbau – das waren die Bausteine eines monumentalen Denkmals des Oberbürgermeisters Konrad Adenauer. Er, der selber nie aktiver Sportler war und im Abiturzeugnis die Note «genügend» bekommen hatte, ließ Sportplätze und Stadien anlegen, aus einer dem Zeitgeist entsprechenden Überzeugung: «Der Sport ist der Arzt am Krankenbett des deutschen Volkes.»

«Großprotz von Köln» schrien die Nazis ihm hinterher, als sie ihn im März 1933 aus dem Amt vertrieben. «Bis zum Herbst», so prophezeite er seinem Sohn Max, «ist der ganze Spuk vorüber.» Als der Herbst kam und die Nazis ihre Herrschaft gefestigt hatten, führte er ein Gespräch mit seinem Zentrums-Kollegen Rudolf Amelunxen. Zwei Jahre, so schätzte Amelunxen, könne die Nazi-Herrschaft noch dauern. Adenauer antwortete: «Zwei Jahre! Um Gottes willen! Dann bin ich ja zu alt, um wieder einsteigen zu können!»

Adenauer hatte sich zurückgezogen in seine private Welt. Er unternahm keinen Versuch, eine neue Erwerbstätigkeit zu finden, im Unterschied zu anderen verfemten Politikern, wie etwa dem Zentrums-Mann Heinrich Krone, der als Vertreter für Kurzwaren reiste, oder dem Sozialdemokraten Otto Grotewohl, der Heißluftherde Marke «Heibacko» anpries. Für Adenauer wurde nun das zur wichtigsten Beschäftigung, was er früher als Hobby betrieben hatte. Er dachte nach über Verbesserungen, die das Leben erleichtern und verschönern könnten, skurrile wie praktische: eine Blendschutzbrille, das innenbeleuchtete Stopfei, für das er beim Reichspatentamt am 15. April 1938 Gebrauchsmusterschutz beantragte, eine «Vorrichtung zur Verhinderung der Entstehung von Zugluft im mit geöffneten Fenstern fahrenden Autos». Die Firma Wilhelm Suppe, Pinsel- und Bürstenfabrik in Köln-Klettenberg, erstellte ihm für 12,50 Reichsmark eine nach seinen Angaben gefertigte Spezialbürste, die, mit stromführenden Drähten versehen und an einen Gartenschlauch angeschlossen, gegen Pflanzenschädlinge eingesetzt werden sollte.

Enttäuschungen häuften sich für Adenauer in einer abstrusen Abfolge. Verbittert registrierte er, daß England im Flottenabkommen von 1935 Hitler den Aufbau einer starken Marine zugestand. Als Skandal empfand er, daß die Völker der Welt den Nazis 1936 bei den Olympischen Spielen in Berlin ihre Aufwartung machen. Im Mai 1937 erreichte ihn das Schreiben des «New Commonwealth Institute» mit der Abschrift der «leider negativen» Antwort der zuständigen britischen Patentbehörden auf sein Anti-Smog-Projekt. Im September 1938 kapitulierte der britische Premierminister Chamberlain vor Hitlers Anspruch auf das Sudetenland – die Konferenz fand fast in Sichtweite von Adenauers Rhöndorfer Haus drüben auf der anderen Rheinseite im Godesberger Rheinhotel Dreesen statt. Im selben Jahr teilte das Reichspatentamt Adenauer mit, sein Anti-Smog-Projekt werde nach Paragraph 29 des Patentgesetzes zurückgewiesen.

Daß ihm das Reichspatentamt nahezu postwendend immer wieder abschlägige Bescheide schickte, konnte Konrad Adenauer in seinem Tatendrang nicht stoppen. Aus Erfahrung wußte er um die Ignoranz der deutschen Erfindungs-Gutachter. Hatten sie ihm doch schon während der Hungerjahre des Ersten Weltkriegs das Patent auf eine Ersatzwurst aus Sojamehl verweigert, während gleichzeitig – inmitten der Kriegswirren – die Patentämter in Wien und Budapest, Brüssel und London ihm auf reich verzierten Urkunden die Schutzwürdigkeit seiner Extrawurst bestätigten.

Über Jahrzehnte verfolgte er, oder verfolgte ihn, die Idee einer auf dem Rückstoßprinzip basierenden «Reaktions-Dampfmaschine». 1907 hatte er sie zum Patent angemeldet, das noch im selben Jahr erstmals abgeschmettert wurde. Als über ein halbes Jahrhundert später die Amerikaner ihre Rakete zum Mond schickten, verriet der Bundeskanzler Konrad Adenauer seiner Sekretärin Anneliese Poppinga: «Eigentlich habe ich das Raketenprinzip erfunden, aber die Leute im Reichspatentamt waren zu dumm, das zu verstehen.» Mangel an Selbstvertrauen hat Adenauer nie gekannt.

Gegenüber seinem ersten Biographen Paul Weymar hat Adenauer einmal von seinen «drei Leben» gesprochen. Er nahm dabei eine merkwürdige Zeiteinteilung vor: «Das erste reicht bis 1917, das zweite umfaßt die Zeit als Oberbürgermeister in Köln, und das dritte, nun, das begann nach dem Zusammenbruch ...» Die Jahre von 1933 bis 1945 hat er nicht gezählt.

Er habe sich entschlossen, sagte er 1933 beim Weggang aus dem Kölner Rathaus, niemals mehr einen Menschen zuerst zu grüßen; er wisse nicht, ob sein Gruß willkommen sei. Und: «Es ist wirklich schwer, die Menschen zu kennen und sie nicht zu verachten.» In Nazi-Haft vertraute er einem Leidensgefährten, dem Kommunisten Zander, im Dämmerlicht der Kammer eines Abends an: «Wissen Sie, Eugen, ich bin ursprünglich weich und empfindsam gewesen, aber der Umgang mit den Menschen hat mich hart gemacht.»

Karriere in Köln

Der Aufsteiger

Elternhaus und Kirche, Schule und Universität gelten gemeinhin als die prägenden Elemente im Leben eines Menschen. Aber gilt das auch für jemanden, dessen Lebensspanne von 91 Jahren einen Zeitraum erfaßt, den man in drei Generationen unterteilt? Dessen Erlebnisspanne aber eher noch größer war: Kaiserreich und Revolution, zwei Demokratien, Diktatur, zwei Weltkriege und zweimal unter fremder Besatzung. Der deutsche Kommunist Wilhelm Pieck wurde zwei Tage vor Adenauer geboren, Josef Stalin vier Jahre nach ihm – er überlebte beide.

Zu Hause brannten noch Petroleumlampen, vom nahen Neumarkt zogen Pferde die Omnibusse zum Domplatz – der Mondschuß der Amerikaner stand am Ende dieses Lebens. Konrad Adenauer erreichten die Nachrichten von der Jagd auf «Jack the Ripper», von dem Start des ersten Zeppelins, dem Untergang der Titanic, der Ermordung des Lindbergh-Babys, dem Thronverzicht des britischen Königs Edward VIII., der Erstbesteigung des Mount Everest. Die Höhepunkte deutscher Kultur erfuhr er in der Mitte seines Lebens, ohne allzuviel damit anfangen zu können: Arnold Schönbergs musikalische Revolution des Zwölftonsystems, Alban Bergs Oper «Wozzeck», den Expressionismus, mit Thomas Mann den letzten großen deutschen Romanautor.

«Alles schien gefestigt zu sein auf dieser Erde», erinnerte sich Adenauer an die Zeit vor der Jahrhundertwende und wunderte sich im hohen Alter über die gewaltigen Veränderungen, die er erlebte: «Was für Sprünge!»

Wo ein Leben zur Zeitgeschichte wird, können sich die Prägungen nicht auf das Elternhaus, die Jahre des Heranwachsens beschränken. Die Preußen-Begeisterung seines Vaters, der ihm 1894 eine Fotografie des Reichsgründers Otto von Bismarck mit Unterschrift und der Widmung «Dem jungen Herrn Konrad Adenauer» verschaffte, hat er nie übernommen, genausowenig wie dessen Hang zum Soldatentum. Der Sohn eines Justizbeamten, der auf dem altphilologischen Kölner Apostelgymnasium Latein und Griechisch paukte, ließ sich von der Technikbegeisterung seiner Zeit anstecken und skizzierte eine Vorrichtung, «welche das Überfahrenwerden durch Straßenbahnwagen absolut sicher verhindert», oder zeichnete auf einem Notizblock seines Oberbürgermeister-Schreibtischs das Prinzip einer von ihm ersonnenen «Luftfederung für Kraftfahrzeuge».

Der Vater hatte ihm als Lebensregel «sehr einfache Grundsätze» mit auf den Weg gegeben, die Konrad Adenauer aufzählte: «Neben der Frömmigkeit waren es Pflichtgefühl, Redlichkeit, Fleiß und jener sachliche Ehrgeiz, der bestrebt ist, jede Aufgabe unter Anspannung aller Kräfte zu lösen.» Wenn er etwas verinnerlicht hatte, dann die Philosophie des Kleinbürgertums, daß jeder für sich durch harte Arbeit den sozialen Aufstieg schaffen kann.

Die Eltern hatten sich aus dem Milieu der Bauern, Bäcker, Militärmusiker gelöst. Dem Vater war der Aufstieg vom ungelernten Landarbeiter zum Kanzleirat über das Militär gelungen. Mit 18 Jahren meldete er sich freiwillig beim preußischen Heer. Als die Preußen im Sommer 1866 gegen die Österreicher ins Feld zogen, war der gemeine Infanterist Johann Conrad Adenauer bereits zum Feldwebel befördert. In der Schlacht von Königgrätz wurde er nach dem Sturm auf das Dorf Probluz – in der späten Erzählung seines Sohnes Konrad Adenauer – «unter einem Haufen von Toten und Verwundeten gefunden. In der

Hand hielt er eine erbeutete österreichische Fahne.» Johann Conrad Adenauer wurde zum Seconde Lieutenant befördert, aus dem Unteroffiziersstand also wegen Tapferkeit vor dem Feind in den Offiziersstand gehoben. Als es 1870 gegen Frankreich ging, mußte der Invalide Johann Conrad Adenauer nicht mehr in vorderster Front mitmarschieren, sondern tat als Oeconomie-Offizier in der Etappe Dienst. Nach diesem Krieg, der mit der Proklamation des Deutschen Kaiserreichs im Spiegelsaal von Versailles endete, heiratete der Leutnant Adenauer, jetzt 38 Jahre alt, die 22jährige Helene Scharfenberg, Tochter eines früheren Militär-Oboisten, der inzwischen bei einer Kölner Bank als Assistent arbeitete. Nach preußischem Reglement hätte der künftige Schwiegervater eine Kaution hinterlegen müssen, als Garantie für ein standesgemäßes Leben des jungen Paares. Weil dieses Geld fehlte, quittierte Johann Conrad Adenauer den Militärdienst. Mit dem «Civilversorgungsschein» erhielt er das Anrecht, «königlicher Beamter» zu werden. Er wurde zunächst Gerichtssekretär in Kleve, brachte es dann zum Obersten Sekretär des Kölner Appellationsgerichtshofs. «Wenn man seine Pflicht erfüllt, ist man glücklich», belehrte er seine Kinder. Als Kanzleirat hatte er die höchste Stufe der mittleren Beamtenlaufbahn erreicht. Mit seinem Einkommen konnte er in der Kölner Balduinstraße ein dreistöckiges, aber kaum sechs Meter breites Haus kaufen. Am 6. Januar 1876 erschien Johann Conrad Adenauer – «der Persönlichkeit nach bekannt» – im Kölner Standesamt, um anzuzeigen, daß tags zuvor, am 5. Januar «des Jahres tausend acht hundert siebenzig und sechs, vormittags um halb vier ein Kind männlichen Geschlechts geboren worden sei, welches die Vornamen Conrad Hermann Joseph erhalten habe» – so die Geburtsurkunde für Konrad Adenauer, wie er bald geschrieben und gerufen wurde. Er war nach August und Johannes (Hans) der dritte Sohn; zwei Töchter folgten noch: Emilie (Lilli) und Elisabeth, die allerdings – Konrad erlebte es als Sechsjähriger – nach wenigen Monaten starb.

Ein Teil des ersten Stockwerks und die zweite Etage wurden vermietet, die Mutter nähte Wachstuchschürzen zur Aufbesserung des Einkommens. «So schliefen wir drei Jungen alle in einem Zimmer, und bis zu meinem 17. Lebensjahr mußte ich mit einem meiner Brüder das Bett teilen», diktierte Konrad Adenauer 1953 seinem Biographen Paul Weymar in den Notizblock. Adenauer wußte um die Werbewirksamkeit von Anekdoten. Sein Sohn Konrad hat erhebliche Zweifel an der Richtigkeit dieser Adenauer-Legende. Er erinnert sich, daß sich Lilli, die Schwester seines berühmten Vaters, immer wieder über diese Bettgeschichte geärgert habe: «Das muß sehr übertrieben gewesen sein.»

Dennoch: es ging nicht üppig zu im Hause Adenauer. Alle vier Kinder besuchten die höhere Schule, schon das erforderte Sparsamkeit. Als einer der Untermieter der Familie Adenauer als Dank für aufopfernde Pflege 30000 Mark hinterließ, schien sich zum erstenmal deren Lebenssituation zu entspannen. Doch die Aktien, in die das Geld angelegt war, verloren in den Wirren der Gründerjahre ihren Wert. Selbst als der Vater das Haus in der Balduinstraße verkaufte, die Familie ein paar hundert Meter weiter in einer Mietwohnung in der Schaafenstraße einquartierte, blieb das Geld knapp. Es langte nicht mehr, daß auch Sohn Konrad wie seine beiden Brüder hätte studieren können. Auf Vorschlag des Vaters – eher: auf Bitten – begann der achtzehnjährige Konrad Adenauer eine Banklehre. Zu seinen Aufgaben gehörte es, in der Frühstückspause den Angestellten den Kaffee auszuschenken.

In einem Brief an eine Kölner Zeitung fragte der junge, von seiner Tätigkeit enttäuschte Banklehrling an, wie lange es wohl dauern könne, bis man sich im Bankfach zu einer führenden Stellung emporgearbeitet habe. «Die Auskunft klang nicht ermutigend», erinnerte er sich noch im Alter. Dem Vater gelang es schließlich, aus einem Stipendienfonds für begabte Kölner Bürgersöhne eine Unterstützung zu erhalten, obgleich der Abiturient Konrad Adenauer nur im Singen eine «Eins» hatte. Die Banklehre blieb eine zweiwöchige Episode, der Weg an die Universität war jetzt auch für Sohn Konrad frei. Er entschied sich für das juristische Studium, eine Ausbildung, die ihm die meisten beruflichen Optionen freiließ.

Das Studium absolvierte er wie einen akademischen Drill. Mit den Füßen in einer Schüssel voll kaltem Wasser büffelte er sich in sechs Semestern durch sein Pensum. Die Stationen: Freiburg, München und Bonn. Leidenschaften wurden unterdrückt oder waren nicht vorhanden, weder körperliche, geistige noch seelische. Ein Kommilitone erinnert sich an den jungen Studenten Adenauer: «Er machte immer den Eindruck, als ob er durch eine unsichtbare Isolierschicht von den anderen getrennt lebte.»

Vom Militärdienst wurde Adenauer wegen Flachbrüstigkeit und schwacher Lunge zurückgestellt. Schon als Kind hatte er gekränkelt, sechs Wochen in Gips liegen und anschließend ein Jahr mit Stahlschienen herumlaufen müssen. Noch der Achtundzwanzigjährige wurde von einer Lebensversicherung wegen seines schlechten Gesundheitszustandes zurückgewiesen. Mit 38 Jahren litt er an Thrombose, erschreckte seine Kinder mit Schauergeschichten: «Wenn der Blutpfropfen in meinem Bein in Bewegung kommt, falle ich tot um.» Bis zum 40. Lebensjahr plagte ihn Zuckerkrankheit.

Als Referendar am Kölner Landgericht konnte er mit einer Ausarbeitung über die «widerrechtliche Nutzung eines der Stadt Köln gehörenden Luftraumes» einen guten Eindruck machen. Die Stadt gewann damit ihre Klage gegen einen Bauherrn, der in der Hohen Straße einen Erker an sein Haus gebaut hatte.

Beim Assessor-Examen in Preußens Hauptstadt Berlin brachte es Adenauer nur zu einem «ausreichend». Der Abschluß langte nicht, um die Richterlaufbahn einzuschlagen. Dafür hätte er ein «gut» als Examensnote herausholen müssen. Adenauer verdingte sich als Assistent bei der Staatsanwaltschaft.

Zwei Jahre später, 1903, bot sich ihm die Chance, den ungeliebten Dienst zu quittieren. Er erhielt eine Stelle im Büro des angesehenen Kölner Rechtsanwalts Hermann Kausen, dem Vorsitzenden der Zentrumsfraktion im Kölner Stadtparlament.

Er vertrat Kausen in zahlreichen Verfahren vor dem Oberlandesgericht. Im Urteil eines Anwaltskollegen über den jungen Juristen Adenauer finden bereits jene Qualitäten Erwähnung, an denen man später auch noch den Politiker Adenauer erkennen wird: «Zwar war er kein Anwalt, der durch Brillanz der Rede besonders geglänzt hätte. Dafür besaß er aber eine ungeheuer eindringliche Art, durch nüchtern vorgetragene, sachliche Argumente zu überzeugen. Seine Beredsamkeit wirkte auf die Richter wie ein Landregen, der sanft und stetig alle gegnerischen Einwände aufweicht.»

Zwei Jahre später quittierte Adenauer diese karrieresichere Position in der Nähe des politisch einflußreichen Justizrats Kausen und entschied sich fürs alternative Leben. Im Frühjahr 1902 hatte er sich mit Emma Weyer verlobt. Sie stammte aus einer der ältesten Kölner Familien, durch die Mutter verwandt mit den Wallrafs, ebenfalls alter Kölner Bürgeradel. Er hatte seine Braut im Kölner Tennisclub «Pudelnaß» kennengelernt, einer Eheanbahnungsstätte für Heiratswillige aus den gehobenen Schichten. Tennisspielen war für den unsportlichen Konrad Adenauer Nebensache. Der scheinbar so knochentrockene Pflichtmensch träumte nun vom Glück im Grünen. Er wollte Notar auf dem Lande werden, «in einer schönen Gegend mit viel guter Luft und mit nicht allzuviel Arbeit».

Die Verbundenheit zur Natur hatte Adenauer im Elternhaus entwickelt. Im kleinen Garten in der Balduinstraße bepflanzte er als Kind zwei Beete und beobachtete jeden Tag das Wachstum der Pflanzen. Gärtnerische Mißerfolge – der junge Adenauer zupfte zu früh Radieschen aus und versuchte sich vergeblich an der Kreuzung von Stiefmütterchen und Geranien zur «Viola tricolor Adenaueriensis» – brachten Belehrungen des Vaters ein, die später Teil der Lebensphilosophie des Kanzlers wurden: «Man muß die Dinge geduldig wachsen lassen»; «Man soll nicht versuchen, dem Herrgott ins Handwerk zu pfuschen.» Als das größte Unglück beim Umzug von der Balduinstraße in die Mietwohnung hatte er den Verlust des Gartens empfunden. Und auch das setzte sich später bei Adenauer in politische Anschauungen um. «Jede Loslösung des Menschen von der Natur führt zur Degeneration», so begründete der Oberbürgermeister den Bau des Grüngürtels und die Anlage von Sportstätten.

Adenauer unternahm eine Erkundungsreise nach Rheinberg, um dort Nachfolger eines verstorbenen Notars zu werden. Als er erfuhr, daß die einzige feste Einnahmequelle des Notariats die schmalen Gebühren waren, die bei der Versteigerung der alljährlich zum Abmähen freigegebenen Gemeindewiesen anfielen, und daß ihm diese Einkünfte der Bürovorsteher des Notariats auch noch streitig machen wollte, reiste er wieder ab. Der verhinderte Aussteiger heiratete 1904 und bezog eine kleine Etagenwohnung im Kölner Stadtteil Lindenthal. Er bewarb sich als Hilfsrichter beim Landgericht Köln. Als ein Kind unterwegs war – Sohn Konrad –, erwachte im werdenden Vater der Ehrgeiz. In Köln war Anfang 1906 die Stelle eines Beigeordneten frei geworden. Hermann Kausen, Adenauers früherer Arbeitgeber, der Chef der Zentrums-Mehrheitsfraktion im Stadtparlament, war der Königsmacher. Er hatte für den Posten einen jungen Amtsrichter aus Sankt Johann an der Saar vorgesehen. Da erschien Konrad Adenauer im

Büro des Justizrats und brachte selbstbewußt seine Bewerbung vor: «Warum nehmen Sie nicht mich? Ich bin bestimmt genauso gut wie der andere.» Am 22. Februar 1906 erschienen die beiden Kandidaten vor einer Kommission, die die personalpolitische Entscheidung vorzubereiten hatte. Am 1. März einigte sich die Kommission auf den einheimischen Bewerber. Am 7. März wurde Konrad Adenauer gewählt. Von 37 gültigen Stimmen erhielt er 35, also elf mehr, als sie das Zentrum besaß. Zum erstenmal erfuhr Konrad Adenauer, was Verbindungen vermögen. Der Kontakt mit Kausen hatte sich ausgezahlt, die Stimmen der Liberalen verdankte er der angeheirateten Verwandtschaft mit den Wallrafs.

Adenauers Karriere als Politiker begann.

Einfache Grundsätze

Der Politiker

Die Domstadt Köln entwickelte sich in dieser Zeit zu einer weltoffenen Handelsmetropole. Das Bürgertum beherrschte die Stadt, im Zentrum hatte es seine maßgebliche politische Organisation. Hier war das Zentrum liberaler und moderner als die Partei in Berlin. Die Vorherrschaft der Bischöfe und der Großgrundbesitzer, die die Berliner Richtung des Parteivorstands prägten, war am Rhein bereits überwunden. Mit der Parole «Heraus aus dem Turm» suchten die Kölner Zentrumspolitiker die Konfessionsgrenzen zu überwinden und sich auch als Sachwalter der aufsteigenden Arbeiterklasse auszuweisen, um deren «Abgleiten zur materialistischen Sozialdemokratie» zu verhindern.

Hier lernte Adenauer die Grundwerte, die zeit seines Lebens seine politische Philosophie ausmachten: Köln als kultureller Mittelpunkt des Westens; die Abneigung gegen Berlin und Preußen; Einsicht in die Notwendigkeit zur Zusammenarbeit mit den Protestanten, um Mehrheiten zu bilden; Aufgeschlossenheit für die sozialen Forderungen der Arbeiter, gekoppelt mit strammem Antisozialismus – in seinen Worten: Antimaterialismus; Zurückweisung des politischen Führungsanspruchs der katholischen Kirche. In einer Polemik gegen konservative Zentrumspolitiker äußerte er 1918, er würde einem Staatsgebilde, «in welchem der Pastor und der Küster herrschen, die sozialistische Republik vorziehen».

Der Beigeordnete Konrad Adenauer, zuständig für Steuern, das Statistische Amt und die Markthallen, probte seinen politischen Stil gleich in ersten Rundschreiben an seine Untergebenen: «Gegen Beamte, welche die Erledigung ihrer Sachen über Gebühr verschleppen, werde ich rücksichtslos vorgehen.» In aufreizender Selbstsicherheit forderte Adenauer – noch kein Jahr war seit seiner Bestallung vergangen – eine Verbesserung seines Gehalts und Gleichstellung mit den höheren Einkommen wesentlich länger gedienter Beigeordneter. «Wenn die Kommune über den Durchschnitt tüchtige Kräfte haben und halten will, muß sie entsprechende Gehälter zahlen.» Zehn Jahre später, bei der Wahl zum Oberbürgermeister, setzte Adenauer das Spiel fort. In zähen Verhandlungen sicherte er sich ein Höchsteinkommen, das nicht nur über dem seines Vorgängers lag, sondern auch die Bezüge des Stadtoberhaupts der Vier-Millionen-Stadt Berlin übertraf und ihm obendrein auch noch die Höchstquote der Pension selbst bei einem vorzeitigen Ausscheiden aus dem Dienst garantierte.

Mit Geduld, taktischem Geschick, dem Ausnutzen persönlicher Beziehungen und massivem Druck auch gegen seine Gönner trieb Adenauer seine persönliche Karriere voran. Der Bruder seiner Schwiegermutter, Max Wallraf («Onkel Max») wurde 1907 Kölner Oberbürgermeister. Mit seiner Hilfe konnte Adenauer den Plan vereiteln, auf ein unbedeutendes Dezernat abgeschoben zu werden, wo er nur noch für Straßenbau und Hochwasserangelegenheiten zuständig gewesen wäre. «Onkel Max» sorgte auch dafür, daß Adenauer 1909 zum Ersten Beigeordneten und damit Stellvertreter des Oberbürgermeisters aufrücken konnte. Er war jetzt sowohl fürs Finanz- als fürs Personaldezernat zuständig. Doch weder Dankesgefühle noch verwandtschaftliche Rücksichtnahme hinderten Adenauer, darauf hinzuarbeiten, daß er auf Wallrafs Stuhl kam.

Im Februar 1916 hatte der Onkel ihn vertraulich eingeweiht, er sei als Staatssekretär im Berliner Innenministerium vorgesehen und habe ohnehin «nicht die Absicht, als Oberbürgermeister von Köln alt zu werden». Auf Adenauer wirkte dies wie ein Startschuß. Ohne den Onkel zu informieren, setzte er sich mit der Fraktion der Liberalen in Verbindung, um seine Wahlchancen zu ergründen. Die Sondierungen fielen positiv aus. Daraufhin suchte Adenauer die Entscheidung. Für das nächste Jahr, 1917, stand die Neuwahl eines Drittels der Stadtverordneten an. Die Zusage der Liberalen, ihn zu unterstützen, war bis zu dieser Wahl limitiert. Außerdem war es nur noch eine Frage der Zeit, daß auch in Köln das preußische Dreiklassenwahlrecht durch das allgemeine und gleiche Wahlrecht ersetzt werden würde, wie es schon seit 1867 für die Reichstagswahlen galt. Dann aber bestand die Gefahr, daß die Sozialdemokraten in die Stadtverordnetenversammlung einziehen und möglicherweise mit den Liberalen einen eigenen Mehrheitskandidaten finden würden. Adenauer forderte von Onkel Wallraf eine bindende Erklärung, daß der noch vor den Kölner Neuwahlen nach Berlin wechsele. Als Druckmittel benutzte er den Hinweis, daß die Stadt Aachen ihm den Posten eines Oberbürgermeisters angeboten habe. Wallraf, der inzwischen von den geheimen Sondierungen Adenauers bei den Liberalen erfahren hatte, schrieb ihm verärgert: «Dein Verzicht auf Aachen durch die Zusicherung zu gewinnen, daß ich in Jahresfrist von meinem jetzigen Posten zurücktrete, ist mir nicht möglich.» Mehr noch: Wallraf tat nun seine Absicht kund, nicht vor 1919 sein Amt niederzulegen. Und er werde sich auch nicht durch Druck davon abbringen lassen, 1919 möglicherweise für eine Wiederwahl zu kandidieren. Nun sollte sich zeigen, wer die stärkeren Nerven hatte. Adenauer lehnte im August 1916 das Angebot der Stadt Aachen ab. Er blieb in Köln. Im darauffolgenden Sommer ging Onkel Max als Staatssekretär nach Berlin.

Der Erste Weltkrieg bescherte einer ganzen Generation das «Fronterlebnis». Adenauer als Nicht-Soldat erlebte dagegen die Nöte der Zivilbevölkerung. Vom Siegestaumel der «Gott mit uns»-Kämpfer ließ er sich nicht mitreißen. Er rechnete von Anfang an mit einem langen Krieg. Das aber bedeutete für ihn, der inzwischen zusätzlich das Ernährungsdezernat übernommen hatte, wie ein umsichtiger Hausvater Vorsorge für seine Stadt zu treffen. Gleich in den ersten Tagen nach Kriegsausbruch ließ er sich von den Stadtverordneten einen Kredit von sechs Millionen Mark bewilligen und hamsterte damit Erbsen, Möhren, Linsen, Salz und Schmalz von den Bauern des Vorgebirges; Fleisch und Wurst aus Holland; Sauerkraut aus Neuss; Schafe, Rinder, Schweine, wo immer er sie bekommen konnte; tonnenweise Heringe, Bohnen und Getreide. Aus Rumänien rollten 50 Doppelwaggons mit Petroleum nach Köln. Die Werkbund-Ausstellung in der Kölner Festhalle wurde geschlossen, damit dort tausend Stück Jungvieh untergebracht werden konnten. Auf gepachteten Weiden in Oldenburg, Gummersbach und in Waldbröl ließ er stadteigene Milchkühe auftreiben, um die Versorgung der Säuglinge sicherzustellen. Zusatzfutter bekamen die Kühe von einer eigens in Köln entwickelten Dörranstalt, in der Küchenabfälle oder auch verdorbene Kartoffellieferungen getrocknet und verarbeitet wurden.

Auch vor drastischen Eingriffen in den freien Handel scheute Adenauer nicht zurück. Er ließ die gesamte Kartoffelernte im Stadtgebiet beschlagnahmen, als im Kriegssommer 1916 Mißernten die Preise hochtrieben. Die Lebensmittelhändler wurden ausgeschaltet und stadteigene Verkaufsstellen eingerichtet. Gigantische Küchen für Massenspeisungen setzte er mit einem Trick durch, den er später in wichtigen politischen Fragen immer wieder anwenden sollte: Er verkündete öffentlich, eine Massenspeisung, die von der eigenen Zentrumspartei strikt abgelehnt wurde, sei «kein erstrebenswerter Zustand an sich». Mit dieser Ablehnung aber rückte er sie auch schon in den Bereich des Möglichen.

Adenauer plädierte dafür, daß die Stadt in eigener Regie die Herstellung eines Einheitsbrots vornehme – es müsse sättigen, nicht zum überflüssigen Essen reizen, das Getreide möglichst ausnutzen und dürfe nicht leicht verkrümeln. Zusammen mit den Brüdern Jan und Josef Oebel, den Inhabern der Rheinischen Brotfabrik, entwickelte er ein «Verfahren zur Herstellung eines dem rheinischen Roggen-Schwarzbrot ähnlichen Schrotbrotes» – seine wesentlichen Bestandteile waren Maismehl, Kleie und je nach Versorgungslage Mehl aus Reis oder Kartoffeln. Dieses Brot, das nicht unter die allgemeinen Rationierungsvorschriften fiel, brachte dem Erfinder Konrad Adenauer das einzige deutsche Patent ein. Täglich 10000 Stück dieser Brotsorte wurden über ein Jahr hinweg auf den Mark gebracht – auf seine Erfindertantiemen hatte Konrad Adenauer verzichtet.

Über ein halbes Jahrhundert später stellte die offizielle Festschrift der Stadt Köln zum hundertsten Geburtstag ihres Ehrenbürgers Konrad Adenauer kritisch fest, es hätten «allein einige wenige städtische Dezernenten mit dem Organisationsgeschick, der Aktivität und dem Erfindungsreichtum Adenauers genügt, um die Versorgung der Gesamtbevölkerung empfindlich zu stören und zugunsten der Großstädte zu belasten». In den Kriegsjahren aber rechneten die Kölner dem kommunalen Hamsterer Adenauer seine Vorsorge hoch an. Sie nannten ihn, in einer für sie typischen Mischung aus Respekt-Verweigerung und Solidarität, «Graupenauer». Er wurde, was nur wenigen Zivilisten widerfuhr, mit dem Eisernen Kreuz am weißen Bande dekoriert.

Manchmal schreckt das Schicksal nicht vor Platitüden zurück. Zur selben Zeit, zu der sich sein politisches Profil herausbildete, kerbte ihm auch ein Unfall die Gesichtszüge zur unverwechselbaren Physiognomie. Die Wahl zum Bürgermeister war bereits für den September 1917 angesetzt, da prallte sein von einem Fahrer chauffierter Dienstwagen am 20. März 1917 in voller Fahrt gegen eine Straßenbahn. Adenauer, der im Fond des Wagens saß, wurde durch die Trennscheibe geschleudert. Jochbein und Nase waren gebrochen, der Kiefer zerschmettert. Nach der Operation war das Gesicht, das durch die von der Mutter ererbten hohen Backenknochen ohnehin etwas faszinierend Maskenhaftes hatte, zu denkmalsgleicher Strenge erstarrt. Sohn Konrad wollte beim ersten Krankenbesuch gleich wieder umkehren, «so vollkommen fremd war der Mann, der uns da aus den Kissen entgegenblickte». Adenauers Schädel war für alle Zukunft der politische Kopf schlechthin, der jeden Biographen zu neuen Metaphern anstachelte. Der Schriftsteller Ernst Glaeser erkannte einen «Kopf, der an die pergamentene Ruhe eines chinesischen Gelehrten erinnert». Für den britischen Publizisten und Diplomaten Harold Nicolson war Adenauer «der seltsame Mongole mit seinen schlauen Augen im gelben Gesicht», für den Schriftsteller Charles Wighton «Dschingis Khan», seine langjährige Sekretärin Anneliese Poppinga erblickte «das Gesicht eines Lamas aus Tibet», *Spiegel*-Herausgeber Rudolf Augstein erkannte «ganz zum Schluß den Zuschnitt eines altmodischen Kinderdrachens». Sein Freund John Foster Dulles sollte ihn einmal ernsthaft fragen, ob es unter seinen Vorfahren einen Indianer gegeben habe.

Adenauer selbst meinte, er sähe aus «wie ein Hunne – kein Wunder, ich hatte eine Großmutter, die stammte aus dem Harz».

Nach dem Unfall hielt sich der Rekonvaleszent zur Nachkur in Sankt Blasien auf. In der Zentrumspartei wurden Zweifel geäußert, ob der Unfall ohne Folgen für Adenauers geistige Fähigkeiten geblieben sei. Die beiden Stadtverordneten Hugo Mönnig und Johann Rings traten im Auftrag des Fraktionsvorstands der Zentrumspartei eine Erkundungsreise nach Adenauers Kurort an. Ein zweistündiges Palaver über Belanglosigkeiten beendete Konrad Adenauer mit dem Satz: «Meine Herren, anormal bin ich nur äußerlich.»

Am 18. September 1917 wurde Konrad Adenauer zum Oberhaupt der Stadt Köln gewählt – Liberale und Zentrumsleute stimmten geschlossen für ihn, es gab nur zwei ungültige Stimmzettel. Mit 41 Jahren war er Deutschlands jüngster Bürgermeister. Den Titel «Oberbürgermeister» konnte er erst fünf Wochen später führen, er mußte ihm durch den preußischen König, Kaiser Wilhelm II., verliehen werden. Die Verleihungsurkunde war ein einfaches Stück Papier, ausgefertigt im «Großen Hauptquartier» in Bad Kreuznach, denn noch war Deutschland im Krieg.

Das Dreiklassenwahlrecht, das die politische Mündigkeit der Bürger am Steueraufkommen maß, hielt die Sozialdemokraten als Partei der unterprivilegierten Arbeiterschaft noch immer vom Stadtparlament fern. Die SPD aber zeigte sich mit der Wahl jenes Mannes, der die Bürger der Stadt in den Kriegsjahren vor Hungersnot bewahrt hatte, einverstanden. In dem Parteiblatt *Rheinische Zeitung* wurde Adenauers «soziales Gefühl und soziales Verständnis» hervorgehoben – verfaßt hatte den anonymen Artikel allen Anzeichen nach der prominente Kölner Sozialdemokrat Wilhelm Sollmann, der sechs Jahre später Reichsinnenminister wurde. Bedenken gegen Adenauer als Oberbürgermeister hatten nur einige Honoratioren gehabt. Ihnen erschien Adenauer im Vergleich zu seinem Vorgänger Wallraf zu wenig «repräsentativ».

Das sollte sich ändern. Bald schon würde Adenauer seinen offiziellen Gästen Zigarren anbieten, die als Bauchbinde sein Porträt trugen – «Adenauer Majistrados», «Adenauer Municipios» oder auch «Oberbürgermeister Dr. Adenauer».

In einer Broschüre der Stadt Köln Mitte der zwanziger Jahre werden die Oberbürgermeister seit Beginn der preußischen Herrschaft abgebildet. Konrad Adenauer erscheint als Großfoto, seine neun Vorgänger zirkulieren Trabanten gleich im Paßbildformat um ihn herum. Adenauer selbst stand durchaus gefaßt vor der eigenen Größe. Kaum war der Beigeordnete Adenauer zum Oberbürgermeister gewählt, hatte die Selbsterhöhung eingesetzt. «Guten Morgen, Herr Adenauer», hatte ihn am Tag nach der Wahl ein anderer Beigeordneter begrüßt. «Herr Kollege», erwiderte Adenauer «seit gestern bin ich Oberbürgermeister.»

«Preußen ist der böse Geist Europas»

Konrad Adenauer und der rheinische Separatismus

Konkursverwalter des Kaiserreichs

Mit einem dreifachen Hoch auf den Kaiser hatte Adenauer am 18. Oktober 1917 seine Antrittsrede als Stadtoberhaupt beendet. Als ein Jahr später mit der militärischen Niederlage das Ende der Monarchie kam, weinte er der alten Ordnung keine Träne nach. Daß die Monarchie dem Ansturm der Revolution in Deutschland nicht standhielt, offenbare nur ihre innere Schwäche: «Wenn im Herbste der Wind die Blätter von den Bäumen fegt, so ist der Wind nur der Anstoß, denn die Blätter waren alt und müde, und wenn der Sturm die Äste und Bäume bricht, so war der Sturm nur der Anstoß, denn die Bäume und Äste waren alt und morsch. Denn wären sie nicht morsch und lebensschwach gewesen, so hätten sie den Sturm überdauert», so Konrad Adenauer wenig später in einer Rede. Sein nach oben gezwirbelter Kaiser-Wilhelm-Bart war da schon einem Ebert-Bärtchen gewichen.

Im Herbst 1918, als sich der Zusammenbruch der politischen Ordnung in Deutschland abzeichnete, wies Adenauer in einem Schreiben an den Gouverneur der Festung von Köln auf die katastrophale Stimmung der Bevölkerung hin, warf der politischen und militärischen Führung Versagen vor und verlangte die gleichberechtigte Mitarbeit des Volkes «in allen seinen Teilen» an den staatlichen Aufgaben. Am 7. November suchte der Oberbürgermeister zusammen mit dem SPD-Führer Sollmann den Gouverneur auf, um die Lage zu besprechen. Während der Konferenz traf die Meldung ein, daß aufständische Matrosen aus Kiel mit der Eisenbahn anreisten, um auch in Köln zur Revolution aufzurufen. Köln war Hauptfestung im Westen und Eisenbahnknotenpunkt für alle Transporte zur Westfront. Wenn es hier zur Revolution käme, würde die Front zusammenbrechen und die Entwicklung im ganzen Reich außer Kontrolle geraten. Adenauer forderte den Gouverneur auf, den Zug auf freier Strecke zu stoppen und alle Meuterer verhaften zu lassen. Der wich vor einer Entscheidung zurück, ließ sich mit dem Präsidenten der Reichsbahndirektion verbinden und erteilte dann dem Oberbürgermeister eine abschlägige Antwort: «Die Reichsbahn hat sich leider geweigert. Der Zug muß fahrplanmäßig auf dem Hauptbahnhof eintreffen.» Sollmann verlangte daraufhin, um die Lage zu entspannen, die sofortige Freilassung der politischen Gefangenen, in der Hauptsache Sozialdemokraten und Gewerkschafter, die gegen die Fortsetzung des Krieges agitiert hatten. Adenauer unterstützte ihn darin. Ohne Weisung aus Berlin wollte der Gouverneuer dem nicht stattgeben. Am Nachmittag des 7. November erreichten die Matrosen die Stadt. Ein letztes Mal versuchte Adenauer, die Machtmittel des Staates zu mobilisieren und den Gouverneuer zum Einsatz einer Batterie bewaffneter Feldartillerie zu bewegen, die auf dem Hof des Apostelgymnasiums, Adenauers alter Schule, bereitstand. Dessen Antwort: «Ich kann nichts mehr machen, sehen Sie zu, wie Sie fertig werden.»

Und Adenauer wurde damit fertig. Am 8. November konstituierte sich ein Arbeiter- und Soldatenrat mit dem Chef der Kölner SPD an der Spitze und beanspruchte für sich die Macht in Köln. Adenauer akzeptierte die neue Situation und stellte Sollmann mit seinem Revolutionsgremium sofort Büroräume im Rathaus zur Verfügung. Sollmann – «Unsere erste Sorge galt, wie es echten Deutschen auch in einer großen Revolution geziemt, der Wiederherstellung und Aufrechterhaltung der Ordnung» – ernannte Adenauer zum «Beauftragten zur Aufrechterhaltung von Ruhe und Ordnung». Er erhielt eine Armbinde «Sicherheitsdienst des Arbeiter- u. Soldatenrat Cöln» und einen Ausweis: «Jeder, wer es auch sei, hat sich seinen Anordnungen zu fügen.»

Adenauers politischer Pragmatismus war seinen Mitbürgern, die in ihm den Garanten der alten staatlichen Ordnung gesehen hatten, suspekt. Wo immer er mit seiner Armbinde auftauchte, mieden ihn die Kölner – eine Erfahrung, die Adenauer in seinem Leben noch zweimal machen sollte.

Mit der Armbinde der Revolution sorgte Adenauer für das Ende der Revolution. Er setzte schon zwei Tage später durch, daß als politisches Lenkungsgremium ein «Wohlfahrtsausschuß» unter seinem Vorsitz gegründet wurde, dem im Gegensatz zum Arbeiter- und Soldatenrat auch die Vertreter aller bürgerlichen Parteien angehörten. Außerdem überredete er die politisch unerfahrenen Umstürzler, eine Bürgerwehr zu bilden, die ebenfalls aus Mitgliedern aller Parteien und aller Bevölkerungschichten bestand. Über Nacht ließ er 300000 Liter Alkohol, die in einem Heeresdepot eingelagert waren, in den Rhein schütten. Die von der Front zurückkehrenden geschlagenen Soldaten verwandelten Köln in diesen wirren Wochen in ein riesiges Heerlager. Adenauer verpflegte die Soldaten aus Feldküchen, händigte ihnen Entlassungsschein, Fahrkarte und Wehrsold aus – unter einer Voraussetzung: daß sie ihre Waffen ablieferten.

Am 11. November 1918 wurde das Waffenstillstandsabkommen unterzeichnet. Artikel 5 sah die Besetzung des linksrheinischen Gebiets durch Truppen der Siegermächte vor. Die nördliche Zone mit Köln als Brückenkopf fiel an die englischen Truppen. Der Kölner Oberbürgermeister, Konkursverwalter der Monarchie wie auch der Revolution, sah in den fremden Truppen den neuen Ordnungsfaktor. Dem Kommandanten der heranrückenden britischen Verbände schickte Adenauer ein Begrüßungstelegramm, in dem er darum bat, den Vormarsch zu beschleunigen.

Adenauers politisches Zweckmäßigkeitsdenken war von keinerlei nationalem Selbstmitleid getrübt. Er trauerte dem Kaiser nicht nach, den er wegen dessen Flucht nach Holland ohnehin herzlich verachtete. Und die Demütigung Preußens bereitete ihm eher Genugtuung. Die preußische Doktrin von der Allmacht des Staates – der Schwabe Georg Friedrich Wilhelm Hegel hatte mit seinem Satz vom Staat als dem «präsenten Gott auf Erden» den philosophischen Überbau dazu geliefert – war in den Augen Adenauers ein verhängnisvoller Irrweg. Dieses Denken hatte, so kritisierte er, «den Staat zum Götzen gemacht und auf den Altar erhoben; die Einzelperson, ihre Würde und ihren Wert hatte es diesem Götzen geopfert».

Abrechnung mit Preußen

Konrad Adenauer war gewiß kein Mann tiefgründiger staatsphilosophischer Reflexionen. Als «Brisgovia»-Student hatte er im Verbindungshaus des katholischen Studentenbundes die Schriften des «Volksvereins für das Katholische Deutschland» gelesen. Für den Praktiker Adenauer blieben zeitlebens der *«Große Brockhaus»*, der *«Große Herder»*, Ploetz' *«Auszug aus der Geschichte»* und die naturkundlichen *Kosmos*-Hefte die bevorzugte Lektüre. Seine Weltanschauung, sein Geschichtsverständnis bezog er aus seiner Umwelt, aus der katholischen Soziallehre, den Anschauungen des Zentrums, der katholischen Kulturzeitschrift *Hochland* und der Tradition des Rheinlands.

Das Rheinland – das war bis ins erste Viertel dieses Jahrhunderts weniger ein politischer denn ein geographischer Begriff. Anders als in Preußen, in Württemberg oder in Bayern hatte es nie eine eigene Regierung, eine rheinische Regierung gegeben. Und dennoch gab es eine eigenständige politische Ausprägung. Sie wurde über Jahrhunderte durch die katholische Kirche geformt. Deren Lehre von dem Naturrecht des einzelnen Menschen – dem Recht auf freie Meinungsäußerung, der unantastbaren Würde jedes Menschen und der freien Religionsausübung – wurde von den Rheinländern verinnerlicht. Daraus bezogen sie ihre Würde, ihren Stolz, ihre Unabhängigkeit – Carl Zuckmayer schrieb es: «Vom Rhein – das heißt vom Abendland. Das ist natürlicher Adel.» Der geistesgeschichtliche Gegensatz zur Staatsräson Preußens war damit vorgegeben. Er wurde verstärkt durch preußische Herrschaftspraktiken nach den Befreiungskriegen, durch Klassengegensätze zwischen Katholiken, vornehmlich Bauern, Arbeitern und Kleinbürgern, und dem aufstrebenden protestantisch geprägten Bürgertum. Die Katholiken selbst sahen eine der geschichtlichen Wurzeln ihrer gesellschaftlichen Benachteiligung darin, daß die Protestanten sich beim Verkauf des geistlichen und klösterlichen Besitzes unter napoleonischer Besatzung nach 1806 bereichert hätten, während den glaubenstreuen Katholiken solch ein Ankauf als Sakrileg erschienen wäre.

Auf dem Wiener Kongreß wurde 1815 das Rheinland Preußen zugeschlagen. Verwaltet wurde die Rheinprovinz seither von preußischen, das heißt protestantischen Beamten. Die Rheinländer flüchteten sich in ohnmächtigen Spott und nannten die aus dem Osten angereisten Administratoren «die armen Litauer». Wer als Einheimischer im öffentlichen Dienst Karriere machen wollte, dem blieb, wie Adenauer instinktsicher erkannte, nur die Kommunalpolitik. Erst nach der Revolution von 1918 wurde zum erstenmal ein Katholik zum Oberpräsidenten des Rheinlands ernannt. Zornig kommentierte Adenauer diese Praxis: Preußen gegenüber hätten die Rheinländer «von alters her das Gefühl gehabt, wie eine Kolonie behandelt zu werden und die Besetzung der Regierungsstellen mit Ostelbiern bitter empfunden». Die im ausgehenden 19. Jahrhundert entstehende Großindustrie im Ruhrgebiet war ganz in der Hand protestantischer Unternehmer, die sich mit dem preußischen König und Deutschen Kaiser auf eine Arbeitsteilung verständigt hatten. Danach waren Kaiser und Adel zuständig für die Politik, das führende Bürgertum im Revier für die Wirtschaft. Dem Ruhrgebiet billigte die preußische Krone eine Art Exterritorialität zu. Nach kaiserlich-königlichem Willen durfte es keine Universitäten und keine Kasernen im Industrierevier geben, damit der Versuch der Industriellen, die Arbeiterschaft zu domestizieren, nicht durch intellektuelle oder militärische Betriebssamkeit gestört werden könnte.

Bismarcks Kulturkampf, sein Versuch, mit polizeistaatlichen Mitteln den politischen Einfluß der katholischen Kirche zu brechen und ihr inneres Gefüge zu kontrollieren, hatte den Gegensatz zwischen Rheinländern und Preußen noch verschärft. Mit Hilfe des sogenannten Kanzel-Paragraphen, der «politische Hetze» von der Kanzel unter Strafandrohung setzte, waren Hunderte von katholischen Geistlichen angeklagt worden und hinter Gitter gewandert. Selbst der Kölner Erzbischof, Kardinal Paulus Melchers, mußte für ein halbes Jahr in den Klingelpütz. Das Zentrum, 1870 als Partei des politischen Katholizismus gegen Bismarck gegründet, konnte daraufhin bereits 61 Abgeordnete in den Reichstag entsenden. Es verbündete sich mit Dänen, Polen, Franzosen und Welfen zur zweitstärksten Fraktion, Bismarck taufte sie «Partei der Reichsfeinde».

Köln als die Hochburg des in den Augen der preußischen Regierung staatsfeindlichen Katholizismus fühlte sich systematisch zurückgesetzt. Die neue preußische Staatsuniversität kam als «Rheinische Friedrich-Wilhelms Universität» nach Bonn. Koblenz, nicht Köln, wurde Sitz der preußischen Provinzialverwaltung, die 1819 gegründete Kunstakademie ging nach Düsseldorf, die Technische Hochschule nach Aachen. Auch seiner Namensidentität wurde Köln beraubt. Auf Dekret des preußischen Königs Friedrich Wilhelm IV. hatte es sich ab 1857 «Cöln» zu schreiben, das K kehrte erst nach der Revolution 1919 zurück.

Konrad Adenauer hatte persönlich keine Drangsalierung durch «die Preußen» zu erleiden gehabt. Doch er war Rheinländer, genauer: Kölner, Katholik und Zentrumsmann – wann er dem Zentrum beitrat, ist nicht mehr festzustellen, da das Zentrum keine Mitgliedslisten führte. Der Kölner Parteivorsitzende Carl Trimborn meinte, Adenauer habe dem Zentrum «von Geburt an» angehört. Die Mischung war ausreichend, um den Zusammenbruch nicht nur als Unglück, sondern auch als Chance anzusehen. Und Adenauer bekannte das offen: «Wir haben versucht, die Möglichkeiten, die sich plötzlich für Köln boten und die niemals wiederkehren konnten, nach Kräften auszunutzen.»

Zeit seines langen Lebens schleppte Konrad Adenauer alle Wert- und Vorurteile mit, die er in der Zentrums-Lehre aufgegriffen hatte. Dazu gehörte die Überzeugung, daß die Rheinlande altes deutsches Kulturland seien und das politische Schwergewicht des Reichs vom «kolonialen» Deutschland nach Westen verlagert werden müßte. Die Rheinlande mit ihrer demokratischen und bürgerlichen Tradition, die sie vom junkerlichen Deutschland unterschied, müßten eine Brücke zu Frankreich bilden. Atheismus und Materialismus seien die großen Gefahren für die Entwicklung der Deutschen. Militarismus und Nationalismus galten als Bedrohung des Friedens mit den katholischen Nachbarvölkern. Auch die Erinnerung an das alte Heilige Römische Reich Deutscher Nation war im Zentrum noch lebendig. Als Verkörperung aller dieser negativen Eigenschaften galt Preußen, insbesondere für Adenauer. Er verdrängte, daß die Rheinlande inzwischen unter preußischer Herrschaft den größten Aufstieg in ihrer Geschichte erlebt hatten und das Zentrum zu einer der tragenden politischen Kräfte des Kaiserreichs geworden war. Noch als Siebzigjähriger konnte er sich darüber erregen, daß auf der Eingabe zum Roten-Adler-Orden IV. Klasse – den sein Vater bekommen hatte – geschrieben stand: «Er gehört zwar der Zentrumspartei an, ist aber im übrigen königstreu.» Bis ins hohe Alter trug er Kaiserin Viktoria, zugleich auch Königin von Preußen, nach, daß sie bei ihrem einzigen Besuch im Rheinland ihrer Begleitung gesagt habe, es wäre ein so schönes Land, schade nur, daß es katholisch sei. Bei seinen Reisen nach Berlin zog er ab Magdeburg nach Überqueren der Elbe die Vorhänge zu, «damit ich die asiatische Steppe nicht sehen muß».

Die Idee einer Westdeutschen Republik

Waffenstillstand und Kaiserflucht hatten in dem vom Krieg ermatteten Deutschland die letzten Dämme einer politischen Ordnung eingerissen. Wie in Köln, beanspruchten in etlichen Städten Arbeiter- und Soldatenräte die Hoheitsgewalt. Der linkssozialistische Journalist Kurt Eisner rief in München die «Demokratische und Soziale Republik Bayern» aus. In der Reichshauptstadt Berlin kämpften die kommunistischen Spartakisten um die Macht. Das vom Krieg ausgelaugte Reich schien zur Plünderung freigegeben: In Schlesien und Posen kam es zu polnischen Einfällen. In Paris forderten Militärs und Politiker, sich nicht mit der Rückgewinnung des 1871 verlorengegangenen Elsaß-Lothringen zu begnügen, sondern das gesamte linksrheinische deutsche Gebiet zu annektieren. Der Rhein sollte die neue «Sicherheitsgrenze» werden.

Es gab keine auf eine Verfassung gegründete Regierungsautorität mehr. Der Sozialdemokrat Friedrich Ebert bildete als provisorisches Kabinett einen «Rat der Volksbeauftragten».

Zu Beginn des Jahres 1919 machte sich die frisch gewählte Nationalversammlung in der Goethe-Stadt Weimar daran, dem Reich eine neue Verfassung zu geben. Noch war die staatliche Ordnung des republikanischen Deutschland offen. Das übermächtige Preußen sollte aufgelöst werden. Staatssekretär Hugo Preuß erarbeitete einen Verfassungsentwurf, in dessen Begründung es hieß: «Der natürlichen deutschen Einheit muß die künstliche dynastische preußische Einheit weichen ... Nur durch die Auflösung Preußens können sich die mittel- und norddeutschen Kleinstaaten zu lebensfähigen Gemeinwesen zusammenschließen.» Welche Einschnitte in den Reichskörper die anlaufenden Friedensvertragsverhandlungen bringen würden, war ebenfalls noch nicht erkennbar.

In dieser chaotischen Phase von Bürgerkriegssituation und Regierungsohnmacht regten sich im Süden und Norden und eben auch im Westen separatistische Bewegungen. Bayerische Konservative ventilierten die Idee einer süddeutschen Monarchie aus Österreich, Bayern, Württemberg und Baden. Hamburger Kaufleute diskutierten das Projekt, die Hansestadt unter englisches Protektorat zu stellen. Sie wollten sich auf diese Weise vor dem «Bolschewismus» schützen, den sie im Gefolge der Arbeiter- und Soldatenräte erwarteten. Im Rheinland propagierten prominente Zentrumsführer die Idee einer «Westdeutschen Republik». In ihren Beweggründen mischten sich die Furcht vor dem aus dem revolutionären Berlin anbrandenden «Bolschewismus» mit den Gedanken, auf diese Weise ein Bollwerk gegen französische Annexionsbestrebungen zu errichten. Hinzu kamen traditionelle Ressentiments gegen Preußen. Propagandist dieser Idee war der außenpolitische Redakteur des Zentrumsorgans *Kölnische Volkszeitung*, Joseph Froberger, ein aus dem Elsaß stammender Pater. Am 9. November 1918 versuchten die Zentrumsführer den Kölner Oberbürgermeister Konrad Adenauer für ihre Idee zu gewinnen. Ein Mann seines Ansehens – nach nur einem Jahr an der Spitze des Kölner Rathauses war Adenauer bereits der weitaus prominenteste Zentrumspolitiker – sollte Anhängerschaft für die Staatsgründung mobilisieren.

Die Saat ging auf. Knappe drei Monate später, am 1. Februar 1919, schlug Konrad Adenauer die Bildung «einer Westdeutschen Republik im Verband des Deutschen Reiches» vor. Diese Republik sollte zusätzlich zur Rheinprovinz rechtsrheinische Gebiete, insbesondere das Ruhrgebiet, umfassen, um der Republik auch ein wirtschaftliches Schwergewicht zu geben und durch eine Beschränkung auf das linke Rheinufer nicht der «Gefahr der Verwelschung» ausgeliefert zu sein. Adenauer ließ keinen Zweifel daran, daß nach seiner Überzeugung eine Teilung Preußens unbedingt erfolgen müsse. «Sie ist nötig, weil sonst Preußen, auch wenn es keinen Träger der Krone Preußens mehr gibt, kraft des natürlichen Schwergewichts seiner 42 Millionen Einwohner auch im neuen Deutschland ein Hegemonialstaat werden würde.» Dies aber werde von den anderen Bundesstaaten nach den Erfahrungen der Vergangenheit nicht mehr geduldet werden.

Als Forum für seine erste große politische Rede hatte Konrad Adenauer die für die verfassunggebende Nationalversammlung in Weimar gerade neu gewählten Abgeordneten aus den besetzten Teilen des Rheinlands sowie die rheinischen Oberbürgermeister in den Hansasaal des Kölner Rathauses geladen, wo er mit Preußen abrechnete. Dabei bediente er sich eines Stilmittels, auf das er später noch häufig zurückgriff. Er trug seine Argumente als «Gedankengang unserer Gegner» vor: «Preußen (ist) der böse Geist Europas, der Hort des kulturfeindlichen, angriffslustigen Militarismus; Preußen ist dasjenige Land gewesen, das zu diesem Krieg getrieben hat ... Preußen wurde von einer kriegslüsternen, gewissenlosen, militärischen Kaste und dem Junkertum beherrscht, und Preußen beherrschte Deutschland, beherrschte auch die in Westdeutschland vorhandenen, nach ihrer ganzen Gesinnungsart an sich den Entente-Völkern sympathischeren Stämme.» Ausdrücklich anerkannte Konrad Adenauer das Recht Frankreichs, zum Schutz seiner nationalen Existenz Garantien zu verlangen «und zu schaffen», die Deutschland einen neuen Revanchekrieg unmöglich machen würden. Solch eine Garantie sah Adenauer in seinem Vorschlag einer neuen Staatsgründung: «Diese Westdeutsche Republik würde wegen ihrer Größe und wirtschaftlichen Bedeutung in dem neuen Deutschen Reiche eine bedeutungsvolle Rolle spielen und demgemäß auch die außenpolitische Haltung Deutschlands in ihrem friedensfreundlichen Geiste beeinflussen können.» Eine Alternative zu seinen Vorschlägen sah Adenauer nicht: «Entweder wir kommen direkt oder als Pufferstaat zu Frankreich, oder wir werden eine Westdeutsche Republik; ein Drittes gibt es nicht.»

Adenauer bewegte sich mit seinem Plädoyer für eine Politik, die auch französische Interessen berücksichtigte, zu jener Zeit auf dünnem Eis. Der preußische Legationsrat Trautmann, der im Auftrag der Waffenstillstandskommission die Vorgänge in Köln beobachten sollte, riet seinem Chef, dem Außenminister Graf Brockdorff-Rantzau, er solle Adenauer nach Berlin zitieren und ihm eröffnen, daß man «dem

Feinde in die Hände arbeite, wenn man den Gedanken an eine Rheinrepublik hochkommen lasse». Das Auswärtige Amt, so Trautmann weiter, solle «alle Anhänger des Gedankens der rheinisch-westfälischen Republik in dieser schwersten Stunde Deutschlands als Vaterlandsverräter denunzieren». Geschrieben wurde dieser Report am 1. Februar 1919, also genau an dem Tag, an dem Adenauer im Hansasaal des Kölner Rathauses sein Plädoyer für eine Westdeutsche Republik hielt.

Konrad Adenauer hatte von vornherein versucht, keine Angriffsflächen zu bieten. Als die Delegation seiner Zentrumspartei zu ihm kam, um ihn für den Gedanken eines Sonderstaates zu gewinnen, hatte er die Einbeziehung auch der Sozialdemokratischen und Liberalen Partei in diese Überlegungen gefordert. An einer Versammlung der Zentrumspartei in der Kölner Bürgergesellschaft am 4. Dezember 1918, in der Parteisekretär Jörg unter dem brausenden Beifall des größten Teils der Anwesenden die Rheinische Republik ausrief, hatte er nicht teilgenommen. Adenauer, der vorab von diesem Vorhaben informiert worden war, hatte allerdings auch nicht versucht, die Versammlung zu verhindern. Um das Vorpreschen der Zentrumsaktivisten zu relativieren, war auf sein Betreiben hin ein «Zwischenparteilicher Ausschuß» von Vertretern der Liberalen, des Zentrums und der Sozialdemokraten gebildet worden, in dem er den Vorsitz übernommen hatte.

Seine große politische Rede vom 1. Februar 1919 schloß er mit einem Resolutionsentwurf, in den er in doppelter Weise den Vorbehalt der Legalität einbaute: «Für den Fall, daß die Reichsverfassung für eine Aufteilung Preußens die gesetzliche Grundlage schafft, ist unter Beobachtung der gesetzlichen Bestimmungen die Vereinigung der Länder am Rhein zu einem Freistaate im Verbande des Deutschen Reiches herbeizuführen.»

Schon zehn Tage später wurden Adenauers Erwartungen enttäuscht. Die Abgeordneten verabschiedeten in Weimar das Gesetz über die vorläufige Reichsgewalt, in dem eine Loslösung des Rheinlandes an die Zustimmung Preußens gebunden wurde. Dieses Einverständnis zur Selbstamputation aber war nicht zu erhalten. Daraufhin änderte Adenauer seine Taktik. Nun richtete er seine Argumentation darauf aus, daß die Bildung eines rheinischen Staates als «Friedensrepublik» dazu beitragen könnte, günstigere Ergebnisse bei den laufenden Friedensverhandlungen in Versailles zu erreichen.

Aber der Widerstand gegen die Gründung einer Westdeutschen Republik nahm zu. Der Zentrumspolitiker und katholische Sozialwissenschaftler Götz Briefs unterrichtete Adenauer nach einer Berlin-Reise davon, in der Hauptstadt gehe die Rede davon um, «daß einflußreiche Kreise im Rheinland aus dem Reiche herausstrebten, nicht wie normale Schieber mit Noten, sondern mit einem ganzen Lande auf dem Rücken». Die Nationalversammlung verabschiedete einstimmig eine Regierungserklärung, in der es hieß, «daß jede staatsrechtliche Umgestaltung vor Friedensschluß geeignet ist, die nationale Einheit unseres Vaterlandes zu bedrohen». Die Reichsregierung verkündete, sie werde Unternehmungen zur Loslösung des Rheinlands von Preußen als Hochverrat verfolgen.

In dieser Situation mußte Adenauer Belege heranschaffen für seine Behauptung, die Gründung des neuen Rheinstaates sei zwingend, wolle man überzogene Reparationsforderungen der Siegermächte verhindern. Er bediente sich dabei zweit- bis drittklassiger Quellen und Methoden. Einer seiner angeblichen Kronzeugen war der britische General Sir George Sidney Clive, der in dem von den Engländern besetzten Köln als Militärgouverneuer residierte. Gegenüber zwei Abgesandten des Auswärtigen Amtes erklärte Adenauer, Clive habe ihn davon unterrichtet, daß England sich auf «erhebliche Änderungen der Friedensbedingungen» einlassen würde, wenn es zu einer Westdeutschen Republik im Rahmen des Deutschen Reiches käme. Das Kabinett in London sei zu dieser Ansicht gekommen, nachdem es sich mit seiner Rede vom 1. Februar befaßt habe, die «in die Hände der Engländer» gelangt sei – tatsächlich hatte Adenauer selbst General Clive ein Exemplar seiner Rede übermitteln lassen.

Adenauers zweites «Beweisstück» war eher noch unglaubwürdiger. Der Oberkommandierende der französischen Truppen im Rheinland, General Charles Mangin («der Schlächter»), hatte in sein Hauptquartier in Mainz eine Gruppe Rheinlandpolitiker, darunter auch weniger prominente Zentrumsleute, eingeladen. Der Aachener Dahlen, von Beruf Postbeamter, wollte bei dieser Begegnung von General Mangin erfahren haben, daß Frankreich bei der Gründung einer «Rheinischen Republik» auf die Einverleibung des Saargebiets verzichten würde,

Belgien auf die Einvernahme von Eupen und Malmedy. Werde die Reichsregierung diese Staatsgründung aber ablehnen, dann werde Frankreich in dem von ihm besetzten Gebiet den Kriegszustand erklären und einen unabhängigen Freistaat proklamieren.

Bei den deutschen Diplomaten, die sowohl in der Waffenstillstandskommission in Spa als auch bei den Friedensvertragsverhandlungen in Versailles die Unnachgiebigkeit der Ententemächte, speziell Frankreichs, Tag für Tag erfahren hatten, stießen Adenauers Aktivitäten auf Skepsis und unverhohlene Ablehnung. Aus einem Telegrammwechsel zwischen Außenminister Graf Brockdorff-Rantzau und dem deutschen Unterhändler bei der Versailler Friedensdelegation, Baron Langwerth, wird diese Einschätzung überdeutlich. Text des Telegramms von Brockdorff-Rantzau: «Einstweilen halte ich den Plan Adenauers und Genossen, Abtrennung Saar, Eupen, Malmedy, Dauerbesetzung des linken Rheinufers durch Ausrufung selbständiger Republiken im Rahmen des Reichs zu verhindern, für verhängnisvoll, da dieser Weg die Rheinlande doch in die Arme der Entente führen würde.» Antwort Baron Langwerths: «Habe Reichspräsidenten und Ministerpräsidenten weisungsgemäß vertraulich informiert. Beide teilen meine Ansicht, daß Plan Adenauer und Genossen verhängnisvoll und mit allen Mitteln verhindert werden muß.»

Immerhin wurden Adenauer und einige andere Kölner Politiker, unter ihnen der Sozialdemokrat Sollmann, ein entschiedener Gegner einer Westdeutschen Republik, auf Betreiben von Brockdorff-Rantzau zu direkten Informationsgesprächen nach Versailles eingeladen. Am 5. Juni 1919 trat Adenauer die Reise an. Er blieb nur einen Tag. Max Adenauer erinnert sich noch heute daran, daß der Vater nach der Rückkehr darüber klagte, nicht die Gelegenheit bekommen zu haben, seinen Standpunkt darlegen zu können: «Mein Vater erzählte, sie seien nach Paris gekommen und überrascht gewesen über das dortige Leben. Alles schien normal zu sein, die Leute schienen alles zu haben. Er habe sich frei bewegen können, aber man hätte ihn nie angehört.» So habe sein Vater die Zeit für Einkäufe genutzt. «Uns Kindern brachte er große Gummibälle mit.»

Am 28. Juni 1919 wurde im Spiegelsaal des Versailler Schlosses der Friedensvertrag unterzeichnet. Adenauers Hoffnungen auf eine Besserung der Vertragsbedingungen durch die Bildung einer Westdeutschen Republik hatten sich nicht erfüllt. In den harschen Bedingungen dieses «Friedens-Diktats» – Deutschland mußte als ersten Abschlag fünf Milliarden Dollar in Gold an Reparationen zahlen, Elsaß-Lothringen fiel an Frankreich zurück, Posen, Oberschlesien und der sogenannte Polnische Korridor wurden Polen zugeschlagen, auch Belgien und Dänemark schnitten sich kleinere Territorien aus dem Reichsgebiet – sah Konrad Adenauer den Keim zum nächsten Krieg. Der Friedensvertrag werde die Quelle «großer neuer Schwierigkeiten» sein, so der Kölner Oberbürgermeister in einem Interview mit der belgischen Zeitung *Le Peuple*.

Die rheinische Separatistenbewegung

Mit dem Friedensvertrag trat auch das Rheinlandstatut in Kraft. Das Rheinland gehörte weiter zu Deutschland und blieb eine preußische Provinz. Das Statut sah vor, daß die Rheinlande auf Dauer entmilitarisiert sein sollten. Für begrenzte Zeit zogen französische, britische, belgische und amerikanische Truppen als Besatzer ein. Köln verblieb in der britischen Zone. Im Reich konsolidierte sich die politische Situation, die vom Bürgerlager gefürchtete Räte-Herrschaft ging zu Ende.

Konrad Adenauer stellte sich auf die neue Lage ein. In einer Besprechung mit der preußischen Staatsregierung am 23. Juli 1919 erklärte er, es sei jetzt ein «fait accompli» geschaffen, die Situation damit völlig verschoben. Jedes Wiederaufgreifen der Diskussion über die Errichtung einer Westdeutschen Republik würde nur neue Unruhe bringen. Er selbst bezeichnete sich jetzt als «Gegner des westdeutschen Freistaats». Auf seine Anregung hin verkündete General Clive in Köln einen Erlaß, wonach jede Änderung der Staatsform im britisch besetzten Gebiet ohne Erlaubnis der britischen Behörden verboten sei.

Eine ganze Anzahl von Adenauers Weggefährten, überzeugte

Rheinbündler, hatten nicht die Fähigkeit zur schnellen Einsicht in die Realitäten, wie Konrad Adenauer sie bewies, in dem sie zeitweise ihren Wortführer vermutet hatten. Nun sammelten sie sich hinter obskuren, von den Franzosen ausgehaltenen Figuren wie dem ehemaligen Staatsanwalt Johann Adam Dorten oder Josef Smeets, einem früheren Mitglied der sozialdemokratischen Partei, der im Kontakt mit kommunistischen Aufständischen stand. Nachdem sie ihre Ziele friedlich nicht hatten durchsetzen können, versuchten sie es mit Gewalt. An der Spitze marodierender Haufen, die sie unter einem grünweißen Banner in einer paramilitärischen «Rheinwehr» marschieren ließen, riefen sie von den Balkons etlicher überfallener Rathäuser die «Rheinische Republik» aus. Ein «Revolutionsgericht» dieser Separatisten, das unter französischem Militärschutz in Koblenz tagte, verurteilte Adenauer wegen seiner Mitwirkung an der Clive-Order zur «Todesstrafe».

Was zunächst als eher kuriose Räuberpistole begonnen hatte, artete in den nächsten Monaten zu blutigem Terror aus. Bei einer Straßenschlacht in Düsseldorf ermordeten die Separatisten unter den Augen französischer Truppen Angehörige der gegen sie anrückenden Schutzpolizei. Im Siebengebirge, knapp zwei Kilometer von Rhöndorf entfernt, wurde ein Separatistentrupp von einer Bürgerwehr in eine Falle gelockt und mit Gewehren, Äxten und Sensen niedergemetzelt. Es gab vierzig Tote.

Ausschlaggebend für die Eskalation der Gewalt war der Einmarsch französischer Truppen im Januar 1923 in das Ruhrgebiet. Dies war durch die Bestimmungen des Versailler Vertrags nicht gedeckt. Die Franzosen rechtfertigten ihre Maßnahme mit dem Vorwand, daß Deutschland seinen Reparationsverpflichtungen nicht nachkomme und immer wieder mit Lieferungen an Kohle und Grubenholz hinter dem Soll zurückbleibe. Entscheidend war ein anderes Motiv – und dies stimulierte die deutschen Separatisten: Frankreich wollte mit der Besetzung seine alte Forderung nach der Sicherheitsgrenze am Rhein im Alleingang durchsetzen.

Die Arbeiter antworteten auf den Truppeneinmarsch mit dem «passiven Widerstand». Fördertürme und Züge standen still, die Franzosen sollten – so die gängige Redewendung der Kumpels – «ihre Kohle mit dem Bajonett ausgraben».

Sabotageakte folgten. Schienen wurden aufgerissen, Brücken gesprengt und Züge mit Ruhrkohle für Frankreich zum Entgleisen gebracht. Die französische Besatzungsmacht ließ die Widerständler nach dem Kriegsrecht erschießen. Einwände der Briten und Amerikaner gegen das einseitige französische Vorgehen blieben ohne Wirkung. Statt dessen nahmen die Franzosen die Wirtschaft in eigene Regie und errichteten eine Zollgrenze gegenüber dem übrigen Reichsgebiet. Die Folge des Ruhrkampfs war ein wirtschaftliches Chaos im ganzen Reich. Die Arbeitslosigkeit stieg in nie gekannte Höhen, die Mark verlor mit jedem Tag, an dem die Wirtschaft brachlag, immer mehr an Wert. Weil sich die Bauern weigerten, Kartoffeln, Getreide und Fleisch gegen wertloses Papiergeld zu liefern, kam es zu Hungersnöten und Krawallen. Daran erinnerte sich Adenauer Jahrzehnte später, als sein Wirtschaftsminister in der Kohlenkrise des Jahres 1957 keine Subventionen zahlen wollte.

Die Pfalz wurde von den Franzosen zum autonomen Staat erklärt. Im Windschatten des französischen Vorgehens glaubten die deutschen Separatisten nun, eine Rheinische Republik nach ihren Vorstellungen verwirklichen zu können, unabhängig vom Reich, angelehnt an Frankreich. In immer neuen Städten – Krefeld, Duisburg, Koblenz, Mainz und Trier – stürmten sie die öffentlichen Gebäude und hielten sich dort unter dem Schutz der französischen Besatzungstruppen für kürzere oder längere Zeit. Aus dem Bonner Rathaus wurden sie von der Polizei vertrieben, anderentags aber – am 25. Oktober 1923 – mit Hilfe französischer Soldaten wieder in ihre Posten eingesetzt. In Trier wurde den Beamten, die sich weigerten, unter den separatistischen Okkupanten zu arbeiten, Gefängnisstrafen angedroht.

Auf einer Konferenz in Hagen, das nicht besetzt war, berieten am 25. Oktober Politiker aus den besetzten Gebieten und Vertreter der Reichsregierung unter Führung des Kanzlers Stresemann, wie sie der Situation wieder Herr werden könnten. Dabei kam es auch zu einer Diskussion, ob nicht den Beamten in den von den Separatisten besetzten Rathäusern die Mitarbeit gestattet werden müsse, «wenn», wie der Kölner Regierungspräsident Graf Adelmann sich ausdrückte, «die Herrschaft von den Bajonetten gestützt und ermöglicht wird und gewissermaßen von ihnen ausgeht». Der Kölner Oberbürgermeister Konrad Adenauer hielt scharf dagegen: Es sei unmöglich, daß ein Beamter unter einer separatistischen Behörde arbeite, auch wenn die französische Besatzungsmacht hinter ihr stehe. Adenauer: «Denn wenn es so der Fall sein sollte, dann haben wir den Rheinstaat von Dorten, Smeets und Konsorten.» Gleichzeitig aber suchte Adenauer nach einem politischen Ausweg. Er glaubte, daß die Separatisten jetzt, dank der massiven französischen Unterstützung, zu einer wirklichen Gefahr geworden seien. Er rechnete damit, daß «in längerer oder kürzerer Frist – aber von langen Fristen ist hier überhaupt nicht die Rede – ein großer Teil der Rheinprovinz tatsächlich in der Hand und unter der Herrschaft der Separatisten steht». Deshalb trat er dafür ein, Verhandlungen mit Frankreich aufzunehmen. Sein Grundgedanke dabei: «Das Verlangen Frankreichs nach Sicherheit muß deutscherseits durchaus ernst genommen werden.»

Adenauer knüpfte bei seinem zweiten Ausflug in die Außenpolitik an das Konzept seines Vorschlags aus dem Jahr 1919 an. Jetzt, wo in Deutschland unter dem Eindruck der Ruhrbesetzung schneidige Revancherufe zum guten patriotischen Ton gehörten, war ein solcher Satz eher noch mutiger als vier Jahre zuvor. Und angesichts der Umtriebe der Separatisten lag die Gefahr noch näher, mit jenem Modell, das Adenauer als Verhandlungsangebot skizzierte, sich Verdächtigungen nationaler Unzuverlässigkeit auszusetzen.

Wieder schlug Adenauer die Bildung einer Rheinischen Republik vor, um als Gegenleistung die Befreiung Deutschlands von den Reparationslasten des Versailler Vertrages und den Abzug der Besatzer aus dem Rheinland zu erhalten. Er war bereit, dafür eine Abtrennung des Rheinlands von Preußen hinzunehmen. Wie der neue Staat mit dem Reich verbunden bleiben würde, ließ er offen. Ungeschützt zählte er in einem Gespräch mit Vertretern der Berliner Regierung die Risiken auf – und bekannte sich zu diesen Risiken: «Nach meiner Meinung werden solche Verhandlungen damit enden, daß Rhein und Ruhr nicht mehr zu Preußen, vielleicht nicht mehr zum Reich in absehbarer Zeit gehören werden.» Doch er ließ keinen Zweifel daran, daß derartige Verhandlungen nur im Auftrag der Reichsregierung erfolgen dürften.

Adenauer argumentierte jetzt anders als 1919. Damals hatte er nur negativ gegen das militaristische Preußen geredet. Jetzt fand er zu konstruktiven Begründungen.

Die Industrien der Ruhr, Lothringens und Luxemburgs sollten wechselseitig miteinander verbunden werden. «Um den Frieden zwischen Frankreich und Belgien einerseits und Deutschland andererseits zu ermöglichen, muß man eine Interessengemeinschaft zwischen diesen Ländern schaffen ... Eine Rheinische Republik setzt ein vereinigtes Deutschland, Frankreich und Belgien voraus.»

Zum erstenmal war damit der Gedanke formuliert, durch eine europäische Gemeinschaft für Kohle und Stahl, wie sie dreißig Jahre später die Montanunion brachte, französische Sicherheitsbedürfnisse zu befriedigen. Kontrolle durch Kooperation statt durch Besetzung.

Mit werbenden Worten versuchte Adenauer den in Koblenz residierenden französischen Kommissar für die besetzten Gebiete, Henri Tirard, für seine Vision zu gewinnen. Die Rheinlande als westdeutscher Bundesstaat – im Verband des Reiches – und die gegenseitige Verflechtung der Industrien böten die größte Sicherheit für einen langen Frieden zwischen Frankreich und Deutschland. Weil dieser Bundesstaat zwangsläufig den Schauplatz eines etwaigen weiteren Krieges zwischen Deutschland und Frankreich abgäbe, «würde seine Bevölkerung und seine Regierung, schon um diesen Krieg von ihrem eigenen Lande fernzuhalten, auf ein möglichst gutes Verhältnis zwischen Frankreich und Deutschland hinzuwirken suchen».

Adenauer hatte die Unterstützung mächtiger Industrieller an der Ruhr. Der Konzernherr Hugo Stinnes, Abkomme einer Hugenottenfamilie, versuchte bei der Regierung in Paris, in Verhandlungen mit Henri Tirard sowie in Berlin mit deutschen Regierungsvertretern seine Idee durchzubringen, eine Internationalisierung der Schwerindustrie durch einen gegenseitigen Austausch von Aktien zu erreichen.

Die französische Regierung unter Leitung von Raymond Poincaré verfolgte nach wie vor hartnäckig maximale Ziele. Das Adenauer-Stinnes-Modell war Poincaré keine Gegenleistung wert: «Zusammenarbeit ja, aber Reparation zuerst und vor allem mit Sicherheit.»

Aber nicht aus Paris, aus Berlin drohte Adenauer die größte Gefahr für sein Verhandlungskonzept. Der als national unzuverlässig verdächtigte Adenauer mußte jetzt plötzlich dagegen kämpfen, daß die Reichsregierung die Region an Rhein und Ruhr fallenließ.

Mit einer neuen Währung, der Rentenmark, hatte die Reichsregierung versucht, sich aus dem Strudel der Inflation zu befreien. Dieses

Geld basierte auf einer hypothekähnlichen Belastung des landwirtschaftlichen und gewerblichen Grundbesitzes, als begrenzter Kredit wurde es an das Reich und die Wirtschaft gegeben. Um die neue Währung nicht gleich wieder zu gefährden, wollte Finanzminister Hans Luther die Zahlungen in die besetzten Gebiete für Arbeitslosenunterstützung, Beamtengehälter und Besatzungskosten einstellen. Die Verantwortung für das weitere Schicksal der Rheinlande sollte den Besatzungsmächten aufgebürdet werden. Über diese Entscheidung war es innerhalb der Reichsregierung zu heftigen Auseinandersetzungen gekommen, bei einer der Sitzungen brach Finanzminister Luther mit einem Weinkrampf zusammen. Zum 13. November 1923 waren die Vertreter der besetzten Länder von Reichskanzler Stresemann zu einer gemeinsamen Sitzung mit dem Kabinett nach Berlin geladen worden. Der preußische Ministerpräsident Otto Braun, ebenfalls Teilnehmer der Runde, faßte in einem Satz zusammen, worauf die Konferenz hinauslaufen sollte: «Wir müssen gewissermaßen das besetzte Gebiet seinem Schicksal überlassen.»

Schon waren für abends sechs Uhr die in Berlin akkreditierten politischen Journalisten zu einer Pressekonferenz in die Reichskanzlei geladen worden, um öffentlich von der Zahlungseinstellung unterrichtet zu werden. Adenauer war durch einen Beamten, der ebenfalls dem Zentrum angehörte, vorgewarnt worden. Sein Vertrauensmann hatte ihn mit Unterlagen versorgt, die belegten, daß Finanzminister Luther mit falschen Zahlen die angeblichen Belastungen der Rentenmark durch die Alimentierung der besetzten Gebiete beweisen wollte. Der Augenblick zum Gegenangriff war gekommen, als Reichskanzler Stresemann Adenauer freistellte, in Verhandlungen mit Tirard ein eigenes Steuerrecht zu erwirken. Mit erhobenen Fäusten vor Luther gestikulierend, wehrte der Kölner Oberbürgermeister sich gegen die Preisgabe: «Der Reichsminister behauptet immer, daß das Reich gewisse Zahlungen an das besetzte Gebiet nicht mehr leisten könne. Ich bestreite, daß das Reich in einer so schwierigen finanziellen Lage ist.» Arbeitsminister Heinrich Brauns, der Tätlichkeiten befürchtete, riß Adenauer zurück. Im amtlichen Protokoll dieser dramatischen Sitzung – Reichskanzler Gustav Stresemann erlitt noch einen Herzanfall – ist der Satz festgehalten, mit dem Adenauer obsiegte: «Mag selbst die Rentenmark dadurch ebenso wie die Papiermark in einen Abgrund getrieben werden, daß das Reich umfangreiche Zahlungen an das besetzte Gebiet leistet, das Rheinland muß mehr wert sein als ein oder zwei oder selbst drei neue Währungen.»

Teils aus besserer Einsicht, teils aus finanzieller Not änderte Frankreich allmählich seine unnachgiebige Haltung, deutsches Gebiet als Faustpfand für seine Sicherheits- und Reparationsforderungen einzufordern. Die Separatisten blieben ohne erkennbare Unterstützung in der Bevölkerung. Die Besetzung des Ruhrgebiets kostete auch Frankreich erhebliche Summen und gefährdete die französische Währungsstabilität, selbst nachdem Stresemann Mitte 1923 den passiven Widerstand abgebrochen hatte. Hinzu kam, daß England energisch gegen die Unterstützung der Separatisten protestierte und mit Aufkündigung des Versailler Vertrages drohte. Damit aber wäre der Fortgang deutscher Reparationszahlungen in Frage gestellt worden. Paris entzog den Separatisten seine Unterstützung.

Frankreich brauchte amerikanische Kredite, um den Franc zu stützen. In dieser Situation akzeptierte es den sogenannten Dawes-Plan, der eine Reduzierung der deutschen Reparationsverpflichtungen brachte und die Errichtung eines Schiedsgerichts, das in Zukunft allein über Sanktionen gegen Deutschland entscheiden sollte, wenn es seinen Zahlungen nicht nachkäme. Daraufhin mußte Frankreich das Ruhrgebiet räumen. Und Mitte 1924 wurde Poincaré, der Verfechter einer Politik der Härte gegenüber Deutschland, durch den auf Ausgleich eingestellten Edouard Herriot abgelöst.

Adenauer konnte damit an seinen Schreibtisch als Kölner Oberbürgermeister zurückkehren. Doch nun, nachdem seine Vorstellungen nicht erprobt waren und damit als gescheitert galten, geriet er unter Rechtfertigungsdruck. Die Rolle, die er als Mittler zwischen Deutschland und Frankreich gespielt hatte, wurde in Zweifel gezogen – gerade auch von jenen, die ihn darin unterstützt hatten.

Bei seiner Initiative für ein eigenes staatliches Gebilde an Rhein und Ruhr hatte Adenauer zumindest zu Beginn die Billigung auch prominenter Berliner Regierungspolitiker gehabt. Gustav Stresemann etwa hatte, als es um die Zahlungsnöte des Reichs für die besetzten Gebiete ging, in einer Kabinettssitzung gesagt, wenn «mit einem Bruch zwischen dem besetzten und dem unbesetzten Gebiet gerechnet werden müsse, dann müsse dieser stattfinden unter dem Händedruck: ‹Wir kommen wieder»». Das Ziel müsse sein, «in Liebe zu scheiden, nicht in Haß». Die Loslösung der besetzten Gebiete vom Reich sei «in einer möglichst schonenden Weise» vorzunehmen. Gegenüber dem französischen Industriellen Ernest Weyl gab er zu erkennnen, daß er mit der Errichtung eines westdeutschen Bundesstaates einverstanden sei. «Über die Frage des Rheinstaats werde eine Einigung zwischen Deutschland und Frankreich schon möglich sein», so notierte Weyl die Worte Stresemanns. Später allerdings schob Stresemann für diese Äußerung die Interpretation nach, es habe sich «in keiner Weise etwa um Abtrennung der Rheinlande von Preußen gehandelt, sondern lediglich um Beratungen wegen der Ingangsetzung der Wirtschaft». Vehement ging Stresemann auch zu Adenauer auf Distanz. In einem Brief an seinen Nachfolger im Amt des Reichskanzlers, Wilhelm Marx, attakkierte er eine Äußerung Adenauers, der das Verlangen Frankreichs nach Sicherheiten als «objektiv berechtigt» anerkannt habe: «Ich bitte deshalb ausdrücklich festzustellen, daß ich diese Ausführung des Herrn Oberbürgermeisters Adenauer in keiner Weise teile und es aufs lebhafteste bedaure, daß ein deutscher Vertreter auch Franzosen gegenüber diesen Anspruch als berechtigt anerkannt hat.»

Auch der preußische Ministerpräsident Otto Braun hatte eine Abtrennung des Rheinlands akzeptiert. Das unbesetzte Gebiet müsse lebensfähig erhalten bleiben, «um für später dem besetzten Gebiet die Möglichkeit zu schaffen, sich an ein gesundes unbesetztes Gebiet wieder anlehnen zu können». Später indes stellte er sich als ein Mann dar, dessen Worte gegen eine Politik der Preisgabe in den entscheidenden Beratungen zwischen Reichsministern und Rheinländern «wie ein entspannendes Gewitter» gewirkt hätten. Selbst Finanzminister Luther mochte als Memoirenschreiber nicht mehr gelten lassen, im November 1923 die Preisgabe des Rheinlands befürwortet zu haben.

Nur der Überzeugungstäter Adenauer blieb «im Zwielichtigen», so der Historiker Karl Dietrich Erdmann in seiner umfangreichen Untersuchung über *«Adenauer in der Rheinlandpolitik nach dem Ersten Weltkrieg»*. Die Nationalsozialisten holten ein paar Jahre später den Vorwurf des Vaterlandsverrats wieder hervor, allerdings zogen sie nach Prüfung der Aktenlage daraus keine Konsequenzen. Noch später brandmarkten die Kommunisten in der DDR sein Handeln als «Anschlag auf Deutschlands Einheit». Adenauers innenpolitische Gegner in der Bundesrepublik versuchten mit dem Hinweis auf sein Verhalten in den zwanziger Jahren ihren Verdacht zu untermauern, er habe nie wirklich die Wiedervereinigung mit dem ihm seit jeher unsympathischen deutschen Osten gewollt.

War Adenauer ein Separatist?

Die Antwort darauf ist zum großen Teil ein Definitionsproblem. Wenn man unter Separatismus die Trennung von Preußen versteht – und so wurde dieser Begriff zunächst benutzt –, ist die Antwort ein uneingeschränktes Ja. Er wollte ein rheinisch-westfälisches Bundesland als Gegengewicht zu Preußen und als Friedensbrücke zu den westeuropäischen Nachbarstaaten. Deutschland sollte so dem Westen gegenüber «sympathisch» gemacht werden. An der Spitze dieses neuen Staates hätte dann automatisch der stärkste Förderer dieses Gedankens gestanden: Konrad Adenauer.

Wird unter Separatismus die Trennung der Rheinlande vom Reich verstanden, wird es schon schwieriger, Adenauers Haltung eindeutig auszumachen. Gleich nach Ende des Ersten Weltkriegs setzte er sich dafür ein, den Reichstag demonstrativ in den Westteil Deutschlands, entweder nach Limburg an der Lahn oder nach Koblenz einzuberufen. Auf dieser Sitzung sollte eine verfassungsmäßig zustande gekommene deutsche Reichsregierung an Stelle des Rats der Volksbeauftragten unter Friedrich Ebert bestätigt werden. Mit diesem Vorgehen, zu dem er durch General Wilhelm Groener vom Großen Hauptquartier auf Wilhelmshöhe in Kassel angeregt worden war, wollte er französischen Annexions-Bestrebungen entgegenwirken. Seinen Appell erließ er «namens der Metropole der nach untrüglichen Mitteilungen aufs äußerste gefährdeten Rheinlande».

Wenige Wochen später, im Januar 1919, nahm Adenauer an einem Treffen von Politikern, Journalisten, Professoren und Industriellen im Haus des Kölner Bankiers von Stein teil. In einem Protokoll dieser Beratungen heißt es: «Es herrschte Einstimmigkeit darüber, daß die Rheinisch-Westfälische Republik kommen müsse; daß aber, um sie ins Leben zu rufen, eine militärische Macht notwendig sei, und daß diese nur im Einvernehmen mit der Entente aufgestellt werden könne.» Wirkten solche Überlegungen nicht eher als Hinwendung zu französischen Plänen für die Aufstellung einer eigenen Rheinland-Armee denn als Bekräftigung der Bindungen ans Reich?

1923 schlug Adenauer in einer Denkschrift an den französischen Kommissar Tirard vor, in dem westdeutschen Bundesstaat eine internationale Gendarmerie aufzustellen. Und selbst den Gedanken eines «Pufferstaats» war er bereit zu akzeptieren – allerdings nur als das kleinere Übel gegenüber einer Annexion. «Wenn wir nur Pufferstaat werden», so der Kölner Oberbürgermeister zu einem Mitglied der deutschen Waffenstillstandskommission, «so haben wir wenigstens noch Aussicht, wieder einmal zu Deutschland zu kommen.»

Im Gegensatz zu den von Frankreich ausgehaltenen Separatisten wollte Adenauer keinen auf das linke Rheinufer beschränkten biedermeierlichen Kleinstaat. Unabhängig von nationalen Überlegungen wollte Adenauer als Vertreter des westdeutschen Bürgertums keinen Staat ohne eigene industrielle Basis.

Der französische Präsident Poincaré schrieb an seinen Statthalter in Deutschland, Tirard: «Was Adenauer betrifft, so scheint es, daß seine ständig wechselnden Verhaltensweisen uns die größte Vorsicht ihm gegenüber auferlegen muß.» Tirard seinerseits sah in dem Oberbürgermeister aus dem britisch besetzten Köln offensichtlich so etwas wie einen Agenten Londons, er hielt in einem Bericht an seine Regierung in Paris fest: «Adenauer wird von den Franzosen nicht mehr als persona grata angesehen.» Der französische Staatsmann Georges Clemenceau erinnerte sich in seinem Buch *«Größe und Tragik eines Sieges»* an Adenauer ebenfalls als an den Mann, auf den das Scheitern der Separatistenbewegung unter Dorten zurückzuführen sei.

Daß Adenauer überhaupt einmal als Komplize von Landesverrätern verunglimpft werden konnte, hat er sich auch selbst zuzuschreiben. Persönlich noch ohne eindeutige Orientierung, hielt er in dem tastenden Bemühen, einen begehbaren Weg zu finden, auch mit einem Mann wie dem Monokel tragenden Johann Adam Dorten intensiver Kontakt, als es ihm später in seiner Erinnerung lieb war. Nach den Niederschriften Adenauers hat es zwei Begegnungen gegeben. In den Archiven finden sich aber Belege für sechs Begegnungen zwischen Adenauer und Dorten zwischen Dezember 1918 und März 1919. Vorhanden ist auch ein Telegramm Adenauers an Dorten vom 30. Januar 1919, das die Zusammenkunft vom 1. Februar 1919 mit der Grundsatzrede Adenauers ankündigt: «Versammlung findet Samstag hier statt.»

Adenauer datiert den ersten Kontakt auf den Januar 1919: «Ich kannte Dorten nicht. Er machte keinen schlechten, wohl aber einen sehr unüberlegten Eindruck.» Die zweite von Adenauer festgehaltene Begegnung fand am 3. März 1919 statt. Vorab darüber informiert, daß Dorten inzwischen auf rasche Initiativen zur Verwirklichung der Westdeutschen Republik drängte, hatte Adenauer zu diesem Gespräch einen Zeugen hinzugezogen, den Major Kroeger aus dem Großen Generalstab. Als ihn Dorten, wie erwartet, wegen seiner zögerlichen Haltung attackierte – «Wir haben auf Ihre Fahne geschworen. Sie sollten unser Führer sein. Sie aber haben die Fahne und uns im Stich gelassen!» –, wies Adenauer ihn zurück. «Ich habe ihm erwidert», so Adenauer später in einer Aktennotiz, «auf eine derartige, in solchem Ton gestellte Anfrage gebe ich Ihnen überhaupt keine Antwort.» Diese Begegnung, die nach Adenauers Erinnerung damit endete, daß er Dorten aus seinem Zimmer wies, war auf jeden Fall der letzte direkte Kontakt zwischen beiden. Wenige Wochen später mobilisierte Dorten seine bewaffneten Trupps, aus den zeitweiligen Weggefährten wurden erbitterte Gegner.

Auch die Kontakte zu Joseph Froberger trugen dazu bei, daß sich über Adenauers eigenes Rheinlandkonzept Schlieren legten. Der schreibende Pater Froberger, der mit seinen Leitartikeln in der *Kölnischen Volkszeitung* als erster die Idee eines Rheinstaats verbreitete, hatte einen Hang zu nachrichtendienstlicher Aktivität. Bis heute allerdings weiß niemand genau, für wen der polyglotte Theologe, der neben sämtlichen europäischen Sprachen auch zahlreiche arabische Dialekte beherrschte, wirklich tätig war. Legationsrat Trautmann vom Auswärtigen Amt vermutete in ihm einen Mann der Briten und schlug vor, Froberger nach Berlin zu locken und ihn dort in Schutzhaft zu nehmen. Der französische Geheimdienst lobte in einem Bericht vom Mai 1919 Frobergers «klare Francophilie» – ein solch eindeutiges Urteil war bei den stets mißtrauischen Franzosen äußerst selten. Der Berliner Historiker Henning Köhler vermutet gar, Froberger habe zusammen mit seinem Verleger Franz Xaver Bachem für eine Million Mark die geistige Haltung der *Kölnischen Volkszeitung* an Paris verkauft und sie zum Propagandablatt für die französischen Kriegsziele gemacht. Doch auch der Obersten Heeresleitung wird Froberger als Nachrichtenmann zugeordnet.

Als «ganz unpersönliche Arbeitskraft», so die Selbstbeschreibung Frobergers in einem Brief an Adenauer, betrieb der Pater die Vorbereitung einer Zusammenkunft von Rheinland-Aktivisten am 10. März 1919 im Kölner Zivilkasino, auf der eine möglichst baldige Volksabstimmung am Rhein über die Bildung der Westdeutschen Republik gefordert wurde. Dieser Beschluß – an der Versammlung nahm Adenauer zeitweise als Zuhörer teil – lief eindeutig darauf hinaus, die Kompetenzen der Reichsregierung zu übergehen. Adenauer ging wenig später auf Distanz zu jener Kasino-Runde. Über Froberger jedoch, der dann weiterhin auf eigene Faust mit französischen Militärstellen verhandelte und dabei unter Mißachtung der alleinigen Zuständigkeit der Reichsregierung das Modell anbot, die neue Rheinische Republik müsse ein neutraler Freistaat unter dem Schutz des Völkerbundes sein, mochte Adenauer nicht den Stab brechen: «Über Froberger habe ich kein Urteil, ich weiß nicht, was er für ein Mann ist.»

Das Handeln des Pragmatikers Adenauer geriet in den innenpolitischen Wirren nach dem Ersten Weltkrieg zwangsläufig zu einem variantenreichen Finassieren. Er selbst hatte wie immer eine schlichte Erklärung für alles, als er 1953 seinem offiziellen Biographen Paul Weymar sagte: «Wenn ich nach dem Zusammenbruch (1918) zunächst für die Schaffung eines Rheinischen Bundesstaates eingetreten bin, so geschah es, um dem Separatismus, der die Abtrennung des linken Rheinufers vom Reich propagierte, den Wind aus den Segeln zu nehmen.»

Adenauer zog sich von der Autonomie-Bewegung zurück, als er erkannte, daß sie ohne Chance war. Vielleicht auch deshalb, so im Rückblick der Kölner Bibliothekar Leo Schwering, in den zwanziger Jahren Zentrumsmitglied und später CDU-Mitbegründer, weil er seine Position als Oberbürgermeister von Köln gefährdet glaubte.

Es gelang ihm nicht, mit seinem Konzept schon die zwanziger Jahre zur «Ära Adenauer» zu machen. Als Konrad Adenauer 1923 zum zweitenmal mit seinen Vorstellungen einer eindeutigen West-Orientierung scheiterte, prägte ein anderer Mann jener Zeit seinen Namen auf. «Mit der Ära Stresemann», so der CSU-Minister und Politik-Professor Hans Maier, «verschwand der Name Adenauer aus der Reichspolitik.»

«Ganz und gar die Art eines Diktators»

Konrad Adenauer, der Alleinherrscher von Köln

Der Oberbürgermeister der Besiegten

Die «Ära Adenauer» beschränkte sich in den zwanziger Jahren auf Köln. Erst aus der Perspektive späterer Jahre ergibt sich eine andere Sicht: Es war «eine Ära Köln» im Leben Konrad Adenauers.

Das von den Briten besetzte Köln war nicht nur geographisch, sondern auch politisch eine Insel in den Wirren der von den Franzosen gehaltenen Rhein-Ruhr-Zone. Adenauer, der nach dem Ende des Ersten Weltkriegs die britischen Besatzer als einen Ordnungsfaktor gegen die Revolution in Köln willkommen geheißen hatte, arbeitete zielstrebig auf ein erträgliches Miteinander mit den Militärbehören hin. Schon in den ersten Stunden der Besatzungszeit machte er dabei durch subtile Gesten deutlich, daß die Rolle des Besiegten nicht die Hinnahme von Erniedrigungen einschließt. Als zwei Offiziere eines britischen Vorkommandos Adenauer in seinem Amtszimmer aufsuchten, sich in die Sessel lümmelten und die Asche ihrer brennenden Zigaretten auf dem Teppich verstreuten, klingelte der Oberbürgermeister nach dem Büroboten: «Die Herren wünschen Aschenbecher.»

Eine Stunde später erschien der englische Kommandeur, General Lawson, in Adenauers Büro, unterm Arm ein paar hundert Exemplare der ersten Proklamation der Besatzungsmacht. Ihre fünfzehn Paragraphen bescherten der Bevölkerung drastische Auflagen: Ausgangssperre ab 20 Uhr; Licht in Privathäusern nur bis 21.30 Uhr; Radfahren, Telefonieren und Telegrafieren nur mit Genehmigung der Besatzungsmacht; das Verbot, zu Pferde durch die Straßen zu reiten; Ausweispflicht und die Aufforderung, auch unmilitärische Waffen wie Schrotflinten bei den Militärbehörden abzuliefern. Paragraph 13 forderte: «Alle Deutschen männlichen Geschlechts müssen ihre Achtung vor den britischen Offizieren durch Ziehen der Kopfbedeckung zeigen.» Als Adenauer den Text gelesen hatte, sagte er zu General Lawson: «Ich kann mir nicht vorstellen, daß ein britischer Gentleman

Wert darauf legt, ein besiegtes Volk in dieser Weise zu demütigen.» Auf Lawsons Antwort: «Ich habe lediglich den Auftrag erhalten, Ihnen diese Proklamation zu übergeben», nahm Adenauer das Paket und legte es demonstrativ in einer Ecke seines Zimmers nieder: «Ich werde Ihren Befehl ausführen, soweit es mein Gewissen zuläßt.» Lawson sagte beim Abschied: «Machen Sie sich keine Illusionen. Das eben war nur die Vorspeise. Was das Dinner bringt, läßt sich heute noch nicht sagen.»

Die Proklamation wurde nie angeschlagen. Aber auf Adenauers Vorschlag hin marschierten die britischen Truppen tags darauf durch die Stadt, damit sich die Bevölkerung mit ihnen vertraut machen könnte. In einem Merkblatt, mit dem er sich an die «Lieben Schüler und Schülerinnen!» wandte, mahnte Adenauer, «nichts zu tun, was Euch die Feindseligkeit der fremden Soldaten zuziehen kann. Seid höflich und zurückhaltend!» Die Kölner bestaunten den Aufmarsch als eine Art außerkarnevalsmäßigen Umzug.

Auf Adenauers Bitten hin wurde das Requirieren von Lebensmitteln durch die britischen Truppen abgeschafft. Bald schon konnte der Oberbürgermeister das Arrangement von Siegern und Besiegten als Kölner Modell feiern: Die Bevölkerung der Domstadt unterscheide sich von «anderen deutschen Städten», weil sie von gemischter Abstammung und Blutmischung sei. Persönlich fand Adenauer zu den Spitzen der Besatzungsbehörde «Kontakte freundschaftlicher Art» (Sohn Max Adenauer). Der britische Major Julian I. Piggott, Kommissar der Inter-Alliierten Rheinlandkommission in Köln, war oft Gast im Hause Adenauer, später kümmerte er in England sich darum, für Adenauers Tochter Ria einen Universitätsplatz zu finden. Sir George Sidney Clive, der britische Militärgouverneur, wurde Ratgeber und Vertrauter in der Phase, als Adenauer seine Überlegungen zu einer «Westdeutschen Republik» entwickelte. Piggott und Clive sollten Konrad Adenauer 1934 wiedertreffen, als er nach seiner Amtsenthebung durch die Nazis in Berlin um rechtliche und politische Rehabilitierung kämpfte. Zu der Zeit war Clive in London Marschall des Diplomatischen Corps geworden. In getrennten Interventionen bei den Nazi-Behörden stellten die beiden Briten damals heraus, daß Adenauer stets strikt gegen die Separatisten-Bewegung aufgetreten sei – Zeugnisse, die zu jener Zeit, als die Nazis noch um gute Beziehungen zu London bemüht waren, Adenauers Position stärkten.

Weder Niederlage noch Besatzung, weder Inflation noch die eigenen Rheinstaat-Ambitionen konnten Adenauer darin bremsen, Köln zur westlichen Metropole auszubauen. Im Gegenteil. Niederlage? Jetzt fiel doch der einengende Festungspanzer weg und machte dem Grüngürtel Platz. Besatzung? Da es im Rheinland keine deutschen Soldaten mehr geben durfte, bot es sich an, die Deutzer Kürassier-Kaserne in ein «Rheinisches Museum» umzubauen und mit einer pazifistischen Rede dafür zu werben: «Niemand als wir sehnen stärker den Tag herbei, an dem der Friede Europas nicht mehr gegründet ist auf eine möglichst große Zahl von Flugzeugen, U-Booten, von Gaswaffen und wie die Mordinstrumente alle heißen.» Inflation? Mit billigem Geld konnten Anleihen und andere Schuldaufnahmen zurückgezahlt werden – die «Stadt Köln gehörte damit zu den Inflationsgewinnlern», konstatiert die offizielle Adenauer-Festschrift der Stadt aus dem Jahr 1976. Rheinstaat-Ambitionen? Solange sie noch eine Chance hatten, waren sie ein zusätzliches Motiv, Köln «Hauptstadtcharakter» zu verschaffen; als sie scheiterten, bot das Jahr 1925 die Gelegenheit zu einer glanzvollen Feier der tausendjährigen Zugehörigkeit der Rheinlande zum Deutschen Reich.

In aller Unbefangenheit konnte da ein Vorwort für eine *«Illustrierte Geschichte der Stadt Köln»* aus dem Jahr 1924 vermerken: «Köln ist durch den Krieg wieder international geworden wie in der mittelalterlichen Blütezeit.» Glanzvoller Höhepunkt der Aufstiegsjahre Kölns wurde 1928 die «Pressa». Mit sicherem Sinn für die damals neuen Medien hatte Adenauer eine internationale Schau von Zeitungen, Buchverlagen, Anzeigen- und Fotoagenturen organisiert. Ausländische Gäste, wie den französischen Politiker Edouard Herriot, empfing er von gleich zu gleich. Die aus aller Herren Ländern angereisten Journalisten, von Adenauer mit Zigarren in Friedensqualität zu zwei Mark das Stück bei Laune gehalten, machten den Kölner Oberbürgermeister weit über die deutschen Grenzen hinaus bekannt. Zufrieden registrierte er, daß «die Pressa in mancher Richtung hin im Ausland sehr gut gewirkt hat».

Als Architekten seines neuen Köln hatte sich Adenauer den erfolgreichen Hamburger Architekten Fritz Schumacher geholt.

Wie er den zögernden Baumeister abwarb, schilderte Schumacher in seinen Erinnerungen: «Er opferte einen Nachmittag zu einem Ausflug ins Siebengebirge, um alle seine diplomatischen Künste auf mich loszulassen» – bis sich Schumacher, der «nicht mit der Zähigkeit gerechnet» hatte, «mit der dieser Mann ein einmal gestecktes Ziel verfolgt», schließlich entschloß, nach Köln zu kommen. Vom neuzuschaffenden Grüngürtel, den er auf einem neun Meter langen Modell mit Bäumchen, Weihern, Wiesen und Plätzen zusammenbastelte, bis zur Anlage eines neuen Industriegebiets, vom Bebauungsplan des Domplatzes bis zum Müngersdorfer Stadion skizzierte Schumacher das Köln der Zukunft – «der Oberbürgermeister folterte mich geradezu mit dem Verlangen, Bauten von mir zu sehen; er hatte von den Grenzen der menschlichen Leistungsfähigkeit bei seinen Mitarbeitern keine Vorstellung».

Schumacher konnte sich nicht vorstellen, «wie diese Dinge ohne wirtschaftliche Katastrophe enden sollten», bewunderte aber die Kühnheit des Oberbürgermeisters, der zu einer Zeit handelte, wo «eine Beschäftigung mit großen Problemen der Zukunft fast als Frevel gegenüber den heiligen Rechten der Gegenwart wirkte». Solche Skrupel kannte Konrad Adenauer nicht – im Gegenteil: «Zeiten einer politischen Katastrophe sind besonders geeignet, etwas Neues zu schaffen!»

Reichsbankpräsident Hjalmar Schacht machte ihm wegen seiner ungebremsten Kreditaufnahme Vorwürfe. Gustav Stresemann regte sich darüber auf, daß Adenauer nicht nur einen Messeprachtbau errichtete, sondern sich zugleich auch rühmte, dort die größte Orgel der Welt eingebaut zu haben. Er warf ihm vor: «Was soll ich den Vertretern fremder Mächte antworten, wenn sie mir sagen, daß alle diese Dinge den Eindruck machen, als wenn Deutschland den Krieg nicht verloren, sondern den Krieg gewonnen hätte.» Adenauer reagierte mit einer schlichten Gegenrechnung: den 301 Millionen Mark Schulden seiner Stadt stehe ein Vermögen von 926 Millionen gegenüber – so als ob er bei Tilgungsschwierigkeiten ein Schulgebäude, ein Theater oder ein Rathaus verkaufen könnte. «Wir alle in Deutschland, auch die Städte, leben über unsere Bedürfnisse», gestand der Oberbürgermeister unbekümmert ein und vertraute dem Städtebauer Fritz Schumacher seine finanzpolitische Theorie an: «Wer heute über Geld nachdenkt, denkt über etwas nach, was es gar nicht mehr gibt.» Eine Überzeugung, die er konservierte. Der Regierende Bürgermeister

Willy Brandt lernte vom Ex-OB Adenauer, als er ihm die Pläne für den Verkehrsausbau Berlins vorführte, Geld sei dazu da, «herbeigeschafft und ausgegeben zu werden».

Tauchten Schwierigkeiten auf – neben den normalen Querelen, die jede Kommune schon bei der Anlage einer Einbahnstraße hat, kamen Inflation und Besatzungsmacht hinzu –, dann erwachten in Adenauer «die Phantasie des Taktikers und die Leidenschaft des großen Schachspielers» (Fritz Schumacher). Oder auch die gewitzte Schlauheit des Kölners. Als Adenauer am Hansaring ein 17geschossiges Hochhaus bauen lassen wollte, protestierte der «Rheinische Heimatschutz». Damit werde der schönste Blick auf den Kölner Dom, den man vom Bayenturm aus habe, vernichtet. Adenauer, sein Architekt und die Vorsitzenden des Heimatschutz-Vereins bestiegen den Bayenturm. Der Kölner Dom war auch ohne das «Hochhaus» nicht zu sehen. Als die Besuchsgruppe wieder im Wagen saß, erledigte der Oberbürgermeister die Angelegenheit endgültig auf seine Weise. «Kennen Exzellenz die schöne Geschichte von der frommen alten Jungfer, die sich darüber beklagte, daß die vor ihrem Hause angelegte Badeanstalt ihr Schamgefühl verletze?» ging Adenauer die Heimatschützer an und erzählte weiter: «Die Kommission kam in ihre Wohnung und stellte fest, daß man von keinem der Fenster aus in die Badeanstalt hineinsehen konnte. Aber bitte, meine Herren, sagte die fromme Jungfer, steigen Sie doch mal auf diesen Tisch, dann werden Sie Greuel erleben.»

Bei allem Sanierungseifer aber blieb der Kölner Oberbürgermeister Adenauer das Gegenstück zu jenen Stadtoberhäuptern, die nach dem Zweiten Weltkrieg Deutschland mit der Planierraupe entseelten. Kein Denkmal, das in öffentlichem Besitz war, wurde abgebrochen oder entstellt. Seine damalige Sicht der Aufgaben des Städtebaus – «unsere Aufgabe ist, hierdurch soviel der Nachwelt zu überliefern, wie möglich ist» – würde ihm heute ungeteilten Beifall sichern. Sätze, die er im Jahr 1930 sprach, haben neue Aktualität gewonnen – etwa: «Ich bin der Auffassung, daß das Auto nicht der Alleinherrscher der ganzen Stadt sein darf ... Köln und die Straßen des alten Köln sind nicht in erster Linie für das Auto da ... Ich empfehle, lieber gegenüber den für die Autos geltenden Forderungen eine etwas übertrieben ablehnende Haltung einzunehmen. Die Automobilisten bescheiden sich nicht, die kommen doch mit ihren Anforderungen.» Umsichtiger Oberbürgermeister sollte er sein Leben lang bleiben, auch als Bundeskanzler. «Lassen Sie sich nicht von Modernisten in die Irre führen. In 20 Jahren wird man diese Betonklötze nicht mehr sehen wollen. Diejenigen aber, die den Geist der alten Bauwerke zu neuem Leben erwecken, werden damit etwas Unsterbliches schaffen», rief er 1953 auf einer Feierstunde der Kölner Duftfabrik 4711 aus. Seinen Sohn, den Stadtdirektor Max Adenauer, ärgerte er bei einer Einweihungsfeier für das in nüchterner Fabrik-Architektur gebaute neue Wallraf-Richartz-Museum mit der lakonischen Bemerkung: «Ich weiß nicht, warum ihr dat hier Museum nennt, dat sollte Wallraf-Richartz-Werke heißen.»

Auf zwölf Jahre gewählt, zugleich Repräsentant der Stadt wie auch Chef ihrer Verwaltung, Vorsteher des Stadtparlaments mit vollem eigenen Stimmrecht, die Beigeordneten nicht als kollegiale Vertreter zur Seite, sondern als reine Hilfskräfte, konnte Adenauer dank der Rheinischen Städteordnung wie ein Souverän sein Köln regieren. Er konnte Beschlüsse des Stadtparlaments aufheben, wenn er fand, daß sie den Interessen der Stadt zuwiderliefen. Er holte sich von der preußischen Regierung die ministerielle Genehmigung zur Universitäts-Neugründung, regelte die Finanzierung mit Kölner Bankiers, ehe er die Stadtverordneten überhaupt informierte. Ohne Information des Stadtparlaments handelte er auch mit der preußischen Staatsregierung das «Umlegungsgesetz» aus, das ihm das Recht gab, die für die Anlage des Grüngürtels benötigten Flächen des Festungsrayons zu enteignen. Allenfalls den Stadtkämmerer weihte er bisweilen in seine Finanzplanungen ein – und das war Willi Suth, sein Schwager.

Im Entwurf einer Rede Adenauers an die Stadtverordnetenversammlung vom April 1927 steht ein Satz, den er zwar wieder durchstrich, der aber, in den Archiven enthalten, die früheste Offenbarung seines Demokratieverständnisses ist: Er habe doch «die Pflicht, bei der Stadtverordnetenversammlung darauf hinzuwirken, daß sie den Beschluß faßt, den ich für den richtigen halte». Dem mit ihm weitläufig verwandten Beigeordneten Greven lieferte er die kaum noch nötige Interpretation nach: «Ich bin gar nicht bange, Herr Greven, mit den Stadtverordneten fertig zu werden, sei es mit den Herren, sei es gegen sie.»

Zum klassischen Kabinettstück dieser Adenauerschen Regierungskunst geriet der Bau der Mülheimer Brücke. Eigentlich schien alles klar. Das Stadtparlament war entschlossen, dem Votum einer Jury von international bekannten Architekten und Vertretern der Kommune zu folgen, die sich für eine Stahlträger-Bogenbrücke der Firma Krupp entschieden hatte. Das Preisgericht hatte seinen Beschluß mit großer Mehrheit gefällt, neun gegen zwei Stimmen. Eine der beiden Gegenstimmen aber kam von Konrad Adenauer. Aus ästhetischen Gründen wollte der Kölner Oberbürgermeister eine Hängebrücke. Mit nahezu lyrischen Worten warb er für seine Idee: «Kennzeichnend für unsere schönsten Bauwerke ist das Strebende, Leichte und Heitere. Dieser unserem Boden und unserer ganzen Art eigenen Bauweise wird das sich nach oben verjüngende, leicht beschwingte Element der Hängebrücke ganz anders gerecht als das Lastende, nach unten Ziehende der Bogenbrücke.»

Doch diesmal hatte sich die Mehrheit der Abgeordneten entschieden, sich nicht dem Willen des Oberbürgermeisters zu beugen, allein schon, weil die Krupp-Brücke wesentlich billiger war als die Hängebrücke. Jetzt zog Adenauer alle Register seines taktischen Geschicks. Der unter ihm arbeitende Städtische Oberbaurat Max Woltmann versorgte ihn mit einem Gutachten, in dem der fachlich hochklingende Begriff «Horizontalschwung» geprägt wurde, um darzutun, daß der weiche Untergrund die schwere Bogenkonstruktion nicht tragen könnte. Dem Kostenargument hielt Adenauer entgegen, daß die Hängebrücke von einer Kölner Firma gebaut werden könnte und damit Arbeitsplätze sichere. Mit einem vertraulichen Telegramm an den preußischen Kultusminister mobilisierte er den Landeskonservator und erreichte die Einberufung eines anderen Preisgerichts. In Einzelgesprächen bearbeitete er die Stadtverordneten. Bei einem Streifgang hatte Adenauer unter dem Alten Rathausturm ein Gewölbe entdeckt, wo die Tinte der städtischen Verwaltung aufbewahrt wurde. Hier hatte er einen Weinkeller und eine Trinkstube einrichten lassen. Das war der ideale Ort, um Mehrheiten zu organisieren. Entscheidend wurde ein gemütliches Zusammensein mit den Kommunisten. Sie waren seine persönlichen Gäste bei Wein und üppigem Essen. Als die Stimmung fortgeschritten war, erläuterte der Oberbürgermeister den Kommunisten, daß die Ingenieure der fortschrittlichen Sowjetunion schon längst von der Technik des Bogenbrückenbaus abgekommen seien und nun Hängebrücken errichteten, die gerade auch Leningrad sein modernes Aussehen gäben.

In der entscheidenden Sitzung des Stadtparlaments sprachen sich plötzlich 43 Stadtverordnete für die Hängebrücke aus, nur 36 dagegen. Die Kommunisten, die bislang Adenauer als führenden Vertreter des reaktionären Großkapitals bekämpft hatten, stimmten mit der Zentrumsfraktion für das Lieblingsprojekt des Oberbürgermeisters. Einer ihrer erkrankten Abgeordneten ließ sich sogar auf einer Trage in den Sitzungssaal schleppen, um seine Stimme dem Oberbürgermeister zu geben.

Mehrheiten sollten für Adenauer nie eine Weltanschauungsfrage sein. «Adenauer hat – und das halte ich wirklich für das Geheimnis seiner Erfolge – die bemerkenswerte Fähigkeit, in Richtung seines Vorteils Gefühle zu entwickeln», diese zutreffende Beschreibung lieferte einmal der sozialdemokratische Oppositionsführer im Kölner Stadtparlament, Robert Görlinger. Sie behielt nicht nur für die Oberbürgermeisterzeit Gültigkeit.

Dem späteren Bundeskanzler Konrad Adenauer bescheinigte der Publizist Carl Amery «jenes Gespür für persönliche Verhältnisse in der Politik, das man nur in Rathäusern lernt». In der Tat: Mit der wachen Witterung des sozialen Aufsteigers für Machtstrukturen hatte Adenauer frühzeitig erkannt, daß in seiner Heimatstadt eine außerparlamentarische Koalition von Kapital, Kirche und Besitzbürgern über mindestens ebensoviel Einfluß gebot wie die gewählten Stadtvertreter. Die Cliquenwirtschaft hatte sich in den über Jahrhunderte fremdregierten Rheinlanden mit dem Netz ihrer Beziehungen eine eigene Infrastruktur geschaffen. Der «rheinische Klüngel» war ein System der inneren gesellschaftlichen Stabilisierung.

Den ersten Zugang zu diesem System hatte Adenauer durch seine Heirat gefunden. Emma Weyer stellte die Verbindung zu drei alteingesessenen Kölner Familien her. Großvater Johann Peter Weyer war Stadtbaumeister gewesen, seine in einer Privatgalerie untergebrachte Gemäldesammlung von über 600 Bildern hatte internationalen Ruf, mußte allerdings nach einer mißglückten Börsenspekulation zum größten Teil versteigert werden. Adenauers Schwiegermutter war eine geborene Wallraf, deren Mutter wiederum stammte von den Berghaus ab, ebenfalls «rheinischer Uradel». Adenauer baute diese Verbindungen systematisch aus – zu den jüdischen Geschäftsleuten Louis Hagen und Paul Silverberg («Der kleine Stinnes»), zu dem politisierenden Bankhaus-Chef Johann Heinrich von Stein und dessen Nachfolger Baron von Schröder, der als Hitler-Finanzier noch zweifelhaften Ruhm errang. Der Industrielle Otto Wolff und der Bankier Robert Pferdmenges gehörten zur Kölner Artusrunde ebenso wie der Erzbischof, Kardinal Schulte. Adenauers Geschwister sorgten für weitere Verbindungen. Schwester Lilli heiratete den Beigeordneten Willi Suth (nach dem Zweiten Weltkrieg Oberstadtdirektor von Köln), Bruder August heiratete in die Familie Greven ein (Schwager Wilhelm Greven war Beigeordneter der Stadt), und Bruder Hans schließlich wurde Geistlicher.

Alle Eigenschaften eines Führers

Der Soziologe Max Weber unterscheidet zwischen Politikern, die aus Gesinnungsethik, und denen, die aus Verantwortungsethik handeln. Als Verantwortungspolitiker brauchte Adenauer keine theoretisch überhöhte Rechtfertigung seines politischen Pragmatismus. Sein Machtinstinkt wies ihm immer den Weg durch die ideologischen Klippen.

Frühzeitig hatte er die Unzulänglichkeiten seiner Zentrumspartei erkannt. Er sah, daß die Enge ihrer vom katholischen Klerus diktierten Positionen im Industriezeitalter zwangsläufig den politischen Abstieg bedeutete. Als Präsident des Deutschen Katholikentages 1922 rief er dazu auf, das Zentrum in eine inter-konfessionelle «Partei der Mitte» umzuwandeln. «Wir müssen beim Kampf für die Geltung christlicher Grundsätze in den öffentlichen Dingen bei den Nicht-Katholiken Bundesgenossen suchen.» Sein Appell blieb ohne Wirkung. Konrad Adenauer zog daraus persönliche Konsequenzen. Als Oberbürgermeister mied er bis zur Amtsenthebung durch die Nazis im März 1933 jede nach außen sichtbare parteipolitische Betätigung. Er war weder Vorsitzender der Kölner Zentrumspartei noch Vorsitzender des rheinischen Zentrums; auch im preußischen oder Reichszentrum nahm er nie ein bedeutendes Parteiamt wahr.

Um so leichter fiel es Adenauer, Verbindungen zu den politischen Gegnern der Zentrumspartei, insbesondere den Sozialdemokraten, aufzunehmen. Das Verhältnis zwischen Adenauer und der Kölner SPD war mehr als ein reines Zweckbündnis, wie etwa die Abstimmungskoalition mit den Kommunisten. Es war geprägt von einer gewissen politischen Affinität bei der Überwindung von Kriegsnot und sozialem Elend, aber auch von Sentimentalität und persönlichen Wertschätzungen. In seiner Einführungsrede als Oberbürgermeister hatte Adenauer in fast weihevollen Worten, die wie das Eingeständnis eines persönlichen Versäumnisses klangen, ein verstecktes Angebot zur Zusammenarbeit formuliert: «Unsere soziale Kenntnis hat der Krieg erweitert und vertieft: Der Hebung aller Klassen, die einer solchen bedürfen, muß unsere soziale Arbeit gelten, und sie muß sich erstrecken auf alle Gebiete des menschlichen Lebens. Mit warmem Herzen und starkem Willen wollen wir die neuen Wege sozialer Erkenntnis, die ein Geschenk des Krieges ist, gehen.»

Aus dieser Einstellung kann durchaus eine Konstante in Adenauers politischer Ausrichtung gelesen werden.

Gegen konservative Widerstände bezog Adenauer die Sozialdemokraten in die Verwaltung der Stadt mit ein. «Schlosser Haas» und «Hausbursche Schäfer» seien in Köln zu Beigeordneten gewählt worden, empörte sich im Jahr 1920 die *Zeitschrift des Vereins für Höhere Kommunalbeamte*. Adenauer bog das Vorurteil in eine Argumentation zugunsten der Sozialdemokraten um. «Man kann meines Erachtens sachlich begründete Vorwürfe aus der Vorbildung der Herren nicht herleiten.» Die Sozialdemokratie könne ja gar keine anderen Männer präsentieren, «da sie bisher nach Lage der Verhältnisse nur wenige Anhänger in den begüterten Kreisen gehabt hat, aus denen die Anwärter mit akademischer Ausbildung zu stammen pflegen».

Eine emotionale Solidarität schien ihn mit den Sozialdemokraten zu verbinden – die allerdings nie ein Hemmnis für schärfste parteipolitische Agitation war. Bis ins hohe Alter erzählte Adenauer zwei Erlebnisse aus seiner Kindheit in nahezu einem Atemzug: von Priestern, die, als Bauern verkleidet, während Bismarcks Kulturkampf in den

Scheunen der Eifel die Messe abhielten, stets in Gefahr, ins Gefängnis geworfen zu werden; und wie auf einer Weihnachtsfeier in seiner Kindheit Fotografien herumgereicht wurden, die zeigten, wie in Leipzig auf Grund der Bismarckschen Sozialistengesetze Sozialisten in ihren Wohnungen unter dem Christbaum verhaftet wurden, um außer Landes gewiesen zu werden.

Zwischen Adenauer und dem führenden Kölner Sozialdemokraten Wilhelm Sollmann, der ihm als Vorsitzender der Kölner Arbeiter- und Soldatenräte begegnet war, entwickelte sich bei aller politischen Gegnerschaft eine enge Beziehung. Zu den wenigen Briefen, in denen der Oberbürgermeister eine Spur von Herzlichkeit einfließen ließ, gehört ein Schreiben aus dem Jahr 1929 an Sollmann: «Meine Frau und ich sehen Sie hoffentlich recht bald einmal mit Frau und Kind bei uns. Mit besten Grüßen, Ihr ergebener Adenauer.» Ein besonderes Vertrauensverhältnis herrschte auch zwischen Adenauer und dem sozialdemokratischen Beigeordneten Johann (Jean) Meerfeld, einem gelernten Sattler und späteren Journalisten. Wenn Adenauer als Präsident des preußischen Staatsrats mit dem Schlafwagen nach Berlin fuhr, ließ er für Meerfeld, der dem Gremium gleichfalls angehörte, ein Bett im Nebenabteil mitreservieren.

Natürlich zog Adenauer aus diesen Beziehungen auch Nutzen. Meerfeld setzte bei seinen Berliner Parteigenossen die Kölner Universitätsgründung durch, die die Kultusverwaltung des wilhelminischen Preußen jahrelang verweigert hatte. Sollmann war ein wertvoller Mitstreiter beim Grüngürtel-Projekt. Nur mit seiner Hilfe gelang es Adenauer, im Stadtparlament den politischen Kampf gegen die enteigneten Grundstücksbesitzer zu bestehen, die fünfzig Prozent ihres Bodens umsonst abzutreten hatten und gegen Adenauer als «Steigbügelhalter des Sozialismus» eine Mehrheit im Stadtparlament zu mobilisieren suchten. Die Sozialdemokraten wußten es ihm zu danken: Zum 50. Geburtstag des Oberbürgermeisters, am 5. Januar 1926, schrieb die sozialdemokratische *Rheinische Zeitung*: «Auch der politische Gegner kann nur wünschen, Herrn Adenauer noch recht lange an der Spitze Kölns zu sehen.»

Seine Machtfülle erlaubte es Adenauer, die Sitzungen des Stadtparlaments mit leichter Hand zu führen. Sein Sinn für praktische Lösungen, oft gesteigert zum Hintersinn, der ihm die Lacher sicherte, ersparte ihm meist, noch so heftige Streitigkeiten als Grundsatzauseinandersetzungen bewältigen zu müssen.

Als 1922 die Sozialdemokraten beantragten, Hohenzollernring und Kaiser-Wilhelm-Ring nach den ermordeten Demokraten Walter Rathenau und Matthias Erzberger umzubenennen, empörten sich die deutschnationalen Mitglieder. Darauf ein kommunistischer Stadtverordneter: Wenn die Mehrheit des Hauses nicht ohne Hohenzollern-Erinnerung leben könne, dann «nennen Sie doch die Kammacher-Gasse Hohenzollern-Straße» – dort hatten die ehrbaren Handwerker der Straßen-Prostitution Platz gemacht. Es kam zu heftigen Tumulten. Der kommunistische Abgeordnete ergriff schließlich sein Wasserglas, um es dem liberalen Fraktionsvorsitzenden an den Kopf zu werfen. Sozialdemokraten und Zentrumsanhänger schoben sich zwischen die Kampfhähne und konnten im letzten Moment eine Schlägerei verhindern. Konrad Adenauer hob die Sitzung auf. Bei der nächsten Tagung standen keine Wassergläser mehr da, sondern nur noch Pappbecher. Zugleich benutzte er auch den Vorfall, um seine disziplinarischen Befugnisse auszuweiten: Er erhielt von nun an das Recht, Stadtverordnete für mehrere Sitzungen von der Versammlung auszuschließen.

Als einmal Kommunisten und Nationalsozialisten versuchten, einen Sparhaushalt der Stadt mit insgesamt 72 Abänderungsanträgen zu Fall zu bringen, ließ Adenauer durch Aufstehen über sämtliche Anträge abstimmen, und zwar im immer schneller werdenden Tempo. Die Nationalsozialisten gerieten außer Atem, sie fühlten sich lächerlich gemacht. Ihr Stadtverordneter Josef Grohé protestierte: Er könne doch nicht ständig «auf und nieder machen». Ein kommunistischer Stadtverordneter rief ihm – laut Protokoll «unter stürmischer Heiterkeit der Versammlung» – zu: «Sie sind doch fürs Exerzieren! Aufstehen! Hinlegen!»

Adenauer regierte Köln mit «eiserner Faust», notierte der Brite Harold Nicolson im März 1929. Er hatte den Kölner Oberbürgermeister besucht und kam um einiges klüger aus dem Rathaus: «Einer der Haupttricks besteht darin, daß man um sich eine Atmosphäre von Hast und Aufregung verbreitet, selber aber so ruhig ist wie das Zentrum eines Taifuns.»

Adenauers Fähigkeit zur Konzentration war bereits seinem Stadtbaumeister Fritz Schumacher aufgefallen. Ohne Zwischenpause würden ihm die verschiedensten Vorgänge, «meist höchst verwickelte Dinge», auf seinen Schreibtisch gelegt. Doch Adenauer behandele jede Angelegenheit so, als wäre es das einzige in der Welt, das ihn beschäftige. Und er hatte Sinn fürs Detail: mit Reichskanzler Hans Luther führte er eine ausgedehnte Korrespondenz über die Erneuerung der Lampen im Großen Saal des Gürzenich; seine Mitarbeiter nervte er mit Aktennotizen, in denen es hieß: «Dieser Tage hatte ich Gelegenheit zu beobachten, wie gut es sich machte, als Möwen um den Pressa-Turm flogen. Ich bitte die Frage zu prüfen, ob sich irgendwelche Vögel dadurch, daß man ihnen Nistgelegenheit schafft, auch ganz oben ansiedeln lassen können. Allerdings wird die Verschmutzungsgefahr, namentlich, wenn es sich um Tauben handelt, ja auch nicht außer acht gelassen werden dürfen.» Ein anderes Mal notierte er nach einer Dienstreise durch Holland: «Das gute und freundliche Aussehen der Häuser wurde wesentlich gehoben durch die Art, wie die Fenster sitzen und dadurch, daß häufig um die Fenster ziemlich breite Fensterzargen geführt sind, die überall tadellos im Anstrich gehalten waren.» Nun regte er auch für Köln Klinkerbauten an.

Erwischte er einen im Dienst rauchenden Pförtner, waren Lorbeerbäume bei einem großen Empfang nicht richtig gerückt, schwatzten die Garderobenfrauen oder wurden bei einem Festmahl Zigarren zu spät verteilt – der Kölner Oberbürgermeister Konrad Adenauer konnte dann einen umfangreichen Schriftwechsel beginnen, zu jedem Punkt einen «eingehenden Bericht» anfordern und die Nennung der Schuldigen innerhalb von drei Wochen verlangen. Persönlich machte er sich auf den Weg, um zu überprüfen, ob das Rathaus am Rosenmontag abends weisungsgemäß leer und abgeschlossen war – er kannte ja seine lebensfrohen Kölner. Generell galt, daß die Fraktionen im Rathaus nur bis zehn Uhr abends tagen durften, die Rathauswachen hatten ihm jedes Überschreiten der Zeit, und sei es auch nur um eine Viertelstunde, zu melden.

Mit Städtebau, Universitätsgründung, Förderung von Museen und Theater zeigte sich Adenauer als moderner Oberbürgermeister. Zugleich aber blieb er der engstirnige katholische Zentrumspolitiker, für den es keine uneingeschränkte Freiheit von Wissenschaft und Kunst gab, sobald es um Fragen der katholischen Grundanschauung ging. Der international geachtete Philosoph Max Scheler gehörte zu den

Gründern der Universität und trug viel zu ihrem Ansehen bei. Als sich indes Scheler entgegen den Erwartungen Adenauers vom katholischen Philosophen zum Kultursoziologen wandelte, machte ihm der Oberbürgermeister durch kleinliche Kürzung seiner Finanzen und Verweigern von Forschungsreisen das Leben schwer. Scheler ging schließlich verärgert nach Frankfurt. Adenauer schrieb an das Kultusministerium nach Berlin, «daß im ganzen genommen sein Scheiden von Köln ein Gewinn für die Universität sei».

«Aus moralischen Gründen» ließ Adenauer Bartóks Oper *«Der wunderbare Mandarin»* nach einer einzigen Aufführung im Kölner Opernhaus absetzen, und mit derselben Begründung nahm er sogar eigenhändig Textänderungen in Brechts *«Dreigroschenoper»* vor. 1925 setzte er durch, daß das Anti-Kriegs-Bild *«Der Schützengraben»* des Expressionisten Otto Dix aus dem Wallraf-Richartz-Museum entfernt wurde. Als das Museum ein Jahr zuvor das Bild angekauft hatte, war es in ganz Deutschland zu erregten Diskussionen gekommen. Das Dix-Gemälde zeigte Menschenteile in einer vergasten Trichterwüste. Adenauer nannte es ein «tendenziöses Machwerk schlimmster Sorte» und «ohne jede künstlerische Bedeutung». Vehement stellte sich Max Liebermann vor seinen Kollegen. Er bezeichnete Adenauers Kritik als «Dummheit». Zunächst hatte das Bild auf Betreiben des Oberbürgermeisters hinter einem Vorhang zu verschwinden, der nur auf besonderen Wunsch aufgezogen wurde. Dann wurde die Überweisung der fälligen Kaufsumme von 10000 Reichsmark gesperrt. Der Verkäufer, der Berliner Galerist Nierendorf, wollte es nicht auf einen Prozeß ankommen lassen und nahm das Gemälde zurück. Nach 1933 wurde das Bild, es hing inzwischen in der staatlichen Sammlung in Dresden, beschlagnahmt und in der Ausstellung «Entartete Kunst» vorgeführt.

Für den Direktor des Wallraf-Richartz-Museums war die Angelegenheit mit der Entfernung des Bildes nicht beendet. Er verlor seinen Posten, nachdem ihm der Ankauf eines gefälschten Marées-Bildes nachgewiesen werden konnte.

Einen anderen ihm unliebsamen Museumsdirektor zwang Adenauer wegen einer Liebesaffäre zum Ausscheiden. Dem Oberbürgermeister war zugetragen worden, daß der Kunsthüter im Dienstzimmer mit einer Assistentin «Unzucht treibe». Adenauer bezog selbst

Beobachtungsposten, um festzustellen, ob man tatsächlich einen ungehinderten Einblick in das Dienstzimmer habe.

Adenauers persönliche Vorliebe galt sakralen Kunstwerken. Die Madonnenbilder des gotischen Malers Stephan Lochner und der Kölner Schule waren für ihn Ausdruck höchster Vollendung. Er schätzte auch noch einige Niederländer, die Ehefrau Emma Weyer aus Familienbesitz mit in die Ehe gebracht hatte. Diese Kunstauffassung war die ungebrochene Reflexion der Darlegungen katholischer Kunsthistoriker, die der Theologieprofessor Josef Mausbach auf dem Katholikentag 1903 in Köln vorgetragen hatte: Kunst sei nur in enger Verbindung mit der katholischen Kirche entstanden. Noch 1950 belehrte Adenauer den Diplomaten Wilhelm Haas über die Kulturgrenze in Deutschland. Hamburg mit seinem materialistischen Denken kenne keine echte Kultur.

«Alle Eigenschaften eines Führers» hatte die Pariser Zeitung *temps* schon frühzeitig an Konrad Adenauer ausgemacht. Als «Duce von Köln» titulierte ihn sein sozialdemokratischer Gegenspieler Sollmann. Das war noch Ironie. Doch in Berlin streute Gustav Stresemann vor dem Vorstand seiner Deutschen Volkspartei gezielte Verdächtigungen aus: «Es geht ein Raunen durch das Land von illegalen Bestrebungen zur Ersetzung der Verfassung durch Diktaturpläne und ähnliches. Trotz der herzlichen Beziehungen, in denen der Oberbürgermeister von Köln zu Großmächten Europas steht, in denen diese Regierungsform besteht, glaube ich, daß wir vom Faschismus noch weit entfernt sind.» Der Brite Harold Nicolson, dessen Blick nicht durch politische Rivalität getrübt war, sah Adenauer ähnlich: «Ganz und gar die Art eines Diktators. Es ist keine Art, die mir zusagt, aber es ist eine Art, die man, hat man sie einmal gesehen, nie wieder vergißt.» Und für Nicolson stand fest, daß bei einem Versagen des Parlamentarismus in Berlin Adenauer gerufen würde, «damit er eine Art von faschismo einführe».

Wie eine Bestätigung dieser Charakterisierungen wirkte ein Glückwunschtelegramm, das Adenauer 1929 an den italienischen Diktator Benito Mussolini schickte. Der hatte gerade die Lateranverträge mit dem Vatikan geschlossen, und über den Telegrafendraht feierte ihn der Kölner Oberbürgermeister: «Ihr Name wird in die Annalen der katholischen Kirche mit goldenen Lettern eingetragen werden.»

Dennoch gab es – die autoritäre Amtsführung und das Telegramm an Mussolini einmal beiseite gelassen – keinen Anlaß, Adenauer zu unterstellen, er favorisiere eine antidemokratische Reichsverfassung. Im Gegenteil. Mehrfach hatte Adenauer Bekenntnisse zur Republik abgelegt und dabei Mut und Konsequenz gezeigt. Kurz zuvor erst hatte er sich geweigert, zwei als nationale Helden umjubelte Ozeanflieger zu empfangen. Die beiden Piloten, Hermann Köhl und Günther Freiherr von Hünefeld, hatten zum erstenmal die Luftpassage von Europa nach Amerika geschafft. Der Grund für Adenauers Boykott: Die beiden Deutschen hatten zuerst Kaiser Wilhelm II. in seinem Exil in Doorn ihre Aufwartung gemacht. Die Deutschnationalen entrüsteten sich über Adenauers Haltung und blieben geschlossen seinem Empfang zur Eröffnung der Pressa fern.

Der überzeugte Republikaner

Die gleiche Haltung hatte Adenauer bereits in den zurückliegenden Jahren gezeigt. So war er demonstrativ einer von seinem Nennonkel und Vorgänger im Amt des Oberbürgermeisters Max Wallraf organisierten Bismarck-Feier ferngeblieben, auf der er als Hauptredner vorgesehen war. Entgegen einer vorherigen Absprache war der Versammlungssaal mit den schwarz-weiß-roten Farben der untergegangenen Monarchie an Stelle des Schwarz-Rot-Gold der Republik geschmückt worden. Adenauer telegrafierte an Wallraf: «Da der heutigen Reichsflagge bei der Ausschmückung des Saales die ihr zukommende Ehrenstelle nicht zugewiesen ist, bedaure ich, an der heutigen Veranstaltung nicht teilnehmen zu können.»

Den spektakulärsten Zwischenfall aber hatte der republikanische Gesinnungstäter Adenauer im Jahr 1922 heraufbeschworen. Das Spezielle an diesem Spektakel waren die Besetzung – Adenauers Gegenspieler war Michael Kardinal von Faulhaber – und die Bühne – der

Deutsche Katholikentag, dem der Kölner Oberbürgermeister präsidierte. In der Festhalle war keine Reichsflagge angebracht. Adenauer bestand wieder einmal darauf, die schwarz-rot-goldenen Farben aufzustellen. Als man ihm entgegnete, es sei keine Fahne zu bekommen, erwiderte er, man möge sich dann an eine der Behörden wenden, dort werde es schon eine offizielle Reichsfahne geben. Schließlich wurde die gewünschte Fahne geholt und, wie Adenauer später in einer Niederschrift festhielt, «nach heftigem Widerstreben wenigstens an einer versteckten Stelle des Saales in vorsichtiger Weise gezeigt».

Zum eigentlichen Eklat aber kam es erst gegen Ende des Katholikentages. Der mit dem Königshaus der Wittelsbacher verbundene Kardinal Faulhaber hatte in einer Ansprache die Revolution als «Meineid und Hochverrat» verdammt und die aus ihr hervorgegangene Republik wegen dieses «Kainsmals» angegriffen. Die Schlußrede hielt Adenauer als Präsident des Katholikentages. Mit der Einleitungsfloskel «wo viel Licht ist, da ist viel Schatten» begann er seine Abrechnung mit dem Kardinal: «Es sind hie und da Äußerungen gefallen, die man sich aus Verhältnissen örtlicher Natur erklären kann, hinter denen aber die Gesamtheit der deutschen Katholiken nicht steht. Unsere Einigkeit in der Einschätzung und Bewertung mancher Dinge leidet unter der Verschiedenheit unserer Beurteilung der gegenwärtigen staatlichen Verhältnisse ... Es verrät Mangel an historischem Blick, die heutige Verfassung verantwortlich zu machen für die heutigen Zustände.» Noch während Adenauers Rede war es zu Unruhe gekommen, von der Ehrentribüne riefen Geistliche: «Schmeißt den Kerl doch hinaus!» Kardinal Faulhaber, sichtlich erregt, war mit dem Zwischenruf «Oho! Oho!» aufgestanden und wollte die Kundgebung demonstrativ verlassen. Adenauer meisterte die Situation, indem er seine Rede abbrach, den Kardinal um den Schlußsegen bat und ihn damit zum Bleiben nötigte.

Unterhalb der Tribüne kam es dann zu einem direkten Zusammenstoß zwischen Adenauer und dem Kirchenfürsten. Faulhaber hielt dem Oberbürgermeister vor: «Sie haben unserem König nicht die schuldige Achtung erwiesen. Das lassen wir uns nicht gefallen. Wenn Sie als gut katholisch sein wollender Mann, als Vertreter der deutschen Katholiken hier so reden, dann bedaure ich die deutschen Katholiken.» Adenauers Antwort: «Herr Kardinal, ich bedaure aufs lebhafteste Ihre Ausführungen ... Wenn diese Ihre Leute die deutschen Katholiken sind, dann bedaure ich den Heiligen Vater!» Aus Furcht, tätlich angegriffen zu werden, war Adenauer danach eine Weile in dem Festsaal geblieben.

Dieser Adenauer sollte prädestiniert sein, eine Art Faschismus einzuführen? Diesem Mann sollte eine heimliche Neigung zu Diktaturplänen unterstellt werden? Wer nicht – wie der ausländische Rathaus-Besucher Nicolson – zu raschem Urteil kam, wer nicht – wie Gustav Stresemann – herabsetzende Gerüchte ausstreuen wollte, dem drängte sich ein anderes Bild auf. Die Berliner Sozialdemokraten jedenfalls, sicher mit den feinsten Sensoren für undemokratische Umtriebe ausgestattet, konnten sich durchaus einen Reichskanzler Konrad Adenauer vorstellen. Und sie konnten es insbesondere deshalb, weil man bei ihm nach den Worten des SPD-Reichsfinanzministers Rudolf Hilferding «die republikanische Staatsform in guten Händen wüßte».

Als Oberbürgermeister der zweitgrößten Stadt in Preußen, der drittgrößten im Reich gehörte Konrad Adenauer qua Amt zur Führungsreserve der Weimarer Republik, in einer Reihe etwa mit den Oberbürgermeistern Karl Jarres (Duisburg) oder Hans Luther (Essen). Zweimal wurde Adenauer von der Reichstagsfraktion des Zentrums zu Verhandlungen über eine Regierungsbildung nach Berlin berufen, siebenmal wurde sein Name im Zusammenhang mit Kabinettsänderungen genannt. Bezeichnend für sein «standing»: Anders als bei seinen beiden Kollegen wurde Adenauer niemals für ein Ministeramt benannt, stets nur für den Kanzlerposten. Und bezeichnend auch: Adenauer war vor allem der Kanzlerkandidat des christlichen Gewerkschaftsflügels im Zentrum.

Das erste Mal hatte ihn der Vorsitzende der christlichen Gewerkschaften, Adam Stegerwald, im Mai 1921 als Regierungschef vorgeschlagen, nachdem Reichskanzler Konstantin Fehrenbach unter dem Druck ultimativer Zahlungsforderungen der Siegermächte zurückgetreten war. Zur Diskussion stand eine Erneuerung der «Weimarer Koalition» von Zentrum, DDP, SPD. Adenauer war zur Übernahme des Kanzleramts nur unter einer Reihe von Bedingungen bereit – unter anderem dürfte in nächster Zeit nicht sozialisiert werden, und angesichts der Wiedergutmachungsforderungen müsse der Acht-Stunden-Arbeitstag, eine Errungenschaft der Weimarer Republik, wieder abgeschafft und durch eine neunstündige Arbeitszeit ersetzt werden. Die Bedingungen, so sagte Adenauer, seien nicht etwa gestellt als «verklausulierte Ablehnung». Doch sie wirkten genau so. Statt Adenauer wurde schließlich der Zentrumsmann Joseph Wirth Reichskanzler, ohnehin der favorisierte Kandidat des sozialdemokratischen Reichspräsidenten Friedrich Ebert.

Das zweite Mal, im Mai 1926, wurde es ernster. Wieder einmal war eine Regierung in Berlin gestürzt worden. Reichskanzler Hans Luther hatte die Verordnung erlassen, daß die deutsche Handelsmarine auf den Meeren die kaiserlichen Farben Schwarz-Weiß-Rot führen sollte, nur in einer Gösch links oben sollten die Republikfarben Schwarz-Rot-Gold gezeigt werden. Die Sozialdemokraten hatten sich daraufhin geweigert, weiter mit ihm zusammenzuarbeiten. Konrad Adenauer, auch diesmal wieder von Adam Stegerwald gerufen, stellte erneut Bedingungen. Er bestand auf einer Großen Koalition aus SPD, Zentrum, Deutscher Demokratischer Partei und der Deutschen Volkspartei, der Gustav Stresemann angehörte. In einem Gespräch mit Adenauer aber lehnte der Fraktionsvorsitzende der DVP, Ernst Scholz, eine Zusammenarbeit mit den Sozialdemokraten ab. Er begründete dies – unter anderem – mit der Haltung der SPD in der Flaggenfrage, obgleich die sozialdemokratischen Führer sich inzwischen bereit erklärt hatten, die Verfügung zu tolerieren.

Es ging indes nur vordergründig um Koalitionsfragen. Die eigentliche Auseinandersetzung spielte sich hinter der Bühne ab, es war ein persönlicher Machtkampf zwischen Adenauer und Stresemann.

Schon das Ringen um die Westdeutsche Republik war bestimmt gewesen von der gegenseitigen Aversion dieser politisch und persönlich grundverschiedenen Männer. Gustav Stresemann, Sohn eines Berliner Biergroßhändlers, rundlich und redegewandt, hatte wenig gemein mit dem hageren Juristen Konrad Adenauer und dessen sprödem, auf Distanz bedachtem Auftreten. Während der Rheinländer Adenauer eine eindeutige Ausrichtung der Außenpolitik nach Westen forderte, versuchte Stresemann durch ein System von Verträgen und Allianzen – Locarno-Vertrag mit dem Westen, Freundschaftsabkommen mit der Sowjetunion – für Deutschland in der Tradition der Bismarckschen Außenpolitik eine Mittelposition zwischen Ost und West zu erlangen. Nach einem kurzen Zwischenspiel als Reichskanzler war Gustav Stresemann *der* Außenminister der Weimarer Republik geworden, ständig agierend und meist wichtiger als die rasch wechselnden Reichskanzler.

In einer Niederschrift hat Konrad Adenauer festgehalten, mit welchen Vorbehalten er in die anstehenden Koalitionsverhandlungen ging. Ihm mißfalle «dieses Unstete und Schaukelnde an der deutschen Außenpolitik»; er könne die bisherige Außenpolitik «nicht gerade als glücklich ansehen». Wohl aus der Erkenntnis, daß eine einseitige, nach Westen ausgerichtete Politik des Reiches nicht mehr möglich war – für die Rechten war das Wort «Europäer» bereits zum Schimpfwort geworden –, formulierte Adenauer nun einen Leitsatz, der auf einen Mann wie Stresemann wie Selbstkastration wirken mußte: «Deutschland soll sich, als ein vollkommen waffenloses Volk, meines Erachtens aus allen Konflikten der anderen möglichst herauszuhalten suchen, bis man es brauche.»

Dennoch war es Adenauer klar, daß Stresemann im Kabinett bleiben müsse, aber er sähe «Schwierigkeiten mit ihm voraus, falls ich mich nicht mit ihm verständige». Bei einem Zusammentreffen mit dem DVP-Fraktionsführer Scholz, von Adenauer als «Unterredung», noch nicht als offizielle Koalitionsverhandlung verstanden, verlangte der Kanzlerkandidat, «daß ich ferner auch zur Bedingung machen müßte, daß ich mir nach ausführlicher Rücksprache mit den Parteien meine Minister selbst aussuche».

Mit seinem «Nein» zu einer Zusammenarbeit mit den Sozialdemokraten sprach Scholz faktisch das «Nein» der Stresemann-Partei zu einer Zusammenarbeit mit Adenauer aus. In seiner Niederschrift hielt Adenauer dann eine Ansicht des stellvertretenden Reichskanzlers, Reichswehrminister Otto Geßler, fest, in der sich wohl auch sein eigenes Urteil ausdrückte: «Herr Geßler vermutete, hinter allem stehe die Furcht des Herrn Stresemann, daß ich zu stark für ihn sei.» Jedenfalls blieb Stresemann in diesem Duell Sieger. Adenauer fuhr zurück nach Köln. Schon wenige Tage später gab die DVP ihren Widerstand gegen eine Große Koalition auf und wählte im Verein mit den Sozialdemokraten den Zentrumspolitiker Wilhelm Marx zum neuen Reichskanzler.

Hatte auch Adenauer auf das Scheitern dieser Verhandlungen über seine Kanzlerschaft hingesteuert? Als Kölner Oberbürgermeister war er auf zwölf Jahre gewählt, mit seiner Wiederwahl im Jahr 1929 konnte er fest rechnen. Als Reichskanzler in Berlin hingegen hätte er auf einem Schleudersitz gesessen. Die Reichskanzler kamen und gingen in atemberaubender Schnelligkeit. Als Adenauer in Berlin verhandelte, hatte die Republik in ihrem knapp achtjährigen Bestehen schon dreizehn Regierungen und neun Kanzler verschlissen. Der Adenauer-Vertraute Heinrich Krone meint: «Adenauer wurde 1926 nicht Reichskanzler, weil er den Posten in Wirklichkeit nicht haben wollte.» Schon auf Stegerwalds Depesche, dringend nach Berlin zu kommen, hatte Adenauer zögerlich reagiert. Er telegrafierte zurück, er könne nicht wie gewünscht schon am nächsten Tag in Berlin sein. In seiner Niederschrift bekannte er, daß er «keine Neigungen verspürte», den Reichskanzlerposten zu übernehmen.

Der Familienvater

Man dürfe Konrad Adenauer nicht als einen bloß «aufs politische Funktionieren reduzierten Menschen» sehen – daran erinnert der Zeitgeschichtler Hans-Peter Schwarz. Bewegte sich Adenauers Leben denn nicht fast ausschließlich auf dem Geleise von Pflichterfüllung und Machtinstinkt, von einer Position zur nächsten, vom Beigeordneten über den Ersten Beigeordneten zum Oberbürgermeister und Staatsratspräsidenten? Hoch aufgerichtet, stets im gedeckten Einreiher mit Weste und Uhrenkette, gestärktem Hemdkragen und Krawatte, so leitete Konrad Adenauer seit seinem Eintritt ins politische Leben Sitzungen, eröffnete mit leicht näselndem Rheinisch Messen, legte Grundsteine, hielt Ansprachen, empfing Staatsbesucher. Der Maßanzug saß ihm wie eine Uniform. Ein einziges Foto aus jener Zeit nötigt dem Betrachter ein Lächeln ab. Da steht Adenauer in mariner Maskerade auf dem neugebauten Kreuzer «Köln», hat ein mächtiges

Fernglas vor dem Bauch baumeln, auf dem Kopf eine Prinz-Heinrich-Mütze.

Strikt trennte Konrad Adenauer öffentliche Auftritte und das Privatleben. Nur selten lud er offizielle Gäste zu sich nach Hause ein. Dort hatte er bald eine große Familie. Mit seiner Familie in «Harmonie und Herzlichkeit verbunden zu sein», empfand er als «außerordentliche Gnade und großes Glück».

Ehefrau Emma brachte drei Kinder zur Welt, Konrad, Max und Ria. Der dreißigjährige Adenauer, der sich 1906 anschickte, als Beigeordneter die Geschichte der Stadt mitzulenken, kaufte nach der Geburt des ersten Sohnes «Koko» den pädagogischen Leitfaden von Adolf Matthias *«Wie erziehen wir unsern Sohn Benjamin?»*, dessen Erziehungsrezepte wiederholten, was er selber im Elternhaus erfahren hatte: daß Erziehung bedeute, den Charakter zu stählen – durch Verzicht oder auch gelegentliche Prügel.

Der Vater habe absolut wie ein biblischer Erzvater geherrscht, erinnerte sich der erwachsene Koko, und: «Wenn er vom Dienst heimkehrend das Haus betrat, nahm jeder im Haus, militärisch gesprochen, Haltung an.» Adenauer bestimmte, ob ein Kuchen gebacken wurde oder im Garten ein Rosenstock verpflanzt werden durfte.

Die Hierarchie im Hause Adenauer entsprach dem damaligen Idealbild bürgerlicher Familien. Ordnung hieß Unterordnung. Sparsamkeit, die bei Adenauer zur Marotte wurde, schloß Übermut aus. Alle vierzehn Tage erschien ein städtischer Angestellter und schor dem Vater und den beiden Jungen die Köpfe ratzekahl. «Das ist hygienisch und billig.» Sonntags allerdings, bei Ausflügen ins nahe Siebengebirge, lernten die Kinder einen anderen Vater kennen, einen, der lachen konnte und ihnen die Natur erklärte. Bei einer Wanderung durch die Wälder am Petersberg zur Weihnachtszeit mußten sich die Kinder die Augen zuhalten, und als sie wieder schauen durften, hatte der Vater eine kleine Tanne mit Süßigkeiten und glitzernden Silberfäden geschmückt.

Emma Adenauer kränkelte seit der Geburt ihres ersten Sohnes. Ihr zweiter Sohn, Max, kam 1910 ohne Komplikationen zur Welt. Von der Geburt der Tochter Ria (1912) aber erholte sich Emma Adenauer nicht mehr. Sie starb 1916 im 37. Lebensjahr. Ihre kranken Nieren konnten eine leichte Pilzvergiftung nicht mehr überwinden. Eigentlich hätte die geschwächte Frau kein Kind mehr empfangen dürfen. Adenauer-Biograph Gerd Bucerius: «Wohl verboten die Gesetze seiner Kirche den Umgang der Eheleute ohne den Willen zum Kinde. Aber mußte sich Adenauer dem beugen?»

Ein Tagebuch, das Konrad Adenauer ein Jahr später, am Silvestertag 1917, begonnen hat, ist eines der wenigen Zeugnisse, die einen Einblick in das Gefühlsleben dieses Mannes gestatten. Am Ende jenes Jahres, in dem er Oberbürgermeister wurde, schrieb er: «Das ganze Jahr ist erfüllt von Schmerz und Leid und Sehnsucht nach meiner teuren Frau. Sehr schwer lastet auch auf mir die Sorge um die Erziehung meiner geliebten Kinder, der ich mich kaum widmen kann; mutterlose Kinder – das ist etwas unendlich Trauriges ... In jungen Jahren zu einer großen Stellung berufen, bin ich ein viel beneideter Mann, und dabei arm, bitterarm!»

Adenauer setzte dieses Tagebuch nicht fort.

Konrad Adenauer heiratete im August 1919 ein zweites Mal. 1910 hatte er für seine Familie ein repräsentatives Bürgerhaus in der Max-Bruch-Straße im gediegenen Stadtteil Lindenthal gebaut. Sein Nachbar war der Professor für Dermatologie, Ferdinand Zinsser. Zu Lebzeiten von Emma Adenauer kamen die beiden heranwachsenden Töchter bisweilen auf Nachbar-Besuch. Die ältere, Auguste, genannt Gussie, ein musisch begabtes Mädchen, spielte den Adenauer-Kindern auf ihrer Geige vor. In den letzten Jahren des Ersten Weltkriegs wurden in den beiden aneinander grenzenden Gärten Kartoffeln gepflanzt. Nach dem Tod seiner Frau Emma suchte Adenauer mehr als bisher Zerstreuung im Garten. Noch vor der Fahrt ins Büro hackte er morgens die Kartoffelbeete. Mit Gussie, die immer häufiger zur selben Zeit ihre Anpflanzungen zu hegen begann, entwickelten sich Gespräche über den Gartenzaun. Der frischgebackene Oberbürgermeister erklärte ihr, wie man eine Hacke halten müsse, um mit dem kleinsten Kraftaufwand den größten Nutzeffekt zu erzielen. Die morgendlichen Gespräche dehnten sich von Tag zu Tag länger aus. Für die mißtrauischen Eltern Zinsser ein Wink mit dem Zaunpfahl. Sie schickten die verliebte Tochter auf «Entziehungskur» zu Verwandten nach Wiesbaden. Doch statt ein halbes Jahr dort zu bleiben, war Gussie nach ein paar Wochen schon wieder zurück und erklärte, sie werde auf Konrad Adenauer nicht verzichten.

Bei aller gegenseitigen Zuneigung war in diesem Fall gesagt nicht gleich auch getan. Adenauer war 19 Jahre älter als Gussie. Gussie war evangelisch, konnte der katholische Kölner Oberbürgermeister eine Mischehe eingehen? Nach Adenauers Meinung ging dies nicht. Ein halbes Jahr lang nahm Gussie bei seinem Bruder Hans, der zu der Zeit am Kölner Dom Priester war, Religionsunterricht. Danach wurde die Verlobung des Oberbürgermeisters von Köln bekanntgegeben. Am 25. August 1919 wurden Auguste Zinsser und Konrad Adenauer von dessen Bruder Hans getraut.

Auch diese Ehe brachte für Adenauer politisch wichtige Beziehungen. Es war für ihn allerdings damals noch nicht erkennbar, denn dieser Kontakt hatte mit dem «Kölner Klüngel» nichts zu tun. Gussies Eltern waren Rückwanderer aus Amerika. Ihr Onkel Georg Zinsser war ein erfolgreicher Geschäftsmann in den USA, dessen Tochter Ellen heiratete 1930 in New York einen Rechtsanwalt namens John McCloy. Der wurde zwanzig Jahre später Hoher Kommissar der amerikanischen Besatzungszone und damit oberster Dienstherr seines «Vetters», des ersten Kanzlers der Bundesrepublik Deutschland, Konrad Adenauer.

Im Juni 1920 brachte Gussie Adenauer ihr erstes Kind zur Welt. Es war ein Junge, der so schwach war, daß ein Priester zu einer Nottaufe gerufen werden mußte. Er erhielt den Namen Ferdinand. Er starb nach drei Tagen in den Armen seines Vaters. Die Mutter lag fiebernd im Wochenbett.

Gussie bekam vier weitere Kinder, Paul (1923), Charlotte, genannt Lotte (1925), Elisabeth, gerufen Libet (1928) und 1931 Georg – «Schorsch». Zusammen mit den Kindern aus der ersten Ehe, die zunächst Schwierigkeiten hatten, sich an die neue, junge Frau des Vaters als Mutter zu gewöhnen (der zehnjährige «Koko» Adenauer: «Ich habe sie ja noch mit der Mappe in die Schule gehen sehen») lebten nun neun Familienmitglieder im Haus in der Max-Bruch-Straße. Ein Anbau kam zum Haus, Repräsentationsräume für die seltenen offiziellen Empfänge des Oberbürgermeisters. Die Vorderfront des Hauses schmückten als eine Art Wappentiere drei Eulen.

Erst nach Adenauers Tod wurden weitete Dokumente bekannt, die wie das Tagebuch die Emotionen des Privatmanns Adenauer enthüllen. Es sind Briefe aus den Tagen des Zweiten Weltkrieges an den kränkelnden Sohn Paul, der zum Arbeitsdienst auf Sylt eingezogen worden war. «Wenn Nase und Stirnhöhle es nicht mehr tun: Keine falsche Scheu, jeder kann krank werden.» – «Wie ist Euer Trinkwasser? Gibt es dort Süßwasserquellen?» – Ein Paket sei an ihn unterwegs, es enthalte: «Lange Pelzweste mit Baumwollfutter versehen, weil der Pelz – Katzenjacke von Mutter – etwas Haare ließ, Ohrenschützer vom Pelz, ein Paar große, pelzgefütterte Fausthandschuhe. Wir dachten, Ihr bekämt dort Wadenbinden.» – «Froh bin ich, daß das Essen gut ist. Hast Du auch genug? Kannst Du nachhaben? Ich könnte mir denken, daß die Seeluft höllischen Hunger auslöst.» Mit behutsamen Ratschlägen versuchte Adenauer dem sensiblen Sohn die Auseinandersetzung mit der fremden Umgebung zu erleichtern und ihm Glaubenszuversicht zu vermitteln: «Du trägst in Deinem Innern einen Quell der Kraft, der immerfort strömt, auch wenn man es zuweilen nicht fühlt und sich ganz verlassen vorkommt.» – «Vergiß nie, daß der Geist doch auf die Dauer stärker ist als der Körper und daß das Ideelle immer siegen wird über das Materielle.» – «Teilt Ihr den Stubenkameraden von dem, was geschickt wird, mit?» Aber auch: «Es ist besser bei Dir, zu mißtrauisch als zu vertrauensvoll zu sein.»

Den Briefen, sie enden «in herzlicher Liebe» oder auch häufig «mit einem herzlichen Kuß», legte Adenauer mal ein Buch über Hölderlin, mal ein Gedicht von Geibel bei – «Sage es Dir öfter vor im stillen». Manchmal auch eine Flasche Schnaps: «Ich hoffe, daß Du Dich den weltlichen Freuden doch nicht zu sehr entziehst. Der Mensch und namentlich ein junger wie Du, braucht auch diese.»

Konrad Adenauer und das Geld

1929 stand die Neuwahl des Kölner Oberbürgermeisters an. Konrad Adenauer konnte sich unangefochten fühlen. Er war schließlich Oberbürgermeister, Präsident des Staatsrats, Vorsitzender der Zentrumsfraktion im Staatsrat, Vorsitzender im Provinzialausschuß, dem Exekutivorgan des Provinziallandtags, Vorstandsmitglied des Deutschen und Preußischen Städtetages, Präsident des Rheinischen Städtetages, Vorsitzender des Kuratoriums der Universität Köln; dazu noch Aufsichtsratsvorsitzender der Köln–Bonner Eisenbahn AG, der Gemeinnützigen AG für Wohnungsbau, der Kölner Messe und Ausstellungs GmbH, der Rheinischen Luftverkehrsgesellschaft mbH. Er saß im Aufsichtsrat der Rheinischen Verkehrsgesellschaft AG, der Deutschen Lufthansa AG und der Deutschen Bank.

Sein Jahresgehalt als Oberbürgermeister betrug 33 000 Reichsmark, dazu kam eine Aufwandsentschädigung von 4800 Reichsmark und Wohnungsgeld zum Unterhalt seines Hauses Max-Bruch-Straße 6 in Höhe von 43 000 Reichsmark. Als Staatsrat erhielt er eine Entschädigung von 6000 Reichsmark jährlich. Hinzu kamen seine Nebeneinnahmen aus Wirtschaftsunternehmen, die pro Jahr die Höhe von 50 000 Mark erreichten. Der an seiner Stelle 1926 zum Reichskanzler gewählte Wilhelm Marx bezog 55 000 Mark im Jahr. Mit der Summe seiner Einkünfte stand der Kölner Stadtchef besser da als der Reichspräsident oder der Reichskanzler. Allerdings: Selbst sein sozialdemokratischer Gegenspieler in Köln, Robert Görlinger, der auf den nach Berlin gewechselten Sollmann gefolgt war, gestand zu, daß guter (Stadt-)Rat auch teuer sei. Er verhinderte, daß die SPD einen Antrag der Wirtschaftspartei im Kölner Parlament unterstützte, sämtliche Bezüge Adenauers auf 35 000 Mark jährlich zu beschränken: «Wir wußten, daß Adenauer in der Industrie mehr verdienen konnte. Man hatte ihm eine Stellung mit 200 000 Mark Gehalt angeboten.»

Zum Geld hatte der Kölner OB immer eine sinnliche Beziehung gehabt – aber nur im Rahmen bürgerlicher Schicklichkeit: gutes Geld für gute Leistung. Schon als junger Beigeordneter, kaum ein Jahr im Amt, hatte er in einer Eingabe an den damaligen Oberbürgermeister von Becker um eine kräftige Aufstockung seiner Bezüge nachgesucht. Doch der Mann, der seinen Mitbürgern «mäßigen Besitz» zum Leitbild setzte, geriet als Fünfzigjähriger auf Abwege. Der Generaldirektor der Vereinigten Glanzstoff-Fabriken AG, Fritz Blüthgen, hatte ihm auf der Frühjahrsmesse 1928 einen Insider-Tip gegeben. Für sein gesamtes Vermögen, zum großen Teil die Mitgift seiner inzwischen verstorbenen Frau Emma, mit der die Erziehung ihrer Kinder gesichert werden sollte, und mit geliehenem Geld hatte Adenauer 7000 Aktien einer amerikanischen Tochterfirma der Glanzstoff gekauft. Den Kredit hatte ihm sein Duzfreund, der Filialdirektor der Deutschen Bank, Anton Brüning, besorgt. In der Weltwirtschaftskrise 1929 sackte der Kurs der Papiere in den Keller. «Wenn ich jetzt das ganze Geschäft liquidiere, so würde ich knapp 40 Prozent meines Vermögens noch retten und über 60 Prozent verloren haben», klagte der glücklose Spekulant in einem Brief an den Glanzstoff-Generaldirektor. Im Gegensatz zu anderen Spekulanten, die nach dem Schwarzen Freitag an der New Yorker Börse in Armut leben mußten, war Adenauer nicht gewillt, diesen Schlag so einfach hinzunehmen. Auf sein Drängen hin füllte Blüthgen das Depot Adenauers mit «leihweise» zur Verfügung gestellten Aktien aus einem in Holland gehüteten schwarzen Fonds der Glanzstoff-Werke im Werte von rund 1 Million Reichsmark auf. Die Leihgabe kam nie zurück.

Die Affäre wurde ruchbar und in Kölner Lokalzeitungen – schließlich war Wahljahr – breit ausgewalzt. Kein Wunder, daß Adenauer in einem Brief an Blüthgen «dringend und herzlich» um Hilfe bat, «damit die Angelegenheit, deren Erörterung im gegenwärtigen Augenblick besonders unangenehm und peinlich für mich ist, zur Ruhe kommt».

Doch Unannehmlichkeiten blieben ihm nicht erspart. Vom Stadtparlament wurde Adenauer gezwungen, seine Tantiemen als Aufsichtsrat der Deutschen Bank und der Rheinisch-Westfälischen Electricitätswerk AG künftig an die Stadtkasse abzuführen. Er mußte sich auch verpflichten, nur noch nach vorheriger Zustimmung des Stadtrats irgendwelche Nebenposten in der Industrie anzunehmen. Von Berlin aus wollte der inzwischen ins Amt gekommene Reichskanzler Heinrich Brüning, der die Wirtschaftskrise mit einer strikten Politik der Ausgabenkürzung zu meistern versuchte, Adenauers Gehalt und Repräsentationskosten heruntersetzen. Adenauer wehrte sich vehement dagegen.

Am 17. Dezember 1929 war die Stadtverordnetenversammlung zur Oberbürgermeisterwahl zusammengetreten. Gegen Adenauer kandidierten für die SPD deren Vorsitzender Görlinger, für die NSDAP der Rechtsanwalt Wilhelm Frick aus München. Adenauer gewann die

Wahl mit der denkbar knappsten Mehrheit von einer Stimme – es war die Stimme der Stadtverwaltung, also im Grunde seine eigene –, auch das wird sich noch einmal im Leben Adenauers wiederholen. Aber immerhin: Adenauer war wiedergewählt. Zwölf weitere Jahre hätte er nun Oberbürgermeister von Köln sein können. Am Ende seiner Amtsperiode wäre er 65, also pensionsreif. Er hatte schon feste Pläne für die Zeit danach. Er wollte Honorarprofessor werden, nicht ordentlicher Professor, das wäre zuviel Arbeit gewesen. Adenauer: «Es ist eben alles anders gekommen.»

«Es ist eben alles anders gekommen»

Konrad Adenauer und die Machthaber des Dritten Reichs

Die Zerschlagung der Weimarer Republik

Nach seiner Wahl zum Kölner Oberbürgermeister war Adenauer durch Erlaß Kaiser Wilhelms II. vom 25. Januar 1918 in das Preußische Herrenhaus berufen worden. In dieser Ständekammer hatte die Stadt Köln ein Präsentationsrecht. Nach dem Untergang der Monarchie war durch die neue «Verfassung des Freistaates Preußen» der preußische Staatsrat als eines der drei obersten Staatsorgane Preußens geschaffen worden – neben dem Landtag und der Regierung (Staatsministerium). Dieses Gremium setzte sich aus den Vertretern der preußischen Provinzen zusammen. Adenauer, dessen Zentrumspartei im Staatsrat nur eine Minderheit stellte, gelang es, sich die Unterstützung der Sozialdemokraten, der Unabhängigen Sozialdemokraten und der Demokraten zu sichern. Mit ihrer Hilfe wurde er gleich im ersten Anlauf 1921 zum Präsidenten des Staatsrates gewählt, mit großer Mehrheit schlug er seinen von den Deutschnationalen und der Volkspartei unterstützten Rivalen, den Duisburger Oberbürgermeister Jarres. Er behielt dieses Amt bis zur Machtergreifung durch die Nazis. Sein Nachfolger wurde Robert Ley, der allerdings nur zwei Sitzungen leitete, bis der Staatsrat in seiner alten Form von den Nazis abgeschafft wurde.

Bei der alljährlichen Wiederwahl präsidierte Adenauer meist selbst. Über zwölf Jahre lang behielt er die Unterstützung der Sozialdemokraten. Sein Gegenkandidat 1930 war Wilhelm Pieck. Der spätere erste Staatspräsident der DDR erhielt sechs Stimmen.

De jure bekleidete Adenauer damit eines der höchsten Staatsämter. De facto aber war er so etwas wie ein König ohne Land. Denn der Staatsrat hatte weit weniger Rechte als heute etwa der Bundesrat. Und die Rechte, die ihm eingeräumt wurden, konnte er in den wenigsten Fällen zur Geltung bringen.

Allerdings konnte der Präsident des Staatsrats im sogenannten «Drei-Männer-Kollegium» gemeinsam mit dem Ministerpräsidenten und dem Präsidenten des Landtags den preußischen Landtag auflösen – bei der Zerschlagung der parlamentarischen Demokratie in Preußen sollte Adenauer seine Schlüsselstellung einmal wirkungsvoll, wenn auch letztlich ergebnislos, ausspielen. Im ganzen «sollte der Staatsrat in einer etwas unbestimmten Weise ausgleichend wirken, zumindest im Sinne einer weiteren Gewaltenteilung», zu diesem Ergebnis kommt in einer Abhandlung Adenauers Enkel Konrad.

Die Zeitgenossen sahen den Staatsrat anders. Er bilde eine «Futterkrippe für politische Nullen», so ein Verfassungskommentar. Eine polemische Übertreibung: Mitglieder des Staatsrats waren auch Max Brauer und Ernst Reuter, die nach dem Zweiten Weltkrieg Bürgermeister von Hamburg und Berlin wurden. Der sozialdemokratische Staatsrat Ulrich Burmann beklagte sich auf einer Plenarsitzung darüber, daß der Staatsrat im Volk unbekannt sei, kein Droschkenfahrer wisse Bescheid, überall erfahre er eine schlechte Behandlung, es fehle sogar eine Inschrift am Gebäude.

Konrad Adenauer machte sich daran, dieses zu ändern, zumindest für seine Person. Im ständigen Kleinkrieg mit dem Landtagspräsidenten, der auch Hausherr des Staatsratsgebäudes war, sorgte er für Dienstsiegel, Dienstfreimarken, bat um Gebührenfreiheit für Telefone und Telegramme und darum, daß er unter «etat priorité» vorrangige Staatsgespräche führen dürfe.

Er kämpfte dagegen an, daß der Landtag seinen Titel «Präsident» in «Vorsitzenden» umändern wollte und versammelte alljährlich bei einem großen Staatsratsfest die politische Prominenz der Reichshauptstadt um sich. Reichspräsident Paul von Hindenburg sagte stets ab. Beim Kampf um eine Dienstwohnung obsiegte Adenauer allerdings erst gegen Ende seiner Amtszeit. Sie lag in der berühmten Wilhelmstraße, in unmittelbarer Nachbarschaft des preußischen Ministerpräsidenten, des Reichspräsidenten, des Reichskanzlers und des Auswärtigen Amtes. Bei der Einrichtung der Wohnung kümmerte sich Adenauer persönlich um die Auswahl der Stoffbezüge und die Anschaffung des Kühlschranks. Aus enteigneten Königsschlössern ließ er Möbel und Bilder ankarren. Fünf Tage im Monat weilte der Kölner Oberbürgermeister als Staatsrat in Berlin. Er sah in diesem Amt offensichtlich so etwas wie eine persönliche Gesandtschaft in der Reichshauptstadt, die ihm für Köln und sich selbst günstige Kontakte zu pflegen erlaubte.

Unter den Auswirkungen der Wirtschaftskrise liefen die Wähler in Scharen ins Lager der Nazis. Schlag auf Schlag erzielte die Hitler-Partei seit 1929 spektakuläre Erfolge in Landtags-, Kommunal- und auch Studentenwahlen. Bei der «Katastrophenwahl» vom 14. September 1930 schnellte die NSDAP im Reichstag von 12 auf 107 Abgeordnete hoch, zwei Jahre später bei den Landtagswahlen zum preußischen Landtag am 24. April 1932 eroberten die Nationalsozialisten 162 Sitze – bislang hatten sie ganze neun gehabt.

Im katholischen Köln hatten die Wähler dem Nationalsozialismus noch Widerstand geboten, bei der Kölner Kommunalwahl 1929 blieb die NSDAP mit nur 4,6 Prozent der Stimmen (Zentrum 34,9 Prozent, SPD 21,3 Prozent, Liberale 13,9 Prozent, KPD 13,7 Prozent) eine Splitterpartei. Sie stellte nur vier von 95 Abgeordneten. Mit ihr hatte Adenauer noch leichtes Spiel. Als er den NSDAP-Stadtverordneten Willy Ebel einmal aus dem Saal wies, drohte der: «Wir Nationalsozialisten kommen wieder, und dann räumen wir mit dieser Bude auf!» Konrad Adenauer nahm solche Drohungen ernst. Wiederholt versuchte er aus «Sorge um die politische Entwicklung», seinen inzwischen zum Kanzler gewählten Parteifreund Heinrich Brüning zu bewegen, die deflationistische Finanzpolitik aufzugeben. Um die durch die andauernden Reparationszahlungen belasteten Staatsfinanzen zu sanieren, verfolgte Brüning einen strikten Kurs von Einsparungen, Steuererhöhungen und Etatkürzungen, die er – ohne parlamentarische Mehrheit – auf dem Weg der «Notverordnung» durchsetzte. Als Folge dieser Politik wuchsen die Arbeitslosenzahlen sprunghaft an, ein sich ständig vergrößerndes Wählerreservoir der Nazis. Gegen Ende des Jahres 1931 betrug die Zahl der Arbeitslosen über 5,6 Millionen, ungefähr ein Zehntel der Gesamtbevölkerung.

1932 gelang es Reichspräsident Hindenburg erst im zweiten Anlauf, sich gegen seine Gegenkandidaten, den Kommunisten Ernst Thälmann und Adolf Hitler, durchzusetzen. Mit Hilfe der Stimmen des Zentrums und der Sozialdemokraten wurde er wiedergewählt. Zu jenen, die den Feldmarschall mit Wahlaufrufen unterstützten, gehörte auch der Kölner Oberbürgermeister: «Wir wählen Hindenburg als Vorbild eines jeden Deutschen mit treuester Pflichterfüllung und selbstloser Liebe zum Vaterland.»

Die Erfahrungen dieser Wahl sollten Brünings Schicksal besiegeln. Ihm, dessen Notverordnungspolitik er gegengezeichnet hatte, lastete der Reichspräsident die Verluste seiner Popularität an. So hatten ihn im ersten Wahlgang die Hälfte aller Deutschen nicht gewählt, unter den Abtrünnigen selbst die Bewohner Tannenbergs und des Masurischen Seenbezirks, Schauplatz seiner militärischen Triumphe im Ersten Weltkrieg.

Mit dem so eingestimmten Reichspräsidenten hatte der politisierende General Kurt von Schleicher, Chef des Ministeramts im Reichswehrministerium, leichtes Spiel. Auf seine Einflüsterungen hin kündigte Hindenburg Kanzler Brüning die weitere Unterstützung seiner Politik der Notverordnung auf, Brüning resignierte und reichte den Rücktritt seines Kabinetts ein. Zum Nachfolger ernannte Hindenburg den erzkonservativen ehemaligen Gardeoffizier und katholischen Adligen Franz von Papen. Ihm hatte der eigentliche Kanzlermacher Schleicher die Aufgabe zugeteilt, die Nazis durch Teilhabe an einer breiten nationalen Koalition zu domestizieren. Daß da der Schwanz mit dem Hund wackeln wollte, sollte bald deutlich werden.

Der Preis, den das Minderheitenkabinett von Papen für die Duldung durch die NSDAP zu zahlen hatte, war die Aufhebung einer von Brüning erlassenen Anti-Terror-Verordnung, die das öffentliche Auftreten von SA und SS verboten hatte. Kommunistenführer Ernst Thälmann nannte dies eine offene Einladung zum Mord. Er behielt recht. Täglich kam es von nun an zwischen den Sturmabteilungen der Nazis und ihren politischen Widersachern zu regelrechten Schlachten, allein in Preußen gab es innerhalb der nächsten fünf Wochen 99 Tote. Der preußische Ministerpräsident Otto Braun, seit der Aprilwahl 1932 ohne parlamentarische Mehrheit, stand dem Chaos hilflos gegenüber. Konrad Adenauer trat vergeblich dafür ein, gegen die Nazis mit rücksichtsloser Härte vorzugehen. Schon im Frühjahr 1932 erklärte er vor den Führungsgremien der Zentrumspartei, Hitler könne nicht mit Propaganda bekämpft werden, sondern nur mit Pulver und Blei. Würde man mit ihm diese harte Sprache nicht bald reden, «dann wird er sie in einem Jahr mit uns reden». Den preußischen Innenminister Carl Severing beschwor Adenauer – vergeblich –, die «ganze preußische Polizei» aufzubieten, da doch in der Luft liege, daß hier was passiere.

Es passierte am 20. Juli 1932. Reichskanzler von Papen setzte per Verordnung die preußische Regierung ab mit der Begründung, sie sei unfähig, die öffentliche Ordnung aufrechtzuerhalten, und machte sich selbst zum Reichskommissar für Preußen mit uneingeschränkter Befehlsgewalt. Mit seinem Handstreich, dem «Preußenschlag», beendete Papen nicht nur den alten Dualismus zwischen Preußen und dem Reich, sondern brachte auch die 90 000 Mann starke Polizeitruppe des größten Bundesstaates in seine Hände.

Für Adenauer war die Passivität, mit der Braun und Severing dies geschehen ließen, unbegreiflich. Nach seiner Meinung hätten sie die gut ausgerüsteten Truppen der preußischen Polizei mobilisieren müssen, um den Staatsstreich Papens niederzuschlagen. «Ich bin kein Revolutionär. Aber es gibt Momente, da kommt es auf den Mut an, und da muß man zuschlagen.» Er äußerte später: «Hätte man der Polizei dort Befehl gegeben, für Ordnung zu sorgen, sie hätte es geschafft.» Das Nichtstun der preußischen Regierung münzte er in den parteipolitischen Auseinandersetzungen nach dem Zweiten Weltkrieg in den Vorwurf an die SPD um, sie habe 1932 «ohne jede Spur des Widerstandes Preußen und das Reich der Reaktion und dem Nationalsozialismus ausgeliefert».

Weder die Polizei noch die Führung des Reichsbanners, eines paramilitärischen Verbands von SPD, Zentrum und DDP zum Schutz der Republik, unternahmen einen Versuch, Papen zu stoppen. Vergeblich warteten die Formationen des Reichsbanners auf Einsatzbefehle.

In seinen Lebenserinnerungen hat Papen später Adenauer beschuldigt, einen «vollendeten Hochverratsplan» gebilligt zu haben. Tatsächlich hatten Adenauer und der preußische Finanzminister Otto Klepper den Plan diskutiert, bei einem Angriff auf die preußische Regierung den Ausnahmezustand zu verhängen, das Reichsbanner zur Hilfspolizei zu erklären und zu bewaffnen, die Arbeiter zum Widerstand aufzurufen, den Sitz der preußischen Regierung nach Köln zu verlegen und die Staatsgelder dorthin zu überweisen. Auch wollten sie, so Klepper 1947 in einem Artikel, «Hindenburg diskret neutralisieren, die Reichsregierung sowie die Führerclique der NSDAP verhaften». Es blieb ein Plan.

Als Papen die Polizei Preußens in der Hand hatte, sah Adenauer sich gezwungen, seine Politik zu ändern. Er schwenkte ein auf die Linie des

Zentrums, eine Zusammenarbeit mit den Nationalsozialisten anzustreben – sowohl im Reich als auch in Preußen. In einer Notiz Adenauers vom 1. August 1932, die offensichtlich zur Information Papens gedacht war, erklärte er die Bereitschaft des Zentrums, «das Zustandekommen einer Regierung aus Nationalsozialisten und Deutschnationalen unter Hitler als Reichskanzler zu tolerieren und ganz unvoreingenommen nur nach seinen Taten zu beurteilen». In Preußen strebte Adenauer eine direkte Regierungsbildung mit den Nationalsozialisten an. Dem Zentrumsvorsitzenden Prälat Ludwig Kaas schrieb er, er halte eine Koalition des Zentrums mit der NSDAP für notwendig, da mit der Wahl Görings zum Ministerpräsidenten der in Preußen eingesetzte Reichskommissar zurückgezogen werde. Wenn auf diese Weise wieder «geordnete Verhältnisse» geschaffen seien, so Adenauer weiter, würden dadurch spätere Verhandlungen mit der NSDAP über ihre Beteiligung an der Reichsregierung erleichtert. Er empfand Preußen als einen Probefall für die Demokratiefähigkeit der NSDAP: In Preußen als der «weniger gefährlichen Stelle» könnten die Nationalsozialisten zeigen, «ob sie wirklich in der Lage sind, so hohe Ämter zu versehen».

Auch dies blieb ein Plan. Ein paar Monate später waren die Nazis in diesen hohen Ämtern, ohne Zutun des Zentrums, und hatten überhaupt nicht die Absicht, irgend jemandem anders als sich selbst das Urteil über ihre Regierungsfähigkeit zu überlassen.

Nach der Machtergreifung am 30. Januar 1933 erfuhr Adenauer rasch den unzähmbaren Machtwillen der Nazis. Der Präsident des preußischen Landtags, der NSDAP-Abgeordnete Hanns Kerrl, und von Papen, Hitlers Vizekanzler und nach wie vor Reichskommissar für Preußen, setzten Adenauer unter massiven politischen Druck, um mit seiner Hilfe eine Auflösung des preußischen Landtags und über Neuwahlen die absolute Mehrheit für die Wahl des Ministerpräsidenten zu erreichen. Sie benötigten einen entsprechenden Beschluß des sogenannten Drei-Männer-Gremiums, in dem Adenauer als Präsident des preußischen Staatsrats saß, zusammen mit Kerrl als Präsidenten des Landtags und dem Ministerpräsidenten Braun. Braun und Adenauer lehnten ab. Daraufhin ließ sich Papen durch eine Verordnung des Reichspräsidenten an die Stelle des preußischen Ministerpräsidenten in dieses Gremium setzen. Adenauer blieb stur: Er weigerte sich, die Übertragung des Stimmrechts von Braun auf Papen anzuerkennen, sie sei verfassungsrechtlich unzulässig. Neunzig Minuten lang focht Adenauer auf der letzten Sitzung des Drei-Männer-Gremiums für seinen Standpunkt. Doch Kerrl und Papen wollten die Abstimmung. Sie erhielten sie, allerdings ohne Adenauer. Der verließ das Sitzungszimmer, um auch nicht durch eine Nein-Stimme an dieser scheinlegalen Prozedur beteiligt zu sein.

Am 8. Februar 1933 hielt Konrad Adenauer in einer Aufzeichnung fest, «daß das Ministerium Braun sich in seiner ganzen Amtszeit gegenüber dem Staatsrat doch so unfreundlich benommen hat, daß ich es nicht für angebracht halte, als Präsident des Staatsrats ihm besondere Hilfestellung zu leisten». Dies war die Antwort Adenauers auf eine ihm übermittelte Anfrage Brauns, ob er sich an einer Klage gegen den Reichskommissar wegen der falschen Besetzung des Drei-Männer-Kollegiums beteiligen wolle. Für Adenauer hatte diese Klage nur noch formale Bedeutung.

Am 18. Februar wollte ihm der französische Sozialistenführer Edouard Herriot, sein früherer Gast auf der Pressa, mit einer Rede zu Hilfe kommen, in der er seiner tiefen Besorgnis über das Schicksal Preußens Ausdruck gab. Adenauer bezeichnete in einem scharf formulierten Memorandum die Intervention als fehl am Platze. Derartige Einmischungen in die Angelegenheiten eines anderen Staates seien kontraproduktiv.

Am 23. Februar 1933 kam der Staatsrat zu seiner letzten Sitzung zusammen, auf der noch frei debattiert werden konnte. Das sozialdemokratische Staatsratsmitglied Johann Caspari erklärte unter lauten Bravorufen: «Meine Herren, ich glaube im Namen der Mehrheit dieses Hauses zu sprechen, wenn ich diese Gelegenheit benutze, dem Präsidenten des preußischen Staatsrats, Herrn Dr. Adenauer, für seine mannhafte Haltung in dieser Konfliktzeit unseren Dank auszusprechen.»

Adenauers letzte Amtshandlung als Präsident des Staatsrats war ein Brief an Vizekanzler von Papen, in dem er seine «große Besorgnis» über die Gefährdung des freien Wahlrechts durch die Anwesenheit von SA- und SS-Leuten in Wahllokalen ausdrückte und zugleich darüber klagte, daß diese uniformierten Parteitrupps als Hilfspolizei herangezogen würden.

Sechs Wochen nach dieser Sitzung, am 7. April 1933, verzichtete Konrad Adenauer auf eine neue Kandidatur für den preußischen Staatsrat, in dem die Nazis inzwischen eine Zweidrittelmehrheit errungen hatten. Da war Konrad Adenauer bereits nicht mehr Oberbürgermeister von Köln.

1965 ging Konrad Adenauer in einem Zeitungsinterview auf die Frage ein, ob er nicht als Reichskanzler das Überleben der Weimarer Republik hätte sichern können. «Sicher ist mir dann und wann der Gedanke gekommen, hättest du's getan, es wäre dir vielleicht gelungen, die ganze Sache zu unterdrücken, nämlich die Ernennung Hitlers zum Reichskanzler. Aber das war sehr unwahrscheinlich. Die von mir zu bildende Regierung wäre im Reichstag zu schwach gewesen.»

Abschied vom Rathaus

Am 17. Februar 1933 kam Adolf Hitler, seit dem 30. Januar Reichskanzler mit einem Kabinett, in dem die NSDAP in der Minderheit war, in einem Privatflugzeug nach Köln. Der Oberbürgermeister Adenauer weigerte sich, ihn offiziell zu empfangen: Hitler komme nicht als Reichskanzler, sondern als Parteiredner. Da Hitler auf einer großen Wahlkundgebung der NSDAP in den Messehallen von Köln-Deutz am 19. Februar reden wollte, hatten SA-Männer an den Pylonen der Kölner Hängebrücke Hakenkreuzfahnen angebracht. Adenauer gab Anweisung, die Fahnen von der Brücke, einem Eigentum der Stadt Köln, durch städtische Arbeiter entfernen zu lassen. Eine Polizeitruppe sollte die Arbeiter gegen befürchtete Angriffe der SA schützen. Nur vor den Messehallen dürften die Fahnen aufgestellt werden. Adenauer lehnte es auch ab, die Rheinbeleuchtung zur feierlichen Illumination des Ereignisses einschalten zu lassen. Der Oberbürgermeister weigerte sich, an der Kundgebung teilzunehmen, dagegen machte der Kölner Regierungspräsident Hans Elfgen, ebenfalls Zentrum, Hitler seine Aufwartung.

Am 21. Februar erschien im Nazi-Blatt *Westdeutscher Beobachter* ein Artikel, in dem Adenauers Verhalten als «abgrundtiefe Abneigung» gegen den Nationalsozialismus interpretiert und gedroht wurde: «Herr Adenauer mag wissen, daß solche Herausforderungen sich in Zukunft rächen werden!»

Am 28. Februar, einen Tag nach dem Reichstagsbrand, setzte Hitler die Notverordung «Zum Schutz von Staat und Volk» durch, mit der die bürgerlichen Grundrechte außer Kraft gesetzt wurden und die ihm als Freibrief für die Verhaftung von Nazi-Gegnern diente. Innerhalb der Zentrumspartei, die zunehmend zur politischen Heimat der Beamtenschaft geworden war, kursierte die Parole «Maul halten, stillgestanden!» Bei den von Hitler durchgesetzten Neuwahlen zum Reichstag am 5. März erzielte die NSDAP 43,9 Prozent. Im Stadtkreis Köln allerdings lag sie zwar mit 33,2 Prozent der Wählerstimmen deutlich unter dem Durchschnitt, gleichwohl überflügelte sie zum erstenmal das Zentrum (25,6 Prozent). Vor Adenauers Haus in der Max-Bruch-Straße zog eine ständige Wache von sechs SA-Männern auf. Regierungspräsident Elfgen bat Adenauer, für die nächsten Tage in Urlaub zu gehen. Der Oberbürgermeister weigerte sich.

Im *Westdeutschen Beobachter* wurde Adenauer wenige Tage später als «Separatist» beschimpft, ihm wurden «Korruption» und ein «Riesengehalt» vorgeworfen. Wenig später schürte das Buch eines Rechtsprofessors mit dem Titel *«Juden sehen dich an»* Pogromstimmung. In diesem Buch wurde Adenauer als «Blutjude» vorgestellt, dazu die Unterschrift: «Der Großprotz von Köln, ruinierte durch Verschwendung ganz Köln!» Vor dem Haus Adenauers sammelten sich nun Nacht für Nacht Sprechchöre, die ununterbrochen johlten: «Nieder mit ihm!»

Am 8. März wurde auf dem Kölner Rathaus die Hakenkreuzfahne gehißt. Hermann Göring, inzwischen als Reichskommissar und preußischer Innenminister Papen an die Seite gestellt, hatte diese Maßnahme angeordnet. Als Adenauer am Tag vorher davon hörte, hatte er sich sofort mit dem Regierungspräsidenten Elfgen und dem Kölner Polizeipräsidenten Walter Lingens in Verbindung gesetzt und dabei erfahren, daß die Polizei ein «gewaltsames Hissen» der Hakenkreuzfahne nicht verhindern würde. Adenauer erklärte daraufhin einer Abordnung von zwei NSDAP-Stadtverordneten, er werde sich der Forderung, die Fahne zu hissen, nicht «mit Gewalt» widersetzen. Am Abend des 7. März hatte Adenauer dann in einer Kölner Zentrumsversammlung die Verweigerung des Polizeischutzes mit dem Satz kommentiert: «So wird dann morgen vormittag um 10 Uhr gegen meinen Willen die Hakenkreuzfahne gehißt am Rathausturm zu Köln, erbaut im Jahre 1232 zum Zeichen der Freiheit.» Nach dem Hissen der Fahne hielt der NS-Stadtverordnete Josef Grohé, der sich nun Gauleiter nannte, vom Balkon des Rathauses eine Ansprache, in der er Adenauer beschuldigte, die Finanzen der Stadt ruiniert zu haben.

Eine für den 10. März anberaumte große Zentrumskundgebung auf dem Messegelände wurde vom Polizeipräsidenten verboten, weil sie die «öffentliche Ordnung» gefährde. Adenauer wollte auf dieser Versammlung in einer Rede die Nazi-Verleumdungen durch eine Aufzählung der Fakten widerlegen. Er konnte seine Rede jedoch noch als Flugblatt verbreiten lassen. Der SPD-Politiker Sollmann wurde in seiner Wohnung von SA-Leuten niedergeschlagen, durch die Stadt gefahren und mißhandelt. Am Morgen des 10. März bearbeitete Adenauer routinemäßig in seinem Dienstzimmer Akten. In den Straßen der Kölner Innenstadt liefen SA-Trupps mit der Sammelbüchse herum: «Eine Kugel für Adenauer.» Adenauer wurde gewarnt, die SA wolle ihn am Abend dieses Tages gewaltsam zu einer NSDAP-Kundgebung mit Prinz August Wilhelm von Preußen auf den Kölner Neumarkt schleppen und ihn dort «dem Volke zeigen». Im Auto des Kölner Zentrums-Sekretärs Peter-Josef Schaeven verließ Adenauer die Stadt und fuhr nach Bonn. Er kehrte jedoch noch in derselben Nacht in sein Kölner Haus zurück.

Am 11. März brachte Adenauer seine Kinder vorsorglich in das Caritas-Krankenhaus nach Köln-Hohenlind. Chefarzt der Klinik war Professor Paul Uhlenbruck, ein alter Freund der Familie.

Am 12. März, dem Tag der Kommunalwahlen, nahm Adenauer am Vormittag an einer Gedenkfeier für die Toten des Ersten Weltkrieges im Gürzenich teil. Es sollte seine letzte Amtshandlung sein. Einer der Versammlungsteilnehmer warnte Adenauer, er solle am nächsten Tag, wenn er wieder zum Dienst komme, von einem SA-Kommando aus einem Rathausfenster gestürzt werden. Dies jedenfalls überlieferte der Beigeordnete Heinrich Billstein (Zentrum).

Vergeblich wartete Adenauer darauf, daß die Zentrumsfraktion im Kölner Stadtrat ihn gegen die Verleumdungen des Gauleiters Grohé in Schutz nähme. Adenauer fühlte sich von seiner Partei im Stich gelassen, er empfand diese Passivität als «Gemeinheit». Doch das Kölner Zentrum lag damit nur auf einer Linie mit der Reichsführung der Partei. In Berlin verhandelte der Zentrumsvorsitzende Prälat Kaas mit Adolf Hitler über die Bedingungen, zu denen die Reichstagsfraktion des Zentrums dem Ermächtigungsgesetz der Nazis zustimmen würde.

Gegen Abend dieses Tages erhielt Adenauer eine weitere Warnung, diesmal durch den Zentrums-Beigeordneten Eberhard Bönner. Danach sollte er am nächsten Tag im Rathaus verhaftet und als Gefangener durch die Stadt geschleppt werden. Adenauer nahm die Warnung ernst. Er wandte sich an den Kölner Polizeipräsidenten und bat ihn ein zweites Mal um Polizeischutz. Doch auch dieses Mal erhielt er eine Absage. Die Polizei habe die Aufgabe, es zu keiner Auseinandersetzung mit der NSDAP kommen zu lassen. Am Abend wurde das Wahlergebnis verkündet. Die NSDAP hatte in Köln 39,6 Prozent errungen, das Zentrum nur 28,3 Prozent. Adenauer nahm Abschied von seinem Amtszimmer und vom Rathaus. «Ich ahnte, daß der kommende Tag meine Absetzung und Verjagung bringen und daß ich von meiner bisherigen Arbeitsstätte nichts mehr wiedersehen würde.» Als Andenken nahm er den Schlüssel des Rathauses, in dem er sechzehn Jahre lang amtiert hatte, mit nach Hause.

Tags darauf, am 13. März 1933, kurz nach 10 Uhr, verkündete Gauleiter Grohé die Absetzung Adenauers. Zum Nachfolger ernannte er, ohne dazu legitimiert zu sein, das NSDAP-Mitglied Günter Riesen, Prokurist beim Kölner Bankhaus Levy.

Überleben im Dritten Reich

Als die Nazis seine Absetzung verkündeten, war Adenauer schon nicht mehr in Köln. Sein Freund Robert Pferdmenges hatte ihn im Auto nach Dortmund gebracht. Dort bestieg Adenauer den Schnellzug nach Berlin. Er wollte im direkten Gespräch mit seinem obersten Dienstherrn, Innenminister Göring, Beschwerde gegen seine Entlassung einlegen und um seine Rehabilitierung kämpfen.

Für das naturrechtliche Staatsverständnis Adenauers konnte die staatliche Führung zwar nur solange Autorität beanspruchen, als dieser Staat ein Minimum an moralischen Werten einhielt. Da noch das Verbrecherische des NS-Regimes nicht offenkundig war, stand «für Adenauer wie für nahezu alle Zeitgenossen die Legitimität der Hitler-Regierung nicht in Frage» (so der Historiker Rudolf Morsey).

Konrad Adenauer, ein Leben lang im Staatsdienst großgeworden, konnte gar nicht anders, als auf das ordnungsgemäße Funktionieren der Bürokratie zu vertrauen. Hinzu kam, daß er sich absolut im Recht wußte, sich keines Straftatbestands schuldig fühlte. Als er in Berlin auf Anhieb sein Recht nicht bekam, mochte er dies nicht als Wesen, sondern bestenfalls als Fehler des Systems gelten lassen. «Die staatlichen Stellen haben versagt, sie haben mir die erbetene Hilfe ausdrücklich verweigert», schrieb er am 23. März 1933 an den früheren Staatssekretär Hermann Pünder, inzwischen Regierungspräsident von Münster, der ihm – offensichtlich als einziger – seine Empörung über die Amtsvertreibung mitgeteilt hatte.

Unter den führenden Nazis gab es so etwas wie einen geheimen Respekt vor den Leistungen des ehemaligen Kölner Oberbürgermeisters. Hitlers Rüstungsminister Albert Speer hat in seinen Erinnerungen, den *«Spandauer Tagebüchern»*, festgehalten, wie sich Hitler einmal über den Mann geäußert haben soll, der in den Jahren von 1928 bis 1932 zwischen Köln und Bonn die erste Autobahn gebaut hatte und 1932 die Arbeitslosigkeit in Köln mit einer Art Arbeitsdienst für Männer und Frauen unter 25 Jahren bekämpfen wollte: «Ich erinnere mich noch, daß Hitler ihn, es war wohl im Jahre 1936, beim Tee im Nürnberger ‹Deutschen Hof› einen fähigen Mann genannt hatte … Ihm imponiere noch heute die Voraussicht und der Mut, mit denen Adenauer die Stadt in Schulden gestürzt habe. Was bedeuteten schon ein paar lächerliche Millionen angesichts einer kühnen städtebaulichen Konzeption. Er bedaure geradezu, diesen Mann wegen seiner politischen Unvernunft nicht heranziehen zu können. Hitler lobte Adenauer seiner Starrköpfigkeit wegen.»

Es ist sicher unangebracht, aus diesem Zitat Rückschlüsse auf das Verhalten der Nazis gegenüber dem Beschwerdeführer Adenauer im Frühjahr 1933 zu ziehen. Wichtiger für das Beurteilen der kommenden Ereignisse ist, daß Verwaltung und Justiz in jener Zeit noch nicht durchweg mit skrupellosen, zu jeder Rechtsbeugung entschlossenen Regime-Anhängern durchsetzt waren.

Hermann Göring ließ Konrad Adenauer zunächst einmal drei Tage lang warten. Dann empfing der Mann, dem selber keine menschliche Schwäche für schnelles Geld fremd war und der deshalb auch wenig Zweifel an den NSDAP-Gerüchten über angebliche Veruntreuungen im Rathaus hegen mochte, Konrad Adenauer mit den Worten: «Was haben Sie eigentlich mit den zwölf Millionen gemacht, die Sie bei Ihrer Flucht aus der Stadtkasse mitgenommen haben?» Konrad Adenauers Erwiderung: «Ich nehme nicht an, Herr Minister, daß Sie einen derartigen Unsinn glauben.» Damit war das Thema für ihn erledigt, das Gespräch wurde sachlich. Göring teilte Adenauer mit, der frühere Staatssekretär Carl Christian Schmid sei beauftragt, die in Köln gegen Adenauer erhobenen Vorwürfe zu untersuchen.

Adenauer, der während seines Berliner Aufenthalts in seiner Staatsrats-Dienstwohnung lebte, ergriff eine weitere Initiative. Er schrieb dem neu eingesetzten Oberbürgermeister Riesen und suchte darum nach, daß ihm Gelegenheit gegeben werde, sich zu den «Verlautbarungen» gegen seine Amtsführung zu äußern. Die Antwort Riesens erreichte ihn postwendend in Berlin. Riesen lehnte Adenauers Wunsch ab und behauptete, schon jetzt habe die Nachprüfung der Akten ausreichend Beweise für den Vorwurf der «tollsten Verschwendung und der ungeheuerlichsten Korruptionsvorkommnisse» erbracht. Riesen, der am Tag nach seiner Amtseinsetzung Frau Adenauer noch einen Besuch gemacht hatte, schrieb dann weiter: «Sie sind ein Verbrecher, Herr Adenauer, ein Verbrecher an dem Volk, das Ihnen anvertraut war, das Sie durch Ihre Schuld in schrecklichste Not gebracht haben, ein Verbrecher an der Stadt, die Sie ruiniert haben, ein Verbrecher an unserer Religion, deren Exponent Sie hier waren, ein Verbrecher an Ihren Untergebenen, denen Sie die Menschenwürde genommen haben und von denen viele – ohne Ihren Einfluß sicher ehrenwerte Männer – nun aufs schwerste belastet sind. Sie sind ein Verbrecher an Ihrer Familie und Ihrer Frau, die mir in ihrer Ahnungslosigkeit unendlich leid tut. Sie sind ein Verbrecher an unserem Herrgott und an allen Menschen, die mit Ihnen in Berührung gekommen sind.

Sie sind der Angeklagte, ich bin Ihr Ankläger, und das Volk ist Ihr Richter.

Das ist die Lage zwischen uns. Riesen.»

In seiner steilen Handschrift schrieb Adenauer auf das Briefkuvert «Verbrecherbrief», unterstrich dieses Wort mit einer schwungvollen Linie, die nicht etwa Resignation, sondern Entschlossenheit zum Kampf signalisierte. Den Brief legte er zu seinen Akten – nach Ende des Zweiten Weltkriegs ergab sich für ihn die Gelegenheit, sich an diesen Brief noch einmal zu erinnern: Riesen bat ihn um Ausstellung eines «Persilscheins» zur politischen Entlastung.

Der Vorstoß bei Göring, der Appell an Riesen – das war alles nur Vorgeplänkel gewesen. Für Adenauer begann jetzt ein komplizierter Mehrfrontenkrieg, ausgetragen mit der staatlichen Bürokratie, der Justiz und politischen Institutionen. Viereinhalb Jahre währte der Kampf um seine Rechte. Als erstes beantragte Adenauer ein «förmliches Dienststrafverfahren» beim preußischen Innenminister gegen sich selbst, das daraufhin vom Kölner Regierungspräsidenten «mit dem Ziele der Dienstentlassung» des bereits amtsenthobenen Oberbürgermeisters eingeleitet wurde. Die Liste der Delikte, die ihm zur Last gelegt wurden, umfaßte zehn Punkte, von nachlässiger Amtsführung über die Begünstigung von Verwandten bei der Vergabe städtischer Ämter bis hin zu persönlicher Bereicherung. Der Kölner Regierungspräsident nahm in einem Schreiben an Adenauer das Ergebnis praktisch vorweg, indem er ihn beschuldigte, er habe seine Amtspflichten verletzt und sich durch sein Verhalten «in und außer dem Amte der Achtung, des Ansehens und des Vertrauens, die Ihr Beruf erfordert, unwürdig gezeigt».

Als nächstes versuchte die Kölner NSDAP-Führung mit dem wieder aufgewärmten Vorwurf des «Separatismus», gegen Adenauer ein

Verfahren wegen Hoch- oder Landesverrats in Gang zu setzen. Die Widerlegung dieses Vorwurfs war für Adenauer besonders dringlich geworden, da er inzwischen auf Betreiben seines Amtsnachfolgers Riesen nach Paragraph 4 des neuen Nazi-«Gesetzes zur Wiederherstellung des Berufsbeamtentums» als «national nicht zuverlässig» entlassen worden war – was auch eine Kürzung seiner Pension um ein Viertel bedeutete.

In dieser Situation entschloß sich Adenauer zu einem Brief an den Reichs- und preußischen Innenminister Wilhelm Frick, der 1929 sein Gegenkandidat bei der Oberbürgermeisterwahl gewesen war. Stets habe er für den Verbleib der Rheinlande im Reich gekämpft und sei dafür eingetreten, daß die NSDAP «unbedingt führend in der Regierung vertreten sein müsse». Die NSDAP habe er «immer durchaus korrekt» behandelt. So habe er in der Weimarer Zeit entgegen einer Verfügung des damaligen preußischen Innenministers Severing der NSDAP städtische Sportplätze zur Verfügung gestellt und ihr dort das Hissen der Hakenkreuzfahnen an den städtischen Flaggenmasten gestattet. Weiterhin habe er sich einer Anordnung des preußischen Staatsministeriums widersetzt, nationalsozialistische Beamte «zwecks Disziplinierung» namhaft zu machen, «da ich sie für unberechtigt und für ungerecht hielt». Das elfseitige Schreiben unterzeichnete er nur mit «Adenauer», es fehlten die gängigen Floskeln wie «Heil Hitler» oder «Mit deutschem Gruß». Frick lehnte es zwar ab, die Entlassung Adenauers in eine Versetzung in den Ruhestand umzuwandeln; die Kölner NSDAP aber stellte ihre Angriffe gegen den «Separatisten» Adenauer ein.

Zu einer heiklen Angelegenheit für Adenauer drohte der Vorwurf «persönlicher Spekulationsgeschäfte» zu werden. Adenauers Duzfreund, der Direktor der Deutschen Bank, Anton Brüning, der ihm für die mißglückte Spekulation mit Glanzstoff-Aktien einen hohen Bankkredit besorgt hatte, wurde 1934 wegen Betrugs vor Gericht gestellt. Brüning hatte Kundengelder veruntreut, unter anderem auch Einlagen des Prälaten und Zentrumsvorsitzenden Kaas sowie des damaligen Nuntius Pacelli, des späteren Papstes Pius XII. Im Laufe des Verfahrens sagte Brüning aus, Konrad Adenauer einen Betrag von 55 000 Reichsmark als Schenkung überwiesen zu haben, wobei das Geld zur Tarnung als Spekulationsgewinn ausgewiesen worden sei.

Die Sache gewann dadurch an Brisanz, weil Brüning gleichzeitig auch die Gelder der Stadt Köln verwaltete. Adenauer, der als Zeuge auftrat, versicherte nachdrücklich, er habe den Eingang dieser Summe auf einem seiner Konten nicht bemerkt, da damals wegen Erweiterungsarbeiten an seinem Haus sehr viele Beträge verbucht wurden. Brüning selbst zog daraufhin seine Aussage als «irrig» zurück. In dem äußerst korrekt geführten Verfahren beschränkte sich der Vorsitzende Richter auf die Beweisführung gegen den betrügerischen Bankdirektor, auf die im Verlauf der Untersuchungen zutage getretenen Hinweise auf eine finanzielle Mißwirtschaft in der Stadtverwaltung unter Adenauer ging er nicht ein. Brüning wurde zu acht Jahren Gefängnis verurteilt. Adenauer hat später die Angelegenheit so dargestellt, als sei ihm ein «Triumph über die Justiz des Dritten Reiches» gelungen, die ihn mit der Aussage Brünings in die Ecke treiben wollte.

Tatsächlich aber kam ihm wohl zugute, daß Hitler nach 1934 seinen Frieden mit dem Großbürgertum geschlossen hatte. Das Dienststrafverfahren gegen Adenauer wurde eingestellt. Eine wichtige Vermittlertätigkeit übte dabei sein Rechtsbeistand, der Essener Anwalt Professor Friedrich Grimm, aus, eine seltsam schillernde Figur aus der Subkultur des Dritten Reichs. Für die NSDAP saß er im Reichstag, ohne damals schon Mitglied der Partei zu sein, und verteidigte Regimegegner und Juden.

Auch Adenauers finanzielle Angelegenheiten lösten sich für ihn zufriedenstellend, gemessen an den Zeitumständen und dem Schicksal anderer demokratischer Politiker. Der Scharfmacher Riesen war inzwischen von dem Adenauer-Bewunderer Karl Georg Schmidt als Oberbürgermeister abgelöst worden, der für Adenauers Ansprüche Verständnis zeigte. An Stelle der nach 1933 auf 10000 Reichsmark jährlich gekürzten Pension bezog Adenauer ab 1937 die jährliche Summe von 15000 Reichsmark. In einem Vergleich mit der Stadt Köln erhielt er für sein Anwesen in der Max-Bruch-Straße, das er mit den gekürzten Pensionsbezügen nicht mehr unterhalten konnte, die Summe von 153886,63 Reichsmark. Sie wurde ihm im Oktober 1937 ausgezahlt. Der Vergleich wurde im Bonner Rathaus abgeschlossen und anschließend mit Sekt gefeiert. Unmittelbar nach dem Zusammenbruch des Dritten Reichs focht Adenauer mit Erfolg den Vergleich an, er sei damals unter Druck zustande gekommen. In den Fragebogen der britischen Militärregierung setzte Adenauer ungefragt seine erheblich höheren Einkünfte von 1932 zusätzlich ein (114000 Reichsmark), um mit dieser Vergleichsziffer deutlich zu machen, daß sein immer noch relativ gutes Einkommen nach der Machtergreifung eine Reduktion seiner vorherigen Bezüge darstelle und nicht als Ausdruck von Wohlverhalten gedeutet werden dürfe.

Nach Adenauers Absetzung als Oberbürgermeister hatte die Deutsche Bank sein Konto gesperrt. In Berlin, wo sein Unterkommen in der alten, von Polizei bewachten Staatsrats-Dienstwohnung zugleich Schutz vor den SA-Horden gewährte, klingelte plötzlich ein Bekannter aus Kölner Tagen an, der amerikanische Industrielle Daniel («Dannie») N. Heineman und drückte ihm ein Briefkuvert mit 10000 Mark in die Hand. Damit hatte Adenauer wenigstens keine aktuellen Geldsorgen mehr, als er den Kampf um seine Rehabilitierung aufnahm. Die Freundschaft mit Dannie Heineman überdauerte die NS-Zeit. Als Bundeskanzler besuchte Adenauer den nach Greenwich Village in New York übergesiedelten Heineman auf jeder seiner Amerika-Reisen. Heineman trug viel zum Adenauer-Image bei: er versorgte ihn mit jenen gewagt gemusterten Pepita-Hütchen, die ein Markenzeichen des urlaubenden Boccia-Spielers Adenauer wurden.

In der Berliner Dienstwohnung konnte Adenauer nur noch wenige Wochen bleiben, zum 26. April 1933 mußte er sie für seinen Nachfolger Robert Ley räumen. In dieser Situation schrieb er an einen früheren Klassenkameraden, den Abt des Klosters Maria Laach, Ildefons Herwegen: «Lieber Herwegen, würdest Du mir für ein bis zwei Monate Aufenthalt in Deinem Kloster gewähren? Ich hätte dort die Stille, insbesondere auch die geistige Atmosphäre, deren ich zu meiner körperlichen und seelischen Erholung dringend bedarf.» Die Rückkehr nach Köln sei ihm «auch von amtlichen Stellen» abgeraten worden, da er dort vor Beleidigungen nicht sicher sei.

Adenauer in Maria Laach, ein Benediktinerkloster in der Eifel am Ufer eines Sees, der sich in einem erloschenen Vulkan gebildet hat – Bilder von einem der Welt entrückten, mönchischen Leben drängen sich auf, von vergeistigter Einsamkeit in der Kloster-Bibliothek und Zwiesprache mit Gott in der Zelle.

Kaum was von alledem. Adenauer baute das Kloster zu einer Art Brückenkopf für seine Verteidigung aus. Mehrfach reiste er von hier nach Berlin, wo er entweder in Krankenhäusern wohnte oder aber bei dem ihm wohlgesonnenen Hausmeister-Ehepaar seiner früheren Staatsratswohnung Unterschlupf fand.

Adenauer blieb ein volles Jahr in Maria Laach. Zum zweitenmal begann er mit der Niederschrift eines Tagebuchs, es geriet mit 17 Zeilen noch kürzer als jenes aus dem Jahr 1917. «Schwere sechs Monate liegen hinter mir», schrieb Konrad Adenauer am 13. September 1933 und fuhr dann fort: «Die schwersten meines bisherigen Lebens und die entscheidungsvollsten für mein Inneres. Ob sie zu meinem Besten ausgeschlagen sind? Ich hoffe es.» Zum Ende der Eintragung überkam ihn Ungewißheit: «Alles ist schwankend.»

Anfang 1934 wurde Abt Ildefons von den beiden katholischen Ministern im Kabinett Hitler, Paul Freiherr von Eltz-Rübenach und von Papen, davor gewarnt, Adenauer länger zu beherbergen. Das Verstekken eines Regime-Gegners sei mit dem gerade abgeschlossenen Konkordat zwischen Hitler und dem Vatikan, das die katholische Kirche zur parteipolitischen Neutralität verpflichte, nicht vereinbar. Im Mai 1934 mietete der Ex-Oberbürgermeister ein Haus in Neubabelsberg, einem Vorort südwestlich von Berlin, der als Sitz der Ufa-Filmgesellschaft bekannt geworden ist. Für die möblierte Villa, deren Besitzer emigrierten, mußte Adenauer monatlich 400 Mark bezahlen. Von Neubabelsberg aus konnte er sein Dienststrafverfahren weiter betreiben und sich gleichzeitig inmitten der Idylle von Wäldern und Mooren sicher wissen vor den SA-Horden, die nur in der Stadt selbst ihren Terror ausübten. Gleichwohl lebte Adenauer unter polizeilicher Beobachtung.

Als Hitler am 30. Juni 1934 die ihm lästigen Widersacher in der SA liquidierte und bei dieser Gelegenheit gleich alle möglichen anderen politischen Gegner mit aus dem Weg zu räumen trachtete, wurde auch Konrad Adenauer verhaftet. Als ihn die Geheime Staatspolizei aus seiner Vorortvilla wegschleppte, war sein weiteres Schicksal durchaus ungewiß. Adenauers Hausnachbarn, General Schleicher und seine Frau, waren am Nachmittag von einem SS-Kommando erschossen worden. SS-Leute hatten auch Adenauers Zentrums-Kollegen, den Ministerialrat Erich Klausener, Führer der Katholischen Aktion, in seinem Arbeitszimmer im preußischen Innenministerium ermordet. Adenauer wurde zwei Tage lang in einem Landhaus bei Potsdam festgehalten. Er selber meinte, er habe diese Zeit «schließlich glimpflicher» überstanden, «als es zunächst den Anschein hatte». Die Ungewißheit über sein Verbleiben hatte jedenfalls schon seine politischen Freunde alarmiert. Noch unter dem Datum vom 5. August 1934 bat der Kölner Zentrumspolitiker Johannes Sampels darum, ihm «durch einen kurzen Kartengruß ein Lebenszeichen» zukommen zu lassen.

Während der Zeit, in der Konrad Adenauer mit seiner Familie in Neubabelsberg lebte, mußte er für sein leerstehendes Haus in Köln Grundsteuer und Hypothekenzinsen weiterzahlen. Die Ruhestandsbezüge reichten dafür bei weitem nicht aus. Adenauer verkaufte Schmuck, ein paar der Gemälde, die seine erste Frau Emma aus der Sammlung Weyer mit in die Ehe gebracht hatte, und lebte von dem Geld, das seine Versicherung nach einem Einbruch im Neubabelsberger Haus ausgezahlt hatte. Da erreichte ihn aus Maria Laach eine Warnung des Abtes: «Gefahr im Verzug. Empfehle dringend zu reisen.»

Adenauer begann ein unstetes Reiseleben. Die einzelnen Stationen sind nicht mehr rekonstruierbar, da er selbst mit seiner Familie keinen Kontakt hielt. Anzunehmen ist, daß er meist in katholischen Krankenhäusern Unterkunft fand. Ende April 1935, nach Ablauf des Mietvertrages, gab er das Haus in Neubabelsberg auf. Mit Hilfe des früheren Kölner Gartenbaudirektors Josef Giesen hatte er inzwischen in Rhöndorf ein Haus gefunden, nicht jenes berühmte, heute als Stiftung dienende «Adenauer»-Haus am Hang des Faulen Berges, sondern ein Mietshaus in einem Seitental des kleinen Rheinorts, das zum Waldfriedhof führt. Dieses Haus in der Löwenburgstraße 76 hatte eine Reihe Annehmlichkeiten für Adenauer. Es kostete wenig Miete, es hatte einen großen Garten, den Adenauer bewirtschaftete. Der größte Vorteil dieser Villa aber: Die Fenster vom Schlafzimmer des Hausherrn grenzten direkt an den Wald. «Sehen Sie», verriet Adenauer einmal einem Besucher, «wenn die kommen, um mich zu holen, dann kann ich in den Wald springen, und dann bin ich weg.»

Seit er Ohrenzeuge der tödlichen Schüsse auf Schleicher geworden und selber für zwei Tage ohne Begründung und ohne Anklage festgenommen worden war, seitdem hatte Konrad Adenauer schlicht Angst: «Man kann in einem Staat wie dem jetzigen nie wissen, auf welche Weise man zu Tode kommt.» Die Isolation, in die er zunehmend geriet, verstärkte dies. Er verfiel innerhalb weniger Monate in schwere Depressionen. Danach aber, als er dieses Tief überwunden hatte, wurde die Angst zur Triebfeder eines Überlebenswillens, der ihm die Witterung für die Reaktionen seiner Gegner eingab und ihm so das Schicksal ersparte, das manchen seiner Freunde noch ereilte.

Adenauer lebte nur knappe vier Monate unbehelligt in dem Rhöndorfer Mietshaus. Im Sommer 1935 brachte ihm der Rhöndorfer Junggesellen-Schützenverein – wie auch anderen Honoratioren des Dorfes – ein Ständchen mit «Fähndeln-Schwenken». Dem Ortsbrauch entsprechend erhielten die Junggesellen anschließend von der Familie Adenauer eine kleine Geldspende. Um sich dafür zu bedanken, wollte die Kapelle noch ein Stück nach Wunsch aufspielen. Adenauer bat um den «Hoch- und Deutschmeister-Marsch». Die braven Schützen hatten indes dieses Stück nicht in ihrem Repertoire, statt dessen schmetterten sie den «Badenweiler Marsch». Er war in jenen Tagen zu einer Art Erkennungsmelodie geworden, mit der Hitlers Auftritte umrahmt wurden. Der nichtige Vorfall, von irgendeinem Nachbarn denunziert, genügte, die Machthaber zu einer Strafaktion zu veranlassen. Unter dem Datum des 10. August 1935 verfügte der Regierungspräsident auf Betreiben des Gauleiters Grohé die Ausweisung Konrad Adenauers aus dem Regierungsbezirk Köln – für den «Fall der Zuwiderhandlung» wurden «Zwangsgeldverhängung und gegebenenfalls Schutzhaft» angedroht.

Vergeblich versuchte Adenauer, mit einer Eingabe dieser Ausweisung zu entgehen. Er machte geltend, daß ihm durch die Hausrenovierung bereits erhebliche Kosten entstanden seien; daß die Trennung von der Familie ihn finanziell erneut belasten würde und er außerdem wegen «sehr starker Schlaflosigkeit» – darunter litt er seit seinem Autounfall – auf häusliche Pflege angewiesen sei. Auch die Verhandlungen mit der Stadt Köln über sein Haus würden nun, da er ja Köln nicht mehr betreten dürfe, für ihn sehr schwierig werden. Schließlich wies er darauf hin, daß sein Wegzug zu einer Belastung der auswärtigen Politik führen könnte, da er den Besuch von einigen «sehr angesehenen und einflußreichen englischen Persönlichkeiten» erwarte – gemeint war damit offensichtlich der frühere Kölner Militärgouverneur Sir George Sidney Clive. In seinem Schreiben betonte Adenauer abschließend, er habe sich in Rhöndorf «peinlichste Zurückhaltung» auferlegt und deshalb auch nicht an der Fronleichnamsprozession teilgenommen: «Eine Ablehnung des ‹Fähndel-Schwenkens› durch mich würde ganz sicher viel mehr Aufsehen erregt haben als die Annahme des Anerbietens.»

Zu den wenigen Personen, die mit Konrad Adenauer in jener Zeit Kontakt hielten, gehörte auch Paul Franken, Geschäftsführer des Kartellverbands der katholischen Studentenvereine. Er vermittelte Konrad Adenauer nach der Vertreibung aus dem Regierungsbezirk Köln seinen neuen Aufenthaltsort. In der im benachbarten Regierungsbezirk Trier gelegenen Stadt Unkel kannte Franken als Kartellbruder den Leiter des «Pax»-Heimes, einer Erholungsstätte für katholische Priester, direkt am Rheinufer gelegen. Konrad Adenauer bezog hier ein Eckzimmer, vom knapp zehn Kilometer entfernt liegenden Rhöndorf kamen Frau und Kinder fast täglich zu Besuch. Im heraufziehenden Herbst, als sich Regen und Nebel wie ein schwermütiger Schleier über die Landschaft legten, verdüsterte sich der Seelenzustand Adenauers zunehmend. Ohne Kontakt zu den anderen Bewohnern des Heims, lebte er ziellos in die kürzer werdenden Tage hinein. Am Buß- und Bettag im November 1935 war Adenauer nahe dran, Selbstmord zu begehen. Er stand am Ufer des Hochwasser führenden Rheinstroms, in dessen gelblich-braunen Strudeln entwurzelte Bäume dahintrieben. Der bald 60jährige sah darin ein Sinnbild seines eigenen Lebens. War nicht auch er ohne jeden Halt, von der Familie getrennt, aus der Heimat ausgewiesen, im Strudel von Gewalt, gegen die er nichts ausrichten konnte? Warum sich dann nicht in den Strom stürzen und Schluß machen mit einem Leben ohne Hoffnung?

Diesen absoluten Tiefpunkt in seinem Leben überwand Adenauer nur langsam. In seinem kahlen Zimmer im Pax-Heim griff er auf die Schrift *«Glück»* des evangelischen Theologen Carl Hilty zurück, einem Schweizer, dessen Lebensregel fürs «praktische Christentum» Konrad Adenauer mit dünnem Bleistift unterlinierte: «Handle recht, so wirst du bald glauben können, gehorche zuerst, dann wirst du sehen.» Schon während der Referendarzeit hatte Adenauer eine Glaubenskrise mit Hilfe Hiltys überwunden. Er prägte sich damals Hiltys Satz ein: «Eine gewisse Neigung zur Einsamkeit ist absolut notwendig für die richtige geistige Entwicklung sowohl, als für das Glück überhaupt.»

Ein zweites Buch blätterte Adenauer in Unkel auf, das ihm wie die

Umsetzung von Hiltys Anweisungen erscheinen mochte. In Joseph Conrads Roman *«Taifun»* las er die Geschichte des Kapitäns McWhirr nach, der durch unerschütterliches, im Grunde stures Durchhalten sein Schiff aus einem verheerenden Unwetter rettete.

Adenauers Zustand aber blieb labil. Franken schenkte ihm zu Weihnachten jenes Jahres 1935 ein Buch des englischen Kriegsministers Duff Cooper über den französischen Außenminister Talleyrand. Den Beschenkten interessierten dabei nicht die Schilderungen über das diplomatische Geschick des Staatsmanns, er war nur fasziniert von der Sterbeszene: Noch auf dem Totenbett legte Talleyrand die Modalitäten seiner Beerdigung fest. «Sehen Sie», sagte Adenauer zu Franken. «ich kriege ja keinen bischöflichen Segen auf dem Sterbebett.»

Durch Intervention seines Bruders, des Kölner Rechtsanwalts August Adenauer, wurde die Verbannung nach einem Jahr Dauer aufgehoben.

Sobald sich der Vergleich mit der Stadt Köln abzeichnete, hatte Adenauer in Rhöndorf ein 6000 Quadratmeter großes Grundstück am Südhang des Faulen Berges gekauft. Für den Quadratmeter mußte er 0,50 Reichsmark zahlen. Am 1. November 1937 war Richtfest für das Haus am Zennisweg 8 a, das er nach eigenen Entwürfen von seinem Schwager, Professor Ernst Zinsser aus Hannover, bauen ließ. Adenauer und die Machthaber des Dritten Reiches hatten so etwas wie einen Modus vivendi gefunden. Die Nazis stellten ihre Schikanen ein, er führte das unpolitische Leben eines Rentners, die Tage angefüllt mit seinen Erfindungen und dem Anlegen des Hanggartens – die Steine für die Mauern karrte er mit seinen Kindern eigenhändig aus dem Steinbruch der nahen Wolkenburg heran, wo Jahrhunderte vorher schon das Baumaterial für den Kölner Dom gebrochen worden war.

Adenauer und der deutsche Widerstand

An die Überlebensregel, nichts zu tun, was bei den NS-Machthabern Anstoß erregen könnte, hielt sich Adenauer strikt. Mindestens drei Versuche, ihn für den Widerstand zu gewinnen, sind belegt. Und genauso oft sagte er nein.

Der erste Versuch ging von den Kölner Kommunisten aus. Karl Mewis, der spätere Planungschef der DDR, organisierte als Bezirksleiter der Kölner KPD zwischen Dezember 1934 und Oktober 1935 die illegale Kampfarbeit am Mittelrhein. Über einen katholischen Industriellen wollte Mewis Adenauer für den Widerstand gewinnen. Dem Mittelsmann wurde ausdrücklich aufgetragen, nichts von den Verbindungen zu den Kommunisten gegenüber Adenauer zu erwähnen. Es gehe lediglich um den Zusammenhalt der Katholiken gegen die Nazis. In seinen Erinnerungen *«Im Auftrag der Partei»* hat Mewis den Bericht des Industriellen über das Treffen mit Adenauer wiedergegeben: «Adenauer habe kein Blatt vor den Mund genommen, Hitler nie beim Namen genannt, sondern immer nur von dem ‹Dingsda› und so ähnlich gesprochen. Er betrachtete die Nazis als eine Art Draufgänger, die nur durch einen Pakt mit bestimmten Industriellen zur Macht gelangen konnten. Das schien unserem Geschäftsmann verheißungsvoll, und deshalb sprach er von der Notwendigkeit des Widerstandes. Adenauer hörte zunächst zu, unterbrach dann aber unseren Mann lachend und sagte: ‹Jetzt sind Sie aber völlig auf dem Holzwege, Herr X. Habe Sie denn nit begriffe, was der Dingsda noch alles anstellen kann? Da wird die Welt noch staune. Glauben Sie, da ist noch manches drin in dem großen Spiel, was für uns große Vorteile bringen kann. Meinen Sie denn, die Industrie würde mitmachen, wenn nix dabei rauskäme? Lassen Sie die Finger von solchen Sachen wie Widerstand! Lächerlich! Erstens ist das Spiel sowieso nicht aufzuhalten und zweitens – warum denn? Wissen Sie, entweder gelingt es denen, Deutschland wieder hochzubringen, dann werden die Braunen nach und nach zivilisiert; oder sie wirtschaften ab, und dann ist immer noch Zeit. Geduld muß man haben, Herr X. Lassen Sie sich bloß nicht auf so etwas ein – Widerstand! Absoluter Unsinn.›»

Den nächsten Vorstoß unternahm der christliche Gewerkschafter Jakob Kaiser, der gegen Hitler ein Bündnis von Arbeiterschaft und Wehrmachtsführung zustande bringen wollte. In Begleitung von Paul Franken und Heinrich Körner, Landesgeschäftsführer der christlichen Gewerkschaften im Rheinland und Mitglied des Rheinischen Zentrumsvorstandes, besuchte Kaiser 1936 Konrad Adenauer. Es kam zu einem Vier-Augen-Gespräch zwischen beiden, von dem zwar keine Aufzeichnungen existieren, das sich aber aus späteren Äußerungen Kaisers und Berichten Frankens rekonstruieren läßt. In der dreistündigen Unterhaltung ging es im wesentlichen um die Frage, wie weit oppositionelle Militärs in den Widerstand einbezogen werden sollten. Für Kaiser, einen national gesonnenen Mann, war ein Versuch, Hitler ohne die Beteiligung der Wehrmacht zu beseitigen, völlig aussichtslos. Für Adenauer aber symbolisierte die Wehrmacht – auch die im Widerstand – jenen preußischen Ungeist, den er seit je abgelehnt hatte. «Nichts war mir mein Leben lang so unsympathisch wie ein preußischer General», in dieser Schärfe äußerte sich Konrad Adenauer zwar erst später, nämlich 1956 gegenüber einem Besucher aus Israel. Doch diese Abneigung hatte sich schon seit langem bei ihm herangebildet. Während seiner zweitägigen Gestapo-Haft 1934 hatte er erlebt, wie ausgerechnet mit ihm eingesperrte Offiziere die Fassung verloren und völlig zusammenbrachen. Als nun Kaiser versuchte, ihn zum gemeinsamen Handeln mit diesen Männern zu gewinnen, lehnte Adenauer eiskalt ab: «Haben Sie schon einmal einen General mit einem klugen Gesicht gesehen?» Niedergeschlagen berichtete Kaiser später seinen beiden Begleitern Körner und Franken: «Es ist mit ihm nicht zu rechnen.» In der Tat nicht. Gegenüber Franz Thedieck, der ebenfalls mit Kaiser in Verbindung stand, unterstrich Adenauer wenig später seine Ablehnung: «Deutsche Generale haben doch nur gelernt, zu befehlen und zu gehorchen. Zum Putschen sind die doch völlig ungeeignet.»

Im Herbst 1943 war der Leipziger Oberbürgermeister Carl Goerdeler zu einem Widerstandstreffen im Haus der katholischen Arbeiterbewegung nach Köln gekommen. Über Franken versuchte er, mit Adenauer Verbindung aufzunehmen. Konrad Adenauer wußte inzwischen, daß die Nazis ihn genau beobachteten, auch wenn sie ihn unbehelligt ließen. Ein Rhöndorfer Postbeamter hatte im Beichtstuhl dem Ortspfarrer anvertraut, daß Adenauers Telefonleitung überwacht werde. Der Pfarrer hatte, wieder im Beichtstuhl, diese Mitteilung an Gussie Adenauer weitergegeben. Vehement lehnte Adenauer gegenüber Franken jede Kontaktaufnahme zu Goerdeler ab. Goerdeler wie auch Kaiser seien viel zu geschwätzig, sie hätten über ihre Pläne ja mit hundert und mehr Menschen gesprochen. So etwas könne im Hitler-Staat nicht geheim bleiben.

Adenauer bedrängte Franken, ebenfalls nicht an dem Kölner Treffen teilzunehmen, sonst werde er, Adenauer, jede Beziehung zu ihm abbrechen. Franken mußte das feierliche Versprechen abgeben, nicht zu reisen, und er hielt sich daran. Nach dem 20. Juli 1944, dem Attentat auf Hitler, wurde nicht nur Goerdeler hingerichtet, fast sämtliche Teilnehmer der Kölner Zusammenkunft fanden den Tod. Ein Protokoll des Treffens war bei der Gestapo gelandet.

Im Frühjahr 1944 unternahm Körner, der inzwischen zum führenden Kopf der rheinischen Widerstandsgruppe Christlicher Gewerkschafter geworden war, einen letzten Versuch, Konrad Adenauer zum aktiven Kampf gegen Hitler zu gewinnen. Wieder lehnte Adenauer ab: «Ich will damit nichts zu tun haben.»

Der britische Journalist Terence Prittie schrieb, als Anti-Nazi hätte Adenauer sich der Gefahr des Märtyrer-Tods ausgesetzt, er zog es aber vor, «als tatenloser Nicht-Nazi zu überleben». Dieses kühl-arrogante Schreibtisch-Urteil verkürzt in einer griffigen Formulierung Adenauers Haltung. Gewiß hatte der jetzt über 60jährige nach den Jahren des Umherirrens, nach dem Bau seines Hauses einen starken Überlebenswillen. Adenauer, der mit dem Ausbruch des Krieges rechnete, war im August 1939 mit seiner Frau Gussie zum Urlaub in die Schweiz gefahren, weil er eine Verfolgungswelle befürchtete. Seinem Freund, dem Kölner Professor Benedikt Schmittmann, hatte er denselben Rat gegeben, vorübergehend zu verschwinden. Schmittmann hatte sich nicht daran gehalten, er wurde verhaftet und wenig später im KZ Oranienburg zu Tode getreten.

Auch in seiner Einschätzung des Widerstands erwies sich Adenauer einmal mehr als Realist, die Ereignisse nach dem gescheiterten Attentat vom 20. Juli 1944 gaben ihm recht. Überdies betrachtete er seit Kriegsausbruch das Schicksal der Deutschen mit kompromißloser Härte. Diesmal müsse der Krieg bis zum bitteren Ende laufen, so vertraute er Franken an, damit es nicht wieder eine neue Dolchstoßlegende geben könne. Aber er war bereit, über die Zeit danach mitzudiskutieren und mitzudenken, und dafür streifte er auch den Tarnmantel der Teilnahmslosigkeit ab, der ihn vor den mißtrauischen Blicken der NS-Machthaber schützen sollte.

Eine Zahnarztpraxis in Bonn wurde zum geheimen Treff eines Debattierzirkels, der über die Zukunft eines demokratischen Deutschlands nachdachte. Während seines Aufenthalts in Maria Laach war Adenauer als Betreuer der Pater Johannes Vollmar zugewiesen worden. Dieser «Gast-Pater», so die offizielle Klosterbezeichnung, wußte auch Rat, als Konrad Adenauer über Zahnschmerzen klagte. Pater Johannes hatte einen Bruder in Bonn, den Zahnarzt Dr. Joseph Vollmar. Der reiste an, um den prominenten Einsiedler zu behandeln. Und Joseph Vollmar wiederum kannte Paul Franken, sie waren Kartellbrüder. Als Adenauer schließlich in Rhöndorf lebte, wurde das Haus des Zahnarztes am Bonner Hofgarten zur zentralen Anlaufstelle. Adenauer kam als «Patient», Franken erhielt einen Schlüssel für den Hintereingang, der in eine kleine, unübersichtliche Straße mündete. Der Kreis taf sich alle vierzehn Tage dienstagnachmittags, meist zwei bis drei Stunden lang, Frau Vollmar richtete ein Essen an.

Auf Grund der Nachrichten, die Franken als Verbindungsmann zum Widerstand erhielt, und auf Grund der außenpolitischen Lage – 1936 griff Hitler mit der Legion Condor in den Spanischen Bürgerkrieg ein – rechnete die Runde mit einem baldigen Kriegsausbruch. Paul Franken tippte auf 1937, Konrad Adenauer richtig auf das Jahr 1939.

Ende 1937 wurde Franken in Schutzhaft genommen. 1939 kam er wieder frei. Der sonst so vorsichtige Konrad Adenauer hielt dennoch die Verbindung mit ihm aufrecht. Er war eine wichtige Informationsquelle. Franken sah das später so: «Der wurde von uns hier über alles und jedes unterrichtet, beteiligte sich selbst aber nicht.»

Franken, dem das Oberschulamt die Erlaubnis zur Ablegung der Staatsprüfung für das Höhere Lehramt wegen «politischer Unzuverlässigkeit» versagt hatte, wurde 1942 von der Abwehr nach Rom geschickt. Der Vatikan war in den Kriegsjahren die große Nachrichtenbörse, das Rom jener Zeit stellte für die Geheimdienste ein ähnlich ergiebiges Pflaster dar, wie es nach Ende des Zweiten Weltkriegs Berlin wurde. Frankens Aufgabe war es, für die in Opposition zu Hitler stehende Abwehr herauszufinden, welche Friedensbedingungen Deutschland auferlegt werden würden, wenn es zum Staatsstreich gegen Hitler käme.

Was Franken in Rom erfuhr – er hatte nicht nur Kontakte zum Vatikan, sondern auch zu den Amerikanern und Engländern –, gab er bei seinen Aufenthalten in Bonn an Konrad Adenauer weiter: Den sich abzeichnenden Zerfall der Kriegskoalition, amerikanische Einsichten, daß den Sowjets zumindest Polen und Ostpreußen überlassen werden müßten, die ersten amerikanischen Planungen, Deutschland in Besatzungszonen aufzuteilen. Österreich, so der Stand der amerikanischen Überlegungen im November 1943, solle beim Deutschen Reich bleiben. Adenauer dachte so noch 1945.

Konrad Adenauer hatte weitere Informationsquellen. Da war zum einen der amerikanische Professor für katholische Theologie, George N. Shuster, der ihn 1938 in Rhöndorf besuchte. An ihn gab Adenauer sein Wissen über die Widerstandsgruppe in der katholischen Arbeiterbewegung und in der Heeresführung weiter. Da war zum anderen der schweizerische Generalkonsul Franz von Weiss, mit dem Adenauer bereits zu seiner Zeit als Oberbürgermeister befreundet war und der nun – aus dem zerbombten Köln geflüchtet – ein Anwesen unterhalb des Faulen Berges in Rhöndorf bezogen hatte. Über den Schweizer führte der Informationsstrang zu Allen Dulles, Bruder des späteren amerikanischen Außenministers John Foster Dulles, der in Bern ab 1942 als Chef des CIA-Vorläufers OSS Quartier bezogen hatte.

Aus den so gesammelten Informations-Bruchstücken konnte Adenauer bereits frühzeitig das Gedanken-Puzzle der deutschen Nachkriegsordnung zusammensetzen, in ersten Umrissen das Modell eines Weststaats aus jenen Elementen entwerfen, die er schon 1919 in die deutsche Politik einbringen wollte.

Er fertigte Aufzeichnungen davon an, die er an Franken gab. Franken lieferte sie beim Vatikan ab. Bis heute kennt niemand diese Schriftstücke. Franken selber sagte im Sommer 1984, er sei zum Schweigen verpflichtet, weil sonst deutlich würde, daß «der Vatikan mit einer Schattenregierung, die gar nicht an der Macht war, über den Frieden verhandelt hat». Adenauer-Biograph Weymar zitiert den Kommunisten Eugen Zander, einen früheren Gartenbauinspektor der Stadt Köln. Zander war Kapo (Kaderpolizist) im Sammellager auf dem Kölner Messegelände, wo auch Adenauer nach einer Verhaftungsaktion im Anschluß an das Attentat vom 20. Juli 1944 festgehalten wurde. Zander berichtete über eines seiner Gespräche mit Adenauer:

«So entwickelte Adenauer einmal seine Ansichten über die politische Lage nach dem Krieg. Das unnatürliche Bündnis zwischen Amerika und Rußland würde dann zerfallen, erklärte er, die Welt würde aufgeteilt in einen demokratischen und einen kommunistischen Machtblock, und das besiegte Deutschland müsse sich diesmal endgültig für Ost oder West entscheiden, wenn es nicht zerrieben werden wollte zwischen den Mühlsteinen der Weltmächte.»

Im letzten Kriegsjahr 1944 unternahm Adenauer mit seinem früheren Beigeordneten Josef Giesen, dem ehemaligen Gartenbaudirektor der Stadt Köln und in den Jahren der Kaltstellung einem der wenigen treugebliebenen Freunde, eine Autofahrt nach Köln. Adenauer wurde bleich, als er die Ruinenlandschaft sah, zu der die einst blühende Rheinmetropole zerbombt worden war. «Bitte kehren Sie um, ich kann das nicht mehr ertragen», bat er schließlich seinen Begleiter und sagte dann, als sie die Stadt hinter sich gelassen hatten: «Überlegen Sie sich schon jetzt, Giesen, wie wir das alles einmal nach dem Krieg wieder aufbauen können.»

Die eigene Passivität während der NS-Zeit hinderte Adenauer nicht daran, anderen Vorhaltungen zu machen. Im April 1945 erklärte er gegenüber dem Kölner Stadtdechanten Robert Grosche, alle ehemaligen NSDAP-Mitglieder seien «schuldig durch ihre Feigheit». Adenauer: «Wenn sich das deutsche Volk von Anfang an gewehrt hätte, so wäre die ganze Geschichte unmöglich gewesen.»

Im Februar 1946 rechnete er in einem Brief an einen Bonner Pastor in aller Härte auch mit der katholischen Kirche ab: «Nach meiner Meinung trägt das deutsche Volk und tragen auch die Bischöfe und auch der Klerus eine große Schuld an den Vorgängen in den Konzentrationslagern.» Man habe gewußt, «daß die persönliche Freiheit, daß alle Rechtsgrundsätze mit Füßen getreten wurden, daß in den Konzentrationslagern große Grausamkeiten verübt wurden, daß die Gestapo, unsere SS und zum Teil auch unsere Truppen in Polen und Rußland mit beispiellosen Grausamkeiten gegen die Zivilbevölkerung vorgingen». Und weiter: «Die Judenpogrome 1933 und 1938 geschahen in aller Öffentlichkeit. Die Geiselmorde in Frankreich wurden von uns offiziell bekanntgegeben. Ich glaube, daß, wenn die Bischöfe alle miteinander an einem bestimmten Tag öffentlich von den Kanzeln aus dagegen Stellung genommen hätten, sie vieles hätten verhüten können. Das ist nicht geschehen, und dafür gibt es keine Entschuldigung. Wenn die Bischöfe dadurch ins Gefängnis oder in Konzentrationslager gekommen wären, so wäre das keine Schande, im Gegenteil.»

Verhaftung und Flucht

Am 23. August 1944 lief die Polizeiaktion «Gewitter» an. Mit Massenverhaftungen prominenter Politiker aus der Weimarer Zeit reagierte das Nazi-Regime auf das Attentat vom 20. Juli. Konrad Adenauer kam in das Auffanglager auf dem Kölner Messegelände. Er selbst bezeichnete es später wiederholt als «Konzentrationslager». Konkrete Verdachtsmomente gegen ihn lagen nicht vor. Befragungen nach seinen Verbindungen zum Widerstand konnte er gelassen überstehen. Er hatte keine. Sein Kontaktmann Paul Franken war zu der Zeit in Rom.

Im Lager half der Kommunist Zander dem ehemaligen Zentrumsmann Adenauer. Zander, der schon neun Jahre Zuchthaus hinter sich hatte und dem als Kapo die Aufsicht und Betreuung der neuen Häftlinge übertragen worden waren, tat der nun 68jährige Adenauer leid, der in einer verwanzten Drei-Bett-Zelle hausen mußte. Der Kapo, der eine eigene Kammer hatte, quartierte den ehemaligen Oberbürgermeister bei sich ein. In der Schreibstube des Lagers entdeckte Zander eines Tages Adenauers Namen auf einer Liste von Häftlingen, die für den Transport ins KZ Buchenwald vorgesehen waren. Adenauer, angeleitet von einem mit ihm als Kartellbruder befreundeten und nun gleichfalls inhaftierten Bonner Arzt, dem Orthopäden Dr. Adolf Richarz, konnte einen Herzanfall simulieren und so die Verlegung ins

Kölner Krankenhaus Hohenlind erreichen. Es war dieselbe Klinik, in der Adenauer 1933 vorübergehend seine Familie untergebracht hatte.

«Das werde ich Ihnen nie vergessen, Eugen», mit diesen Worten hatte sich Adenauer vom Kommunisten Zander aus dem Lager verabschiedet. Zander selbst wurde noch vor Kriegsende ins KZ Buchenwald gebracht. Er überlebte, und Adenauer vergaß ihn nicht: nach der Befreiung fuhr eines Morgens ein Bus vor, der die aus Köln stammenden Häftlinge in ihre Heimatstadt zurückholen sollte. Dem Fahrer hatte Adenauer, der bereits wieder als Oberbürgermeister eingesetzt war, ausdrücklich Grüße an Zander aufgetragen. Später, als Bundeskanzler, setzte sich Adenauer für Zander ein, den die Stadt Köln nicht in ein Beamtenverhältnis übernehmen wollte. Unter dem Datum vom 3. Februar 1954 schrieb Adenauer an seinen Sohn Max, inzwischen Kölner Oberstadtdirektor: «Wahrscheinlich wirst Du wissen, wer Inspektor Zander ist, und daß ich ihm, der damals im KZ Kapo war, mein Leben verdanke. Ist es wirklich ganz unmöglich, Z. in das Beamtenverhältnis zu übernehmen? Bitte prüfe die Angelegenheit doch noch einmal nach. Mit vielen Grüßen, Dein Vater.»

Im Grunde hätte Adenauer als Scheinpatient des Krankenhauses Hohenlind in relativer Ruhe das Kriegsende abwarten können. Die Amerikaner standen schon bei Aachen, im Krankenhaus hatte er ein Einzelzimmer, seine Frau und seine Kinder kamen täglich zu Besuch. Lediglich bei einem Aufenthaltswechsel hatte er sich bei der Gestapo zu melden. Doch offensichtlich verstärkte sich bei ihm die Furcht, die Nationalsozialisten würden noch vor dem Einmarsch der Allierten ihre Gegner aus der «Systemzeit» liquidieren. Der Mann, der sonst bekannt war für seine überlegene Ruhe in heiklen Situationen, der instinktsicher den Fallen des Dritten Reiches ausgewichen war, verlor die Nerven. In einem Zustand, den er selber später als «eine Art Haftpsychose» bezeichnete, schmiedete er zusammen mit dem Luftwaffen-Major Hans Schliebusch, den er als Syndikus der Bonner Handwerkskammer kennengelernt hatte, einen dilettantischen Fluchtplan.

Ende September 1944 erschien Schliebusch, begleitet von zwei Unteroffizieren mit geschulterten Gewehren, im Krankenhaus und zeigte einen gefälschten Befehl des Oberkommandos der Wehrmacht vor. Adenauer sei zur Vernehmung nach Berlin zu bringen. Draußen wartete mit laufendem Motor ein Wagen, am Steuer ein mit Adenauer befreundeter Fabrikdirektor aus Wesseling, im Fond Adenauers Frau Gussie. Alle setzten sich dunkle Brillen auf. Gegen drei Uhr nachmittags tauchten sie bei dem Bonner Zahnarzt Vollmar auf. Der, von dem Besuch völlig überrascht, war wenig begeistert. Vollmar: «Ich denke, Sie sind verhaftet.» Adenauer: «Ich habe mich selbst beurlaubt.» Vollmar: «Und dann kommen Sie zu mir? Haben Sie nicht bedacht, welcher Gefahr Sie mich damit aussetzen?»

Adenauer hatte nicht. Was tun? Wie Adenauers Meldeauflage jetzt erfüllen? Das endgültige Versteck sollte die «Nistermühle» sein, ein abgelegenes Gehöft in der Nähe des Westerwald-Dorfes Hachenburg. Tochter Lotte hatte das ausgekundschaftet, als sie in einem Arbeitsdienstlager im Westerwald gewesen war. Adenauer verfaßte einen Brief an die Gestapo: Aus «Gesundheitsgründen» habe er sich in die Nistermühle begeben. Der Arzt Vollmar sollte das Schreiben an sich nehmen, es aber nicht abschicken. Würde Adenauer von der Gestapo entdeckt werden, könnte er sich damit herausreden, daß er doch in einem Brief seinen Aufenthaltsort angegeben habe. Und Vollmar sollte dann eingestehen, er habe vergessen, den Brief einzuwerfen.

Doch der Arzt lehnte es ab, sich als Komplize in dieses stümperhafte Unternehmen einspannen zu lassen. Nur nach langem Zögern willigte er ein, daß Adenauer sich wenigstens für eine Nacht bei ihm verstekken konnte. Vollmar heute über Adenauers Reaktion: «Das hat er mir damals furchtbar übelgenommen.»

Rasch erwies sich, wie Adenauer – in der Nistermühle als «Feriengast Dr. Weber» einquartiert – sich und seine Helfer in Gefahr gebracht hatte. Gussie Adenauer wurde in Rhöndorf verhaftet, zur Vernehmung in die Kölner Gestapo-Zentrale gebracht und dann in dem Gefängnis Brauweiler in einer Gemeinschaftszelle zusammen mit Prostituierten eingesperrt. Als man ihr drohte, auch ihre beiden heranwachsenden Töchter zu verhaften, gab sie das Versteck ihres Mannes preis. Die Erlebnisse der Haft und die Selbstvorwürfe wegen des «Verrats» an ihrem Mann lösten bei ihr ein schweres seelisches Leiden aus, das sich nach ihrer Haftentlassung noch verschlimmerte. Sohn Paul, als Soldat eingezogen, erfuhr von seinen Schwestern das dramatische Geschehen zu Hause und konnte eine Dienstreise nach Rhöndorf organisieren. Als er abends zu Hause ankam und seine Mutter weckte, erkannte sie ihn nicht. «Sie sagte: ‹Was wollen Sie denn?›» erinnert sich

Paul, «in einer ganz erschreckend ängstlichen Weise, die ich gar nicht an ihr kannte. Allmählich erst bekam sie mit, wer ich war. Aber es lag so etwas wie ein Schatten über ihr.»

Major Schliebusch wurde ebenfalls verhaftet und ins Gefängnis Brauweiler eingeliefert. Sein Sohn, der Gefreiter war, besuchte ihn dort und faßte anschließend den Entschluß, in die Schweiz zu fliehen. Einem jungen Mädchen, das angab, ihr sei der Besuch ihres eingesperrten Vaters versagt worden, vertraute er sein Vorhaben an. Die Frau war eine Agentin der Gestapo, ihre Aufgabe war es, Angehörige der Inhaftierten auszuhorchen. Sie verriet den Jungen, der nun ebenfalls ins Gefängnis kam. Vater und Sohn erkrankten noch in Brauweiler an Flecktyphus. Die Befreiung durch die Amerikaner überlebten sie nur wenige Tage.

Am frühen Morgen des 25. September 1944 kam die Gestapo zur Nistermühle. Über das, was sich jetzt abspielte, hat Adenauer selbst in schonungsloser Offenheit berichtet. Aufgeweckt vom Klopfen und Rufen der Geheimpolizisten, habe er die Nerven völlig verloren. «Ich raffte meine Sachen zusammen, die auf dem Schemel vor dem Bett lagen, jagte mit nackten Füßen die hölzerne Bodentreppe hinauf und versteckte mich hinter dem Schornstein. Ich hoffte, sie würden, wenn sie mich in meinem Schlafzimmer nicht fanden, wieder abziehen, in der Meinung, ich sei durch die Hintertür in den Wald entkommen.»

Doch die drei Beamten durchsuchten das Haus und entdeckten Adenauer. Spöttisch rief einer der Gestapo-Leute, als sie den nur spärlich bekleideten Mann sahen: «Aber, Herr Oberbürgermeister!»

Adenauer gewann seine Fassung wieder. Mit dem Hinweis, dies sei der Tag seiner silbernen Hochzeit, lud er seine Fänger zum gemeinsamen Kaffeetrinken ein. Er wurde dann ebenfalls ins Gefängnis Brauweiler gebracht. Sohn Max, als Leutnant an der zusammenbrechenden Westfront, wurde von seiner Schwester Libet telegrafisch alarmiert: «... Rückkehr nach Rhöndorf dringend erforderlich ... da jetzt beide Eltern fort.» Mit Mühen gelang es ihm, in den turbulenten letzten Kriegsmonaten einen Urlaub zu bekommen und nach einem Zwischenstopp in Brauweiler, wo er mit seinem Vater sprach, nach Berlin weiterzureisen.

In seinen Memoiren berichtet Adenauer in dürren Worten, was sich nach seiner Einlieferung in das Gestapo-Gefängnis Brauweiler abspielte: «Der Kommissar, dem das Gefängnis unterstand, sagte mir bei der Einlieferung, ich möchte mir doch, darum bitte er, nicht das Leben nehmen, er hätte dadurch nur Unannehmlichkeiten. Ich fragte, wie er zu der Idee komme. Er erwiderte, ich sei jetzt fast siebzig Jahre, ich hätte vom Leben doch weiter nichts zu erwarten, und es läge dann nur nahe, daß ich meinem Leben ein Ende mache. Ich erwiderte ihm, er könne beruhigt sein. Ich würde ihm keine Unannehmlichkeiten bereiten.»

Acht Tage lang intervenierte Sohn Max bei verschiedenen Regierungsstellen und der Gestapo der Reichshauptstadt. Er verwies darauf, daß er und seine beiden Brüder Paul und Konrad Soldaten seien: «Was glauben Sie, meine Herren, wie es auf einen Soldaten wirkt, der im Einsatz steht, wenn er erfährt, daß seine Angehörigen in der Heimat ohne Grund verhaftet und ins Gefängnis gesperrt werden?» Als Max nach acht Tagen aus Berlin abreiste, hatte er die Aussage eines Gestapo-Beamten, daß es «um Vaters Sache günstig» stehe. Am 26. November 1944 wurde Konrad Adenauer schließlich freigelassen.

Die Befreiung

Konrad Adenauer, der als Oberbürgermeister seine Stadt Köln mit Ackerbau und Viehzucht durch die Hungerjahre des Ersten Weltkriegs bekommen hatte, organisierte in Rhöndorf nun eine Kriegsbewirtschaftung im kleinen. Vierzehn Personen wohnten inzwischen im Haus am Zennisweg. Die Töchter, der jüngste Sohn, Schwägerin und Schwager, Enkel. Auf den Blumenbeeten wurde Gemüse gezogen, für Milch sorgte ein eigens gekauftes Schaf mit dem Namen «Nelke». Als ein Nachbar sich beschwerte, daß dieses Schaf sein Grundstück verunreinige, schrieb ihm Adenauer einen Brief: Er werde versuchen, dem Tier eine Vorrichtung zum Auffangen des Kots unterzubinden – «Heil Hitler, Ihr Adenauer.»

Im März 1945 wurde Rhöndorf Frontstadt, vom linken Rheinufer her schossen die Amerikaner, von den Höhen des Siebengebirges auf dem rechten Rheinufer antworteten die deutschen Truppen. Einen hinter seinem Haus liegenden Weinkeller baute Adenauer als Luftschutzraum aus. Gelegentliche Kampfpausen nutzte er zu Erkundungsgängen in seinem Hanggarten. Ein spezielles Fronterlebnis ließ er sich zeit seines restlichen Lebens nicht mehr ausreden, er verewigte es in seinen Memoiren: «Plötzlich sah ich in einer Entfernung von etwa 300 Metern eine Granate auf mich zufliegen. Ich warf mich sofort zu Boden ... Abgesehen davon, daß mein Gehör noch längere Zeit erheblich beeinträchtigt blieb, war mir nichts geschehen. Übrigens zeigten sich die amerikanischen Truppen im weiteren Verlauf sehr viel umgänglicher als bei dieser ersten Begegnung.»

Das Überleben im Nazi-Reich war jetzt eine Frage von Tagen und von dicken Mauern. In dieser Situation gewährte Konrad Adenauer fünf Franzosen Unterkunft, die aus einem nahen Kriegsgefangenenlager entlaufen waren. Eine selbstverständliche Geste der Menschlichkeit? Bis vor wenigen Jahren waren an einer Mauerwand in Rhöndorf, nur ein paar hundert Meter vom Haus Adenauers entfernt, noch die Einschußstellen einer MG-Garbe zu sehen. Ein Schuster, Vater von neun Kindern, war hier von einem durchhaltestarken Absolventen der nahegelegenen «Napola»-Eliteschule wegen «Wehrkraftzersetzung» hingerichtet worden. Der Mann hatte ein paar Stunden zu früh die weiße Fahne aus dem Fenster gehängt.

In Rhöndorf marschierten die Amerikaner am 15. März ein. Die fünf Franzosen bestätigten Adenauer auf einem Zettel, daß sie eine Woche lang von ihm beherbergt und gut behandelt worden waren. Schwungvoll setzten sie ihre Namen darunter. Dann verabschiedeten sie sich. Adenauer hörte nie mehr etwas von ihnen. Mag sein, daß sie auf dem Weg nach Hause doch noch ums Leben kamen.

Bis zur Kapitulation des Reiches am 8. Mai 1945 sollten noch fast zwei Monate vergehen. Am 29. April arrangierten die Adenauers eine «Bunker-Gedächtnis-Feier». Jede der Töchter steuerte Reime bei zu einer «Bunker-Ballade»: «Bis dann mit aller Schießerei / es eines Tages war vorbei / und aus dem erdig-feuchten Loch / die Sippe wohlbehalten kroch.»

Die Domstadt Köln war ein Trümmerfeld, die Altstadt zu 93 Prozent zerstört. Von den einst 770000 Einwohnern lebten jetzt noch

20000 in den Ruinen. Inmitten des Trümmerschutts qualmten kleine Feuerstellen, auf denen unreines Wasser abgekocht wurde, hagere, verhärmte Gestalten suchten nach Holz, um damit die Kellerfenster zuzunageln. Die Domtürme, nahezu unzerstört, ragten als Hinkelsteine einer verfallenen Kultur in den Himmel.

Er habe – so rühmte sich Konrad Adenauer gern – als Nummer eins auf der «weißen Liste» der Amerikaner gestanden, einer Zusammenfassung all jener deutschen Politiker, die nicht durch den Nationalsozialismus belastet waren und mit denen die Zusammenarbeit bei der Verwaltung des eroberten Landes angestrebt werden könnte. Das stimmt zwar, aber Adenauer stand nur deshalb als Nummer eins auf dem für Köln bestimmten Papier, weil die Liste alphabetisch geordnet war. Innerhalb der Region Rheinprovinz war er die Nummer 145.

«Weil schlechthin kein anderer da war»

Konrad Adenauers politischer Neubeginn

«Asien steht an der Elbe»

Die Besatzungsmächte

Schon vor Zusammenbruch des Dritten Reiches hatten die Siegermächte ihre Claims im eroberten Deutschland abgesteckt. Die Russen hielten die Osthälfte des Reiches, bis hin zur Elbe. Alles, was jenseits der Oder-Neiße-Linie lag – aus Moskauer Sicht: diesseits –, hatten sie eigenmächtig den Polen zugeschlagen und sich selbst Königsberg und das umliegende Gebiet einverleibt. Ostpreußen, Nieder- und Oberschlesien sowie Teile von Brandenburg und Pommern waren für die Deutschen verloren. Die Westmächte hatten allerdings auf der Kriegskonferenz in Jalta im Prinzip der Westverschiebung Polens zugestimmt und die Oder-Neiße-Linie später unter Vorbehalten akzeptiert. Die Amerikaner bezogen im landschaftlich schönen Südosten Deutschlands Quartier, aus Frankfurt, München und Berchtesgaden schickten GIs die ersten Postkarten nach Hause. Die Franzosen zogen die Trikolore im Vorfeld ihrer Grenzen im Südwesten Deutschlands auf. Unter Hinweis auf das sowjetische Vorgehen, das mit der Vereinnahmung der Stadt Königsberg einen Präzedenzfall geschaffen habe, vereinnahmte Frankreich wenig später das Saarland als Protektorat. Die Engländer hielten mit dem Nordwesten Deutschlands den wirtschaftlich interessantesten Teil besetzt, und Frankreich und die Sowjetunion versuchten immer wieder, eine Mitbeteiligung am Ruhrgebiet zu bekommen.

Die Sieger begegneten den unterworfenen Deutschen mit einer Mischung aus Mißtrauen, Abscheu und Revanchegelüsten. Die Sowjetunion, auf deren Territorium die deutschen Besatzer einen Vernichtungskrieg geführt hatten, schleppten aus ihrer Besatzungszone ab, was sie kriegen konnten. Das zweite Gleis im gesamten Eisenbahnnetz ihrer Zone wurde gen Osten verfrachtet. Wie eine «Ausbeutungskolonie» behandelten auch die Franzosen ihre Zone. Zugleich aber besannen sie sich auf eine Neuauflage ihrer Kultur-Propaganda und ließen schon ein knappes Jahr nach Kriegsende Bilder ihrer modernen zeitgenössischen Malerei im besetzten Gebiet ausstellen. Den Amerikanern wurde mit der Generalstabs-Direktive JCS 1067 ein Verhaltenskodex vorgegeben: «Deutschland wird nicht besetzt zum Zwecke seiner Befreiung, sondern als ein besiegter Feindstaat.» Es sollten – in der Umsetzung des Morgenthau-Plans – keine Maßnahmen ergriffen werden, die der Aufrechterhaltung oder Stärkung der deutschen Wirtschaft dienten. «Bei der Durchführung der Besetzung und Verwaltung müssen Sie gerecht, aber fest und unnahbar sein. Die Verbrüderung mit deutschen Beamten und der Bevölkerung ist streng zu unterbinden.» Das «Fraternisierungsverbot» scheiterte allerdings bald an dem Drang der GIs zu deutschen Fräuleins. Die Engländer übertrugen aus ihrer Kolonialtradition das Prinzip der «indirect rule», der indirekten Herrschaft des eroberten Gebiets mit Hilfe eingeborener Eliten und banden Bürgermeister und Landräte in ihre Verwaltung mit ein. Der Verleger Victor Gollancz schrieb von einer «Sahib»-Mentalität, mit der die britischen Offiziere die Deutschen behandelten.

Schon die Zonenaufteilung brachte es mit sich, daß das einstmals übermächtige Preußen als deutscher Staat nicht weiter existierte, auch wenn die Alliierten es formell erst im Jahre 1947 auflösten. Die preußische und Reichshauptstadt Berlin war, aufgeteilt in die vier Sektoren, eine verkleinerte Ausgabe des Zonendeutschlands. Angesichts der Ruinenlandschaft rief der amerikanische Präsidentenberater Harry Hopkins aus: «Das ist ein zweites Karthago.»

Im «Kontrollrat» hatten die vier Alliierten ein oberstes Regierungsorgan für das entmachtete Deutschland geschaffen. Dieses Gremium der vier Oberbefehlshaber, die sich regelmäßig im ehemaligen Berliner Kammergericht treffen wollten, hatte seine Arbeit noch gar nicht recht aufgenommen, als es schon an Einfluß verlor. Auf der Potsdamer Gipfelkonferenz im Schloß Cecilienhof setzten die Amerikaner durch, daß jede Besatzungsmacht ihre Reparationen aus der eigenen Zone ziehen sollte. Sie wollten damit eine sowjetische Forderung nach zehn Milliarden Dollar Reparationen abblocken, die nur mit Lieferungen auch aus den Zonen der West-Alliierten hätte erfüllt werden können und indirekt zu einer Mitkontrolle über Westdeutschland geführt hätte. Lediglich in kleinem Umfang wurden den Sowjets schließlich Reparationslieferungen aus dem Westen zugestanden. Diese Aufteilung der Reparationsgebiete – von den Russen dann gegen die vorläufige Anerkennung der Oder-Neiße-Linie akzeptiert – entzog aber dem Kontrollrat die Möglichkeit, Deutschland als wirtschaftliche Einheit zu verwalten. Mit seiner zweiten Aufgabe, der Einrichtung «zentraler deutscher Verwaltungsbehörden», scheiterte der auf einstimmige Beschlüsse festgelegte Kontrollrat am Veto Frankreichs, das darin eine «Wiedergeburt des Reiches» argwöhnte. Selbst die Einrichtung einer gesamtdeutschen Postverwaltung, einer einheitlichen Eisenbahndirektion und eines deutschen Patentamtes blockten die Franzosen ab. Damit aber verlagerte sich die politische Gewalt zwangsläufig weg vom Gremium des Kontrollrates hin zu den einzelnen Militärgouverneuren in ihren Zonen. Halbgöttern gleich herrschten sie in ihren hermetisch abgeschlossenen Besatzungsregionen.

Am 19. März 1945 fuhren amerikanische Offiziere vor Adenauers Rhöndorfer Haus vor, gemeinsam ging die Fahrt im offenen Jeep nach Köln. Dort bot ihm der amerikanische Stadtkommandant den Posten des Oberbürgermeisters an. Auf Bitten von Adenauer wurde die formelle Ernennung um einige Wochen verschoben; er fürchtete, die Nazis könnten sonst seine drei Söhne erschießen, die noch als Soldaten an der Front kämpften.

Wie schon als Beigeordneter im Ersten Weltkrieg machte er sich nun als erstes wieder daran, die Kölner Bevölkerung vor dem Verhungern zu bewahren. Er ließ alle noch im Kölner Stadtgebiet aufzutreibenden Fahrzeuge beschlagnahmen und schickte sie zum «Hamstern». Bei den Bauern der Umgebung kaufte er Kartoffeln, Gemüse und Fleisch auf. Als der Krieg endgültig zu Ende war, fuhren auf seine Anordnung hin städtische Autobusse nach Buchenwald, Dachau und Theresienstadt. «Es drängte mich, die armen Menschen aus den KZ-Lagern so schnell wie möglich in ihre Heimatstadt zurückzulassen.»

Adenauers nächste Marschorder ging an einen städtischen Leichenwagen. Sein Fahrziel: Burg Hohenzollern. Dort waren die Gemälde des Wallraf-Richartz-Museums während des Krieges ausgelagert worden. Nach dem Muster Chicagoer Alkoholtransporte zur Prohibitionszeit wurden die Bilder jetzt nach Köln zurückgeholt. Kein alliierter Offizier kontrollierte das Gefährt. Als nächstes erwirkte Adenauer bei den Amerikanern die Genehmigung zum Wiederaufbau eines Kölner Theaters. Es war die Millowitsch-Bühne.

Im Juni 1945 übergaben die Amerikaner die Besatzerhoheit über die Stadt Köln an die britische Armee. Dreieinhalb Monate später war Adenauers Oberbürgermeisterzeit beendet.

Am 6. Oktober 1945 hatte Adenauer zusammen mit dem Zahnarztehepaar Vollmar eine Seelenmesse für Major Schliebusch und dessen Sohn besucht. Vor dem Domportal erwarteten ihn britische Militärpolizisten. Sie hatten Order, ihn zu dem in Düsseldorf residierenden Militärgouverneur der Nordrhein-Provinz, dem Fallschirm-Brigadier John Barraclough, zu bringen. Während der Autofahrt glaubte Adenauer noch, es werde eine Entscheidung im Streit um die Anlegung von Heizvorräten geben. Er hatte sich einem Verlangen der britischen Militärverwaltung widersetzt, die Bäume seiner geliebten Grünanlagen fällen zu lassen und statt dessen eine Freigabe von Kohlelieferungen verlangt. Barraclough begrüßte Adenauer knapp, bot ihm keinen Stuhl an und verlangte, als Adenauer sich selbst einen Stuhl nahm: «Bleiben Sie stehen!» Dann verlas er Adenauers Entlassungsschreiben. Begründung: «Nach meiner Ansicht haben Sie Ihre Pflicht gegenüber der Bevölkerung Kölns nicht erfüllt.» Überdies wurde Adenauer aufgefordert, binnen acht Tagen die Stadt Köln zu verlassen. Ihm wurde jegliche politische Tätigkeit verboten. Das Aufenthaltsverbot für Köln traf Adenauer am härtesten. Der Gesundheitszustand seiner Frau hatte sich inzwischen so verschlimmert, daß sie in ein Kölner Krankenhaus eingeliefert worden war.

«Als ich Köln verließ, sagte mir niemand ‹Lebewohl›. Es war eine Atmosphäre um mich, sehr ähnlich derjenigen, die mich umgab, als die Nationalsozialisten mich verjagt hatten.» So Konrad Adenauer in seinen *«Erinnerungen»*. Die Duplizität der Ereignisse hielt er fest durch genaue Aktenführung. Zu Hause hatte er einen Ordner «Entlassung durch die Nazis», jetzt legte er einen neuen Vorgang an: «Entlassung durch die Befreier».

Über die Gründe für diesen Schritt der Briten wird bis heute gerätselt.

In England regierte inzwischen die Labour-Partei. Wollten die Briten jetzt den ihnen politisch näherstehenden Sozialdemokraten einen Dienst erweisen? Konrad Adenauer verbreitete diese Version. Zur

Untermauerung diente ihm ein Dossier seines sozialdemokratischen Gegenspielers in Köln, Robert Görlinger, an den britischen Geheimdienst. Darin war von einem Wiederaufleben des Zentrums-Klüngels die Rede, von einer konfessionell ausgerichteten Verwaltungs- und Schulpolitik, von der Wiedereinstellung belasteter Beamter und vom Wiederaufleben separatistischer Bestrebungen. Gegen diese Interpretation spricht allerdings, daß die britischen Militärs zunächst Adenauers Schwager Suth das Oberbürgermeisteramt anboten und es dann, als der ablehnte, dem Zentrumsmann Hermann Pünder übertrugen.

Barraclough hat später die Darstellung gegeben, Konrad Adenauer habe sich nicht um vordringliche Notstandsmaßnahmen gekümmert, sondern sich vielmehr mit Plänen für den Aufbau eines neuen Köln außerhalb der Grenzlinien der alten Stadt beschäftigt. In der Tat: «Wir bauen die Hohe Straße nicht auf», so begründete Adenauer gegenüber Freunden sein Nichtstun in der Innenstadt, «die baut sich von selbst auf, da sind die Grundstückspreise so hoch, da brauchen wir städtischerseits keine Hand zu rühren.» Auf Barraclough wirkte das so, als habe Adenauer «den Kopf vollständig in den Wolken gehabt». «Ich entließ Dr. Adenauer aus einem einzigen Grunde: Weil er als der führende gehaltsbeziehende Verwaltungsbeamte der Stadt seine Aufgabe nicht erfüllte.» Dagegen steht allerdings das politische Betätigungsverbot für Adenauer.

Waren die Briten argwöhnisch geworden, weil Adenauer sich auch privat mit französischen Politikern getroffen hatte? Dafür spricht die Tatsache, daß der Oberpräsident der Rheinprovinz, Hans Fuchs, der Adenauer bei dem Treffen mit einem Abgesandten General de Gaulles im Kloster Maria Laach begleitet hatte, ebenfalls entlassen wurde. Der deutschstämmige britische Besatzungsoffizier Michael Thomas schrieb 40 Jahre später allerdings, seine Dienststelle habe das damals noch nicht gewußt.

Eine vierte Interpretation bietet sich ebenfalls an. Adenauer war der Arbeit als Oberbürgermeister bereits wieder überdrüssig und hatte die Briten bewußt provoziert. Einen Tag vor seiner Entlassung hatte er zwei amerikanischen Journalisten ein Interview gegeben, in dem wenig von kommunalen Problemen die Rede war, viel aber von seinen Vorstellungen zur Deutschland-, Außen- und Wirtschaftspolitik. In diesem Zusammenhang baute er mit einem positiven Hinweis auf de Gaulle eine bewußte Spitze gegen die in Köln herrschende Besatzungsmacht ein: «Ich wollte, daß einmal ein englischer Staatsmann von uns als Westeuropäern gesprochen hätte.»

Diese letzte Version widerspricht nicht der Darstellung Barracloughs, sie unterstützt sie in gewisser Weise sogar. Adenauer dürfte den Propagandawert dieses Rausschmisses schwerlich unterschätzt haben. Er zeigte sich gelassen: «Ich widmete mich wieder ganz meiner Gartenarbeit.»

Die Entlassung markierte kein Ende, sondern einen Anfang.

Im Dezember 1945 besuchte der britische Oberstleutnant Noel Annan, im Zivilberuf Professor in Cambridge, Konrad Adenauer in seinem Rhöndorfer Haus. Die beiden hatten sich bereits in Köln kennengelernt, jetzt wollte der Brite politische Auskünfte und Ratschläge. Adenauer unterbrach seine Gartenarbeit und bat den britischen Besucher, ihn in einen fünf Kilometer von Honnef entfernten Nachbarort zu fahren. Wegen der Auflagen der britischen Militärregierung könne er sich erst dort, wo die französische Zone beginne, politisch äußern. Auf Intervention von Annan und Thomas hob das britische Hauptquartier das politische Betätigungsverbot auf. Konrad Adenauer war jetzt 69 Jahre und elf Monate alt.

Hans Maier, der christlich-soziale Politologe, hat als eine der wesentlichen Fähigkeiten Adenauers dessen «reduzierende Intelligenz» beschrieben: «Er schälte an jedem politischen Problem das Zufällige ab, bis der Kern bloßgelegt war.» Konrad Adenauer wußte selbst solche Analyse zu simplifizieren: «Wichtiger war, daß ich immer so einfach gedacht habe.»

Das einfache Denken ersparte ihm jetzt, sich im Labyrinth der verwickelten Nachkriegssituation zu verlieren. Mochten sich der amerikanische Oberbefehlshaber Dwight D. Eisenhower und der russische Heerführer Georgij Schukow auch in Berlin ergriffen die Hände geschüttelt haben, mochten die Alliierten im Potsdamer Abkommen auch festgeschrieben haben, Deutschland sollte weiterhin als «wirtschaftliche Einheit» betrachtet werden, für Adenauer waren das keine Gründe, an seinem frühen Urteil zu zweifeln, daß «das unnatürliche Bündnis zwischen Amerika und Rußland zerfallen» werde.

Ende 1945 verschärfte er die Diagnose. Die Trennung in Osteuropa, das «russische Gebiet», und Westeuropa seien eine Tatsache, schrieb er im Oktober an den mit ihm befreundeten damaligen Oberbürgermeister von Duisburg, Heinrich Weitz. Im selben Monat erklärte er vor amerikanischen Pressevertretern, der von Sowjetrußland besetzte Teil sei für eine nicht zu schätzende Zeit für Deutschland verloren. «Nach meiner Ansicht sollten die Westmächte die drei Zonen, die sie besetzt halten, tunlichst in einem staatsrechtlichen Verhältnis zueinander belassen. Das beste wäre ... aus den drei westlichen Zonen einen Bundesstaat zu bilden.»

George F. Kennan, Botschaftsrat an der amerikanischen Mission in Moskau, schrieb im Sommer 1945: «Die Idee, Deutschland gemeinsam mit den Russen regieren zu wollen, ist ein Wahn ... Wir haben keine andere Wahl, als unseren Teil von Deutschland zu einer Form von Unabhängigkeit zu führen, die so überlegen ist, daß der Osten sie nicht gefährden kann ... Besser ein zerstückeltes Deutschland, von dem wenigstens der westliche Teil als Prellbock für die Kräfte des Totalitarismus wirkt, als ein geeintes Deutschland, das diese Kräfte wieder bis an die Nordsee vorläßt.» Früher noch, vor der deutschen Kapitulation, warnte der englische Kriegspremier Churchill den amerikanischen Bündnispartner vor der Sowjetunion. «Ein Eiserner Vorhang ist vor ihrer Front niedergegangen. Was dahinter vorgeht, wissen wir nicht», hatte Churchill nach Washington gekabelt.

Kritik des amerikanischen Außenministers Byrnes an der Unterdrückung freier Wahlen und der kommunistischen Machtergreifung in Bulgarien, ein Plädoyer des amerikanischen Präsidenten Truman für das Recht der Völker, sich ihre Regierungen ohne die Einmischung von draußen wählen zu können, nahm Adenauer Ende 1945 als Beleg «für das wachsende Spannungsverhältnis zwischen der Sowjetunion und den Westalliierten».

Adenauer legte auf die Situation nach dem Zweiten Weltkrieg die Schablone seiner politischen Vorstellungen nach dem Ersten Weltkrieg an. Es waren Verhältnisse entstanden, die einen Erfolg seines außenpolitischen Konzepts begünstigen mußten: Das westliche Deutschland als «Friedensbrücke» zu den westeuropäischen Staaten, losgelöst vom Schwergewicht des Hegemonialstaats Preußen, seinem Materialismus, seinem Militarismus. Ein paar Retuschen waren nötig. Gegen Preußen, das für Adenauer seit je schon den «Geist des Ostens» verkörperte, mußte nun die Sowjetunion eingesetzt werden. «Ein totalitäres Überpreußen, eine asiatische-atheistische Weltmacht dehnte sich jetzt zwischen Lübecker Bucht und Bering-Meer, zwischen Thüringer Wald und Tschuktschen-Halbinsel», so interpretiert der Historiker Arnulf Baring Adenauers neue Weltsicht. Weit hergeholt war das nicht. Platt und einfach steht der Satz in einem Brief, den Konrad Adenauer kurz nach dem Krieg an seinen guten Bekannten und politischen Widersacher aus Kölner Kommunaltagen, dem nach den USA emigrierten Sozialdemokraten Wilhelm Sollmann, schrieb: «Asien steht an der Elbe.»

Für jemanden wie Adenauer, dem das östliche Deutschland fremd war, der in seine Bindungen an Berlin zumindest nie Emotionen investiert hatte – «ich habe schon immer in Berlin das Gefühl gehabt, in einer heidnischen Stadt zu sein», sagte Adenauer 1946 –, bot die Nachkriegslage in all ihrer Trostlosigkeit doch einen Anreiz zu politischer Aktivität.

«Nur ein Westeuropa, zu dem als wesentlicher Bestandteil der nicht von Rußland besetzte Teil Deutschlands gehört, kann das weitere geistige und machtmäßige Vordringen Asiens aufhalten», so Adenauer weiter in seinem Brief an Sollmann. Seine Lagebeurteilung war zugleich seine Konzeption. Noch aber war Konrad Adenauer ein Dirigent ohne Orchester. Er war nichts anderes als ein Privatmann ohne politische Gefolgschaft. Die Chance zum Neueinstieg in die Politik hatte er schon mehrfach ungenutzt verstreichen lassen. In ein paar Tagen würde er 70 Jahre alt, ein Geburtstag, der gemeinhin eher zum Rückblick als zu Zukunftsplanungen einlädt.

«Alles, was im ersten Glied steht, ist verloren»

Adenauers Verweigerung

Konrad Adenauer war erfahren im Umgang mit Besatzungsmächten, ein Gewinn aus dem «zweiten» Leben. Er wußte, daß die Besatzer als Soldaten gewohnt sind, daß ihren Befehlen Folge geleistet wird. Nach der Direktive JCS 1067 – sie wurde von den Franzosen und Engländern in Abstufungen übernommen – war den Deutschen jegliche politische Betätigung verboten worden. Der wiedereingesetzte Kölner Oberbürgermeister hielt sich an dieses Verbot. Erst am 15. September 1945 ließen die britischen Besatzungsbehörden in ihrer Zone, in der Köln lag, Parteigründungen offiziell wieder zu. Doch auch nach dieser Zulassung bestanden sie darauf, daß – gemäß der in dem Inselreich praktizierten Demokratievorstellung – die Interessenten für eine Arbeit im öffentlichen Leben zu wählen hatten zwischen der Tätigkeit als Beamter oder parteipolitischen Aktivitäten.

Für den Legalisten Adenauer mögen dies Gründe gewesen sein, sich nicht aktiv an der Pionierarbeit des Aufbaus der Nachkriegs-CDU zu beteiligen. Die Idee, eine überkonfessionelle Partei als christliche politische Kraft zu formieren, hatte er selbst ja schon 1922 vorformuliert. Er war damit erfolglos geblieben, die wenigen Protestanten und auch Juden, die später der Reichstagsfraktion des Zentrums angehörten, blieben Außenseiter. Schon im Widerstand war – ohne Adenauer – der Gedanke weiter diskutiert worden, daß sich bei einem Wiederaufbau die verhängnisvolle Zersplitterung der Konfessionen nicht wiederholen dürfe, daß eine neue, überkonfessionelle Partei als «Union» entstehen müsse. Jetzt, in der Ausweglosigkeit des Zusammenbruchs, im Entsetzen und in der Scham über die nun aufgedeckten Verbrechen, die in den KZs im Namen des deutschen Volkes begangen worden waren, bot das Christentum neue Hoffnung. Auf dem Humus von Trostlosigkeit, schlechtem Gewissen und religiöser Erneuerung gediehen im Jahr 1945 überall im zertrümmerten Deutschland Bestrebungen zur Gründung einer christlichen Partei.

Weil die alten bürgerlichen Parteien sich allesamt beim Untergang der Weimarer Republik und durch die Unterstützung Hitlers diskreditiert hatten und auch weil Rückstände der NS-Ideologie über die «korrupten» und «unfähigen» Weimarer «Systemparteien» das Nachkriegsbewußtsein noch weithin bestimmten, machte man sich in Köln und Hamburg, Düsseldorf und Berlin, München und Frankfurt auf die Suche nach einer neue Etikettierung. «Christlich» und «demokratisch» gerieten fast überall ins Firmen-Signet.

Die jüngere Generation, die nun eigentlich hätte aktiv werden können, fiel aus: die dazu gerechnet werden konnten, waren entweder auf dem «Feld der Ehre» geblieben oder in KZs umgebracht worden, sie saßen in Gefangenenlagern zwischen Texas und Workuta oder hatten wegen ihrer Zusammenarbeit mit den Nazis Beschäftigungsverbot, solange sie noch nicht «entnazifiziert» worden waren. So nahmen im Rheinland meist frühere Zentrumsleute, die ihre ersten politischen Erfahrungen noch in der Kaiserzeit gesammelt hatten, die Gründungsarbeit in die Hand. Einer von ihnen war der frühere Zentrumsmann Leo Schwering aus Köln, der Leiter des Volksvereins für das katholische Deutschland gewesen war, als Abgeordneter im preußischen Landtag gesessen hatte und von den Nazis ins Konzentrationslager gesperrt worden war. In den letzten Kriegsjahren war Schwering aus dem zerbombten Köln nach Königswinter, einem Städtchen am Fuße des Siebengebirges, umgesiedelt. Hier lebte auch Wilhelm Warsch, früher Zweiter Oberbürgermeister von Krefeld. Schon vor Kriegsende waren die beiden entschlossen, den Versuch zu wagen, eine überkonfessionelle Partei zu gründen. Wenig später schloß sich ihnen Peter-Josef Schaeven an, vormals Sekretär des Kölner Zentrums, sowie der im nahen Bad Honnef untergekommene Kölner Joseph Kardinal Frings. Die Idee war da, es fehlten noch Programm und Parteiname. Wichtiger aber: Es fehlte ein bekannter Mann als Zugpferd. Was lag da näher, als daß sich Schwering eines Tages zum knapp einstündigen Fußmarsch in den Nachbarort Rhöndorf entschloß. Der dort gärtnernde Pensionär Konrad Adenauer wäre die ideale Leitfigur, durch Alter, früheres Amt und politische Integrität ausgezeichnet. Eile schien Schwering geboten, um der Konkurrenz eventueller Zentrums-Neugründer zuvorzukommen. So klopfte er schon Anfang April 1945, also noch vor der Kapitulation, bei Adenauer an, der drei Wochen zuvor das Amt des Kölner Oberbürgermeisters wieder übernommen hatte. Die Begegnung war kurz und erfolglos. Adenauer verwies auf das alliierte Verbot, sich parteipolitisch zu betätigen, und beschied Schwering, sein Vorhaben sei «verfrüht und ungeklärt».

Ein zweites Mal, diesmal in Begleitung von Warsch, machte sich Schwering kurz nach der Kapitulation auf den Weg nach Rhöndorf. Seine Hoffnung, mit dem offiziellen Ende des Krieges hätten sich Adenauers Vorbehalte erledigt, erfüllte sich nicht. Adenauer blieb so verschlossen, daß die beiden Besucher es von sich aus unterließen, das Gespräch auf den eigentlichen Zweck ihres Kommens zu lenken. In sein Tagebuch notierte Schwering den Satz: «Politische Gespräche wurden nicht geführt.»

So kam es am 17. Juni 1945 zur Gründungsversammlung der neuen Partei in Köln ohne Konrad Adenauer. Nahezu konspirativ – da das Parteiverbot der Briten noch galt – kamen unter der Leitung Leo Schwerings achtzehn Personen im Kolpinghaus zusammen. Hier gab es den einzigen unzerstörten Versammlungsraum in der Trümmerstadt. Die neue Partei firmierte vorläufig als «Christlich-Demokratische Volkspartei» (CDVP). Die Gründungsversammlung berief eine achtköpfige Kommission zur Ausarbeitung eines Programms, die geleitet wurde von Leo Schwering.

Einer der Teilnehmer dieses Treffens war der Dominikanermönch Pater Eberhard Welty. Der Mann in der weißen Kutte lud die Thesen-Architekten in sein Refugium ein, das Dominikanerkloster Walberberg, eine ehemalige Wasserburg, auf halbem Wege zwischen Bonn und Köln gelegen. Für die Dominikaner vertrug sich solch Basishilfe durchaus mit ihrem Selbstverständnis. Sie betrachteten sich als weltoffenen, an der Politik interessierten und zur Mitgestaltung berufenen Orden. Für die Parteigründer wiederum hatte Weltys Angebot eine Reihe Vorteile. Im Kloster fanden sie unzerstörte Quartiere, auch wenn es nur karge Mönchszellen waren, Verpflegung und insbesondere jene Abgeschiedenheit, die gleichermaßen geistige Konzentration wie auch Schutz vor britischen Militärbehörden gewährleistete. Die einzigen Schwierigkeiten ergaben sich für die evangelischen Teilnehmer morgens beim Gottesdienst in der Klosterkirche. Ein junges Ordensmitglied mußte ihnen helfen, dem Text der Messe zu folgen.

Die Programmberatungen fanden in Form einer öffentlichen Diskussion statt. Über Mund-zu-Mund-Propaganda erfuhren interessierte Kölner von dem Unternehmen und reisten zum Kloster an. Bis zu hundert Personen beteiligten sich zeitweise am Programm-Palaver. Der Kölner Oberbürgermeister reiste nicht an.

Nächste Station auf dem Weg der Partei war das «Heidelberger Faß», eine vergammelte Kneipe in Köln-Deutz. Hier trafen sich die Wortführer der Kölner Christdemokraten mit Gleichgesinnten aus der Konkurrenzstadt Düsseldorf, an deren Spitze der frühere Kartellsekretär der christlichen Gewerkschaften, Karl Arnold. Drei Beschlüsse wurden gefaßt: Die neue Partei solle sich jetzt auch auf Landesebene etablieren, gemäß der damals gültigen Grenzziehung war dies die Nordrhein-Provinz; der Dachverband solle eine kollektive Führung durch einen Rat von sieben Vorsitzenden erhalten; den Vorstandsvorsitz wollte man Konrad Adenauer antragen.

Am 26. Juli 1945 ging Schwering an der Spitze einer kleinen Kommission Kölner Parteigründer erneut zu Adenauer – wieder ohne Erfolg. Adenauer krittelte am Parteinamen rum. Er bevorzugte «Christlich-Soziale Partei», statt «Christlich-Demokratische Partei».

Nun übernahm Karl Arnold den Versuch, Konrad Adenauer anzuwerben. Am 31. August 1945 besuchte er den Kölner Oberbürgermeister in seinem provisorischen Dienstzimmer im Kölner Allianz-Haus. Es war die erste Begegnung zwischen den beiden Politikern. Doch auch Karl Arnold holte sich einen Korb. Konrad Adenauer lehnte das ihm angetragene Spitzenamt rundweg ab. Er schlug vor, Leo Schwering mit dieser Aufgabe zu betrauen. Ein kleines Zugeständnis allerdings machte er: Er erklärte seine Bereitschaft, innerhalb des Vorstands mitzuarbeiten. Die Parteigründer, bescheiden geworden, sahen darin schon einen Erfolg. Bislang lebten sie in der Furcht, Adenauers Zögern hänge vielleicht damit zusammen, daß er sich lieber einer neuentstehenden Zentrumspartei anschließen wollte.

Am 2. September wurde dann die CDP der Nordrhein-Provinz aus der Taufe gehoben. Auch diese Gründungsversammlung lief im Kölner Kolpinghaus ab, auch an ihr nahm Konrad Adenauer nicht teil. In Abwesenheit wurde er in das siebenköpfige Führungsgremium gewählt, dem auch der protestantische Bankier und Adenauer-Vertraute Robert Pferdmenges angehörte. Den geschäftsführenden Vorsitz erhielt, gemäß Adenauers Vorschlag, Leo Schwering. Ein paar Wochen später, Ende September – die Briten hatten inzwischen das Verbot politischer Betätigung aufgehoben – nahm Adenauer an einer Sitzung des Vorstands teil. Es war sein erstes und letztes Erscheinen. Am 6. Oktober entließen die Briten Adenauer als Oberbürgermeister und verboten ihm jegliche politische Betätigung. Umgehend schrieb Adenauer einen Brief an Leo Schwering: Er müsse sein Parteiamt niederlegen.

Die verschlossene, fast schon verletzende Art, mit der Konrad Adenauer die verschiedenen Hochzeitsbitter aus Köln und Düsseldorf unter Berufung auf alliierte Auflagen abblitzen ließ, wirkt auf den ersten Blick wie eine prinzipielle Distanz zu dem ganzen Unternehmen der Partei-Neugründung. Der Bonner Journalist Klaus Dreher, der die Einzelheiten der Gründungsgeschichte detailliert nachzeichnet, registriert in seinem Buch *«Der Weg zum Kanzler»* sogar die «paradoxe Situation, daß die Geschichte der CDU mit der Verweigerung desjenigen Mannes beginnt, bei ihr mitzutun, der sie einmal zu Macht und Ruhm führen sollte». Adenauer selbst huscht in seinen *«Erinnerungen»* über die Vorgeschichte der CDU in einer derartigen Geschwindigkeit und Oberflächlichkeit hinweg, daß sich dem Historiker Rudolf Morsey der Eindruck aufdrängt, «als wenn der rückblickende Memoirenschreiber die Schilderung seines parteipolitischen Anlaufs und Aufstiegs bis zur Übernahme der größeren, seiner eigentlichen geschichtlichen Aufgabe, möglichst rasch hat hinter sich bringen wollen».

Leo Schwering hat später in zahlreichen Artikeln und persönlichen Notizen Adenauers Skepsis gegenüber der neuen Partei betont – wenn nicht in der Absicht, so doch mit der Wirkung, daß sein eigenes Verdienst um die CDU-Gründung um so deutlicher hervortrat. Die Rekonstruktion von Adenauers tatsächlichem Einsatz für die neue Partei bleibt so auf bruchstückhafte Fundstücke beschränkt. Eines davon ist ein Brief Schwerings, den dieser allerdings nie veröffentlichte. Drei Tage nach Adenauers neuer Entlassung durch die Briten schrieb der Kölner Bibliothekar dem ehemaligen Oberbürgermeister: «Es bleibt unvergessen, mit welcher Energie und mit welchem Pflichteifer Sie sich an unseren Arbeiten, nachdem wir Ihre außergewöhnliche Arbeitskraft an bevorzugter Stelle in unserer Parteiarbeit eingesetzt hatten, beteiligten. Nicht minder unvergessen bleibt das lebhafte Interesse, das Sie von Anfang an dem Werden der Partei entgegenbrachten, wie auch, daß Sie bei der Entstehung der Christlich-Demokratischen

Partei Ihre Geschicklichkeit und Ihre weitreichenden Verbindungen unserer Arbeit vorbehaltlos zur Verfügung stellten.»

Schwering wiederholte dies in einem zum selben Zeitpunkt verfaßten Brief an den christdemokratischen Politiker Lambert Lensing in Dortmund, in dem es heißt, das Abtreten Adenauers sei sehr unangenehm, «besonders wir Kölner werden seinen starken Einfluß noch oft vermissen».

Ein weiteres Zeugnis stammt von Adenauer selbst. In einem Brief an seinen Oberbürgermeister-Kollegen in München, Karl Scharnagl – abgeschickt am 21. August 1945 –, beschreibt Adenauer ausführlich die Bestrebungen zur Gründung der neuen Partei, um dann selber zu werben: «Nun komme ich heute zu Ihnen und den anderen Herren in Bayern mit der Bitte, sich dieser Entwicklung anschließen zu wollen. Ich halte sie im Interesse Deutschlands für absolut notwendig ... Wir glauben, daß zu dieser Partei große Kreise kommen werden, die nicht dem Zentrum angehört haben, im Laufe der Entwicklung auch rechts gerichtete Teile der heutigen Sozialdemokratie.»

Wahrscheinlich hielt sich Adenauer zurück, weil er die Gründerväter für unfähig hielt. Er sprach von «verheerenden Zuständen» in der Parteiorganisation, deren Zustand ihn «geradezu erschüttert» habe. Ein anderes Motiv spielte auch eine Rolle. Zwei Emissäre, die ihn unmittelbar nach Kriegsende für die politische Arbeit gewinnen wollten, wies er ab: «Alles, was im ersten Glied steht, ist verloren.»

Sozialistisch in Berlin, konservativ in Hamburg, katholisch in Köln

Die Gründung der CDU

Die Briten, die Adenauers Nachkriegskarriere als Kommunalpolitiker beendet hatten, setzten ihn nun auf die Spur der großen Politik. Am 4. Dezember 1945 hob der Militärgouverneur das Verbot der parteipolitischen Tätigkeit für Adenauer auf. Gleichzeitig wurde er von den Besatzern darum gebeten, an einer Konferenz teilzunehmen, zu der sich Mitte Dezember christdemokratische Politiker aus allen Teilen Deutschlands in Bad Godesberg versammeln wollten.

Angeregt hatten dieses sogenannte Reichstreffen die Berliner Christdemokraten. Sie konnten für sich so etwas wie ein Erstgeburtsrecht geltend machen. Schon am 10. Juni 1945, noch bevor die westlichen Alliierten im Austausch gegen den Rückzug amerikanischer Truppen aus Sachsen und Thüringen ihre Sektoren in Berlin besetzten – das ursprünglich von den Sowjets allein gehalten wurde –, hatte der sowjetische Oberbefehlshaber Schukow für die sowjetisch besetzte Zone die Zulassung politischer Parteien verkündet. Gerade einen Tag zuvor hatte erst die sowjetische Militäradministration (SMAD) ihre Arbeit aufgenommen. Dieses Vorpreschen hatte zwei Gründe. Die Sowjetunion brauchte zum einen die KPD, die sich schon einen Tag nach Schukows Startschuß konstituierte, zum Wiederaufbau einer in ihrem Sinne arbeitenden Verwaltung in ihrer Zone. Außerdem aber glaubte sie, daß die Erstgründungen auch anderer Parteien einen Anspruch darauf begründen könnten, von den später in den westlichen Zonen entstehenden Zusammenschlüssen als Spitzenorganisation anerkannt zu werden. Der sowjetische Einfluß über die in Berlin angesiedelten Parteizentralen für ganz Deutschland wäre so gewährleistet gewesen.

Mit dem Anspruch, «Reichspartei» zu sein, wurde denn auch am 17. Juni 1945 in Berlin die neue christdemokratische Partei unter der offiziellen Bezeichnung «Christlich-Demokratische Union Deutschlands», CDUD, aus der Taufe gehoben. Es war rein zufällig derselbe

Tag, an dem sich im Kölner Kolpinghaus rheinische Politiker an die Gründung einer lokalen christdemokratischen Parteiorganisation machten.

Den Parteinamen hatte der frühere Zentrumspolitiker und ehemalige Reichsminister Andreas Hermes geprägt. Er wurde auch der erste Vorsitzende der CDUD. Im Dritten Reich war der Widerstandskämpfer nur knapp dem Tod entronnen. Die Russen hatten ihn aus dem Zuchthaus Plötzensee befreit. Zu den Unterzeichnern des Gründungsaufrufs gehörten der christliche Gewerkschafter Jakob Kaiser, der frühere Zentrumsabgeordnete Heinrich Krone, der liberale Gewerkschafter Ernst Lemmer und der frühere preußische Handelsminister Walther Schreiber, während der Weimarer Republik Mitglied der Demokratischen Partei. Für Hermes war die breit gefächerte Gründungsgruppe, deren Mitglieder zum großen Teil auch aus Nord- und Westdeuschland stammten, die Untermauerung eines gesamtdeutschen Führungsanspruchs: «Wohl in keinem anderen Gründungskreis war eine derartige Weite der Beziehungen zu finden, die sowohl in die ehemalige Zentrumspartei wie in die einstige Deutsche Demokratische Partei, in die nicht-sozialistischen Gewerkschaften oder in die evangelische Kirche hineinreichten.»

Ein Handicap allerdings hatten die Berliner: Die Sowjets hatten die neue Partei gleich nach der Gründung an die Leine gelegt, indem sie die Parteilizenzierung von der verbindlichen Anerkennung des sogenannten Blocksystems abhängig machten. Dahinter verbarg sich eine Art Zwangskoalition der vier zugelassenen Parteien KPD, SPD, Liberale und Christdemokraten zu einem «Block antifaschistisch-demokratischer Parteien», der nur einstimmig – also nicht gegen die Kommunisten – Beschlüsse fassen konnte und darauf verpflichtet wurde, sich an der Regierung zu beteiligen. Opposition war damit ausgeschlossen. Die Berliner CDUD-Gründer hatten vergeblich versucht, der Fessel des Blocksystems zu entgehen und sich ihre Operationsfreiheit zu erhalten.

Dennoch konnte Hermes, als er im Herbst 1945 die Einberufung eines «Reichstreffens» der inzwischen zahlreich entstandenen christdemokratischen Regionalparteien vorschlug, seine CDUD unangefochten in der Rolle des Wortführers sehen. Aus Köln erreichte Hermes ein Brief Leo Schwerings, in dem es hieß: «Es ist selbstverständlich, daß Ihnen, dem eigentlichen Anreger, die Leitung des Reichstreffens zufallen muß.»

Es war eine bunte Gesellschaft, die sich am 14. Dezember 1945 in der Aula des Pädagogiums von Bad Godesberg versammelte. Die Partei, die die Delegierten vertraten, hieß CDVP im Westen, CDU in Hessen, CSVP (Christlich-Soziale Volkspartei) in Baden, CDUD in Berlin. Nur die Christlich-Soziale Union aus Bayern, die von Beginn an in der Tradition des heimatlichen Partikularismus sich als eigenständige Landesorganisation verstand und deshalb kein Interesse an einem überregionalen Zusammenschluß hatte, erschien nicht zu dem «Reichstreffen».

Und noch jemand kam nicht: Andreas Hermes, der Initiator des gesamten Unternehmens. Die Sowjets hatten ihm keine Reisegenehmigung erteilt. Mehrere Tage hintereinander war vor dem Berliner Parteibüro ein von der britischen Militärregierung gestellter Autobus erschienen, um die Parteidelegation in den Westen zu bringen. Als dann in letzter Minute nur noch die Möglichkeit blieb, per Flugzeug das «Reichstreffen» pünktlich und ohne sowjetische Kontrolle zu erreichen und die Briten die Bereitstellung einer Maschine anboten, verzichteten die Berliner auf den Reiseantritt. Sie wollten sich nicht für die weitere Parteiarbeit in Berlin und der Sowjetzone Schwierigkeiten mit der sowjetischen Militäradministration einhandeln. Lediglich zwei weniger exponierte Parteidelegierte, die Professoren Ulrich Noack aus Greifswald und der Staatsrechtler Hans Peters aus Berlin, reisten per Flugzeug nach Godesberg und verlasen in einem dreistündigen Wechselvortrag die von Hermes vorbereitete Parteitagsrede. Erscheinen konnte auch Heinrich Krone, da er sich schon eine Zeitlang im Rheinland aufhielt.

So vielfältig wie die Parteinamen waren auch die Zielsetzungen der in Godesberg versammelten Parteichristen. Ein französischer Beobachter urteilte damals: «Diese Partei ist sozialistisch und radikal in Berlin, klerikal und konservativ in Köln, kapitalistisch und reaktionär in Hamburg und gegenrevolutionär und partikularistisch in München.»

Dieses Zitat kennzeichnet die babylonische Programmverwirrung in der Frühphase der Christdemokraten. Die Berliner forderten in einem ersten Aufruf unter der Schlagzeile «Deutsches Volk!» die Verstaatlichung der Bodenschätze sowie der Monopol- und Schlüsselindustrien. In Frankfurt versuchten zwei linke Publizisten, der aus der katholischen Sozialbewegung stammende Walter Dirks und der Pazifist Eugen Kogon, den die Nazis ins KZ Buchenwald eingeliefert hatten, die hessischen Christdemokraten auf die Konzeption eines «Europa in einer sozialistischen Ordnung» festzulegen. In Düsseldorf rief der Gewerkschafter Karl Arnold in seiner Rede zur Gründung der CDU aus: «So entzünden wir die Fackel des christlichen Sozialismus.»

In Köln konnten sich die konservativen Domstädter nicht mit dem Schlagwort «Sozialismus» anfreunden und beließen es bei dem «Grundsatz der sozialen Gerechtigkeit». Für die Hamburger Christdemokraten formulierte der Rechtsanwalt und Bausenator Gerd Bucerius, die Union als «die große bürgerliche Partei» vertrete den «Gedanken der christlich-bürgerlichen Haltung des freien Unternehmertums».

Das Godesberger «Reichstreffen» brachte immerhin eine gewisse Ordnung in das Durcheinander. Die Partei einigte sich auf einen «Sozialismus aus christlicher Verantwortung» und verstand darunter «ein System planvoller Wirtschaftslenkung, das von der alten abendländischen Idee der freien und verantwortlichen Persönlichkeit belebt ist». Sozialisierungsideen standen nach dem Zusammenbruch bei allen Parteien hoch im Kurs. Angesichts der Ruinen, die ja zugleich auch ein Trümmerhaufen der bürgerlichen Welt waren, konnte sich kaum einer so recht die Rückkehr zu einem Wirtschafts- und Sozialsystem vorstellen, das für die Entstehung und Durchsetzung der Nazi-Diktatur mitverantwortlich gemacht wurde.

Der Parteiname wurde in Godesberg vereinheitlicht. Alle Landesparteien – ausgenommen die nicht anwesende bayerische – sollten fortan «Christlich-Demokratische Union Deutschlands» (CDUD) heißen. Die Berliner konnten sich indes nur kurz in dem Gefühl wiegen, der Partei ihren Namen aufgeprägt zu haben. Schon im offiziellen Pressekommuniqué über das Reichstreffen wurde das letzte «D», das Kürzel für «Deutschland» unterschlagen. Ab 1946 hieß die Partei CDU in den Westzonen, CDUD in Berlin und in der Sowjetzone. Eine zweite Entscheidung fiel gegen die Berliner. Ein Verbindungsbüro für die Parteiorganisationen in den verschiedenen Zonen wurde nicht in die ehemalige Reichshauptstadt verlegt, sondern kam nach Frankfurt am Main.

Konrad Adenauer war auf dem Godesberger Treffen nur stiller Zuhörer. Im schwarzen Horch, seinem früheren Kölner Dienstwagen, war er vor dem Pädagogium vorgefahren. Mit keinem Wort nahm er an der Diskussion teil. Um so intensiver aber nutzte er dic Gelegenheit, sich in persönlichen Gesprächen mit den einzelnen Delegierten Informationen über den Zustand der jungen Partei zu verschaffen. Der alte Fuchs aus Rhöndorf nahm die Witterung auf.

Für die christdemokratische Familienchronik hat Konrad Adenauer aus Gründen der Schicklichkeit später seine Vaterschaft an der CDU vordatiert. «Als wir hier in Köln nach dem Zusammenbruch des Jahres 1945 zur Gründung der Christlich-Demokratischen Union schritten ...» so Konrad Adenauer auf dem fünften Bundesparteitag der CDU 1955 in Köln – ein Ansatz, der sich bis zum Parteitag 1962 in Dortmund zu dem Satz verfestigte: «Sie wissen, daß ich zu den Gründern gehört habe.» Von seinem Biographen Paul Weymar, dessen Arbeit er genau überwachte, ließ Adenauer sich zudem als eine Art CDU-Zeus porträtieren: «Adenauer fuhr im ganzen Lande umher, von Ort zu Ort, gründete Ortsgruppen.» Tatsächlich hat Adenauer nicht eine einzige Ortsgruppe mitbegründet, geschweige denn die Partei. Und doch enthält sein Schönfärben des eigenen Beitrags die innere Wahrheit – ein Adenauer-spezifisches Phänomen, das später einmal der CSU-Abgeordnete Freiherr zu Guttenberg mit dem Satz entschlüsselte: «Konrad Adenauer ist glaubwürdig, auch wenn er manchmal Kurven um die Wahrheit macht.» Denn die Geschichte der CDU als Keimzelle einer gemäßigt konservativen bürgerlichen Regierungspartei begann erst in dem Augenblick, als Konrad Adenauer sich ihrer bemächtigte und sie zum Instrument der Durchsetzung seiner politischen Vorstellungen machte.

Eine «undankbare» Aufgabe

Die Übernahme des Parteivorsitzes

Um die Jahreswende 1945/46 fiel Adenauers Entschluß, das «deutsche Volk auf den rechten Weg zu bringen». Es galt, die Konkurrenz der Berliner Christdemokraten abzudrängen, die in Adenauers Augen all das verkörperten, was er ablehnte: Sie hatten ihren Sitz in Berlin, standen im engen Kontakt mit den Sowjets und suchten eine gesellschafts- sowie außenpolitische Synthese zwischen Ost und West auf deutschem Boden zu erreichen.

Vorübergehend schien es so, als würden die Sowjets mithelfen, Adenauer die Berliner Konkurrenz vom Hals zu schaffen. Der CDUD-Vorsitzende Andreas Hermes wurde kurz nach dem Godesberger Reichstreffen, zu dem er schon nicht hatte hinfahren dürfen, von der sowjetischen Militärverwaltung abgesetzt. Hermes hatte sich gegen die von den Sowjets verfügte Bodenreform ausgesprochen, die allen Grundbesitz über 100 Hektar entschädigungslos enteignete.

Hermes zog daraufhin nach Bad Godesberg um, seine Berliner Parteifreunde statteten ihn mit 200000 Reichsmark aus. Nachfolger von Hermes wurden Jakob Kaiser und Ernst Lemmer, die seinen Kurs weiterverfolgten. Kaiser: «Wir haben Brücke zu sein zwischen Ost und West.»

Genau zwei Monate brauchte Konrad Adenauer, um sich innerhalb der britischen Zone jene Parteiämter der CDU zu erkämpfen, die ihm gegenüber der Berliner CDUD-Führung die entscheidende Machtposition verschafften. Er erreichte sein Ziel mit Taktik und Fleiß. Briefe an Parteifreunde, Redeentwürfe, Programmnotizen tippte er eigenhändig am Rhöndorfer Schreibtisch – erst ab Februar 1946 erhielt er eine Schreibkraft –, von seinem Fahrer ließ er sich im Horch quer durch das Zonengebiet bei Tag und Nacht zu Treffen mit Parteifreunden bringen, gegen die Kälte eingehüllt in Decken und einen alten Schlafsack, die Thermoskanne in einer alten Kollegtasche, ein Geschenk seines Parteifreundes August Dresbach. «Während der vergangenen zehn Monate habe ich für unsere Partei so viel arbeiten und so viel reisen müssen, daß ich mehr in Anspruch genommen war als in den schlimmsten Zeiten meiner früheren Tätigkeit», schrieb er gegen Ende des Jahres 1946 dem ihm aus den Tagen des Kölner Klüngels bekannten Industriellen Paul Silverberg in dessen Schweizer Exil in Lugano.

Adenauers politischer Neubeginn ließ sich eher gemütlich an, mit einer Kaffeetafel zu seinem 70. Geburtstag am 5. Januar 1946. Eingeladen hatte er sieben Parteifreunde, allesamt Mitglieder des rheinischen Parteivorstands, allesamt Vertreter des linken CDU-Flügels. An der Spitze die beiden christlichen Gewerkschafter Karl Arnold und Johannes Albers. Ihnen vertraute Adenauer an, daß er künftig zur Mitarbeit in der CDU bereit sei. Die Gäste, die sich hochgeehrt fühlten durch das Vertrauen und die aufmerksame Bewirtung des Hausherrn, verließen Rhöndorf als «pressure-group» Adenauers. Ihr künftiges effektives Wirken bewies, mit welcher Finesse Adenauer seine Verbündeten ausgesucht hatte: Zum einen hatte er die Parteilinken eingebunden, mit denen er sonst wenig im Sinn hatte und denen er auch – nach getaner Arbeit – rasch wieder seine Sympathie entzog; zum anderen konnten die politischen Konkurrenten, denen er ihre Posten streitig machen wollte, wohl kaum in dieser Gruppe Verschwörer Adenauers vermuten.

Zwei Tage später bereits trug die Geburtstagsabsprache erste Früchte. Auf einer Vorstandssitzung der Rheinischen CDU wurde Konrad Adenauer, der nicht an dem Treffen teilnahm, auf Vorschlag von Karl Arnold zum Mitglied des neuen Zonenausschusses der CDU gewählt und gleichzeitig auch Sprecher der fünf Delegierten, die die Rheinische CDU in dieses Gremium entsandte.

Der Zonenausschuß mit seinen insgesamt 26 Mitgliedern war eine Art Delegiertenparlament der einzelnen CDU-Verbände in der britischen Zone – neben dem Rheinland entsandten Schleswig-Holstein, Braunschweig, Hannover, Oldenburg, Lippe, Hamburg, Bremen und Westfalen ihre Vertreter. Das Gremium tagte zum erstenmal am 22. Januar 1946 in Herford. Eingeladen zu dem Treffen hatte der Oberbürgermeister der westfälischen Stadt, der Fabrikant Friedrich Holzapfel, Protestant und als Gründungsmitglied die beherrschende Figur im CDU-Landesverband Westfalen. Alle Anwesenden, insbesondere auch Holzapfel, gingen davon aus, daß er als Gastgeber die Tagung eröffnen würde. Der Stuhl des Versammlungsleiters war noch frei, das Amt des Vorsitzenden dieses Zonenausschusses noch unbesetzt. Ambitionen für diesen Posten hatten der Vorsitzende der norddeutschen CDU, Hans Schlange-Schöningen, ein Rittergutsbesitzer aus Pommern, sowie der aus Berlin vertriebene Andreas Hermes. Beide Posten gingen an Konrad Adenauer.

Kaum angekommen im Versammlungsraum, dem holzgetäfelten Sitzungssaal des Herforder Rathauses, erklärte Adenauer sich zum Alterspräsidenten und übernahm die Leitung der Versammlung. Er steuerte die Sitzung so geschickt, daß er, als er Herford wieder verließ, zum vorläufigen Vorsitzenden der Zonen-CDU gewählt war.

Den Mitbewerber Andreas Hermes hatte er kaltblütig ausmanövriert. Hermes war, obwohl nicht eingeladen, ebenfalls nach Herford gereist. Als einer der Parteigründer glaubte er das Recht zu haben, als Gast an dieser Konferenz teilzunehmen. Sein Pech war, daß er etwas zu spät ankam. Konrad Adenauer hatte die Sitzungsleitung bereits an sich gezogen. Kurzerhand untersagte er Hermes die Teilnahme an der Versammlung und berief sich dabei auf eine britische Anordnung, die Parteikontakte zwischen den einzelnen Zonen untersagte – im Fall Hermes konnte diese Anordnung nur formal gelten. Er wurde zwar noch in der Berliner Mitgliederliste geführt, wohnte aber bereits in Bad Godesberg. Verbittert reiste Hermes wieder zurück an den Rhein, zum Schaden bekam er noch den Spott. Konrad Adenauer schickte ihm einige Tage später einen Brief nach: «Es drängt mich, Ihnen zu sagen, wie sehr ich und die übrigen Mitglieder des Zonenausschusses bedauert haben, daß Sie so vorzeitig abreisen mußten ... Es war uns allen eine schmerzliche Überraschung, daß wir, als wir sie hereinbitten wollten, hören mußten, daß Sie schon fort waren. Mit vielen Grüßen, Ihr ergebener Adenauer.» Hermes strebte fortan nie mehr ein Parteiamt an.

Seinen zweiten Widersacher, den Ex-Rittergutsbesitzer Schlange-Schöningen, manövrierte Adenauer vergleichsweise elegant aus. Schlange-Schöningen hatte in Rundschreiben die CDU als «Sammlungspartei» aller rechts von der Sozialdemokratie stehenden Wähler charakterisiert. Schon in Herford, anschließend aber auch in zahlreichen Briefen an Parteifreunde kritisierte Adenauer eine derartige Definition, die später sein Erfolgsrezept für die Kanzlerdemokratie ausmachte: «Auf ‹Sammlung› als Fundament läßt sich keine neue Partei aufbauen, weil ‹Sammlung› nichts in die Zukunft Weisendes ist.»

Schlange-Schöningen bremste er nach dem Herforder Treffen: «Bitte prüfen Sie, ob sich die neue Verbreitung Ihrer Rundschreiben empfiehlt.» Schlange-Schöningen, ohnehin keine kämpferische Natur, gab daraufhin seine Pläne für eine Parteikarriere auf und verdingte sich als Leiter des Ernährungsamtes der britischen Zone.

Einer der Herforder Delegierten, der Fabrikant Paul Otto aus Osnabrück – er arbeitete später im Bundeskanzleramt mit –, sprach während einer Tagungspause gegenüber einem Bekannten aus, was wohl die Mehrheit der Anwesenden dachte: «Dieser Dr. Adenauer ist ein begabter, aber unverschämter Mensch.» Otto hatte nicht bemerkt, daß Konrad Adenauer unmittelbar hinter ihm stand. «Als ich mich umwandte, blickte ich Adenauer direkt ins Gesicht. Er mußte alles gehört haben. Doch er sagte nichts, sondern lächelte mir nur freundlich zu.» In seinen *«Erinnerungen»* verkürzte Adenauer das gekonnte Schurkenstück von Herford auf einen Satz: «Ich eröffnete die Tagung als Alterspräsident und leitete sie dann auf allgemeinen Wunsch weiter.»

Schon in einem Brief, den er seiner Geburtstagsrunde hinterherschickte, hatte Adenauer nicht nur auf den Zonenvorsitz, sondern auch auf den Vorsitz der Rheinischen Landes-CDU Anspruch erhoben. Das Schreiben war ein Kleinod seiner politisch-taktischen Taschenspielertrick-Kunst. Indem er seine Sorge in den Vordergrund schob, daß er angesichts der auf ihn zukommenden vielen Arbeit einen vertrauensvollen Helfer brauche – «mit 70 Jahren muß man, auch wenn man rüstig ist, mit seinen Kräften haushalten» –, kaschierte er nicht nur seine Karriere-Ambitionen, sondern setzte gleichsam als selbstverständlich die Übereinstimmung aller voraus, daß er den Parteivorsitz erhalte. Auf diesem Posten saß allerdings noch Leo Schwering, der Mann, den er einige Monate vorher selber dafür vorgeschlagen hatte. Und Schwering hatte inzwischen durchaus Gefallen an dem Amt gefunden. Doch Adenauers Unverfrorenheit ging noch weiter: Als seinen künftigen Mitarbeiter wünschte er sich, wie er schrieb, Ernst Schwering, den Bruder Leo Schwerings, der unter Adenauer 1945 Personaldezernent in der Kölner Stadtverwaltung gewesen war. Keiner der beiden Brüder war über den Brief informiert. Als sie davon hörten und sich darüber empörten, war es schon zu spät – für Leo Schwering.

«Wir hoffen, Sie in alter Frische bei dieser Versammlung in unseren Reihen begrüßen zu können», so hatte der ahnungslose Leo Schwering Konrad Adenauer zu der entscheidenden Vorstandssitzung am 5. Februar 1946 ins evangelische Gemeindehaus nach Krefeld-Uerdingen eingeladen. Als Adenauer anreiste, hatte er neben den Gewerkschaftern bereits eine zweite Minderheiten-Gruppe in der CDU für sich gewonnen. Mit dem Versprechen, ihn zum stellvertretenden Parteivorsitzenden zu machen, gewann er den Wuppertaler Unionspolitiker Otto Schmidt, einflußreicher Sprecher eines Kreises protestantischer Vorstandsmitglieder. Schmidt, der eben noch Adenauers Nominierung für den Zonenausschuß mit dem Hinweis auf dessen vermeintliche separatistische Vergangenheit bekämpft hatte, brachte daraufhin in Krefeld-Uerdingen den Vorschlag ein, Adenauer zum neuen Vorsitzenden zu wählen. Er paßte dafür eine günstige Gelegenheit ab. Mehrere Parteigänger Leo Schwerings hatten die Sitzung bereits verlassen, da sie nicht mehr mit Wahlen an diesem Tag rechneten. Später konnte sich Schwering nur noch wundern: «Die Sache lief komisch ab. Es war alles vorbereitet, ich wußte das nur nicht. Nachdem es angezettelt war, ging alles ganz schnell.»

Mit 24 Stimmen wurde Konrad Adenauer gewählt, für Leo Schwering votierten nur noch fünf Vorständler. Zwei Monate später sah sich Adenauer bereits vom Schicksal in die Pflicht genommen. «Die politische Tätigkeit, die ich auf mich habe nehmen müssen, weil schlechthin kein anderer da war, ist sehr aufreibend, körperlich anstrengend und sehr undankbar», schrieb er einem Freund.

Bis dahin war Adenauer noch kein eingeschriebenes Mitglied der Partei, deren Führung er in der britischen Zone hatte. Erst am 1. Juni 1946 unterschrieb er seine Beitrittserklärung zur CDU. Als Monatsbeitrag setzte er fünf Reichsmark ein, als «einmaligen Aufbaubeitrag» 100 Reichsmark. Das neue Parteimitglied erhielt die Nummer 1700265, die ersten Ziffern waren ein Code für den Kreisverband.

«Ich besitze fünf Hühner»

Kampf um Koks und Kalorien

Von Politik, erst recht von politischen Experimenten, hatten die Deutschen die Nase voll. Den Katakombenbewohnern der zertrümmerten Großstädte ging es darum, ihre Kellerlöcher abzudichten. Wer ein Kellerloch hatte, war schon privilegiert, viele wohnten in Massenunterkünften. Im Trümmerhaufen Deutschland 1946 gab es noch acht Millionen Wohnungen, aber 14 Millionen Haushalte. Aus den Gebieten jenseits von Oder und Neiße kamen täglich Tausende von Vertriebenen, zerlumpt, gequält, hoffnungslos, die von den Einheimischen mit feindseliger Ablehnung empfangen wurden. Wer selber Hunger litt, mochte nicht noch teilen. Zwei Scheiben Brot, ein Löffel Milchsuppe, zwei kleine Kartoffeln, das war auch noch viele Monate nach dem Krieg die Durchschnittsration, die von Gemeinschaftsküchen ausgegeben wurde. Adenauer forderte von den Besatzern, den Bau einer deutschen Walfangflotte zuzulassen, um so den Fettmangel zu beheben.

Als der erste Winter kam, wurden Parks und Alleen abgeholzt, im nächsten Frühjahr die gerodeten Flächen mit Gemüse bepflanzt. Vor dem zerstörten Reichstagsgebäude in Berlin harkten Hungergestalten ihre Kartoffelparzellen. Die verzweifelte Suche nach Angehörigen belastete den täglichen Überlebenskampf zusätzlich. Auf Ruinenwänden wurde mit Kreidekritzeln um Nachricht gebeten, beim Roten Kreuz stapelten sich im Oktober 1946 zehn Millionen Suchanträge nach vermißten Soldaten und Zivilisten. Hochrechnungen verlängerten das Elend in die nächste Generation. Mindestens dreißig Jahre, so ein Frankfurter Bürgermeister, werde man in seiner Stadt allein für die Trümmerbeseitigung brauchen.

Zur Ohnmacht kam die Entmündigung. Auf Betreiben der Amerikaner setzte 1946 die «Entnazifizierung» ein: Durch Verfahren und Befragungen wurden die vom Nationalsozialismus Befallenen ausgesondert und sollten durch Bußen politisch umerzogen werden – je nach Schwere der Belastung bedeutete das Arbeitsverbot, Verlust der bürgerlichen Ehrenrechte, Einziehung des Vermögens, Pensionsverlust oder Einweisung in Arbeitslager. Sogenannte Spruchausschüsse (später Spruchkammern), zumeist mit Laien besetzt, betrieben mehr schlecht als recht den Nazi-Exorzismus. Adenauer sprach von einer «gräßlichen Entnazifizierungsmaschine».

Neben ungeheuren Aktenbergen produzierten diese Spruchgerichte offenkundiges Unrecht. Meist entschieden Entlastungszeugnisse, sogenannte «Persilscheine», über den Ausgang des Verfahrens. Wer nicht von Freunden aus Gefälligkeit einen Persilschein bekam, versuchte ihn zu kaufen oder durch Drohungen und Erpressungen belastende Aussagen zu verhindern. Zunächst liefen nur Verfahren gegen Mitläufer oder durch Mitgliedschaft in «harmloseren» Nazi-Organisationen Belastete. Die komplizierten und zeitraubenden Fälle der wirklich Schuldigen wurden zurückgestellt. Eine Ausnahme bildeten die Hauptkriegsverbrecher, die von den Alliierten vor dem Internationalen Militärgerichtshof in Nürnberg abgeurteilt und hingerichtet wurden. Konrad Adenauer: «Gut, daß die fort sind.»

Die Besatzungsoffiziere herrschten im zerstörten Deutschland wie absolutistische Fürsten. General Koenig, der Befehlshaber der französischen Truppen, ließ sich für 80 000 Mark ein Bett aus koreanischem Ziegenleder anfertigen. Ohne das Wohlwollen der jeweiligen Ortskommandanten gab es nichts: keine Reisegenehmigung, keine Benzingutscheine, keine Arbeitserlaubnis. Die Offizierskasinos der Besatzer waren – wenigstens im Westen – Lichterinseln in einem grauen Meer von Hunger und Armut. Hier gab es alles: Whisky, Fleisch, Schokolade, insbesondere aber Zigaretten.

Zigaretten, deren Nikotin dem nagenden Hunger die beißende Schärfe nahm, waren die neue Leitwährung. Eine einzige «Ami»-Zigarette kostete sechs, später dreißig Reichsmark. Die Deutschen bückten sich nach den halb aufgeraucht weggeworfenen Zigarettenkippen der Besatzersoldaten. Aktennotiz des «Bezirksamts Mitte von Groß-Berlin» im Jahre 1948: «Herrn Bezirksrat Falk. Vom Leichenschauhaus werden uns verschiedene Nachlässe übergeben. Hierbei befinden sich *10 Zigaretten (Salve)*. Was soll mit diesen geschehen?» Der Vorgang wanderte über den Schreibtisch des Beamten Falk, der entschied: «Zur freien Verwendung im Amt.» Zehn Bedienstete quittierten anschließend den Erhalt von je einer Zigarette.

Vom untergegangenen Nazi-Regime hatten die Alliierten das als Kriegsbewirtschaftung entwickelte System der Zuteilung, Rationierung und Preisfestsetzung übernommen. Bezugsscheine und Lebensmittelkarten setzten in vierwöchigen «Zutcilungsperioden» nun schon seit August 1939 fest, was dem «Normalverbraucher», so die amtliche Umschreibung des einzelnen Bürgers, zustand. Am 28. Februar 1947 fing die 99. Zuteilungsperiode an. In München wurden zum Beispiel auf dem Bezugsschein für Textilien, der «Kleiderkarte», zwei Punkte Spinnstoffe aufgerufen. Der Normalverbraucher konnte wählen: «25 cm Bett- oder Leibwäsche, 80 cm breit, oder einen Hosenträger, zwei Taschentücher oder drei Kragen, ein Ersatzgesäß oder zwei Paar Annähsohlen».

Solange die Deutschen Angst vor der Gestapo hatten, beugten sie sich dieser Zwangsbewirtschaftung. Jetzt, wo es allenfalls Haft, aber nicht mehr den Kopf kostete, wurde auf Schwarzmärkten alles das angeboten, was es auf Bezugsschein nicht gab – Butter, Fahrradschläuche, Glühbirnen. Viele, die auf dem Schwarzen Markt nicht mithalten konnten, scheuten auch nicht vor Diebstahl zurück, holten sich einen Kohlkopf aus Nachbars Garten, ein Karnickel aus einem Drahtgehege jenseits der Straße. Für das Klauen der Kohlen von Güterzügen, die aus dem Ruhrgebiet nach Frankreich rollten, wurde ein neues Wort geprägt: «fringsen» – abgeleitet vom Namen des Kölner Kardinals Josef Frings, der in einer Predigt für diese Art der Selbstversorgung Ablaß gewährt hatte.

Die Armut der Massen teilten auch die Männer, die damals antraten, um wieder Politik zu machen. Josef Löns, Adenauers erster Generalsekretär, erinnert sich, wie die Teilnehmer zur historischen Parteisitzung nach Neheim-Hüsten anreisten: «Sie kamen mit Fahrrädern oder zu Fuß, sie waren manchmal tagelang auf offenen Kohlenzügen gefahren, oder sie hatten sich an Landstraßen aufgestellt und waren von mitleidigen Insassen britischer Militärfahrzeuge auf kurzen Strecken mitgenommen worden. Die meisten waren Männer älteren Jahrgangs, und wie sie da eintrafen, verschmutzt von der Reise, erschöpft und halbverhungert, boten sie ein Bild des deutschen Elends.»

Am täglichen Kampf um Koks und Kalorien beteiligte sich auch Konrad Adenauer. «Drahtet Alter, Milchleistung, Preis, Abholungsort», telegrafierte Konrad Adenauer im Frühjahr 1947 einem oldenburgischen Parteifreund, der ihm ein neues Schaf besorgen konnte, und schickte die Nachricht hinterher: «Transport Milchschaf durch Kölner Viehhändler jede Woche möglich.» Mit dem für Rhöndorf zuständigen Stadtdirektor von Bad Honnef, der ihm eine Vorladung zur Vernehmung geschickt hatte, stritt er brieflich über seine angebliche Verpflichtung, Hühnereier abzuliefern. «Ich besitze fünf Hühner, mein Haushalt besteht aus acht Personen.» Der Düsseldorfer Ernährungsminister, Heinrich Lübke – später wird er einmal Bundespräsident –, habe ihm persönlich erklärt, daß in Haushaltungen, in denen die Zahl der Hühner geringer sei als die Kopfzahl der Personen, Eier nicht abzuliefern seien. Eine «Eierkarte», die ihn wiederum zum Bezug von Eiern berechtigt hätte, habe er nicht erhalten. «Ich bemerke noch, daß meiner Frau wegen einer schweren Erkrankung für mehrere Monate täglich ein Ei bewilligt war, daß sie aber kein einziges erhalten hat.»

Zum Kleinagrarier geworden wie Millionen andere Deutsche auch, erbat er von einem Gutsbesitzer in der Eifel Auskunft, wie er den als Schafsnahrung gedachten Klee in die Rasenflächen säen solle. «Ich denke mir, daß man etwas aufrauht, dann den Samen hereinstreut und die ganze Fläche festklopft. Ist das so richtig?» Ein wenig enttäuscht zeigte er sich im selben Brief über angeliefertes Saatgut: «Puffbohnen waren nur 500 Gramm dabei. Ich hätte gern das doppelte Quantum davon gehabt.» Einen Kölner Parteifreund ging er um «500 Meter Maschendraht für die Einfriedung des Hühnerstalles» an – «ich wäre Ihnen sehr dankbar, wenn ich durch Sie oder Ihre Vermittlung die Gegenstände bekommen könnte».

46mal mit «nein» konnte Adenauer auf seinem Fragebogen die Ausforschung nach Mitgliedschaft in einer NS-Organisation beantworten, nur ein einziges Mal steht ein «Ja» auf dem Formular. Es handelte sich um die Mitgliedschaft in der «NSV», der Nationalsozialistischen Volkswohlfahrt, einer karitativen Organisation des Regimes, die unter anderem das Mütterhilfswerk finanziert hatte.

Als Unbelasteter und von den Nazis Verfolgter war Konrad Adenauer ein gesuchter Autor für «Persilscheine». Dutzendfach kam er solchen Bitten nach, stellte selbst für einige seiner früheren Gefängniswärter und den Gefängnisarzt der Gestapo-Haftanstalt Brauweiler Entlastungsschreiben aus. Dem Rechtsanwalt Friedrich Grimm, der ihm 1933 im Dienststrafverfahren nach der Amtsenthebung durch die Nazis zur Seite gestanden hatte, bescheinigte Adenauer «zwecks Vorlage im Spruchkammerverfahren»: «Er hat sich meinen Interessen mit großer Entschiedenheit angenommen und in privaten Gesprächen seiner Abneigung gegen den Nationalsozialismus unverhohlen Ausdruck gegeben ... Das Eintreten für mich war für Professor Grimm nicht ohne Gefahr.»

Politisch belasteten Personen allerdings verweigerte Adenauer Gefälligkeitsbescheinigungen, das unterschied ihn etwa von dem früheren Reichskanzler Heinrich Brüning, der aus seinem amerikanischen Exil derartige Briefe verschickte. Eine harsche Absage auf sein Bittgesuch erhielt Günter Riesen, der von den Nazis eingesetzte Oberbürgermeister von Köln, der Adenauer einst als «Verbrecher» bezeichnet hatte. Ohne Anrede und Grußfloskel erwiderte Adenauer ihm, «daß ich eine persönliche Rücksprache mit Ihnen ablehnen muß». Er sei aber bereit, vor einem Spruchkammerausschuß auszusagen.

Durch eine Ausnahmegenehmigung des Kölner Regierungspräsidenten war es Adenauer gelungen, daß vier seiner Wohnräume als Büroräume anerkannt wurden. Dadurch erhielt er eine größere Zuteilung an Koks. Als ihn ein kommunistisches Flugblatt beschuldigte, er habe «den Keller voll Koks», schrieb Adenauer vorsorglich dem Bürgermeister von Honnef: «Ich habe im Keller noch einen Rest Koks aus dem Vorjahr. Es ist mir aber auf meinen Antrag vom Wirtschaftsamt Siegburg ein Quantum Koks im Hinblick darauf, daß ich in meinem Haus ein Büro unterhalte und häufige Konferenzen abhalte, bewilligt worden.»

Noch im Herbst 1948 – als Adenauer auf seine Briefbogen bereits den Zusatz tippen konnte «Präsident des Parlamentarischen Rats» – beantragte er beim Kreiswirtschaftsamt des Siegkreises «eine Zuteilung von Koks für den bevorstehenden Winter» und bat darum, bei der Liefermenge die Einrichtung der Büroräume zu berücksichtigen.

Dem «Fringsen» gab Adenauer moralischen Schutz. Als ihn der Besucher einer Wahlversammlung anschrieb, antwortete der prominente Christdemokrat: «Die katholischen Theologen unterscheiden zwischen im Gewissen verpflichtenden Gesetzen und reinen Pönalgesetzen. Ein Verstoß gegen die ersteren ist gleichzeitig Sünde, ein Verstoß gegen die letzteren nicht.»

Zu den Sorgen um den Haushalt gesellten sich die speziellen Schwierigkeiten des Parteiführers. Auszug aus einem Brief an Paul Silverberg: «Ich habe vor einiger Zeit von einem Amerikaner einen Füllfederhaltern ‹eversharp› geschenkt erhalten. Ich habe mich an den Gebrauch des Füllfederhalters sehr gewöhnt und vermisse ihn jetzt sehr, da ich ihn wegen Fehlens einer neuen Patrone nicht benutzen kann. Wäre es Ihnen vielleicht möglich, mir aus der Schweiz hierfür Patronen zu schicken?» Hilfe kam dann wohl aus New York, denn Adenauer korrespondierte danach mit einem amerikanischen Industriellen namens Simon J. Vogel: «Herzlich danke ich Ihnen für die Füllung für den ‹eversharp›, die vorgestern hier eintraf. Der ‹eversharp› funktioniert wieder!» Wenig später allerdings war die Begeisterung schon gesunken – «die Ersatzstifte sind übrigens nicht die gleichen wie der Stift, der ursprünglich in dem Federhalter war. Sie enthalten weniger Tinte. Es wird mir deswegen leid tun, wenn ich Sie demnächst wieder belästigen muß.»

Im Juni 1948 ging ein dringender Bittbrief aus Rhöndorf an Karl Arnold, der inzwischen Düsseldorfer Ministerpräsident geworden war: «Am 17.6. muß ich unbedingt zu einer wichtigen Besprechung nach Hannover. Die Reifen meines Autos sind zum Teil so weit abgeschlissen, daß sie diese Fahrt nicht durchhalten können. Ich bitte Sie, mir einen Bezugsschein auf drei Reifen ausstellen zu wollen, damit ich mir noch morgen die Reifen besorgen lassen kann. Mit bestem Dank Ihr sehr ergebener Adenauer.»

Der Wagen, noch immer der von den Briten überlassene Horch, sollte gegen einen Mercedes ausgetauscht werden. Haushälterisch auch in Parteidingen, erkundete Adenauer Möglichkeiten für einen Verkauf des Horch. Er diktierte einen Brief an den Kölner Domkapitular Wilhelm Böhler: «Wie ich von meinem Chauffeur Schumacher höre – dieser hat die Kunde vom Chauffeur des Herrn Kardinals und von der Auto-Reparaturwerkstätte Leiendecker in Köln-Lind –, suchen Sie für den Herrn Kardinal einen Horch-Wagen. Wie mir gesagt wird, haben Sie einen solchen an Hand, dessen Herkunft etwas zweifelhafter Natur sei. Ich besitze einen Horch, der, abgesehen von der Federung, die noch erneuert werden müßte, in ausgezeichneter Verfassung ist und der insbesondere auch eine sehr zuverlässige und gute Maschine hat.» Wie ein Routinier pries Adenauer sein Fahrzeug an:

Laut Auskunft der Werkstätte könne der Horch, «dessen Kauf Sie in Erwägung ziehen, mit meinem nicht konkurrieren».

Für Adenauer brachte der Wagentausch indes Schwierigkeiten. Harsch mußte er sich wenig später bei einer Mercedes-Werkstatt darüber beschweren, «daß innerhalb von drei Monaten Reparaturzeit – ursprünglich waren sechs Wochen als äußerstes angegeben – nicht einmal die Zentralschmierung nachgesehen wird, daß die Hinterachse nicht in Ordnung ist, die Bremsen nicht in Ordnung sind». Schon ganz Parteipolitiker, argwöhnt er dahinter eine bösartige Intrige: «Es scheint sich um Verzögerungen aus politischen Gründen zu handeln. Ich bin überzeugt, daß Herr Dr. Kurt Schumacher von der SPD ganz anders behandelt worden wäre als ich.»

An seinen Generalsekretär Löns erging der Auftrag, sich bei den Briten um eine neue Schreibmaschine zu bemühen. «Meine Maschine ist durch den sehr starken Gebrauch schadhaft geworden und stockt oft ... Wie die Mechaniker-Werkstatt, die die Maschine nachgesehen hat, mitteilt, müßte an meiner Maschine ein neues Segment eingesetzt werden, das zur Zeit unmöglich zu beschaffen ist.»

Beim Präsidenten der Oberpostdirektion Köln bat Adenauer darum, ihm zur schnelleren Abwicklung der damals noch handvermittelten Ferngespräche einen Sonderstatus einzuräumen und die Anrufe als «dringendes Staatsgespräch» deklarieren zu dürfen. Auch seien die Telefonistinnen «häufig äußerst unfreundlich». Ein Privileg hatte Adenauer schon: Die Briten erlaubten ihm mit «Permit No. 14», ihre Militärfähre zwischen den Rheinorten Königswinter und Mehlem zu benutzen.

Das Ende der Vier-Mächte-Verwaltung

Welcher Politiker hätte unter welchen Bedingungen die größten Chancen gehabt, das Nachkriegsdeutschland zu führen?

Hätte der Alliierte Kontrollrat den Willen zur Zusammenarbeit behalten, wäre der Berliner CDU-Führer Jakob Kaiser aussichtsreicher Anwärter auf das Amt des deutschen Reichskanzlers gewesen. Hätten die Franzosen ihre Idee verwirklichen können, die deutschen Länder wie zur Postkutschenzeit in autonome Einzelstaaten aufzuteilen, dann wäre der ehemalige Fischhändler Peter Altmeier aus Rheinland-Pfalz, dessen Bückling vor dem französischen General Koenig zum Symbolbild der Unterwerfungsgeste unter französische Machtansprüche wurde, der Prototyp eines deutschen Staatsmanns geworden. Hätte das Vereinigte Königreich nicht angesichts seiner eigenen trostlosen wirtschaftlichen Situation zunehmend den Einfluß auf die Deutschlandpolitik der Alliierten eingebüßt, dann hätte die Labour-Regierung unter Attlee den von ihr favorisierten SPD-Führer Kurt Schumacher zum Erfolg verhelfen können. Hätten die Sowjets die Zehn-Milliarden-Dollar-Reparation, die ihnen in Jalta in Aussicht gestellt war, von den Amerikanern erhalten, wäre Walter Ulbricht wahrscheinlich ein bekannter deutscher Oppositionsführer geworden. Tatsächlich aber kam es zum Konflikt der Großmächte, und Adenauers politisches Konzept hatte die größten Erfolgschancen.

Seine Ost-West-Sicht bestätigte sich mit jedem Tag, an dem der Händedruck zwischen Eisenhower und Schukow mehr in Vergessenheit geriet. Die Marksteine auf dem Weg in den Kalten Krieg wurden das Fundament für Adenauers politischen Erfolg.

Am 5. März 1946 hielt Kriegspremier Winston Churchill, inzwischen durch den Labour-Politiker Attlee abgelöst und jetzt Führer der Opposition im britischen Unterhaus, in Fulton, im amerikanischen Bundesstaat Missouri, eine Rede, bei der er öffentlich aussprach, was er bisher nur in internen Papieren niedergelegt hatte: «Von Stettin an der Ostsee bis Triest an der Adria hat sich ein Eiserner Vorhang über den Kontinent gesenkt.»

Am 4. Mai 1946 stoppte der amerikanische Gouverneur General

Clay die Lieferung weiterer Reparationen aus der amerikanischen Zone an die Sowjetunion, auch an Frankreich. Das war, rechtlich gesehen, ein klarer Verstoß gegen die im Potsdamer Abkommen übernommenen Verpflichtungen. Die spektakuläre Aktion richtete sich gegen die russische Beutepolitik: Einerseits plünderten die Sowjets die eigene Zone systematisch aus, ohne je im Kontrollrat eine Abrechnung über ihre Entnahmen vorzulegen, zum andern bezogen sie die verabredeten zusätzlichen Reparationslieferungen aus dem Westen.

Zwei Monate zuvor war vom Kontrollrat auf Grund der Potsdamer Beschlüsse der «erste Industrieplan für Deutschland» verabschiedet worden, wonach das Industrieniveau insgesamt auf 50 bis 55 Prozent des Standes von 1938 herabgesetzt werden sollte. Alle darüber hinaus gehenden Produktionskapazitäten, insbesondere auch der für die Kriegsproduktion geeignete Sektor der Industrie, sollten entweder an Ort und Stelle zerstört werden oder aber als Reparationsgut an das durch den Krieg geschädigte Ausland gehen. Verboten war nicht nur die Herstellung von Waffen, auch von Schiffen, selbst Kugellagern, schweren Traktoren oder Motorrädern über 250 ccm. Produktionsbeschränkungen betrafen den Stahl (auf 39 Prozent der Vorkriegsproduktion), aber auch Zement, Werkzeugmaschinen oder optische Instrumente. In Clays Reparationsstopp sahen die Menschen im Westen eine Umorientierung der Besatzungspolitik, gemäß der von Präsident Truman geprägten Devise: «Hungernde Völker sind schlechte Demokraten.» Daß diese Hoffnung sich zunächst als trügerisch erwies – ein zweiter Industrieplan bestimmte im Jahr 1947 noch einmal die Demontage von 918 Industriewerken, davon allein 496 in der britischen Zone –, änderte nichts an den politischen Auswirkungen des Lieferstopps. Clay sprach vom «Beginn der Spaltung».

Am 6. September 1946 hielt der amerikanische Außenminister James Byrnes vor einem Kreis geladener Gäste – deutsche Politiker und Angehörige der Militärregierung – im Württembergischen Staatstheater in Stuttgart eine Rede, die die erste offizielle Wende der amerikanischen Deutschlandpolitik signalisierte: Die USA seien gegen eine Abtrennung der Ruhr und des Rheinlandes, gegen Reparationen aus der laufenden Produktion. Sie wünschten die «baldige Bildung einer vorläufigen deutschen Regierung», die Vorbereitung einer Bundesverfassung, eine wirtschaftliche Erholung. Zur Beruhigung deutscher Ängste vor den Sowjets gab er die Garantie ab, daß die amerikanische Armee nicht zurückgezogen werde, «solange Besatzungstruppen in Deutschland erforderlich sind». Zwar galt formal noch immer die Sieger-Direktive JCS 1067, doch der amerikanische Außenminister schloß seine von den Zeitungen und vom Rundfunk sofort verbreitete Rede mit den Worten: «Das amerikanische Volk will dem deutschen Volk helfen, seinen Weg zu einem ehrenvollen Platz unter den freien und friedliebenden Völkern der Welt wiederzugewinnen.»

Am 2. Dezember 1946 unterzeichneten Briten und Amerikaner am Rande einer Außenministerkonferenz in New York die Vereinbarung über die Verschmelzung ihrer Besatzungszonen zur «Bizone». Am 1. Januar 1947, zwanzig Monate nach Kriegsende, sollte das Gebiet zwischen Hamburg und München wieder nach einheitlichen Grundsätzen regiert werden.

Die USA hatten auch den anderen Besatzungsmächten die wirtschaftliche Vereinigung mit ihrer Zone vorgeschlagen. Doch Frankreich hatte abgelehnt, weil es prinzipiell gegen eine Wiederherstellung eines größeren deutschen Gebiets war. Die Sowjetunion hatte das Angebot ebenfalls zurückgewiesen und gefordert, die vereinbarte Vier-Mächte-Politik auszuführen. Das amerikanisch-britische Abkommen legte fest: «Das Ziel der beiden Regierungen ist es, die wirtschaftliche Selbsterhaltung des Gebietes bis Ende 1949 zu erreichen.»

Mit dem Jahr 1947 begann die eigentliche Ära des Roosevelt-Nachfolgers Harry S. Truman. Am 12. März 1947 verkündete der Mann aus dem amerikanischen Mittelwesten vor dem Kongreß die sogenannte «Truman-Doktrin». Ihr Kernsatz: «Es muß der außenpolitische Grundsatz der Vereinigten Staaten werden, allen Völkern, deren Freiheit von militanten Minderheiten oder durch einen von außen ausgeübten Druck bedroht wird, unseren Beistand zu leisten.» Der Theorie ließ er auch gleich Anwendungsbeispiele folgen. Er versprach Griechenland, das in einem Bürgerkrieg mit kommunistischen Aufständischen lag, und der Türkei, von der die Sowjetunion die Kontrolle über die Dardanellen forderte, Unterstützung. Die Truman-Rede ging als Erklärung des Kalten Krieges in die Geschichtsbücher ein.

Die westliche Wunderwaffe in diesem Krieg der Ideologien brachte Trumans neuer Außenminister George Marshall in Stellung. Der US-

Präsident hatte Außenminister Byrnes, der noch immer an eine Verständigung mit der Sowjetunion glaubte und deshalb im Weißen Haus als zu lasch beurteilt wurde, durch einen Militär ersetzt. Marshall war von 1942 bis 1944 Generalstabschef der amerikanischen Armee gewesen. In der Aula der Harvard-Universität, wo ihm die Ehrendoktorwürde verliehen worden war, verkündete Marshall am 5. Juni 1947 das Angebot der Vereinigten Staaten an alle europäischen Staaten, einschließlich der Sowjetunion und ihrer Satelliten, ihnen zum Wiederaufbau ihrer Wirtschaft umfangreiche Dollar-Kredite zu gewähren. Zwei Motive standen dahinter: Zum einen befürchteten die USA, die zunehmende Verelendung in den westlichen Ländern werde die kommunistischen Parteien erstarken lassen. Zum anderen brauchte die während des Krieges auf Hochtouren gebrachte und jetzt von einem Produktionsrückgang bedrohte amerikanische Wirtschaft ein kaufkräftiges Europa als Absatzmarkt. Die Sowjetunion lehnte, von den USA durchaus erwartet, das Angebot ab. Sie zwang aber auch ihre Satelliten zum Verzicht. Die Tschechoslowakei, die bereits ihr Kommen zu einer Konferenz über den Marshallplan in Paris zugesagt hatte, mußte einen Rückzieher machen. Eine der Bedingungen für die Gewährung der Marshallplan-Gelder war die Liberalisierung des internationalen Handels- und Zahlungsverkehrs. Die durch den Krieg ausgeblutete Sowjetunion fürchtete, nicht zu Unrecht, daß dann ihr ganzes Imperium zu einer ökonomischen Einflußzone der Wirtschafts-Supermacht USA zu werden drohte. Mit der Einbindung in den Marshallplan wurde die westdeutsche Wirtschaft endgültig sowjetischen Reparationsansprüchen entzogen.

Stalin reagierte auf die Dollar-Offensive mit einer Dienstverpflichtung aller kommunistischen Parteien, auch der im westlichen Ausland, unter das Kommando eines neugegründeten Kommunistischen Informationsbüros (Kominform). Im Westen sah man darin eine Neuauflage der 1943 aufgelösten Komintern mit der Idee der Weltrevolution. Politbüro-Mitglied Andrej Schdanow, Stalins engster Vertrauter, sprach in seiner Eröffnungsrede von der «Teilung der Weltarena in zwei Hauptlager: das imperialistische und anti-demokratische Lager einerseits, und das anti-imperialistische und demokratische Lager andererseits». Das Foreign Office in London sah sich in seiner Meinung bestätigt, daß der Marshallplan «ein neuer und endgültiger Schritt zur

Spaltung Europas in zwei entgegengesetzte wirtschaftliche Blöcke» sei.

Der Anfang vom Ende jeglicher Gemeinsamkeit der vier Siegerstaaten begann am 25. November 1947, als sich die vier Außenminister – Bevin, Bidault, Marshall und Molotow – zu einer gemeinsamen Konferenz gemäß den Potsdamer Beschlüssen in London versammelten. Beraten werden sollte über die deutsche Frage. Vorangegangene Initiativen der Sowjetunion, die auf ähnlichen Konferenzen in Paris 1946 und Anfang 1947 in Moskau Verhandlungen über eine Wiederherstellung der wirtschaftlichen Einheit Deutschlands und die Bildung einer gesamtdeutschen Regierung vorgeschlagen hatten, waren von den Westmächten abgeblockt worden. Angesichts der stalinistischen Regierungspraktiken in Osteuropa, insbesondere in Polen, hatten die Westmächte das Vertrauen verloren, sich mit der Sowjetunion über den Aufbau eines gesamtdeutschen Staates verständigen zu können. Sie sahen in Molotows Vorschlägen den Versuch, die mit dem Marshallplan angekurbelte Konsolidierung Westeuropas zu hintertreiben und den russischen Machtbereich auf Westdeutschland auszudehnen. Der französische Außenminister Bidault bezeichnete die von der Sowjetunion gewünschte gesamtdeutsche Zentralverwaltung als ein «Mittel sowjetischen Eindringens in die Westzonen». Frankreich habe Briten und Amerikanern einen großen Dienst erwiesen, als es schon vor zwei Jahren derartige gesamtdeutsche Verwaltungsstellen verhindert habe. Wäre es dazu gekommen, «wären die Kommunisten heute in Köln an der Macht».

Die amerikanische Konferenzstrategie zielte darauf ab, die Verhandlungen mit der Sowjetunion an der Reparationsfrage scheitern zu lassen und die Franzosen zur Gründung eines Weststaates zu gewinnen. Molotow beharrte auf den russischen Forderungen: Mitkontrolle über die Ruhr, Reparationen aus der laufenden Produktion und die Festsetzung von zehn Milliarden Dollar als Gesamtsumme an Reparationen.

So geriet die Londoner Konferenz zu einem diplomatischen Schattenboxen. Ergebnislos wurde sie am 15. Dezember von Außenminister Marshall abgebrochen.

Wenig später, im Februar 1948, berieten die drei westlichen Außenminister auf einer neuen Konferenz in London wieder über Deutschland, doch statt der Russen luden sie nun die drei Benelux-Länder hinzu. Auf dieser Konferenz wurde die Zusammenlegung der drei Westzonen zu einem Bundesstaat im Grundsatz beschlossen.

Am 17. März schlossen England, Frankreich und die Benelux-Staaten in Brüssel einen Militärpakt ab. Dem Text nach sollte die «West-Union» Schutz gegen eine neue Aggression Deutschlands gewähren, dem Sinn nach aber war dieses erste Nachkriegsbündnis in Europa eindeutig gegen die Sowjetunion gerichtet. Deren Antwort ließ drei Tage auf sich warten.

Als am 20. März 1948 der Alliierte Kontrollrat in Berlin zu seiner 82. ordentlichen Sitzung zusammentrat, führte den Vorsitz turnusgemäß der sowjetische Marschall Wassilij Sokolowski. Er wünschte Auskunft über den Brüsseler Pakt und insbesondere über die Beschlüsse der jüngsten Londoner Konferenz. Er war durchaus berechtigt dazu, denn noch war der Kontrollrat die einzige legitime Organisation für die Verwaltung Deutschlands. Die Londoner Vereinbarung über die Errichtung eines westdeutschen Staates war eine Verletzung der Abkommen über die Vier-Mächte-Verwaltung Deutschlands. Die drei westlichen Gouverneure, General Koenig, General Robertson und General Clay verweigerten Sokolowski die gewünschte Information. Sokolowski, der mit einer ähnlichen Reaktion wohl gerechnet hatte, verlas daraufhin eine vorbereitete Erklärung: «Mit dieser Handlungsweise bestätigen die drei Delegationen noch einmal, daß der Kontrollrat in Wirklichkeit nicht mehr als Organ der höchsten Gewalt in Deutschland besteht. Da die britischen und amerikanischen Mitglieder sich weigerten, über die Dinge zu berichten, die auf der Londoner Konferenz erörtert worden sind, sehe ich keine Veranlassung, die heutige Sitzung weiterzuführen und vertage sie hiermit.»

Danach verließ der sowjetische Marschall den Raum. Der Kontrollrat war gesprengt, er trat nie wieder zusammen. Es war das Ende der Vier-Mächte-Verwaltung.

Nur eine Maßnahme stand noch aus, ehe die Systeme in Ost- und Westdeutschland unvereinbar wurden: die Währungsreform im Westen Deutschlands.

Zum erstenmal in der Geschichte hatten sich Siegermächte nicht damit begnügt, ihr erobertes Gebiet wirtschaftlich auszubeuten und militärisch abzusichern, sondern sie hatten ihren Satelliten zugleich auch das eigene gesellschaftspolitische Konzept auferlegt. Im Zeitalter des Konflikts zwischen Sozialismus und Kapitalismus wurde diese Gleichschaltung zur entscheidenden Garantie für die Erhaltung des eigenen Besitzstands. Internationale und innergesellschaftliche Entwicklungen gingen ineinander über und suchten sich ihre Symbolfiguren. Diese Symbolfigur wurde im Westen Konrad Adenauer, im Osten der gelernte Tischler Walter Ulbricht.

«Mäßiger Besitz»

Die erste programmatische Weichenstellung

Es gehörten wohl die Erfahrungen eines 70 Jahre langen Lebens, eine in Gestapozellen und auf dem Bürgermeisterstuhl erworbene Abgeklärtheit dazu, um zu erkennen, daß 1945 keinen absoluten Neubeginn markierte, daß die Menschen, die am Leben geblieben waren, wieder anknüpfen würden an ihre überlieferten Wertvorstellungen. Diese Einsicht unterschied Konrad Adenauer von jenen Idealisten, die damals an die «Gnade der Stunde Null» glaubten, die – auch in seiner eigenen Partei – wie der SPD-Führer Kurt Schumacher dachten: «Neubau, nicht Wiederaufbau!»

«Gott ist der Herr der Geschichte und Völker, Christus die Kraft und das Gesetz unseres Lebens.» Was wie ein Wort zum Sonntag klang, war die Einleitung der ersten programmatischen Aussage, die die Kölner Parteigründer verabschiedet hatten.

Von der «Wirksamkeit der christlichen Lebenskräfte im Volke» war die Rede, vom demokratischen Staat, der «christlich, deutsch und sozial» sei, «deutsch, christlich und abendländisch» sollte das kulturelle Schaffen werden.

Für den Pragmatiker Konrad Adenauer, der mit detaillierten Programmen allgemein wenig im Sinn hatte, waren die Kölner Glaubenssätze ein Ärgernis. «Unklar und überholt» nannte er sie.

Am 26. Februar 1946 hatten sich die Mitglieder des Zonenausschusses der CDU im Karolinen-Krankenhaus in Neheim-Hüsten versammelt. Dieses von Nonnen unterhaltene Kloster-Hospital im Sauerland hatte Adenauer mit Bedacht ausgewählt. Die gastfreundlichen Schwestern verfügten nämlich über einen eigenen landwirtschaftlichen Betrieb, in der damaligen Hungerzeit von ähnlicher Bedeutung wie heute ausreichend Parkplätze für die Mercedes der Funktionäre.

Während die Nonnen Holzscheite für den Kanonenofen herbeischleppten, um den klammen Refektoriumssaal aufzuheizen, eröffnete Adenauer die Diskussion, um an Stelle der Kölner Leitsätze ein selbstgeschriebenes Programm durchzubringen, dessen Konzept er bereits in der von den Engländern erzwungenen Ruhepause ausgearbeitet hatte. An Stelle einer «Aufführung religiöser Wahrheiten», über die er sich nur mokierte, präsentierte er einen klar strukturierten Forderungskatalog für den gesellschaftlichen und wirtschaftlichen Wiederaufbau. Grundsätzliche Deklamationen hatte er in einer Präambel zusammengefaßt, darunter sein ständig wiederkehrendes Leitmotiv: «An die Stelle der materialistischen muß wieder die christliche Weltanschauung treten.»

Entscheidender Streitpunkt aber wurden die wirtschaftlichen Aussagen. Als Hilfstruppe hatten die CDU-Linken ihre Schuldigkeit getan, für inhaltliche Zugeständnisse war der bürgerliche Adenauer nicht zu haben. Für ihn, der aus seinem Rhöndorfer Haus bereits die *Frankfurter Hefte* der beiden CDU-Intellektuellen Dirks und Kogon verbannt hatte – «kündige ich hiermit zum nächstmöglichen Zeitpunkt» –, wiesen die in der CDU herumgeisternden Sozialisierungsvorstellungen «eine sehr enge Nachbarschaft zu den Auffassungen der Sozialdemokraten» auf. Die Konzentration wirtschaftlicher Macht in der Hand des Staates brachte in seinen Augen nur Nachteile: für den einzelnen, der dadurch in zu starke Abhängigkeit vom Staat geriete, ebenso wie für die gesamte Produktion – «Sowjetrußland schien mir ein schlagender Beweis dafür zu sein». Worauf sich für Adenauer die vielschichtige Problematik der Sozialisierung reduzierte, gab er zum besten, als er den widerstrebenden Josef Löns zu seinem ersten Generalsekretär verpflichten wollte. «Die Reichsbahn zum Beispiel ist doch ein verstaatlichter Betrieb», so Adenauer zu

Löns, der sich als «christlicher Sozialist» verstand, «haben Sie je bei einer Bahnfahrt das Gefühl gehabt, Miteigentümer dieser Bahn zu sein?»

Nach dreitägiger Diskussion setzte Adenauer sein Programm durch. Von Beseitigung des Großkapitals war nicht mehr die Rede. Festgeschrieben wurde nur noch die Verhinderung der «Zusammenballung wirtschaftlicher Macht in einer Hand». Zur Vergesellschaftung war lediglich noch der Bergbau vorgesehen, aber nicht mehr – wie es die Leitsätze noch wollten – die Energiewirtschaft. Das Reizthema Sozialisierung wurde ausgeklammert. «Die sich aufdrängende Frage der Vergesellschaftung der Wirtschaft ist zur Zeit nicht praktisch, da die deutsche Wirtschaft nicht frei ist.»

Adenauer verließ Neheim-Hüsten als Sieger. Einstimmig wurde sein Programm verabschiedet, er selbst als Chef des CDU-Zonenausschusses bestätigt. In seinen *«Erinnerungen»* notierte er: «Ich halte die Tagung der CDU in Neheim-Hüsten für eine der entscheidenden Tagungen der CDU. In ihr überwanden wir die Kräfte, die eine zu starke Sozialisierung befürworteten.»

Es waren in der Tat entscheidende Tage, auch wenn formal gesehen nur ein Regionalprogramm verabschiedet wurde. Doch hier wurden, wie sich schon in allernächster Zeit zeigen würde, die Weichen für die Gesellschaftspolitik der künftigen Gesamt-CDU gestellt. Wohin diese Reise gehen würde, wies Punkt 10 des Wirtschaftsabschnitts im Programm von Neheim-Hüsten aus (Adenauer: «Ein besonderes Anliegen von mir»): «Mäßiger Besitz ist eine wesentliche Sicherung des demokratischen Staates. Der Erwerb mäßigen Besitzes für alle ehrlich Schaffenden ist zu fördern.»

Adenauer hatte den Begriff des «mäßigen Besitzes» aus der Sozialenzyklika *«Rerum novarum»* von Papst Leo XIII. (1891) aufgegriffen, in der es hieß, der Staat möge dafür sorgen, daß der Arbeiter zu einer «kleinen Habe», möglichst «zu einem kleinen Grundbesitz» gelange. Jetzt wollte der Parteiführer sie in praktische Politik umsetzen. «Ich wußte aus eigener Erfahrung und aus meiner Tätigkeit als Oberbürgermeister der Stadt Köln, was ein Haus und ein Garten für eine Familie bedeuten.» Die ideologischen Schlüsselworte für die Entwicklung im Westen des Nachkriegsdeutschland waren damit festgelegt.

Als Adenauer in einer Blitzkarriere von nur zwei Monaten die CDU-Gründer im Rheinland und in der britischen Zone überrundet und sich an die Spitze der Partei in diesem Besatzungs-Viertel Deutschlands gekämpft hatte, gab er in einem Brief vom März 1946 eine durchaus noch zutreffende Positionsbeschreibung: «Zur Zeit bin ich einer der Führer der Christlich-Demokratischen Union.» Doch unermüdlich hamsterte er im Laufe des Jahres 1946 Posten um Posten und baute so seine Führungsautorität über die britische Zone hinaus in ganz Westdeutschland auf.

Adenauer wurde Mitglied des Zonenbeirats, eines Gremiums, das nichts mit dem Zonenausschuß der CDU zu tun hatte. Hier waren Vertreter aller Parteien, der Gewerkschaften, der Flüchtlings- und Verbraucherverbände sowie die Länder- und Provinzchefs der britischen Zone versammelt, um einmal im Monat in Hamburg gemeinsam mit dem britischen Militärgouverneur Ratschlag zu halten. Das erste Zusammentreffen mit dem britischen Militärgouverneur, Luftmarschall Sir Sholto Douglas, verlief so bemerkenswert, daß Adenauer es in seinen *«Erinnerungen»* rekapitulierte. Douglas, der britischen Labour-Party zugetan, habe zunächst herzlich Kurt Schumacher begrüßt und sich eine Viertelstunde mit ihm unterhalten. Adenauer gab Sir Douglas bei der Vorstellung einen Kurzabriß seiner politischen Biographie: «1917 wurde ich Oberbürgermeister von Köln, 1933 wurde ich von den Nationalsozialisten wegen politischer Unzuverlässigkeit abgesetzt, im März 1945 wurde ich von den Amerikanern wieder eingesetzt und im Oktober des gleichen Jahres von den Engländern wegen Unfähigkeit entlassen. Deshalb bin ich jetzt im Zonenbeirat!» Douglas habe ihn verblüfft angesehen und sei dann weitergegangen. «Meine Vorstellung dauerte eine Minute und 45 Sekunden.»

Außerdem kam Adenauer in den «Provinzialrat», einen Vorläufer des Düsseldorfer Landtags. Nach der Gründung des Landes Nordrhein-Westfalen saß Adenauer als Abgeordneter in dem zunächst von den Briten eingesetzten, später dann gewählten Landtag und wurde Vorsitzender der CDU-Landtagsfraktion. Das Angebot eines Kabinettspostens, das ihm der von den Briten auserkorene Ministerpräsident Rudolf Amelunxen (Zentrum) unterbreitete, lehnte Adenauer – so Amelunxen – «lächelnd» ab. Adenauer hatte erkannt, daß es besser war, nicht einer unter vielen Ministern in einem Allparteienkabinett nach dem damals üblichen Muster zu sein, sondern die CDU als einzige Partei in die Opposition zu führen und so als ihr Führer eine exponierte Stellung besetzt zu halten.

Parallel zur Anhäufung von Funktionen vergrößerte Adenauer seine Kompetenzen. Auf sein Betreiben kam im September 1946 ein Beschluß zustande, daß sich die Landesverbände künftig den Beschlüssen des Zonenausschusses der CDU, dem er vorsaß, unterzuordnen hatten.

Ohne sein Zutun wuchs ihm weitere Autorität zu, als sich die Briten Mitte des Jahres 1946 entschlossen, in ihrer Zone die beiden Regionen Nordrhein-Provinz und Westfalen zum Land Nordrhein-Westfalen zusammenzufassen. Dieser Beschluß fiel weniger aus Gründen der Verwaltungsvereinfachung, vielmehr wollte man auf diese Weise sowjetische Forderungen nach einer Ruhrkontrolle zurückweisen und endgültig die ständigen Versuche Frankreichs abblocken, das Ruhrgebiet zu internationalisieren und doch noch eine Abtrennung des linksrheinischen Gebietes von Deutschland zu erreichen.

Das neue Land umfaßte über elf Millionen Einwohner. Der SPD-Führer Kurt Schumacher sah in einem derart großen Land nicht nur eine Belastung für einen von ihm noch für möglich gehaltenen zentralisierten deutschen Einheitsstaat; insbesondere befürchtete er auch ein Übergewicht der CDU durch das Hinzukommen der vornehmlich katholischen Landbevölkerung Westfalens und damit eine Gefährdung der SPD-Mehrheit an der Ruhr. Anders Konrad Adenauer. Der nimmermüde Propagandist eines westdeutschen Bundesstaats erkannte sofort den Standortvorteil. «Die Entscheidung über das zukünftige Geschick Deutschlands fällt in der britischen Zone und innerhalb der britischen Zone in dem Land Nordrhein-Westfalen. Wir sind in diesem Land die stärkste Partei», schrieb er umgehend an Paul Silverberg.

Es war absehbar, wann Adenauer nicht mehr «einer der Führer», sondern *der* Führer der CDU sein würde. Die Zeit arbeitete für ihn.

Mehr Mythos als Mann

Das «Aus» für Jakob Kaiser

Es gab nur wenige, die es nicht als unausweichlich hinnehmen wollten, daß ein mit dem amerikanischen Kapitalismus verflochtenes Westdeutschland als Bollwerk gegen den Kommunismus errichtet werden und das von den Sowjets okkupierte Ostdeutschland fortan Teil des Sicherungsgürtels von Rußland sein sollte. Zu den wenigen, die dieser Entwicklung Einhalt gebieten wollten, gehörten der Berliner CDUD-Vorsitzende Jakob Kaiser und sein Stellvertreter Ernst Lemmer. Beide stammten aus dem Westteil Deutschlands, Kaiser war im fränkischen Hammelburg geboren, Lemmer in Remscheid. Ihr politisches Wirken in der Weimarer Zeit hatte sie nach Berlin gebracht, hier fühlten sie sich heimisch. Der gelernte Buchbinder Kaiser, in der Weimarer Zeit Funktionär der Christlichen Gewerkschaften und Zentrumsabgeordneter im Reichstag, mußte sich nach dem 20. Juli 1944 wegen seiner Beteiligung am Widerstand in einem Keller in Berlin versteckthalten. Ernst Lemmer, vor 1933 Hauptgeschäftsführer der liberalen Gewerkschaften und für die Deutsche Demokratische Partei im Reichstag, hatte während des Dritten Reichs als Korrespondent für mehrere ausländische Zeitungen aus der Reichshauptstadt berichtet. Wegen ihrer politischen Biographie genossen beide den Respekt des sowjetischen Statthalters Marschall Sokolowski und seines politischen Beraters Oberst Tulpanow. Bis Ende 1947, als sich der Bruch zwischen Sowjets und dem Unions-Duo anbahnte, schickte Oberst Tulpanow zum Jahreswechsel Gratulationskarten an Ernst Lemmer mit dem Wunsch, Deutschland möge wieder eine Einheit werden.

Kaiser verlangte eine «scharfe Bindung allen Grundeigentums und schärfste Kontrolle des Großeigentums». Eine «Christlich-Sozialistische Demokratie» solle einen Ausgleich zwischen einem «westlichen Kapitalismus und östlichem Sozialismus» erreichen, wobei es für ihn feststand, daß der «wirtschaftliche Weg unseres Volkes ein mehr oder weniger sozialistischer sein» müsse.

Sein Staatsmodell sah ein «blockunabhängiges Deutschland» vor, für das er unbefangen den Begriff «Reich» wiederverwendete. Es solle in den Grenzen von 1937 wiederhergestellt werden, selbstverständlich mit Berlin als Hauptstadt. Die Zonengrenzen müßten aufgehoben werden. Dafür war er bereit, den Sowjets eine Mitkontrolle über das Ruhrgebiet zumindest vorläufig zuzugestehen und die Deckung ihrer Reparationsforderungen aus der laufenden Produktion zu akzeptieren.

Es war zwar kaum zu erkennen, wo eine der Großmächte Gefallen an Kaisers Vorstellungen finden könnte – die Engländer wollten wohl ein sozialistisches, aber nicht von Rußland mitkontrolliertes Deutschland; die Franzosen lehnten die Wiederherstellung einer zentralen Reichsgewalt ab; die Amerikaner mißtrauten einem sozialistischen Experiment; die Russen waren nicht bereit, die Gebiete jenseits von Oder und Neiße wieder zur Diskussion zu stellen. Dennoch hielt der Berliner CDUD-Führer mit missionarischem Eifer an seiner Vision fest: «Wir haben Brücke zu sein zwischen Ost und West, zugleich aber suchen wir unseren eigenen Weg zu gehen zu einer neuen sozialen Gestaltung.»

In seinen politischen Traumbildern bewegte sich Kaiser mit selbstherrlichem Pathos. Er sah sich vom Schicksal «auf diese Stelle gestellt», für ihn war es mehr als ein Wortspiel, wenn er zu Freunden sagte: «Sie werden sich schon an mein kaiserliches Zepter gewöhnen.» Um seinen Anspruch auf Führung der gesamten Union zu untermauern, ließ Kaiser Briefbögen mit dem Kopf drucken: «Christlich-Demokratische Union Deutschlands – Reichsverband». Ans Haus der Partei in der Jägerstraße wurde ein Schild montiert «Reichsgeschäftsstelle», als Telegrammadresse festgelegt: «Reichsunion, Berlin».

Auf allen Feldern – in der Gesellschaftspolitik, in der Deutschlandpolitik, in der Parteipolitik – war der Konflikt mit Adenauer vorprogrammiert. Kaisers Ende auch.

Als habe noch ein Detail gefehlt, spielte Kaiser in seinem ersten Brief, mit dem er nach Kriegsende den Kontakt zu Konrad Adenauer in Rhöndorf wiederaufnahm, auf dessen Passivität gegenüber dem Widerstand im Dritten Reich an: «Als ich Ihnen aus ernstem Anlaß zuletzt zu begegnen wünschte, mußten Sie sich mir versagen. Nach allem, was sich inzwischen an Unheilvollem und Schmerzlichem begeben hat, mag das auf sich beruhen.»

Rache soll man kalt genießen – das war eine der Lebensmaximen, die Konrad Adenauer beherzigte. Schon in den ersten Tagen einer Rundreise, die Jakob Kaiser im März und April 1946 durch die westlichen Zonen unternahm, erfuhr er Adenauers Reaktion. Kaisers Gewerkschaftsfreund Johannes Albers hatte als Zweiter Vorsitzender der Rheinischen CDU den Parteivorstand zu einer Diskussion mit dem prominenten Berliner einberufen wollen, wurde aber von Konrad Adenauer zur Ordnung gerufen. Er sei dazu ohne Genehmigung durch ihn als Ersten Vorsitzenden nicht legitimiert. Kaiser mußte vor der Tür des Parteigremiums bleiben, nur zu privaten Gesprächen konnte er sich mit den Vorständlern verabreden.

Eine Begegnung in Rhöndorf, um die Kaiser nachgesucht hatte, verzögerte Adenauer bis kurz vor Kaisers geplanter Rückkehr nach Berlin. Am 6. April war es endlich soweit. Adenauer überreichte Kaiser gleich zu Beginn des Gesprächs eine Aktennotiz. Es war die Niederschrift einer Konferenz, zu der sich Adenauer wenige Tage zuvor insgeheim mit Politikern der CDU aus der britischen und amerikanischen Zone in Stuttgart getroffen hatte, um sich Rückendeckung für die Auseinandersetzung mit Kaiser zu besorgen. Das Papier war ein einziger Affront gegen die Berliner Christdemokraten und ihren Parteiführer. Kaiser wurde davon Kenntnis gegeben, daß sich die CDU der amerikanischen und der britischen Zone zu einer Partei zusammenschließen wollten, daß dieser Zusammenschluß auch der Unionspartei in Berlin und der Sowjetzone offenstehe, «daß aber der Sitz der künftigen Parteileitung nicht Berlin oder ein Ort der russischen Zone sein dürfte». Damit nicht genug, wurde ausdrücklich festgehalten, daß «Berlin auch dann nicht Sitz der Parteileitung für ganz Deutschland sein würde, wenn Berlin nicht von den Russen usw. besetzt wäre». Zum Sitz der Parteileitung solle vielmehr ein Ort werden, der «etwa in der Main-Linie» liege.

Weiter wurde Kaiser wegen seiner programmatischen Äußerungen regelrecht abgemahnt. Es seien «Schlagworte ohne besonderen Inhalt», nur dazu geeignet, in der Partei «Verwirrung und tiefgehende Meinungsverschiedenheiten» zu stiften. Als letzte Demütigung wurde Kaiser davon in Kenntnis gesetzt, daß zu einem von der Berliner CDUD geplanten Parteitag die Vertreter der Parteiorganisationen in den anderen Zonen nicht anreisen würden, «weil man sich nicht der

Gefahr aussetzen dürfe, in der Atmosphäre der russischen Zone zu Beschlüssen zu kommen, die vom Standpunkt der Parteien der übrigen Zonen aus unerwünscht seien, und weil man auch nicht den Schein hervorrufen dürfe, als ob in der russischen Zone ein für sämtliche Parteien maßgebender Tag abgehalten würde».

Kaiser war so erregt, daß er das Gespräch sofort abbrach. Als blanken Hohn mußte er empfinden, daß ihm versichert wurde, man empfinde «größte Hochachtung vor seiner Person und der Mannhaftigkeit, mit der er auf seinem schweren Posten ausharre». Erst am nächsten Tag wurde die Unterhaltung zwischen ihm und Adenauer fortgesetzt. Als handele es sich um den Besuch bei einem rivalisierenden Syndikats-Boss, hatte Kaiser diesmal zwei Zeugen mitgebracht, seinen Gewerkschaftsfreund Karl Arnold und einen Berliner Reisegefährten. In dieser Runde steckte Adenauer ein Stück zurück: Gegen die Versicherung, bei dem geplanten Parteitag handele es sich nicht um ein «Reichstreffen», sondern nur um einen Konvent der Berliner Union und der Landesparteien der SBZ, Westgäste blieben ohne Stimmrecht, ließ Adenauer die Reisesperre fallen. Unnachgiebig aber blieb er in der Ablehnung Berlins. «Ich habe Herrn Kaiser ausdrücklich erklärt, daß es für den Westen wie für den Süden Deutschlands ganz ausgeschlossen sei, daß nach einer Wiedererrichtung Deutschlands die politische Zentrale des neuen Deutschlands in Berlin ihren Sitz findet», informierte Adenauer anschließend die Teilnehmer seines Stuttgarter Vorgesprächs. In einem Interview mit der Zeitung *Die Welt*, damals gerade als Blatt der britischen Militärregierung neu auf dem Markt, machte Adenauer seine Ablehnung auch öffentlich: «Sobald Berlin wieder Hauptstadt wird, wird das Mißtrauen im Ausland unauslöschbar werden. Wer Berlin zur neuen Hauptstadt macht, schafft geistig ein neues Preußen.»

Die Begegnung in Rhöndorf war ein erstes Kräftemessen. Der offenen Konfrontation folgten gegenseitige Zermürbungsversuche. Die Berliner CDUD verlangte von den Landesgeschäftsführern der britischen Zone, sie sollten über ihre Arbeit nach Berlin Bericht erstatten. Zugleich boten die Berliner finanzielle Unterstützung an. Auf Betreiben Adenauers lehnte der Zonenausschuß beides ab. Begründung zum einen: Geheimhaltung der eigenen Vorhaben; zum anderen: unerwünschte finanzielle Abhängigkeit von Berlin. In einem langen

Schreiben nach Berlin erregte sich Adenauer über die Briefkopf-Aufschriften der dortigen Partei, mit denen «ganz planmäßig das Ziel verfolgt wird, innerhalb der Christlich-Demokratischen Union der britischen und der anderen Zonen und überhaupt in der Öffentlichkeit die Meinung zu erwecken, daß die Reichsparteileitung in Berlin sei». Seinem Kölner Stellvertreter Johannes Albers untersagte Adenauer, Ernst Lemmer zu einer Kundgebung der «Sozialausschüsse», in denen sich die Arbeitnehmer der CDU organisiert hatten, als Redner auftreten zu lassen. «Herr Lemmer genießt schon lange in weiten Kreisen der CDU ein besonderes Mißtrauen.»

Das entscheidende Duell rückte näher. Am 5. und 6. Februar 1947 wollten sich die führenden Unions-Politiker aus allen vier Besatzungszonen zum erstenmal seit dem Godesberger «Reichstreffen» in Königstein im Taunus wieder zusammensetzen. Adenauer reiste in Siegerpose an. Die Rheinische CDU hatte bei den ersten Kommunalwahlen in NRW einen triumphalen Erfolg errungen. Nicht zuletzt dank Adenauers polemischer Fähigkeiten. Der hatte im Wahlkampf der SPD angelastet, ihre guten Verbindungen zur Labour-Partei nicht zur Linderung der Not an Rhein und Ruhr eingesetzt zu haben: «Insofern wird, wenn die Geschichte dieser Periode des deutschen Volkes einmal geschrieben wird, jedenfalls was die britische Zone angeht, festgestellt werden müssen, daß die Sozialdemokratie einen großen Teil der Verantwortung mit dafür trägt ... daß unser Volk verhungert.» Als die Stimmen ausgezählt wurden, hatte die CDU mit 48,5 Prozent im Landesdurchschnitt die SPD (31,3 Prozent) weit abgeschlagen auf den zweiten Platz verwiesen. Die britische Militärregierung hatte daraufhin sogar die Zusammensetzung des ernannten Landtages – die Stärkeverhältnisse der Fraktionen waren auf Grund der letzten Wahlen vor 1933 festgelegt worden – zugunsten der CDU verändert, die nun mit 92 Abgeordneten stärkste Partei im Landtag war. Kaiser dagegen konnte allenfalls einen Achtungserfolg vorweisen. Bei Gemeinde- und Landtagswahlen in der Sowjetzone im Herbst 1946 hatte die CDUD mit 17 Prozent lediglich den dritten Platz gemacht. Als Entschuldigung konnte er allerdings Behinderungen durch die Sowjets anführen. Bei ungestörten Wahlen in Groß-Berlin aber war die CDUD auch nur auf 22 Prozent gekommen, die SPD hingegen hatte sich 49 Prozent erkämpft.

Kaisers Selbstvertrauen war indes ungebrochen. Er forderte, daß die neugegründete «Arbeitsgemeinschaft», ein aus dem Frankfurter Verbindungsbüro hervorgegangenes Sekretariat zwischen CDU und CSU, nach Berlin verlegt würde; daß ferner ein außenpolitischer Ausschuß eingesetzt werden sollte und er den Vorsitz dieses Ausschusses übertragen bekomme. Er müsse in Berlin für die gesamte Union sprechen können, da er über wichtige Beziehungen zu allen vier Alliierten verfüge. Berlin sei gegenüber allen Zonen im Vorteil. Dort, «wo die vier Auffassungen der Alliierten aufeinanderstoßen, kann sich der Deutsche am freiesten ausdrücken». In seinen Memoiren hat Ernst Lemmer das dann folgende Geschehen festgehalten: «Besonders Adenauer widersetzte sich unserem Vorschlag ganz entschieden ... In einer seiner Bemerkungen klang sogar der Verdacht an, Kaiser und ich seien ja doch nur die Befehlsempfänger einer totalitären Besatzungsmacht, wir fristeten unter kommunistischer Kontrolle ein kümmerliches Dasein, und von einer innerlich derartig gefesselten CDU-Führung in Berlin könnten höchst bedenkliche Einflüsse ausgehen.»

Keine Ehrabschneidung, kein Gerücht war zu billig, um in dieser Entscheidungsschlacht nicht gegen die Berliner ins Feld geführt zu werden. Adenauers Parteigänger beschuldigten die Berliner CDU, sie habe den jetzt in Godesberg residierenden Ex-Parteichef Hermes mit hohen Geldbeträgen ausgestattet, um damit gegen die Rheinische CDU zu arbeiten. Kaiser selbst wurde angeklagt, über einen Mittelsmann Kontakte zu dem mit der CDU um Wählerstimmen streitenden rheinischen Zentrum aufgenommen zu haben. Dann setzte Adenauer nach. Er kolportierte ein ihm zugetragenes Gerücht – Namen dürfe er nicht nennen, «ein Oberbürgermeister im nördlichen Rheinland» habe ihm das berichtet –, daß sich Kaiser in Berlin mit hohen Offizieren der ehemaligen Wehrmacht und Sowjetrussen an einem Stammtisch treffe, um «schon wieder über die Aufstellung der Schwarzen Reichswehr» zu beraten – eine Anspielung auf die geheime Aufrüstung nach dem Ersten Weltkrieg und die Zusammenarbeit zwischen Reichswehr und Roter Armee, die sich im Zweiten Weltkrieg in der Mitarbeit deutscher Wehrmachtsoffiziere im kommunistisch gelenkten «Nationalkomitee Freies Deutschland» fortsetzte. Ernst Lemmer in seinen Memoiren: «Ob nun Adenauer dieses Geschwätz in der

Tat gehört oder ob er es selber erfunden hatte, wird wohl nicht mehr festzustellen sein.»

Im Augenblick aber tat der Tiefschlag seine Wirkung. Die Berliner, in wehrlosem Zorn, mußten plötzlich Rechtfertigungsversuche unternehmen, statt Forderungen zu stellen. Tatsächlich waren ja 200000 Mark an Hermes gezahlt worden – zum Aufbau von bäuerlichen Genossenschaften, wie Kaiser sagte. Tatsächlich gab es einen Briefwechsel zwischen einem Mitarbeiter Kaisers und dem Zentrums-Mann Carl Spiecker über ein mögliches Zusammentreffen mit Kaiser – effektvoll hatte Adenauer die entsprechenden Schreiben auf den Tisch geworfen –, und Kaiser blieb nur zu beteuern, er habe davon nichts gewußt. Erregt rief Ernst Lemmer in den Saal: «Verstehen Sie denn nicht, wie niederreißend für uns jedes Mißtrauen gegen Personen ist, die aus der östlichen Zone stammen? Und wir wissen, daß Mißtrauen am Werk ist, Mißtrauen, Vorwürfe, Anschuldigungen.»

Das CDU-Sekretariat wurde nicht nach Berlin verlegt, es blieb in Frankfurt, ein außenpolitischer Ausschuß wurde nicht gebildet, lediglich eine «außenpolitische Informationsstelle», gleichfalls mit Sitz in Frankfurt. Das Kaiser-Manöver endete als Fiasko. Der Berliner *Tagesspiegel* schrieb: In diesem ersten persönlichen Kampf vor einem größeren Gremium habe Adenauers taktische Routine ihm den Sieg gesichert, allerdings in einer Weise, daß die Teilnehmer des Treffens «nachträglich die Erwägung gegenüberstellen, bei welchem der beiden Kämpfer wohl das größere moralische Gewicht liege».

Adenauer kostete seinen Sieg aus. Als eine Art Trostpflaster für die Berliner wurde die erste Sitzung der in Königstein gegründeten «Arbeitsgemeinschaft» Mitte März an die Spree einberufen. Konrad Adenauer sagte ab, er sei an Grippe erkrankt. Das hinderte ihn nicht, am nächsten Tag auf einer CDU-Versammlung in Herford zu sprechen. Bei seinen nächsten Absagen machte sich Adenauer nicht einmal mehr die Mühe, die Begründung zu ändern. Am 1. September 1947 erreichte Jakob Kaiser wieder ein Telegramm aus Rhöndorf: «Zu meinem lebhaften Bedauern kann ich infolge einer akuten Erkrankung am Donnerstag, dem 4. September, nicht nach Berlin fahren und infolgedessen an der feierlichen Eröffnung Ihres Parteitages nicht, wie ich beabsichtigt hatte, teilnehmen.» Um das kleine Flämmchen an gesamtdeutschem Idealismus auszublasen, das in der CDU nach Kaisers

Niederlage noch flackerte, brauchte Konrad Adenauer nicht einmal selber die Backen zu blähen. In dem SPD-Führer Kurt Schumacher hatte er einen ebenso verläßlichen wie ahnungslosen Helfershelfer. Als in Berlin die «Arbeitsgemeinschaft» der Union in Abwesenheit Adenauers zusammenkam, wurde auf Vorschlag Kaisers das Projekt einer «Nationalen Repräsentation» beschlossen. Aus allen Zonen sollten die einzelnen Parteien je zwei Vertreter in dieses Gremium entsenden, das, während die Alliierten in den wechselnden Hauptstädten ihre Deutschlandkonferenzen abhielten, sich als möglicher Verhandlungspartner bereithalten sollte.

Kaiser hatte zuvor vorsichtshalber den SED-Vorsitzenden Wilhelm Pieck gefragt, ob der sich eventuell mit Adenauer und Schumacher an einen Tisch setzen würde. Piecks Antwort: «Wenn es notwendig ist, rede ich auch mit dem Teufel.» Doch der SPD-Führer brachte das Vorhaben zu Fall. War Konrad Adenauer ein überzeugter Antikommunist, dann war Kurt Schumacher ein militanter Antikommunist. Die Spaltung der Arbeiterbewegung in der Weimarer Zeit, die kommunistische Diffamierung der Sozialdemokraten als «Sozialfaschisten», die durch ihre Politik der sozialen Befriedung statt Revolution die Geschäfte Hitlers besorgt hätten und dann die Zwangsvereinigung von SPD und KPD zur SED hatten Kurt Schumacher zu einem unerbittlichen Gegner von Pieck, Ulbricht und Genossen werden lassen. Scharfzüngig attackierte er Politiker, die mit der SED zusammenarbeiten wollten, als «Trojanische Kavallerie» oder «Leichtmatrosen vom Panzerkreuzer Impotenkin». Kaisers Idee der gesamtdeutschen Repräsentation nannte er kurzerhand eine Erfindung des sowjetischen Geheimdienstchefs Berija. Erst wenn in der Sowjetzone die SPD als eigenständige Partei wieder zugelassen und wenn alle Zonengrenzen aufgehoben würden, sei er zum Mitmachen bereit. Kaiser und Lemmer reisten nach Hannover, um Schumacher umzustimmen – vergebens. Der SPD-Führer beschied sie sarkastisch: Klarer sei dann doch eine direkte Omnibuslinie zwischen Hannover und Karlshorst, dem Sitz der sowjetischen Militäradministration im Osten Berlins.

Konrad Adenauer konnte so in seinen Memoiren seine Hände in Unschuld waschen: «Wir waren der Auffassung, daß alles unternommen werden mußte, um eine Aufspaltung Deutschlands in zwei Teile zu verhindern. An dem Scheitern unserer Bemühungen um ein gemeinsames Vorgehen aller Parteien trug allein Dr. Schumacher die Schuld.»

Die Initiative von Kaiser, auch wenn sie gescheitert war, hatte den Ehrgeiz der Ministerpräsidenten angestachelt. Die Landeschefs, damals die höchsten politischen Mandatsträger, sahen in den allmählich mächtiger werdenden Parteiführern lästige Rivalen. Der bayerische Ministerpräsident Hans Ehard (CSU) lud seine Kollegen aus sämtlichen Zonen für Anfang Juni 1947 zu einer Tagung nach München ein, um «den Weg zu ebnen für eine Zusammenarbeit aller Länder Deutschlands im Sinne wirtschaftlicher Einheit und künftiger politischer Zusammenfassung». Die Regierungschefs der Länder müßten sich, solange es noch keine zentrale politische Instanz für das gesamte Deutschland gebe, als vorläufige Treuhänder des deutschen Volkes betrachten. Tatsächlich reisten 16 Ministerpräsidenten und Bürgermeister von Stadtstaaten an, darunter alle fünf Regierungschefs der Sowjetzone. Nur die Saarregierung hatte abgesagt. Der Ostzonen-Delegation war auf Betreiben Ulbrichts die Weisung mitgegeben worden, den Antrag auf Bildung einer deutschen Zentralverwaltung zu stellen und «im Fall einer Ablehnung sofort die Konferenz zu verlassen». Kurt Schumacher indes hatte die Regierungschefs der britischen Zone darauf verpflichtet, sich in keine politischen Diskussionen einzulassen, sondern nur über Maßnahmen gegen die akute wirtschaftliche Not zu beraten. Das Scheitern dieser gesamtdeutschen Runde stand damit von vornherein fest, die Delegation der Ostzone reiste noch vor dem offiziellen Konferenzbeginn wieder ab. Bis zum nächsten Zusammentreffen deutscher Regierungschefs aus Ost und West sollte es 23 Jahre dauern.

Noch einmal kam es in dem Schicksalsjahr 1947 zu einem Anlauf um eine gesamtdeutsche Darstellung. Doch da war es schon eine Nummer kleiner, es ging nicht mehr um ein Gremium, nur um eine Resolution. Der Stellvertreter des Berliner Oberbürgermeisters, der Christdemokrat Ferdinand Friedensburg, sammelte Unterschriften in Ost und West für ein Bekenntnis zur deutschen Einheit. Prominente Politiker, Wissenschaftler, Theologen und Juristen unterzeichneten, die einzigen SED-Unterschriften stammten von dem Dichter Johannes R. Becher, der später die Nationalhymne der DDR textete, und dem früher zur SPD gehörenden Ministerpräsidenten des Landes

Brandenburg, Karl Steinhoff. Für Kurt Schumacher waren das zwei Unterschriften zuviel. Er trieb den SPD-Vorstand zu einer scharfen Verurteilung dieser Deklamation: «Die Sozialdemokratische Partei Deutschlands hat mit diesem neuen Versuch der Satelliten-Politik nichts zu tun. Sie sieht in allen solchen Bestrebungen keine Förderung, sondern eine Gefährdung des Ziels der nationalen Einheit.» Der SPD-Veteran und ehemalige Reichstagspräsident Paul Löbe, der unterzeichnet hatte, wurde zur Strafe aus dem Außenpolitischen Ausschuß seiner Partei ausgeschlossen. Konrad Adenauer brauchte dank des Eiferers Schumacher auch hier nach außen nicht aktiv zu werden, um das ihm unliebsame Unternehmen zu torpedieren. Er konnte sich damit begnügen, Mitunterzeichner aus den Reihen der CDU intern zu rüffeln. So ging an den als Kölner Oberbürgermeister amtierenden Hermann Pünder ein Mahnbrief ab: «Lieber Herr Pünder! Der *Rheinischen Zeitung* Nr. 96 vom 29. November 1947 entnehme ich, daß Sie den sogenannten Friedensburg-Aufruf unterzeichnet haben. Ich bin sehr bestürzt darüber, weil Sie sich damit in offenen Gegensatz zum Zonenausschuß für die britische Zone gestellt haben.»

In dem Brief machte Adenauer darauf aufmerksam, daß der «sowjetrussische Außenminister» wörtlich dieselben Forderungen erhoben habe wie Friedensburg. Vieldeutig heißt es dann über den Mann, der ein Jahr später von den Kommunisten mit Gewalt aus seinem im Osten der Stadt gelegenen Amtssitz vertrieben wurde: «Ich nehme an, daß Sie über die Persönlichkeit von Dr. Friedensburg nicht so informiert sind wie wir.»

Ende 1947 kam dann für Kaiser und Lemmer das «Aus». Mit Formulierungen wie «die CDU ist der Wellenbrecher des Marxismus» hatte sich das Duo bei den Sowjets suspekt gemacht. Den Ausschlag gab ihre Weigerung, an dem von der SED betriebenen «Volkskongreß für Einheit und gerechten Frieden» teilzunehmen. Sie wurden abgesetzt, an ihre Stelle trat Otto Nuschke, unter dessen Führung die Beziehungen zur westlichen CDU bald abbrachen. Ein einziges Mal, im März 1949, reiste Nuschke nach Nordrhein-Westfalen. In Düsseldorf ließ ihn der inzwischen zum Ministerpräsident aufgerückte Karl Arnold zwei Stunden lang im Vorzimmer warten, um ihn dann doch nicht zu empfangen. In Bonn saßen sich Nuschke und Adenauer im Restaurant des Parlamentarischen Rats beim Bier gegenüber. Adenauer hinterher: «Wir haben nichts besprochen. Er hat die ganze Zeit geredet, ich habe zugehört. Ist das eine Besprechung?»

Kaiser unterwarf sich Adenauer bei seiner Übersiedlung in den Westen mit den Worten, er werde «unter Ihrer Führung» mitarbeiten. Mehr Mythos als Mann, diente Kaiser später im Kabinett Adenauer als Minister für gesamtdeutsche Fragen, Lemmer folgte ihm darin nach. Aus der Alternative war ein Alibi geworden. Als Kaiser im Mai 1961 starb, wenige Monate vor dem Bau der Berliner Mauer, ging Adenauer nicht zum Begräbnis.

Adenauers Kampf gegen die Sozialisierung

Die Zeit arbeitete für Konrad Adenauer. Doch sowenig er sich bei der Ausschaltung seiner parteiinternen Rivalen mit bloßem Zuwarten begnügte, sowenig ließ er der Nachkriegsgeschichte der Alliierten ihren Lauf, wenn sie in seinen Augen die falsche Richtung einzuschlagen drohte.

In seinen Augen war es zwangsläufig, daß sich Westdeutschland ohne «die Gebiete im Osten organisieren» müsse. Das bedeutete West-Ausrichtung des neuen Staates und seine Verknüpfung mit dem kapitalistischen Marktwirtschaftssystem. Sozialistische Experimente erschienen ihm als Gefährdung des ganzen Projekts. Zudem widerstrebten sie seiner bürgerlichen Orientierung.

Im Oktober 1946 hatte der britische Außenminister Ernest Bevin im Unterhaus die Sozialisierung der Ruhrindustrie angekündigt und die Deutschen aufgefordert, entsprechende Gesetze vorzubereiten. Diese Initiative beflügelte nicht nur die Phantasie der Sozialdemokraten, sie sorgte auch innerhalb der CDU für neue Leidenschaften auf dem linken Parteiflügel. Im Düsseldorfer Landtag begann eine Sozialisierungsdebatte, die zwei Jahre lang dauern sollte.

Um die Entwicklung in der CDU im Griff zu behalten, erprobte der

Parteichef der britischen Zone einmal mehr seine programmatische Begabung. Nur beraten von seinem Vertrauten, dem Kölner Bankier Robert Pferdmenges, machte sich Konrad Adenauer an die Ausarbeitung eines wirtschaftspolitischen Programms. Mit dem alten Trick von Neheim-Hüsten, die Vergesellschaftungsfrage so lange zu vertagen, bis die deutsche Wirtschaft wieder frei sei, war es diesmal nicht mehr getan. Die beiden Autoren suchten jetzt nach Leitsätzen, mit denen die Sozialisierung auf ein Mindestmaß beschränkt werden konnte.

Unter der Überschrift «CDU überwindet Kapitalismus und Marxismus» wurden zunächst einmal Wort-Oblaten an die sozialisierungshungrigen Parteilinken ausgegeben: «Das kapitalistische Wirtschaftssystem ist den staatlichen und sozialen Lebensinteressen des deutschen Volkes nicht gerecht geworden.» Inhalt und Ziel einer sozialen und wirtschaftlichen Neuordnung «kann nicht mehr das kapitalistische Gewinn- und Machtstreben, sondern nur das Wohlergehen unseres Volkes sein». Die wesentlichen Programmpunkte: Entflechtung der Konzerne; Kartellgesetze gegen einen Mißbrauch wirtschaftlicher Macht; Mitbestimmung der Arbeitnehmer in der wirtschaftlichen Planung durch Berufung von Arbeitnehmer-Vertretern in Aufsichtsrat und Vorstand von großen Betrieben; ein «machtverteilendes Prinzip» für Monopolbetriebe und solche Unternehmungen, «die eine bestimmte Größe überschreiten» – bei diesen seien Land, Gemeinden, Genossenschaften und die Belegschaft zu beteiligen. Eine direkte Vergesellschaftung wurde nur für die Stahlindustrie und den Bergbau gefordert – «Kohle ist das entscheidende Produkt der gesamten deutschen Volkswirtschaft». Ausdrücklich hieß es in dem Programm aber auch: «Der dringend notwendigen Unternehmerinitiative ist der erforderliche Spielraum zu belassen.» Trotz dieses Passus, der auf christliche Gewerkschafter wie das Kruzifix auf den Beelzebub wirkte, gelang Adenauer das Kunststück: Am 3. Februar 1947 wurde in dem westfälischen Städtchen Ahlen bei Hamm das Programm von dem Zonenausschuß der CDU einstimmig angenommen.

Mit dem Ahlener Programm hatte sich die CDU ein rosarotes Mäntelchen umgehängt, das nicht nur die eigenen Parteilinken wärmte. Es bot mit seinen Anleihen aus der katholischen Soziallehre auch Unterschlupf für jene Wähler, die damals mit dem traditionell arbeiterfreundlichen Zentrum liebäugelten. Es war nur eine Frage der Zeit, genaugenommen von 15 Monaten, wann es wieder in der Mottenkiste verschwinden würde. Doch bis dahin, bis zur Annahme der von Ludwig Erhard vorgedachten Düsseldorfer Leitsätze der «Sozialen Marktwirtschaft», tat es seine Schuldigkeit. Man habe es nur beschlossen, um die Sozialisierung zu verhindern, räumte Jahre später der nordrhein-westfälische Ministerpräsident Franz Meyers ein.

Eine Nagelprobe hätte das Ahlener Programm gleich bestehen können, die Sozialisierungsdebatte im Düsseldorfer Landtag bot reichlich Gelegenheit. Doch was der Programm-Autor Adenauer formuliert hatte, wußte der Fraktionsvorsitzende Adenauer zu verhindern. Ihm ging es um Zeitgewinn. Und so verzögerte er mit immer neuen Verfahrenstricks – beliebtestes Mittel: Überweisung an die Ausschüsse – eine Entscheidung über sozialdemokratische Gesetzesvorschläge für die Verstaatlichung der Kohle-, Eisen- und Stahlindustrie. Daß die CDU inzwischen mit den Sozialdemokraten gemeinsam im Kabinett saß – zunächst unter dem Zentrums-Ministerpräsidenten Amelunxen, nach einer siegreichen Landtagswahl im April 1947 rückte dessen Vize, der CDU-Mann Karl Arnold, an die erste Stelle –, störte Adenauer nicht. Die Mehrheit für seine Vertagungsanträge holte er sich bei den oppositionellen Freien Demokraten, die als unternehmerfreundliche Partei jede Sozialisierung ablehnten.

Mit diesen Abstimmungen gelangen Adenauer zugleich zwei sachfremde, ihm aber um so wichtigere Demonstrationen: Zum einen zeigte er Karl Arnold, indem er auch die sozialisierungsfreudigen CDU-Vertreter bei den Abstimmungen auf seine Seite zwang, wer der wirkliche starke Mann im Landtag war. Zum anderen führte er hier zum erstenmal im Zusammengehen mit der FDP das Modell einer bürgerlichen Koalition vor und setzte sich damit bewußt von der damals in der CDU überwiegenden Ansicht ab, daß nur in einer Großen Koalition mit den Sozialdemokraten die Nachkriegsnot gemeistert werden könnte.

Adenauers Zuversicht, die momentan verlorengegangene Synchronisierung zwischen seinen Vorstellungen und der alliierten Politik könne durch eine reine Verzögerungstaktik in der Sozialisierungsfrage wieder erreicht werden, gründete sich auf Entwicklungen, die nach dem Entschluß der Briten und Amerikaner einsetzten, ihre Besatzungsgebiete zur Bizone zu verschmelzen. Die Zwei-Zonen-Verwaltung, ursprünglich auf fünf verschiedene Städte in beiden Regionen verteilt, wurde im Sommer 1947 in Frankfurt konzentriert. In embryonalen Umrissen wurden hier die Strukturen der politischen Führung eines künftigen westdeutschen Teilstaats erkennbar. Als Mini-Parlament fungierte der «Wirtschaftsrat», seine zuerst 52, dann später 104 Mitglieder wurden allerdings nicht direkt gewählt, sondern von den Landtagen delegiert. Einer der jüngsten Abgeordneten wurde der dreiunddreißigjährige Franz Josef Strauß. Die Regierung war der «Verwaltungsrat». Der Regierungschef hieß «Oberdirektor», die «Minister» waren fünf Direktoren mit Ressorts, die sich auf wirtschaftliche Zuständigkeiten beschränkten: Wirtschaft, Finanzen, Ernährung, Verkehr, Post. Ein «Länderrat» war die Vorform des heutigen Bundesrats.

Gleich zu Beginn wurde klargestellt, daß die eigentliche Macht nach wie vor im Frankfurter IG-Farben-Hochhaus saß, wo das amerikanische Hauptquartier und das alliierte Zwei-Zonen-Amt eingezogen waren. Am 25. Juni 1947 trat der Wirtschaftsrat zu seiner ersten Sitzung zusammen, er tagte in einem Seitenflügel der Frankfurter Börse, abends gaben dort die Städtischen Bühnen ihre Vorstellungen. Im Überschwang eines ersten «Hauptstadt-Gefühls» hatte die Stadt Frankfurt zu diesem Tag Schwarz-Rot-Gold geflaggt, zum erstenmal seit mehr als 14 Jahren wieder. Aber nur für kurze Zeit. Die amerikanische Militärregierung verbot umgehend die eigenmächtige Demonstration der Wiedergeburt deutscher Staatlichkeit.

Als einziger der Parteiführer erkannte Konrad Adenauer das neue politische Kraftfeld, das sich hier unter den Fittichen der Alliierten bildete, und die Eigendynamik, die es auf dem weiteren Weg zur staatlichen Neugründung ausüben konnte. Er reiste von Düsseldorf aus nach Frankfurt und verhinderte im letzten Augenblick, daß sich auch in Frankfurt SPD und CDU – im Wirtschaftsrat gleich stark vertreten – auf das in den Ländern übliche Muster einer Großen Koalition verständigten und die Direktorenposten unter sich aufteilten. Seine eigenen Parteifreunde hatten der SPD bereits die Ressorts für Wirtschaft und Finanzen zugestanden. Die Sozialdemokraten, die auch in den übrigen Ländern der Westzone die Wirtschaftsministerien besetzthielten, hätten so das Instrumentarium für ihre Vergesellschaftungspolitik komplettiert. Im Verein mit dem CSU-Landesvorsitzenden Josef Müller («Ochsen-Sepp») kündigte Adenauer die Zusage auf. Daß Amerikaner und Engländer ebenfalls eine Große Koalition wünschten, störte ihn nicht. Nur wenn die SPD bereit sei, in drei Ländern auf das Wirtschaftsressort zu verzichten, könne sie in Frankfurt diesen Direktorenposten besetzen. Der Handel scheiterte an dem SPD-Führer Kurt Schumacher, der aus der Ferne die sozialdemokratische Fraktion in Frankfurt steuerte. Sein cholerisches Temperament war dem kühl taktierenden Adenauer unterlegen. Schumacher bezog eine Alles-oder-nichts-Haltung. Die SPD müsse auch in Frankfurt das Wirtschaftsressort bekommen, sonst werde sie ganz auf eine Regierungsbeteiligung verzichten. Bei den Abstimmungen im Plenum besetzten die Christdemokraten, unterstützt von der FDP, daraufhin sämtliche Direktorensitze. Direktor für Wirtschaft wurde Johannes Semler, ein prominenter Wirtschaftsprüfer und Mitbegründer der CSU.

Die Sozialdemokraten gaben bei der Wahl weiße Stimmzettel ab. Kurt Schumacher hatte die SPD in Frankfurt damit in die Opposition manövriert. Es war ein schwerer Fehler, an dessen Folgen seine Partei zwei Jahrzehnte lang leiden mußte. Auf der anderen Seite hatte sich zum erstenmal eine bürgerliche Mehrheit als Regierungsfraktion ausgewiesen. Für Adenauers Konzept war dies ein Gewinn, der ihn leicht verschmerzen ließ, daß sein Manöver anschließend heftig kritisiert wurde. *Die Neue Zeitung*, das Organ der amerikanischen Militärregierung, sprach von einem «peinlichen Ergebnis»: «Hätten die Christlich-Sozialen das Bedürfnis gehabt, sich deutlich als rechts abstempeln zu lassen, hätten sie das nicht wirkungsvoller tun können als durch ihren letzten Schachzug in Frankfurt. Tatsächlich haben sie es jetzt – mit Hilfe der FDP – der KPD und SED recht leicht gemacht, von den dominierenden kapitalistischen Tendenzen im Westen zu sprechen.»

«Nescafé gibt mir die nötige Frische»

Der Ausbau des Machtnetzes

«Adenauer war eine Persönlichkeit, deren geniale Eigenschaften sich wohl nur ganz zu entfalten vermochten, wenn sie dem Zwang normaler Verhältnisse entrückt war und mit Möglichkeiten rechnen konnte, vor denen durchschnittliche Tüchtigkeit ratlos steht.» Was der Architekt Fritz Schumacher über den Oberbürgermeister von Köln äußerte, als dieser noch im besten Mannesalter war, behielt für den Greis Gültigkeit. Adenauers Leistungswille schien mit seinen selbstgesuchten Aufgaben zu wachsen.

Unermüdlich war er auf Achse. In Düsseldorf, wo er das Ringen um die Sozialisierungsgesetze unter Kontrolle halten wollte, hatte er sich ein Zimmer genommen. Zusätzlich zu dem Reiseziel Hamburg, wo er regelmäßig an den Sitzungen des Zonenbeirats teilnahm, kam nun Frankfurt als ständiger Anlaufpunkt hinzu. Hier stellten sich ihm neue Aufgaben.

Im Verein mit dem zum Vorsitzenden der Unionsfraktion im Wirtschaftsrat gewählten Friedrich Holzapfel und dem dort als Abgeordneten tätigen Robert Pferdmenges mußte er dafür sorgen, daß die von ihm aufgebaute Frontstellung gegen die Sozialdemokraten aufrechterhalten blieb. Zahlreiche Unionspolitiker im Wirtschaftsrat wollten sich in diese Gegnerschaft nicht einbinden lassen. Ihr Wortführer war Erich Köhler, Präsident des Wirtschaftsrats. Als Gründungsmitglied der Partei in Hessen und Fraktionsvorsitzender im hessischen Landtag hatte Köhler in der CDU erhebliches Gewicht. Aus Protest gegen Adenauers Intrige legte er sein Amt im Exekutivrat, der die Personalvorschläge ausgearbeitet hatte, nieder und warb weiterhin unermüdlich für eine Große Koalition bei der Besetzung der Direktorenposten: Eine Partei allein könne die Verantwortung nicht tragen. Köhlers Haltung, so schrieb Adenauer an Heinrich von Brentano, einen der hessischen CDU-Politiker, die er auf seine Seite gezogen hatte, bereite ihm «große Sorgen». In einem Brief an Schlange-Schöningen wurde Adenauer noch deutlicher: Köhler sei «sehr gefährlich ... politisch farblos, sehr ehrgeizig ... Er betet die Sozialdemokraten an und ist ein Fanatiker der Verständigung mit ihnen.»

Zugleich boten die Abstecher nach Frankfurt – im IG-Farben-Hochhaus residierten jetzt der amerikanische General Clay und der britische General Sir Brian Robertson – die Gelegenheit, Nachrichten über die politischen Planungen der Militärgouverneure zu sammeln. Eines der Fundstücke, für den Sozialisierungsgegner Adenauer bedeutsam, war eine Äußerung Clays von Anfang September 1947: «Ich würde es an Offenheit fehlen lassen, wenn ich nicht sagte, daß Amerika an den freien Unternehmer glaubt. Es glaubt nicht an Planwirtschaft.»

Reisen, das bedeutete damals: In reparaturanfälligen Autos unterwegs sein auf engen Landstraßen oder Autobahnen, deren Viadukte zerstört waren und zu Umwegen auf kurvenreichen Umgehungsstraßen zwangen. Mit heißem Kaffee aus der Thermosflasche hielt Adenauer sich wach. «Echter Bohnenkaffee» war im damaligen Deutschland ein Luxusprodukt, erhältlich nur auf dem Schwarzen Markt oder durch gute Verbindungen. Die hatte Adenauer. Seinen in der Schweiz lebenden Bekannten Paul Silverberg bat er brieflich um «Kaffee, insbesondere ‹Nescafé›! Ich führe ihn auf meinen zahlreichen Reisen immer mit mir. Er gibt mir die nötige Frische bei den vielen Versammlungen und Konferenzen, denen ich vorsitzen muß. Sie unterstützen damit indirekt auch die CDU, deren Ziele Ihnen sicher sympathisch sind!»

Näherte er sich seinem Fahrziel und stand dort ein offizieller Empfang mit besonderem Kleidungsprotokoll bevor, etwa ein Besuch bei General Robertson, dann ließ Adenauer den Wagen an einem Tannenwäldchen stoppen und verschwand, einen Koffer in der Hand, hinter den Bäumen. In wenigen Minuten verwandelte sich der Polit-Zigeuner in einen offiziellen Gast in Smoking und mit Lackschuhen. Bei Reisen zum Zonenbeirat nach Hamburg hatte Adenauer auf Anweisung der britischen Militärregierung den Wagen mit dem Führer des Deutschen Gewerkschaftsbundes, Hans Böckler, zu teilen. Es gab nur für ein Fahrzeug eine Benzinration. Im Hamburger Hotel «Prem» schlief Adenauer im ungeheizten Zimmer «gewöhnlich in Anzug und Mantel im Bett liegend». Wegen des Raummangels wurde sein Fahrer in einem nahegelegenen Krankenhaus untergebracht, als Bett wurde ihm eine Badewanne zugewiesen. Adenauer: «Er war sehr zufrieden damit, weil der Raum leidlich warm war.»

Adenauers Aktionsradius erweiterte sich allmählich auch auf das benachbarte Ausland. Seine erste Dienstreise ins Ausland führte ihn nach Luxemburg, zu einer Tagung der «Nouvelle Equipe Internationale», einer Vereinigung europäischer Parlamentarier. In das Auto wurden zwei Reservekanister mit Benzin für die Rückfahrt geladen, mit der wertlosen Reichsmark war in Luxemburg kein Benzin zu tanken. Begleitet wurde Adenauer auf dieser Fahrt vom Generalsekretär der Rheinischen CDU, Josef Löns. Mit einem Brüsseler Bekannten hatte Löns verabredet, daß der für die beiden mittellosen deutschen Parteifreunde im Hotel Devisen hinterlegen sollte. Als bei der Ankunft der Brüsseler Sponsor nicht da war, machte sich Adenauer selbst auf den Weg, um Spenden zu sammeln. Er kenne einen Luxemburger Politiker noch von Köln her. «Ich werde ihm einen Höflichkeitsbesuch abstatten.» Das Unternehmen ging jedoch erfolglos aus. «Der Empfang war sehr höflich», sagte Adenauer zu Löns, «aber Geld habe ich nicht. Meine zarte Anspielung auf unsere prekäre Lage wurde leider nicht verstanden.» Unbeeindruckt bestellte Adenauer dann für sich und seinen Begleiter ein üppiges Abendessen, nach der Mahlzeit unterwies er Löns: «Ich habe es in meinem Leben immer so gehalten: Man soll eine Arbeit tun, so gut man kann. Für die Bezahlung wird schon irgendwie gesorgt.» Ausgelöst wurden die beiden schließlich durch den verspätet eintreffenden Geldgeber aus Brüssel.

Adenauers Chauffeur Heinrich Schumacher trug in dieser Zeit bis zu 150000 Reisekilometer jährlich in sein Fahrtenbuch ein. Auch darin bewies Adenauer Kontinuität, daß er von den Grenzen der menschlichen Leistungsfähigkeit bei seinen Mitarbeitern keine Vorstellung hatte. Der Fahrer erinnerte sich: «Manchmal sagte er mir abends um zehn, wenn er aus einer Sitzung kam: ‹Wissen Sie was, Schumacher, wir können einen ganzen Tag gewinnen, wenn wir die Nacht durchfahren.› Dann fuhren wir eben die Nacht durch, waren morgens um fünf in Rhöndorf, und da meinte er gemütlich: ‹So, jetzt können Sie schön ausschlafen. Ich brauche Sie erst wieder um neun Uhr früh.›»

Seine eigene Vitalität war Adenauer allenfalls Anlaß zu Koketterie. So, als er Hermann Pünder, den Amtsnachfolger als Kölner Oberbürgermeister, für die Position des Oberdirektors im Frankfurter «Verwaltungsrat» nominierte: «Ich mit meinen 70 Jahren soll so einen Posten übernehmen? Da müssen junge Leute ran.» Im Grunde aber rechnete sich Adenauer nicht zur eigenen Generation. «Von Churchill», so schrieb er an Paul Silverberg nach einer Begegnung mit dem Ex-Premier in Den Haag, «hatte ich einen guten Eindruck. Er ist aber doch schon sehr alt.»

Neben dem Reisestress mußte der über 70jährige mit großen privaten Belastungen fertig werden. Seine zweite Frau Gussie, an der er sehr hing, war seit der Gestapo-Haft ein gebrochener Mensch. Im Elisabeth-Krankenhaus in Köln-Lindenthal konnte zwar die Ruhr, die sie sich in der Zelle des Brauweiler Gefängnisses zugezogen hatte, auskuriert werden. Doch schon dort hatte der behandelnde Arzt Konrad Adenauer darauf aufmerksam gemacht, daß ihr Blutbild nicht in Ordnung sei, durch einen Mangel an weißen Blutkörperchen könnten sich nicht genügend Abwehrstoffe gegen Erkrankungen bilden. Adenauer selbst sprach von einer Knochenmarkserkrankung, wahrscheinlich handelte es sich um Leukämie. Hinzu kamen Depressionen und Schlaflosigkeit, die Gussie Adenauer mit einem übermäßigen Verbrauch an Tabletten zu bekämpfen versuchte, wodurch sie ihren Zustand noch verschlimmerte. Als sie sich im Herbst 1946 eine schwere Lungenentzündung zuzog, hatten die Ärzte sie bereits aufgegeben. Sie erholte sich noch einmal, Konrad Adenauer reiste mit ihr im Frühsommer 1947 für drei Wochen nach Chandolin, ihrem traditionellen Urlaubsziel in der Schweiz. Im September 1947 aber verschlechterte sich ihr Zustand wieder, sie mußte erneut ins Krankenhaus. Im Bonner Johannis-Hospital saß Adenauer oft stundenlang an ihrem Krankenbett. Während seine Frau im Dämmerschlaf lag, arbeitete er an einem kleinen Tischchen Akten auf oder schrieb Briefe. Im Besuchszimmer des Hospitals hielt er Konferenzen mit Parteifreunden ab. Nach sechs Monaten, am 3. März 1948, starb Gussie Adenauer im Alter von 54 Jahren. Konrad Adenauer, zum zweitenmal Witwer, war jetzt 72 Jahre alt. Den Rhöndorfer Haushalt führte fortan seine jüngste Tochter Libet. Intensiv kümmerte sich Adenauer jetzt um die Erziehung des Benjamins in der Familie, den erst siebzehnjährigen Sohn Georg. Regelmäßig ging er mit ihm die Hausaufgaben durch, fragte Vokabeln ab, gab Nachhilfestunden. Georg: «Ohne viel Worte richtete er seine ganze Arbeit so ein, daß er mit uns Kindern zusammen zu Mittag essen konnte, um das Gefühl der Verlassenheit bei uns nicht aufkommen zu lassen.»

Trotz der stärkeren Zuwendung zur Familie schränkte Adenauer seine politische Arbeit nicht ein. Noch im Sterbemonat seiner Frau reiste er zu Gesprächen mit französischen Politikern nach Genf, wo er für den Anschluß der französischen Zone an die anglo-amerikanische Bizone warb und den Vorschlag unterbreitete, dann in der Trizone allgemeine Wahlen abzuhalten und anschließend ein «regelrechtes Kabinett» zu bilden.

Insbesondere verlor er in keinem Augenblick die Entwicklung im Düsseldorfer Landtag aus den Augen. Hier, an seiner politischen Basis, gelangen ihm indes nur Teilerfolge bei der Formierung der CDU als künftige politische Vertretung des Bürgertums. Im Alleingang hatte Adenauer nach Landtagswahlen im April 1947 versucht, eine kleine Koalition aus Zentrum, FDP und CDU zustande zu bringen. Als Arnold mitten in den Regierungsverhandlungen mit der SPD von Adenauers Extratour erfuhr, beruhigte er ihn mit dem unglaubwürdigen Argument, er habe darüber nichts berichtet, um nicht «Ihre Energie bei der Lösung der Ihnen gestellten Aufgaben zu beeinträchtigen». Adenauer scheiterte, die Fraktion ermächtigte ihren linken Flügelmann Arnold, das Bündnis mit den Sozialdemokraten fortzusetzen.

Seit dieser Schlappe verlegte sich Adenauer auf eine Zermürbungstaktik gegenüber dem Gewerkschaftsflügel. Karl Arnold warf er in immer neuen Variationen vor, zu nachgiebig gegenüber den Sozialdemokraten zu sein. Einmal beschwerte Adenauer sich brieflich, daß auf einer Kabinettssitzung der sozialdemokratische Innenminister Walter Menzel gesagt habe «Herr Adenauer lügt», ohne vom Kabinettschef Arnold gerügt worden zu sein – «ich freue mich, wenn ich falsch unterrichtet worden bin».

Ein anderes Mal erreichte Arnold ein Schreiben Adenauers mit dem Vermerk «Persönlich»: «Vor kurzem wurde im kleinen Kreise die Behauptung aufgestellt, daß Sie zusammen mit den Sozialdemokraten die Internationale gesungen hätten.» Zwar sei dieser Behauptung von anderer Seite lebhaft widersprochen worden, doch inzwischen finde sich auch eine entsprechende Notiz im *Spiegel*. Der

«Ergebene Adenauer» schloß den Brief mit den Worten: «Ich glaube, Ihnen raten zu sollen, bei der Redaktion des *Spiegel* auf einer Richtigstellung zu bestehen.»

Zwangsläufig geriet auch Johannes Albers, der zweite prominente Gewerkschafter und einstige Steigbügelhalter für Adenauers Parteikarriere, bei diesem Kleinkrieg mit ins Visier. «Mir ist, und zwar sehr positiv, gesagt worden, daß Sie bei der Beerdigung meiner Frau Herrn Keller aus Düsseldorf gegenüber folgende Bemerkung gemacht haben: ‹Die Leute kommen jetzt alle hier hin, weil sie von Adenauer etwas erwarten. In sechs Wochen ist es mit ihm vorbei›» – so nahm sich Adenauer den Mann vor. Ein Entrinnen gab es für Albers nicht: «Herr Keller hat mir dann bestätigt, auf meine Frage, ob Sie ihm gegenüber tatsächlich diese Bemerkung gemacht haben. Ich brauche Ihnen wohl nicht zu sagen, daß ich über eine derartige Bemerkung bei diesem Anlaß mir meine eigenen Gedanken gemacht habe.» Da reichte es dann gerade noch für ein «Hochachtungsvoll».

Mit «vielen Grüßen» bekam Albers unter die Nase gerieben, daß die Sozialausschüsse bei Betriebsratswahlen im Bergbau erfolglos geblieben waren: «Die Partei hat bisher den Sozialausschüssen die Zusammenfassung und die Aufklärung der Arbeitnehmer in parteipolitischer Hinsicht völlig überlassen. Ich glaube nicht, daß wir das in Zukunft noch weiter werden verantworten können.»

Erreicht hat Adenauer die erwünschte Bürgerkoalition an Rhein und Ruhr erst 1954, da konnte er als Bundeskanzler massiv Druck auf Arnold ausüben. In der Sozialisierungsfrage aber ging seine Rechnung rechtzeitig auf. Das reiche Amerika konnte seinen durch die Kriegsanstrengungen verarmten Bizonen-Partner Großbritannien die Sozialisierungspläne abkaufen. Mit Millionen-Dollar-Beträgen glichen die USA britische Schulden auf den Zwei-Zonen-Konten aus und sicherten sich dafür einen «aktiven Anteil an der Verwaltung der Ruhrbergwerke». Als der Landtag im August 1948 – gegen die Stimmen der FDP und bei Stimmenthaltung der CDU – die Sozialisierungsgesetze verabschiedete und von den Briten forderte, die Beschlagnahme der Kohlewirtschaft müsse für deren «Überleitung in Gemeineigentum» aufgehoben werden, kam aus London eine abschlägige Antwort. Die Frage der Sozialisierung der Kohleindustrie könne nur von einer deutschen Regierung und von keiner Landesregierung entschieden werden, hieß es plötzlich. Die Ruhrindustrie wurde einer internationalen Behörde der Westalliierten unterstellt.

Für Adenauer war die Harmonie wiederhergestellt: Mit ihm ging die neue Zeit.

Drei Jahre nach Kriegsende hatte Konrad Adenauer noch immer kein herausragendes Staatsamt. Er hatte weder Ministerpräsident von Nordrhein-Westfalen noch Mitglied des Wirtschaftsrats werden oder als Oberdirektor die Frankfurter Exekutivbehörde leiten wollen. Die erste Nachkriegsausgabe des Prominenten-Nachschlagewerks *«Wer ist Wer?»* aus dem Jahr 1948 erwähnt Konrad Adenauer nicht.

Adenauer vermied jede vorzeitige Übernahme eines offiziellen Postens, der ihn eingebunden und unter die Kontrolle der Besatzungsmächte gebracht hätte. Als Vorsitzender des CDU-Zonenausschusses konnte er sowohl in Düsseldorf als auch in Frankfurt seinen Einfluß geltend machen. Und im Sommer 1948 wob Adenauer weiter am unsichtbaren Gespinst seines Machtnetzes: Unter seinem Vorsitz tagte künftig regelmäßig die Konferenz sämtlicher Landesvorsitzender der Unionsparteien – der Berliner Jakob Kaiser allerdings wurde erst mit eingeladen, nachdem er heftig protestiert hatte, er sei übergangen worden.

Es sollte nur noch wenige Monate dauern, bis Konrad Adenauer seine Stunde gekommen sah.

«Tief gebeugt, aber nicht gebrochen»

Die staatliche Neuorganisation

Ludwig Erhard und die Freigabe der Bewirtschaftung

Es waren nicht nur immer große Staatsaktionen, die Konrad Adenauers langen Weg an die Spitze des neuen Staates ebneten. Auch Banalitäten trugen zu dem Gleichklang zwischen dem vitalen alten Mann und seiner Zeit bei. Ende Januar 1948 hatte Johannes Semler, der in der Frankfurter Zwei-Zonen-Verwaltung das Amt für Wirtschaft leitete, in harschen Worten seiner Erbitterung über die Stümperei der Alliierten bei der Bewältigung der Nachkriegsnot Luft gemacht: «Was hat man für uns getan? Man hat uns Mais geschickt und Hühnerfutter, und wir bezahlen es teuer. Bezahlen es in Dollar aus deutscher Arbeit und deutschen Exporten. Und sollen uns noch dafür bedanken. Es wird Zeit, daß deutsche Politiker darauf verzichten, sich für diese Ernährungszuschüsse zu bedanken.»

Militärgouverneur Clay, der gerade im amerikanischen Kongreß Lebensmittellieferungen im Wert von 300 Millionen Dollar für Deutschland durchgesetzt hatte, wollte ein Exempel statuieren. Was den Russen im Falle Hermes oder Kaiser recht war, war den Amerikanern billig: Semler (Vater des ebenfalls polemikfesten späteren Studentenführers Christian Semler) wurde gefeuert. Nur «in Anbetracht des Rechts der freien Meinungsäußerung», so hieß es in dem Entlassungsschreiben an Semler, würden «außer Ihrer Amtsenthebung keine weiteren Schritte gegen Sie unternommen». Konrad Adenauer war empört. Einem Parteifreund stellte er frei, der Presse «folgendes als meine Meinung» mitzuteilen: «Es ist völlig unvereinbar mit den primitivsten Begriffen von Freiheit und Demokratie, daß der Direktor einfach abgesetzt wird.»

Doch gerade für Adenauer sollte sich diese Affäre als einer der größten Glücksfälle erweisen. Als Nachfolger Semlers wählte der Wirtschaftsrat am 2. März 1948 mit den Stimmen der CDU / CSU- und der FDP-Fraktion den amerikafreundlichen Wirtschaftsprofessor Ludwig

Erhard. Erhard, Sohn eines Tuchhändlers in Fürth, war als Kanonier im Ersten Weltkrieg so schwer verwundet worden, daß er fortan nicht mehr hinter dem Ladentisch stehen konnte. Ohne Abitur konnte er zunächst nur an der Handelshochschule in Nürnberg studieren. Mit dem Abschlußdiplom dieser Hochschule gelang ihm der Wechsel zur Frankfurter Universität, wo er bei Professor Franz Oppenheimer, einem nicht-marxistischen Sozialisten, zum Doktor rer. pol. promovierte. Im Dritten Reich weigerte er sich, der NSDAP beizutreten, und durfte sich deshalb nicht habilitieren. Eine Karriere als wissenschaftlicher Mitarbeiter in dem «Institut für Wirtschaftsbeobachtung» der Nürnberger Handelshochschule endete 1942, als er auch nicht in die «Deutsche Arbeitsfront», die nationalsozialistische Organisation von Gewerkschaften und Arbeitgeberverbänden, eintreten wollte.

Im Auftrag führender Industrieller, die insgeheim schon mit der deutschen Niederlage rechneten, erarbeitete er dann eine Expertise über die wirtschaftliche Situation nach Kriegsende. Seine Denkschrift *«Kriegsfinanzierung und Schuldenkonsolidierung»* – ein Plädoyer für freies Unternehmertum und eine neue Währung («Die letzten Illusionen im deutschen Volk hinsichtlich des Wesens seiner Ersparnisse werden mit der kommenden Schuldenkonsolidierung zerstört werden») – stand in scharfem Gegensatz zur Befehlswirtschaft im Dritten Reich. Der phlegmatische Franke verschickte seine Denkschrift sowohl an Carl Goerdeler, der nach dem 20. Juli 1944 hingerichtet wurde, wie auch an den SS-Brigadeführer Otto Ohlendorf, Amtschef III im Reichssicherheitshauptamt und während der letzten Kriegsjahre Stellvertreter des Staatssekretärs im Reichswirtschaftsministerium. Ohlendorf wurde im April 1948 von einem amerikanischen Militärgericht zum Tode verurteilt und hingerichtet.

Die Amerikaner, denen ein Exemplar der Denkschrift in die Hände gefallen war, setzten den parteilosen Erhard nach Kriegsende als bayerischen Wirtschaftsminister ein. Hier geriet Erhard in die Front sich bekämpfender CSU-Flügel und mußte hinnehmen, daß ein parlamentarischer Untersuchungsausschuß gegen ihn wegen angeblich mangelhafter Amtsführung eingesetzt wurde. Am 10. Januar 1947 trat er zurück. Der CSU-Vorsitzende Josef Müller, der Erhards wirtschaftspolitische Vorstellungen weitgehend teilte, vermittelte ihn als Leiter der gerade errichteten «Sonderstelle Geld und Kredit», die zur Vorbereitung der Währungsreform eingesetzt worden war, nach Bad Homburg.

Am 21. und 22. April 1948 trug der neue Wirtschaftsdirektor Erhard seine «Botschaft über den Stand der Wirtschaft» vor und attakkierte das damals gängige Planungsdenken. «Die Fiktion einer totalen Bewirtschaftung aufrechterhalten zu wollen, wenn ringsherum die Kompensation üppigste Blüten treibt, kann im Ergebnis nur zu einer weiteren Unterhöhlung der Moral, zu einer stillschweigenden Sanktionierung ungesetzlicher Handlungen und einer Untergrabung der Staatsautorität führen oder – was gleich schlimm ist – die Behörde der Lächerlichkeit preisgeben.» Seine eigenen Vorstellungen schrieb er in ein für den Tag der Geldumstellung gedachtes «Gesetz über Leitsätze für die Bewirtschaftung und Preispolitik nach der Geldreform».

Mitarbeiter seines Amts, die er für Gegner seiner Idee hielt, schloß er von den Vorbereitungen aus. Der Gesetzestext glich mehr der Verkündung von Glaubenssätzen denn einer klassischen Paragraphenkonstruktion. So hieß es: «Der Freigabe der Bewirtschaftung ist vor ihrer Beibehaltung der Vorzug zu geben». Oder: «Der Freigabe der Preise ist vor der behördlichen Festsetzung der Vorzug zu geben.»

Der sozialdemokratische Abgeordnete Gerhard Kreyssig, Wirtschaftsredakteur der *Süddeutschen Zeitung*, attackierte die Vorlage: Es sei ein «überaus fragwürdiger Schritt, einen todkranken Mann ins kalte Wasser zu werfen». Nur systematische Planung und systematische Lenkung aller notwendigen Bedarfsgüter könnten die deutsche Wirtschaft wieder in Gang setzen. In der Nacht vor der Verkündung der Währungsreform wurde das Gesetz beschlossen.

Mit dieser Ermächtigung machte sich Erhard daran, «so viele Bewirtschaftungs- und Preisvorschriften wie möglich zu beseitigen». Es waren als erste Rate vierhundert. Die Genehmigung des Gesetzes durch die Besatzungsmächte wartete er nicht ab. Die Alliierten waren empört – insbesondere Engländer und Franzosen hingen noch dirigistischen Vorstellungen an. Von Clay zur Rede gestellt, er habe in alliierte Rechte eingegriffen und die Bewirtschaftungsvorschriften eigenmächtig abgeändert, gab Erhard zur Antwort: «Ich habe sie nicht abgeändert, ich habe sie aufgehoben!»

Die Währungsreform

Am 7. Juni 1948 wurden von den drei Westmächten und den Benelux-Staaten die «Londoner Empfehlungen» verabschiedet und damit offiziell das Startsignal zur Gründung einer westdeutschen Republik gegeben. «Das deutsche Volk», so hieß es im Kommuniqué, «soll jetzt die Freiheit erhalten, eine Regierungsverantwortung soweit zu übernehmen, wie es mit der Besetzung und Kontrolle vereinbar ist.» Die enge, auch wirtschaftliche Verknüpfung mit dem Westen – Adenauers Modell seit 1923 – wurde ausdrücklich zur Vorbedingung für die Gewährung der Teilsouveränität an die Deutschen gemacht: «Das wirtschaftliche Leben der Länder Westeuropas und eines demokratischen Deutschlands muß eng miteinander verbunden werden.»

Die endgültige Zustimmung Frankreichs, das sich einer staatlichen Neuorganisation Deutschlands widersetzte, wurde von den Amerikanern und Briten mit der Anerkennung des französischen Regimes an der Saar und der Vereinbarung über eine international zusammengesetzte Ruhrbehörde erkauft. Diese Behörde sollte Produktion und Export von Kohle und Stahl regeln und auf diese Weise sicherstellen, daß das Ruhrgebiet nie wieder zum Produktionsrückgrat einer deutschen Aggression werden konnte.

Am 1. Juli 1948 um 11.30 Uhr wurden den deutschen Länderchefs im Frankfurter IG-Farben-Hochhaus die Londoner Beschlüsse, niedergelegt in drei Dokumenten, offiziell überreicht. In einer bewußt auf Distanz bedachten Zeremonie verlas jeder der drei Militärgouverneure einen der Texte. Der Amerikaner Clay, der sich in der Rolle eines strengen, aber gerechten Vaters der politisch unmündigen Deutschen fühlte, trug die verfassungsrechtlichen Bestimmungen vor: Die Ministerpräsidenten wurden ermächtigt, zur Ausarbeitung einer demokratischen Verfassung eine verfassunggebende Versammlung einzuberufen. Die künftige Regierungsform müsse föderativ sein, da sie «am besten geeignet ist, die gegenwärtig zerrissene deutsche Einheit schließlich wiederherzustellen». Eine angemessene Zentralinstanz solle geschaffen und die individuellen Rechte und Freiheiten müßten garantiert werden.

Der Brite Robertson, verbindlich im Ton, deklamierte das weniger bedeutungsvolle zweite Dokument über eine Reform der Ländergrenzen innerhalb der westlichen Besatzungsgebiete. Mit scharfer Akzentuierung verlas schließlich der französische General Koenig das dritte Papier, in dem die Besatzungsmächte die politischen Bereiche absteckten, die nach wie vor unter alliierter Kompetenz blieben: die auswärtigen Beziehungen, der Außenhandel, die Reparationen an die Westmächte, Abrüstung und Entmilitarisierung sowie bedeutsame Fragen wissenschaftlicher Forschung. Die Teilsouveränität wurde zudem nur auf Bewährung gegeben: «Die Militärgouverneure werden die Ausübung ihrer vollen Machtbefugnisse wieder aufnehmen, falls ein Notstand die Sicherheit bedroht, und um nötigenfalls die Beachtung der Verfassungen und des Besatzungsstatuts zu sichern.»

Parallel zur Ausarbeitung der «Frankfurter Dokumente», wie diese ersten Grundriß-Skizzen der Bundesrepublik seither in der Geschichtsschreibung heißen, liefen die Vorbereitungen zu einer Reform der von den Nazis inflationär zugrunde gewirtschafteten deutschen Währung. Rund 300 Milliarden Reichsmark waren im Umlauf, ihnen stand fast kein Warenangebot gegenüber. Verdienen und verkaufen waren zu einer Farce geworden. Selbst die Eisenbahnverwaltung der Bizone wich, wie allgemein üblich, auf den grauen Markt der Kompensationsgeschäfe aus und tauschte in beträchtlichem Umfang Kohlen gegen Kartoffeln.

In dieser Situation konnten die Zwei-Zonen-Behörden in Frankfurt auch nicht mehr tun, als die allgemeine Not zu verwalten. Als «Nothilfegesetz zur Ermittlung, Erfassung und Verteilung von Lebensmitteln» verabschiedete der Wirtschaftsrat auf Betreiben General Clays am 23. Januar 1948 Vorschriften, wonach sämtliche Lebensmittelvorräte in der Bizone bei Bauern, Händlern, Spediteuren, Gastwirten und in allen Haushalten überprüft und erfaßt werden sollten. So wollte man Hamsterern auf die Schliche kommen und deren Bestände konfiszieren. Bei der Verabschiedung dieses vielbelachten «Speisekammer-Gesetzes» hatte der Präsident des Wirtschaftsrats Köhler sich vom Stuhl erhoben und gerühmt: «Seit dem Bestehen des Wirtschaftsrats haben wir noch nie ein Gesetz von so ungewöhnlicher außen- und innenpolitischer Tragweite verabschiedet.» 25 Millionen Fragebogen wurden auf der Mangelware Papier ausgedruckt, doch niemand füllte sie aus. Sollten nun Tausende von Polizisten ausschwärmen, um die Speisekammern der Deutschen zu durchstöbern?

Konrad Adenauer kommentierte das «Speisekammer-Gesetz» gegenüber der *Neuen Zeitung* mit Worten, die typisch für sein Staatsverständnis waren: «Wenn der Staat zuviel verlangt, ist er es selbst mit schuld, wenn ihm die Untertanen nicht mehr gehorchen.»

Daß nur durch einen scharfen Geldschnitt der Wirtschaftskreislauf wieder gesunden könnte, war schon bald nach Kriegsende von allen Besatzungsmächten, auch den Sowjets, erkannt worden. Auf Anordnung des Rats der vier Außenminister hatte sich das Finanzdirektorium des Alliierten Kontrollrats in Berlin bereits darangemacht, die technischen Einzelheiten für eine Währungsreform auszuarbeiten. Der Auszug der Sowjets aus dem Kontrollrat hatte den Westmächten dann aber den Vorwand geliefert, eine separate Währungsreform nur für die westlichen Besatzungszonen in Angriff zu nehmen. Sie wollten ohnehin keine Lösung, die eine russische Mitsprache in ihrem Wirtschaftsgebiet bedeutet hätte. Am 1. März 1948 wurde in Frankfurt die «Bank deutscher Länder» gegründet, eine Zusammenfassung der verschiedenen Zentralbanken der Länder. Damit war der erste Schritt getan.

Unter strengster Geheimhaltung bereitete eine Kommission westalliierter Fachleute den Geldtausch vor. Die Deutschen wurden erst in der Schlußrunde in die Beratungen miteinbezogen. Am 20. April 1948 bestiegen acht deutsche Experten in Frankfurt einen Bus der Militärregierung mit undurchsichtigen Milchglasscheiben. Er brachte sie zu einem amerikanischen Luftwaffenstützpunkt bei Kassel. In dieser «Konklave von Rothwesten» blieben sie 49 Tage lang zusammen mit den alliierten Finanzfachleuten eingesperrt. Jeder Kontakt zur Außenwelt, selbst das Schreiben von Briefen oder das Telefonieren, war ihnen untersagt. Derweil wurden in der amerikanischen Bundesdruckerei in Washington 500 Tonnen blaue, grüne und rote Scheine gedruckt und in einer «Operation Birddog» nach Deutschland verfrachtet.

Am Abend des 19. Juni 1948, einem Samstag, verkündeten sämtliche Rundfunkstationen der westlichen Besatzungszonen, daß die alte Reichsmark durch eine neue D-Mark ersetzt würde. Am Sonntag, dem 20. Juni 1948 verteilten Banken und Wechselstuben die neuen

Scheine. Jeder Deutsche erhielt zunächst 40 D-Mark «Kopfgeld», im August noch einmal 20 Mark.

Allerdings, eine klassenlose Gesellschaft waren die Deutschen von diesem Tag an nicht. Für die Besitzer von Bargeld war die Währungsreform die größte Enteignungsaktion in der deutschen Geschichte. Die alte Reichsmark wurde im Verhältnis 10:1 abgewertet. Für Bank- und Sparguthaben war das Verhältnis noch ungünstiger. Für 100 Reichsmark gab es 6,50 D-Mark. Wer sein Geld in Sachwerten, etwa Häusern, angelegt hatte, war fein raus. Aktien wurden im Verhältnis von 1:1 umgestellt. Eher zurückhaltend kommentierte der Frankfurter Oberdirektor Hermann Pünder diese Ungerechtigkeiten: «Es ist vieles nicht so gelaufen, wie wir es uns dachten. Es war etwas robust, was schließlich als alliierte Währungsreform herauskam.»

Am 20. Juni 1948 mußten die Deutschen zum letztenmal in den Westzonen Schlange stehen. Gegen Vorzeigen ihrer Kenn- und Lebensmittelkarten erhielten sie die neue Währung. Neun Jahre Zwangsbewirtschaftung lagen hinter ihnen, seit 1939 hatten sie mit Bezugsscheinen und Lebensmittelkarten leben müssen. Fortan war Geld der einzige Bezugsschein. Den ganzen Sonntag über war in den Familien erregt gerechnet worden, was für das neue Geld als erstes angeschafft werden sollte. Die Schaufenster der Läden hatten sich plötzlich mit den unglaublichsten Angeboten gefüllt. Es gab Kochtöpfe, Nylonstrümpfe, Schokolade, Apfelsinen und auch Aktentaschen. Sie wurden das erste Statussymbol nach der Währungsreform. Denn einen Volkswagen – auch der jetzt plötzlich binnen acht Tagen lieferbar zum Preis von 5300 D-Mark – würde sich zunächst kaum jemand leisten können. All das, was in den Lagern seit Monaten gehortet worden war, wurde nun für das neue Geld offeriert. Ironisch schrieb die britische Zeitung *News Chronicle:* «In dieser Woche ist die stabilste Währung in Europa zerstört worden. Es ist die Währung der Zigarette.»

Für die Deutschen begann plötzlich eine neue Zeitrechnung. Sie blickten wieder hoffnungsvoll in die Zukunft. Eine ganze Generation teilte ihr Erleben ein in die Zeit «vor der Währungsreform» und die Zeit «nach der Währungsreform».

Die Berlin-Blockade

«Die Westdeutschen sind nur allzu bereit, die formelle Teilung ihres Landes anzuerkennen, vorausgesetzt, dies wird ihnen in der richtigen Weise präsentiert», zu dieser Einschätzung kam das Foreign Office nach einem Gespräch britischer Besatzungsdiplomaten mit deutschen Länderregierungschefs Mitte Mai 1948 in Frankfurt. Teilgenommen hatten an diesem Treffen Max Brauer (Hamburg), Wilhelm Kaisen (Bremen), Hinrich Kopf (Niedersachsen) und Hans Ehard (Bayern).

Sollte es nach der Währungsreform noch an Bereitschaft gefehlt haben, so sorgten jetzt die Sowjets dafür. Nach Verkündung der Währungsreform im Westen stoppten sie zunächst den gesamten Personenverkehr zwischen West- und Ostdeutschland und damit auch zwischen Westdeutschland und Berlin. Sie gaben dies als «Notwehr gegen die aggressive Währungsreform der Westmächte» aus. Das sowjetische Vorgehen hatte seine Berechtigung. Die in den Westzonen wertlos gewordene Reichsmark drohte nun Berlin und die Sowjetzone, wo sie noch Gültigkeit hatte, zu überschwemmen, zumal die Westalliierten Berlin in ihren Währungsplan zunächst nicht miteinbezogen hatten. Als sich die Sowjets jetzt daranmachten, in ihrer Zone eine eigene Währungsreform vorzunehmen – die alten Geldscheine wurden mit Coupons überklebt («Klebemark») –, waren die westlichen Stadtkommandanten bereit, die neue Ostwährung auch in ihren Sektoren einzuführen. Sie knüpften daran aber die Bedingung, Ausgabe und Umlauf des Geldes unter ihrer Kontrolle zu behalten. Denn die Westalliierten hatten mit russischer Währungsmoral schlechte Erfahrungen gemacht. Kurz nach Kriegsende hatten die Sowjets – ohne sich an zugesagte Beschränkungen zu halten – eigenes Besatzungsgeld gedruckt, das jederzeit gegen Dollars eingetauscht werden mußte, und damit die Westzonen überschwemmt.

Die westlichen Kontrollwünsche lehnten die Russen ab. Daraufhin führten die Westmächte die D-Mark auch in ihren Sektoren ein – im Hinblick auf den Vier-Mächte-Status der Stadt mit einem Aufdruck «B».

In der Nacht vom 23. zum 24. Juni 1948 sperrten die Sowjets den

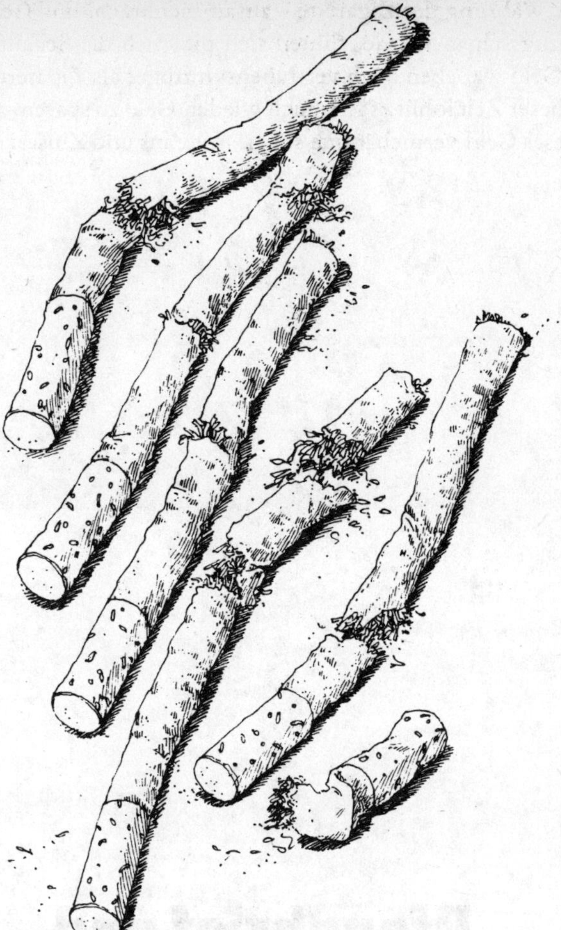

Als im Jahre 1948 die «stabilste» Währung Europas . . .

... – die Währung der Zigarette – zusammenbrach, und Geld der einzige Bezugsschein wurde, füllten sich plötzlich die Schaufenster der Läden. Geld war eben doch vertrauenswürdiger als Zigaretten.

Seit dieser Zeit lohnt es sich auch wieder, Geld zu sparen, anzulegen. Und dieses Geld vermehrt sich sogar: mit Zins und Zinseszins ...

gesamten Personen- und Güterverkehr nach West-Berlin, kappten die Stromlieferungen aus dem Ostsektor und die Lebensmittelzufuhr aus ihrer Zone. Mit der Geiselnahme einer Stadt wollten sie ihren Anspruch durchsetzen, daß Berlin ihrem Besatzungsgebiet zugeschlagen werde oder die Westmächte zwingen, die Vorbereitungen für die Gründung eines westdeutschen Staats wieder rückgängig zu machen. Über den Luftweg organisierte General Clay jetzt die Versorgung der West-Stadt. Von Berlin aus rief Clay den Chef des amerikanischen Luftwaffenkommandos in Frankfurt, General Curtis LeMay, an. Clay: «Haben Sie Maschinen, die Kohlen transportieren können?» LeMay: «Was transportieren?» Clay: «Kohlen.» LeMay: «Ich kann so schlecht verstehen, es klingt nur, als ob Sie nach Flugzeugen fragen, die Kohlen transportieren können.» Clay: «Genau, das meine ich.» LeMay: «Die Luftwaffe transportiert alles.»

Mit dreißig alten DC-3-Maschinen begann Ende Juni die «Operation Vittels» (vittels für victuals = Lebensmittel). Ein Bild ging um die Welt. Drei Dutzend Berliner Gören auf einen Trümmerberg winken einem «Rosinenbomber» zu, der mit schon ausgefahrenem Fahrwerk dicht über ihren Köpfen in die Stadt einschwebt. Über diese in der Historie beispiellose Luftbrücke wurden bis zur Aufhebung der Blokkade am 12. Mai 1949 in 277728 Flügen insgesamt 2,1 Millionen Tonnen Güter nach West-Berlin gebracht, von der Trockenmilch bis zum Koks.

Konrad Adenauer ließ sich während der Blockade nur einmal in Berlin blicken. Er machte eine Stadtrundfahrt und hielt eine Wahlrede für die CDU. «Eine große Unterstützung war sein Auftritt gerade nicht», meinte der CDU-Spitzenkandidat Ferdinand Friedensburg. In Bonn verhandelte derweil Adenauers Adlatus Herbert Blankenhorn mit den Alliierten über ein Ausweichquartier für seinen Chef in Spanien, falls es zu einer sowjetischen Invasion komme. Wegen Adenauers großer Familie forderte er einen Omnibus für die Flucht.

Mit der Währungsreform in Ost und West war die Teilung Deutschlands besiegelt. Einen einheitlichen Staat mit zwei unterschiedlichen Währungen und zwei unterschiedlichen Wirtschaftsordnungen konnte es nicht geben. Die Brutalität der sowjetischen Blockade beseitigte im Westen Deutschlands die letzten Vorbehalte gegen die Gründung eines westdeutschen Teilstaats. Politisch erledigt waren jene, die noch immer glaubten, eine Vermischung totalitärer kommunistischer und freiheitlicher Herrschaftsformen könne Bestand haben.

Was die Sowjets im Februar 1948 eingeleitet hatten, als sie in der Tschechoslowakei die noch von bürgerlichen Kräften gestützte Regierung Benesch stürzten und durch ein linientreues Regime unter Klement Gottwald ersetzten, das vollendeten sie durch ihr Berliner Erpressungsmanöver: Westdeutsche, West-Berliner und Westalliierte fühlten sich zum erstenmal seit 1945 als Verbündete. Auch in der SPD gewannen die Parteigänger des amerikanischen Kurses an Boden. Sie sammelten sich um den gewählten, aber auf sowjetischen Einspruch hin von der Berliner Kommandantur nicht bestätigten Berliner Oberbürgermeister Ernst Reuter. Der ehemalige Kommunist hatte sich 1922 der SPD angeschlossen.

In seinem Antikommunismus stand Reuter dem SPD-Führer Schumacher in nichts nach. Reuter war es auch gewesen, der die Westalliierten dazu gedrängt hatte, auch in ihren Berliner Sektoren die D-Mark einzuführen: «Wer die Währung hat, hat die Macht.» Nun verfocht er ihren Standpunkt, im Westen Deutschlands einen «Kernstaat» zu bilden, dem der Osten später einmal irgendwie angefügt werden könnte.

Der Auftrag

Die Einsicht zu haben, daß ein nur auf den Westen Deutschlands begrenzter Separatstaat Aussichten auf eine bessere Zukunft versprach, ist das eine. Das andere ist, in die Geschichtsbücher als Begründer der deutschen Spaltung einzugehen. In diesem Dilemma befanden sich die Ministerpräsidenten der Länder, als sie sich zwei Wochen nach Verhängung der Blockade in dem Hotel «Rittersturz» versammelten, einem heruntergekommenen Ausflugsziel oberhalb der Stadt Koblenz. Sie sollten im Auftrag der Alliierten die rechtlichen Fundamente für die neue Republik ausarbeiten. Drei Tage lang debattierten die Länderchefs über staatsrechtliche Fragen, bis schließlich der rettende Ausweg gefunden war: Hinter einer milchigen Terminologie wurde das wahre Treiben verborgen. Das Wort «Verfassung», dieser eherne Sockel eines Vollstaates, sollte vermieden werden. Hamburgs SPD-Bürgermeister Max Brauer bot den Alibi-Begriff «Grundgesetz» an. Das wurde dankbar aufgegriffen. Reinhold Maier, der Ministerpräsident aus Stuttgart, erinnerte sich in seinen Memoiren: «Das neue jungfräuliche Wort vermochte so schön trügerisch von der Realität jener Tage wegzuführen.»

Erarbeitet werden sollte das «Grundgesetz» auch nicht von einer «verfassunggebenden Versammlung», für sie wurde das Ersatzwort «Parlamentarischer Rat» gefunden. Um den provisorischen Charakter des Vorgehens vorzutäuschen, sollte das Grundgesetz auch nicht, wie von den Alliierten gewünscht, per Volksentscheid angenommen werden, statt dessen sollten die Landtage darüber abstimmen. Schließlich wollten die Ministerpräsidenten auch noch den Besatzern die Verantwortung für das «zu schaffende Gebilde» zuschieben: In dem Besatzungsstatut «sollte deutlich zum Ausdruck kommen, daß auch die nunmehr geplanten organisatorischen Änderungen letztlich auf den Willen der Besatzungsmächte zurückgingen, woraus sich andere Konsequenzen ergeben, als wenn sie ein Akt freier Selbstbestimmung des deutschen Volkes wären».

Den Alliierten waren die trickreichen Vertuschungsmanöver eher lästig. General Clay herrschte die Ministerpräsidenten an: «Wenn wir im Westen nicht hier wären, wären Sie längst russisch.» Den Ausschlag, daß man endlich, nach noch weiteren Konferenzen im Jagdschloß Niederwald, zu Ende kam, gab Ernst Reuter: «Die Spaltung Deutschlands wird nicht geschaffen, sie ist schon vorhanden.»

Auch Konrad Adenauer konnte mit dem zögerlichen Verhalten der Ministerpräsidenten wenig anfangen. Er war zum Hotel «Rittersturz» gekommen, wurde aber zur Runde der Länderchefs nicht zugelassen. Ärgerlich murrte er: «Sind denn die Zaunkönige noch nicht fertig?» Ihn plagten ohnehin keine Skrupel. Er sah bereits «Deutschland als Schutzwall gegen die kommunistische Sturmflut». Auf eine Wiedervereinigung, so erklärte er am 1. August 1948 auf einer Versammlung in Bochum, sei «noch sehr lange zu warten».

Die Alliierten drängten zur Eile. Die Beratungen über die deutsche Verfassung sollten am 1. September beginnen. Die Ministerpräsidenten, bis dahin die höchsten politischen Repräsentanten in Deutschland, wurden sich bewußt, daß sie eigenhändig ihre politische Degradierung vorbereiten sollten. Um so viel wie möglich an Länderinteressen zu wahren, verabredeten sie, für die Mitglieder des künftigen Parlamentarischen Rats eine Art Regierungsvorlage auszuarbeiten.

Am 10. August 1948 versammelte sich ein Ausschuß von Verfassungsexperten auf der Herreninsel im bayerischen Chiemsee. Jedes der elf Länder entsandte einen Vertreter. Ein Abgesandter Berlins wurde als Gast zugelassen. Den Tagungsort hatte der Münchner Ministerpräsident Ehard vorgeschlagen, in der Hoffnung, daß so möglichst viel von den in Bayern hochgehaltenen föderalistischen Gedanken in die Konferenzergebnisse einfließen würden. In dreizehn Tagen schrieb der Konvent von Herrenchiemsee seinen Bericht nieder. Konrad Adenauer machte anschließend klar, daß die Vorschläge unverbindlich seien. Der Parlamentarische Rat könne das Material «völlig frei verwerten».

Mehr zufällig als zielstrebig kam es dann zu der Entscheidung, den Parlamentarischen Rat nach Bonn einzuberufen. Adenauer selbst hatte, als Geste gegenüber den nach wie vor zögerlichen Franzosen, zwei Städte in der französischen Zone als Tagungsort vorgeschlagen: Bad Ems oder Koblenz. Ministerpräsident Reinhold Maier warb bei seinen Länderkollegen schriftlich für Karlsruhe, weil von dort genau 100 Jahre zuvor die Freiheitsbewegung von 1848 ihren Anfang genommen habe, um «die auch damals zerrissene deutsche Einheit wiederherzustellen». Auch Celle, Düsseldorf und Köln boten sich an. Ein rühriger Beamter aus Düsseldorf, der Leiter der Staatskanzlei, Hermann Wandersleb, der eine stille Vorliebe für Bonn hatte, setzte bei seinem Ministerpräsidenten Karl Arnold die Bewerbung des rheinischen Provinzstädtchens durch.

Noch war nichts entschieden, als am 12. August 1948 die drei Ministerpräsidenten Christian Stock (Hessen), Peter Altmeier (Rheinland-Pfalz) und Karl Arnold (Nordrhein-Westfalen) – jeder als Vertreter einer Besatzungszone – zu einer Besprechung mit den Alliierten über Fragen der neuen Verfassung zusammengekommen waren. Bei dieser Gelegenheit, keine drei Wochen vor dem geplanten Zusammentritt des Parlamentarischen Rates, erkundigte sich der britische Oberstleutnant Chaput de Saintonge als Verhandlungsführer der Militärs nach dem Tagungsort. Die Alliierten würden jetzt gern auch ihre Vorbereitungen treffen wollen. Erst in diesem Moment ging den Ministerpräsidenten ihr Versäumnis auf. In aller Eile holten sie auf Anregung Arnolds per Telefonrundruf das Einverständnis ihrer Kollegen für die Beethoven-Stadt ein. Eine Vorentscheidung für die künftige Hauptstadt war damit indes nicht gefallen, dafür galt als Favorit Frankfurt, wo ja schon die Bizonenverwaltung saß.

Konrad Adenauer erfuhr die Bestimmung Bonns als Tagungsort des Parlamentarischen Rates aus der Zeitung. «Daraus hat sich dann doch alles Weitere entwickelt», verharmlost er den Eifer, mit dem er dann die Wahl Bonns zur Hauptstadt betrieb.

Als am Vorabend des 1. September die 65 Abgeordneten und fünf Berliner, die einen Beobachterstatus hatten, nach Bonn anreisten, verlegten Handwerker in deren künftigen Wirkungsstätte, der Pädagogischen Akademie, einem kubistischen Bau am Rheinufer, noch Fernsprechkabel und Telexanschlüsse. Die Fraktionen der beiden großen Parteien waren gleich stark, 27 Sozialdemokraten standen 19 CDU- und acht CSU-Abgeordneten gegenüber. Eigentlich hätte der Union auf Grund ihres größeren Stimmanteils in den drei Westzonen zumindest ein Mandat mehr zugestanden. Der Staatspräsident des Landes Württemberg-Hohenzollern, Gebhard Müller, später Präsident des Bundesverfassungsgerichts, aber hatte in seiner Fraktion durchgesetzt, zugunsten des erfahrenen und politisch gemäßigten SPD-Verfassungsrechtlers Carlo Schmid auf einen der ihnen zustehenden Sitze zu verzichten. Eine Absprache mit der SPD, sie würde zum Ausgleich eines ihrer Hamburger Mandate der CDU überlassen, wurde nicht eingelöst. Als Adenauer auf einer Sitzung der CDU/CSU-Arbeitsgemeinschaft warnte, sich von der SPD nicht «überfahren» zu lassen, war es schon zu spät. Die Freien Demokraten mit fünf Sitzen, die Deutsche Partei, das Zentrum und die KPD mit je zwei Mandaten komplettierten das Verfassungsparlament. Das Durchschnittsalter der Abgeordneten betrug 56 Jahre, elf von ihnen hatten schon zur Weimarer Zeit im Reichstag gesessen, drei sogar der Nationalversammlung von 1919 angehört.

«Alleiniger Vertreter des deutschen Volks»

Präsident des Parlamentarischen Rates

Konrad Adenauer war von Karl Arnold bedrängt worden, in den Parlamentarischen Rat zu gehen. Der Düsseldorfer Regierungschef, darum bemüht, einen lästigen Aufpasser loszuwerden, hatte an Adenauer einen Brief geschrieben: Er müsse kraft seiner überragenden parteipolitischen Stellung die Leitung der CDU/CSU-Fraktion übernehmen. Für Adenauer war die Eroberung dieses Amts eine leichte, weil schon oft geprobte Übung. Als die Unionsfraktion am 31. August 1948 im Bonner Bürgerverein zu ihrer konstituierenden Sitzung zusammentraf, bemächtigte sich Adenauer kurzerhand des Chefstuhls und ergriff als erster das Wort: «Meine Damen und Herren, ich habe Sie zu dieser Sitzung eingeladen als Vorsitzender der CDU der britischen Zone.» Doch Adenauer hatte sich längst entschieden, dieses Amt nur als Basislager für den nächsten Aufstieg zu betrachten.

Auf der von ihm geleiteten Sitzung der Unionsfraktion wurde Adenauer als Kandidat für das Amt des Präsidenten des Parlamentarischen Rats vorgeschlagen, den Fraktionsvorsitz übernahm der CSU-Staatsminister Anton Pfeiffer. Adenauer, der in dem einige Monate älteren Hamburger SPD-Parlamentarier Adolph Schönfelder einen Konkurrenten befürchtete, regte daraufhin sofortige Verhandlungen mit der FDP und der Deutschen Partei an, um sich für seine Kandidatur eine Mehrheit zu sichern. Anton Pfeiffer wandte sich auch an Carlo Schmid, den die SPD-Fraktion zu ihrem Vorsitzenden gewählt hatte, weil Kurt Schumacher wegen einer schweren Erkrankung nicht nach Bonn kommen konnte. Die Union, so Pfeiffer zu Schmid, habe da «einen sehr eigenwilligen alten Mann, schon bald 73, den man in der Fraktion nicht gern kaltstellen will, aber man möchte ihn auf repräsentative Aufgaben beschränkt wissen». Auch der Zentrums-Vorsitzende Carl Spiecker plädierte gönnerhaft für Adenauer: «Wir müssen ihm kurz vor dem Ruhestand ein Amt übertragen.» Die SPD stimmte der Nominierung zu, im Gegengeschäft sicherte sie sich für Carlo Schmid den Vorsitz im Hauptausschuß des Parlamentarischen Rates, dem eigentlichen Arbeitsgremium.

Am Morgen des 1. September 1948 versammelten sich dann die Verfassungsväter zur feierlichen Eröffnungssitzung. Der klassizistische Prachtbau des «Zoologischen Forschungsinstituts und Museums Alexander Koenig Reichsinstitut Bonn» mit seinem großen Lichthof war der einzige Bau, der einen halbwegs repräsentativen Rahmen bot. Die ausgestopften Tiere, Skelette und präparierten Bälge waren weggeräumt, die Seitenwände mit schwarzem Tuch drapiert worden, davor zur Feier des Anlasses reichlich Buchsbaum. Nur mit einer Giraffe hatte es Schwierigkeiten gegeben, sie äugte über die Festdekoration hinweg. Neben den Abgeordneten waren sämtliche elf Ministerpräsidenten erschienen, die Chefs der Bizonenverwaltung und Vertreter der alliierten Zonen-Befehlshaber – die Gouverneure selbst verhandelten gerade mit den Sowjets über ein mögliches Blockade-Ende. Nach Festmusik von Bach und Beethoven, nach Festreden von Karl Arnold («Noch nie war der geistige Gleichklang der Deutschen so tief») und Hessens Ministerpräsident Stock («Wir spalten nicht, wir führen zusammen und einigen») zogen die Parlamentarier zu ihrer eigentlichen Arbeitsstätte, der Pädagogischen Akademie, dem heutigen Bundeshaus. Hier wurde Konrad Adenauer zum Präsidenten gewählt, nur die Kommunisten votierten gegen ihn. Anders als vierzehn Monate zuvor bei der Eröffnung des Wirtschaftsrats durfte auch Flagge gezeigt werden. Schwarz-Rot-Gold wehte auf dem Dach des bisherigen Schulgebäudes. Ein SPD-Abgeordneter kommentierte die Wahl: «Den Adenauer haben wir zum Präsidenten gemacht, um diesen unbequemen alten Nörgler auf einem Ehrenplatz kaltzustellen.»

«Ich hatte mich zuerst entschlossen, unter keinen Umständen die Leitung des Parlamentarischen Rats zu übernehmen. Ich habe mich erst dazu verstanden auf dringende Bitten maßgebender Parteimitglieder, die mir erklärten, da bis auf weiteres der Präsident des Parlamentarischen Rats der alleinige Vertreter des deutschen Volkes gegenüber den Alliierten sei, dürfe ich nicht ablehnen.» Dies schrieb Konrad Adenauer 24 Tage nach seiner Wahl an Professor Walter Fischer, ein Mitglied des Hamburger CDU-Vorstands.

Der Satz war richtungweisend für die Amtsauffassung des frischgekürten Ratspräsidenten. Er war weit davon entfernt, sich auf das von seinen Wahlmännern ihm zugedachte Repräsentieren zu beschränken. Sein hochentwickelter «Möglichkeitssinn» (Baring) ließ ihn als einzigen der angereisten Honoratioren nicht in der Würde der Stunde schwelgen, sondern die Chancen der Macht wittern. Der Präsident des Parlamentarischen Rats würde von ganz anderem Gewicht sein als etwa der Präsident des preußischen Staatsrates, der er auch einmal war. Der Parlamentarische Rat war die erste gemeinsame politische Institution der Westzonen, der Präsident somit oberster Sprecher der Westdeutschen. Er löste damit sowohl die Ministerpräsidenten, den Frankfurter Wirtschaftsrat und die Parteiführer als die bisherigen Repräsentanten des neuen Deutschland ab. Damit aber war der Einstieg gegeben, gegenüber den Besatzungsmächten in der Rolle des Verhandlungspartners aufzutreten. Als Adenauer das ihm zugewiesene Amtszimmer im Museum Koenig bezog, begann jene Ära, die einmal seinen Namen tragen würde.

Die Alliierten akzeptierten Konrad Adenauer als Ansprechpartner. Er war kooperativ, ohne unterwürfig zu sein; er war würdevoll, ohne arrogant zu werden. Seine Kritik, oft schonungslos vorgetragen, war nie ohne sachliche Berechtigung. Er war, kurzum, das Gegenstück zu jenen Deutschen, die Winston Churchill einmal charakterisiert hatte: Man habe sie entweder an seiner Gurgel, oder zu seinen Füßen.

Im Juni 1948 hatte Adenauer Front gemacht gegen die von den Alliierten vereinbarte Kontrolle über die Ruhr. In der Ruhrbehörde war für die Deutschen nur eine Minderheitsbeteiligung vorgesehen, die zunächst von den Militärgouverneuren wahrgenommen wurde. Adenauer: «Der Versailler Vertrag ist dagegen ein Rosenstrauch.»

Der Zeitpunkt rücke heran, so Adenauer weiter, an dem die Deutschen gezwungen sein würden, durch «Verweigerung der Mitarbeit» wenigstens ihre «Ehre vor der Nachwelt» zu retten. Im März 1949 – während seiner Amtszeit als Präsident des Parlamentarischen Rats – machte er sich in einer Rede vor der Interparlamentarischen Union in Bern über die noch immer laufenden Industriedemontagen durch die Alliierten her: «Das Motiv für die Demontagen ist vielfach das Bestreben, die deutsche Konkurrenz auf dem Weltmarkt auszuschalten.»

Zugleich aber hatte Konrad Adenauer, obwohl persönlich im Dritten Reich nicht belastet, nie versucht, sich außerhalb der von den Deutschen auf sich geladenen Schuld zu stellen. «So wollen wir gemeinsam ans Werk gehen, gebeugt, tief gebeugt, aber nicht gebrochen!» Das waren die Schlußworte seiner ersten Rede als wiedereingesetzter Oberbürgermeister von Köln vor den Stadtverordneten gewesen.

Als Präsident des Parlamentarischen Rates bemühte er sich um ein partnerschaftliches Verhältnis zu den Alliierten – angesichts der unterschiedlichen Gewichtung der beiden Partner stets im Risiko, der Unterwerfung unter den Sieger bezichtigt zu werden. Als Adenauer die alliierten Gouverneure davon unterrichtete, daß die Sozialdemokraten im Grundgesetz eine stärkere Zentralgewalt festgeschrieben wissen wollten – es war fraglich, ob die Alliierten dies zugestehen würden –, brachten die Kommunisten einen Antrag ein, ihn von seiner Funktion als Ratspräsident abzuberufen. Auch der gemäßigte Carlo Schmid, von Adenauer geschätzt als ein «für uns wertvoller Mann», übte öffentlich harsche Kritik: «Die Deutschen dürfen über das Grundgesetz überhaupt nicht mit den Gouverneuren verhandeln. Sie müssen ihre Beschlüsse fassen und die Gouverneure vor die Entscheidung stellen: Nehmt an oder lehnt ab.» Unberührt von diesen Turbulenzen, die als «Frankfurter Affäre» festgeschrieben wurden, suchte Adenauer weiterhin systematisch seine Kontakte zu den Alliierten auszubauen. Als 1949 General Clay abgelöst wurde, bat Adenauer den in Brüssel lebenden Sohn Stephen seines Freundes Dannie Heineman um Mittlerdienste. Falls er den künftigen amerikanischen Hohen Kommissar John McCloy kennen solle, «so weisen Sie ihn bitte auf mich hin».

Für die Alliierten war Adenauer, dessen politische Vorstellungen deckungsgleich mit ihrem Konzept waren, ohnehin ohne Alternative. Weder Amerikaner noch Franzosen, nicht einmal die englischen Labour-Regierenden waren bereit, in dem cholerischen SPD-Führer Kurt Schumacher den künftigen deutschen Regierungschef zu sehen. Obwohl auch Schumachers Politik klar westlich orientiert war, schreckte er die Siegermächte durch eine Mischung von Aggressivität, Hohn und Selbstgerechtigkeit ab: «Schließlich haben wir uns ja schon mit den Nazis unter gewiß schweren Opfern auseinandergesetzt, als man in der Welt noch das Wohlwollen der Nazis als eine leckere und erstrebenswerte Angelegenheit ansah.»

Seine Forderung nach einer starken deutschen Zentralregierung, um seine planwirtschaftlichen Vorstellungen verwirklichen zu können, verstärkte die Reserve bei denen, die gerade per Kontrollratsgesetz Nr. 46 den preußischen Staat auch formell aufgelöst hatten. Als Schumacher 1946 und 1947 London besuchte, weigerte sich sogar Labour-Außenminister Ernest Bevin, ihn zu empfangen. Der amerikanische Außenminister Dean Acheson beschrieb Schumacher als einen aufbrausenden, unberechenbaren Mann mit aggressiven nationalistischen Gedanken.

Ganz anders das Urteil über Adenauer. Der Suggestion des lebenserfahrenen, hochgewachsenen alten Mannes konnte sich offensichtlich keiner der Sieger entziehen. Gouverneur Clay bewunderte an dem Ratspräsidenten, wie er stets Umstände schuf, die seiner Partei günstig waren. «Sobald er sich jedoch über die Parteipolitik hinauserhebt, besitzt er die Intelligenz und die Charakterstärke, wie ein Staatsmann zu handeln.» Der britische Deutschlandminister Lord Pakenham schrieb über Adenauer: «Alle großen Staatsmänner, die ich in meiner Laufbahn getroffen habe, lieben ihr Volk. Aber bei Adenauer habe ich noch etwas gefunden, was ich anderswo nicht gesehen habe – nämlich eine Art, sein Volk zu lieben, indem er sich außerhalb des Volkes stellt, ein wenig wie ein Vater oder ein Großvater zu seinen Kindern oder Enkelkindern. Er kennt besser als andere die verhängnisvollen Schwächen dieses Volkes. Eine zukünftige Politik hatte in seinen Augen nur in dem Maße Sinn, als sie die wertvollen nationalen Eigenschaften stärkte und die gefährlichen Seiten des deutschen Charakters zurückdrängte.» Der britische Militärgouverneur Robertson machte es kürzer: «Ich habe ihn schließlich gern gehabt.»

Das Grundgesetz

Zum Grundgesetz habe Konrad Adenauer kein Komma beigetragen, so erinnerten sich später die beiden Ratsmitglieder Theodor Heuss, der erste Bundespräsident, und Carlo Schmid. Das stimmt, wenn man es wörtlich nimmt. Adenauer ging es nicht um Detailfragen, er konzentrierte sich darauf, lenkend und vermittelnd das Gesamtwerk voranzubringen. Mit spöttischer Ironie kommentierte er, daß die auf Länderunabhängigkeit besonders bedachten CSU-Abgeordneten Fragen der Steuerverteilung zwischen Bund und Ländern «so ähnlich wie die Erschaffung der Welt» behandelten.

Doch im Grunde sah er sich bereits als Lotse des Staatsschiffs, Ausrüstungsfragen waren weniger wichtig, als daß es endlich zu Wasser gelassen würde. Eine «schlechte Verfassung» sei «unendlich viel besser» als die gegenwärtige Situation, so Adenauer vor einem Wahlrechtsgremium der CDU/CSU im März 1949. Ihm war die Frage von Konfessionsschulen, die die Union gern ins Grundgesetz festgeschrieben haben wollte, keinen Glaubenskrieg wert – also verzichtete man auf sein Betreiben der SPD zuliebe darauf. Mehrheitswahlrecht, wie es die CDU/CSU wollte, oder Verhältniswahlrecht, wie es die Sozialdemokraten wünschten und durchsetzten – ihm war es gleichgültig. Daß der Bereich der Kultur den Ländern überlassen wurde, das fand er «geradezu zum Kranklachen», «als wenn es eine niedersächsische oder hamburgische oder nordrhein-westfälische Kultur gäbe». Doch um des lieben Föderalismus willen, auf den die Länder wie die Militärgouverneure achteten, ließ er es geschehen. Genauso akzeptierte er, daß die zweite Kammer des künftigen Parlaments kein Senat mit gewählten Länderrepräsentanten wurde – was er eigentlich gerne wollte –, sondern daß die Landesregierungen ihre Vertreter dorthin entsenden konnten. Er begnügte sich mit dem Spott über das «Parlament der Oberregierungsräte».

Selbst die Flagge, die am Staatsschiff wehen sollte, erschien ihm zweitrangig. Dabei hatte er selber am Entwurf eines neuen Tuchs mitgewirkt: Auf rotem Grund ein goldenes Kreuz mit schwarzer Umrandung. Als die Union das Kreuz – für sie ein «Symbol der abendländischen Kultur» – im Plenum des Parlamentarischen Rats nicht durchbringen konnte, stimmte sie eben mit der SPD für die Farben Schwarz-Rot-Gold. Auf den Namen «Bundesrepublik Deutschland» verständigten sich CDU/CSU und SPD gleichfalls ohne Schwierigkeiten – Jakob Kaiser, der den Begriff «Reich» nicht aufgeben wollte, und der Abgeordnete der Deutschen Partei, Hans-Christoph Seebohm, der «Deutsches Reich» vorschlug, waren ohnehin nur eine Minderheit.

Kurz vor dem Ziel allerdings drohte der Weg des geringsten Widerstands in eine Sackgasse zu münden. Wieder einmal, wie schon bei der «Frankfurter Affäre», ging es um eine finanztechnische Frage. Der Parlamentarische Rat hatte dem Bund das Recht zugestanden, zwischen steuerschwachen Ländern und Ländern mit höherem Steueraufkommen einen «Finanzausgleich» vorzunehmen. In dieser Finanzhoheit des Bundes aber sahen die Militärgouverneure eine nicht akzeptable Stärkung der Zentralgewalt. Nach ihrer Auffassung vertrug sich das nicht mit dem Auftrag der Verfassungsväter, eine «Regierungsform föderalistischen Typs» zu konstruieren. Konrad Adenauer war zum Nachgeben bereit. Sein Gegenspieler Kurt Schumacher indes sah in Adenauers Kompromißbereitschaft würdelose Erfüllungspolitik. Wohl schon im Hinblick auf den bald kommenden Wahlkampf zum ersten Bundestag stilisierte er den Streit zu einer Frage nationaler Selbstbehauptung hoch: «Man kann nur deutscher Patriot sein und nicht Patriot von elf deutschen Ländern. Das ist der ganze Unterschied zwischen der Sozialdemokratischen Partei und der Christlich-Demokratischen Union.»

Auf einem Parteikongreß der SPD am 20. April 1949 in Hannover legten sich die Sozialdemokraten auf einen unnachgiebigen Kurs fest. Ihr «Nein» zu den alliierten Auflagen bauschten sie zu einer Ablehnung der gesamten bisher ausgearbeiteten Verfassung auf. Sie präsentierten einen knapper gehaltenen Gegenentwurf eines Grundgesetzes. Zwei Tage später stand die SPD als strahlender Sieger da. Die Militärgouverneure hatten auf Anweisung ihrer Außenminister nachgeben müssen. Die Hamburger *Zeit* feierte den SPD-Chef: Er habe den ersten Schritt vom Volkstribun zum Staatsmann getan. Konrad Adenauer wurde indes rasch wieder Herr der verworrenen Lage. Mit Carlo Schmid verständigte er sich darauf, den sozialdemokratischen Gegenentwurf den Abgeordneten des Parlamentarischen Rats gar nicht erst zuzuleiten. Zugleich verpflichtete er seine Parteifreunde zu striktestem Stillschweigen über diese Absprache.

Konrad Adenauer gelang es durch elastisches Taktieren, daß die SPD bei ihrer konstruktiven Mitarbeit blieb. Am 8. Mai wurde das Grundgesetz verabschiedet. Dagegen stimmten die je zwei Abgeordneten der Deutschen Partei des Zentrums und der KPD, aber auch sechs CSU-Parlamentarier. Als das Grundgesetz dann den Länderparlamenten vorlag, sorgte die bayerische Schwesterpartei für einen Eklat. Der bayerische Landtag lehnte das Grundgesetz ab. Da eine Zweidrittelmehrheit der Landtage ausreichte, war es lediglich eine Geste des Unmuts gegen den «Bonner Zentralismus».

Zurück in Bonn, erfuhren die CSU-Parlamentarier Adenauers angestauten Zorn. Vor der gesamten Unionsfraktion rechnete er mit der CSU ab. Er sei geradezu erschüttert «über die ganze Denkungsart, über den Mangel an gutem Willen, nun mal andere Sachen über die eigene Partei zu stellen». Diesen ersten Hauskrach zwischen den beiden christlichen Parteien schloß Adenauer mit der Anklage, Bayern liefere durch seine Quertreiberei «den Bundestag der Sozialdemokratie aus».

Am 23. Mai 1949 wurde das Grundgesetz verkündet. Die Geburtsurkunde der Bundesrepublik Deutschland trug die Unterschriften der Ministerpräsidenten der Länder, der Präsidenten der Landtage und sämtlicher Mitglieder des Parlamentarischen Rats – mit zwei Ausnahmen. Der kommunistische Abgeordnete Max Reimann unterzeichnete ebensowenig wie sein Parteigenosse Heinz Renner: «Ich unterschreibe nicht die Spaltung Deutschlands.» In der Beurteilung der Konsequenzen lagen die beiden Kommunisten und Konrad Adenauer gar nicht so weit auseinander. «Das, was bei uns, und das, was in der Ostzone geschieht, ist ebensowenig zu vergleichen, wie Feuer und Wasser zu vergleichen sind. Feuer und Wasser kann man nicht mischen», so Konrad Adenauer nach Verabschiedung der Verfassung.

Diese Auffassung machten die Alliierten am selben Tag, an dem das Grundgesetz in Kraft trat, auch den Sowjets klar. Am 23. Mai kam in Paris noch einmal eine Außenministerkonferenz der vier Besatzungsmächte zusammen. Dieses Treffen war Stalins einzige Bedingung zur Aufhebung der Berliner Blockade gewesen. Der sowjetische Außenminister Andrej Wyschinski, der den für die erfolglose Blockadepolitik verantwortlichen Molotow abgelöst hatte, unterbreitete seine Vorschläge, um die Uhren zurückzustellen: Der Kontrollrat solle auf der früheren Basis seine Tätigkeit wiederaufnehmen, ein gesamtdeutscher Staatsrat solle auf der Grundlage der Wirtschaftsverwaltungen der Ostzone und der Westzone errichtet werden. Auch in Berlin, dessen Verwaltung inzwischen in einen Ost- und einen Westteil auseinandergebrochen war, sollte man zu einer einheitlichen Behörde zurückkehren und Wahlen für eine Stadtverordnetenversammlung von ganz Berlin durchführen.

Die Amerikaner waren daran nicht interessiert. US-Außenminister Dean Acheson verlangte von Wyschinski, die in der Ostzone liegenden Länder sollten der westdeutschen Föderation beitreten und freie Wahlen abhalten, um auf diese Weise die Einheit Deutschlands wiederherzustellen. Das russische «Nein» war von vornherein einkalkuliert. Man einigte sich schließlich auf einen Modus vivendi zur Abmilderung der Folgen der Teilung: Wiederaufnahme des Interzonenhandels, Wiederherstellung der Verkehrsverbindungen zwischen Ost- und Westdeutschland und nach Berlin.

Hauptstadt Bonn

Als in Bonn der neun Monate dauernde Beratungs-Marathon über das Grundgesetz in seine Schlußphase ging, war die Frage der künftigen Hauptstadt noch offen. Beworben hatten sich Stuttgart und Kassel. Die besten Chancen rechnete sich jedoch Frankfurts Oberbürgermeister Walter Kolb für seine Stadt aus. Er war seiner Sache so sicher, daß er bereits den Bau eines Plenarsaals in Auftrag gegeben hatte. Wie in Bonn sollte auch in Frankfurt eine ehemalige Pädagogische Akademie das neue Parlament beherbergen. Das stählerne Skelett eines Rundbaus für den Plenarsaal stand bereits, als am 10. Mai 1949 der Parlamentarische Rat zusammentrat, um über die künftige Hauptstadt abzustimmen.

Daß Bonn inzwischen gleichfalls seine Hauptstadt-Kandidatur angemeldet hatte, nahmen die Frankfurter nicht ernst. Auch nicht, daß dort als Erweiterung der Pädagogischen Akademie gleichfalls schon der Rohbau eines Plenarsaals hochgezogen worden war. Den Bauauftrag hatte Konrad Adenauer als Hausherr des Parlamentarischen Rats eigenmächtig erteilt. Daß nicht einmal eine Baugenehmigung vorlag, störte ihn ebensowenig wie der Baulärm, der in die Beratungszimmer der Verfassungsväter drang. Zum rührigen Bonn-Lobbyisten Wandersleb, der bereits den Parlamentarischen Rat an den Rhein geholt hatte, meinte er: «Dat schönste Jeräusch hier bei dem janzen Betrieb ist für mich das Hämmern und Klopfen am Neubau des Plenarsaals.» Die fehlende Baugenehmigung traf schließlich zum Richtfest ein, fünf Tage vor der entscheidenden Abstimmung.

So überraschend für Adenauer die Entscheidung gekommen war, daß der Parlamentarische Rat in Bonn tagen würde, so zielstrebig ergriff er auch hier die Gelegenheit, dem Zufall seine historische Berechtigung zu geben. Was dem werdenden Weststaat noch fehlte, war eine Hauptstadt links des Rheins, wie sie Konrad Adenauer seit 1919 ersehnt hatte. Konnte es auch nicht seine Heimatstadt Köln sein, dann war das 30 Kilometer entfernt liegende Bonn, Geburtsstadt seiner Großeltern, in jedem Fall doch Frankfurt vorzuziehen. Zumal die SPD die Main-Metropole hauptsächlich deshalb bevorzugte, weil sie – so Adenauer in seinen Memoiren – «im sozialdemokratisch regierten Hessen lag und nach ihrer Meinung eine sozialdemokratische Tradition und Atmosphäre besaß».

Schon vier Wochen nach Beginn der Beratungen über das Grundgesetz machte sich Adenauer insgeheim daran, dem christdemokratisch regierten Bonn im christdemokratisch regierten Nordrhein-Westfalen Vorteile zu verschaffen. Adenauer drängte den Präsidenten der belgischen Kammer, Frans van Cauwelaert, in den zwanziger Jahren als Oberbürgermeister von Antwerpen einmal Gastgeber des Kölner Oberbürgermeisters Adenauer, sich dafür einzusetzen, daß die belgischen Soldaten, die im Auftrag der Engländer Bonn besetzt hielten, umquartiert würden, um so eine entmilitarisierte Hauptstadt-Zone zu schaffen. Das war der erste Pluspunkt gegenüber Frankfurt, wo wegen des amerikanischen Hauptquartiers und des Rhein-Main-Flughafens kaum Distanz zu den Besatzern gewährleistet war.

Wie Adenauer gegenüber dem politischen Berater des amerikanischen Militärgouverneurs, Robert Murphy, bei einem Gespräch in Berlin eine Hauptstadt Bonn schmackhaft machte, notierte er unter «ganz vertraulich» in einer Niederschrift vom 28. November 1948: «In gewissen Kreisen Frankreichs denke man noch immer an eine besondere Regelung für das linke Rheinufer. Derartige Bestrebungen seien zur Aussichtslosigkeit verurteilt, wenn eine linksrheinische Stadt Sitz der Bundesregierung werde.»

Wenige Tage später schrieb Adenauer einen Brief an den Briten Sir William Strang, Staatssekretär im Foreign Office, um britische Überlegungen für den Bau eines Flughafens in Nordrhein-Westfalen – zur Diskussion standen Köln, Düsseldorf oder Essen – zugunsten seiner Pläne zu beeinflussen. «Die Frage, ob Bonn Sitz des künftigen Bundesparlaments und der zukünftigen Bundesregierung wird, wird in den nächsten Wochen entschieden. Für den Fall, daß die Entscheidung für Bonn ausfällt – es spricht eine gewisse Wahrscheinlichkeit dafür –, würde der Flughafen Köln als ziviler Flughafen eine große Bedeutung für das Parlament und die Bundesregierung bekommen. Ich bitte Sie, wenn möglich, die Entscheidung für Köln herbeizuführen.»

Verbündete warb Adenauer auch im Lager der Sozialdemokraten. Die Berliner SPD-Politiker entschieden sich für Bonn, denn, so Ernst Reuter: «Wenn Frankfurt Hauptstadt wird, wird es Berlin nie wieder.» Und DGB-Chef Hans Böckler, Adenauers Reisegefährte aus den frühen Tagen der Fahrten zum Zonenbeirat, bestätigte dem Ratspräsidenten in einem Brief Ende Februar 1949: wenn auch politische Gründe für Frankfurt sprächen, könnten «mindestens gleich starke wirtschaftliche Momente für Bonn ins Feld geführt werden». Wegen des Ruhrstatus müßten die verantwortlichen deutschen Stellen in nächster Nähe zur Ruhr untergebracht werden. Konrad Adenauer ließ diesen Brief umgehend per Drucksache an alle Abgeordneten des Parlamentarischen Rates verteilen.

Dem nordrhein-westfälischen Ministerpräsidenten Arnold und dessen Staatskanzlei-Chef Wandersleb bot Adenauer die Möglichkeit, vor dem Ältestenrat des Parlamentarischen Rates für Bonn zu werben. Die Frankfurter erhielten erst nach einer Intervention ihres verärgerten Oberbürgermeisters ebenfalls einen Anhörungstermin. Ununterbrochen bedrängte Adenauer indessen Arnold und dessen Finanzminister Weitz, durch raschen Bau von Bürogebäuden und Wohnungen vollendete Tatsachen zu schaffen. Adenauer selbst ließ sich zu einer neuerrichteten Beamtensiedlung chauffieren, wo er allerdings seine gesellschaftspolitische Grundidee vom «mäßigen Besitz» allzu spartanisch verwirklicht sah: die Gärten seien zu klein, bemängelte er.

Sein ganzer Einsatz für Bonn aber schien vergebens. Am Vormittag des 10. Mai ergab eine geheime Probeabstimmung der CDU/CSU-Fraktion 21 Stimmen für Bonn, aber sechs Parlamentarier, vermutlich Mitglieder der CSU und der hessischen CDU, votierten für Frankfurt. Dies hätte im Plenum des Parlamentarischen Rats zusammen mit den Stimmen der SPD und einiger anderer Abgeordneter eine sichere Mehrheit für die Mainstadt bedeutet. Wie schon oft, erwies sich der SPD-Führer Kurt Schumacher als Adenauers entscheidender Helfer. Auf einer Vorstandssitzung der SPD in Köln hatte Schumacher am Vormittag erklärt, die Wahl Frankfurts bedeute eine große politische Niederlage für die CDU/CSU. Eine Bonner Agenturjournalistin, eingeschriebenes SPD-Mitglied, hatte darüber eine Meldung getippt, sie allerdings auf Wunsch ihres Informanten nicht verbreitet. Ihr Verlobter, beschäftigt bei einer Konkurrenz-Agentur und eingeschriebenes Mitglied der CDU, tippte auf einem abgeschalteten Hell-Schreiber die Nachricht so, daß sie wie eine Agenturmeldung aussah und spielte das Papier Konrad Adenauer zu. Der verlas auf einer eilends einberufenen neuen Fraktionssitzung das Schreiben und konnte damit auch die Gegner Bonns zur Parteiloyalität zwingen. Mit 33 gegen 29 Stimmen entschied sich in der Nacht des 10. Mai der Parlamentarische Rat für Bonn als Hauptstadt. Die Journalistin verlor ihren Job, als die Manipulation bekannt wurde. In das in Frankfurt gebaute Plenarrund zog der Hessische Rundfunk ein. Als später der Bundestag noch einmal über die Hauptstadtfrage abstimmte, blieb der Ruch von «nicht ganz löblicher Beeinflussung» (so der Politologe Alfred Grosser) haften. Gerüchte kamen auf, der mit Adenauer befreundete Bankier Pferdmenges habe schwankenden Abgeordneten ihr Votum für Bonn mit Summen bis zu 20000 Mark abgekauft. Zum erstenmal trat ein parlamentarischer Untersuchungsausschuß zusammen, um diese Korruptionsaffäre aufzuklären. Dieses Vorhaben mißlang, schon damals.

Das Duell
Kurt Schumacher / Konrad Adenauer

Der neue Staat, dem das Grundgesetz laut seiner Präambel «für eine Übergangszeit eine neue Ordnung geben» wollte, war rein äußerlich ein befremdliches Gebilde. Der neue Weststaat maß von Norden nach Süden fast tausend Kilometer, seine Breite in Ost-West-Richtung kaum mehr als 300 Kilometer. Die historischen Lebenslinien Deutschlands, die auf Berlin zulaufenden Stränge von Wirtschaft und Verkehr, waren gekappt; erst Jahre später wurden die Autobahnen und Eisenbahnlinien gebaut, die die neuen Schwerpunkte miteinander verbanden: Hamburg im Norden, München im Süden, die Provinzstadt Bonn in der Mitte.

Auch die politische Gewichtung hatte sich verschoben. Die Sozialdemokraten hatten ihre angestammten Wählerreservoire in Sachsen, Thüringen und Groß-Berlin verloren, geblieben waren als Hochburgen Hamburg, Bremen und das Ruhrgebiet. Die eingeströmten Flüchtlinge stammten vornehmlich aus den Gebieten östlich der Oder-Neiße-Linie. Sie waren eher konservativ als sozialistisch geprägt und verstärkten das konservative Element in Westfalen, dem Rheinland, der Pfalz und Bayern.

Konrad Adenauer hatte frühzeitig die parteipolitische Bedeutung der Gebietsabtretungen Deutschlands im Osten gesehen. Bereits 1946 sagte er vor dem Zonenausschuß der CDU, wenn die sowjetisch besetzte Zone politisch und wirtschaftlich den übrigen Zonen gleichgestellt werde, dann müsse die CDU damit rechnen, daß bei Wahlen für eine neue deutsche Regierung die Sozialdemokraten die Mehrheit bekämen.

Die beiden Führer der großen Parteien symbolisierten eine geistig-politische Trennung der Deutschen, die für die nächsten Monate die territoriale Trennung überlagerte. Kurt Schumacher, der Repräsentant der befreiten Minderheit, wollte den Neubau der Gesellschaft, Konrad Adenauer wollte ihren Wiederaufbau – der in der Restauration endete – und wurde damit zum Repräsentanten der besiegten Mehrheit.

Der Gegensatz zwischen den beiden politischen Führern war schon in ihren Biographien angelegt. Kurt Schumacher, Protestant, Sohn einer wohlhabenden Kaufmannsfamilie aus der westpreußischen Grenzstadt Culm an der Weichsel, ein Intellektueller, der sich den Weg zur SPD über marxistische Literatur erarbeitet hatte. Bei Ausbruch des Ersten Weltkriegs meldete er sich als Freiwilliger zur Front und verlor, erst neunzehn Jahre alt, im Dezember 1914 seinen rechten Arm. Die Nazis steckten den SPD-Reichstagsabgeordneten zehn Jahre lang ins KZ. 1943 wurde er schwer erkrankt entlassen, nach dem 20. Juli 1944 wieder für einige Wochen eingekerkert, als Spätfolge der Haft mußte Schumacher 1948 ein Bein amputiert werden. Er blieb sein Leben lang unverheiratet.

Sein Patriotismus, sein leidenschaftlicher Kampf um den Erhalt der deutschen Einheit verband sich mit einem radikalen Antikommunismus. Die KPD bezeichnete er als «fremde Staatspartei» und fügte hinzu: «Im Sinne der deutschen Politik ist die Kommunistische Partei überflüssig.»

In Hannover, das ihm als Wohnsitz zugewiesen worden war, begann er schon am 19. April 1945 – nur neun Tage nach der Besetzung der Stadt durch die Amerikaner und lange bevor die Briten politische Parteien offiziell zugelassen hatten – mit dem Wiederaufbau der SPD. Dort etablierte er das «Büro Schumacher» als Leitung der Partei in den drei Westzonen und verwies den unter dem Druck der sowjetischen Besatzungsmacht stehenden Berliner «Zentralausschuß der SPD» unter Otto Grotewohl auf die «Führung der Sozialdemokratischen Partei in der östlichen Besatzungszone». Seine politischen Forderungen nach Enteignung von Großindustrie, Großbanken und Großgrundbesitz faßte er in dem Credo zusammen: «In Deutschland wird die Demokratie sozialistisch sein, oder sie wird gar nicht sein.»

Getreu dem Vermächtnis von Rudolf Breitscheid, dem letzten sozialdemokratischen Fraktionsführer im Weimarer Reichstag, «nach Hitler – wir», hatte Kurt Schumacher schon bei seinem ersten Zusammentreffen mit Konrad Adenauer im März 1946 gefordert, die CDU habe den Führungsanspruch der SPD anzuerkennen, denn es sei offensichtlich, daß die SPD die größte Partei Deutschlands sei und auch bleiben werde. Adenauer erwiderte, daß er eine andere Meinung vertrete und «man im übrigen die Entscheidung darüber, welche Partei die stärkere sei, kommenden Wahlen überlassen sollte».

Den Kampf um die Wahlen zum ersten deutschen Bundestag führte Schumacher, getrieben von dem Gefühl, daß seine schwindende Gesundheit ihm nur noch wenig Zeit ließ, mit fanatischer Demagogie. Konrad Adenauer beschimpfte er als «Lügenauer», die CDU/CSU stempelte er als «Hörige der Franzosen» ab, sie betreibe «klerikalen Partikularismus im Interesse Frankreichs». Ihre Wirtschaftspolitik nannte er einen «dicken Propaganda-Ballon des Unternehmertums, gefüllt mit den Gasen des verwesenden Liberalismus».

Entschieden wurde die Wahl, das zeigten spätere Analysen, in NRW durch zwei gesellschaftspolitische Themen. Die CDU im Verein mit der Kirche erinnerte an die Weigerung der SPD, die Ehe als «die rechtmäßige Form der Lebensgemeinschaft von Mann und Frau» im Grundgesetz festzuschreiben – für die Arbeiterfrauen mit ihren unmündigen Kindern war aber die Ehe die wichtigste soziale Sicherung. Im Streit um das «Elternrecht» – hinter diesem Begriff verbarg sich die politische Absicht der CDU/CSU, Konfessionsschulen einzuführen – verrannte sich Kurt Schumacher in einer Polemik, die die katholischen Wähler im Rheinland und an der Ruhr abschreckte. «Der Unterdrücker ist die christliche Kirche, die auch heute noch die gleiche Rolle spielt wie vor hundert Jahren zu Marx' Zeiten. Der Sozialismus will den Menschen zur Freiheit erziehen, die Kirche erzieht ihn zur Unfreiheit», so Kurt Schumacher, und dann weiter: «Wir denken nicht daran, das deutsche Volk einer fünften Besatzungsmacht zu unterwerfen.»

Weil solche Ausbrüche selbst in der sozialdemokratischen Presse zum Teil nur abgeschwächt wiedergegeben wurden, ließ Adenauer im Sommer 1949 sämtliche Reden des SPD-Vorsitzenden stenografisch aufnehmen. Der katholische *Rheinische Merkur* spöttelte damals, die CDU tue der SPD bitter unrecht, «wenn sie nicht die Reisekosten dieses ihres besten Wahlredners aus ihrer eigenen Kasse übernimmt».

Konrad Adenauer zog mit zwei eigenen Verbündeten in die Wahlschlacht. Der eine war der parteilose Wirtschaftsprofessor Ludwig Erhard, der andere war der katholische Klerus. Um beide hatte Adenauer sich frühzeitig bemüht. Konrad Adenauer erkannte, daß Erhards privatwirtschaftliches Konzept exakt dem entsprach, was er selber gegen die Sozialisierungsanhänger in seiner Partei durchzusetzen trachtete. Unmittelbar nachdem Ludwig Erhard zum erstenmal vor dem Wirtschaftsrat seine Vorstellungen erläutert hatte – von seinem engsten Mitarbeiter Alfred Müller-Armack war ihm dafür das griffige Schlagwort «Soziale Marktwirtschaft» angeliefert worden –, umwarb Konrad Adenauer den Franken.

Schon zehn Wochen nach der Währungsreform hielt Erhard als parteiloser Gastredner das Hauptreferat auf dem Parteitag der CDU der britischen Zone. Den endgültigen Durchbruch mit seiner Konzeption, die inzwischen das Gütesiegel der vollen Schaufenster hatte, erzielte er auf der letzten Sitzung des CDU-Zonenausschusses am 24. / 25. Februar 1949 in Königswinter. Adenauer schlug vor, Erhards Vortrag – «Bisher habe ich Sie noch nie so klar und gut Ihre Grundsätze entwickeln gehört» – als Wirtschaftsprogramm der CDU zu übernehmen. Unter Erhards Assistenz entstanden daraus die «Düsseldorfer Leitsätze» vom 15. Juli 1949, das wirtschaftspolitische Wahlprogramm der CDU und für die Zukunft das grundlegende Unions-Dokument für die Politik der sozialen Marktwirtschaft: freier Leistungswettbewerb, marktgerechte Preise, Ablehnung der Planwirtschaft, soziale Sicherheit für die wirtschaftlich Schwachen, Förderung des privaten Eigentums.

Der in der Parteiengeschichte einmalige Vorgang, daß eine Partei das Programm eines Unabhängigen übernahm, wurde nicht widerstandslos hingenommen. Einer der Hauptopponenten war Jakob Kaiser, der schon versucht hatte, in Frankfurt Erhards Wahl als Wirtschaftsdirektor zu verhindern und nun in einem letzten Aufwallen seiner christlich-sozialistischen Überzeugungen dagegen anging, Erhards Rede drucken zu lassen.

Er blieb erfolglos, und resigniert stellte Gewerkschaftskollege Johannes Albers fest, «daß der Vortrag des Professors Erhard das Ahlener Programm in seinem Grundgefüge aufhebt». Konrad Adenauer fertigte das leichthin ab: «Alle solche Programme und programmatischen Sätze haben keinen Ewigkeitswert.»

Zweiter Wahlhelfer neben Erhard war Kardinal Frings. Am 10. November 1948 gab Adenauer in einer Sitzung der Unionsfraktion des Parlamentarischen Rats bekannt, daß der Kölner Erzbischof seinen Beitritt zur CDU erklärt habe. Vorangegangen war ein Brief Adenauers an Frings, der auch Vorsitzender der Fuldaer Bischofskonferenz war, in dem er sich bitter darüber beklagte, daß der Bischof von

Münster in einem Erlaß die Geistlichkeit auf strikteste parteipolitische Neutralität verpflichtet habe. Als Konsequenz habe er selber erleben müssen, schrieb Adenauer, «daß, als ich in Honnef als Redner auftrat, die katholische Geistlichkeit in auffälliger Weise fehlte». In eindringlichen Worten wies er Frings dann darauf hin, daß die zu wählende erste Bundesregierung «in personeller und sachlicher Hinsicht grundlegende Entscheidungen für die nächsten Jahrzehnte zu treffen haben» werde. Bekomme die CDU/CSU nicht die Mehrheit, sei «für die Vertretung der christlichen Interessen das Schlimmste zu befürchten, da die Sozialdemokratie überwiegend marxistisch und unduldsam eingestellt ist». Zwar mußte Frings seinen Parteieintritt wenige Monate später auf Drängen des Heiligen Stuhls wieder rückgängig machen – Papst Pius XII. sah darin eine Verletzung des Reichskonkordats, das Geistlichen die Mitgliedschaft in politischen Parteien untersagte –, die Signalwirkung aber blieb erhalten. Die katholische Kirche machte es sich zur Gewohnheit, bei Wahlen die Gemeinde aufzurufen, die Partei mit «christlichen Grundsätzen» zu wählen. Zuweilen mahnte Adenauer solche Kanzelverkündungen auch an. Als im Herbst 1948 Kommunalwahlen in Nordrhein-Westfalen anstanden, wies Adenauer den Kölner Kardinal darauf hin, daß in einer Reihe von Städten des Industriegebiets «sozialdemokratisch-kommunistische Mehrheiten» dafür gesorgt hätten, daß der Religionsunterricht an Berufsschulen eingestellt werde. «Ich bitte Sie daher, sehr verehrte Eminenz, doch sehr dringend, am nächsten Sonntag von den Kanzeln – wie früher auch – eine entsprechende Mahnung an die Gläubigen zu richten.»

Mit Ludwig Erhard als Wahllokomotive, dem Klerus im Schrankenwärterhäuschen, konnte Konrad Adenauers Siegeszug auf Strecke gehen. Zumal er selbst frühzeitig dafür gesorgt hatte, daß es keinen Radikalenerlaß für diejenigen unter den Reisenden gab, die ehemalige Mitglieder der NSDAP waren.

Dem zornigen Volkstribun Kurt Schumacher trat der um zwanzig Jahre ältere Konrad Adenauer im Wahlkampf als besorgt-mahnendes Familienoberhaupt gegenüber – eine geschickte Maskerade, unter der er dennoch eine gnadenlose Verunglimpfung des politischen Gegners betrieb. Adenauer, in wirtschaftspolitischen Theorien wenig bewandert – dafür hatte er Ludwig Erhard – und an gesellschaftspolitischen

Themen nur mäßig interessiert, nutzte schon in seinem ersten Bundestagswahlkampf die Ost-West-Konfrontation zu innenpolitischen Zwecken. «Wenn Deutschland sozialistisch regiert werden wird, dann seien wir uns klar darüber, daß der Sozialismus keinen Damm gegenüber dem Kommunismus bildet», war sein Knüppel gegen die Sozialdemokraten.

Von Schumachers scharfem Antikommunismus, von den zu Tausenden in der Sowjetzone wieder inhaftierten Sozialdemokraten ließ Adenauer sich nicht beeindrucken. Er erinnerte daran, daß fünf SED-Ministerpräsidenten der Ostzone frühere Sozialdemokraten seien und lastete der SPD in der Ostzone und in Berlin eine «historische Schuld» an, weil sie «den einheitlichen Widerstand der deutschen Parteien in der russischen Besatzungszone gegen den Kommunismus und gegen die Russen zerbrochen hat». Schon damals ließ die CDU Plakate drukken, auf denen eine in Untermenschen-Manier gezeichnete Pranke von Rußland herüber nach Westeuropa griff. Bruno Dörpinghaus, Generalsekretär der Frankfurter CDU/CSU-Arbeitsgemeinschaft, erinnert sich: «Die Plakate, die auf eine mögliche Invasion der Sowjets aufmerksam machten, gefielen Dr. Adenauer besonders gut. Auf seinen Wunsch sind dann für die Landesleitungen diese Plakate in hohen Auflagen gedruckt und verteilt worden.»

Gleich zur Eröffnung des Wahlkampfes bestritt Adenauer der SPD das Verdienst, bei den Beratungen des Grundgesetzes durch ihr «Nein von Hannover» verhindert zu haben, daß statt eines starken Bundesstaates ein schwacher Staatenbund entstanden wäre. Der SPD sei vielmehr vorab von der britischen Labour-Regierung die Information zugespielt worden, daß die Alliierten in der Frage des Finanzausgleichs zum Nachgeben bereit seien. «Ein absolut abgekartetes Spiel ... um auf diese Weise den deutschen Sozialdemokraten den Nimbus zu geben, daß sie die nationale Partei par excellence seien ... Also das sind die Alliierten und ihre Helfershelfer!»

Anders als die von Kurt Schumacher aus Hannover straff organisierte SPD hatte die Union im Wahljahr 1949 weder Bundesvorstand noch Wahlkampfzentrale. Mit seinem mehrfach erprobten Talent, im Niemandsland von Zuständigkeiten eigene Geländegewinne zu erzielen, übernahm Konrad Adenauer kurzerhand selbst die Leitung des Wahlkampfs der Unionsparteien, indem er der Frankfurter CDU/

CSU-Arbeitsgemeinschaft, deren Vorsitzender er war, die Organisation des überregionalen Wahlkampfs übertrug: Beschaffung und Verteilung von Plakaten, Broschüren, Flugblättern, den Rednereinsatz und das Sammeln sowie Ausgeben von Wahlgeldern. Bereits als Präsident des Parlamentarischen Rats war er ständig nach Frankfurt gereist, um die Vorbereitungen für den Wahlkampf zu überwachen. Während des Wahlkampfs, er begann am Tag der Unterzeichnung des Grundgesetzes und dauerte zwölf Wochen, übernahm Konrad Adenauer, inzwischen 73 Jahre alt, täglich bis zu vier Wahlreden. Er hielt es dabei so, wie er es Dörpinghaus angekündigt hatte: «Im Wahlkampf gibt es nur ein Ziel, nämlich die Wahl zu gewinnen. Rücksichtnahmen auf eine andere Partei sind da ganz fehl am Platze.»

Gewählt wurde am 14. August 1949. In Rhöndorf herrschte Gewitterschwüle. Adenauer ging vormittags zur Kirche und dann zur Wahl – in dieser Reihenfolge. Am Nachmittag versammelten sich, wie sonntags üblich, seine Kinder und Enkelkinder in seinem Haus. Prognosen über den Wahlausgang lehnte der Kandidat des Wahlkreises Bonn ab: «Morgen wissen wir es sowieso, und deshalb ist es müßig, sich heute schon Gedanken zu machen.»

Die Chancen standen nicht schlecht. In allen vorangegangenen Landtagswahlen hatte sich die CDU als die zweite große Partei neben der SPD behauptet und damit das Vorhaben ihrer Gründer verwirklicht, das Zentrum zu beerben und eine überkonfessionelle Union zu werden. Die SPD unter Kurt Schumacher allerdings war sich ihres Wahlsiegs sicher. Am Morgen danach stand das Ergebnis fest: CDU/CSU 31 Prozent, SPD 29,2 Prozent, FDP 11,9 Prozent, KPD 5,7 Prozent. 31 Millionen Bürger waren zur Wahl gegangen, mit einem Vorsprung von 424109 Stimmen, davon allein in Nordrhein-Westfalen 372341, waren die Unionsparteien vor den Sozialdemokraten durchs Ziel gegangen. Mit 139 Mandaten hatten die Christdemokraten für den Ersten Deutschen Bundestag acht Sitze mehr errungen als die SPD, für eine Regierungsbildung waren sie aber auf einen Koalitionspartner angewiesen.

Zwei Möglichkeiten boten sich an: ein Zusammengehen mit den Sozialdemokraten oder eine bürgerliche Koalition. Trotz des erbitterten Wahlkampfs befürworteten viele Christdemokraten, an ihrer Spitze die meist mit der SPD regierenden Länderchefs und die Gewerkschaften, ein Bündnis mit der SPD. Ihr Argument: nur mit vereinten Kräften beider großer Parteien könne eine «nationale Regierung» die Lasten von Krieg und Nachkriegszeit bewältigen und mit den Alliierten die Rechte des neuen Staats aushandeln.

Als Partner für eine bürgerliche Koalition kamen nur FDP und Deutsche Partei in Frage, die einer solchen Regierung den knappen Vorsprung von nur sechs Stimmen sicherten. Gegen weitere mögliche Partner auf der Rechten wie Bayernpartei und WAV (Wirtschaftliche Aufbau Vereinigung) legte die CSU aus Konkurrenzgründen sofort ein Veto ein.

Wer aber in der CDU / CSU sollte die Koalitionsfrage entscheiden? Die Unionsparteien waren ohne Kanzlerkandidaten in den Wahlkampf gezogen, sie hatten zu der Zeit noch nicht einmal einen Parteivorsitzenden (das wurde Konrad Adenauer erst ein Jahr später). Sollte der populärste Mann darüber befinden und sich als Kanzler zur Wahl stellen? Das wäre dann Ludwig Erhard gewesen, der damals mit weitem Vorsprung die Bekanntheits-Skala anführte, gefolgt von Kurt Schumacher und erst auf dem dritten Platz von Konrad Adenauer. Oder fiel die Entscheidung den Ministerpräsidenten zu? Sie sahen sich als Väter der Bundesrepublik, ihnen hatten die Alliierten den Verfassungsauftrag erteilt – sie hätten daraus so etwas wie eine Fürsorgepflicht für das Zustandekommen der ersten deutschen Bundesregierung ableiten können. Oder hätte die neu gewählte CDU / CSU-Bundestagsfraktion als demokratisch legitimiertes Forum über Koalition und Kanzler entscheiden sollen?

Konrad Adenauer wird Bundeskanzler

Aber es kam alles anders.

Konrad Adenauer, immer noch lediglich Vorsitzender der CDU der britischen Zone und Vorsitzender der CDU-Fraktion im Düsseldorfer Landtag, jetzt außerdem Präsident des Parlamentarischen Rats außer Diensten, hatte keinerlei Berechtigung, für die Gesamt-CDU zu sprechen, geschweige denn zu handeln oder gar eine Regierung zu bilden. Aber er hatte: Ein auf halbem Berghang gelegenes, inmitten von Rosenbeeten stehendes Haus mit herrlichem Rheinblick – zu einer Zeit, zu der die nach Bonn anreisenden Politiker in drittklassigen Pensionen absteigen mußten, verlieh solch ein Ambiente dem Hausherrn Autorität und Respekt; einen Weinkeller voll erlesener Produkte – für jemanden, der allenfalls einmal auf der Party in einem alliierten Kasino ein paar Whiskies runterkippen konnte, waren das Erinnerungen an eine bessere Zukunft. Und Konrad Adenauer hatte ein ausgeprägtes Selbstbewußtsein und einen ebenso starken Machtwillen.

Die Mischung machte es.

Für den auf die Wahl folgenden Sonntag, den 21. August, lud Konrad Adenauer eine bunte Runde CDU-Honoratioren zu sich nach Rhöndorf. Sorgfältig hatte er die Einladungsliste ausgearbeitet. Die meisten waren Landesvorsitzende. Dazu kamen zwei Ministerpräsidenten – Gebhard Müller aus Württemberg-Hohenzollern und Peter Altmeier aus Rheinland-Pfalz –, Vertreter der Frankfurter Wirtschaftsbehörde mit Ludwig Erhard an der Spitze, der bayerische Landtagspräsident Michael Horlacher, die Generalsekretäre Herbert Blankenhorn und Franz Josef Strauß, Josef Löns und Adenauers Freund Robert Pferdmenges. Irgendeine auf Funktionen begründete Systematik hatte die Gästeschar nicht. Ihr Hauptmerkmal war, daß die Mehrheit Anhänger einer Koalition mit den Sozialdemokraten, aber keine großen Kämpfer waren. Anders die Minderheit. Es waren engagierte Befürworter einer bürgerlichen Koalition, insbesondere die aus Frankfurt angereisten Vertreter des Wirtschaftsrats, wo seit zwei Jahren die CDU im Bündnis mit der FDP regierte. Ebenso bedeutsam wie die Liste der Eingeladenen war, wer nicht hinzugebeten wurde. Es fehlte zum Beispiel der gewichtige NRW-Ministerpräsident Karl Arnold, der vehement für eine Große Koalition focht und dabei in den christlichen Gewerkschaften starke Hilfstruppen hatte.

Als die rund 25 Gäste an jenem heißen Sonntag die 58 Stufen zu Adenauers Villa hinaufstiegen, glaubten die meisten, daß sie zu einem allgemeinen, unverbindlichen Meinungsaustausch über die Konsequenzen des knappen Wahlsiegs zusammengekommen seien. Zu irgendwelchen Beschlüssen war das scheinbar willkürlich zusammengewürfelte Gremium auch gar nicht legitimiert. Der familiäre Rahmen unterstrich den Eindruck des Unverbindlichen. Die Gäste wurden in das Wohnzimmer des Privathauses geleitet, dort war eine große Frühstückstafel gedeckt. Konrad Adenauers Töchter schenkten den Kaffee aus. Das Ganze hatte so gar nichts gemein mit einer offiziellen Konferenz.

Nur der Hausherr und einige wenige von ihm ins Vertrauen gezogene Teilnehmer wußten, um was es an jenem Tag gehen sollte: die Entscheidung zugunsten einer bürgerlichen Koalition und die Nominierung Adenauers zum Regierungschef durchzusetzen.

Wann Konrad Adenauer sich entschieden hat, trotz seines hohen Alters das Amt des Bundeskanzlers anzustreben, ist präzise nicht auszumachen. Seine Tochter Ria Reiners erinnert sich daran, wie ihr Vater – zu jener Zeit war er Präsident des Parlamentarischen Rats – in seinem Rhöndorfer Haus am Fenster stehend eines Tages sagte: «Wenn man an mich herantritt, dann muß ich es wohl tun.» Söhne und Töchter, so Ria Reiners, hätten damals dem Vater angeraten, doch Bundespräsident zu werden. Seine Antwort sei gewesen: Als Bundespräsident müsse er die volle Amtsperiode von fünf Jahren bleiben, «als Bundeskanzler kann ich mich nach ein oder zwei Jahren wieder zurückziehen». Kardinal Frings hat in seinen Erinnerungen einen Dialog mit Adenauer gegen Ende der Beratungen im Parlamentarischen Rat – also im Frühjahr 1949 – festgehalten. Danach hat der Erzbischof auf seine Frage «Wir werden Sie wohl bald als Bundespräsident begrüßen können?» die Antwort erhalten: «Nein ... ich möchte Bundeskanzler werden!» In der letzten Sitzung der CDU/CSU-Fraktion des Parlamentarischen Rats am 28. Juni 1949 erklärte Adenauer, er habe auf Fragen nach dem künftigen Bundeskanzler stets geantwortet: «Abwarten bis nach dem Wahlausgang.» Wenig später, am 21. Juli, als Adenauer mit einer großen Rede in Heidelberg effektvoll den Wahlkampf offiziell eröffnete – die britische Nachrichtenagentur Reuter hatte gerade am Vortag eine Falschmeldung über seinen Tod verbreitet –, erklärte er: «Dieser Bundeskanzler wird die wichtigste Persönlichkeit sein in dem neuen Deutschland. Er kann nach dem Grundgesetz nicht mehr durch ein einfaches Mißtrauensvotum zum Rücktritt gezwungen werden ... Die traurigen Beispiele der Weimarer Republik werden sich nicht wiederholen. Die Stellung des Bundeskanzlers wird außerordentlich stark und fest sein. Er hat auch die Richtlinien der Politik der Bundesregierung zu bestimmen.» Bei einem Mann wie Adenauer war das sicher mehr als ein Exkurs in Verfassungstheorie.

Konkurrenten hatte Adenauer schon früh niedergehalten. Am 27. April 1948 schrieb er seinem Stellvertreter im CDU-Zonenausschuß Friedrich Holzapfel «vertraulich» – mit Durchschlag an Robert Pferdmenges – über ein Gespräch in Frankfurt. Der Präsident des Wirtschaftsrats-Parlamentes, Köhler, habe ihn davon unterrichtet, daß er sich auf die Anfrage eines Beraters von General Clay bereit erklärt habe, eine Regierung zu bilden. Adenauers Kommentar: «Ich habe eine sehr zurückhaltende Stellung eingenommen und ihn darauf aufmerksam gemacht, daß das Ganze Angelegenheit der Partei sei.»

Dafür, daß jetzt in Rhöndorf die Entscheidung fallen konnte, hatte Adenauer einige Vorarbeiten geleistet. Zunächst einmal hatte er sich dagegen abgesichert, daß ihm jemand zuvorkommen könnte. Zwei Tage nach der Wahl verschickte die CDU/CSU-Arbeitsgemeinschaft in Frankfurt einen Rundbrief an alle Landesverbände mit der Bitte, daß «nicht der kommenden Entscheidung der Fraktion der CDU/CSU irgendwie vorgegriffen wird». Am Donnerstag nach der Wahl verabredete sich Adenauer mit Karl Arnold, von dem er wußte, daß er bereits mit befreundeten Politikern Wege beredet hatte, wie man zu einer Koalition mit der SPD kommen könne. Im Anschluß an dieses Gespräch wurde ein Kommuniqué herausgegeben, wonach beide Politiker eine «übereinstimmende Beurteilung in allen wesentlichen Punkten» erzielt hätten – für Adenauer ein Dokument, mit dem er den Schein erwecken konnte, als habe er Arnold auf seine Seite gezogen. Den möglichen Konkurrenten Köhler schaltete Adenauer aus, indem er ihm das Amt des Bundestagspräsidenten versprach.

Am Vorabend des Rhöndorfer Frühstücks kam Adenauer in Frankfurt mit dem neuen bayerischen Ministerpräsidenten Hans Ehard zusammen. Auf diesem sorgsam von der Öffentlichkeit abgeschirmten Treffen, an dem auch Ludwig Erhard als entschiedener Gegner einer Koalition mit der SPD und der einflußreiche CSU-Politiker Anton Pfeiffer teilnahmen, gelang es Adenauer, die bayerische Schwesterpartei für seine Pläne zu gewinnen. Als Gegenleistung sagte er Hans Ehard das Amt des Bundesratspräsidenten zu.

Während über diese entscheidende Vorrunde in Frankfurt alle Beteiligten Stillschweigen bewahrten, läßt sich das Treffen in Rhöndorf am Tag danach aus den Schilderungen mehrerer Teilnehmer ziemlich genau rekonstruieren. «Mit schöner Selbstverständlichkeit nahm Adenauer als Hausherr für sich den Vorsitz in Anspruch», so Pferdmenges. Dann ging der Gastgeber ohne Umschweife sein Vorhaben an: Die Mehrheit der Bürger habe sich für die soziale Marktwirtschaft und damit gegen die sozialistische Planwirtschaft entschieden – Adenauer warf die Stimmen der Sozialdemokraten und Kommunisten zusammen und stellte deren acht Millionen Wählern dreizehn Millionen Wähler der CDU und CSU, der FDP und «anderer nichtsozialistischer Parteien» gegenüber. Diesem Wählerwillen müsse Folge geleistet werden. Als Koalitionsparteien kämen nur die FDP und die Deutsche Partei in Frage. Der SPD wies Adenauer die Rolle einer «kraftvollen Opposition im Parlament» zu, um auf diese Weise zu vermeiden, daß außerhalb des Parlaments radikale nationalistische Kräfte sich sammelten.

Weitere entschiedene Fürsprecher einer Kleinen Koalition waren Ludwig Erhard, der klarmachte, daß er bei einem Regierungsbündnis mit den Sozialdemokraten nicht als Wirtschaftsminister zur Verfügung stehen würde, sowie Franz Josef Strauß. Der junge bayerische Politiker, inzwischen Generalsekretär der CSU geworden, war in Vertretung von Ehard nach Rhöndorf gekommen. Strauß kündigte an, die CSU werde lieber in die Opposition gehen als mit den Sozialdemokraten regieren. Er lieferte damit Adenauer die Vorlage, nun mit einem neuen Argument aufzutrumpfen: «Wer für die Große Koalition stimmt, stimmt gegen die Einheit der Unionsparteien. Wer die Einheit der Unionsparteien will, der muß die Kleine Koalition wollen.» Strauß, nicht unterrichtet von der Begegnung Adenauer–Ehard am Vortag, reklamierte für sich später das Verdienst, den entscheidenden Beitrag geleistet zu haben: «Ich habe dem Alten das Argument geliefert, mit dem er die anderen buchstäblich totgeschlagen hat.»

Unter denen, die sich für ein schwarz-rotes Bündnis einsetzten, ragten Gebhard Müller, der hessische CDU-Chef Hilpert und der rheinland-pfälzische Länderchef Altmeier hervor.

Zur Mittagspause bat Adenauer die Runde zum kalten Buffet auf die Gartenterrasse. Der sonst eher sparsame Hausherr ließ es an nichts mangeln, Spitzensorten aus seinem Weinkeller wurden entkorkt. Wie effektvoll diese Inszenierung auf die versammelten Nachkriegs-Politiker wirkte, geht aus den Worten von Strauß hervor: «Überwältigender Eindruck für uns ausgehungerte Großstädter war ein Buffet von einer Reichhaltigkeit, wie ich es auf Privatkosten Adenauers weder vorher noch nachher jemals erlebt habe. Und das in Verbindung mit einem Sortiment Weine, die für uns wie himmlische Glocken klangen.»

Konrad Adenauer nutzte die Mittagspause, um im Vier-Augen-Gespräch seinen Kontrahenten Jakob Kaiser umzudrehen. «Eine Koalition mit der SPD ist für uns unmöglich», sagte Kaiser schon einen Tag später öffentlich.

Nach dem Essen eröffnete Adenauer die Diskussion siegesgewiß: «Ich ging in meinen Ausführungen von der gleichsam beschlossenen Tatsache aus, daß eine Regierung mit der FDP und der DP gebildet würde.» Adenauer schnitt dann die Besetzung der Ämter des Bundespräsidenten und des Bundeskanzlers an. Adenauer: «Ich war überrascht, als einer der Anwesenden meine Ausführungen unterbrach und sagte, daß er mich als Bundeskanzler vorschlage.»

Hermann Pünder hat das etwas anders in Erinnerung: «Die ersten Worte Adenauers, die ich mir sofort stenografisch niederschrieb, lauteten: ‹Man hat mich dazu vermocht, mich für die Stellung des Bundeskanzlers zur Verfügung zu stellen. Ich bin trotz meiner Jahre grundsätzlich hierzu bereit, möchte dies aber nur mit Ihrer Zustimmung tun. Ich wäre Ihnen nun, meine verehrten Freunde, zu einer freimütigen Äußerung Ihrer Meinung dankbar. Wer möchte sich äußern?›» Pünder will dann, weil sich keiner zu Wort meldete, seine Hand gehoben und gesagt haben: «Herr Adenauer hat uns soeben mitgeteilt, daß man ihn vermocht hätte, sich für das Amt des Bundeskanzlers zur Verfügung zu stellen. Wer dieser ‹man› ist, hat er uns nicht gesagt. Ich möchte ihn auch nicht danach fragen, da er für dieses Verschweigen sicher seine beachtlichen Gründe haben dürfte. Da unsere Partei die Wahl gewonnen hat, steht nach den parlamentarischen Spielregeln dem Vorsitzenden auch das erste Anrecht auf den Posten des Regierungschefs zu. Wenn also nun Herr Adenauer geneigt ist, von diesem Anrecht Gebrauch zu machen, sollten wir ihm meines Erachtens zustimmen. Ich jedenfalls tue dies hiermit.»

Die Fortsetzung hat Adenauer niedergeschrieben: «Ich sah mir die Gesichter an und meinte dann: ‹Wenn die Anwesenden alle dieser Meinung sind, nehme ich an. Ich habe mit Professor Martini, meinem Arzt, gesprochen, ob ich in meinem Alter dieses Amt wenigstens noch für ein Jahr übernehmen könne. Professor Martini hat keine Bedenken. Er meint, auch für zwei Jahre könne ich das Amt ausführen.›»

Für das Amt des Bundespräsidenten schlug Adenauer dann den FDP-Politiker Theodor Heuss vor. Mit dem angesehenen FDP-Vorsitzenden als Staatsoberhaupt wollte Adenauer die bürgerliche Koalition absichern. Er warb jetzt für ihn mit den Worten, «daß Herr Heuss, ich drücke mich so zart aus wie möglich, uns keine großen Schwierigkeiten machen wird». Auf die Zwischenfrage, ob der Kandidat überhaupt schon von seiner Nominierung wisse, mußte Adenauer eingestehen, er habe bislang mit Heuss noch nicht sprechen können. Den Einwand, daß Heuss nicht gerade als kirchenfreundlich bekannt sei, konterte Adenauer: «Er hat eine sehr christlich denkende Frau, das genügt.»

Die frommen Christdemokraten, die lieber einen glaubensstarken Mann statt eines liberal denkenden an der Spitze der Bundesrepublik gesehen hätten, belehrte Adenauer später, daß aus parteitaktischen Gründen das Gegenteil richtig sei. Wäre Heuss ein praktizierender Protestant, bestünde die Gefahr, daß er «den evangelischen Teil unserer Landsleute» zur FDP holen würde. Adenauer weiter: «Aber das ist er ja nicht. Ich muß Ihnen gestehen, daß Herr Heuss nun kein sehr eifriger evangelischer Mann war, das war in meinen Augen ein Grund, für ihn zu sein.»

Die Rhöndorfer Runde einigte sich auf ein Kommuniqué, in dem die «eindeutige Bejahung der sozialen Marktwirtschaft im Gegensatz zur sozialistischen Planwirtschaft» festgeschrieben wurde: «Es besteht daher die Verpflichtung, diese Gesamtpolitik fortzusetzen und daraus bei der Bildung der Bundesregierung die klaren Konsequenzen zu ziehen.»

Für Adenauer stellte sich nun die Aufgabe, die Empfehlung der Rhöndorfer Konferenz von der eigentlich zuständigen CDU/CSU-Bundestagsfraktion ratifizieren zu lassen. Um die neuen Abgeordneten, die er noch nicht kannte, auf seine Linie festzulegen, ließ Adenauer das Votum für die Kleine Koalition zunächst von der ihm vertrauten Düsseldorfer Landtagsfraktion absegnen. Am Nachmittag desselben Tages klopfte er auf einer Pressekonferenz in Bonn die Entscheidung fest. Am 31. August, einen Tag vor Zusammentritt der Unions-Bundestagsfraktion, lud Adenauer führende CDU-Politiker aus den drei Westzonen – Landtagspräsidenten, Ministerpräsidenten und Landesvorsitzende – zu einer Besprechung in den Bonner Bürgerverein ein. Auch dieses Vorgespräch sollte dazu dienen, die Rhöndorfer Beschlüsse zu bestätigen und die Entscheidung der Fraktion zu präjudizieren. Adenauer wollte, das war eine seiner Überzeugungen, nichts dem Zufall überlassen. Wie gering er die Autonomie der gewählten Abgeordneten einschätzte, machte Adenauers Satz deutlich: «Ein großer Teil von ihnen tritt neu in das politische Leben ein, und es wird schwer sein, diese 139 Menschen beim erstenmal in wirklich gerechter Weise mit den Fragen zu beschäftigen, wenn man ihnen nicht wenigstens gewisse Vorschläge machen kann.»

Für die Durchsetzung seines Kurses in der Gesamtfraktion hatte Adenauer zwei wichtige Helfer. Der eine war die CSU, die bereits erklärt hatte, sie werde keine Fraktionsgemeinschaft mit der CDU aufrechterhalten, wenn die Schwesterpartei Verhandlungen mit der SPD beginne. Der zweite Helfer war wieder einmal Kurt Schumacher.

Der SPD-Führer hatte nach der Wahl als Bedingung für die Regierungsbeteiligung die Lenkung des Wirtschaftsministeriums verlangt. Auf einer Konferenz in Bad Dürkheim unmittelbar vor dem Zusammenkommen der CDU-Gremien verabschiedete die SPD ein 16-

Punkte-Programm, das für die CDU nicht akzeptable Sozialisierungsforderungen enthielt. Schumacher nannte diese Beschlüsse selbst bereits ein «Dokument der Opposition».

Für Adenauer war es nun ein leichtes zu erklären, damit seien die «Voraussetzungen für eine Zusammenarbeit zerstört worden». Die CDU/CSU-Bundestagsfraktion billigte am 1. September prompt «die Erklärungen Adenauers über die vor dem Zusammentritt der Fraktion geführten Verhandlungen zur Regierungsbildung».

Die parteiinternen Gegner Adenauers konnten jetzt nicht mehr vor der zuständigen Fraktion die Forderung nach einer Großen Koalition vorbringen, sondern ihnen blieb nur der Versuch, Adenauers personalpolitische Absicherung der Kleinen Koalition zu Fall zu bringen oder mit Beschlüssen in anderen Gremien zu stören. Der von der Rhöndorfer Konferenz ausgeschlossene Düsseldorfer Regierungschef Arnold brachte bei einer Konferenz der Ministerpräsidenten – wieder im Hotel «Rittersturz» – ein einstimmiges Votum der Länderchefs für eine Große Koalition zustande. Bayerns Regierungschef Ehard fehlte wegen Krankheit, sein Vertreter Josef Müller stimmte gegen die ihm mitgegebene Weisung. Außerdem erreichte Arnold, daß seine Länderkollegen nicht den von Adenauer favorisierten Ehard, sondern ihn zum Bundesratspräsidenten nominierten. Der überraschte Adenauer konnte diese Entscheidung nicht mehr umwerfen, am 7. September wählte die Länderkammer Arnold zu ihrem ersten Präsidenten.

Ehard war empört. Die Landesgruppe der CSU diskutierte – eine Tradition wurde damit begründet – die Androhung, die Fraktionsgemeinschaft mit der CDU aufzukündigen. Der CSU-Abgeordnete Fritz Schäffer, der gern Bundesminister werden wollte, mahnte zur Besonnenheit: «Wir müssen jetzt klug sein wie Schlangen und sanft sein wie die Tauben.» Adenauer konnte den Konflikt schließlich dadurch beilegen, daß er der CSU mehr Minister und Staatssekretärsposten zugestand, als er mit Ehard verabredet hatte. Die Bayern, die in der Koalition nur elf Prozent der Abgeordneten stellten, erhielten drei von insgesamt zwölf Regierungsressorts. Fritz Schäffer wurde Finanzminister.

Nun versuchten die Koalitionsgegner, Adenauers Koalitionsabsprachen über die Heuss-Kandidatur zu kippen. Die christlichen Gewerkschafter sammelten in der Fraktion Verbündete gegen Heuss, indem sie dessen Veto gegen Konfessionsschulen ins Feld führten. Die Heuss-Gegner plädierten für einen auch der SPD genehmen Sammelkandidaten, «den man dem deutschen Volke anbieten könnte als den gemeinsamen Mann, den die staatstragenden und staatserhaltenden Parteien gemeinsam wollen» (Kiesinger). Die Frondeure einigten sich schließlich auf Adenauers alten Konkurrenten aus Herford, Schlange-Schöningen. Der Ex-Rittergutsbesitzer versuchte, sich in der Fraktion mit scharfen persönlichen Angriffen auf Heuss zu profilieren – «mit ihm werden wir in dieselbe Situation kommen wie beim alten Hindenburg». Nach dieser überzogenen Polemik hatte Adenauer es leicht, die Mehrheit der Fraktion gegen Schlange-Schöningen zu mobilisieren. Adenauer: «Ich bin tief erschüttert.» Über den Gegenkandidaten wurde nicht einmal abgestimmt.

Zur Solidarität der Unionsmehrheit mit Adenauers Vorschlag trug erneut Schumacher bei. Gegen massiven Widerstand in der eigenen Partei, den er nur mit einer Rücktrittsdrohung niederkämpfen konnte, hatte Schumacher seine Aufstellung als Gegenkandidat zu Theodor Heuss durchgesetzt und damit seinerseits der Idee eines Sammelkandidaten den Boden entzogen.

Am 12. September trat in Bonn die Bundesversammlung zusammen, ein gemischtes Gremium aus Bundestagsabgeordneten und Länderdelegierten, um den Bundespräsidenten zu wählen. Heuss errang erst im zweiten Wahlgang mit 416 Stimmen die notwendige absolute Mehrheit. Für Schumacher stimmten 312 Delegierte.

Die Wahl des Bundeskanzlers war am 15. September 1949. Bei der Anfahrt zum Bundeshaus ließ Konrad Adenauer seinen Wagen siegessicher bereits auf dem für den Bundeskanzler reservierten Platz abstellen. Schumachers Protest konnte den Lauf der Dinge nicht mehr aufhalten. Zwar gab es auch hier noch Komplikationen. Die für Theodor Heuss ins Parlament nachgerückte FDP-Abgeordnete Margarete Hütter war per Bahn und Taxi zum Bundeshaus geeilt. Doch Bundestagspräsident Köhler vergaß, sie aufzurufen. Mit wehendem Rock lief sie nach vorn, um auf sich aufmerksam zu machen und ihre Stimme abgeben zu können. Erst im letzten Moment entschloß sich der Bayernpartei-Abgeordnete Johann Wartner, entgegen einem Fraktionsbeschluß für Adenauer zu stimmen. Mit 202 Stimmen errang Konrad Adenauer genau die absolute Mehrheit. Seine eigene Stimme sicherte ihm den Sieg. Er machte keinen Hehl daraus: «Da ich entschlossen war, die Wahl anzunehmen, hätte ich es für eine Heuchelei gehalten, wenn ich mich nicht selbst gewählt hätte.»

Einem Gratulanten schrieb Adenauer nach seiner Wahl: «Man wird seltsame Wege geführt.»

«Handeln ist die Hauptsache»

Vom besetzten Land zum Bündnispartner

Das Angebot der Amerikaner

Neuer amerikanischer Außenminister war im Jahr 1949 Dean Acheson geworden. Es war nur ein Auswechseln von Personen, nicht von Positionen. Politisch auf einer Linie mit seinem Vorgänger Marshall, baute er am ideologischen und militärischen Schutzwall, vom Iran über die Türkei und Griechenland bis hin zur Bundesrepublik. Sein Angebot an den deutschen Weststaat lautete, «daß die Deutschen in angemessener Zeit als Gleiche teilhaben an den Pflichten, den wirtschaftlichen Wohltaten und dem Sicherheitssystem, das die freien Völker Europas errichtet haben».

Um dem neuen Kanzler der konservativen Mehrheit in Bonn zu zeigen, daß die USA entschlossen waren, im bisherigen Kriegsgegner den künftigen Partner bei der Abwehr des sowjetischen Einflusses zu sehen, entschloß sich Acheson im November 1949 zu einem Besuch der Bundesrepublik und Berlins. Er kam aus Paris. Dort waren die drei westlichen Außenminister übereingekommen, die Industriedemontagen in der Bundesrepublik zu reduzieren – bei entsprechenden «Gegenleistungen», die das Kommuniqué in den Satz kleidete, «daß die Bundesregierung weitere Beweise ihrer friedliebenden Absichten und ihres aufrichtigen Wunsches geben werde, mit den friedliebenden, demokratischen Nationen zusammenzuarbeiten».

Es war ja nicht so, daß der neue Staat, kaum daß er eine demokratisch legitimierte Regierung und ein frei gewähltes Parlament hatte, in die Unabhängigkeit entlassen worden wäre. Das Regime der Besatzungsmächte dauerte fort. Die über das Land herrschenden Prokonsuln der Siegermächte hießen nun nur nicht mehr Militärgouverneure, sondern Hohe Kommissare. Bei den Amerikanern war General Clay durch den Wallstreet-Bankier John J. McCloy ausgewechselt worden. Seiner weitläufigen Verwandtschaft mit Adenauers zweiter Frau Gussie war sich McCloy bei seiner Ankunft in Deutschland nicht bewußt.

An die Stelle des französischen Generals Koenig war der rundliche Diplomat André François-Poncet getreten, in den dreißiger Jahren als französischer Botschafter in Berlin Vertreter einer Appeasement-Politik gegenüber Hitler. Der britische General Robertson wechselte nur die Uniform gegen den Stresemann, bis er 1950 durch den Berufsdiplomaten Sir Ivone Kirkpatrick abgelöst wurde. Als Amtssitz hatten sich die Hohen Kommissare ein ehemaliges Prunkhotel auf dem Petersberg, einem der Gipfel des Siebengebirges, ausgesucht. Symbolträchtig schauten sie von ihrer Höhe auf das ein paar Kilometer weiter nordwärts in den Rheinniederungen gelegene Bonn.

Die neue Bundesregierung hatte hier in Baracken, Kasernen, Privatvillen und Verbindungshäusern Quartier bezogen. Adenauer amtierte noch immer «bei den Affen», wie er sagte, jenem Direktorenzimmer des Zoologischen Museums Koenig, das er bereits als Präsident des Parlamentarischen Rats bezogen hatte. Dem neuen Staat fehlten, bis auf die Fahnen, jegliche Attribute hoheitlicher Gewalt. Die Polizisten zur Bewachung der Dienstgebäude mußte die Bundesregierung sich bei den lokalen Behörden ausleihen. Die einzigen bewaffneten Organe, über die sie selbst befehlen konnte, waren die Bahnpolizisten. Die trugen noch immer den Namen des untergegangenen Reiches in ihrer Amtsbezeichnung.

Als der schnurrbärtige, hochgewachsene Acheson am Bonner Bahnhof dem silbrig-grün umlackierten Salonwagen Görings entstieg und auf dem Perron von Bundeskanzler Adenauer begrüßt wurde, da gab es noch keinen roten Teppich, keine Ehrenkompanie, keine Musikkapelle, um Nationalhymnen zu intonieren. Ein paar amerikanische und schwarz-rot-goldene Fahnen wehten in der Spätherbstsonne. Doch die schlichte Kulisse stand im Gegensatz zur politischen Tragweite dieser Begegnung. Es war der erste direkte Kontakt des neugewählten Bundeskanzlers mit einem führenden ausländischen Staatsmann.

Nach dem Besatzungsrecht war es Adenauer verwehrt, selber solche Begegnungen anzustreben. Die Westalliierten hatten sich die Wahrnehmung der auswärtigen Angelegenheiten des neuen Staats ausdrücklich vorbehalten. So war Adenauer bei seinen Versuchen, deutsche Wünsche nach Paris, London oder Washington zu übermitteln, auf die Relaisstation der Hohen Kommissare angewiesen. Entschlossen nutzte der Bundeskanzler jede Gelegenheit, aus der Rolle des Kanzlers der Besiegten herauszukommen. Seine Fähigkeit, Gesprächspartner nach wenigen taxierenden Blicken einzuordnen, ließ ihn auch jetzt instinktsicher die richtigen Eingangsworte finden. Er dankte dem Amerikaner dafür, daß sein Land den Deutschen mit materieller und politischer Hilfe aus der ärgsten Nachkriegsnot geholfen habe. Achesons öffentliches Angebot eines Bewährungsaufstiegs im Gedächtnis, versicherte Adenauer, daß er entschlossen sei, die Bundesrepublik in das westliche Europa zu integrieren, dies habe Vorrang vor der Wiedervereinigung Deutschlands. Insbesondere strebe er die Zusammenarbeit mit Frankreich an. Beide Länder seien verpflichtet, das Erbe Karls des Großen zu wahren, der hier am Rhein schon die europäische Zivilisation gehütet habe, während im östlichen Teil Deutschlands noch Menschenopfer gebracht wurden. Zum erstenmal hatte Adenauer Gelegenheit, seinen Standard-Vortrag über die deutsche Geschichte von der Römerzeit bis zu Bismarck vorzutragen.

Adenauers Premiere als Außenpolitiker war geglückt. Acheson erkannte, daß dieser Deutsche der richtige Mann für den Vorposten an der Front des Kalten Krieges war. «He needed building up», «wir mußten ihn aufbauen», so erinnerte sich der Amerikaner Jahre später in seinem Memoiren-Band *«Present at the Creation»*, und schilderte die Szene, wie er diesen Entschluß auch gleich in die Tat umsetzte: Beim Abschied fuhr der Wagen mit ihm und Adenauer über den Bahnhofsvorplatz, wo sich eine große Menschenmenge angesammelt hatte, direkt bis auf den Bahnsteig neben den haltenden Sonderzug. Die Zuschauer waren enttäuscht. So überredete Acheson seinen deutschen Gastgeber, der damals noch nicht allzu prominent war, mit ihm zusammen zu Fuß zu den Wartenden zu gehen und Shakehands zu machen. Das Resultat sei überwältigend gewesen. Die Menge habe die Polizeiabsperrung durchbrochen und ihnen den Rückweg zum Triumphzug gestaltet.

Und wieder erwies sich Kurt Schumacher als Adenauers unfreiwilliger Helfer. Auch er war in Bonn mit Acheson zusammengetroffen. Kaum waren die Begrüßungsfloskeln gewechselt, als Schumacher seinen Gegenspieler Adenauer vor dem Amerikaner beschuldigte, mit den Besatzungsmächten zusammenzuarbeiten. Wie der SPD-Führer auf den Außenminister wirkte, läßt sich aus der unversöhnlichen

Wortwahl in den Acheson-Memoiren herauslesen: bald habe der Tod die Sozialdemokraten «von Schumachers Führung befreit».

Mochten Adenauer und Acheson sich auch gefunden haben, die Bundesrepublik war nach wie vor nicht Partner, sondern Objekt im politischen Spiel der Besatzungsmächte. Insbesondere Franzosen und Engländer wollten solange wie möglich Westdeutschland als eine Art wirtschaftliche Kolonie behandeln – Konkurrenzangst vermischte sich da mit tatsächlichen Sicherheitsbefürchtungen für den Fall, daß in der einstigen Waffenschmiede an Rhein und Ruhr wieder unkontrolliert Stahl gekocht, Kohle veredelt oder Chemikalien verrührt würden. Der Zwiespalt der Siegermächte, den Angstgegner Deutschland entweder klein zu halten oder die Bundesrepublik als neuen Verbündeten gegen die Sowjets aufzupäppeln, führte zu einem absurden Nebeneinander. Während Tommies mit Dynamitkästen in Fabriken einzogen, um Walzstraßen zu sprengen, errichteten ein paar Straßenzüge weiter Arbeiter überdimensionale Propagandaschilder, die die Marshallplan-Hilfe verherrlichten: «Europa arbeitet» – «Auch hier half der Marshallplan».

Bundeskanzler Adenauer, der in seinen ersten Amtswochen fast täglich jene schmale Straße hinauf zum Petersberg fuhr, die dem früheren Bittprozessionspfad zu einer von den Zisterziensern erbauten Petruskapelle folgte, sah sich bald vor die Entscheidung gestellt: Entweder er rief zum nationalen Widerstand gegen die massenhafte Vernichtung von Arbeitsplätzen auf; oder er ließ sich darauf ein, ein Ende der Demontagen anzustreben, indem er die alliierten Wirtschaftskontrollen nicht nur akzeptierte, sondern sogar durch Mitarbeit ausdrücklich billigte. Adenauer, für den der vergebliche Ruhrkampf von 1923 gegen die Willkür der Sieger noch lebendige Erinnerung war, entschloß sich zur «Erfüllungspolitik»: «Der einzige Weg zur Freiheit ist der, daß wir im Einvernehmen mit der Alliierten Hohen Kommission unsere Freiheit und unsere Zuständigkeiten Stück für Stück zu erweitern versuchen.»

Die Kontrolle der Besatzer basierte auf zwei Institutionen: dem militärischen Sicherheitsamt, zuständig für die Überwachung der Entmilitarisierungs-Bestimmungen und die Einhaltung der Industriebeschränkungen, und der Internationalen Ruhrbehörde zur Reglementierung der Grundstoffindustrie. Im ständigen Wettbewerb, der bessere Sachwalter deutscher Interessen zu sein, hatten bislang weder SPD noch CDU/CSU dafür plädiert, die drei für die Deutschen reservierten Plätze in der Internationalen Ruhrbehörde zu besetzen.

Der Entschluß, von der Politik der Verweigerung zur Kooperation zu schwenken, bedeutete für Adenauer ein heikles innenpolitisches Manöver. Unter Schumachers Führung kultivierten die Sozialdemokraten ihre Opposition gegen die Besatzungsmächte, obwohl sie im Grundsatz ebenfalls entschiedene Anhänger einer Westorientierung der Bundesrepublik waren. Die SPD hatte erkennen müssen, daß die von ihr propagierte Sozialisierungspolitik Tag für Tag bei den Wählern an Attraktivität verlor, während die Idee der sozialen Marktwirtschaft Ludwig Erhards immer größere Zustimmung fand. Auf der Suche nach einem neuen Leitmotiv für seine Oppositionspolitik verfiel Schumacher auf scharf akzentuierte nationale Parolen. Er zwang auch die gemäßigteren Politiker seiner Partei in einen totalen Konfrontationskurs gegen die Verständigungspolitik Adenauers, den er als den willfährigen Erfüllungsgehilfen der internationalen Bourgeoisie hinstellte. In dieser Situation entschied sich Adenauer für ein bald heftig attackiertes Vorgehen. Statt im Parlament seine Politik darzulegen, wählte er den Weg, die Öffentlichkeit per Zeitungsinterview über seine Ziele zu informieren. In einem Gespräch mit der *Zeit* gab er Anfang November 1949 zum erstenmal seine Bereitschaft zur Mitarbeit in der Internationalen Ruhrbehörde zu erkennen – «Schmollwinkel sind nicht die richtige Antwort auf politische Realitäten».

Er vertraute darauf, daß neue Verträge eine neue Wirklichkeit schaffen würden, in der dann die niedergeschriebenen Diskriminierungen und Ungerechtigkeiten sich von selbst abbauten. Seine Evolutionstheorie war die schlichte Zusammenfassung dessen, was er als Kölner Oberbürgermeister mit Besatzungsmächten schon einmal erlebt hatte: «Es ist bei allen diesen Dingen so, daß wenn die Zusammenarbeit, auch die persönliche Zusammenarbeit, in den Fragen, die jeder Tag neu bringt, enger wird, von Tag zu Tag oder von Monat zu Monat, dann auch die Partnerschaft eine engere wird und jedenfalls wenn nicht sofort Abänderungen der Verträge kommen in den Punkten, die uns nicht passen, doch der eine oder andere Punkt einfach wegfallen werden wird. Darauf muß man auch vertrauen.»

Das «Petersberger Abkommen» vom 22. November 1949 war der

erste Vertrag der Bundesregierung. Sie verpflichtete sich darin zum Beitritt zur Ruhrbehörde, zur Unterstützung des Militärischen Sicherheitsamts und versprach, sich «mit allen in ihrer Macht befindlichen Mitteln zu bemühen, die Wiedererstehung bewaffneter Streitkräfte irgendwelcher Art zu verhindern». Als Gegenleistung strichen die Westmächte achtzehn Betriebe der Petrochemie und der Stahlindustrie von der Demontageliste, in Berlin sollten die Demontagen gänzlich eingestellt werden. Auch Hochseeschiffe (bis zwölf Knoten Höchstgeschwindigkeit) durften die Bundesdeutschen wieder bauen, und die Bundesregierung durfte im Ausland Konsulate einrichten. Mit diesem Ergebnis brauchte Adenauer die Auseinandersetzungen im Bundestag nicht länger zu fürchten. Doch wieder wählte er, ohne Not, den Weg der Vorabinformation über die Presse.

«Kanzler der Alliierten»

Als die Abgeordneten in der Nacht vom 24. zum 25. November 1949 im Plenum zusammenkamen, um über einen Bericht des Bundeskanzlers über das Petersberger Abkommen zu debattieren, lag vor ihnen die neueste Ausgabe der *Zeit*. In einem Artikel des damaligen *Zeit*-Chefredakteurs Richard Tüngel waren sämtliche Details der Petersberger Absprache ausgeführt. Sein Wissen hatte Tüngel von Herbert Blankenhorn, dem früheren Generalsekretär der CDU in der britischen Zone, inzwischen als Leiter der «Verbindungsstelle zur Alliierten Hohen Kommission» im Bundeskanzleramt einer der engsten Ratgeber des Bundeskanzlers. Adenauers autoritärer Regierungsstil, seine Mißachtung des Parlaments steigerten noch die Angriffe der Sozialdemokraten gegen das Verhandlungsergebnis. Ihr Abgeordneter Adolf Arndt erregte sich: «Wir glaubten, auf dem Weg zu einer parlamentarischen Demokratie zu sein und sehen uns auf dem Weg zu einer Monarchie ohne Konstitution.»

Die Nachtsitzung des Bundestags wurde zu einer der hitzigsten und längsten Redeschlachten in der Geschichte des Parlaments. Adenauer verteidigte sich gegen den Vorwurf, Souveränitätsrechte aufgegeben zu haben. «Wir besitzen diese Souveränitätsrechte überhaupt nicht. Sie sind uns schon genommen worden durch die bedingungslose Kapitulation.»

Dann spielte Adenauer seinen Trumpf aus. Der Deutsche Gewerkschaftsbund – an der Spitze stand der greise Sozialdemokrat Hans Böckler, mit Adenauer schon seit gemeinsamer Kommunalarbeit in Köln bekannt – hatte soeben das Petersberger Abkommen begrüßt. Damit war klar: Die SPD konnte sich nicht länger als Vertreter der Arbeiterinteressen ausgeben, wenn sie argumentierte, für das Linsengericht einiger vor der Demontage bewahrter Fabriken würde das nationale Erstgeburtsrecht verkauft.

Es war mittlerweile drei Uhr morgens. Übernächtigung hatte bei den meisten Abgeordneten einen Zustand übersteigerter Reizbarkeit geschaffen. Nur der 73jährige Bundeskanzler zeigte keine Zeichen von Konditionsschwäche, als er sich wieder zu Wort meldete, und die ausstehende Entscheidung auf die schlichte Alternative Mitarbeit in der Ruhrbehörde oder Fortgang der Demontage reduzierte, und dann den schon taumelnden sozialdemokratischen Gegner mit einem Tiefschlag endgültig ausknocken wollte:

«Ich stelle fest, daß die sozialdemokratische Fraktion bereit ist, eher die ganzen Demontagen bis zu Ende gehen zu lassen ...» Weiter kam Adenauer nicht. Tumult brach aus. Erregt rief ein sozialdemokratischer Abgeordneter: «In wessen Namen reden Sie?» Kurt Schumacher schleuderte dem Regierungschef jenes berühmt-berüchtigte «der Bundeskanzler der Alliierten» entgegen. Konrad Adenauer trug das Stigma bald als Märtyrer einer Versöhnungspolitik mit den einstigen Kriegsgegnern im Westen. Die Bewerber um seine Nachfolge würden darin bis heute wetteifern, sich als der bessere Bundeskanzler der Alliierten auszuweisen.

«Herr Abgeordneter Schumacher», dreimal mußte Bundestagspräsident Köhler die Anrede wiederholen, ehe er sich gegen den Protestlärm in den Reihen der CDU/CSU durchsetzen konnte, «für diese Bezeichnung des Bundeskanzlers als ‹Bundeskanzler der Alliierten› rufe ich Sie zur Ordnung!» Nach dieser Maßregelung wollte Köhler den Kanzler weitersprechen lassen. «Das genügt nicht», schallte es Köhler aus den Reihen der CDU entgegen, und Konrad Adenauer zeigte, daß ihm ebenfalls die Entscheidung des Hausherrn nicht paßte. Er verließ das Rednerpult. Köhler, ohnehin ein Mann von geringem Durchsetzungsvermögen, brach daraufhin die Sitzung ab und berief den Ältestenrat ein. Als sei es sein selbstverständliches Recht, erschien auch Adenauer zu dieser Sitzung des parlamentarischen Lenkungsgremiums und forderte die in der Geschäftsordnung vorgesehene Höchststrafe, Kurt Schumacher für dreißig Sitzungstage aus dem Bundestag auszuschließen. Es sei denn, Schumacher entschuldigte sich bei ihm in aller Form. Der weigerte sich. Köhler, er fühlte sich nunmehr in der Pflicht gegenüber Adenauer – «denn der Herr Bundeskanzler ist eine Staatsfigur; davon müssen wir ausgehen» –, verdonnerte Schumacher zu zwanzig Tagen Sitzungssperre. Diese zusätzliche Bestrafung war rechtswidrig, so der spätere Parlamentspräsident Eugen Gerstenmaier.

Trotz der öffentlichen Gegnerschaft bewunderte Adenauer den redegewandten SPD-Führer insgeheim. Immer wieder zollte er ihm im kleinen Kreis Anerkennung: «Dat hat der Schumacher mal wieder janz jut formuliert.» Adenauer sorgte dafür, daß der Invalide Schumacher auf dem Bonner Venusberg die Villa eines Kaufmanns beziehen konnte, der, ebenfalls körperbehindert, sich eine Autoauffahrt bis an die Haustür hatte bauen lassen. Geradezu ins Schwärmen geriet Adenauer, wenn er Schumachers Sekretärin, die heutige Bundestagsvizepräsidentin Annemarie Renger, sah. «Sie haben ja ne schöne Sekretärin, Herr Schumacher, hübsche Frau», bewunderte er die Blondine. Später trauerte Adenauer dem inzwischen verstorbenen SPD-Führer nach: «Wenn Kurt Schumacher noch lebte ... Der war der Garant für die antikommunistische Einstellung der SPD.»

Schumachers Sitzungssperre wurde bald aufgehoben. Der Bundeskanzler und der Oppositionsführer verständigten sich auf eine gemeinsame Erklärung: «Der Bundeskanzler ist davon überzeugt, daß die sozialdemokratische Fraktion sich bei ihrer Haltung von der Überzeugung leiten ließ, auf diesem Wege das Beste zu erreichen, und hält Formulierungen, die anders ausgelegt worden sind, nicht aufrecht. Dr. Schumacher ist seinerseits der Auffassung, daß der Bundeskanzler überzeugt war, nur durch den Eintritt in die Ruhrbehörde den Demontage-Stopp erreichen zu können. Er hält daher den Zwischenruf ‹Bundeskanzler der Alliierten› nicht aufrecht.»

Die Alliierten teilten Schumachers Urteil ohnehin nicht. Schon bei der ersten Begegnung nach seiner Vereidigung machte Bundeskanzler Adenauer ihnen klar, daß er nicht gewillt war, sich ihrem Reglement zu beugen. Die Hohen Kommissare wollten, daß Adenauer mit seinem Kabinett zur Vorstellung auf dem Petersberg erscheine und der neuen Regierung dann in einem feierlichen Akt das Besatzungsstatut überreichen. Adenauer weigerte sich, solch ein Zeremoniell mitzumachen. Für ihn war die Entgegennahme einer Urkunde, die den Deutschen auf zahlreichen Gebieten die politische Unmündigkeit bescheinigte, kein Anlaß zu besonders festlichem Aufwand. Und er wollte den Anschein vermeiden, als hole er die Billigung für die Auswahl seiner Minister ein. Er setzte durch, daß auf einen Festakt verzichtet wurde und erschien demonstrativ auch nur mit fünf seiner Minister auf dem Petersberg. François-Poncet, der turnusgemäß den Vorsitz in dem Dreier-Gremium führte, hatte das Raffinement des französischen Protokolls aktiviert, um den Deutschen ihren niedrigeren Status vor Augen zu führen. Im Empfangsraum sollten die Hohen Kommissare auf einem Teppich stehen, die deutsche Delegation aber sollte vor dem Teppich haltmachen. So wäre bei den Ansprachen Distanz demonstriert worden. Erst anschließend hätten die Deutschen auf den gemeinsamen Teppich, der das Besatzungsstatut symbolisierte, treten dürfen. Adenauer aber machte die Sieger-Etikette zunichte, indem er eine spontane Begrüßungsgeste François-Poncets dazu nutzte, sich von vornherein gleichfalls auf den Teppich zu stellen. Nur seine Begleiter wahrten die ihnen zugewiesenen Plätze jenseits des Fransenrands. Die Fotos, die diese seltsame Gruppierung festhielten, vergilbten zu Dokumenten lächerlich anmutender Besatzer-Posen. Selbst Thomas Dehler punktete noch zu einer Zeit, als er alles andere als ein Anhänger des Bundeskanzlers war, für Adenauer: «Er verließ, nun, man muß schon sagen, als Sieger diese Szene.»

Wie von Adenauer gewünscht, wurde das Besatzungsstatut nicht offiziell überreicht. Beim Abschied schob ein Beamter der Hohen Kommissare den eigens angefertigten Prachtband, in Packpapier gewickelt, Adenauers Gehilfen Blankenhorn von hinten unter den

Arm. Der nahm es als Souvenir mit nach Hause und gab es erst 1962 auf Ersuchen Adenauers zu den Akten.

Auf subtile Weise führte Adenauer bei einem zweiten Besuch den Hohen Kommissaren die Würde des Besiegten vor. Der Bundeskanzler war mit seinen Ministern pünktlich zu einer Arbeitsbesprechung auf dem Petersberg vorgefahren. Die Hohen Kommissare aber hatten noch eine interne Konferenz. Der jetzt den Vorsitz führende Amerikaner John McCloy ließ durch einen Boten die Deutschen bitten, es sich doch schon im Haus bequem zu machen. Adenauer aber weigerte sich, das Gebäude zu betreten und wartete mit seinen Ministern vor der Tür im strömenden Regen, in den sich schon die ersten Schneeflocken mischten. McCloy, davon unterrichtet, führte die Sitzung so schnell wie möglich zu Ende und eilte nach draußen, wo er den Kanzler schuldbewußt mit den Worten begrüßte: «Ich kann mir gut vorstellen, was Sie jetzt denken, Herr Bundeskanzler. Sie denken jetzt sicher an Canossa.»

Solche Auftritte waren nur Vorübungen zu heftigen Kontroversen, die zwischen Adenauer und den Hohen Kommissaren in den folgenden Monaten ausgefochten wurden. Jedes Gesetzesvorhaben hatte Adenauer den alliierten Statthaltern zur Genehmigung vorzulegen. Im April 1950 sprachen die Hochkommissare ihr Veto gegen eine vom Bundestag verabschiedete Senkung der Einkommensteuer aus. Das Bonner Parlament hatte die Investitionstätigkeit der Unternehmer anregen wollen, die Alliierten aber sahen die Finanzierung der Sozialgesetze und Arbeitslosengelder gefährdet. Auf einer CDU-Veranstaltung in Bad Ems nannte der Bundeskanzler daraufhin die alliierten Einsprüche «außerordentliche psychologische Fehler» und er zitierte – alte Übung – die «Ansicht mancher Leute», daß es dann besser sei, die Alliierten sollten doch die Regierung gleich selbst übernehmen.

Als Adenauer eine Berlin-Reise plante, rieten ihm amerikanische Verbindungsoffiziere, dort eine scharf antisowjetische Rede zu halten. Adenauer sah in diesem Ratschlag eine Bevormundung und hielt sich nicht daran. Er leistete sich vielmehr eine Provokation der Westmächte, indem er am Schluß einer Versammlung im Titania-Palast die Teilnehmer aufforderte, mit ihm zusammen die dritte Strophe des Deutschlandliedes zu singen. General Robertson stellte ihn zur Rede: Es sei nicht zu verkennen, daß das Deutschlandlied im Ausland einen schlechten Ruf habe. Für Adenauer kein Grund, zerknirscht zu sein. Die Bevölkerung habe ihn auf den Straßen noch herzlicher begrüßt als vorher, berichtete er Journalisten. Er pflege nicht immer das zu tun, was die Alliierten erwarteten. Nichts liege ihm ferner als die Rolle des «jungen Mannes der Alliierten». Er müsse immer wieder feststellen, daß es in Deutschland zuviel Respekt vor alliierten Stellen gebe.

Den praktizierte er in der Tat nicht. Die Hochkommissare empfanden seine Umgangsformen und seinen Ton «ganz unüblich grob» (Baring). Durch seinen Biographen Weymar überlieferte Adenauer die Darstellung, daß die Konferenzen auf dem Petersberg «anfangs oft den Charakter einer Gerichtsverhandlung trugen». Auch Wilhelm Grewe – den Völkerrechts-Professor hatte Adenauer für die Verhandlungen über eine Ablösung des Besatzungsstatuts rekrutiert – erinnert sich an die «eisige Kühle» der Petersberger Treffen. Mehr als einmal wurden die Konferenzen vertagt, ohne auch nur einen neuen Gesprächstermin zu vereinbaren. Im April 1950, beim Streit um die Steuersenkung, schien Adenauer daran gedacht zu haben, demonstrativ zurückzutreten. Die Hohen Kommissare hätten ihn wohl ziehen lassen, doch schreckte sie der Gedanke, sich als Nachfolger möglicherweise Kurt Schumacher einzuhandeln.

So verlegten sie sich darauf, den Bundeskanzler durch Scherze anzumahnen. «Sie behandeln uns wahrhaftig so, als wenn wir schon nicht mehr existierten», entrüstete sich einmal François-Poncet. «Ich glaube, Herr Bundeskanzler, Ihnen wäre es das liebste, die drei Hohen Kommissare wären schon verstorben.» Adenauer: «Nicht verstorben, nur verwandelt ... so wie sich häßliche Raupen in schöne bunte Schmetterlinge verwandeln.» François-Poncet: «Damit Sie uns mit dem Schmetterlingsnetz fangen können.» Darauf wieder Adenauer: «Dann würden Sie doch einfach die Schmetterlingsnetze zu verbotenen Waffen erklären.»

Bei aller Unbill wußte Adenauer sehr wohl den politischen Vorteil einzuschätzen, der ihm dank des Besatzungsstatuts zuwuchs: Die Auflage, seine Politik zur Gegenzeichnung bei den Besatzern vorzulegen, bedeutete zugleich auch, daß die Position des Bundeskanzlers gegenüber den anderen Staatsorganen herausgehoben wurde. Er allein hatte den Zugang zu den wahren Machthabern in Westdeutschland. Meist fuhr Adenauer ohne den zuständigen Fachminister auf den Petersberg.

Er färbte das als Zwang ein: «Die Herren wünschten nicht, daß so viele anwesend waren.»

Die Versuchungen zu «einsamen Entschlüssen» lagen bei einer solchen Rolle nah, erst recht für einen Mann vom Charakter Adenauers, dem schon als Oberbürgermeister in Köln ein Hang zur Selbstherrlichkeit nachgesagt wurde. Eifersüchtig hütete Adenauer seinen exklusiven Status. Als McCloy sich direkt an Vizekanzler Franz Blücher wandte, protestierte er: Derartige Erörterungen brächten die Gefahr unterschiedlicher Darstellungen mit sich, die nur Anlaß zu Mißtrauen böten. Adenauer fühlte sich im Recht: «Es würde sicherlich auch von alliierter Seite als ungewöhnlich empfunden werden, wenn ich zum Beispiel mit de Gaulle» – der stand in Opposition zur damaligen französischen Regierung – «eine intime Aussprache führte».

Zauberformel Europa

Im Petersberger Abkommen hatten die Alliierten der Bundesrepublik auch den Beitritt zum Europarat zugestanden. Dieser Debattierzirkel westeuropäischer Parlamentarier – er war das politische Dach aller Empfängerstaaten von Marshallplan-Geldern – übte zu Beginn der fünfziger Jahre noch die Faszination einer großen Utopie aus. Das Straßburger Gremium erschien den Anhängern einer westeuropäischen Integration als Vorparlament eines künftigen europäischen Bundesstaats. Die Einladung zur Mitgliedschaft im Europarat sollte der international nicht anerkannten Bundesrepublik die erste Aufwertung bringen. Sie hätte künftig mit zehn Nationen an einem Tisch gesessen.

Konrad Adenauer aber mußte erleben, daß sein Traumpartner Frankreich («Die Freundschaft mit Frankreich wird zu einem Angelpunkt unserer Politik») ein paar bittere Pillen bereithielt. Frankreich bestand darauf, daß die Bundesrepublik erst um die Aufnahme als minderberechtigtes assoziiertes Mitglied nachsuchen mußte, ehe sie die Einladung erhielt. Außerdem verknüpfte Paris die Aufnahme Bonns mit der gleichzeitigen Aufnahme der separatistischen Saarregierung. Mit diesem Akt sollte die Unabhängigkeit des Saarlands von Deutschland international bestätigt werden.

Systematisch hatte Frankreich in den letzten Jahren daran gearbeitet, sich dieses letzte Pfand des Zweiten Weltkriegs zu sichern. Schon 1945 hatte Paris zwei bewährte Saar-Separatisten – Johannes Hoffmann, der eigens aus Brasilien zurückgeholt wurde, und Edgar Hector, der während der Kriegsjahre französischer Staatsbürger geworden war – an die Spitze von zwei profranzösischen Marionettenparteien gestellt, die eine mit christlich-sozialem, die andere mit sozialdemokratischem Programm. Während das übrige Deutschland hungerte, belieferte Frankreich das Saarland mit Lebensmitteln, sperrte die Grenzen für Ostflüchtlinge und verzichtete auf Demontagen. Der Erfolg dieser Werbung zeigte sich 1947: Bei Wahlen für ein 50-Mann-Parlament errangen profranzösische Politiker 48 Mandate, die zwei anderen Sitze gingen an Kommunisten. Kurz darauf wurde der französische Franc als Währung eingeführt, ein eigener Hochkommissar, Gilbert Grandval, als Prokonsul eingesetzt. Die Polizei durchsuchte willkürlich die Wohnungen von prodeutschen Bürgern, Telefone wurden abgehört, Briefe zensiert. 1948 kam die Saarländische Eisenbahn unter französische Regie, die Saarländer erhielten eine eigene Flagge – eine Trikolore mit weißem Kreuz – und eine eigene saarländische «Nationalität». Französisch wurde Pflichtfach an den Schulen. Am 3. März 1950 schließlich unterzeichneten der französische Außenminister Robert Schuman und der 1947 zum Ministerpräsidenten avancierte Hoffmann im Uhrensaal des Quai d'Orsay eine Reihe von Konventionen, die den Protektoratsstatus des Saarlandes festschrieben: Frankreich übernahm den militärischen Schutz und die diplomatische Vertretung der Saar, und es sicherte sich einen Pachtvertrag mit 50 Jahren Laufzeit für die saarländischen Kohlengruben.

Konrad Adenauer hatte kurz zuvor noch bei einem Besuch Schumans in Bonn inständig darum gebeten, mit dem Abschluß der Konvention zu warten, bis die Bundesrepublik dem Europarat beigetreten sei. Jetzt wurde er von François-Poncet nur 24 Stunden vor ihrer Unterzeichnung informiert – und auch dies mehr en passant. Die Mitteilung würzte der französische Hochkommissar mit dem guten Ratschlag, sich nicht aufzuregen: «Die erste Regung ist nicht immer die beste, vor allem in einem so nervösen und erregbaren Lande wie dem Ihrigen.» Mit herber Kritik an Frankreich suchte Adenauer daraufhin die Empörung in der Bundesrepublik aufzufangen. Die Konventionen seien «ein schwerer Schlag für die Sache der französisch-deutschen Verständigung»; die Bezeichnung «Protektorat» für die Saar wäre noch zu gut – «man könnte auch von einer Kolonie sprechen, obwohl wir das nicht tun»; das Regime an der Saar trage «sehr viele Rudimente des Nationalsozialismus in sich».

Kaum aber kam aus Paris ein versöhnliches Signal – in einer Presseerklärung sagte Außenminister Schuman, eine europäische Lösung für die Saar sei in keiner Weise gefährdet, «Frankreich liegt eine Verständigung mit Deutschland nach wie vor am Herzen» –, da fand Adenauer wieder zu seiner alten Maxime zurück, daß Geduld die stärkste Waffe eines besiegten Volkes sei. Er beauftragte seinen damaligen Pressechef Heinrich Böx mit der Ausarbeitung eines Exposés über eine Zollunion zwischen Frankreich und der Bundesrepublik.

Da ihm seit Achesons Besuch bewußt war, daß er in den USA einen entschiedenen Anwalt seiner Europapolitik hatte, lancierte er seine neuen Vorschläge zur Überwindung der deutsch-französischen Differenzen bewußt über Amerika. In einem Interview mit der US-Nachrichtenagentur *«International News Service»* (INS) schlug Adenauer eine politische Union zwischen Deutschland und Frankreich mit einem gemeinsamen Parlament vor. Um diese Utopie ein wenig wirklichkeitsnäher zu gestalten, meinte der Bundeskanzler, man solle mit einem gemeinsamen Wirtschaftsparlament den Anfang machen, so wie Zollverein und Zollparlament im 19. Jahrhundert am Beginn der deutschen Einigung gestanden hätten. Was eben noch von ihm heftig attackiert worden war, trug er jetzt als Beweismittel für den angestrebten guten Zweck vor: «Die Saar-Konventionen geben ein Beispiel, auf welche Weise zwei Länder verschmolzen werden können.» Sein taktisches Kalkül sprach er in dem Interview selbst aus: «In einer ernsten Lage führt die Flucht nach vorn am sichersten zum Erfolg.»

In Paris reagierte allerdings nur ein einziger Politiker positiv auf diesen Vorschlag, und der war zudem noch in der Opposition. General Charles de Gaulle begrüßte Adenauers Idee: Das europäische Schicksal hänge zum großen Teil von der Entwicklung der deutsch-französischen Beziehungen ab. Doch unbeirrt vom geringen Echo verfolgte Adenauer fortan eine Beschwichtigungspolitik in der Saarfrage. Er zeigte sich bereit, jeder Lösung zuzustimmen, die das Selbstbestimmungsrecht der Saarbevölkerung berücksichtigte und der Einigung Europas diente. In dieser Konsequenz akzeptierte er später französische Vorschläge für ein «europäisches Statut» der Saar, das de facto auf eine politische Autonomie hinauslief. Er akzeptierte auch den französischen Wunsch, die Saarbevölkerung sollte per Volksabstimmung dieses Statut besiegeln. Paris rechnete auf Grund von Umfrageergebnissen mit einer großen Mehrheit. Dem dann amtierenden Ministerpräsidenten Mendès-France handelte Adenauer allerdings ab, daß im Anschluß an diese Volksabstimmung noch eine freie Landtagswahl unter Beteiligung auch der prodeutschen Parteien stattfinden solle, um auf diese Weise das französische Übergewicht wenigstens in etwa austarieren zu können.

Die Volksabstimmung und die Landtagswahl des Jahres 1955 fanden unter völlig anderen Voraussetzungen statt als die Landtagswahlen 1947. Die Saarkohle hatte ihre hervorragende Bedeutung für Frankreich verloren, die Bundesrepublik war inzwischen ein aufblühender Industriestaat. Außerdem hatten die prodeutschen Parteien jetzt volle Betätigungsfreiheit und erhielten Millionenbeträge vom Bonner Gesamtdeutschen Ministerium. Öffentlich hatte Adenauer zu einem Ja für das Europastatut aufgerufen. Das lag in der Konsequenz seiner Absprachen. Intern aber hatte er sich auch die zweite Option offengehalten. Mit seiner ausdrücklichen Zustimmung flossen die Gelder aus dem Gesamtdeutschen Ministerium.

Ohne Adenauers frankreichfreundliche Politik wäre die Rückgliederung des Saargebiets kaum gelungen. In der Rückschau von 30 Jahren zeigen sich in der behutsamen Art, mit der er die Saarfrage anging, seine staatsmännischen Fähigkeiten. Die Grenzen seiner Möglichkeiten schätzte er realistisch ein: «Wenn man sich einfach auf den Standpunkt stellt, das Saarland gehöre zu Deutschland, ihr – die Franzosen – müßt heraus, das geht nicht. Wir haben kein Pistölchen und keine Kanonen, und auf Worte geht doch kein Mensch.»

Gewichtiger als die Bedenken gegen die Diskriminierung bei der

Aufnahme in den Europarat war 1950 der grundsätzliche Zweifel, ob die Westintegration mit der Wiedervereinigung vereinbar sei. Im Bundeskabinett argumentierten Innenminister Gustav Heinemann und der Gesamtdeutsche Minister Jakob Kaiser gegen den Beitritt der Bundesrepublik zum Europarat, weil er die deutsche Spaltung vertiefe. Viereinhalb Stunden lang mußte Adenauer auf der entscheidenden Kabinettssitzung am 9. Mai 1950 mit seinen beiden Ministern streiten, ehe er das Votum für den Beitritt erreichte. Schließlich verständigte sich die Runde auf die Formulierung, der Zusammenschluß Europas «werde als notwendiger Weg für die Herstellung der deutschen Einheit angesehen». Adenauer indes klang diese Aussage zu negativ. Eigenhändig und ohne Rücksprache redigierte er den gemeinsam beschlossenen Text. Nun hieß es apodiktisch: der europäische Zusammenschluß «... ist ein notwendiger Weg». Spätere Proteste Heinemanns fertigte er damit ab, die Änderung sei «aus stilistischen Gründen notwendig gewesen» und habe «aus Mangel an Zeit nicht im Kabinett zur Sprache gebracht werden können».

Unermüdlich stellte der Bundeskanzler seither die Behauptung auf, der einzige Weg zur Wiedervereinigung führe über Europa. Europa – das schien die Zauberformel zur Lösung aller aktuellen Probleme, als da waren: Ruhrkontrolle, gebremstes Produktionsniveau, Saarfrage, das eigene Sicherheitsbedürfnis gegenüber dem Osten oder auch die Furcht davor, daß in Frankreich das traditionelle Streben zu einer Verständigung mit Rußland wieder wach werden könnte. Die Regierten sahen es ähnlich wie die Regierenden. Für ein besiegtes und besetztes Land bedeutete der Verlust der Nationalstaatlichkeit wenig, der Gewinn einer europäischen Supranationalität viel: Überwindung der Vergangenheit, Ausbruch aus der Isolation der ersten Jahre, das Gefühl, endlich einmal «auf der richtigen Seite» dabeizusein. Die Europabegeisterung bescherte Vereinsmeiern in der Europaunion ihre große Zeit. Vielerorts wurden Städtepartnerschaften gegründet. Auf Empfehlung des Europarats wurde die Visapflicht aufgehoben, die Westdeutschen erlebten Europa als Touristen. In die Eisenbahnwagen legte die Bundesregierung vorsorglich Merkblätter: «In Frankreich leben Franzosen» und mahnte, das Gastland nicht mit Kriegserlebnissen zu verschrecken.

Mit lachenden Gesichtern zerbrachen Studenten am 7. August 1950 in einer regierungsamtlich organisierten Demonstration die Grenzschranken zwischen Wissembourg und St. Germanshof, stapelten die zerkleinerten Schlagbäume zu einem Freudenfeuer auf und forderten in einer dreisprachigen Resolution die sofortige Bildung einer europäischen Regierung. Selbst im Spott – die Europafahnen wurden wegen der weißen Beine im grünen «E» «Churchills Unterhosen» getauft – schwang Vertraulichkeit mit. Die Sozialdemokraten stimmten zwar gegen das Beitrittsgesetz zum Europarat, und ihr Vorsitzender Kurt Schumacher plakatierte die angepeilte europäische Zusammenarbeit als «konservativ, katholisch, kleinkariert und kartellistisch». Doch auch die Genossen arbeiteten in allen europäischen Organen und in der Europa-Union eifrig mit. Die sozialdemokratischen Bedenken gegen die Westintegration fand der SPD-Europaexperte Carlo Schmid voll bestätigt, als ihm auf der ersten Sitzung der Beratenden Versammlung des Europarats in Straßburg ein dänischer Delegierter sagte: «Uns ist es lieber, wir haben das halbe Deutschland ganz, als das ganze Deutschland halb.» Warum die SPD dennoch mitmachte, sprach Vorstandsmitglied Erich Ollenhauer in bestem Parteijargon aus: die Europa-Parole sei eine «Massenlinie».

Die gläubige Begeisterung beschränkte sich nicht auf Deutschland. Eine junge französische Studentin sandte Adenauer das «Croix de Guerre» ihres im Ersten Weltkrieg gefallenen Vaters zu – «... eine bescheidene Geste an die Hoffnung auf eine reine und wahre Versöhnung der beiden Völker», hieß es im Begleitbrief.

Der entscheidende Durchbruch zur Wiedereingliederung der Bundesrepublik in die westeuropäische Staatengesellschaft gelang im Frühjahr 1950, als der französische Außenminister Robert Schuman die Zusammenlegung der deutschen und französischen Kohle- und Stahlproduktion unter einer gemeinsamen obersten Aufsichtsbehörde vorschlug. Mit Sinn für dramatische Effekte überbrachte ein Abgesandter des Quai d'Orsay einen persönlichen Brief Schumans an Adenauer mit dem Aufriß der Montanunion just zum Zeitpunkt jener Kabinettssitzung, auf der Adenauer mit seinen widerspenstigen Ministern Heinemann und Kaiser um den Eintritt in den Europarat rang. Die Überraschung, die Konrad Adenauer anschließend auf einer Pressekonferenz bekundete, kann nicht allzu groß gewesen sein – am Vortag hatten sich die beiden Hauptakteure bereits abgesprochen.

Der Anlaß für die französische Initiative war vergleichsweise trivial. Weltweit gab es eine Überproduktion an Stahl. Paris mußte das Wiedererstehen der deutschen Konkurrenz befürchten. Es war abzusehen, daß die nach Kriegsende zugestandenen niedrigen deutschen Produktionsquoten für Stahl heraufgesetzt werden würden und die zugunsten der lothringischen Stahlkocher zwangsweise unter Weltmarktpreis gedrückte Ruhrkohle von Frankreich auf Dauer nicht so billig zu beziehen sein würde. In dieser Situation arbeitete der französische Plankommissar Jean Monnet das Projekt einer Verflechtung der Grundstoffindustrien aus. Auch andere Staaten sollten sich beteiligen können und über eine «Hohe Behörde» Preise, Investitionen und Absatz festlegen.

Den Lothringer Robert Schuman, der die Ausarbeitung Monnets fast wörtlich übernahm, lockte auch der politische Aspekt des Vorschlags: Die Kontrolle Deutschlands würde erstmals in Kooperation umgewandelt. Schuman war ein ebenso überzeugter Europapolitiker wie Adenauer. Als deutscher Staatsbürger geboren, hatte er gleichfalls in Bonn studiert und dort einer katholischen Studentenverbindung angehört. Im Ersten Weltkrieg war er deutscher Reserveoffizier im Etappendienst, seit 1919 dann Franzose. «Die Solidarität der Produktion wird bekunden, daß jeder Krieg zwischen Frankreich und Deutschland nicht nur undenkbar, sondern materiell unmöglich ist», hieß es jetzt in seinem Brief an den Bundeskanzler.

Italien und die Benelux-Länder folgten der Einladung zu Beitrittsverhandlungen. 1951 wurde der Vertrag über die «Europäische Gemeinschaft für Kohle und Stahl» (EGKS) unterzeichnet, ein Jahr später trat er in Kraft. Die Erwartungen waren hochgesteckt. Die Institutionen der Montanunion – außer der Hohen Behörde gab es eine Parlamentarische Versammlung, einen Ministerrat und einen Gerichtshof – sollten die Keimzelle eines europäischen Bundesstaates sein.

Für die Bundesrepublik bedeutete die französische Initiative einen großen Schritt nach vorn. Mit der Montanunion verlor die Internationale Ruhrbehörde ihre Daseinsberechtigung. Mit der Einladung zum Vertragsabschluß stellte Frankreich indirekt der Bundesrepublik auch das Recht in Aussicht, internationale Verträge abzuschließen. Im März 1951 revidierten die Alliierten das Besatzungsstatut. Sie übertrugen der Bundesregierung die Zuständigkeit für die Außenpolitik und erlaubten ihr, ein eigenes Außenministerium sowie einen Auswärtigen Dienst einzurichten.

Die Hochkommissare verfügten das als einseitiges Dekret. Adenauers Hoffnungen nach Abschluß des Petersberger Abkommens, bald eine Ablösung des Besatzungsregimes aushandeln zu können, stießen bei den Westmächten nicht auf Gegenliebe. François-Poncet sprach es in aller Deutlichkeit aus: «Die Besatzungsmächte sind der Ansicht, daß das wesentliche Prinzip, das ihrer Anwesenheit in Deutschland eine juristische Grundlage gibt, für den Augenblick nicht abgeändert werden kann.»

«Wenn ich wieder eine Großmacht werden will»

Der Streit um die Wiederbewaffnung

Der Einstieg in die Diskussion um die Gewährung der Souveränität gelang dem Kanzler nicht über die wirtschaftliche Einigung Europas, sondern über die Remilitarisierung. Der Ausbruch des Korea-Krieges im Sommer 1950 war die Stunde Konrad Adenauers. Jetzt konnte er versuchen, sowohl die von ihm für notwendig gehaltene Wiederaufrüstung und zugleich die Souveränität der Bundesrepublik zu erlangen.

Überall in Westeuropa kam die Furcht auf, daß sich die Korea-Ereignisse auf deutschem Boden wiederholen könnten. Tatsächlich bestand diese Gefahr zu keiner Zeit, die Parallele Deutschland–Korea war falsch. Anders als im geteilten Deutschland standen sich in Korea nicht amerikanische und sowjetische Truppen gegenüber, anders als in Bonn herrschte in Seoul ein korruptes Regime ohne Rückhalt in der Bevölkerung, das dem kommunistischen Angriff aus dem Norden keinen Widerstand leisten konnte. Doch wer in Bonn hatte, fünf Jahre nach Kriegsende, schon Sinn für differenzierte Analyse? Der

CDU-Pressedienst sprach von einem «Lehrfilm» für künftige mitteleuropäische Auseinandersetzungen. Eine allgemeine Panikstimmung machte sich breit. Charles Thayer, Verbindungsoffizier beim amerikanischen Hochkommissariat, hat in seinem Buch «*Die unruhigen Deutschen*» einen Situationsbericht niedergeschrieben: «Sogar der Bundeskanzler war nicht immer gegen die Hysterie immun. Sein persönlicher Berater Blankenhorn überbrachte mir eine Mitteilung, in der der Bundeskanzler dringend um zweihundert Maschinenpistolen bat, um damit die Bundeskanzlei im Palais Schaumburg im Fall eines kommunistischen Aufstands zu verteidigen. Ich versprach zu sehen, was sich tun ließ. Am nächsten Tage teilte ich dem Anführer der Leibwache des Bundeskanzlers mit, daß er seine zweihundert Maschinenpistolen aus einem Lager von Beutewaffen der amerikanischen Armee haben könne. Allerdings, fügte ich hinzu, verlange die Armee 14,23 Dollar pro Stück. Der Leibwächter sah mich betrübt an. ‹Soviel Geld haben wir nicht. Könnten Sie es nicht ein bißchen billiger machen?› Ich erklärte ihm, daß ich nicht Basil Zaharoff, der berühmte Waffenhändler, sei und nur feste Preise hätte. Widerstrebend zog er ein Bündel Banknoten aus seiner Tasche und zahlte. Jahre später, als diese Krise so gut wie vergessen war, fragte ich einmal Blankenhorn, was aus den zweihundert Maschinenpistolen geworden war. ‹Schauen Sie bitte nicht in den Aktenschrank hinein, der hinter Ihnen steht›, sagte er ein wenig verlegen.»

Im Pentagon hatten hochgestellte Generale bereits seit 1948 die Ansicht vertreten, ohne westdeutsche Soldaten könne bei einem kommunistischen Angriff Europa erst hinter den Pyrenäen gehalten werden. John McCloy machte diese von Präsident Truman inzwischen gebilligten Überlegungen jetzt öffentlich: Die Bundesrepublik solle zehn Divisionen zur Verteidigung des Westens beitragen. Adenauer erkannte die Chance. Als überzeugter Zivilist – laut Baring haßte er sogar das Wort «Panzerschrank» – hielt er wenig vom äußeren Glanz des Militärs. Als ein Staatsmann, der in der wilhelminischen Ära aufgewachsen war, wußte er aber den politischen Wert einer Armee hoch einzuschätzen: ein Staat ohne eigene Wehrmacht bleibe bestenfalls Protektorat fremder Mächte und schlimmstenfalls ihr Schlachtfeld. Adenauers hohes, aber nur selten und dann auch nur im kleinen Kreis ausgesprochenes Ziel war es, Deutschland als europäische Großmacht wiederaufzurichten. Im Juni 1951 bekannte er dies in einem Hintergrundgespräch: «Wenn ich wieder eine Großmacht werden will – und das müssen wir Deutsche werden –, muß ich anfangen aufzutreten, wie eine Großmacht auftritt.»

Von diesem Denkansatz her hatte Adenauer schon als Präsident des Parlamentarischen Rates die Aufstellung deutscher Truppen betreiben wollen. Dem französischen Außenminister Bidault gegenüber prophezeite er im Herbst 1948: «Sie werden in drei Jahren Truppen von uns verlangen.» Zum selben Zeitpunkt versuchte er Rudolf Augstein, der die erste Titelgeschichte des *Spiegel* über Adenauer schreiben wollte, zu Hause in Rhöndorf zu überreden: «Sie als Journalist können vieles sagen, was ich als Politiker nicht sagen darf. Nehmen Sie diese Frage deutscher Divisionen. Wir müssen sie erst einmal ins Gespräch bringen und dann das weitere abwarten.»

Während der Beratung des Grundgesetzes wollte Adenauer in die Verfassung einen Artikel über die Kompetenz der künftigen Zentralgewalt für den «Schutz des Bundes nach außen» hineinschreiben lassen. Das scheiterte am Besatzungsrecht. Noch galt, was der Alliierte Kontrollrat verfügt hatte: Danach war die Bewaffnung selbst der deutschen Polizei verboten, jegliche militärische Ausbildung, das Tragen von Waffen, Orden und Ehrenzeichen untersagt, die «Entmilitarisierung des deutschen Sports» festgelegt worden. Die alliierten Verbindungsoffiziere hatten dem Präsidenten des Parlamentarischen Rats bedeutet, daß in das Grundgesetz keine Bestimmung über eine Wehrhoheit hineingeschrieben werden dürfte. Indirekt gelangte der Wehrdienstgedanke dennoch in die Verfassung. Artikel 4 sicherte das Recht auf Kriegsdienstverweigerung: «Niemand darf gegen sein Gewissen zum Kriegsdienst mit der Waffe gezwungen werden. Das Nähere regelt ein Bundesgesetz.»

Der frisch gewählte Bundeskanzler hielt das Thema in der Diskussion. Anfang Dezember 1949 gab er dem *Cleveland Plain Dealer* ein Interview. Adenauer hatte sich dieses Provinzblatt als Sprachrohr ausgesucht, weil er wußte, daß es von Präsident Truman gelesen wurde. In mehrdeutig gehaltenen Formulierungen betonte er einerseits, «daß ich grundsätzlich gegen eine Wiederbewaffnung der Bundesrepublik und folglich auch gegen die Schaffung einer neuen Wehrmacht bin».

Andererseits stellte er ein «deutsches Kontingent innerhalb einer europäischen Streitmacht» als möglich dar.

Wenige Tage später war aus dem scheinbar zögerlichen Regierungschef bereits ein eifriger Fürsprecher deutscher Soldaten geworden. Vor einer CDU-Versammlung in Königswinter sagte Adenauer: «Die westlichen Alliierten müssen sich die Frage vorlegen, welche Gefahr die größere ist – die aus Rußland drohende Gefahr oder die Möglichkeit eines deutschen Kontingents in einer zur Vereidigung Europas bestimmten europäischen Armee.» Seine Unterschrift unter das Petersberger Abkommen mit der Verpflichtung zur «Entmilitarisierung» war gerade drei Wochen alt.

Die Slalomtechnik der öffentlichen Erklärungen Adenauers entsprach dem Taktieren der Westmächte. Einerseits forderten die Alliierten – voran die Amerikaner – den deutschen Regierungschef auf, im Bundeskanzleramt eine deutsche militärische Kontaktstelle einzurichten. Andererseits beschlossen die Hohen Kommissare zur Beruhigung der französischen Öffentlichkeit zum selben Zeitpunkt – im Dezember 1949 – ein «Gesetz zur Ausschaltung des Militarismus», das einschlägige Delikte und damit ein Tätigwerden in dieser Kontaktstelle mit lebenslanger Haft bedrohte.

Bei der Suche nach einem geeigneten Kontaktmann halfen die Engländer mit. Der einstige Panzergeneral Gerhard Graf von Schwerin wurde ernannt. Adenauer quartierte ihn im Dachgeschoß des Bundeskanzleramts ein und gab seiner Dienststelle den Tarnnamen «Zentrale für Heimatdienst». Das war in der Weimarer Zeit die Bezeichnung der Reichsstelle für politische Bildung gewesen. Um seinem Kanzler prompt zuarbeiten zu können, arrangierte der Graf eine Geheimkonferenz mit ehemaligen deutschen Generalen und Admiralen. Auf Anregung Adenauers versammelte sich die Runde im abgelegenen Kloster Himmerod bei Wittlich in der Eifel als «Erbauungskreis».

Ermutigt durch die neue Lage nach Ausbruch des Korea-Krieges und durch eine von Winston Churchill initiierte Resolution des Europarats im August 1950, in der die Aufstellung einer Europa-Armee einschließlich deutscher Truppen befürwortet wurde, ging Konrad Adenauer nun sein Ziel offen an. Ohne seine Minister zu befragen, erst recht ohne Diskussion im Bundestag, offerierte der Bundeskanzler am 29. August 1950 dem amerikanischen Hochkommissar McCloy in einem Memorandum zur Sicherheitsfrage die Aufstellung von zwölf deutschen Divisionen. Aus einer zweiten beigefügten Denkschrift wurde klar, daß Adenauer die Wiederbewaffnung als Hebel benutzen wollte, um das Besatzungsstatut loszuwerden und volle Souveränität für die Bundesrepublik zu erhalten. In diesem «Memorandum zur Frage der Neuordnung der Beziehungen der Bundesrepublik zu den Besatzungsmächten» hieß es wörtlich: «Wenn der deutsche Mensch Opfer jeder Art bringen soll, so muß ihm wie allen anderen westeuropäischen Völkern der Weg zur Freiheit offen sein.»

Bei der Ablieferung der Schreiben war besondere Eile geboten. Der Amerikaner McCloy, dessen Regierung eine deutsche Wiederbewaffnung befürwortete, hielt nur noch einen Tag lang turnusgemäß den Vorsitz unter den Alliierten Hochkommissaren inne. Zudem stand McCloy im Begriff, zu einer westlichen Außenministerkonferenz nach New York zu reisen. In seinem Buch schildert der amerikanische Verbindungsoffizier Charles Thayer, wie die Memoranden ihren Adressaten schließlich doch noch erreichten. Es begann mit einem Anruf Blankenhorns, der um Formulierungshilfe bat. Thayer: «Im allgemeinen bittet keine Regierung einen ausländischen Diplomaten, ihr bei ihren Briefen behilflich zu sein, aber inzwischen wußte ich bereits, daß die Bonner Regierung keine gewöhnliche Regierung war. Ich hängte den Hörer ein und eilte – nach einem sehnsüchtigen Blick auf mein Jagdgewehr – in die Bundeskanzlei. Mit einer Schar von Stenographen und Übersetzern nahmen wir uns den Brief vor, setzten ihn von neuem auf, redigierten, übersetzten und sahen ihn noch einmal durch. Zuweilen erschien der Alte in Person, um zu helfen. In den frühen Morgenstunden raste ein Sonderkurier über die Autobahn zum Flughafen, von dem McCloy startete.»

Die Eile war vergebens. Die New Yorker Außenministerkonferenz endete ohne einen Beschluß zur Wiederaufrüstung. Der französische Außenminister Schuman hatte von seiner Regierung die strikte Weisung, sich der von den USA geforderten deutschen Wiederaufrüstung zu widersetzen. Die Westmächte gestanden Bonn lediglich die Aufstellung des Bundesgrenzschutzes zu. Außerdem aber gaben sie dem jungen Weststaat eine Sicherheitserklärung. Jeden Angriff auf die Bundesrepublik oder West-Berlin würden sie als einen Angriff auf sich selbst betrachten.

Dafür handelte sich Adenauer aber mit seinem Vorstoß die erste große Regierungskrise ein. Innenminister Gustav Heinemann schlug Krach. Er empörte sich, daß der Kanzler wieder einmal ohne Befragen des Kabinetts und insbesondere ohne Abstimmung mit dem für Sicherheitsfragen zuständigen Innenminister gehandelt hatte. Heinemann war zwar bereit, Polizeistreitkräfte als Gegengewicht zur Kasernierten Volkspolizei der DDR aufzustellen, eine Wiederaufrüstung aber lehnte er aus politischen und religiösen Gründen ab: «Gott hat uns zweimal die Waffen aus der Hand geschlagen. Wir dürfen sie nicht ein drittes Mal in die Hand nehmen.» Heinemann hielt Wiederbewaffnung und Wiedervereinigung für unvereinbare Gegensätze.

Vergeblich versuchte Adenauer, den evangelischen Innenminister zu halten. Am 9. Oktober 1950 schied Heinemann aus dem Kabinett.

Eine neue Wehrmacht war das letzte, wofür sich die Westdeutschen erwärmen konnten. Noch lagen die Städte in Trümmern, trauerten Millionen Frauen um ihre gefallenen Söhne und Männer, waren Hunderttausende verschollen oder in Gefangenenlagern, humpelten Kriegskrüppel durch die Straßen. Die Union verlor eine Landtagswahl nach der anderen. Die Auseinandersetzung über die Frage des Wehrbeitrags wurde zum beherrschenden innenpolitischen Thema. Adenauer drohte mit seinem Kurs Schiffbruch zu erleiden. Umfrageergebnisse zeigten an, daß nur noch eine Minderheit mit seiner Politik einverstanden war. Die meisten Deutschen dachten so, wie es Franz Josef Strauß ein Jahr zuvor formuliert hatte: «Wer noch einmal ein Gewehr in die Hand nimmt, dem soll die Hand abfaulen.»

Die Sozialdemokraten sahen in dieser «Ohne mich»-Bewegung eine Chance für ein zugkräftiges Oppositions-Thema. Dabei war Kurt Schumacher alles andere als ein Gegner der Wiederbewaffnung. Er verlangte nur, daß deutsche Soldaten keine Truppen von minderem Status sein dürften und daß die Bundesrepublik nicht zum Schlachtfeld werden sollte, um einen alliierten Rückzug zu decken. Er forderte, der Westen müsse stark genug sein, die entscheidenden Schlachten «östlich von Njemen und Weichsel» zu schlagen. Doch als neuen Kurs beschloß die SPD jetzt, «sich jeder Remilitarisierung Deutschlands mit allen Mitteln zu widersetzen. Die SPD lehnt eine Wiederaufrüstung und die Einführung einer militärischen Dienstpflicht ab.»

Adenauers Ärger wurde noch dadurch vergrößert, daß Graf Schwerin aus Gewissensnot in einem Gespräch mit Journalisten Einzelheiten seiner geheimnisvollen Tätigkeit preisgab, die sofort veröffentlicht wurden. Adenauer entließ daraufhin Schwerin und ernannte am 26. Oktober 1950 den CDU-Bundestagsabgeordneten Theodor Blank unter dem Pseudonym «Beauftragter für die mit der Vermehrung der alliierten Truppen zusammenhängenden Fragen» zum Verteidigungsminister.

Trickreich versuchte der Regierungschef, seine innenpolitischen Schwierigkeiten bei den Hochkommissaren als Druckmittel einzusetzen. Er drang auf eine Entscheidung über einen deutschen Verteidigungsbeitrag und verknüpfte damit einmal mehr die Forderung nach Souveränität für die Bundesrepublik. Adenauer zu den Hochkommissaren: «Das deutsche Volk ist durch alles, was es erlebt hat, allmählich dahin gelangt, daß es zwar die Freiheit liebt, aber für die Freiheit keine Opfer bringen will, sondern lieber andere sich opfern lassen möchte.» Und deshalb: «Ich halte es für notwendig, daß etwas geschieht, damit in der Mehrheit des deutschen Volkes eine psychologische Umstellung erfolgt.» Was sollte geschehen? Adenauer hatte die Antwort parat: «Die Situation scheint mir für eine solche Erklärung reif zu sein, das in unseren Ohren sehr häßlich klingende Wort ‹Besatzungsstatut› verschwinden zu lassen.»

Die Situation an der Korea-Front kam Adenauer zu Hilfe. Das kommunistische China hatte Ende November 1950 mit mehreren hunderttausend Mann in den Krieg eingegriffen und trieb die Amerikaner gen Süden. Den USA drohte eine schwere Niederlage. In Washington forderten einflußreiche Politiker, die Atombombe einzusetzen und den Krieg auf China auszuweiten. Am 16. Dezember verkündete Präsident Truman den nationalen Notstand. Das war auch das Ende der seit 1945 durchgeführten Politik ständiger Truppenminderung. Der Haushalt des Pentagons für das Jahr 1951 wurde von 13,5 auf 52 Milliarden Dollar vervierfacht. US-Außenminister Acheson zeigte Wirkung auf die nach Washington übermittelten Ansichten Adenauers: «Wir müssen etwas tun, um dem schnell wachsenden Neutralismus-Denken in Deutschland entgegenzuwirken.» Sein Vorschlag: «Beim Aufbau unserer Verteidigung müssen wir energischer vorgehen. Wir müssen Frankreichs Widerstand gegen den Aufbau einer europäischen Armee brechen.» Am 21. Dezember 1950 konnte sich Adenauer dicht vor dem Ziel wähnen. Die Hohen Kommissare unterrichteten ihn an diesem Tag, daß die NATO-Staaten die Grundsatzentscheidung für eine deutsche Wiederaufrüstung gefällt hatten. Frankreichs Einwände schienen überwunden.

Für die westdeutsche Wiederbewaffnung gab es zwei Entwürfe. Ein atlantisches Modell, entwickelt von dem amerikanischen Vertreter im NATO-Rat, Charles Spofford, sah die Aufstellung deutscher Kampftruppen von je sechstausend Mann vor, die dann der NATO unterstellt werden sollten. Den Deutschen sollte allerdings weder ein Verteidigungsministerium noch ein Generalstab zugestanden werden. Verhandlungen darüber begannen auf dem Petersberg zwischen deutschen und alliierten Militärexperten. Zugleich aber wurde auch ein europäisches Modell zur Wiederbewaffnung Deutschlands beschlossen. Die Franzosen erhielten grünes Licht für Gespräche über das Projekt, das Ministerpräsident René Pleven wenige Wochen zuvor unterbreitet hatte. Der unermüdliche Planer Jean Monnet hatte auch diesen «Schuman-Plan auf dem Verteidigungssektor» entwikkelt: die sechs Staaten der Montanunion sollten eine europäische Armee aufstellen. Es zeigte sich bald, daß die Amerikaner diesem Konzept der Europäischen Verteidigungsgemeinschaft (EVG) den Vorrang einräumten. Adenauer sah zunächst in dem französischen Vorschlag ein Verzögerungsmanöver gegen eine deutsche Wiederaufrüstung und schwankte, welchem der beiden Projekte er den Vorzug geben sollte. Da aber große deutsche Initiativen in der Außenpolitik nicht gefragt waren, freundete er sich notgedrungen mit dem Pleven-Plan an.

Mit dem Fortgang der EVG-Verhandlungen wichen seine Vorbehalte einer unkritischen Begeisterung. Mußte eine integrierte europäische Streitmacht nicht nahezu automatisch zu einer gemeinsamen europäischen Regierung führen, die diese Streitmacht dirigierte? War das nicht die kühne Fortentwicklung seiner schon seit den zwanziger Jahren gehegten Vorstellung einer «organischen Verbindung» zwischen Deutschland und Frankreich? Wenn erst einmal Franzosen und Deutsche in einheitlichen Uniformen marschierten, ihre Offiziere auf gemeinsamen Kriegsakademien ausgebildet würden, dann – so Adenauer – war auch der Tag nicht mehr fern, an dem die zivilen Führungskräfte beider Länder an einem gemeinsamen Kabinettstisch

Platz nehmen würden. Europa brauche nicht nur gemeinsame Kohlengruben, sondern auch gemeinsame Generale, meinte Adenauer. Das pragmatisch-funktionale Denken des ehemaligen Oberbürgermeisters mischte sich hier mit der Unkenntnis der Militärorganisation und der Verachtung des Erzzivilisten für militärische Äußerlichkeiten.

Die Armee als Schule zur Überwindung der Nationalstaaten – das versprach das Ende aller Sorgen, die ihn bedrückten. Wäre erst einmal der Weg zu einem westeuropäischen Bundesstaat beschritten, dann würde der «Nationalismus, der Krebsschaden Europas, einen tödlichen Stoß bekommen».

Adenauers Handeln wurde von zwei politischen Grundängsten bestimmt. Bis zum Ende seiner Tage plagte ihn die Sorge, das traditionelle Bündnis zwischen Frankreich und Rußland könne aufleben. Seine Gesprächspartner erinnerte er immer wieder an den Besuch der französischen Flotte 1891 in Kronstadt, wo sich der Zar stehend das bis dahin in Rußland streng verbotene Revolutionslied Marseillaise angehört hätte und daß aus diesem Besuch der russisch-französische Bündnisvertrag von 1894 hervorgegangen sei. Die andere Befürchtung galt dem eigenen Volk: daß deutsche Nationalisten immer wieder dafür kämpfen würden, die Westbindung gegen die Wiedervereinigung in einem neutralen Staat einzutauschen. Neutralisierung aber war für ihn der erste Schritt zu einer Sowjetisierung Deutschlands. Nur durch eine unauflösliche Einbindung in Europa würden auch seine Nachfolger in «fest vorgezeichneten Bahnen gehen müssen» – der im achten Lebensjahrzehnt stehende Adenauer, regelmäßig von Lungenentzündungen geplagt, dachte ständig daran, daß seine Amtszeit begrenzt sein könnte. «Schaffen Sie die EVG, solange ich Kanzler bin», beschwor er den französischen Hohen Kommissar François-Poncet immer wieder, «vergessen Sie nicht, daß ich der einzige deutsche Kanzler bin, der die Einheit Europas der Einheit seines Landes vorzieht.» Während sich in Bonn Ex-Militärs und Politiker Gedanken über das Gefüge der neuen Streitkräfte und ihr Verhältnis zur Demokratie machten, verblüffte Adenauer eine Journalistenrunde mit Kenntnissen über ein bislang vernachlässigtes Detail: «Was mich eigentlich interessiert von den Soldaten, das sind die Märsche. Soldaten werden populär durch eine gute Marschmusik.» Adenauer belehrte seine Zuhörer: «Die österreichischen Märsche sind Marschiermärsche, die deutschen sind Präsentiermärsche. Infolgedessen haben die österreichischen Märsche ein anderes Tempo.»

«Ich bedaure, daß die Anwärter auf den Posten warten müssen»

Außenminister Adenauer

Als Außenminister setzte Konrad Adenauer am 15. März 1951 den besten Mann ein, den er sich denken konnte: sich selbst. Einen anderen zum Außenminister zu berufen, erschien ihm «mit dem Interesse des deutschen Volkes und der Bundesregierung und auch der Koalition völlig unvereinbar». Das persönliche Vertrauen, das er im Ausland genieße, stelle einen großen «realen Faktor zugunsten Deutschlands» dar. «Das darf ich doch, ohne unbescheiden zu sein, Ihnen sagen», unterstrich er vor Journalisten, «daß, wenn ich plötzlich durch einen Autounfall oder sonstwie in Wegfall käme, das eine sehr schwere Angelegenheit für Deutschland bedeutet.» Im übrigen sei auch in China der Regierungschef gleichzeitig Außenminister.

Schon früh hatte Adenauer für die Verhandlungen mit den Hochkommissaren dem Bundeskanzleramt eine Reihe von Büros und Dienststellen angegliedert, die, über ganz Bonn verstreut, die Kernzelle des künftigen Auswärtigen Amts ausmachten. Zum ersten Staatssekretär im Auswärtigen Amt ernannte er den Rechtsprofessor Walter Hallstein, der bereits seit Mitte 1950 an der Spitze des Bundeskanzleramts stand.

Adenauer ließ keinen Zweifel daran, daß er das zusätzliche Amt des Außenministers nicht so schnell abzugeben gedachte. «Ich bedaure, daß die zahlreichen Anwärter auf den Posten noch warten müssen», sagte er im September 1951, «der Außenministerstuhl ist eben noch nicht frei, und es ist ganz gut, daß sich der Mensch manchmal in Geduld übt.» Der CDU/CSU-Bundestagsfraktionschef Heinrich von Brentano, der damit gemeint war, mußte sich bis 1955 gedulden. Und er mußte eine Reihe von Demütigungen ertragen. So wollte Adenauer zunächst den Bankier Abs berufen. Als er dann schließlich Brentano ernannte, nahm er ihn sogleich an die kurze Leine: «Ich bitte Sie, mich nicht mißzuverstehen, wenn ich bis auf weiteres die Führung der europäischen Angelegenheiten, der Angelegenheiten der USA und der Sowjetunion sowie der Konferenzangelegenheiten nach innen in der Weise in der Hand halte, daß ich über alles informiert werde, daß Sie die Schritte, die Sie zu tun beabsichtigen, mir rechtzeitig mitteilen...» Und AA-Staatssekretär Hallstein behielt weiterhin direktes Vortragsrecht bei Adenauer. Über den machtlosen Außenminister mokierte sich der *Spiegel*: «Träger eines großen Namens und der Aktentasche des Bundeskanzlers.»

Wie gering die Wertschätzung war, die den Deutschen 1951 im Ausland entgegengebracht wurde, mußte Adenauer bei seiner ersten offiziellen Amtshandlung als Außenminister erleben. Er flog am 18. April 1951 in einer Sondermaschine der französischen Hohen Kommission zur Unterzeichnung des Vertrags über die Montanunion nach Paris. Auf dem Flughafen empfing ihn kein Minister, nur Jean Monnet war zur Begrüßung gekommen. Die Vorbehalte bekam auch der deutsche Generalkonsul in Paris, Wilhelm Hausenstein, zu spüren. Als er im Herbst desselben Jahres die Ratifikationsurkunde des Bonner Beitritts zur Montanunion im Außenministerium hinterlegen wollte, ließ ihn der Generalsekretär des Quai d'Orsay über eine Stunde auf dem Korridor beim Portier warten. Dann nahm der französische Diplomat mit einem knappen «Bonjour, monsieur» die Urkunde entgegen. Ohne ein Wort der Erklärung oder Entschuldigung verabschiedete er kurz angebunden den Deutschen.

Als Außenminister und Bundeskanzler arbeitete Konrad Adenauer vier Jahre lang auch de jure für zwei.

Sein enormes Arbeitspensum bewältigte er dank eines bis ins kleinste geordneten Tagesablaufs. Zwischen fünf und sechs Uhr morgens stand er auf, stapfte einige Minuten durch die Badewanne mit kaltem Wasser und legte sich dann noch einmal für eine halbe Stunde hin. In seinem frauenlosen Haushalt trank er aus einer Thermosflasche den Tee, den ihm die Haushälterin am Vorabend aufgegossen hatte, las

Zeitungen, vornehmlich die CDU-freundliche *Kölnische Rundschau*, bearbeitete Akten und diktierte von acht Uhr an seiner Privatsekretärin persönliche Korrespondenz. Nach einem kurzen Frühstück mit seinem jüngsten Sohn Georg ließ er sich gegen neun Uhr nach Bonn chauffieren, seinen Fahrer stachelte er zu immer neuen Streckenrekorden an: «Geben Sie Gas, Klöckner».

Die Besprechungen im Büro unterbrach Adenauer gegen 13 Uhr, aß dann allein zu Mittag, etwas Fisch, ein Glas Wein und legte sich anschließend für eine Stunde zur Ruhe – wozu er sich auszog und in einen Pyjama kleidete. Nach einer Tasse Tee wanderte er für rund 50 Minuten durch den Park des Palais Schaumburg. Bevorzugter Begleiter wurde sein Majordomus Hans Globke, den er mit der stets gleichen Formel «Wollen wir, Herr Globke?» zum Spaziergang einlud. Akten las Adenauer bis zum letzten Tag seiner Kanzlerschaft ohne Brille. Vermerke schrieb er mit fester, deutlicher Handschrift. Sein normaler Arbeitstag war gegen 20 Uhr beendet. In Rhöndorf zog er eine im Jahr 1928 vom Kölner Schneidermeister Lang gefertigte Ziegenhaarjacke an, dazu auf Spannern in Form gehaltene Moorland-Hausschuhe aus gewachsenem Schaffell. Er aß mit seinem Sohn zu Abend und las noch Akten oder hörte Musik, Schubert und Haydn. Dabei blätterte er in Gedichtbänden von Mörike, von Eichendorff oder vornehmlich Heinrich Heine, dessen Spott und Sarkasmus ihm gefielen. Zum Einschlafen brauchte Adenauer seit seinem Autounfall 1917 Schlaftabletten. Während er auf den Schlaf wartete, las er im Bett noch einen Kriminalroman, Lieblingsautorin war Agatha Christie. Da ihn der Schlaf häufig übermannte, ehe er das Licht löschte und er am nächsten Morgen mit rotgeränderten Augen erwachte, konstruierte der Honnefer Elektrikermeister Wecklein nach Entwürfen Adenauers eine mechanische Eieruhr in einen Zeitschalter um, der mit Leukoplast an das Gestänge der Stehlampe mit ihrem plissierten Stoffschirm befestigt wurde.

Im Amt selbst legte Adenauer auf korrekte Umgangsformen Wert, wie er auch selber vor jedem Mitarbeiter, jeder Sekretärin, jedem Pförtner zum Gruß den Hut lüftete. Als der junge Kanzleramts-Referent Rolf Pauls, später der erste deutsche Botschafter in Israel, einmal durch die offene Tür ins Vorzimmer reinrief: «Ist der Alte noch da?» wies Adenauer, der diese Bemerkung mitbekommen hatte, Herbert

Blankenhorn an: «Das treiben Sie dem aus! Sonst will ich den hier nicht mehr sehen!»

«Ach, lassen Sie man. Ich ziehe die Einzelheiten ja gern an mich», so wehrte Adenauer Entlastungsangebote seiner Mitarbeiter häufig ab. Selbst in den Anfangswochen, als die neue Regierung in einem chaotischen Durcheinander von fehlenden Schreibtischen, nicht verlegten Telefonen, noch unerfahrenen Hilfskräften zu arbeiten begann, überwachte Adenauer von seinem Büro im Museum Koenig aus persönlich die Bauarbeiten an seinem künftigen Amtssitz, dem Palais Schaumburg. Es war ein Haus mit einer skandalumwitterten Geschichte – hier hatte Prinzessin Viktoria von Preußen, eine Schwester Kaiser Wilhelms II., im Alter von 61 Jahren den Eintänzer Alexander Zoubkoff geehelicht, der sie um ihr Vermögen brachte. Nach dem Krieg bezogen es belgische Besatzungsoffiziere, sie ließen die Villa im verwahrlosten Zustand zurück. Dem mit dem Umbau beauftragten Architekten Hans Schwippert, Professor an der Düsseldorfer Staatlichen Kunstakademie, schrieb Adenauer jedes Detail vor, von der Form der Möbel bis hin zur Farbe der Vorhänge. Die Teppiche für sein Amtszimmer ließ der Kanzler zur Probe auslegen und mehrfach auswechseln. Er verwarf Schwipperts Pläne, die Türen des Palais aus einfachem Holz herzustellen, und bestand statt dessen auf Kirschbaum. Das Architekturbüro mußte ihm genaue Werkbeschreibungen und Detailzeichnungen im Maßstab 1:1 vorlegen, die erste Probetür nahm der Kanzler persönlich ab. Als Schwippert sich einmal dazu verstieg, in einige Räume etwas modernere Möbel als den vom Kanzler bevorzugten Chippendale zu stellen, handelte er sich einen geharnischten Brief Adenauers ein: «Irrig ist die von Ihnen ausgedrückte Ansicht, daß Sie mein Zugeständnis gehabt hätten, in den zwei Repräsentationsräumen Ihrer gestalterischen Überzeugung Ausdruck geben zu können.»

Auch auf die Gestaltung des Parks nahm Adenauer Einfluß. Er wünschte eine «verdichtete Anpflanzung zur Straße» und bestand darauf, daß die schon fertigen Wege von zweieinhalb auf drei Meter verbreitert würden. Auf diese Weise, so Adenauer, könnten drei statt zwei Personen nebeneinander hergehen, so daß er bei Besuchen stets einen Ohrenzeugen dabeihaben würde. Dem Personal des Kanzleramtes ließ Adenauer strikt das Betreten des Parks verbieten – unter dem Vorwand von Sicherheitsbedenken.

Bei allen Umbauarbeiten drängte Adenauer auf Eile. Er wollte so schnell wie möglich aus seiner grotesken Umgebung im Zoologischen Institut mit den leblosen Affen, Füchsen, Gänsen und Dinosauriern raus und behauptete, die mit Arsen behandelten Tierleichen seien seiner Gesundheit abträglich. Im November 1949 konnte Adenauer schließlich umziehen. Erster Staatsgast im Palais Schaumburg war am 23. Januar der französische Außenminister Schuman. Um ihn bewirten zu können, schaffte eine Sekretärin des Kanzleramts das silberne Kaffeeservice ihrer Mutter herbei.

Im Palais Schaumburg herrschte die Ehrfurcht einflößende Stille eines geweihten Platzes. Kaum ein Besucher, der sich dieser bewußt stilisierten Atmosphäre zu entziehen vermochte. Nur gelegentlich knarrte eine Diele unter den teppichgedämpften Schritten eines der Kanzler-Gralshüter. Rainer Barzel: «Ich hab mich immer gefragt, ob da überhaupt Menschen arbeiten.»

Das Arbeitszimmer des Bundeskanzlers als Allerheiligstes: Kein Büro eigentlich, eher das Herrenzimmer aus einem großbürgerlichen Haus. Mit seinen 70 Quadratmetern hatte es für die damalige Zeit schon fast Saal-Ausmaße. Der Chippendale-Schreibtisch am Ende des Raums, wo ein dreifenstriger Erker die Weite des Parks mit einbezog, stand auf einem hundert Jahre alten Buchara-Teppich. Auf dem Schreibtisch eine silberne Federschale, ein Löscher, ein Globus und gleich zwei ledergefaßte Barometer mit Thermometer und Hygrometer im direkten Blickfeld des Ex-Erfinders. Eine Multivox-Gegensprechanlage auf dem Schreibtisch und zwei schwarze Fernsprechapparate auf dem ebenfalls im Chippendale-Stil gehaltenen Aktenbock links vom Schreibtisch, die zerknautschte Aktentasche – immer noch das von seinem Freund Dresbach geschenkte Exemplar – auf einem zweiten Aktenbock rechts am Schreibtisch waren die einzigen Gegenstände, die auf ein Büro hindeuteten. Ein venezianischer Glaslüster, schwere grünliche Vorhänge als Fensterumrahmung, eine Barockkommode aus feingemasertem Nußbaum-Wurzelholz im Rücken des Schreibtischsessels, darüber eine Schloßlandschaft des Antwerpener Malers Joos de Momper aus dem 17. Jahrhundert bestimmten die wohnliche Atmosphäre. Der Blick vom Schreibtisch ging hinüber zu einem Sitzarrangement aus einem schweren Sofa und drei passenden Sesseln. Dieser Teil des Raumes war durch grünliche, geraffte Stores zu einer eigenen Einheit gestaltet.

Gleich drei Uhren kündeten dem Uhrenliebhaber Adenauer die Zeit. Auf dem Schreibtisch eine hochkantige Tischuhr, ein Geschenk Herbert Blankenhorns; gegenüber vom Schreibtisch eine aus England stammende barocke Standuhr mit Sekundenzeiger und Datumsangabe, die alle Viertelstunde mit leisem Kettenrasseln zum Schlagen ansetzte, auf Höhe der Sitzgruppe auf einer Konsole eine Boule-Uhr mit rankenverziertem Gehäuse im Louis XV-Stil. Jeden Morgen das gleiche: Adenauer ging die Uhren ab, kontrollierte ihren Gang, stellte die Zeiger nach, zog sie auf.

Der Weg zur Gleichberechtigung

Als im September 1951 parallel zu den EVG-Beratungen die Verhandlungen mit den Hochkommissaren über die Ablösung des Besatzungsstatuts begannen, mußte Adenauer erleben, daß der Weg zur Gleichberechtigung schwieriger war, als er es sich vorgestellt hatte. Der Bundeskanzler holte seine engsten außenpolitischen Mitarbeiter an seinen Urlaubsort Bürgenstock, um mit ihnen die Grundzüge eines deutschen Entwurfs für die Verhandlungen mit den Westmächten zu erörtern. Einen Bericht seines Verhandlungsführers für die Vorbereitungsgespräche mit der Hochkommission, Professor Wilhelm Grewe, der 39 Themenkomplexe enthielt, hörte sich Adenauer gar nicht erst an. Getreu seiner Vorliebe für Vereinfachungen und seiner Abneigung gegen lange Dokumente beauftragte er Grewe damit, einen kurzen Vertragsentwurf auszuarbeiten, in dem die wesentlichen Punkte enthalten sein sollten: Sicherheitsgarantie der Westmächte für die Bundesrepublik, Ablösung des Besatzungsstatuts, Neuordnung der Beziehungen auf der Grundlage der Gleichberechtigung und die Garantie einer weiteren Wirtschaftshilfe, «um wirtschaftliches Chaos und Arbeitslosigkeit und die sich daraus entwickelnde Gefahr totalitärer Systeme auszuschließen». Die Gegenleistung der Bundesrepublik sollte in ihrer «gleichberechtigten Teilnahme» an der Verteidigung Europas bestehen. Den «Bürgenstock»-Entwurf präsentierte er den Hochkommissaren auf der Eröffnungssitzung der Verhandlungsrunde über die Ablösung des Besatzungsstatuts. Doch es zeigte sich, daß Adenauer einen taktischen Fehler begangen hatte. Die drei Hochkommissare hatten inzwischen selbst den Entwurf eines Generalvertrages samt Zusatzverträgen ausarbeiten und von einer Außenminister-Konferenz der drei Mächte absegnen lassen. Sie akzeptierten Adenauers Papier nicht einmal als Verhandlungsgrundlage. Grewe: «Wenn der Text überhaupt eine Chance gehabt hatte, als Verhandlungsgrundlage zu dienen, so war diese jedenfalls zu diesem Zeitpunkt verpaßt.» Der Gegenentwurf der Hohen Kommissare, der nun einzige Verhandlungsgrundlage war, enthielt eine lange Liste alliierter Vorbehaltsrechte und belastender Regelungen, «alles in allem ein Quasi-Friedensvertrag, wie man ihn nur einem total geschlagenen Gegner auferlegen kann» (Grewe).

Böse Vorahnungen über unerfreuliche Zusammenstöße brachten Adenauer dazu, mit nur zwei Beratern in die ersten Sitzungen zu gehen. Dem SPD-Führer Kurt Schumacher klagte Adenauer, er habe sich an die Behandlungen in der allerersten Nachkriegszeit erinnert fühlen müssen.

Die bundesdeutsche Verhandlungsdelegation konnte sich bei dieser Sachlage nur darauf konzentrieren, den alliierten Entwürfen die Giftzähne zu ziehen. Die Hohen Kommissare wollten ursprünglich auf ihre Besatzerrechte nicht verzichten und einen «Botschafterrat» als Kontrollorgan einsetzen, sich umfangreiche Notstandsbefugnisse vorbehalten und weder Gleichberechtigung noch Sicherheitsgarantie noch eine Verpflichtung auf die deutschlandpolitischen Ziele Bonns zugestehen.

Adenauer erwies sich als zäher Unterhändler. Bis zu 17 Stunden saß der 76jährige bisweilen am Konferenztisch, zu manchen Marathonsitzungen kam er trotz Fieber. Um in einer schwierigen Verhandlungssituation die Hochkommissare umgehen und direkt mit den Außenministern die Probleme ausräumen zu können, reiste Adenauer an Stelle des protokollarisch zuständigen Bundespräsidenten Theodor Heuss zur Beerdigung von König Georg VI. in die britische Hauptstadt. Beharrlich wartete er nach der Beerdigung noch drei Tage, bis ihn die drei Außenminister zu ihren Beratungen hinzuzogen.

Der amerikanische Außenminister Acheson hatte Adenauer darauf hingewiesen, daß die Verträge bis zum Frühjahr 1952 unterzeichnet sein müßten, um noch vor der Neuwahl des US-Präsidenten im Herbst 1952 durch den Senat zu kommen. Adenauer hatte es sich zur Angewohnheit gemacht, in einem linierten Schulheft mit blauem Umschlag buchhalterisch genau alle wichtigen außenpolitischen Vorgänge einzutragen. Durch seinen Terminkalender fühlte er sich zur Eile angehalten und drängte nun darauf, die schleppenden Verhandlungen rasch zum Abschluß zu bringen. Dafür gab er dann auch schneller Positionen auf, als es sein Delegationsleiter Grewe für nötig hielt. Adenauer war bereit, zahlreiche Diskriminierungen hinzunehmen, weil er glaubte, die mit den Verträgen eingeleitete Entwicklung werde beim Aufstieg der Bundesrepublik eine eigene Dynamik entfalten und die Fesseln der Abkommen sprengen. «Darauf muß man vertrauen.» Außerdem hielt er viele der anstößigen Bestimmungen für unwichtig. «Ob die Hunde der Besatzung steuerfrei sein sollen oder nicht, ist für mich nicht entscheidend. Selbst wenn es 1000 Hunde gäbe bei der gesamten Besatzung und im Durchschnitt jeder Hund 40 D-Mark Steuern kosten würde, wären das 40000 Mark im Jahr, und das wäre für mich kein erschütterndes Hindernis.»

Um seine Schwierigkeiten nicht noch zu erhöhen, hatte Adenauer den Bundestag bis zuletzt nahezu von allen Informationen – und damit von allen Einwirkungsmöglichkeiten – abgeschnitten. Adenauer setzte durch, daß nur ein kleines interfraktionelles Gremium von sechs Abgeordneten von ihm informiert wurde. Selbst der Auswärtige Ausschuß mit seinen 21 Mitgliedern war Adenauer ein zu großer Kreis, der halte nicht dicht. Dort könne er sich nicht offen äußern. Die ins Vertrauen gezogenen sechs Parlamentarier wurden vergattert, weder dem Plenum des Auswärtigen Ausschusses, noch gar den eigenen Fraktionen Informationen weiterzugeben. Allenfalls die Unterrichtung der Fraktionsvorsitzenden war gestattet. Adenauer rechtfertigte seine Praktiken damit, die Verhandlungen würden «überhaupt niemals ein Ende» haben, wenn die Parlamente von acht Staaten zu einem so umfangreichen Vertragswerk Anträge stellen könnten.

Nachdem sich das Parlament diese Prozedur gefallen ließ, tat sich

Adenauer keinen weiteren Zwang an. Auch der Unterausschuß erhielt nur spärliche Brosamen an Informationen von dem, was zwischen Adenauer und den Hochkommissaren ausgeknobelt wurde. Knapp drei Wochen vor Unterzeichnung des Generalvertrags fand sich Adenauer dann widerstrebend bereit, den Vorsitzenden der eigenen Fraktion genauer, allerdings auch nicht umfassend, zu unterrichten. Er übersandte Heinrich von Brentano zunächst einmal nur «die erste zusammenfassende Darstellung». Das Zwillingsstück zum Generalvertrag, der Vertrag über die Europäische Verteidigungsgemeinschaft, wurde ihm weiter vorenthalten. Hätte er nicht die Morgenzeitungen gelesen, wäre dem Fraktionschef das Abkommen wahrscheinlich vor der Paraphierung nicht zur Kenntnis gegeben worden. So konnte Brentano am 6. Mai 1952, wenige Tage vor Abschluß der Verhandlungen, wenigstens einen Mahnbrief ins Palais Schaumburg schicken: «Sehr verehrter Herr Bundeskanzler, Mitteilungen in der heutigen Morgenpresse zufolge soll der Vertrag über die Europäische Verteidigungsgemeinschaft am Donnerstag und Freitag dieser Woche in Paris durch die Beauftragten der beteiligten Länder paraphiert werden. Ich hoffe, daß diese Nachricht nicht richtig ist. Bis zur Stunde ist mir das Vertragswerk, das in Paris paraphiert werden soll, trotz wiederholter mündlicher und schriftlicher Erinnerungen nicht zugegangen.» Erst mit massiven Drohungen – «für meine Person als Vorsitzenden müßte ich Ihnen gegenüber, aber auch der gesamten Fraktion gegenüber, jede Verantwortung für die Weiterbehandlung des Vertragswerks ablehnen» – bekam von Brentano die Texte schließlich zwei Tage vor ihrer Abzeichnung zu sehen.

Adenauers Ministern erging es nicht sehr viel besser als den Abgeordneten. Sie erhielten erst in den letzten zwei Wochen vor dem Unterzeichnungstermin die Vertragsentwürfe zu Gesicht. Erwartungsgemäß erhob sich heftiger Protest. Der Streit entzündete sich an einer Bestimmung, die eine automatische Bindung Gesamtdeutschlands an die Westverträge vorsah. Heiß diskutiert wurden auch das Notstandsrecht und die weitgehenden Vorbehaltsrechte der Alliierten. So gründete sich die Truppenstationierung der drei Mächte weiterhin auf Besatzungsrecht, und das Wort «souverän» kam im Vertrag nicht vor.

Insgesamt war es nur eine halbherzige Neuregelung der Beziehungen, die von den Alliierten als Gegenleistung für den deutschen Verteidigungsbeitrag gewährt wurde. Statt des von Adenauer gewünschten kurz und knapp formulierten Abkommens war das Gesamtpaket der Westverträge zu einem umfangreichen Opus ausgewachsen, einer schwer durchschaubaren Mischung von politischen Bekenntnissen und perfektionistischen Detailregelungen. Die entsprechende Bundestagsdrucksache I/3500–3501 hatte die Stärke eines Telefonbuchs.

Für Adenauer war die angesetzte Unterzeichnung des Generalvertrags in Bonn gemeinsam mit den Außenministern der drei Westmächte ein großer Tag. Er selber sprach von Deutschlandvertrag, auch wenn er diese Terminologie bei den Alliierten nicht hatte durchsetzen können. Im Saal des Bundesrats, demselben Raum, in dem der Parlamentarische Rat getagt hatte, sollte am 26. Mai 1952 das Abkommen über das Ende der Besatzungszeit unterzeichnet werden. Mit zahlreichen eigenhändigen Randbemerkungen brachte Adenauer Änderungen in dem vom Protokollchef vorgesehenen Zeremoniell an. «Er kümmerte sich um die geringfügigsten Einzelheiten: Die Liste der Geladenen, die Tischordnung, ja selbst bei der Speisefolge brachte er Änderungswünsche an» (Weymar).

Mit schulfrei und Fackelzug sollte der Staatsakt feierlich umrahmt werden. Aber daraus wurde nichts. Die SPD erzwang drei Tage vor der Unterzeichnung eine Sondersitzung des Bundestags, in der ihr Abgeordneter Adolf Arndt die Regierungsabgeordneten höhnisch fragte, ob sie auf den geplanten Feierlichkeiten über etwas zu jubilieren gedächten, was sie gar nicht kennten. Als Arndt an die verhängnisvolle Symbolwirkung des Fackelzugs von 1933 erinnerte, setzte Adenauer den Programmpunkt verärgert ab.

Am 26. Mai 1952 unterzeichneten Adenauer und die Außenminister der drei Westmächte – Schuman, Acheson und Eden – den Generalvertrag im hermetisch abgesicherten Bundeshaus. Die Deutschen erfuhren von der Zeremonie – für Feierlichkeit sorgten Buchsbäume und lange weiße Tücher, die über zusammengeschobene Tische gebreitet worden waren – nur über die Wochenschau und Pressefotografien.

Im Rückblick fand Adenauer auch mehr Gefallen an dem zweiten Teil der Veranstaltung, der Unterzeichnung des EVG-Vertrags im stilvollen Uhrensaal des Quai d'Orsay, tags darauf am 27. Mai. Zu

Bonner Journalisten sagte er nach seiner Rückkehr aus Paris: «Wenn Sie gestern im Uhrensaal gesessen hätten und gesehen hätten, daß jetzt die Bundesrepublik in dem Kreise dieser ganzen Nationen am gleichen Tisch sitzt, so ist das unendlich viel wichtiger als 400 Artikel und Paragraphen, die irgendeinen Dreck – verzeihen Sie den Ausdruck – notwendigerweise regeln müssen.»

Bei der Formulierung des Generalvertrags war sorgsam das Wort Friedensvertrag vermieden worden, um die Positionen der Westmächte im Verhältnis zur Sowjetunion, die aus den Vier-Mächte-Vereinbarungen der Kriegs- und Nachkriegszeit herrührten, nicht in Frage zu stellen. Der Sache nach aber handelte es sich um eine Quasi-Friedensregelung der drei Mächte mit dem Westen Deutschlands. Das bestätigten auch zwei weitere Abkommen, die synchron verhandelt worden waren, das Londoner Schuldenabkommen und das Wiedergutmachungsabkommen mit Israel. In diesen Verträgen übernahm Bonn die Haftung für Schuld und Schulden, die aus dem verlorenen Krieg und den Untaten des Dritten Reiches herrührten.

In dem Londoner Schuldenabkommen, das 1952 von dem Bankier Hermann Josef Abs als Leiter der deutschen Delegation mit den drei Westalliierten in der britischen Hauptstadt ausgehandelt wurde, verpflichtete sich die Bundesrepublik zur Übernahme der Auslandsschulden des Deutschen Reiches und zur Tilgung der nach dem Krieg vornehmlich von den USA geleisteten Wirtschaftshilfe. Die Gesamtsumme belief sich auf 7 Milliarden DM. Die jährliche Zahlungsrate wurde zunächst auf 567 Millionen DM festgesetzt, für die damals devisenschwache Bundesrepublik eine große Belastung. Als wenige Jahre später indes die deutschen Exporte im Gefolge des Wirtschaftswunders die Zahlungsbilanzüberschüsse anschwellen ließen, konnten die Schulden vorzeitig beglichen werden.

Wichtiger noch für die Vertrauensbildung im westlichen Ausland war das Wiedergutmachungsabkommen mit Israel. Bei diesem Abkommen ging es in erster Linie um die Wiederherstellung des moralischen Kredits. Mehrfach griff Konrad Adenauer persönlich in die Verhandlungen ein, um das Zustandekommen des Israel-Vertrags zu sichern. Schon am 11. November 1949 hatte Adenauer in einer Gedenkrede zur Reichskristallnacht den Willen der Bundesrepublik zu einer Wiedergutmachung erklärt und als symbolische Geste die Lieferung von Industriewaren an Israel im Wert von zehn Millionen DM angeboten.

Die Ressentiments gegenüber den Deutschen waren in Israel wenige Jahre nach Untergang des Hitler-Reichs so stark, daß sich die Regierung in Tel Aviv mit der Forderung nach Reparationen nicht an Bonn, sondern an die vier Siegermächte wandte. In einer scharf formulierten Note vom 12. März 1951, in der die den Juden zugefügten Leiden dargestellt wurden, verlangte die israelische Regierung 1,5 Milliarden Dollar. Die Siegermächte wurden gebeten, diese Ansprüche zu unterstützen. Die Sowjetunion beantwortete diese Note überhaupt nicht. Die drei Westmächte, die ihre eigenen Zahlungswünsche noch aushandeln wollten, antworteten zurückhaltend: Die völkerrechtliche Grundlage der Forderung des erst 1948 gegründeten Staats erscheine zweifelhaft; sie sähen sich nicht in der Lage, die Bundesrepublik auf Reparationszahlungen an Israel zu verpflichten. In dieser Situation wies Adenauer seinen Berater Herbert Blankenhorn an, in London mit Vertretern der neugebildeten «Conference on Jewish Material Claims against Germany» zusammenzutreffen und so die heftigen israelischen Widerstände gegen direkte Kontakte mit den Deutschen zu unterlaufen. In einer Regierungserklärung am 27. September 1951 vor dem deutschen Bundestag, deren Text über Blankenhorn mit den Israelis genau abgestimmt worden war, erklärte Adenauer die Bereitschaft der Bundesregierung zur materiellen Wiedergutmachung, «um damit den Weg zur seelischen Bereinigung unendlichen Leidens zu erleichtern».

Anfang Dezember 1951 traf Adenauer in London mit Nahum Goldmann zusammen, Präsident des «World Jewish Congress» und Vorsitzender der Claims-Conference. Ohne Rücksprache mit dem Kabinett oder dem Bundestag ging Adenauer in einem Brief an Goldmann die Verpflichtung ein, auf der Grundlage der Forderungen des Staates Israel in der Note vom 12. März über Wiedergutmachungsleistungen zu verhandeln. Mit seiner freiwilligen Anerkennung der juristisch umstrittenen Ansprüche Israels handelte sich Adenauer in der Bundesrepublik Auseinandersetzungen mit seinem Finanzminister Schäffer und insbesondere mit Vertretern der deutschen Wirtschaft ein, die um ihre Geschäfte mit den arabischen Staaten bangten. «Es gibt Höheres, woran man denken kann, als gute Geschäfte. Wir wollen ein anderes

Deutschland, das sich vom Deutschland Hitlers unterscheidet», tat Adenauer in einer Rundfunkrede die Einwände ab. Und über seinen Finanzminister urteilte er vor Journalisten: «Der Schäffer, det is ne Antisemit.»

Am 20. März 1952 begannen in Wassenaar, einem kleinen holländischen Städtchen in der Nähe von Den Haag, die Verhandlungen zwischen Deutschen und Israelis. Die deutsche Delegation wurde von dem späteren CDU-Abgeordneten Professor Franz Böhm geleitet, der während des Dritten Reichs mit öffentlicher Kritik an der Judenpolitik der Nazis persönlichen Mut bewiesen hatte. Unter dem Eindruck der Argumente von Hermann Josef Abs, der negative Auswirkungen einer deutsch-israelischen Vereinbarung auf die von ihm in London geführten Verhandlungen über ein Schuldenabkommen befürchtete, wurde Adenauer allerdings zeitweilig in seiner eindeutigen Haltung schwankend. Als Böhm zu einem Zwischenbericht in Bonn war, kritisierte ihn der Kanzler: Er könne sich die vielen Zahlen ersparen, er habe sich von den Israelis offensichtlich hinters Licht führen lassen. Statt dessen hätte man den Israelis die Stiftung eines Krankenhauses anbieten sollen. Adenauer übernahm damit einen Vorschlag von Abs ohne Rücksicht auf die Zusagen, die er selbst in seinem Brief an Goldmann eingegangen war. Nach einer dramatischen Zuspitzung – Böhm trat als Verhandlungsleiter zurück, tags darauf wurde er von Konrad Adenauer in einem privaten Gespräch wiederverpflichtet: «Also, Herr Böhm, was machen wir jetzt?» – fand der Bundeskanzler zu seiner alten Linie zurück. Am 10. September 1952 unterzeichneten Adenauer und der israelische Außenminister Sharett in einer schweigend absolvierten Zeremonie frühmorgens um acht Uhr im Rathaussaal von Luxemburg das Abkommen. Darin verpflichtete sich die Bundesrepublik zu Sachlieferungen und Barzahlungen von insgesamt 3,45 Milliarden Mark. Im Bundestag erhielt das Ratifizierungsgesetz nur durch die Unterstützung der Sozialdemokraten die erforderliche Mehrheit. Zahlreiche Abgeordnete der Regierungskoalition aus CDU/CSU, FDP und DP fehlten; 35 Stimmen wurden gegen den Vertrag abgegeben, von rechtsradikalen Fraktionslosen, von Vertretern der Regierungsparteien und von 13 kommunistischen Abgeordneten. 86 Parlamentarier enthielten sich der Stimme, unter ihnen Finanzminister Schäffer und Franz Josef Strauß. Das Angebot Adenauers zur Aufnahme diplomatischer Beziehungen wies Israel zurück – es blieb bei seiner Ablehnung auch, als Adenauer die Offerte mehrfach erneuerte. Erst 1965, als Adenauer schon nicht mehr in der Regierung saß, nahmen Bonn und Israel diplomatische Beziehungen auf.

Während Adenauers Regierungszeit kam es noch mehrfach zu Sonderabkommen mit Israel. Der zum Verteidigungsminister avancierte Strauß und der Generaldirektor des israelischen Verteidigungsministeriums und spätere Regierungschef Shimon Peres vereinbarten 1957 ein geheimes Abkommen über deutsch-israelische Waffengeschäfte. Bei einer Zusammenkunft zwischen Adenauer und dem israelischen Ministerpräsidenten David Ben Gurion im März 1960 im Waldorf-Astoria-Hotel in New York wurde eine Anleihe für die Entwicklung des Negev vereinbart.

Kurz vor Abschluß des Luxemburger Abkommens unternahm ein jüdischer Fanatiker einen Attentatsversuch auf Adenauer. In München übergab der Mann zwei Schuljungen ein an «Dr. Konrad Adenauer, Bonn, Bundeskanzleramt» adressiertes Paket mit der Bitte, es beim Bahnpostamt aufzugeben. Die Schuljungen lieferten das Paket bei der Polizei ab. Als man es dort öffnete, kam eine Buchkassette zum Vorschein, Band L/Z des «*Kleinen Brockhaus*» aus dem Jahr 1950. Der mit Sprengstoff gefüllte Band explodierte und tötete einen Sprengmeister der Polizei. Die Schuljungen wurden von Adenauer mit Uhren belohnt, einer von ihnen kam später als Hoteldieb noch einmal mit der Polizei in Berührung. Das Bundeskriminalamt konnte die Identität des Attentäters ermitteln, doch auf Intervention Adenauers wurde die Angelegenheit unterdrückt. Er lehnte es ab, «das Judentum mit dem blödsinnigen Fanatismus eines einzelnen zu belasten».

Für Konrad Adenauer war die Wiedergutmachung mit Israel nicht nur eine moralische Frage. Der kühl kalkulierende Außenpolitiker wußte, daß er damit zugleich auch Hindernisse für sein Bemühen um Souveränität für die Bundesrepublik ausräumte. «Die Macht der Juden auch heute noch, insbesondere in Amerika, soll man nicht unterschätzen.»

Die «bitterste Enttäuschung»

Das Scheitern der Europäischen Verteidigungsgemeinschaft

In einer Sofaecke im mitternachtsleeren Salon des Londoner Plüsch-Hotels Claridge's saßen Luxemburgs Ministerpräsident Joseph Bech, Belgiens Außenminister Paul Henri Spaak und Konrad Adenauer. Mit beschwörender Eindringlichkeit redete der Bonner Kanzler auf die beiden Politiker ein: «Wenn ich einmal nicht mehr da bin, weiß ich nicht, was aus Deutschland werden soll, wenn es uns nicht doch noch gelingen sollte, Europa rechtzeitig zu schaffen ... Nutzen Sie die Zeit, solange ich noch lebe ... Mein Gott, ich weiß nicht, was meine Nachfolger tun werden, wenn sie nicht an Europa gebunden sind.» Beide Arme in einer Geste der Verzweiflung erhoben, setzte er hinzu: «Wenn wir jetzt aufgeben, ist Europa gescheitert, und alles war und bleibt vergebens.»

Verborgen hinter einer Säule saß der Pariser *Spiegel*-Korrespondent Lothar Ruehl, heute Staatssekretär im Bundesverteidigungsministerium, bei Zitrone mit Soda. In aller Ruhe konnte er die Kanzler-Worte mitschreiben, da der deutschsprechende Bech sie für seinen Kollegen Spaak auf französisch wiederholte. So auch Adenauers Satz: «Ich bin fest davon überzeugt, daß die Russen jedes Wort aus diesem Raum erfahren.»

Es war am Ende des ersten Tages einer Mammut-Konferenz der Vertreter von neun Staaten, die am 28. September 1954 in der britischen Hauptstadt zusammengekommen waren, um einen Ausweg aus einer der schwersten Krisen des westlichen Bündnisses zu suchen. Vier Wochen zuvor hatte die französische Nationalversammlung das Projekt der Europäischen Verteidigungsgemeinschaft (EVG) zu Fall gebracht. Das ganze Bündel von Abkommen, mit denen das Besatzungsstatut in Deutschland abgelöst, der Bundesrepublik die staatliche Selbständigkeit zurückgegeben und ein westdeutscher Wehrbeitrag geregelt werden sollte, hing jetzt in der Luft.

Die führenden Politiker Frankreichs, Italiens, der Bundesrepublik, der Benelux-Staaten sowie Kanadas und der USA wollten in London Ersatzlösungen suchen. Ein Ausweg bot sich an: der Bundesrepublik doch den Aufbau einer nationalen Armee zu gestatten und sie dann dem NATO-Militärbündnis zu unterstellen. In Steno schrieb Ruehl hinter seiner Säule die Klagen Konrad Adenauers mit: «Daß ich gezwungen werde, die deutsche Nationalarmee zu machen, ist doch ein Unsinn. Das ist doch grotesk.»

Den Bonner Regierungschef hatte die Nachricht vom Scheitern der EVG am 30. August 1954 erreicht, als er zur Kur auf der Bühler Höhe weilte. Adenauer sah sein bisheriges Werk zerstört. Er empfand die Form der Ablehnung als persönliche Beleidigung. Die französische Nationalversammlung hatte mit 319 gegen 264 Stimmen beschlossen, den EVG-Vertrag für alle Zeiten von der Tagesordnung abzusetzen. Gemeinsam sangen Gaullisten und Kommunisten anschließend die «Marseillaise». Hätte es eine Abstimmung in der Hauptsache gegeben, wäre das Nein noch deutlicher ausgefallen, obgleich die Bundesregierung, wie es damals hieß, versucht haben soll, schwankende Parlamentarier mit Schmiergeldern für das EVG-Projekt zu gewinnen.

In einer ersten Gefühlsaufwallung wollte Adenauer als Bundeskanzler zurücktreten. Immer wieder hatte er politisch nach der Maxime gehandelt, nie in eine ausweglose Situation zu geraten, sondern stets eine Alternative zu haben. Hier aber hatte er sich bis zum Schluß geweigert, an eine andere Lösung zu denken, obwohl ihm das Auswärtige Amt vierzehn Ausweichvorschläge unterbreitet hatte.

Der Stachel der Enttäuschung saß tief. Adenauer empfand das Scheitern der EVG als «die bitterste Enttäuschung und den größten Rückschlag» seiner gesamten Regierungszeit. Noch in seinen «*Erinnerungen*» schrieb er den Satz nieder: «Jene schrecklichen Tage haben sich in meinem Gedächtnis tief eingegraben.» Jetzt las Adenauer zum erstenmal im Detail die 132 Artikel jenes Vertrags, mit dem er sein Schicksal verbunden hatte. Zugleich studierte er die Redeprotokolle der EVG-Schlacht in der Nationalversammlung. Er überwand sein Tief und ließ seine engsten Mitarbeiter zu Krisenberatungen anreisen. Den Staatssekretär des Auswärtigen Amts, Rechtsprofessor Walter Hallstein, ging er an: «Was die Leute da im Parlament in Paris gesagt haben, das ist zum Teil gar nicht so dumm. Ich habe mir jetzt mal den Vertrag angesehen, den Sie da ausgehandelt haben. Also, so gut ist der

Vertrag nun wieder auch nicht, wie Sie immer gesagt haben.» Hallstein verschlug es die Sprache.

Gefangen in seiner Europavision, hatte Adenauer den Blick dafür verloren, daß eine Europaarmee allenfalls den Schlußstein, nicht das Fundament einer europäischen Föderation abgeben könnte. Eine politische Zusammenarbeit hätte mit Rücksicht auf die noch frischen Erinnerungen an die deutsche Besatzungszeit auf Gebieten angestrebt werden müssen, die für die Franzosen akzeptabel waren.

Adenauers ganzer Einsatz hatte der Ratifizierung des EVG-Vertrages in der Bundesrepublik gegolten. Hindernisse im Bundestag, Bundesrat und beim Verfassungsgericht hatte er mit kalter Entschlossenheit und teilweise ruppiger Taktik niedergekämpft. Er hatte sich von einer möglichst schnellen Billigung durch die parlamentarischen Instanzen eine Schrittmacherrolle auf das Ratifikationsverfahren in Frankreich erhofft. Der Regierung in Paris hatte er ausrichten lassen, wenn Frankreich sich weigere, eine Entscheidung zu treffen, werde es nicht mehr ihn als Gegner haben. «Ich werde dann binnen kurzem zerschlagen und zerschmettert sein.»

Aber die proeuropäischen Politiker in Frankreich verloren an Einfluß, die häufig wechselnden Regierungen trauten sich nicht, das EVG-Projekt mit der deutschen Wiederaufrüstung und dem Verlust der eigenen nationalen Armee in der Nationalversammlung zur Abstimmung zu stellen. Der Nachfolger Außenminister Schumans, der Nationalist Georges Bidault, meinte, die EVG sei ein «im Wandschrank eingeschlossenes Wesen, bei dem man einmal nachsehen muß, ob es noch am Leben ist».

Zwei Jahre nach der Vertragsunterzeichnung wurde klar, daß der neue französische Ministerpräsident Pierre Mendès-France entschlossen war, die Hypotheken seiner Vorgänger zu liquidieren: Indochina-Krieg und EVG. Adenauer mutmaßte, daß sich Mendès-France den Waffenstillstand in Indochina von Moskau gegen die Zusage erkauft habe, die EVG scheitern zu lassen. Adenauer wußte, daß Mendès-France Jude war. Vor gläubigen Juden hatte Adenauer großen Respekt. Der Typ des «bindungslosen» liberalen jüdischen Intellektuellen aber war ihm zutiefst suspekt. In Mendès-France vermutete er «einen Spieler ohne feste Konzeptionen». Dem deutschen Botschafter in Paris, Wilhelm Hausenstein, gab der Kanzler die Anweisung, den religiösen Hintergrund des französischen Premiers auszukundschaften. Zurückhaltend formuliert Hausenstein in seinen Erinnerungen, «daß der Kanzler mich bat, zu ermitteln, ob es wahr sei, daß Herr Mendès-France jüdische Religiosität praktiziere. Es wäre dem Kanzler lieb gewesen, wenn der französische Ministerpräsident auf einem positiv-religiösen Boden stand. Leider konnten meine Ermittlungen dies nicht bestätigen.»

Seine Vorurteile sah Adenauer bestätigt, als die EVG in der Nationalversammlung scheiterte. Er hielt daraufhin mit persönlichen Verunglimpfungen und Verdächtigungen über Mendès-France nicht zurück. Selbst im Gespräch mit Bech und Spaak fielen Ausdrücke, die der *Spiegel*-Korrespondent Lothar Ruehl aus Staatsgesinnung nicht veröffentlichte. «Sie taugen nicht zur Wiedergabe», schrieb Ruehl in seinem Blatt über das Geschehen im Claridge's-Hotel. Er vertraute sie nur einem Hamburgischen Notar in einer eidesstattlichen Versicherung an. Danach sagte Adenauer weiter: «Sehen Sie mal, Mendès-France ist doch Jude. Wir haben Erfahrungen mit den deutschen Juden. Die haben alle einen nationalen Minderwertigkeitskomplex, den sie überkompensieren durch einen übersteigerten Nationalismus. Mendès-France will auf Kosten Europas, indem er Deutschland niederhalten will, in Frankreich als guter Patriot gelten.» Drei Monate später hatte Adenauer seine Ansicht über Mendès-France grundlegend geändert: «Manche haben den Mendès-France ja falsch eingeschätzt, aber der besonnene Politiker wird sich mit seinem Urteil immer vorsichtig zurückhalten.» Da hatte Mendès-France mit großem Einsatz die Londoner Ersatzlösung, den NATO-Beitritt der Bundesrepublik, durch die Nationalversammlung gebracht.

Eine Reihe von Umständen trug dazu bei, daß es gelang, in erstaunlich kurzer Zeit das Debakel mit dem EVG-Vertrag zu überwinden und die Ersatzregelung durchzusetzen. Frankreich war durch seine verlorenen Kolonialkriege in Indochina und Tunesien geschwächt. Die Bundesrepublik war inzwischen so weit in die westliche Staatengesellschaft und das westliche Wirtschaftssystem eingegliedert worden, daß nur noch der vertragliche Überbau fehlte. Amerikaner und Engländer zeigten sich als besonnene Krisenmanager. Sie folgten nicht Adenauers spontanen Vorschlägen, ein militärisches Sonderbündnis ohne Frankreich abzuschließen und unverzüglich mit der Aufstellung deutscher Truppen zu beginnen. Genauso widersetzten sie sich seiner Anregung, massiven politischen und wirtschaftlichen Druck auf Frankreich auszuüben – Adenauer: «Ich stellte fest, daß Mendès-France derartige Maßnahmen am besten verstehen werde» –, sondern suchten mit einer Mischung aus sanftem Druck und militärischen Beistandsversprechungen französische Ängste vor den Deutschen zu überwinden. Außenminister Eden zeigte diplomatisches Geschick, als er auf einer Erkundungstour durch die westeuropäischen Hauptstädte das Terrain für eine allseits akzeptable Lösung bereitete. Der Brite schlug an Stelle der utopischen EVG ein konventionelles Bündnis vor, das die Bundesrepublik zum NATO-Partner machte. Der Brüsseler Pakt, Vorläufer der NATO, wurde reaktiviert, um England näher an den Kontinent zu binden und ein Instrument zur Kontrolle der westdeutschen Rüstung zu schaffen.

Premierminister Winston Churchill, der Adenauer in London mit den Worten begrüßt hatte: «Ich gratuliere Ihnen dazu, daß die EVG kaputt ist», sollte recht behalten – aus heutiger Sicht stellt sich das Scheitern der EVG in der Tat eher als ein weiterer Punkt in der Erfolgsgeschichte der Westpolitik Konrad Adenauers dar. Ihm blieben die zwangsläufigen Enttäuschungen mit dem EVG-Zwitter erspart. Statt dessen wurde die Bundesrepublik schon wenige Monate später gleichberechtigtes Mitglied der NATO, was der EVG-Vertrag noch ausdrücklich ausgeschlossen hatte. Sie erhielt mit einem neuen Generalvertrag, den Adenauer «Deutschlandvertrag» nannte, das Prädikat «souverän»; in dem zusammen mit der EVG ausgehandelten ersten Generalvertrag hatten die Alliierten hingegen auf weitgehenden Vorbehaltsrechten bestanden und der Bundesrepublik lediglich «die volle Macht über ihre äußeren und inneren Angelegenheiten» zuerkannt. Wollte der EVG-Vertrag der Bundesrepublik die Herstellung von ABC-Waffen, weitreichenden Fernlenkgeschossen, Militärflugzeugen und größeren Kriegsschiffen noch ausdrücklich verbieten, so reichte jetzt ein freiwilliger Verzicht Konrad Adenauers lediglich gegenüber den Mitgliedstaaten der Westeuropäischen Union.

Am 23. Oktober 1954 wurde das revidierte Vertragswerk in Paris unterzeichnet («Pariser Verträge»).

Auch innenpolitisch erwies sich die durch das jahrelange Ringen um die EVG bedingte Verzögerung der deutschen Wiederaufrüstung als ein großer Vorteil für Adenauer. Kurt Schumachers heftige Attacke gegen das erste Vertragspaket von 1952 – «wer diesem Generalvertrag zustimmt, hört auf, ein guter Deutscher zu sein» – war bald verhallt. Die Mehrheit der Bevölkerung sah in den «Pariser Verträgen», wie das neue Vertragswerk genannt wurde, keine Unterwerfung unter die bisherigen Besatzungsmächte. Sie gewöhnte sich auch an den Gedanken einer neuen deutschen Armee und lernte Adenauer als einen verläßlichen und zähen Anwalt deutscher Interessen kennen und allmählich auch schätzen.

«Gott sei Dank, daß es Herrn Dulles gibt»

Bonn als Juniorpartner Washingtons

Am 5. 5. 55 traten die Pariser Verträge endlich in Kraft. Bis zuletzt hatte die SPD versucht, die Verträge mit dem Argument zu verhindern, die Wiederaufrüstung gefährde die Wiedervereinigung. 1950 konnte die SPD noch hoffen, mit einem Kampf gegen die Wiederaufrüstung einen Machtwechsel in Bonn zu erreichen. Fünf Jahre später stand die Mehrheit der Bevölkerung hinter der Politik Adenauers, der Widerstand der SPD und maßvolle außerparlamentarische Aktionen zusammen mit dem DGB und der evangelischen Kirche in der «Paulskirchen-Bewegung» blieben ohne Wirkung.

Konnte die SPD die Verträge auch nicht verhindern, so wollte sie sie wenigstens nicht feiern. Adenauer wollte im Parlament eine Proklamation an das deutsche Volk verlesen, doch er verzichtete darauf, als die SPD eine Gegenerklärung androhte. Daraufhin begnügte sich der Kanzler mit einem Schreiben an den Bundestagspräsidenten und hielt eine eigene kleine Feier vor dem Palais Schaumburg ab: «Ich versuchte, dem Tag zumindest eine gewisse Weihe dadurch zu geben, daß ich vor dem Palais Schaumburg um 12 Uhr mittags feierlich die deutsche Flagge hissen ließ.» Ein Zug Bundesgrenzschutz präsentierte das Gewehr. Adenauer: «An diesem Tage hatte Deutschland seine Freiheit, seine Souveränität wiedererlangt.»

Neun Tage später wurde der Warschauer Pakt gegründet. Die DDR erhielt ebenfalls ihre Souveränität zurück. Der Staatsvertrag der DDR mit der Sowjetunion enthielt wie der Deutschlandvertrag Bonns eine Revisionsklausel und ein Bekenntnis zur Wiedervereinigung.

Beide deutschen Staaten erhielten ihre Unabhängigkeit zu einem Zeitpunkt, als die internationale Politik vom Kalten Krieg zur Entspannung auf der Grundlage der bestehenden Verhältnisse überwechselte. Die Hoffnung Adenauers, durch den deutschen Verteidigungsbeitrag eine Änderung des Ost-West-Kräfteverhältnisses zu erreichen, ging nicht auf. Anfang 1956 rückten in Ost und West die ersten deutschen Soldaten wieder in die Kasernen ein. Die einen trugen amerikanische, die anderen russische Stahlhelme. Die Wiederaufrüstung wurde zum Element der Stabilisierung des Status quo. Über fünf Jahre lang hatten die Franzosen die deutsche Wiederaufrüstung hinauszögern können, und in gewisser Weise – so die Ansicht mancher Historiker – müßten die Deutschen ihnen dafür dankbar sein. Die Verzögerung verhinderte, daß rückgekehrte Frontkämpfer den Geist der neuen Armee bestimmten, ohne vorher zumindest auf Zeit Erfahrungen im zivilen Leben zu sammeln. So wurde die Unterordnung der Militärs unter die parlamentarische politische Führung leichter möglich. Die Bundeswehr hatte es nicht mehr mit denselben Problemen zu tun wie die Reichswehr.

Die Souveränität Bonns auf der Grundlage der Gleichberechtigung war auch ein Erfolg der von Adenauer früh gesuchten engen Bindung an Amerika, der eigentlichen Siegermacht des Zweiten Weltkriegs. Die USA waren das Widerlager der ersten Europa-Konstruktion. Als sich 1953 die Krise der Integrationspolitik abzeichnete, wurde Washington für Adenauer erst recht unentbehrlich. Über die Vereinigten Staaten gelang es ihm, die Ost-West-Spannungen lange Jahre so auf Zug zu halten, daß er erfolgreich den Hochseilakt seiner Politik vorführen konnte: die Bundesrepublik aus der Fremdbesetzung durch die Besatzer herauszuführen, sie zum gleichberechtigten Partner im westlichen Lager zu machen, ihr eine Armee zurückzugeben, die USA zu

Sicherheitsgarantien gegenüber östlichen Bedrohungen zu bringen, sich ein Mitspracherecht im Dialog der Westmächte mit Moskau zu sichern – und das Ganze als Bemühen um Wiederherstellung der deutschen Einheit auszugeben.

Am Beginn und am Ende dieses zweiten Abschnitts der Adenauerschen Außenpolitik, in dem die Bundesrepublik zum Juniorpartner der USA heranwuchs, steht der Name desselben Mannes: Außenminister John Foster Dulles. Seit Beginn des Jahres 1953 regierte im Weißen Haus ein neuer Präsident, der Kriegsheld Dwight D. Eisenhower. Die Außenpolitik überließ er Dulles, in einem Ausmaß, daß selbst Adenauer erst sehr spät begriff, daß dieser Mann nicht der «Bundeskanzler der Vereinigten Staaten» war.

Dulles war der Sohn eines presbyterianischen Geistlichen. Auch er trat bisweilen als Laienprediger vor die Gemeinde. Schon als Jurastudent war er durch Europa gereist und hatte eine besondere Vorliebe für Frankreich entwickelt. Er ließ sich in New York als Anwalt nieder und wurde erfolgreicher Vertreter amerikanischer Großfirmen wie der United Fruit Company. Diplomatische Erfahrungen sammelte er als Berater auf Ost-West-Außenminister-Konferenzen nach Kriegsende und als Sonderbeauftragter der US-Regierung bei der Ausarbeitung des Friedensvertrags mit Japan 1951. In seiner Person verband er missionarischen Prinzipieneifer mit Geschäftstüchtigkeit und politischem Realismus. Der deutsche Bundeskanzler und der US-Außenminister sahen im Kampf gegen den Kommunismus eine existentielle Auseinandersetzung zwischen dem atheistischen Materialismus und den christlichen Wertvorstellungen. Beide lehnten Neutralismus in Europa ab sowie Versuche einzelner Staaten, im Alleingang zu einer Verständigung mit der Sowjetunion zu kommen. Zur Abwehr des Kommunismus und um ein gemeinsames Auftreten gegenüber dem Osten zu erreichen, favorisierten Adenauer und Dulles militärisch-politische Bündnisse, insbesondere die NATO. Die Wahlkampfparolen von Dulles, mit einer Politik des «roll back» den sowjetischen Einfluß weltweit zurückzudrängen, bestärkten Adenauer in seiner Hoffnung, im Bündnis mit den USA die Wiedervereinigung durchsetzen zu können. Adenauer rühmte an Dulles dessen Zuverlässigkeit und Offenheit. Er nahm ihn gegenüber dem sowjetischen stellvertretenden Ministerpräsidenten Anastas Mikojan ausdrücklich in Schutz, als dieser bei einem Besuch in Bonn 1958 Dulles Kriegstreiberei unterstellte. Adenauer: «Ich kenne Dulles genügend, um zu versichern, daß Dulles kein Abenteurer ist.» Aber mit dieser Charakterisierung distanzierte sich Adenauer zugleich auch vorsichtig von Dulles' Krisentheorie der «brinkmanship», der Gratwanderung am Rande des Abgrunds.

Aus der Interessengemeinschaft entwickelte sich zwischen Adenauer und Dulles ein enges Arbeitsverhältnis. In seinen «*Erinnerungen*» spricht Adenauer an einigen Stellen über seinen «Freund» John Foster Dulles. Ihre fünfzehn Begegnungen indes waren vorwiegend ausgefüllt mit sachlichen Erörterungen. Für Persönliches blieb dabei wenig Raum. Das zeigte sich auch daran, daß Adenauer mit der Biographie von Dulles nicht vertraut war. Er bezeichnete ihn in seinen «*Erinnerungen*» als ehemaligen Missionar. In der für ihn typischen Art, die Urteile Dritter vorzuschieben, um auf diese Weise indirekt die eigene Meinung zu vermitteln, beschrieb Adenauer den Amerikaner als einen «im Umgang zuweilen schwierigen Politiker», dessen «reservierte Haltung und etwas bärbeißige Art einen gewissen Schrecken einjagen» und der «durch seinen verschlossenen Gesichtsausdruck, durch seine Art, sich zu geben, zunächst nicht für sich einnehmend» wirke.

Erst bei der letzten Begegnung wurde erkennbar, daß die beiden alten Männer eine gewisse persönliche Zuneigung hegten. Schon vom Krebs gezeichnet, kam Dulles Anfang Februar 1959 noch einmal nach Bonn. Er selber wußte nichts von der Schwere seiner Krankheit und versicherte dem Bundeskanzler, die Ärzte schlössen Krebs aus. Er fühle sich jedoch nicht wohl und müsse deshalb insbesondere mit Speisen und Getränken sehr vorsichtig sein. Auf Adenauers Bitten hin erklärte sich Dulles bereit, dennoch an einem offiziellen Abendessen im Palais Schaumburg teilzunehmen. Adenauer ließ ihm von der Küche des Kanzleramts eine Hafergrützensuppe kochen, die so serviert wurde, daß keiner der Anwesenden merkte, daß es sich um ein besonderes Gericht handelte. Zurück in Washington, wurde Dulles operiert, und die Ärzte klärten ihn über seinen Zustand auf. Dulles bat daraufhin seinen Bruder Allen, den deutschen Kanzler davon zu informieren, daß er ihm nicht wissentlich die Unwahrheit gesagt habe. Der Stellvertreter von Dulles und spätere Außenminister Christian Herter übermittelte kurz darauf bei einem Bonn-Besuch die Bitte des Kranken, ihm das Rezept für die Hafergrütze zu geben. Herter glaubte zunächst, es handele sich dabei um ein zwischen Adenauer und Dulles verabredetes Code-Wort. Per Kurier ließ Adenauer einige Pakete der Hafergrütze und das Rezept nach Washington übermitteln. Auszug aus Adenauers Memoiren: «Als ich dann Ende Mai 1959 zur Beerdigung von Dulles in Washington war, hörte ich, daß diese Hafergrütze das letzte Nahrungsmittel gewesen sei, das er vor seinem Tode zu sich genommen hatte.» Eleanor Dulles, die Schwester des Außenministers, berichtet, Adenauer habe Tränen in den Augen gehabt, als er ihr diese Geschichte zum erstenmal erzählt habe.

Mit dem Tod von Dulles endete die «special relationship» zwischen Bonn und Washington. Sechs Jahre zuvor hatte sie begonnen. Als Dulles in Adenauer den unbeirrbaren Verfechter eines Westkurses erkannt hatte, hatte er ihm 1953 das Angebot einer Art informellen Stabilitäts-Pakts gegen die wankelmütigen Franzosen und entspannungsfreudigen Engländer gemacht: «Viele andere Regierungen treiben mit der Flut. Die deutsche und die amerikanische Regierung sollten einen richtungweisenden Einfluß auf die Entwicklung ausüben» (Adenauer).

In den kommenden Jahren entwickelte sich die Achse Bonn–Washington zur bestimmenden Kraft im westlichen Bündnis. Im deutsch-amerikanischen Doppelgriff wurden über mehrere Jahre sämtliche Rüstungskontrollvorschläge erledigt. Sie setzten sich alle aus denselben Grundbausteinen zusammen: Inspektionszonen zur Verhinderung von Überraschungsangriffen, Reduzierung von militärischen Verbänden, atomwaffenfreie Zonen, Verringerung der Militärhaushalte, Boden- oder Luftbeobachtungsmöglichkeiten, überlappende Radarsysteme. Die Vorschläge des britischen Außenministers Eden, des Londoner Oppositionsführers Hugh Gaitskell, des polnischen Außenministers Adam Rapacki und des amerikanischen Ex-Diplomaten Kennan für die militärische Entspannung in Europa hatten unterschiedliche Schwerpunkte, aber ein gleiches Schicksal: Sie endeten in der Ablage. Das Bremser-Duo Adenauer/Dulles war schließlich so prominent, daß sich der amerikanische Außenminister in Washington schon die Kritik anhören mußte, seine Außenpolitik werde wohl von Adenauer in Bonn gemacht.

Bonner Innenpolitik wurde in dieser Zeit jedenfalls auch in Washington gemacht.

Es gibt Fotos, die wie Wegemarken bestimmte Etappen der Geschichte der Bundesrepublik abstecken. Etwa Adenauer und de Gaulle beim gemeinsamen Hochamt in der Königskathedrale von Reims, oder Willy Brandts Kniefall vor der Gedenkstätte für die Toten des Warschauer Ghettos. Die erste dieser Momentaufnahmen geronnener Zeitgeschichte wurde im April 1953 auf dem Heldenfriedhof Arlington bei Washington gemacht. Konrad Adenauer, barhäuptig, schreitet neben einem amerikanischen General auf das Grabmal des Unbekannten Soldaten zu. Dicht hinter ihm drei amerikanische Fähnriche, der mittlere trägt die Fahne der Bundesrepublik. Angetreten sind Kompanien der drei Waffengattungen. Als Adenauer den Kranz niedergelegt hat, intoniert ein Musikkorps das Deutschlandlied. Mehr noch als alle Berichte über Adenauers Gespräche mit Eisenhower oder Dulles vermittelte die Szene von Arlington den Deutschen zu Hause das Gefühl, daß die Jahre der Feindschaft und Erniedrigung vorüber seien. Die Bundesrepublik Deutschland, so Adenauer, sei wieder aufgenommen «in den Kreis und in die Gemeinschaft der freien Völker». Es war der Beginn einer Übung, die Konrad Adenauer noch öfter praktizierte und die alle seine Nachfolger, auch die sozialdemokratischen, kopierten: sich in Washington die höheren Weihen für den innenpolitischen Bedarf zu holen. 1953 war Wahljahr. Von Amerika aus flog Konrad Adenauer direkt nach Hamburg, wo die CDU im Curio-Haus ihren Wahlparteitag abhielt. Beifallklatschende Menschen säumten den Weg vom Flughafen in die Innenstadt. Die versammelten Christdemokraten brachten dem heimgekehrten Amerikareisenden wahre Ovationen. Adenauers Pressechef Felix von Eckardt: «Von diesem Tage an konnten die Herbstwahlen zum Bundestag als gewonnen gelten.»

Eine breite Amerikanisierung des öffentlichen Lebens in der Bundesrepublik sicherte die «Dulles-Phase» der Adenauer-Politik innenpolitisch ab. Die heranwachsenden Jungen und Mädchen trugen Blue jeans, Hemingway wurde zum Lieblingsautor, amerikanische Filme begannen ihren Siegeszug, Jazz und Rock 'n' Roll bestimmten die Freizeit. Amerika wurde zum Leitbild des demokratischen, fortschrittlichen und wirtschaftlich erfolgreichen Landes. Für die Schattenseiten des amerikanischen Systems – Klassengesellschaft, Diskriminierung der Farbigen, Provinzialismus und die imperialistische Außenpolitik in Lateinamerika – interessierte sich niemand.

Bei aller grundsätzlichen Amerika-Orientierung, die sein politisches Agieren bestimmte, hegte Adenauer aber auch gewisse tiefsitzende Vorbehalte gegenüber der westlichen Führungsmacht. Adenauer kränkte es, überlieferte Theodor Heuss aus einem langen Gespräch mit dem Kanzler, daß Europa als altes Kulturland von Amerika abhängig sei und es alle vier Jahre in der gesamten westlichen Außenpolitik zu einer vorübergehenden Handlungsunfähigkeit komme, weil sich die USA auf die Präsidentschaftswahlen konzentrierten, auf deren Ausgang Europa keinen Einfluß ausüben könne. Nach der Schilderung von Heuss schwankte Adenauer zwischen Bewunderung für die Leistungskraft Amerikas und Systemkritik. Mit den Augen des Kommunalpolitikers entdeckte Adenauer die Schattenseiten der amerikanischen Gesellschaft. In New York, so registrierte er auf einer USA-Reise im Dezember 1956, fehlten 50 Prozent der benötigten Krankenhausbetten. Sehr schlimm sei es «mit der Irrenpflege». Jeder zwölfte Amerikaner sei infolge des hohen Arbeitstempos geisteskrank. Adenauer beharrte auf dieser Ansicht auch, als Theodor Heuss vorsichtig Einwände erhob: er habe es gelesen und es sei ihm bestätigt worden. Was werde aus Europa, so sorgte sich Adenauer im Gespräch mit Heuss, wenn Amerika «in dreißig, vierzig Jahren kommunistisch werde?»

Eine zusätzliche Klammer zwischen der Bundesrepublik und den USA wurde dann der Aufbau der Bundeswehr. Als am 1. Januar 1956 die ersten deutschen Soldaten in Andernach in die Kasernen einrückten, kamen ihre Waffen, vom Gewehr bis zum Panzer, aus amerikanischen Beständen. Der Willkommensgruß kam vom Bundeskanzler. Angestrahlt von zwei elektrischen Heizsonnen, rief der an den Bronchien erkrankte Regierungschef, nach dem Grundgesetz Oberbefehlshaber im Kriegsfall, den Uniformierten zu: «Juten Morjen, Soldaten.»

Nach den ursprünglichen Planungen aus den frühen fünfziger Jahren – die Erfahrungen des Zweiten Weltkriegs und des Korea-Kriegs bestimmten noch das Denken – sollte die Bundeswehr als ein konventionell ausgerüstetes Massenheer von 500000 Mann aufgebaut werden. Als dann mit mehreren Jahren Verspätung die Bundeswehr Wirklichkeit wurde, hatten die USA und Großbritannien bereits damit begonnen, ihre Armeen mit taktischen Atomwaffen auszurüsten und die Landstreitkräfte zu reduzieren. Eine neue NATO-Strategie war in Kraft gesetzt: Die konventionell gerüsteten Heere, in erster Linie auch die Bundeswehr, sollten an der mitteleuropäischen Front als «Schild» dienen, die Atomwaffen sollten als «Schwert» zum Einsatz kommen.

Konrad Adenauer, ursprünglich gegen eine Militärplanung mit dem Einsatz von Kernwaffen eingestellt, wollte nun auch in diesem Bereich die Gleichrangigkeit der Bundesrepublik gewahrt wissen. 1957 forderte er, die Bundeswehr müsse mit atomaren Waffen ausgerüstet werden. Einmal mehr bestätigte er seinen Ruf als Vereinfacher. Große Waffen habe die Bundesrepublik ja nicht, sagte er auf einer Pressekonferenz, aber man müsse zwischen den großen atomaren und den taktischen unterscheiden: Die taktischen Atomwaffen seien «nichts weiter als die Weiterentwicklung der Artillerie». «Selbstverständlich können wir nicht darauf verzichten, daß unsere Truppen auch in der normalen Bewaffnung die neueste Entwicklung mitmachen.» Franz Josef Strauß, der im Oktober 1956 Theodor Blank als Verteidigungsminister ablöste, reduzierte, schon ganz auf der neuen Linie, die Planungen für die Sollstärke der Bundeswehr auf 350000 Mann.

Adenauers Forderung nach Atomwaffen führte zur ersten vielbeachteten politischen Einmischung von Intellektuellen in die Außenpolitik. Achtzehn Professoren, darunter vier Nobelpreisträger, veröffentlichten einen Appell mit der Forderung an die Bundesrepublik, auf die Atomrüstung der Bundeswehr zu verzichten. Taktische Atomwaffen hätten die Sprengwirkung der Hiroshima-Bombe, und ein kleines Land wie die Bundesrepublik könne sich am besten schützen, wenn es auf Atomwaffen jeder Art verzichte. Die «Göttinger Erklärung» löste eine große öffentliche Diskussion über die Frage der Atombewaffnung aus. Gewerkschafter, evangelische Theologen, Wissenschaftler, Jugendgruppen und Sozialdemokraten fanden sich zu einer außerparlamentarischen Opposition zusammen. Als sich zeigte, daß die «Kampf dem Atomtod»-Kampagne, die auch der Urwaldarzt Albert Schweitzer unterstützte, größere Resonanz fand, machte Adenauer einen Rückzieher und forderte eine weltweite allgemeine Abrüstung. Seinen Verteidigungsminister Strauß ließ er erklären, er strebe keine nationale Verfügungsgewalt über Atomwaffen an. Den Verfassern der Göttinger Erklärung sprach Adenauer die Sachkompetenz ab:

Ihre Erklärung habe mit wissenschaftlichen Erkenntnissen nichts zu tun. «Sie ist rein außenpolitischer Natur. In ihrer Beurteilung muß man Kenntnisse haben, die diese Herren nicht besitzen. Denn sie sind nicht zu mir gekommen.»

Die Hoffnung der Sozialdemokraten auf Stimmengewinne durch die Atomtod-Kampagne trog. Die Protestaktion kam beim Wählervolk 1957 ebenso wenig an wie zwei Jahre zuvor die «Paulskirchen-Bewegung». Die Westdeutschen fürchteten sich mehr vor Arbeitslosigkeit, Wirtschaftskrise und den Russen. «Keine Experimente» und «Denke an Ungarn» – sowjetische Truppen hatten im November 1956 den ungarischen Aufstand niedergeschlagen – lauteten die Wahlparolen der CDU. Es waren psychologisch meisterhafte Appelle an das Sicherheitsdenken der Deutschen. Sie wählten diesmal Adenauers Partei mit der absoluten Mehrheit an Stimmen und Mandaten ins Parlament – der größte Wahlsieg, der je in der deutschen Parlamentsgeschichte errungen wurde.

Kaum war diese innenpolitische Hürde genommen, wurde die Bundesregierung im Frühjahr 1958 offensiv. Vom Parlament holte sich Adenauer die Zustimmung zur «Ausrüstung der Bundeswehr mit modernsten Waffen». In einer der heftigsten Redeschlachten des Parlaments nannte der SPD-Abgeordnete Helmut Schmidt diese Entscheidung «so verhängnisvoll wie das Ermächtigungsgesetz».

Für Adenauer war die Forderung nach Atomwaffen in erster Linie eine politische Status-Frage. Er wollte die Bundesrepublik auf eine Stufe mit Frankreich und Großbritannien stellen. Deutsche Soldaten sollten die gleichen Waffen wie die Hauptverbündeten haben. Aus demselben Souveränitätsdenken heraus widersetzte sich Adenauer auch amerikanischen Forderungen, Mittelstreckenraketen vom Typ Thor und Jupiter in der Bundesrepublik zu stationieren, die unter alleiniger Befehlsgewalt der Amerikaner stehen sollten. Die USA wollten damit die sowjetische Überlegenheit bei Langstreckenraketen ausgleichen. Nach Adenauers Nein inserierte die Bundesregierung zur NRW-Landtagswahl 1958: «Atomare Mittel- und Langstreckenraketen der NATO werden weder an Rhein und Ruhr noch sonstwo in der Bundesrepublik stationiert.»

Unter Adenauers Führung hatte die Bundesrepublik eine stete Aufwärtsentwicklung hinter sich: Sie erlangte immer mehr Rechte gegenüber den Siegermächten, eine immer größere internationale Anerkennung, der Wohlstand ihrer Bürger wuchs ebenso wie ihre Gold- und Devisenreserven. Adenauers Forderung nach Atomwaffen für die Bundeswehr aber wurde letztlich abgewiesen. Jahrelang wurde über die Frage einer westdeutschen Mitbeteiligung an der Atomrüstung gesprochen. Mal waren die Franzosen die möglichen Partner, mal stand eine multinationale Flotte atombestückter Schiffe zur Diskussion, mal wurde ein Zugang über die USA angestrebt. Das Atom-Thema wuchs sich zu einer Belastung sowohl im Westbündnis als auch im Verhältnis zur Sowjetunion aus. Erst 1969 beendete die neu angetretene Regierung der sozial-liberalen Koalition die unerquickliche Diskussion mit einem definitiven Verzicht durch den Beitritt zum Atomwaffensperrvertrag.

Ihre Weigerung, der Bundesrepublik Atomwaffen zu liefern, hinderte die Amerikaner nicht, der Bundeswehr für Milliardenbeträge Trägerwaffen zu verkaufen. Auch wenn zwischen Adenauer und Dulles in den grundsätzlichen Ost- und Westfragen Übereinstimmung bestand, so war doch nicht zu übersehen, daß es sich bei den USA und der Bundesrepublik um Staaten von sehr unterschiedlichem Gewicht und sehr unterschiedlichen Interessen handelte. Weder in der Rüstungskontrollpolitik noch in der Sicherheitspolitik ließ sich auf Dauer vollständige Übereinstimmung erzielen. Der mißtrauische Bundeskanzler registrierte mit seismographischer Empfindlichkeit Entwicklungstendenzen, die seinen beiden Hauptsorgen Nahrung zu geben schienen: Daß die USA sich aus Europa zurückziehen könnten oder daß es zu Absprachen unter den ehemaligen Alliierten des Zweiten Weltkriegs auf Kosten der Westintegration der Bundesrepublik kommen könnte. In Eisenhower sah Adenauer einen Mann ohne ausreichende Widerstandskraft – «obwohl Präsident Eisenhower sicher überzeugt ist von der Gefahr des Kommunismus, hat er doch das Bestreben, als Präsident der Abrüstung und des Friedens in die Geschichte einzugehen». Gerade im Bereich der Abrüstungspolitik hatte der Hardliner Dulles nicht die volle Autorität, sondern stand in Konkurrenz zum Abrüstungsbeauftragten des Präsidenten, Harold E. Stassen. Von dessen Schreibtisch gingen wesentliche Vorlagen für Entspannungsangebote aus und führten gegen Ende der fünfziger Jahre zur Auflösung des 1953 begründeten deutsch-amerikanischen

Sonderverhältnisses. Grewe: «Von Stassen erwartete man in Bonn nichts Gutes.»

Adenauer sah zum erstenmal seine Befürchtungen voll bestätigt, als die *New York Times* am 13. Juli 1956 berichtete, der amerikanische Generalstabschef Admiral Arthur Radford habe einen Plan zur drastischen Reduzierung der konventionellen Truppen zugunsten der Atombewaffnung ausgearbeitet. Der Kanzler nannte die Zeitungsmeldung «alarmierend». Einen Monat zuvor erst hatte er seine dritte Amerikareise unternommen. Außenminister Dulles hatte ihn nur in vager Form darüber unterrichtet, daß die Amerikaner «den Verteidigungshaushalt den veränderten militärtechnischen Gegebenheiten» anpassen wollten. Das zeitliche Zusammentreffen amerikanischer Truppenreduzierung mit der dritten Lesung des Wehrpflichtgesetzes ergab eine für den Kanzler unerfreuliche Pointe. Die auf 18 Monate geplante Wehrpflicht wurde im Parlament jetzt auf 12 Monate festgesetzt. Adenauer reagierte heftig und rief die Botschafter aus den drei westlichen Hauptstädten zu Beratungen nach Bonn. Dem zur Beruhigung des Kanzlers nach Bonn geschickten Bruder des US-Außenministers, CIA-Chef Allen Dulles, gab Adenauer mit auf den Weg: «Die NATO wird senil, und die Aussichten für die Zukunft sind schrecklich.» Adenauer gelang es schließlich, den amerikanischen Außenminister von den gefährlichen Rückwirkungen des Radford-Plans zu überzeugen. John Foster Dulles setzte die Streichung des Vorhabens in Washington durch und verhinderte auch im folgenden Jahr eine geplante Truppenreduzierung in Europa. Adenauer erleichtert vor CDU-Oberen: «Wir können Gott danken, daß es Herrn Dulles gibt.»

Seine Sorgen um den Bestand der NATO bekamen schon im November 1956 neue Nahrung. Durch eine amerikanisch-sowjetische Gemeinschaftsaktion in der UNO wurde die Militärintervention Englands und Frankreichs gegen Ägypten gestoppt. Die beiden Länder wollten, unterstützt von Israel, mit Waffengewalt die Verstaatlichung des Suez-Kanals durch Ägypten rückgängig machen. Für Adenauer ging es dabei um einen Akt europäischer Staatsräson, um – so sein Außenminister Brentano – «eine völlige Bolschewisierung des Nahen Ostens und damit eine Abschnürung Europas von der afrikanischen und asiatischen Welt zu verhindern.»

Am 4. Oktober 1957 schossen die Russen den ersten künstlichen

Satelliten, den «Sputnik», in eine Erdumlaufbahn. Sie dokumentierten damit, daß sie Raketen mit einer Reichweite bis nach Amerika bauen konnten. Das mußte langfristig zu einer weiteren Revision der amerikanischen Strategie führen. In einer ersten Reaktion auf das Ereignis meinte Adenauer nur: «Das ist ein großer Bluff.» Dann aber versuchte er, dieser Demonstration sowjetischer Stärke etwas Positives abzugewinnen: «Ich beurteilte diesen Sputnik fast wie eine Art Himmelsgeschenk, weil ohne ihn die freie Welt in ihrem Dämmerschlaf weiterverharrt hätte.»

Doch statt der erhofften verstärkten westlichen Rüstungsanstrengungen arbeiteten die USA und die Sowjetunion auf Fortschritte in der Abrüstung hin und strebten eine Gipfelkonferenz an. Adenauer verfolgte diese Annäherung mit Skepsis und unterstellte den Amerikanern sogar, zugunsten einer Abrüstungsvereinbarung die Teilung Deutschlands anzuerkennen. Adenauers Konsequenz: Er wollte das deutsche Problem fürs erste aus den internationalen Verhandlungen ausklammern. Außenminister Dulles äußerte sich befremdet über Adenauers Bedenken. Offenbar sei er, so meinte der Amerikaner, viel entschiedener für die Wiedervereinigung als der deutsche Kanzler.

Die Distanz zu Amerika verstärkte sich, als Adenauer mit dem Tod von Dulles seine politische Bezugsperson verlor. Den Nachfolger im State Department, Christian Herter, hielt Adenauer für eine schwache Figur. Den amerikanischen Präsidenten hatte Adenauer schon seit dessen Amtsantritt als zu weich im Umgang mit den Russen kritisiert und war alarmiert, als er 1959 ohne Vorabinformation von der Nachricht überrascht wurde, daß sich Eisenhower zum Zweiergipfel mit Chruschtschow auf Camp David verabredet hatte. Als Eisenhower zur Beruhigung der Verbündeten eine Werbetour nach Europa unternahm, schien kurzfristig die alte Unbefangenheit wiederzukehren. «Herr Präsident, kann ich mit Ihnen genauso offen reden wie mit Herrn Dulles?» begrüßte der Kanzler Eisenhower in Bonn. Beide befanden sich in Hochstimmung, nachdem die Autofahrt vom Flughafen in die Bundeshauptstadt zu einem Triumphzug geworden war. Mit einem Trick hatte Adenauers Pressechef von Eckardt für Jubler gesorgt. Er ließ den Feierabendverkehr eine halbe Stunde vor der Ankunft durch die Polizei stoppen. Die Autos stauten sich, und die Menschen stiegen aus, um am Straßenrand auf den berühmten Gast zu warten. Adenauer, links stehend neben Eisenhower im offenen Mercedes, betrachtete prüfend die jubelnden Massen. Später sagte er vor der Fraktion, er habe in seinem ganzen Leben noch nie eine so spontane Begeisterung erlebt. Er habe genau aufgepaßt und auf seiner Seite nicht mehr als fünf Leute mit den Händen in den Hosentaschen gesehen.

Die euphorische Stimmung war bald verflogen. Von neuem zeigte Eisenhower Neigung, sowjetischen Vorstellungen für eine Regelung der Deutschland- und Berlin-Frage entgegenzukommen und über Bonner Einwände hinwegzugehen. Staatssekretär Hilger van Scherpenberg vom Auswärtigen Amt betrauerte in einem handschriftlichen Brief an seinen Minister den deutschen Herbst des Jahres 1959: «Ich habe den Eindruck, daß uns jede außenpolitische Initiative und Handlungsfreiheit mehr und mehr entgleitet und daß wir zurücksinken in den Zustand, in dem wir nur Objekt der Politik der anderen sind.»

Das Ende der Erbfeindschaft

Konrad Adenauer und Charles de Gaulle

Phaseneinteilungen sind das Mercator-System der Zeitgeschichtler. So wie der niederländische Kartograph den Globus mit einem Netz von Längen- und Breitengraden überzog, schaffen sie zeitliche Fixpunkte im fließenden Ablauf des Geschehens: Von 1949 bis 1954 suchte Adenauer die politische Föderation Europas zu verwirklichen; ab 1953/54 bis 1958 dauerte die «Dulles-Phase»; für die letzte Periode 1958 bis 1963 steht der Name Charles de Gaulle. Aber die Übergänge zwischen diesen Abschnitten sind fließend, die Politik des Kanzlers komplizierter als solch eine schematische Vereinfachung.

Das Jahr 1958 gewann durch zwei Ereignisse in Westeuropa herausragende Bedeutung für Adenauers Außenpolitik. Zum Jahresbeginn traten die Verträge über die Europäische Wirtschaftsgemeinschaft in Kraft. Im Juni kehrte General Charles de Gaulle in Frankreich an die Macht zurück.

Nach dem EVG-Debakel vom August 1954 war die Unterzeichnung der EWG-Verträge auf dem Kapitol in Rom am 25. März 1957 ein neuer Anlauf, die europäische Einigung weiter voranzubringen. Die Verträge, von Adenauer sogleich als Beweis europäischen Selbstbehauptungswillens hervorgehoben, sahen vor, die Sechsergemeinschaft der Montanunion in Etappen zu einer Wirtschaftsunion auszubauen.

War die Montanunion noch mit der Absicht entworfen worden, das westdeutsche Wirtschaftspotential unter Kontrolle zu halten, so fehlte bei dem römischen Vertragswerk jede diskriminierende Absicht. Durch zähen Wiederaufbau hatte die Bundesrepublik die Spitzenposition unter den europäischen Industriestaaten erreicht und mußte daher aus dem Gemeinsamen Markt den größten Nutzen ziehen. Die Bereitschaft Frankreichs, sich wieder auf die europäische Einigung zu besinnen, war auch durch den Fehlschlag des Suez-Abenteuers gestärkt worden. Konrad Adenauer hatte durch kluges Taktieren diese Disposition des Nachbarn gefördert. Statt bei strittigen Punkten während der EWG-Verhandlungen die augenblickliche Schwäche auszunutzen, setzte er persönlich entscheidende Konzessionen an Paris durch: Dem französischen Wunsch nach Einbeziehung der überseeischen Gebiete in den Gemeinsamen Markt wurde ebenso entsprochen wie der Ausdehnung der Wirtschaftsunion auch auf Agrarprodukte, um so der französischen Landwirtschaft Absatzgebiete zu sichern. Desgleichen akzeptierte Adenauer trotz heftiger Bedenken der deutschen Wirtschaft, daß auch die Kernenergie-Industrie in der Euratom zu einem Gemeinschaftsvorhaben gemacht wurde – wobei Frankreich überdies das Recht behielt, seine eigene militärische Atomrüstung außerhalb der Gemeinschaft zu betreiben. Die bei der EWG-Gründung erzielte deutsch-französische Annäherung zeigte sich darin, daß Paris die Wahl des AA-Staatssekretärs Walter Hallstein zum ersten Präsidenten der EWG-Kommission akzeptierte. In den Jahren 1957/1958 wurden zwischen Bonn und Paris umfassende und zukunftsträchtige Kooperationsmöglichkeiten ins Auge gefaßt. Die Perspektive eines gegenüber den USA selbständig auftretenden militärisch und politisch geeinten Europas gewann Konturen. Der wichtigste Ansatz war die Gemeinschaftsproduktion von Atomwaffen.

Die Regierung unter Félix Gaillard – als drittletztes Kabinett der Vierten Republik vom 6. November 1957 bis 15. April 1958 im Amt – war entschlossen, Frankreich zur Atommacht aufzubauen, um gegenüber den USA fortan Handlungsfreiheit zu gewinnen. Der französische Generalstab sprach sich für eine möglichst umfassende und enge Zusammenarbeit mit Deutschland aus. Im Auftrag Gaillards reiste Mitte November 1957 der Staatssekretär im französischen Außenministerium, Maurice Faure, zu Bundeskanzler Adenauer, um ihn für «eine gemeinsame Gestaltung der militärischen Forschung und Waffenfabrikation» zu gewinnen. Die politische Frontstellung wurde von Faure ausdrücklich angesprochen: Die kontinentaleuropäischen Staaten müßten den Vereinigten Staaten gegenüber beweisen, daß sie Atomwaffen selbst herstellen könnten. In seinen *«Erinnerungen»* notierte Adenauer: «Faure stellte die Frage, ob die Bundesregierung zu einer Mitarbeit hierbei bereit sei. Ich bejahte diese Frage.»

Ein paar Wochen später, am 15. Dezember 1957, traf Adenauer mit Gaillard in Paris zusammen. Er schloß eine deutsche Produktion von Atomwaffen zwar aus, sagte aber eine Teilnahme an den «Forschungsuntersuchungen» zu. Im Februar 1958 kam es dann zu einer Geheimabsprache zwischen dem deutschen Verteidigungsminister Strauß, seinem französichen Kollegen Jacques Chaban-Delmas und dem ebenfalls zugezogenen italienischen Verteidigungsminister Paolo Emilio Taviani. Vereinbart wurde eine wissenschaftlich-technische Zusammenarbeit und eine gemeinsame Finanzierung der französichen Isotopen-Trennanlage «Pierrelatte». Ein weiteres Protokoll zwischen Strauß und dem Generaldirektor der französischen Atomenergie-Kommission, Pierre Guillaumat, ist bis heute ein wohlgehütetes Geheimnis. Nach einem Bericht des amerikanischen Publizisten Cyrus L. Sulzberger sollte die Bundesrepublik in Frankreich produzierte Atomsprengköpfe erhalten. Dabei aber sei vorgesehen gewesen, daß diese Sprengköpfe als deutsches Eigentum und von Deutschen kontrolliert in Frankreich gelagert werden sollten. Strauß dementierte diese Darstellung. Später allerdings informierte er Adenauers Nachfolger, Bundeskanzler Ludwig Erhard, über eine Vereinbarung deutscher Mitarbeit beim Aufbau der «Force de Frappe» und die Regelung, daß die Bundesrepublik Atomsprengköpfe erhalten sollte. Sich selber handelte Strauß von einem anderen Beteiligten ebenfalls ein Dementi ein. Als Pierre Guillaumat unter de Gaulle zum Verteidigungsminister aufrückte und von Strauß auf die frühere Absprache angesprochen wurde, bestritt der Franzose, daß überhaupt solche Gespräche stattgefunden hätten. Denn für seinen neuen Regierungschef war jede fremde Beteiligung an französischen Nuklearwaffen indiskutabel. Noch bei der Niederschrift seiner Memoiren bedauerte Konrad Adenauer, daß durch das Ende der Vierten Republik in Frankreich «die sehr wichtigen Ansätze zu einer gemeinsamen europäischen Arbeit auf atomarem Gebiet» wieder erstickt worden seien.

Die deutsch-französischen Beziehungen erhielten eine neue Wendung durch den Machtantritt de Gaulles am 1. Juni 1958.

Inzwischen sind die fünf Jahre zwischen 1958 und 1963, in denen Bundeskanzler Adenauer und Charles de Gaulle gleichzeitig an der Spitze ihrer Länder standen, schon von den Legenden einer politischen Mythologie überrankt. Die Faszination, die von der Beziehung zwischen den beiden Repräsentanten einer untergegangenen Zeit, des alten Europa vor dem großen Krieg von 1914, ausging, hat den Blick für die Wirklichkeit getrübt. «The last of the giants» nannte sie Sulzberger. Doch wer hinter solch respektvoller Verklärung die politischen Gemeinsamkeiten dieses Zweiergespanns suchte, mußte bald mit einem Achselzucken aufgeben. «Der lange Flirt zwischen Adenauer und de Gaulle beruhte auf einem sorgfältig kultivierten gegenseitigen Mißverständnis», erkannte der Publizist Sebastian Haffner.

Adenauer war der Fürsprecher der supranationalen europäischen Integration, während für de Gaulle der Erhalt der Nationalstaaten unabdingbar war. Adenauer wollte die Gleichberechtigung Deutschlands in Europa erzielen, während de Gaulle die französische Vorherrschaft in Westeuropa wiederherstellen und die Reste der Besatzungskontrolle über Deutschland erhalten wollte. Adenauer war für eine Stärkung der NATO, de Gaulle trat aus der Militärintegration der NATO aus. Adenauer erhoffte im Bündnis mit de Gaulle eine deutsche Mitverfügungsgewalt an Atomwaffen zu erreichen, während de Gaulle seine Force de Frappe unter ausschließlich nationaler Kontrolle haben wollte.

De Gaulle, der 1944 den französisch-sowjetischen Freundschaftsvertrag unterzeichnet hatte, war 1958 bei seiner neuen Machtübernahme von den französischen Kommunisten unterstützt worden. General Speidel, seit Frühjahr 1957 Oberbefehlshaber der NATO-Landstreitkräfte Europa-Mitte mit Sitz in Fontainebleau bei Paris, meldete nach Bonn, de Gaulle strebe einen neuen Vertragsabschluß mit der Sowjetunion an, um die französische Neutralität zu sichern. Adenauer glaubte zudem, Grund zu dem Verdacht zu haben, daß der neue Mann an der Spitze der französischen Regierung nun mit Hilfe der Sowjetunion die französische Atombombe bauen wolle. De Gaulle, im Ersten Weltkrieg deutscher Kriegsgefangener, hatte im Zweiten Weltkrieg als Führer des «Freien Frankreichs» zum Kampf gegen Deutschland aufgerufen, unerbittlich den besiegten Nachbarn dann am Boden gehalten. «Wir wollen nie wieder ein Reich», verkündete der General 1945 und handelte danach. Er legte sein Veto gegen die in Potsdam vereinbarten deutschen Zentralverwaltungen ein.

Gegen alle Projekte der europäischen Integration, vom Schuman-Plan bis zur EWG, hatte de Gaulle öffentlich Stellung bezogen. Seine gaullistische Sammlungsbewegung hatte in der französischen Nationalversammlung gegen jedes dieser Vorhaben gestimmt und war maßgeblich daran beteiligt gewesen, die EVG zu Fall zu bringen. Die beiden ersten Bände seiner damals gerade erschienenen Memoiren wiesen ihn als einen strammen Nationalisten aus, der die Restauration Frankreichs als Weltmacht zum obersten Ziel seiner Außenpolitik erklärte. Es wimmelte in ihnen von Begriffen wie «Grande Nation» oder «Gloire française» – schrille Dissonanzen in den Ohren eines Mannes wie Konrad Adenauer, der den Nationalismus als «Krebsübel Europas» erkannt hatte. Daß de Gaulle auf offiziellen Fotos in ordensgeschmückter Uniform posierte, bestärkte die Skepsis des Zivilisten Adenauer.

Hinweise auf gemeinsame Ansätze waren zu spärlich, als daß sie Adenauer hätten ermutigen können. Da gab es die Äußerung de Gaulles aus dem Jahr 1945, Deutsche und Franzosen sollten einen Strich unter die Vergangenheit ziehen und eingedenk der Tatsache, daß sie Westeuropäer seien, zusammenarbeiten. 1950 war de Gaulle der einzige gewesen, der Adenauers Vorschlag einer deutsch-französischen Zweier-Union positiv aufgenommen hatte.

Der französische Regierungschef schickte, kaum an der Macht,

Emissäre nach Bonn, um den deutschen Kanzler zu einem Besuch nach Paris einzuladen. Wochenlang wich Adenauer einer Begegnung mit de Gaulle aus. Der protokollbewußte, mittlerweile 82 Jahre alt gewordene Deutsche mochte nicht einsehen, wieso er dem 14 Jahre jüngeren General seine Aufwartung machen sollte und nicht die umgekehrte Abfolge eingehalten wurde. «Außerdem», so ließ Adenauer nach eigenem Bekunden einen der Boten wissen, «hätte ich auf Einladung des damaligen Ministerpräsidenten Mollet im November 1956 einen offiziellen Staatsbesuch in Paris gemacht. Dieser Besuch sei nicht erwidert worden.» Schließlich einigte man sich darauf, daß Adenauer die Rückreise vom Urlaub in Cadenabbia in Baden-Baden unterbrechen und von dort per Auto am 14. September 1958 de Gaulle in dessen Landhaus nahe dem lothringischen Städtchen Colombey-les-deux-Eglises besuchen werde. Diese Einladung bedeutete eine Ehrung, die nie vor oder nach ihm ein Staatsmann erfuhr. Adenauer: «Ich war von großer Sorge erfüllt, denn ich befürchtete, die Denkweise von de Gaulle wäre von der meinigen so grundverschieden, daß eine Verständigung zwischen uns beiden außerordentlich schwierig wäre.»

«Ich war glücklich, einen ganz anderen Menschen vorgefunden zu haben, als ich befürchtet hatte. Ich war sicher, daß de Gaulle und ich eine gute und vertrauensvolle Zusammenarbeit haben würden.» Zwischen diesen beiden Urteilen Adenauers liegt eine Begegnung von 24 Stunden. Adenauers rascher Meinungsumschwung war typisch für sein Verhalten in schwierigen Verhandlungssituationen, die er mit pessimistischen Erwartungen anging und guten Mutes wieder verließ. Die Zusammenarbeit mit Frankreich wurde für ihn zum Mittelpunkt seiner Politik in den letzten Jahren der Kanzlerschaft. Und der Jahre danach. Bei der Niederschrift des Fragment gebliebenen vierten Bandes seiner *«Erinnerungen»* konzentrierte er sich zum Schluß nur noch auf die deutsch-französischen Beziehungen.

De Gaulle, ein geübter Zeremonienmeister, war Adenauer bei seiner Ankunft im Park seines Landhauses entgegengekommen, hatte ihn auf deutsch begrüßt. Der Gesprächsverlauf, so wie ihn Adenauer aufgezeichnet hat, war davon gekennzeichnet, daß jeder der beiden den anderen für seine politischen Ziele einzuspannen versuchte. Für de Gaulle war die bereits weitgehend vollzogene französische Annäherung an Bonn das Fundament, auf dem er seine geplante Politik nationaler Unabhängigkeit zu errichten gedachte. Adenauer wiederum erkannte in dem General einen Verbündeten, um alle Ansätze einer Politik des Nachgebens gegenüber der Sowjetunion, von Amerikanern und Engländern zunehmend praktiziert, abzublocken. So einigten sich beide darauf, daß Bonn und Paris besondere Beziehungen zueinander aufnähmen und «sich nicht damit begnügen», so de Gaulle in seinen Memoiren, «zwei unter vielen zu sein in den Organismen, innerhalb derer sich ihre Persönlichkeit verwischt».

Doch gleich bei dieser ersten Begegnung entwickelte sich eine persönliche Beziehung zwischen den beiden Staatsmännern, die außerhalb rational faßbarer Erkenntnisse lag. Das fing schon damit an, daß sich die beiden weitgehend ohne Dolmetscher unterhielten, obwohl keiner von beiden die Landessprache des anderen beherrschte. Unvermutet entdeckte Adenauer in seinem Gegenüber verwandte Züge. André François-Poncet, der langjährige französische Deutschlanddiplomat, deutete die Symbiose so: «Beide lieben die Autorität, besitzen einen starken, bis zur Starrköpfigkeit gehenden Willen, wahren gern gut das Geheimnis ihrer Vorhaben, haben keine Illusionen über Menschen und Menschheit, besonders nicht über ihre Umgebung und über ihre Widersacher. Sie sind aufrichtige Demokraten, von der Notwendigkeit einer starken Regierung überzeugt.» Die Übereinstimmung ließe sich fortschreiben: Beide stützten sich auf Sammlungsparteien, die CDU und die Gaullistische Bewegung. Beide hatten sie nicht allzuviel übrig für das Parlament. Beide regierten sie eher wie aufgeklärte Monarchen denn auf Zeit gewählte Mehrheitsführer. Ihre konservativen Überzeugungen, die gemeinsame katholische Religiosität und die innere Freiheit der Kirche gegenüber rundeten die Harmonie. Die Eigenschaften de Gaulles, die ihn von dem Deutschen unterschieden, wurden für Adenauer Anlaß zu vorbehaltloser Bewunderung: Die Brillanz der Sprache, die intellektuelle Souveränität bei historischen und philosophischen Exkursen – so etwa, wenn er von dem archaischen Verhältnis zwischen «Galliern und Germanen» den Bogen zur Gegenwart spannte, wo es gelte, «dem Rad der Geschichte in die Speichen zu greifen», «Deutsche und Franzosen auszusöhnen» und ihre Anstrengungen und Fähigkeiten miteinander zu verbinden. Noch in seinen *«Erinnerungen»* schwärmt Konrad Adenauer von der Bibliothek de Gaulles, die er damals kennenlernte – «ich fand, daß sie einen sehr guten Stand hatte. Werke geschichtlichen und staatsrechtlichen Inhalts waren besonders zahlreich.» Der Journalist Peter Boenisch erinnert sich, wie Adenauer nach der Rückkehr staunte: «Und er hat die ganzen Bücher auch gelesen.»

Die Bewunderung war wechselseitig. Mit überschwenglichen Worten lobte de Gaulle den Deutschen als Staatsmann: Die Freundschaft und das gemeinsame Handeln seien nur möglich geworden, «weil Sie den Weg gezeigt haben, der sich mir wie so vielen anderen als der Weg des europäischen gesunden Menschenverstands erwiesen hat». Bei aller Vertraulichkeit – de Gaulle klagte über seinen Gesundheitszustand, Adenauers Antwort: Sobald er jetzt an die Arbeit käme, werde er sehen, wie aus der Arbeit neue Kräfte erwachsen würden, «mir ist es auch so ergangen» – lag schon über dieser ersten Begegnung ein Schleier des Unwirklichen. Denn am selben Tag, an dem er Konrad Adenauer mit allen Mitteln seiner politischen Kunst umwarb, schloß de Gaulle eine Botschaft an Präsident Eisenhower und den britischen Premierminister Macmillan ab, die von keiner Rücksichtnahme auf den neuen Bonner Freund getrübt war: Sie enthielt den Vorschlag, innerhalb der NATO ein Dreierdirektorium aus den USA, England und Frankreich zu bilden, die als Großmächte fortan ihre Weltpolitik koordinieren sollten.

Die «besondere Beziehung» zwischen Bonn und Paris, auf die sich de Gaulle und Adenauer eben verständigt hatten, ging offensichtlich nicht so weit, daß der französische Gastgeber glaubte, seinen deutschen Besucher über die fertig in der Schublade liegende gewichtige Initiative informieren zu müssen. Wenn Frankreich, das nun mit Vehemenz den Bau der eigenen Atombombe betrieb, sich aufs Feld der Großmachtpolitik begab, ging das den Partner nichts an. Nach der Explosion der ersten französischen Atombombe am 13. Februar 1960 in der Sahara machte Michel Debré, unter dem inzwischen zum Staatspräsidenten avancierten de Gaulle Ministerpräsident geworden, in kühler Herablassung den Bonnern klar: Staaten ohne Atombomben seien Satellitenstaaten.

Täuschung und – genauso häufig – Selbsttäuschung wurden zur Basis dieser Koexistenz, das Aneinandervorbeireden zur gängigen Dialogform.

Mit einer Zusicherung, Frankreich werde gegenüber den sowjetischen Forderungen nach einer Änderung des Status von Berlin festbleiben, hatte de Gaulle in Konrad Adenauer die Überzeugung gefestigt, der neue Freund sei anders als Amerikaner und Briten ein Mitverfechter der harten Linie gegenüber der Sowjetunion. Außerdem trat der General für eine Wiedervereinigung ein. Gleichzeitig aber verwirrte er die Bonner, indem er sich für die Hinnahme der Oder-Neiße-Grenze aussprach. In den Russen sah de Gaulle nur «irregegangene europäische Brüder». Sobald Frankreich nicht mehr durch den Algerien-Krieg geschwächt war, plädierte er für eine Politik der Entspannung, «die es ganz Europa gestatten würde, nach Beendigung des herrschsüchtigen Strebens einer überholten Ideologie im Osten sein Gleichgewicht, seinen Frieden, seine Entwicklung vom Atlantischen Ozean bis zum Ural herzustellen».

Frankreich und die Bundesrepublik, so umwarb de Gaulle den deutschen Bundeskanzler, müßten insbesondere auf dem Gebiet der Verteidigung zu einer gemeinsamen Politik kommen. Doch auch nicht andeutungsweise war de Gaulle bereit, seine neue «Force de Frappe» unter deutsche Mitkontrolle zu stellen. Adenauer seinerseits ließ in der Erkenntnis, daß die von Kolonialkriegen abgelenkte französische Armee wohl kaum die amerikanische Truppenpräsenz in Europa ersetzen könnte, für die Bundeswehr amerikanische Starfighter statt französischer Mirages einkaufen.

Gemeinsam waren sich beide darin einig, daß man dem amerikanischen Präsidenten nicht länger das Monopol überlassen dürfe, über den Einsatz nuklearer Waffen in Europa zu entscheiden. Konrad Adenauer setzte daraufhin auf Pläne des NATO-Oberbefehlshabers Norstad, die NATO zur Atommacht zu erheben, und er ließ sich für viele Jahre von dem amerikanischen Lockangebot einfangen, auf Seeschiffen eine multinationale Atomstreitmacht zu installieren. De Gaulle dagegen, an solchen Gemeinschaftslösungen nicht interessiert, konzentrierte sich auf die Kernwaffenrüstung des eigenen Landes.

Aus der einheitlichen Überzeugung, die NATO müsse neu formiert werden, folgerte de Gaulle, daß er die französischen Streitkräfte dem NATO-Kommando entziehen müsse, nachdem das Weiße Haus seinen Vorschlag eines Dreier-Direktoriums abgelehnt hatte. Konrad Adenauer hingegen bedrängte den neuen amerikanischen Präsidenten John F. Kennedy, die USA müßten wieder entschlossen die Führung in der NATO übernehmen, dann werde man auch de Gaulle davon überzeugen, «daß das Schicksal Frankreichs am besten in einem Bündnis wie der NATO aufgehoben sei».

Die Konfusion blieb nicht auf Bündnisfragen beschränkt. Aus Colombey-les-deux-Eglises hatte Adenauer zwar die Nachricht mitbringen können, daß de Gaulle – entgegen Bonner Befürchtungen – den von der Vorgängerregierung beschlossenen EWG-Vertrag einhalten werde. Neue Komplikationen aber entstanden, weil Ludwig Erhard im Interesse der deutschen Exportwirtschaft die Sechsergemeinschaft nicht durch hohe Zollmauern vom Welthandel sich abschotten lassen wollte. Er plädierte vielmehr für eine Ergänzung der EWG durch eine «Europäische Freihandelszone», die auch andere europäische Länder, insbesondere Großbritannien, einbeziehen sollte. «Eine integrierte europäische Wirtschaft», so sein Credo, könne «nur als ein integraler Bestandteil einer freien Weltwirtschaft verstanden werden.» De Gaulle aber sah in einer so ausgedehnten Freihandelszone Frankreichs Anspruch auf eine Führungsrolle in Westeuropa gefährdet. Eine auf Londoner Betreiben eingesetzte Arbeitsgruppe, die sogenannte Maudling-Kommission, bastelte eifrig an den Bedingungen solch einer Freihandelszone, als de Gaulle im November 1958 zu einem Gegenbesuch nach Bad Kreuznach kam. Der kleine Erholungsort, dessen Kurhaus im Ersten Weltkrieg das militärische Hauptquartier Kaiser Wilhelms II. und seines Feldmarschalls Paul von Hindenburg beherbergt hatte, war als Treffpunkt ausgesucht worden, weil er ungefähr gleich weit entfernt von Rhöndorf und Colombey-les-deux-Eglises gelegen war. Nach außen hin war diese zweite Begegnung zwischen Adenauer und de Gaulle ein glanzvolles Ereignis, eine Dokumentation der neuen Freundschaft. De Gaulle feierte Adenauer als «einen großen Mann, einen großen Staatsmann, einen großen Europäer und einen großen Deutschen». Mit zutraulicher Geste legte er dem sonst eher auf Zurückhaltung bedachten Bundeskanzler die Hände auf die Schultern. In einer offiziellen Verlautbarung hieß es dann, die Zusammenarbeit der EWG-Staaten und anderer Länder solle «aufrechterhalten und weiterentwickelt» werden. Das war allerdings nur eine diplomatische Kompromißformel. Intern hatte de Gaulle in einem ausführlichen Papier seine Einwände gegen eine Freihandelszone aufgelistet und seine Ablehnung mit der Erklärung gekrönt: «Und überdies wollen wir sie nicht!»

Bisweilen allerdings verhedderten sich die beiden Hauptakteure des deutsch-französischen Verwirrspiels im eigenen Taktieren. Bei einem Treffen auf Schloß Rambouillet inmitten dichter Wälder südlich von Paris am 29. und 30. Juli 1960 überraschte Charles de Gaulle den Bonner Regierungschef in einem Vier-Augen-Gespräch mit dem Vorschlag, eine deutsch-französische Zweierunion zu bilden. Der französische Staatspräsident hatte sich bereits Details überlegt: Beide Länder sollten zu einem Bundesstaat zusammengefaßt werden, in ihnen sollte es nur noch eine Staatsangehörigkeit geben, die Auswärtigen Ämter und die Verteidigungsressorts in Bonn und Paris sollten verschmolzen werden.

Vor soviel Polit-Fiction erschrak Adenauer. Zwar war er selber seit den zwanziger Jahren für eine organisierte Zusammenarbeit mit Frankreich eingetreten, 1950 hatte er sogar als erster den Gedanken einer politischen Union zwischen Frankreich und der Bundesrepublik propagiert. Fünf Jahre nach Kriegsende allerdings waren das eher spekulative Gedankenspiele gewesen, in der Absicht vorgebracht, die französische Annexionspolitik an der Saar zu konterkarieren. Jetzt, wo die Bundesrepublik NATO-Partner war und trotz aller Kritik an der US-Administration den Wert amerikanischer Schutzgarantien schätzen gelernt hatte, scheute Adenauer vor einer derartigen Umorientierung zurück.

De Gaulles Angebot zielte eindeutig auf die Etablierung Europas als unabhängige «Dritte Kraft». Wenn Deutschland und Frankreich entschieden vorangingen, hatte ihm der Staatspräsident dargelegt, könnten sich die anderen Staaten der EWG dem Sog nicht entziehen, sie müßten sich der neuen politischen Gemeinschaft anschließen. Adenauer machte nicht mit. Sein ‹Nein› begründete er damit, daß die Bundesrepublik wegen der in den europäischen Völkern lebendigen Unterjochungspolitik Hitlers zu besonderer Rücksichtnahme verpflichtet sei. Sie könne ihre Nachbarstaaten nicht vor vollendete Tatsachen stellen. Adenauers Vorsicht ging noch weiter. Wie Adenauer-Forscher Hans-Peter Schwarz herausfand, gab der Kanzler anschließend den Auftrag, das Protokoll des deutschen Dolmetschers Hermann Kusterer zu säubern und jene brisanten Passagen mit de Gaulles Vorschlag zu eleminieren. Schwarz: «Die Originalaufzeichnungen ließ Adenauer vernichten.»

Mit Paris oder Washington

Der Streit zwischen «Atlantikern» und «Gaullisten»

Tags darauf präsentierte de Gaulle in einem Neun-Punkte-Memorandum neue Vorschläge. Statt eines deutsch-französischen Zweierbundes schlug der General nun vor, daß sich die sechs EWG-Staaten zu einem westeuropäischen Staatenbund zusammenfinden sollten. Ihre Zusammenarbeit solle auf wirtschaftlichem, politischem und kulturellem Gebiet sowie im Bereich der Verteidigung beginnen. Alle drei Monate sollten sich die Regierungs- oder Staatschefs zur Koordinierung ihrer Politik treffen. Zu einem späteren Zeitpunkt sollten die nationalen Parlamente Abgeordnete in eine europäische Versammlung entsenden. Direkte Wahlen waren nicht geplant, die Versammlung sollte auch nur beratenden Charakter haben. Das «Europa der Vaterländer» wollte de Gaulle durch ein Referendum in den beteiligten Ländern absegnen lassen.

De Gaulles Vorschläge hatten allerdings auch schwerwiegende Nachteile. Deutlich zielte die Idee der politischen Zusammenarbeit der nationalen Regierungen darauf, die supranationale, inzwischen immer stärker werdende EWG-Kommission in ihrer Selbständigkeit einzuschränken. De Gaulle: Die Bürokratie der EWG dürfe sich nicht zum Superstaat entwickeln, da sie nicht die Verantwortung trüge. Eine Reform sei notwendig, die sie wieder den Regierungen unterstelle und ihr nur normale beratende Funktionen überlasse. Die zweite Fußangel: Die Streitkräfte der verbündeten Länder sollten wieder unter nationaler Verantwortung stehen, die von den USA dominierte

NATO-Integration also abgeschafft werden. Das neue Europa-Bündnis müßte für seine Verteidigung die Verantwortung tragen. In einem speziellen Gremium sollten die nationalen Generalstäbe ihre Militärkonzeptionen koordinieren.

De Gaulles Gedanken zur NATO-Reform nahm Adenauer mit hinhaltender Reserve auf, allerdings lehnte er sie auch nicht rundweg ab: Bei den kommenden Beratungen solle man die Idee verwerten. Die Ideen zu einer politischen Neuordnung Europas hingegen begrüßte er vorbehaltlos, selbst gegen eine Überprüfung der bestehenden EWG-Kompetenzen hatte er nichts einzuwenden.

Als Adenauer den Franzosen verließ und seine Berater in die Gesprächsergebnisse einweihte, kam ringsum Betroffenheit auf. Es wurde offenkundig, daß de Gaulle mit seinem Versuch weitgehend erfolgreich war, den deutschen Verbündeten als Hebel zu benutzen, um das NATO-System und das bestehende System der supranationalen Integration Westeuropas aus den Angeln zu heben. Offensichtlich wollte der Staatspräsident auf diese Weise die französische Vorherrschaft in Europa ausbreiten und die übrigen Partner bei allen politischen Unternehmungen fortan von der Zustimmung Frankreichs abhängig machen. «Mit dem Aufbau eines Europas, das auf eigenen Institutionen ruht, ist es aus», notierte der CDU/CSU-Franktionsvorsitzende Heinrich Krone in seinem Tagebuch und fuhr fort: «Hallstein kann seine Koffer packen.» Für die militärischen Planungen hatte Krone nur Spott übrig: «Glaubt de Gaulle, sein Sahara-Atombömbchen könne Europa militärisch zum begehrten Partner Amerikas machen?» Außenminister von Brentano trug sich mit Rücktrittsabsichten und kommentierte: «Das heißt, den Amerikanern den Stuhl vor die Tür Europas zu setzen ... Wir sind es, die auf Amerika angewiesen sind, und nicht die Amerikaner auf uns.»

Es kam zu einem peinlichen Rettungsmanöver. AA-Staatssekretär van Scherpenberg wurde nach Paris in Marsch gesetzt, um – präsentiert als Fragenkatalog – Bonner Änderungswünsche zu den Vereinbarungen von Rambouillet anzubringen. Herbert Blankenhorn, der frühere Referent Adenauers und damalige Botschafter in Paris, berichtet in seinem Tagebuch von den Besorgnissen, die sich selbst die loyalsten Mitarbeiter Adenauers inzwischen machten: «Brentano und ich hatten den Eindruck, daß der Kanzler die ganze Tragweite der Pläne nicht ermessen habe.» Der Bonner Spitzendiplomat Wilhelm Grewe vermerkte: «Adenauers Führungskraft ließ nach und verriet mehrfach Unsicherheit.»

Scherpenbergs vergebliche Retouchierversuche führten zu einer Monate währenden Verstimmung zwischen de Gaulle und Adenauer. Der französische Staatspräsident beharrte auf seinen Vorstellungen einer bloßen Zusammenarbeit zwischen autonomen Regierungen. Auf einer Pressekonferenz im September 1960 attackierte er alle supranationalen Vorstellungen: Es sei eine Chimäre zu glauben, man könne etwas Wirksames schaffen, «was außerhalb oder über dem Staat stehe».

Adenauer war in einer Situation, wo die einfachen Gleichungen, nach denen er seine Außenpolitik berechnet hatte, nicht mehr aufgingen. Zum erstenmal seit 1948 stand er zwischen zwei Partnern, ohne die Möglichkeit zu haben, sich bei einer Entscheidung zwischen ihnen nur die Vorteile zu sichern. Er war entschlossen, sich desto enger an de Gaulle anzulehnen, je stärker er den Amerikanern unterstellte, sich auf Kosten Bonner politischer Positionen in Berlin und in der Frage der Wiedervereinigung mit der Sowjetunion zu arrangieren. De Gaulle fühlte sich aus dieser Hinwendung des Kanzlers zu ihm in seinem Anspruch bestärkt, die politische und militärische Vorherrschaft der USA in Europa zu brechen. Das wiederum irritierte Adenauer, der nicht die Sicherheitsgarantien der NATO-Führungsmacht USA für Berlin und die Bundesrepublik in Frage stellen wollte.

Das Einerseits–Andererseits setzte sich in zahlreichen neuen Entwicklungen fort: Gerade als die Option auf ein enges Bündnis mit Frankreich gegeben war, lockten die USA nun mit konkreteren Angeboten einer NATO-Atomstreitmacht. Auf fünf U-Booten sollten 80 Polaris-Raketen installiert werden, mit weiteren 100 Raketen sollten Überwasserschiffe ausgerüstet werden. Wenn auch die Details der Einsatzregelung noch offen waren – insbesondere die Frage, ob das letzte Wort für die Verwendung von Kernwaffen beim US-Präsidenten bliebe –, eines immerhin war zugesagt: die Verfügungsgewalt über diese MLF-Flotte (MLF = multilateral force) sollte an den NATO-Rat übergehen, und die Bundesrepublik könnte auf diesem Umweg einer Eignergemeinschaft in den angestrebten Rang einer Atommacht kommen. Jedoch: das Angebot stammte noch von der Eisenhower-Administration, die ihre letzten Amtswochen erlebte. Adenauer drängte die Amerikaner, nicht länger mit definitiven Beschlüssen zu warten, und war bereit, dafür auch die Bindungen an de Gaulle zu opfern. Amerikanischen Unterhändlern erklärte er auf die Frage, was geschehen solle, wenn de Gaulle nicht mitmache: dann müsse man eben ohne Frankreich handeln, die NATO könne auch ohne Frankreich existieren – «Frankreich ist ja nicht Europa». Zur selben Zeit aber versuchte Adenauer, die Franzosen dafür zu gewinnen, gemeinsam vom amerikanischen Präsidenten einen Verzicht auf dessen Monopol-Recht für den Einsatz der Kernwaffen einer NATO-Streitmacht abzufordern. Zu de Gaulles Premierminister Debré sagte Adenauer: «Wenn man diesen Strick, an den man angebunden ist, einmal los ist, kann man in vielen Punkten mit den Amerikanern ganz anders reden. Um dies zu erreichen, müßten Frankreich und Deutschland zusammenwirken.»

De Gaulle jedoch, der Frankreich zu einer nationalen Nuklearmacht ohne Bindungen an einen Partner aufbauen wollte, lag nichts daran, zusammen mit Adenauer in Washington auf eine selbständige NATO-Atomstreitmacht zu dringen. Eisenhower wiederum wollte die endgültige Entscheidung über die NATO-Atomflotte seinem Nachfolger überlassen, der im Spätherbst 1960 gewählt werden sollte. In dieser offenen Situation nahm Adenauer den französischen Vorschlag wieder auf, unter den sechs EWG-Staaten eine europäische politische Zusammenarbeit zu verabreden.

Bald waren konkrete Pläne ausgearbeitet, jetzt aber kamen den kleineren EWG-Staaten Bedenken. Um einer Majorisierung durch Bonn und Paris zu entgehen, verlangten sie, daß auch Großbritannien in die politische Zusammenarbeit einbezogen werden müsse. London hatte inzwischen seine Haltung geändert und einen Antrag auf EWG-Mitgliedschaft gestellt. Dazu aber waren weder de Gaulle noch Adenauer bereit. Er habe nicht, so sagte der deutsche Bundeskanzler dem Belgier Paul Henri Spaak, all die Jahre über so sehr für Europa gearbeitet, daß nachher daraus ein großer Brei würde.

Die Kontroversen zwischen den EWG-Staaten setzten sich im Bonner Kabinett fort. Hier waren der 1961 zum Außenminister avancierte Gerhard Schröder und Bundeswirtschaftsminister Ludwig

Erhard vehemente Gegner eines «Klein-Europa» und Fürsprecher einer Einbeziehung Großbritanniens.

Im April 1962 scheiterte das Konzept einer organisierten politischen Zusammenarbeit der EWG-Staaten. Die Außenminister setzten das Thema vorerst ab. De Gaulle und Konrad Adenauer kamen überein, aus der Not eine Tugend zu machen und das, was zu sechst nicht zu verwirklichen war, nun doch zu zweit zu verabreden. Damit hatte Adenauer den Vorschlag de Gaulles für einen Zweierbund, den er in Rambouillet verworfen hatte, nach zwei Jahren wiederaufgenommen. Für Adenauer hatte dieser Zweierbund neues Gewicht gewonnen, weil der Kanzler seine Nachfolger binden wollte. Deshalb sollten die Details der Zusammenarbeit in einem Staatsvertrag festgeschrieben werden: jährlich zwei Treffen der Staats- beziehungsweise Regierungschefs; alle Vierteljahr sollten die Außen- und Verteidigungsminister miteinander konferieren in der festen Absicht, «soweit wie möglich zu einer gleichgerichteten Haltung zu kommen». Konrad Adenauer, geprägt von der praktischen Arbeit, die er als Oberbürgermeister geleistet hatte, mochte die angestrebte Entente cordiale nicht nur auf die entrückten Sphären der hohen Politik beschränkt sehen. Auf seinen Wunsch hin wurde das deutsch-französische Jugendwerk verabredet, um so durch Besuchsaustausch, Erlernen der Sprache und aufeinander abgestimmte Erziehungsprojekte die Freundschaft zwischen beiden Völkern für die Zukunft abzusichern.

Aus heutiger Sicht mag das deutsch-französische Unternehmen seinen spektakulären Charakter eingebüßt haben. Was schrieb es schon anderes fest, als ein lebhaftes Kommen und Gehen über den Rhein, eine Vereinbarung von Konsultationen, wie sie die Bundesrepublik inzwischen mit vielen verbündeten Staaten bis hin zu Japan pflegt? Doch für Adenauer war der Begriff «Erbfeindschaft» keine abstrakte Definition aus einem Geschichtsbuch. In zwei Weltkriegen hatte er erlebt, daß dies Millionen Tote in beiden Ländern und den Niedergang Europas bedeutet hatte. So wird verständlich, daß er im Rückblick den deutsch-französischen Vertrag als seine größte politische Leistung bezeichnete.

Gegenseitige Staatsbesuche im Sommer und Herbst 1962 waren die psychologische Vorbereitung des Abkommens, sie schufen die

Massenbasis für die Besiegelung der deutsch-französischen Verständigung. Das Hochamt in der Kathedrale von Reims, die deutsch-französische Parade auf dem Truppenübungsplatz von Mourmelon – blutgetränkter Boden – waren symbolträchtige Kulissen während Adenauers sechstägiger Reise durch Frankreich. Für die nötigen emotionalen Weichmacher sorgte Charles de Gaulle beim Gegenbesuch in der Bundesrepublik. Er huldigte dem «großen deutschen Volk, jawohl, dem großen deutschen Volk». Selbst Deutschlands militärischer Größe in den vergangenen Kriegen erwies er Reverenz. Zur Dramaturgie gehörte auch ein Auftritt in der August-Thyssen-Hütte, einst eine der von Frankreich gefürchteten Waffenschmieden an der Ruhr.

Daß de Gaulles schmeichelndes Werben keineswegs ohne harte politische Absicht geschah, verdeutlichte eine Szene am Rande. Bundespräsident Heinrich Lübke erklärte dem General, der Beitritt Englands zur EWG liege im deutschen Interesse. De Gaulles Antwort war kurz und drohend: Dann werde er wohl seine Deutschlandpolitik überprüfen müssen.

Am 22. Januar 1963 unterzeichneten Adenauer und de Gaulle im Salon Murat des Pariser Elysée-Palastes den deutsch-französischen Vertrag. Mit weit ausgebreiteten Armen ging der französische Präsident auf den Kanzler zu. Sekundenlang hielten sich die beiden alten Männer umschlungen.

Der Vertrag war vorsichtig formuliert und enthielt Widersprüchlichkeiten. Im Bereich der Verteidigung etwa lautete der maßgebliche Satz: «Auf dem Gebiet der Strategie und der Taktik bemühen sich die zuständigen Stellen beider Länder, ihre Auffassungen einander anzunähern, um zu gemeinsamen Konzeptionen zu kommen.» Damit war die Absicht bekundet, einen gemeinsamen Verteidigungsplan auszuarbeiten. Die «Force de Frappe» indes war nicht von dem Vertrag erfaßt, gerade auf dem Gebiet der Verteidigung wollte sich de Gaulle die absolute Handlungsfreiheit vorbehalten. Die Bundesrepublik ihrerseits hatte keinerlei Interesse daran, ihre militärischen Bindungen an die Vereinigten Staaten zu lösen. Sie verhandelte zur selben Zeit intensiv mit den USA über das MLF-Projekt.

Wenige Tage vor Vertragsunterzeichnung verkündete de Gaulle – ohne Adenauer vorab zu informieren – auf einer Pressekonferenz sein endgültiges Veto gegen einen EWG-Beitritt Großbritanniens. De

Gaulle reagierte damit auf ein britisch-amerikanisches Abkommen: Danach würden die USA die britischen Atom-U-Boote mit Polarisraketen ausrüsten, im Gegenzug verzichtete London – «höchste nationale Interessen ausgenommen» – auf das Recht zum selbständigen Einsatz der Waffen. In den Augen des auf Unabhängigkeit bedachten französischen Präsidenten hatte Großbritannien sich damit dem amerikanischen Streben unterworfen, alle westlichen Kernwaffen unter seine Kontrolle zu bekommen. Das öffentliche Veto aber zeigte zugleich an, wie Paris künftig die vereinbarten Konsultationen mit Bonn zu handhaben gedachte.

Die Ratifizierung des Vertrages in Bonn geriet dann zu einer antigaullistischen Demonstration und einem proamerikanischen Bekenntnis.

In den Bonner Regierungsparteien war es schon seit längerer Zeit zu einem heftigen Streit um die Ausrichtung der deutschen Außenpolitik gekommen. «Atlantiker» und «Gaullisten» trugen Fehden über die Streitfrage aus, ob der von Adenauer gesteuerte Kurs nicht eine völlige Distanzierung von Amerika mit sich bringe. Die Truppe der «Gaullisten» blieb in der Minderheit, auch wenn sich der einstige «Atlantiker» Franz Josef Strauß zu ihnen gesellte, der inzwischen als Verteidigungsminister gestürzt war und die amerikanische Regierung verdächtigte, an seinem Niedergang mitgewirkt zu haben. Die Sozialdemokraten, die mit dem Godesberger Parteitag 1959 und Wehners Bekenntnis zur Westpolitik vor dem Bundestag im Juni 1960 ihre Obstruktionspolitik gegen Adenauers Kurs aufgekündigt hatten, gerierten sich damals als die überzeugteste Lobby einer engen deutsch-amerikanischen Kooperation.

Akzentuiert wurden diese innenpolitischen Streitigkeiten durch die Person des neuen amerikanischen Präsidenten Kennedy. Mit dem jugendlich wirkenden Demokraten war 1961 eine neue Generation ins politische Geschäft gekommen. Die alten Ansprechpartner Adenauers in Washington waren von der politischen Bühne verschwunden; die Wertschätzung, die er persönlich über zehn Jahre lang in den USA genossen hatte, gehörte nun ebenfalls der Vergangenheit an. Der Schwung, mit dem die neue Administration ihr Land zu «neuen Grenzen» führen wollte, stimulierte auch in der Bundesrepublik Aufbruchstimmung und Überdruß an dem Regime der alten Männer de

Gaulle und Adenauer. Der Kanzlerkandidat der SPD, Willy Brandt, pflegte bewußt das Kennedy-Image als politische Alternative.

Konrad Adenauers Verhältnis zu dem neuen Mann im Weißen Haus durchlief mehrere Phasen. Es war zunächst bestimmt von Reserviertheit. Adenauer war davon ausgegangen, daß Kennedys Gegenkandidat, der Republikaner Nixon, die Wahl gewinnen würde. Als der 85jährige Bundeskanzler hörte, daß der neue amerikanische Präsident erst 43 Jahre alt sei, reagierte er mit Skepsis: «Mein Gott, was hab ich in dem Alter für Fehler gemacht.» Auch störte ihn, daß Kennedy aus reichem Haus kam. «Der hat nie kämpfen müssen.»

Beim ersten Zusammentreffen im April 1961 in Washington lernte Adenauer den Mann, der sein Enkel hätte sein können, schätzen. Kennedy schien entschlossen, Amerikas Führungsrolle in der NATO neu zu beleben. Insbesondere beruhigte Adenauer, daß der neue Präsident, der nun mit den Russen über Abrüstung und die Bereinigung der Berlin-Frage zu verhandeln hatte, «eine gesunde Portion Mißtrauen zu besitzen» schien. Eine Episode am Rande des ersten Zusammentreffens half auch, den Altersunterschied von mehr als vier Jahrzehnten zu überbrücken. Adenauer hatte sich mit Kennedy darüber unterhalten und ihm gesagt, er könne glücklich sein, daß er noch so viele Jahre vor sich habe, denn das sei notwendig, «um eine weitschauende Politik zu treiben». Er, Adenauer, sei doch «in einer sehr viel ärmeren Lage in dieser Beziehung». Vor einem Mittagessen ging Adenauer im Park des Weißen Hauses spazieren und nahm den zweijährigen Sohn des Präsidenten auf den Arm. Kennedy, der als Marineoffizier eine schwere Rückgratverletzung erlitten hatte, sagte zu Adenauer: «Sehen Sie, das kann ich nicht.»

So angetan war Adenauer zunächst von dem Präsidenten, daß er unwillig reagierte, als der Bonner Botschafter Grewe in ersten vertraulichen Berichten vorsichtige Kritik an Kennedy äußerte. Adenauer schrieb daraufhin an seinen Außenminister Brentano einen Brief: «Wir hatten schon vor einigen Wochen über eine Versetzung des Botschafters Grewe gesprochen. Ich bitte zu überlegen, ob die Versetzung nicht sehr bald erfolgen kann. Gerade in der heutigen Situation müssen wir entscheidenden Wert darauf legen, in Washington einen Botschafter zu haben, der alle Eigenschaften für diesen wichtigen Posten hat. Herr Grewe besitzt sie nicht.»

Bald allerdings machte sich Adenauer die Kritik Grewes zu eigen. Er sah unter Kennedy die Verläßlichkeit der USA als Schutzmacht schwinden. Seit der Sputnik-Start vorgeführt hatte, daß die USA in der Reichweite sowjetischer Langstreckenraketen lagen, waren in Amerika Zweifel am Sinn der NATO-Doktrin der «massiven Vergeltung» laut geworden. Sollte Chicago aufs Spiel gesetzt werden, weil irgendwo bei Lübeck sowjetische Einheiten die Zonengrenze überschritten? Schon im ersten Jahr seiner Amtszeit zog Kennedy die Konsequenz. An die Stelle der «massiven Vergeltung» trat das neue NATO-Konzept der «flexible response», der abgestuften Erwiderung. Bei einem Konfliktfall sollten vor dem Einsatz von Kernwaffen erst konventionelle Verteidigungsmöglichkeiten erprobt werden. Die Bundeswehr, deren Atomrüstung Adenauer angestrebt hatte, wurde nun deutlich wieder in die Rolle einer Armee zurückverwiesen, die zunächst einmal als Kanonenfutter dienen sollte.

Die zurückhaltende amerikanische Reaktion nach dem Bau der Mauer am 13. August 1961 war das nächste deutliche Zeichen, daß die beiden Supermächte nach einem Modus vivendi im Atomzeitalter suchten. Ein Jahr später wurde dies zur erklärten Politik. Die Krise um die auf Kuba stationierten sowjetischen Mittelstreckenraketen hatte die Welt an den Rand eines Atomkriegs gebracht, ehe die Russen sich zum Abtransport ihrer Waffen entschlossen. Nun handelten die Amerikaner und Russen als erste Geste der neuen Entspannungspolitik über den Kopf ihrer Verbündeten hinweg einen Atomtest-Stopp-Vertrag aus. Die USA zwangen die Bundesrepublik zum Beitritt, obwohl sich Bonn heftig dagegen sträubte, weil auch Ost-Berlin seine Unterschrift unter das internationale Abkommen setzte. Da der Atomtest-Stopp-Vertrag für die Bundesrepublik als ein Land ohne Atomwaffenproduktion keine praktische Bedeutung hatte, geriet der Beitritt zu einer Unterwerfungsgeste unter die amerikanische Entspannungspolitik – um so deutlicher noch dadurch hervorgehoben, daß de Gaulle seine Unterschrift demonstrativ verweigerte. Heinrich Krone, sonst durchaus ein Kritiker von Adenauers einseitiger Bindung an de Gaulle, notierte in sein Tagebuch: «Wir sind das Opfer der amerikanischen Entspannungspolitik.»

Zeitweise erwog Adenauer, demonstrativ sein Amt niederzulegen, doch er erkannte wohl den zweifelhaften Wert dieser Protestgeste zu einer Zeit, als auch die meisten seiner Parteifreunde sein politisches Ende herbeisehnten. So ließ er sich dadurch besänftigen, daß der amerikanische Außenminister Dean Rusk in einer Erklärung vor dem Senat betonte, die USA sähen in der Unterschrift der DDR keine Anerkennung Ost-Berlins.

Im Grunde war mit dem erzwungenen deutschen Beitritt zum Test-Stopp-Vertrag nur das Gesetz bestätigt worden, das schon seit Kriegsende galt: Die Amerikaner bestimmten das Schnittmuster der westdeutschen Politik. Nach der Eindämmungspolitik Trumans und Dulles' Politik der Befreiung war jetzt Kennedys Entspannungskurs dran. Die NATO habe gegenüber der Bundesrepublik eine Kontrollfunktion, interpretierte Kennedy das Bündnis bei einem Interview mit dem Chefredakteur der *Iswestija,* Alexej Adschubej.

In dem deutsch-französischen Vertrag sah die Kennedy-Administration den Versuch, sich der amerikanischen Kontrolle zu entziehen. Das Weiße Haus setzte den früheren amerikanischen Außenminister Dean Acheson und Ex-Hoch-Kommissar John McCloy in Marsch, um dem deutschen Kanzler klarzumachen, daß der Vertrag mit Frankreich ein Desaster für die gemeinsame Nachkriegspolitik bedeute. Der US-Präsident intervenierte gleichfalls. Er schrieb einen Brief an Adenauer, die Bundesrepublik müsse sich darüber klar sein, ob sie mit Frankreich oder mit den USA ihren Weg gehen wolle. Adenauer empfand den Brief als «schulmeisterlich und arrogant». Heinrich Krone notierte nach einem Gespräch beim Kanzler in sein Tagebuch: «In Washington sind Giftmischer am Werk.»

Vehement stemmte sich Adenauer gegen die amerikanische Einflußnahme. Dem amerikanischen Botschafter Walter Dowling bedeutete er, Dulles wäre ihm wegen des deutsch-französischen Vertrages um den Hals gefallen. Doch die Position Adenauers, der seinen Rücktritt für den Herbst angekündigt hatte, wurde täglich schwächer. Auch die EWG-Partner machten gegen den Vertrag Front, weil er innerhalb der Gemeinschaft privilegierte Beziehungen zwischen beiden Ländern schaffe. Um eine möglichst einstimmige Ratifizierung Vertrags zu erreichen, mußte Adenauer schließlich widerstrebend akzeptieren, daß dem Abkommen eine Präambel vorangestellt wurde. Ihre Stichworte – Partnerschaft mit den USA, NATO-Integration, der Wunsch nach einem EWG-Beitritt Großbritanniens –

waren eine «diplomatische Ohrfeige» (Schwarz) für Charles de Gaulle.

Der Franzose kommentierte das mit lyrischer Resignation: «Verträge sind wie Mädchen oder Rosen. Sie haben ihre Zeit.»

Einen Monat nach der Ratifikation des deutsch-französischen Vertrages besuchte Kennedy die Bundesrepublik. Auch seine Reise wurde ein Triumphzug. «Ich bin ein Berliner», rief er vor dem Schöneberger Rathaus aus und fuhr unter Konfetti-Regen – Adenauer und Brandt an seiner Seite – über den Kurfürstendamm. Es zeigte sich, daß die Amerikanisierung der bundesdeutschen Gesellschaft so kräftig entwickelt war, daß auch ein feierlicher Staatsvertrag mit Frankreich keine einseitige Umorientierung bewirken konnte. Als Kennedy ermordet wurde, benannten die Westdeutschen Straßen und Brücken nach ihm.

Drei Jahre später, kurz vor Adenauers Tod, meinte de Gaulle: «Es liegt nicht an uns, wenn die von Bonn bevorzugten und ständig entwickelten Bindungen mit Washington diesen deutsch-französischen Vertrag seines Geistes und seiner Substanz beraubt haben.»

Adenauer hatte sich in seinen letzten Lebensjahren mit dem Vorwurf auseinanderzusetzen, durch den Schwenk auf de Gaulles Konzept des Europas der Vaterländer seine ursprüngliche Europapolitik, die auf eine Überwindung der Nationalstaaten abzielte, selbst aufgegeben zu haben. In einer Rede im Ateneo in Madrid am 16. Februar 1967 – sie sollte sein politisches Vermächtnis werden – rechtfertigte Adenauer sein Vorgehen: «Wenn nicht gleich die bestmögliche Lösung erreicht werden kann, so muß man eben die zweit- oder drittbeste nehmen. Wenn nicht alle mittun, dann sollen die handeln, die dazu bereit sind ... Ob nun eine Föderation oder Konföderation entsteht, oder welche Rechtsform es immer sein mag: Handeln, anfangen ist die Hauptsache.»

Das war das Rezept seiner Westpolitik. Gegenüber dem Osten und dem anderen Teil Deutschlands galt die Maxime «keine Experimente».

«Da war nichts auszuhandeln»

Adenauer und die deutsche Frage

«Es gibt keinen anderen Weg»

Wiedervereinigung über Westintegration

Zu den ersten Gratulanten Konrad Adenauers nach seiner Wahl zum Bundeskanzler gehörte der Berliner Oberbürgermeister Ernst Reuter. Die Aufgabe des neuen Bundeskanzlers werde dann ihre geschichtliche Rechtfertigung finden, so Reuter zu Adenauer, wenn er die Wiedervereinigung Deutschlands zum Mittelpunkt seiner Politik mache. «Das ist die Aufgabe des deutschen Bundeskanzlers. Ich sehe keine andere, die dieser nur einigermaßen gleichkommt. Berlin wird dabei eine zentrale Rolle spielen.» Konrad Adenauer antwortete kühl, vordringlich habe er andere Aufgaben zu erledigen. Beispielsweise müsse er die Demontage des Stahlwerks Duisburg-Meiderich verhindern.

Die Grundthese der Kritik an Adenauers Außenpolitik lautet, er habe mit Berlin und der Wiedervereinigung nichts im Sinn gehabt. *Spiegel*-Herausgeber Rudolf Augstein war 1950 der erste, der die Deutschlandpolitik des Bundeskanzlers angriff und das Bild vom Rheinbundpolitiker Adenauer zeichnete. Augstein qualifizierte die Westpolitik als Unterwerfung unter französische Vorherrschaft ab, so wie die westdeutschen Kleinstaaten sich einst unter Napoleons Führung im Rheinbund gegen das Reich zusammengeschlossen hatten. Im Bundestag kam es erst mit erheblicher Verspätung zu einer Generalabrechnung mit Adenauers Deutschlandpolitik. In der Nacht zum 24. Januar 1958 klagten die beiden ehemaligen Minister Thomas Dehler und Gustav Heinemann den Regierungschef an, die Wiedervereinigung gar nicht gewollt zu haben. Dehler damals: «Mein Bruch mit Dr. Adenauer beruht auf dieser Frage. Ich habe ihm nicht mehr geglaubt. Ich habe nicht mehr geglaubt, daß er das deutsche Ziel, die Wiedervereinigung, anstrebt.» Gustav Heinemann: «Wer

Deutschland immer noch tiefer spalten will, kann es nicht besser machen als in Fortsetzung immer noch dieses Weges.»

Ein leidenschaftlicher Wiedervereinigungspolitiker war Konrad Adenauer nicht. Es sei falsch, so sagte er, die Wiedervereinigung Deutschlands als das erste Problem zu bezeichnen. Das erste Problem sei, daß die Bundesrepublik Deutschland in Frieden und Freiheit bliebe. Zuerst die 50 Millionen, und dann kämen die 17 Millionen. Zudem sei die Hilfe der Westmächte nicht zu erreichen, wenn man ihnen das Ziel der Wiedervereinigung unter nationalem Aspekt als «oberstes Gebot» präsentierte. «Ich versichere Ihnen», erklärte Adenauer vor Parteifreunden, «kein Staatsmann der Welt wird demzuliebe gewillt sein, einen erheblichen Preis zu zahlen. Denen ist das im Grunde genommen wahrscheinlich herzlich gleichgültig.»

Konrad Adenauer war im Bismarck-Reich aufgewachsen. Bei all seinen Vorbehalten gegen die preußisch-deutsche Tradition und seinem Engagement für die Einbindung des deutschen Volkes in das christliche Abendland hat Adenauer nie daran gezweifelt, im Reich die natürliche Ordnung der Deutschen zu sehen. Während des Ruhrkampfs 1923 hatte er die Pläne der Reichsregierung bekämpft, die Rheinlande vom Reich zu lösen. Es gibt keinen Beleg dafür, daß Adenauer im kleinen Kreis je eingeräumt hätte, seine öffentlichen Bekenntnisse zur deutschen Einheit seien nur Taktik. Für ihn wie für alle deutschen Nachkriegspolitiker bis hin zu Walter Ulbricht war es nicht vorstellbar, daß die Deutschen sich auf eine jahrzehntelange Teilung einzurichten hätten.

Das Angebot der drei westlichen Besatzungsmächte zur Gründung der Bundesrepublik war auf die Westzonen beschränkt. Als neugewählter Bundeskanzler konnte Konrad Adenauer 1949 zunächst nicht viel mehr für das Ziel der Einheit tun als die Väter des Grundgesetzes, die in die Präambel den Satz schrieben: «Das gesamte Deutsche Volk bleibt aufgefordert, in freier Selbstbestimmung die Einheit und Freiheit Deutschlands zu vollenden.» So schuf auch er Formeln, mit denen sich der Teilungseffekt der Staatsgründung relativieren ließ, und konstruierte Anspruchsgrundlagen für die Forderung an die Besatzungsmächte, die Einheit wiederherzustellen. Diese völkerrechtlichen Grundpositionen trug der gelernte Jurist Adenauer in seinen ersten Regierungserklärungen vor: Rechtsnachfolge des Deutschen Reiches,

Alleinvertretungsanspruch, Nichtanerkennung der DDR und Nichtanerkennung der Oder-Neiße-Grenze.

Adenauer konnte sich dabei auf eine breite Zustimmung verlassen. Die Bundesbürger einte die Ablehnung von allem, was aus dem Osten kam.

Und Adenauer nährte unermüdlich die antibolschewistischen Gefühle. Er sprach von «Deutschland als Schutzwall gegen die kommunistische Sturmflut», beschwor den drohenden «Untergang Deutschlands» oder die Vernichtung der «abendländisch-christlichen Kultur, des Christentums selbst» durch den Marxismus.

Wer dazu aufrief, ein vernünftiges Verhältnis zur Sowjetunion herzustellen, weil es ohne Zustimmung der vierten Besatzungsmacht keine Wiedervereinigung geben könne, galt als Außenseiter, so in der CDU insbesondere der Berliner Bürgermeister Friedensburg.

Adenauers erste Sorge galt der Sicherung der Bundesrepublik. In möglichen Verhandlungen der Supermächte über die Wiederherstellung der deutschen Einheit sah er eher Gefahren als Vorteile für den Weststaat. Er hatte nicht vergessen, daß die Bundesrepublik nur die zweite Wahl der Westmächte war; daß die Westmächte nicht, wie von ihm schon im Herbst 1945 vorgeschlagen, gleich das Bündnis mit den Westdeutschen gesucht hatten, sondern zunächst das Experiment der Vier-Mächte-Verwaltung mit den Russen eingegangen waren. «Bismarck hat von seinem Alptraum der Koalition gegen Deutschland gesprochen. Ich habe auch meinen Alpdruck: Er heißt Potsdam», bekannte Adenauer schon frühzeitig in einem Rundfunkinterview, und er wiederholte es später ständig: «Deutschland darf nicht zwischen die Mühlsteine geraten, dann ist es verloren.»

Daraus ergab sich für ihn die simple Strategie in der Deutschlandpolitik für die nächsten Jahre: Verhandlungen zwischen den Siegermächten über die deutsche Einheit möglichst zu verhindern und die Westmächte vertraglich auf seine eigenen deutschlandpolitischen Ziele festzulegen.

Der Ausbruch des Korea-Krieges war die Stunde Adenauers. Jetzt bot sich die Chance, über die deutsche Wiederaufrüstung sein Konzept umzusetzen. In den Verhandlungen mit den Hohen Kommissaren über die Ablösung des Besatzungsstatuts konnte Adenauer problemlos die gewünschten Festschreibungen erreichen: die Wiedervereinigung Deutschlands nach dem freiheitlich-demokratischen Modell der Bundesrepublik, Weiterführung der europäischen Integration, Ausschluß eines Diktatfriedens. Doch Adenauer wollte noch mehr. Er versuchte bei seinen Verhandlungen auf dem Petersberg, die Westmächte auch auf die Rückgewinnung der Gebiete östlich der Oder-Neiße-Linie festzulegen. Mit öffentlichen Erklärungen verstärkte er den Druck. In einer Rede erklärte er, die Gebiete östlich der Oder-Neiße-Linie könnten von einer Wiedervereinigung nicht ausgenommen werden. Vor einer Vertriebenenversammlung wiederholte er: Die Westintegration habe das Ziel, zusammen mit dem Westen die verlorene Heimat wiederzugewinnen. Die Alliierten, die schon in Potsdam akzeptiert hatten, daß die Sowjetunion diese Teile vom Reich abtrennte, zogen jetzt nicht mit. Hochkommissar John McCloy wies den Kanzler scharf zurück: Das sei offener Revisionismus, darauf beziehe sich die gemeinsame Politik mit Bonn nicht. Bisher habe man immer einen Unterschied zwischen den Gebieten diesseits und jenseits der Oder-Neiße-Linie gemacht. Der französische Hochkommissar François-Poncet kommentierte sarkastisch, in Frankreich werde man angesichts der Forderung des Bundeskanzlers den Eindruck haben, daß für die Deutschen der eigentliche Sinn der europäischen Integration darin liege, Partner für einen Krieg zur Rückgewinnung der deutschen Ostgebiete zu bekommen. Als Kompromiß einigten sich Adenauer und die drei Westalliierten auf die unverbindliche Formel, daß eine endgültige Festlegung der Grenzen Deutschlands bis zu einem Friedensvertrag aufgeschoben werde.

Während der Verhandlungsphase, im Herbst 1951, erschien in der Londoner *Times* ein nicht gezeichneter Artikel, dessen Autor im britischen Außenministerium vermutet wurde. Darin hieß es, die vertraglichen Verpflichtungen gegenüber der Bundesrepublik hinderten die drei Mächte nicht daran, im Fall der Wiederherstellung der deutschen Einheit in Absprache mit der vierten Besatzungsmacht sich frei zu entscheiden. Nun verlangte Adenauer die besondere Garantie für die problematische Phase einer Wiedervereinigung durch Beschluß einer Vier-Mächte-Konferenz, bei der die Bundesrepublik nicht mit am Verhandlungstisch sitzen würde. Er wollte sich dagegen absichern, die Souveränitätsrechte, die er gerade mühsam den Westmächten abgerungen hatte, im Fall einer Wiedervereinigung wieder einzubüßen.

Auf seinen Wunsch hin wurde eine «Bindungsklausel» vereinbart, die auch ein wiedervereinigtes Deutschland auf die Europa-Integration sowie auf die Übernahme sämtlicher Rechte und Pflichten des Deutschlandvertrages festlegte. Der britische Hochkommissar Kirkpatrick fand das zwar ungewöhnlich – man könne doch keine künftige deutsche Regierung binden –, doch der Kanzler ließ dies nicht gelten. Er habe mit den Chefs seiner Regierungsparteien darüber diskutiert – «Sie waren ganz meiner Meinung. Wir müssen in dieser Frage das künftige Deutschland binden.»

Die aber hatten sich inzwischen eines Besseren besonnen. Wenn ein wiedervereinigtes Deutschland automatisch in die angestrebte Europäische Verteidigungsgemeinschaft und in die Montanunion einbezogen, wenn ihm die Mitgliedschaft im Europarat zur Pflicht gemacht werden sollte, gab es dann überhaupt die Chance zu einem ernsthaften Gespräch mit der Sowjetunion über die Wiederherstellung der deutschen Einheit? Der Fraktionsführer der CDU/CSU, Heinrich von Brentano, machte sich zum Sprecher der Opponenten, obgleich er sich ursprünglich mit dem Kanzler auf die Bindungsklausel verständigt hatte. Der CDU-Politiker Eugen Gerstenmaier, damals stellvertretender Vorsitzender des außenpolitischen Ausschusses des Bundestags, sowie eine Reihe FDP-Politiker, an ihrer Spitze Erich Mende und Vizekanzler Franz Blücher, erhoben nun gleichfalls vehement Einspruch. In einem Brief forderte Blücher Neuverhandlungen mit den Alliierten.

Adenauer antwortete umgehend: Das Vorgehen der Liberalen sei gegen jede Verabredung, es richte heillose Verwirrung an und bedeute praktisch das Ende jeder Außenpolitik. Doch auch im Kabinett gab es jetzt erheblichen Widerspruch. Zehn Stunden lang diskutierte die Ministerrunde allein über diesen Punkt. Die Fronde hatte Zulauf aus allen Koalitionsparteien: Neben den Liberalen gehörte CSU-Finanzminister Fritz Schäffer dazu, der DP-Minister Hans-Joachim von Merkatz sowie der CDU-Minister Jakob Kaiser, der damit drohte, die Leitung des Gesamtdeutschen Ministeriums niederzulegen.

Adenauer fand sich schließlich zu einer ungewöhnlichen Prozedur bereit. Die Außenminister der drei Westmächte waren bereits in Bonn eingetroffen, wo sie am 26. Mai 1952 den Deutschlandvertrag unterzeichnen wollten. Nun sollte von Brentano mit US-Außenminister

Dean Acheson Kontakt aufnehmen und versuchen, eine Neuformulierung der Bindungsklausel zu erreichen. Zum Ärger Adenauers erwies sich dies als leichte Übung. Achesons Rechtsberater, der New Yorker Völkerrechtsprofessor Philip Jessup, schrieb aus dem Handgelenk eine neue Formel nieder, die eine Revisionsmöglichkeit offenließ. Auch der britische und der französische Außenminister akzeptierten die neue Klausel umgehend. Bei der Neuverhandlung der Verträge zwei Jahre später sorgte dann der Leiter der politischen Abteilung im Auswärtigen Amt, Wilhelm Grewe, dafür, daß die Klausel ersatzlos gestrichen wurde.

Die Episode um die Bindungsklausel war charakteristisch dafür, wie die entscheidende Weichenstellung für die Zukunft der Bundesrepublik und indirekt auch für die Zukunft der Ostdeutschen vorgenommen wurde. Die Regierungsfraktionen und die Minister beschränkten sich auf punktuelle Kritik und nahmen es hin, daß sie über den Verlauf der Verhandlungen nicht informiert wurden. Eine Diskussion über negative Auswirkungen seines Westkurses auf die Deutschlandpolitik und über andere Wege zur Wiedervereinigung blockte Adenauer durch Einschüchterung und Diffamierung ab: «Wer die Neutralisierung und Demilitarisierung in Deutschland hier bei uns will, ist entweder ein Dummkopf allerersten Ranges oder ein Verräter.» Für ihn gab es «keinen anderen Weg zur Wiedervereinigung als den durch die europäische Integration». Dieser Weg sei «der beste Dienst, den wir den Deutschen in der Sowjetzone erweisen können». Wenn dies Taktik gewesen sei, dann sei es in seinem Sinn genial gewesen, sagt Egon Bahr heute, weil Adenauer so nämlich den natürlichen Wunsch auf Wiedervereinigung aufgegriffen und die Aussicht eröffnet habe, der nächste Weg zur Wiedervereinigung führe über Westintegration und Wiederbewaffnung. Bahr: «Wieweit das bei ihm Überzeugung war oder wieweit das bei ihm Taktik war, habe ich nie entscheiden können.»

Ob Überzeugung oder Taktik, auf jeden Fall war Adenauer erfolgreich, in der eigenen Partei genauso wie – zunächst auch – bei den Sozialdemokraten. Es gab nur zwei Parlamentarier, die offen vor den Folgen der Adenauerschen Politik warnten. Im Herbst 1951 sagte der SPD-Abgeordnete Gerhart Lütkens im Bundestag, durch Adenauers Integrationspolitik drohe die Einheit Deutschlands auf Jahrzehnte hinausgeschoben zu werden. Weil Lütkens erklärte, daß die Souveränität der Bundesrepublik vor der Wiedervereinigung gar nicht wünschbar sei, distanzierte sich seine eigene Fraktion von ihm.

Der andere war der Christdemokrat Ernst Lemmer. Im Frühjahr 1952 rief er mit erregter Stimme auf einer Fraktionssitzung der CDU/CSU aus: «Das Jahr 1952 wird als das Jahr der historischen Teilung Deutschlands in die Geschichte eingehen.» Das im Deutschlandvertrag niedergeschriebene Ziel der Wiedervereinigung sei nicht mehr als eine freundliche Beruhigung. Aber die Mehrzahl der Bonner Regierungspolitiker folgte Adenauer gläubig.

Die verpaßte Chance

Die Stalin-Note vom März 1952

Im März 1952 kam es zu einem Ereignis, das die Erfolgsbilanz Adenauers nachhaltig in Zweifel zog: Unmittelbar vor Unterzeichnung der Westverträge bot Stalin Verhandlungen über ein wiedervereinigtes, freies, aber neutrales Deutschland an. Die Westmächte, an die Moskaus Note adressiert war, und die Bundesrepublik aber zeigten kein Interesse an Verhandlungen, sondern taten die Offerte als ein gegen die Westintegration gerichtetes Störmanöver ab. Bis heute hält die Diskussion an, ob damals die große Chance zur Wiedervereinigung versäumt worden ist. Die Anhänger der Deutschlandpolitik Adenauers fühlen sich noch heute genötigt, gegen die «Legende von den verpaßten Gelegenheiten» anzukämpfen. «War alles falsch?» übertitelte der Justitiar der Adenauerschen Deutschlandpolitik, Professor Wilhelm Grewe, das deutschlandpolitische Kapitel seiner Erinnerungen. Doch er räumte dann nur taktische Versäumnisse ein: Man hätte alternative Deutschland-Gedanken wenigstens «dem Test einer Konferenzdiskussion und gegebenenfalls einer Verhandlung unterwerfen» sollen.

Zumindest diese Chance aber wurde verpaßt und damit die Möglichkeit, Konrad Adenauer von dem Vorwurf zu entlasten, er habe im Grunde die Wiedervereinigung verhindert. Was er verhindert hat, ist eindeutig: Vom Osten immer wieder angebotene Gespräche über die Wiedervereinigung zu einem Zeitpunkt und zu Bedingungen, die ihm nicht paßten. Die Stalin-Note war der erste Höhepunkt einer ganzen Reihe von Angeboten, die ab Frühjahr 1950 aus Ost-Berlin und Moskau kamen. Die ersten östlichen Einheitsofferten wurden in Bonn als reine Propagandaaktionen zur Störung der Westintegrationspolitik Adenauers und zur Aufwertung des demokratisch nicht legitimierten Regimes in der DDR abgetan. Die Amerikaner, die Ostkontakte von westdeutschen Politikern für gefährlich hielten, lieferten die Anleitung zur Gegenpropaganda. US-Hochkommissar John McCloy schlug den Bundestagsparteien vor, mit der Forderung nach gesamtdeutschen freien Wahlen zu kontern. Das Parlament machte sich dies in einer Entschließung zu eigen.

Damit hatte der Westen eine diplomatische Wunderwaffe, um für die nächsten fünf Jahre ernsthaften Deutschlandverhandlungen aus dem Weg zu gehen. Ohne die Bereitschaft, vorab die politische Struktur wie auch den Status eines Gesamtdeutschland zu klären, war das Verlangen nach freien Wahlen eine edlere Umschreibung der Formel «Russen raus».

Erwartungsgemäß antwortete DDR-Staatspräsident Pieck auf McCloys Vorschlag: «Er wird bei uns keine solchen Dummköpfe finden, die ihm auf den Leim gehen.» Regierungschef Grotewohl assistierte: Er habe nicht die Absicht, «sich mit einem derartigen Unsinn zu beschäftigen». SED-Politbüromitglied Hermann Matern fügte die rhetorische Frage an, wann je in einem kapitalistischen Staat die Arbeiterklasse mit dem Stimmzettel die Macht erobert hätte. Bei dieser Reaktion brauchte Adenauer eine Probe aufs Exempel nicht zu befürchten. Denn gesamtdeutsche freie Wahlen, wären sie 1950 gekommen, hätten zwar die Kommunisten in eine Minderheitsposition gebracht, aber auch für den Bonner Kanzler wären diese Wahlen voller Risiken gewesen. Abgesehen davon, ob der in Bonn mit knapper Mehrheit regierende Adenauer in einer Nationalversammlung wiedergewählt worden wäre, drohte seiner Außenpolitik das Ende. Zur Kontrolle der Wahlen wäre das Vier-Mächte-Regime wiedererstanden – Deutschland hätte wahrscheinlich vorerst einen neutralen Status ohne eigene Souveränität erhalten. Die von Adenauer betriebene Westintegration und Wiederbewaffnung hätte zur Disposition gestanden. Im Frühjahr 1953 bekannte sich Adenauer in den USA mit einer Klarheit, die er in der Bundesrepublik sorgsam vermied, dazu, daß auch für ihn die Frage freier gesamtdeutscher Wahlen zweitrangig war: Die Bundesrepublik werde ihren Platz in der Europäischen Verteidigungsgemeinschaft auch dann nicht aufgeben, wenn die Sowjets freie Wahlen in Gesamtdeutschland zugestehen sollten.

Sobald auf östlicher Seite eine Bereitschaft erkennbar wurde, angesichts der näherrückenden westdeutschen Wiederaufrüstung auf die Forderung nach freien Wahlen einzugehen, schraubte Bonn die Vorbedingungen immer um eine Stufe höher, als die Sowjetunion gerade bereit war zuzugestehen. Zum erstenmal erkennbar wurde dieser Mechanismus Ende 1950. Zwei Monate nach der Konferenz der westlichen Außenminister in New York über die deutsche Wiederbewaffnung ging im Palais Schaumburg ein Brief des DDR-Ministerpräsidenten ein. Grotewohl schlug bei diesem ersten direkten Kontaktversuch mit dem westdeutschen Regierungschef vor, einen paritätisch besetzten «gesamtdeutschen konstituierenden Rat» zu bilden, der sich an drei Aufgaben machen solle: einen Friedensvertrag beraten, eine provisorische gesamtdeutsche Regierung vorbereiten und gesamtdeutsche Wahlen organisieren. Konrad Adenauer wollte zunächst Grotewohls Brief nicht einmal beantworten, obgleich ihm Bundespräsident Heuss den Entwurf für eine Replik zugeleitet hatte: «Sie wissen, Herr Bundeskanzler, daß ich weiß, daß Sie die Richtlinien der Politik bestimmen, aber nehmen Sie es mir nicht übel, wenn ich den Versuch gemacht habe, Ihnen ein bißchen von Ihrer großen Belastung abzunehmen.» Sechs Wochen ließ Adenauer verstreichen, ehe er nach Rücksprache mit den Hochkommissaren öffentlich seine Zusatzbedingungen für freie Wahlen verkündete: Wiederherstellung der demokratischen Freiheiten und die Auflösung der Kasernierten Volkspolizei. Außerdem müßten die Wahlen unter internationaler Kontrolle stattfinden. Damit sollte das Wiederaufleben des Kontrollrats verhindert werden.

Im September 1951 geriet Adenauer wieder unter Druck. Grotewohl erklärte sich jetzt mit Gesprächen über die Polizeistreitkräfte auf beiden Seiten einverstanden und verzichtete auf eine paritätische Zusammensetzung des «Gesamtdeutschen Rats». Die Ost-Berliner Volkskammer wandte sich mit dem Aufruf «Deutsche an einen Tisch» an den Bundestag und schlug gemeinsame Beratungen über einen Friedensvertrag vor.

Adenauer sah darin nur einen neuen Störversuch gegen den Abschluß der Westverträge: «Wenn Herr Grotewohl sagt, man soll verhandeln, so darf man nicht vergessen, daß dies bedeutet – verzögern.» Außerdem wolle Grotewohl damit bei den Westalliierten Mißtrauen in die Zuverlässigkeit Bonns wecken. Adenauer legte nun ein ganzes Arsenal von Minen aus, um dem Osten die Bereitschaft zu weiteren Konzessionen zu nehmen und ungestört die Verhandlungen über EVG und Deutschlandvertrag zu Ende bringen zu können: Er verkündete öffentlich, die deutschen Ostgebiete könnten von einer Wiedervereinigung nicht ausgenommen werden: «Das Land jenseits der Oder-Neiße-Linie gehört für uns zu Deutschland.» Ihm war dabei bewußt, daß für die Sowjetunion die Anerkennung der Oder-Neiße-Linie Vorbedingung für die Wiedervereinigung war und die DDR diese Grenze vertraglich anerkannt hatte. Und er bereitete im Bundeskabinett auf amerikanisches Anraten einen Verbotsantrag gegen die KPD vor. Dabei ließ er sich auch nicht von dem britischen Hochkommissar Kirkpatrick beirren, der wissen wollte, was denn aus gesamtdeutschen Wahlen werden sollte, wenn man jetzt die KPD verbiete.

Den schärfsten Sprengsatz zündete er mit der Ankündigung, er werde über die Westmächte die UNO-Vollversammlung bitten, durch eine Untersuchungs-Kommission der Vereinten Nationen in beiden Teilen Deutschlands prüfen zu lassen, ob die Voraussetzungen für freie Wahlen gegeben seien. Der Sowjetunion sollte bescheinigt werden, daß in ihrem Besatzungsbereich keine demokratischen Verhältnisse herrschten.

Wunschgemäß beschloß am 20. Dezember 1951 die damals noch massiv von proamerikanischen Staaten beherrschte UNO-Vollversammlung die Einsetzung dieser Kommission gegen das Votum der Ostblock-Staaten unter Anführung der Sowjetunion. Moskau argumentierte, mit der Vier-Mächte-Verwaltung für Deutschland sei die

Einschaltung der Vereinten Nationen nicht vereinbar. Niemand im Westen habe realistischerweise ein anderes sowjetisches Verhalten erwarten können, meint der Historiker Andreas Hillgruber, denn: «Die UNO-Kriegführung, in Korea faktisch im Dienste der USA-Interessen, schloß eine Zustimmung der Sowjetunion zur Einreise einer UNO-Kommission in ihren Machtbereich, die einer politischen Kapitulation vor dem weltpolitischen Gegenspieler gleichgekommen wäre, aus.»

Adenauer verschaffte sich mit seinen Störmanövern nur kurzfristig Zeitgewinn für das Vorantreiben der Verhandlungen über EVG und Deutschlandvertrag. Am 9. Januar 1952 verabschiedete die Volkskammer den Entwurf eines Gesetzes für die Durchführung freier und geheimer gesamtdeutscher Wahlen. Der Entwurf, der auf dem Reichstagswahlgesetz der Weimarer Republik basierte, berücksichtigte alle wesentlichen Forderungen, die der Bundestag im September des Vorjahres in einem 14-Punkte-Programm erhoben hatte. Selbst das Verlangen nach einer internationalen Kontrolle des Wahlvorgangs wurde nun in einer Präambel für diskutabel erklärt.

Zur selben Zeit mehrten sich die Nachrichten, daß es die Sowjetunion mit ihrer Konzessionsbereitschaft ernst meinte. DDR-Außenminister Georg Dertinger, Mitglied der Ost-CDU, bat den CDU-Politiker Ernst Lemmer zu einer vertraulichen Unterredung. Dertinger wies ausdrücklich darauf hin, daß dieses Zusammentreffen auf Wunsch des politischen Beraters der sowjetischen Kontrollkommission Wladimir Semjonow und des DDR-Ministerpräsidenten Grotewohl stattfinde. Dann erklärte er seinem westlichen Gesprächspartner, die sowjetische Politik wolle sich jetzt ohne Rücksicht auf die SED ernstlich um die Wiedervereinigung Deutschlands bemühen, sofern Gesamtdeutschland neutralisiert werde. Moskau sei bereit, für ein neutralisiertes Deutschland einen hohen Preis zu zahlen.

Der CSU-Politiker Josef Müller brachte ähnliche Kunde von einem direkten Gespräch mit Semjonow mit. Das erschien kundigen Ostexperten als glaubhaft. Die sowjetische Deutschlandpolitik bewegte sich seit 1945 auf zwei verschiedenen Linien. Einerseits gab es Tendenzen zur Gleichschaltung und Zwangssozialisierung der Sowjetzone. Die Sowjetregierung war sich dabei der begrenzten Attraktivität für Gesamtdeutschland durchaus bewußt. Deshalb war sie – andererseits –

über längere Phasen bereit, einem bürgerlich-liberalen Gesamtdeutschland den Vorzug vor ihrem Separatstaat zu geben, wenn es gelänge, dieses Gesamtdeutschland prosowjetisch oder zumindest neutral zu halten und auf diese Weise die Amerikaner aus Westeuropa zu verdrängen. Welcher Kurs Priorität haben sollte, war innerhalb der sowjetischen Führung umstritten und wechselte. Die internationale Konstellation und nicht zuletzt auch das Verhalten der Deutschen bestimmten die jeweilige Politik. Bis ins Jahr 1955 hielt sich die Sowjetunion beide Optionen offen.

Im Frühjahr 1952 war es das herausragende sowjetische Interesse, die Eingliederung Westdeutschlands in das amerikanische Verteidigungssystem zu verhindern.

Am 3. März 1952 schrieb der amerikanische Hochkommissar McCloy, der von Semjonows Werben um die Westdeutschen unterrichtet worden war, beunruhigt an das State Department, es müsse mit einer «dramatischen Ausnutzung der Wiedervereinigungsfrage durch den Kreml gerechnet werden».

Eine Woche später war es soweit. Am 10. März 1952 überreichte der stellvertretende sowjetische Außenminister Andrej Gromyko den Botschaftern der drei Westmächte in Moskau eine Note seiner Regierung mit dem Entwurf eines Friedensvertrags mit einem wiedervereinigten Deutschland. Es war das erste Dokument für die generelle Bereinigung der Folgen des Zweiten Weltkriegs, das eine der Besatzungsmächte präsentierte. Als «Grundlagen des Friedensvertrags mit Deutschland» wurden rund ein Dutzend «Leitsätze» formuliert. Die wichtigsten: «Deutschland wird als einheitlicher Staat wiederhergestellt. Damit wird der Spaltung Deutschlands ein Ende gemacht.» – «Sämtliche Streitkräfte der Besatzungsmächte müssen spätestens ein Jahr nach Inkrafttreten des Friedensvertrags aus Deutschland abgezogen werden.» – «Dem deutschen Volk müssen die demokratischen Rechte gewährleistet sein ... einschließlich der Redefreiheit, der Pressefreiheit, des Rechts der freien Religionsausübung, der Freiheit der politischen Überzeugung und der Versammlungsfreiheit.» – «Es wird Deutschland gestattet sein, eigene nationale Streitkräfte (Land-, Luft- und Seestreitkräfte) zu besitzen, die für die Verteidigung des Landes notwendig sind. Deutschland wird die Erzeugung von Kriegsmaterial und -ausrüstung gestattet werden.» – «Deutschland verpflichtet sich, keinerlei Koalitionen oder Militärbündnisse einzugehen, die sich gegen irgendeinen Staat richten, der mit seinen Streitkräften am Krieg gegen Deutschland teilgenommen hat.»

Außerdem sollten sämtliche Beschränkungen für die deutsche Wirtschaft und den Handel aufgehoben sowie die Aufnahme Deutschlands in die Vereinten Nationen betrieben werden. Der sechste der politischen Leitsätze wies aus, daß die Sowjetunion das ganze politische Spektrum bis zur nationalen Rechten für ihre Politik gewinnen wollte: «Allen ehemaligen Angehörigen der deutschen Armee, einschließlich der Offiziere und Generale, allen ehemaligen Nazis, mit Ausnahme derer, die nach Gerichtsurteil eine Strafe für die von ihnen begangenen Verbrechen verbüßen, müssen die gleichen bürgerlichen und politischen Rechte wie allen anderen deutschen Bürgern gewährt werden zur Teilnahme am Aufbau eines friedliebenden demokratischen Deutschland.»

Beziehungsreich war auch das Datum der Note. Dreizehn Jahre zuvor, am 10. März 1939, hatte Stalin auf dem XVIII. Parteitag der KPdSU seine Bereitschaft zu einem Arrangement mit Hitler-Deutschland erklärt. Der sowjetische Vorschlag war, gemessen an den Bestrafungsbeschlüssen von Potsdam – vollständige Entmilitarisierung, harsche Wirtschaftskontrolle und Reparationslasten –, geradezu der Bilderbuchentwurf eines Versöhnungsangebots. Mit keinem Wort verlangte die Note eine Bestandsgarantie für die sozialistischen Errungenschaften der DDR. Der Preis, den Deutschland dafür zahlen sollte, war vergleichsweise gering: die Neutralisierung und die Abtretung der ohnehin verlorenen Gebiete jenseits von Oder und Neiße. Zunächst einmal herrschte bei den Westmächten Verwirrung. Ihre gesamte Planung ging von einer strikten Bindung der Bundesrepublik ans westliche Lager und damit einer Fortdauer der Teilung aus. Verhandlungen mit der Sowjetunion konnten die Integrationspolitik nur stören. Automatisch tauchte das Stichwort «Rapallo» auf, jenes Synonym für eine vom Westen gefürchtete Ostorientierung Deutschlands.

Die amerikanische Botschaft in Moskau konnte sich nicht vorstellen, daß die Sowjetunion tatsächlich freie Wahlen in der DDR zulassen und damit dieses Land aufgeben würde. US-Außenminister Acheson war, so berichtete der britische Botschafter aus Washington, «offenkundig beeindruckt» von der Note, «deren Ton sich von früheren stark unterscheide». Gerade deshalb aber wollte Acheson, daß der Westen in einer gemeinsamen Antwort mit der Forderung nach freien gesamtdeutschen Wahlen und der Zulassung der UNO-Überwachungskommission die Konditionen hochschraubte. Der britische Außenminister Eden, der die Regie bei der Koordinierung der westlichen Haltung übernahm, sah in der Sowjetnote einen «bedeutenden Fortschritt», den «ernsten Wunsch» Moskaus nach Wiedervereinigung Deutschlands und zugleich ein wohlüberlegtes Manöver, um die Integrationspolitik zum Scheitern zu bringen. Als Taktik empfahl Eden, die Verhandlungen mit Adenauer über das westliche Vertragswerk fortzusetzen, und meinte, vielleicht würden die Sowjets dann noch ein besseres Angebot machen. Zur Nagelprobe für die Sowjets könne werden, wie sie sich auf die Forderung nach freien gesamtdeutschen Wahlen unter internationaler Kontrolle verhielten. Die Franzosen schreckte die Aussicht auf ein wiederbewaffnetes Gesamtdeutschland. Außenminister Schuman beharrte deshalb darauf, der Sowjetunion von Anfang an klarzumachen, daß über eine Neutralisierung Deutschlands oder gar eine nationale deutsche Armee nicht verhandelt werden könne. Aus taktischen Gründen – vornehmlich dazu gedacht, deutschen Neutralisten die Freude am sowjetischen Angebot zu verderben – forderte Schuman, daß der Westen in seiner Antwort auch die für die Sowjetunion nicht verhandelbare Frage der deutschen Ostgrenze aufwerfen sollte.

Die Bundesrepublik war nicht Adressat der Note, sie mußte sich aber in erster Linie angesprochen fühlen. Moskau warb mit seinem Angebot um das national orientierte Bürgertum und um die Opposition, für die die Wiedervereinigung Priorität hatte. Adenauer hatte mit den Westmächten Stück für Stück die Souveränität der Bundesrepublik ausgehandelt, die Aufnahme in den «Club» (Truman) stand unmittelbar bevor. Deshalb kam es ihm jetzt nicht darauf an auszuloten, ob die Note ernst gemeint war oder nicht. Für ihn konnte es gar keine andere Reaktion geben, als das Angebot zurückzuweisen. Ein neutralisiertes Gesamtdeutschland erschien ihm als erster Schritt zur Bolschewisierung, als «Unterjochung Deutschlands unter Sowjetrußland». Die Deutschen waren in seinen Augen ein politisch unreifes Volk, das eine feste Einbindung in die westeuropäische Staatengemeinschaft brauchte. Von einem plötzlichen Kurswechsel befürchtete er verhängnisvolle Auswirkungen auf das mühsam wiedergewonnene Vertrauen bei den Westmächten: «Wenn wir jetzt auf Sondierungen drängen, sitzen wir zum Schluß zwischen allen Stühlen.»

Diese grundsätzlichen Überzeugungen erhielten ein besonderes Gewicht durch die aktuelle Situation. Die Außenminister der USA, Frankreichs und Großbritanniens waren bereits zur Unterzeichnung des Deutschlandvertrags nach Bonn eingeladen, in acht Wochen, am 26. Mai 1952, sollten die Verträge feierlich im Bundeshaus unterzeichnet werden. Der CDU-Parlamentarier Bucerius, der damals Gespräche mit englischen und amerikanischen Diplomaten führte, berichtete dem Bundeskanzler, die Antwort sei überall die gleiche gewesen: «Nur jetzt habt ihr eine Chance, mit dem Westen abzuschließen. Unsere Regierungen fürchten Moskau. Sie mißtrauen einem Deutschland, das es lieber mit dem Osten versucht.»

Für Adenauer kam es jetzt darauf an, kurzfristig die von der Sowjetunion angebotenen Vier-Mächte-Verhandlungen zu verhindern, ohne durch ein grundsätzliches ‹Nein› seine Anhänger vor den Kopf zu stoßen und die bisherige, von ihm selbst betriebene Kampagne für gesamtdeutsche freie Wahlen als reines Propagandamanöver zu desavouieren. Nachdem er sich bei den Hochkommissaren Rückendeckung verschafft hatte – sie versicherten ihm, man werde in den Verhandlungen über die Westverträge so fortfahren, als ob es die Note nicht gäbe –, qualifizierte Adenauer die Ostinitiative als Störmanöver ab. Im Grunde genommen bringe die Note wenig Neues, «abgesehen von einem starken nationalistischen Einschlag will sie die Neutralisierung Deutschlands, und sie will den Fortschritt in der Schaffung der Europäischen Verteidigungsgemeinschaft und in der Integration Europas verhindern».

Als Forum für diese Zurückweisung wählte Adenauer nicht das Parlament, wo er mit Widerspruch rechnen mußte, sondern ein unbedeutendes Parteigremium, den Evangelischen Arbeitskreis der CDU, der am 16. März 1952 in Siegen tagte. Adenauer sprach ohne vorbereitetes Konzept. Er formulierte Scheinargumente gegen die Note: sie lasse die Bildung einer freigewählten gesamtdeutschen Regierung offen; eine bewaffnete Neutralität biete Deutschland keinen hinreichenden Schutz; die Frage der deutschen Ostgebiete werde ausgeklammert. In einem Halbsatz brachte er dann ein neues Reizwort unter, mit dem er für seine Politik warb: der Zusammenschluß mit dem Westen solle außer zur Wiedervereinigung auch «zur Neuordnung in Osteuropa» führen.

Wegen dieses Junktims wurde Adenauer im Vorstand der Unionsfraktion zur Rede gestellt. Doch der Bundeskanzler bekannte sich anschließend in der Gesamtfraktion zu seiner neuen Konzeption, daß die Wiedervereinigung nur im Zusammenhang mit einer Neuordnung im gesamten Osten geschehen könne. Dagegen protestierten führende Abgeordnete, unter ihnen Lemmer, Gerstenmaier, Kurt Georg Kiesinger und der Fraktionsvorsitzende von Brentano. «Das bedeutet Krieg, Herr Bundeskanzler», rief Kiesinger aus. Erst als Adenauer im Parlament von den Sozialdemokraten kritisiert wurde, machte er einen Rückzieher: «Der Satz in Siegen war sehr einfach und beschäftigte sich mit der Frage des deutschen Osten jenseits der Oder-Neiße-Linie. Ich glaube, meine Damen und Herren, Sie werden mir wohl das Recht zugestehen, daß ich auch an das Land jenseits der Oder-Neiße-Linie denke und das erwähne.» Adenauer gelang es, das Aufbegehren in der Fraktion zu beschwichtigen. Die Abgeordneten gaben sich mit der Aussicht zufrieden, nach Abschluß der Westverträge könne man immer noch einen Tauschhandel EVG gegen Wiedervereinigung versuchen.

Ähnlich verfuhr Adenauer im Kabinett. Mit Widersachern vom Format Jakob Kaisers, der eine positive Antwort auf die Note verlangte, wurde der Kanzler leicht fertig. Hochkommissar John McCloy qualifizierte in einem Telegramm an das State Department die Kritiker Adenauers als «a few soft-headed nationalists» ab – ein paar Nationalisten mit weicher Birne. Einer störte im Kabinett jedenfalls nicht: Thomas Dehler. Er stachelte den Bundeskanzler an. Gegen das sowjetische Störmanöver helfe nur «brutale Offenheit».

Am 25. März wurde die westliche Antwortnote in Moskau überreicht. Ihre kaum verhüllte Schroffheit ließ keinen Zweifel daran, daß die Westmächte eigentlich die Beendigung des Kontaktes wünschten. Sie lehnten die Aufnahme von Verhandlungen über einen Friedensvertrag ab, bis in Deutschland «die Voraussetzungen für freie Wahlen geschaffen sind». Dabei wurde – einer Anregung Adenauers entsprechend – wieder der Vorschlag der UNO-Untersuchungskommission hervorgeholt. Außerdem verlangten die Alliierten, «daß es der gesamtdeutschen Regierung sowohl vor wie nach Abschluß eines Friedensvertrages freistehen sollte, Bündnisse einzugehen». Konkret hieß das: die Sowjetunion sollte nicht nur die DDR aufgeben, sondern auch akzeptieren, daß sich dann eine gesamtdeutsche Regierung der EVG anschließen könnte.

Wenige Tage später kam auch die sowjetische Antwortnote. Die UNO-Kommission wurde erwartungsgemäß abgelehnt. Die «Durchführung freier gesamtdeutscher Wahlen» aber nachdrücklich zugesichert. Der Westen wiederholte daraufhin seine bereits abgelehnten Forderungen, die Sowjetunion wiederholte ihre Angebote. Im Frühsommer 1952 ging dieser sinnlos gewordene Dialog ohne Ergebnis zu Ende.

Adenauer erreichte seine Planziele, ohne auf gewichtigen innenpolitischen Widerstand zu stoßen. Die Sozialdemokraten hatten bislang zwar seine Westintegrationspolitik heftig bekämpft, sie trauten sich aber nicht, aus der antikommunistischen Front auszubrechen und eine Deutschlandpolitik zusammen mit der DDR-Führung zu entwickeln. Auch als Adenauer im Herbst 1951 Grotewohls Avancen damit konterte, daß die deutschen Ostgebiete von einer Wiedervereinigung nicht ausgenommen werden dürften, beließ es Kurt Schumacher bei gemäßigter öffentlicher Kritik. Adenauer habe die Oder-Neiße-Linie in einem denkbar ungünstigen Augenblick zur Sprache gebracht. Nur intern äußerte Schumacher die Ansicht, daß Adenauer die Wiedervereinigung überhaupt nicht wolle und Vorwände suche, gesamtdeutsche Wahlen zu hintertreiben.

Die Politik der Oppositionspartei bestand darin, im Parlament ständig auf gesamtdeutsche Wahlen zu drängen in der Hoffnung auf ein sozialdemokratisch regiertes Gesamtdeutschland. Nach Eingang der sowjetischen Deutschlandnoten verlangten die Sozialdemokraten Vier-Mächte-Verhandlungen vor Unterzeichnung der Westverträge. Schon vom Tod gezeichnet, beschwor Kurt Schumacher in einem Brief den Bundeskanzler, «daß nichts unversucht bleiben darf, festzustellen, ob die Sowjet-Note eine Möglichkeit bietet, die Wiedervereinigung Deutschlands in Freiheit durchzuführen». Selbst wenn solche Verhandlungen scheitern sollten, «dann wäre doch auf jeden Fall klargestellt, daß die Bundesrepublik keine Anstrengungen gescheut hat, eine sich bietende Chance zur Wiedervereinigung Deutschlands und Befriedung Europas auszunützen».

Vier Monate später, in der Nacht vom 20. zum 21. August 1952, starb der SPD-Führer. Als Denkmal der Politik Schumachers, den vorläufigen Charakter des westdeutschen Staats zu unterstreichen, blieb bis in die siebziger Jahre die «Baracke» der Sitz der Parteizentrale. Sie war Relikt einer Idee des Berliner *Tagesspiegel*-Chefredakteurs Erik Reger aus dem Jahr 1949, die provisorische Bundeshauptstadt in einer Baracken-Stadt in Helmstedt oder anderswo nahe der Zonengrenze unterzubringen.

Die Politik der Stärke

In ihrer Grundstruktur war Adenauers Deutschlandpolitik darauf ausgerichtet, den Westteil Deutschlands zu konsolidieren und eine sowjetische Einwirkung auf Westdeutschland abzuwehren. Auch seine Reaktionen auf die Stalin-Note entsprachen dieser defensiven Grundhaltung. Gleichwohl fand er 1952 mit seinen Wendungen von der Neuordnung Osteuropas zum erstenmal zu einer Sprache der Politik der Stärke, die offensichtlich zunächst noch einen reinen Abwehrzweck verfolgte. Dies wurde besonders in der Art, wie er schon in Erwartung sowjetischer Gesprächsangebote jegliche Verhandlungen abblocken wollte, deutlich. Wenige Tage vor Eingang der Stalin-Note sagte der Bundeskanzler in einem Rundfunkinterview: «Erst wenn der Westen stark ist, ergibt sich ein wirklicher Ausgangspunkt für friedliche Verhandlungen mit dem Ziel, nicht nur die Sowjetzone, sondern das ganze versklavte Europa östlich des Eisernen Vorhangs zu befreien, in Frieden zu befreien.»

Diese taktische Sprache verdichtete sich bei Adenauer zunehmend zu einer konkreten Erwartung und einem neuen Prinzip seiner Politik. Bestimmt wurde diese Entwicklung durch das politische Geschehen in Amerika. Anfang 1953 war John Foster Dulles unter dem neuen republikanischen Präsidenten Eisenhower ins State Department eingerückt und verkündete gegenüber dem Osten an Stelle des bisherigen «schwächlichen Prinzips der Eindämmung» eine neue, aktive Politik der «Befreiung». Dies eröffnete für Adenauer die Aussicht auf den Erfolg einer offensiven Wiedervereinigungspolitik. Hatte er 1945 noch gesagt, der östliche Teil Deutschlands sei auf eine unabsehbare Zeit verloren, so glaubte er jetzt, die neue Politik des «roll back» werde tatsächlich zum Anschluß Ostdeutschlands an die Bundesrepublik führen. Im September 1953 rief er auf dem Bonner Marktplatz im Hochgefühl seines Wahlsiegs aus: «Bisher haben wir immer von der Wiedervereinigung gesprochen. Aber wir sollten künftig lieber Befreiung sagen. Unser Ziel ist die Befreiung unserer 18 Millionen Brüder und Schwestern in der Sowjetzone.»

Der wieder ins Amt zurückgekehrte britische Premier Churchill betrachtete die Politik des «roll back» als «illusionär und gefährlich». Er wollte deshalb auf einer neuen Gipfelkonferenz der Großmächte mit der Sowjetunion zu einer Verständigung in Europa kommen. Er sah in der neuen sowjetischen Führung – Stalin starb am 5. März 1953 – aufgeschlossene Ansprechpartner. Dem beunruhigten deutschen Bundeskanzler versicherte Churchill, England werde die Bundesrepublik «nicht verraten», aber die Deutschen müßten durch Hinnahme der Oder-Neiße-Linie einen Beitrag zum Weltfrieden leisten.

Tatsächlich erwies sich Churchills Einschätzung der neuen Mannschaft in Moskau als richtig. Partei- und Regierungschef Georgij Malenkow und Geheimdienstchef Lawrentij Berija wollten die wirtschaftliche und politische Situation im eigenen Lager durch einen auf Entspannung in Europa abgestellten Kurs konsolidieren. Die offene deutsche Frage bot sich als der Ansatzpunkt für Verhandlungen an. Um der mangelnden Glaubwürdigkeit ihrer bisherigen Deutschlandpolitik abzuhelfen, sollte in der DDR der ein Jahr zuvor beschlossene «Aufbau des Sozialismus» gestoppt und an Stelle der stalinistischen Unterdrückungspolitik ein Liberalisierungsprogramm durchgeführt werden. Mit diesen Instruktionen kehrte Anfang Juni 1953 der zum Hohen Kommissar in der DDR ernannte Sowjetdiplomat Semjonow von Moskau nach Ost-Berlin zurück. Die SED-Führung unter Walter Ulbricht setzte den neuen Kurs nur halbherzig um. Die Arbeiter sahen, daß die Neuorientierung das Bürgertum bevorzugte. Im Augenblick der Unsicherheit des Regimes trauten sich zunächst die Bauarbeiter der Stalinallee in Ost-Berlin, offen zu demonstrieren: «Wir fordern die Herabsetzung der Normen.» Dies wurde tags darauf, am 17. Juni 1953, zum Auslöser einer Welle von Streiks und Protesten gegen das Regime der DDR. Der von der Roten Armee unterdrückte Aufstand – die erste Erhebung in einem Land des sowjetischen Machtbereichs – war das Ende der neuen Deutschlandpolitik Moskaus. Berija wurde als Innenminister abgesetzt, ein halbes Jahr später erschossen. Malenkow mußte den Parteivorsitz an Nikita Chruschtschow abgeben, er blieb lediglich Ministerpräsident. Zehn Jahre später enthüllte Nikita Chruschtschow, wieweit die Konzessionsbereitschaft Berijas und Malenkows gegenüber dem Westen gegangen war: Zusammen mit Malenkow sei Berija bereit gewesen, «die Deutsche Demokratische Republik als sozialistischen Staat zu liquidieren».

Am 3. Juli 1953 erklärte der Bundestag den 17. Juni als «Tag der Deutschen Einheit» zum gesetzlichen Feiertag. Adenauer initiierte beim amerikanischen Präsidenten eine propagandistisch wirksame Lebensmittel-Hilfsaktion. In den nächsten Jahren wurde das «Päckchen nach drüben» zur einzigen positiven Deutschlandaktivität. Im übrigen sah Adenauer in den Vorgängen in der DDR und in der Sowjetunion einen Beweis für die Richtigkeit seiner Politik. Jetzt fühlte er sich stark genug, in einem Brief an die Westmächte die Einberufung einer Viererkonferenz über Deutschland, deren Risiko er bisher gescheut hatte, selbst zu fordern. Dabei war er sich mit den Amerikanern darin einig, lediglich eine Konferenz der Außenminister anzustreben.

Von diesem Manöver versprach er sich eine vielfache Wirkung. Er konnte sich innenpolitisch kurz vor der Wahl 1953 als aktiver Wiedervereinigungspolitiker profilieren und damit der SPD den Wind aus den Segeln nehmen. Churchills Konzept einer Begegnung der Staatschefs war verwässert. Die Konferenz sollte vorführen, daß eine Verständigung mit der Sowjetunion nicht möglich sei und damit den innenpolitischen Widerstand in Frankreich gegen die Ratifizierung des EVG-Vertrages brechen.

Im Januar 1954 kam diese erste Viererkonferenz über Deutschland seit Bestehen beider deutscher Staaten zustande. Der Westen trat mit einem nach dem britischen Außenminister Eden benannten Plan an, der freie Wahlen und für die dann gebildete gesamtdeutsche Regierung außenpolitische «Handlungsfreiheit» verlangte, also die Möglichkeit, dem Westblock beizutreten. Damit war von vornherein eine Einigung ausgeschlossen. Britische Überlegungen über Sicherheitsgarantien an die Sowjetunion im Falle einer Wiedervereinigung waren auf amerikanisches und westdeutsches Drängen schon im Vorfeld eliminiert worden.

Die Bundesregierung startete eine große Propagandaaktion. Auf sämtlichen Plakatsäulen in der ganzen Bundesrepublik ließ sie ihre drei Forderungen ankleben: «Freie gesamtdeutsche Wahlen», «Verfassunggebende Nationalversammlung», «Gesamtdeutsche Regierung mit völliger Handlungsfreiheit». Herbert Blankenhorn, mit Wilhelm Grewe von Adenauer als Beobachter zur Konferenz geschickt, empfing den anreisenden FDP-Abgeordneten Thomas Dehler mit den Worten: «Herr Dehler, Sie brauchen keine Angst zu haben, es kommt nichts zustande.» Seinem Bundeskanzler schrieb Blankenhorn in einem Brief: «Im übrigen ist der Aufenthalt der alliierten Delegation insofern recht heilsam, als die Eindrücke, die sie einheitlich aus dem Ostsektor mitbringen, verheerend sind. Die Armut, die dürftige Bekleidung der Menschen, die Mangelhaftigkeit der Versorgung der Geschäfte mit Konsumgütern, die Öde der Straßen und die scharfe Polizeiüberwachung, all dies zeigt den Alliierten mit großer Eindringlichkeit, was zu erwarten ist, wenn Europa den Sowjets anheimfallen sollte. Die Stimmung ist deshalb in allen Delegationen ohne Unterschied so überraschend antisowjetisch, wie ich das nach meinen Unterhaltungen, zumindest in Paris und London, nicht für möglich gehalten habe.»

Auch die Sowjetunion ging nach den Erfahrungen von 1953 auf Nummer Sicher. Ihr Vorschlag – Bildung einer paritätisch besetzten provisorischen gesamtdeutschen Regierung zur Ausarbeitung eines Friedensvertrags, freie Wahlen erst am Ende der Wiedervereinigungsprozedur – war ein Rückfall in Positionen vor 1951. Außerdem legte sie den Entwurf eines «gesamteuropäischen Vertrags über die kollektive Sicherheit in Europa» vor, der auf eine Auflösung der NATO, einen Abzug der Amerikaner und eine Verhinderung der EVG hinauslief. Das «Nein» des Westens war auch hier vorprogrammiert.

Am 18. Februar 1954 ging die Konferenz ergebnislos zu Ende. Für Konrad Adenauer kein Grund zur Trauer: «Da war nichts auszuhandeln, und da ist nichts auszuhandeln.» Er hoffte auf bessere Gelegenheiten. Im Rückblick des Memoirenschreibers kommt Wilhelm Grewe zu dem Urteil: «Der Verlauf der folgenden Jahre läßt die Berliner Konferenz als den Zeitpunkt erscheinen, an dem die Weichen endgültig auf die getrennte und sich immer weiter voneinander entfernende Entwicklung der beiden Teile Deutschlands gestellt wurden.»

Als die EVG platzte und statt dessen der NATO-Beitritt der Bundesrepublik vorbereitet wurde, lockte der Kreml zwar noch einmal mit Konzessionen. Moskau bot freie Wahlen als Vorleistung an und akzeptierte dafür auch eine internationale Kontrolle. Für Adenauer und seine Westpartner waren dies nur Störmanöver, sie lehnten eine Beratung der Vorschläge vor der Ratifizierung der Pariser Verträge ab.

Die Sowjetunion hatte keinen Zweifel daran gelassen, wie sie sich verhalten würde, wenn die Bundesrepublik der NATO doch beiträte. Dies würde «auf lange Zeit hinaus die Wiederherstellung der Einheit Deutschlands unmöglich machen».

Der neue SPD-Vorsitzende Erich Ollenhauer bedrängte vergeblich den Bundeskanzler. «Man hat es 1952 versäumt, die Ernsthaftigkeit der damaligen Angebote der Sowjetunion zu erproben. Uns jetzt der gleichen Unterlassung schuldig zu machen, würde vor dem deutschen Volk nicht verantwortet werden können.» Adenauers Antwort: «Über alles, was die Sowjetunion in den letzten Tagen und Wochen zur deutschen Frage geäußert hat, läßt sich nach der Ratifizierung genauso gut verhandeln wie vorher.» Am 9. Mai 1955 wurde die Bundesrepublik endgültig Mitglied der NATO. Konrad Adenauer war in Paris. Entspannt zurückgelehnt im Sessel eines Salons des Pariser Hotel Bristol, verkündete er stolz: «Wir sitzen nun im stärksten Bündnis der Geschichte. Es wird uns die Wiedervereinigung bringen.»

Am 10. Mai 1955 – nur fünf Tage nach Inkrafttreten der Pariser Verträge und einen Tag nach Aufnahme der Bundesrepublik in die NATO – luden die Westmächte die Sowjetunion zu einer Gipfelkonferenz nach Genf ein. Jetzt mußte sich erweisen, ob Adenauers Rezept stimmte: «erst ratifizieren und dann verhandeln».

Am 15. Mai unterzeichneten im Marmorsaal des Wiener Schlosses Belvedere die Außenminister der vier Siegermächte den Staatsvertrag, der Österreich die Souveränität zurückgab und den Abzug der Besatzungsmächte regelte. Zum erstenmal nach Kriegsende räumten die Sowjets in Europa ein von ihnen besetzt gehaltenes Gebiet. Als dann noch Adenauer im Frühsommer die Einladung zu einem Besuch in Moskau erhielt, entstand in Bonn eine geradezu gespenstische Wiedervereinigungseuphorie. Selten lagen Erwartungen und Wirklichkeit so weit auseinander wie in diesen Tagen. Nur Adenauer sah die Entwicklung sehr viel skeptischer. Für ihn war die sowjetische Bereitschaft zur Lösung der Österreich-Frage ein «klug berechneter Schritt», um für den Gedanken der Neutralisierung Deutschlands zu werben. Die Gebiete der Bundesrepublik und der DDR, auf denen noch keine deutschen Soldaten standen, boten sich als Ausgangspunkt für jede Art von Neutralismus und Rüstungskontrollzonen geradezu an. Etliche außenpolitische Planer in westlichen Hauptstädten bauten darauf ihre Projekte auf. Als dann noch US-Präsident Eisenhower den Gedanken aufnahm, in Europa einen Gürtel von neutralen Staaten zwischen Ost und West zu legen, war Adenauer aufs äußerste beunruhigt. Demonstrativ rief er die gerade ernannten Botschafter in den drei westlichen Hauptstädten zu einer Konferenz in seinen Urlaubsort Bühler Höhe zurück. Adenauer-Freund Dulles distanzierte sich auf Drängen Bonns von dem Gedanken einer Neutralisierung Deutschlands. Mit kritischem Argwohn verfolgte Adenauer das Näherrücken der Genfer Gipfelkonferenz.

Um zu verhindern, daß eine europäische Rüstungskontrolle um den Preis der Entmilitarisierung Deutschlands verhandelt werden könnte, wollte der Kanzler mit einem Drei-Paragraphen-Blitzgesetz ein Freiwilligen-Heer aufstellen. Der Entwurf scheiterte wegen grober Mängel.

Die Bundesrepublik, die in die Vorbereitungen des Genfer Gipfels miteinbezogen wurde, soweit es um die deutsche Frage ging, konnte die Westmächte auf ein Junktim von Wiedervereinigung und Abmachungen über die europäische Sicherheit festlegen. Damit waren zwei Probleme verkoppelt, die jedes für sich schon schwierig genug waren. Das Ergebnis war, daß Bonn ein Instrument in die Hand bekam, in den nächsten drei Jahren alle Ansätze zu europäischen Rüstungskontrollgesprächen zu torpedieren.

Als die Genfer Konferenz am 18. Juli 1955 begann, bezog der deutsche Kanzler im nahegelegenen Bergdorf Mürren ein «Urlaubsquartier». Die Nachrichten, die den zur Untätigkeit gezwungenen Bonner Regierungschef erreichten, steigerten von Tag zu Tag sein Mißtrauen.

Die Westmächte legten zwar noch einmal, wie verabredet, den Eden-Plan für eine Wiedervereinigung durch freie Wahlen vor und offerierten der Sowjetunion zusätzlich Sicherheitsgarantien für den Fall, daß ein wiedervereinigtes Deutschland sich für den Verbleib in der NATO entscheiden sollte. Doch dann bot der britische Außenminister ohne Absprache mit Bonn den Russen die Bildung einer Inspektionszone diesseits und jenseits des Eisernen Vorhangs an, ohne damit die deutsche Frage zu koppeln, was indirekt auf eine Hinnahme der Teilung hinauslief.

Der amerikanische Präsident Eisenhower traf sich mit seinem sowjetischen Waffenbruder aus dem Zweiten Weltkrieg, Marschall Schukow, zu einem Vier-Augen-Gespräch. Adenauer befürchtete, der US-Präsident versuche, hinter dem Rücken seines Außenministers einen Direktkontakt zur sowjetischen Delegation herzustellen. BND-Agenten erhielten den Auftrag, bei der amerikanischen Delegation die «Geheimgespräche» auszukundschaften. Charles Bohlen, als Amerikas Moskau-Botschafter mit in Genf, gelang es nicht, den deutschen Kanzler von der Harmlosigkeit dieser Begegnung zu überzeugen. In seinen Memoiren schreibt Bohlen, Adenauer habe darin nach wie vor eine Verschwörung gesehen.

Neu an der Konferenz waren auch die höflichen Umgangsformen zwischen den West-Delegierten und den Politikern aus dem Osten, bald hieß der Gipfel allgemein «Konferenz des Lächelns». Insbesondere die neuen Kreml-Herren gaben sich verbindlich und leutselig. Anders als Stalin, der einen besonderen Personenkult der Unnahbarkeit gepflegt hatte, traten Bulganin und Chruschtschow als Meister des PR-Geschäfts auf. Sie lächelten für die Fotografen, schüttelten Hände und küßten Kinder. Adenauer: «Meine Befürchtungen über die psychologische Auswirkung der Genfer Konferenz stiegen von Tag zu Tag. Die Russen hatten durch ihr verbindliches Auftreten in Genf erreicht, daß sie wieder allgemein als verhandlungsfähig angesehen wurden.»

Die Genfer Konferenz endete ohne Einigung in den Hauptfragen. Bulganin lehnte den Eden-Plan für eine Wiedervereinigung durch freie Wahlen rundweg ab. Nach dem Beitritt der Bundesrepublik in die NATO müsse sich die Welt mit der Existenz zweier deutscher Staaten abfinden. Die Wiedervereinigung sei jetzt Sache der Deutschen selbst. Vordringlich sei der Abschluß eines Vertrags über kollektive Sicherheit in Europa. Da sich die Regierungschefs ohnehin nicht vorgenommen hatten, fertige Lösungen auszuarbeiten, sondern nur Arbeitsanweisungen für die nachgeschaltete Außenministerkonferenz, gelang es, die unvereinbaren Standpunkte in den Hauptfragen in einem Formelkompromiß zusammenzufassen. Dabei tauchte das West-Stichwort «freie Wahlen» noch einmal – zum letztenmal – auf, allerdings in einer zu nichts verpflichtenden Zusammenfassung mit den politischen Zielen der Sowjets. Chruschtschow entwertete das für die westliche Öffentlichkeit bestimmte Kunstgebilde der «Genfer Direktiven» schon auf der Heimreise bei einem Zwischenstopp in Ost-Berlin: Die beiden deutschen Staaten seien eine Realität, und es werde keine Regelung der deutschen Frage auf Kosten der DDR geben. Damit hatte die Sowjetunion ihren zukünftigen deutschlandpolitischen Kurs – die Zwei-Staaten-Theorie – klar ausgesprochen.

Mürren-Urlauber Adenauer hatte zunächst seinem Freund Dulles in einem Brief «große Bewunderung» und «aufrichtigen Dank» für das «positive Ergebnis dieser Konferenz» übermittelt. Dann aber bewirkte die Einsamkeit der Berge, «wo man besser und tiefer nachdenken kann als in Bonn», daß der Bundeskanzler zu ganz anderen Einschätzungen kam. Er schickte 14 Tage später eine vernichtende Analyse der gesamten Politik des Westens gegenüber der Sowjetunion hinterher. Auch die äußere Form unterschied sich von der ersten Dankadresse. Adenauer fand nur wenige persönlich-verbindliche Floskeln zur Einleitung und zum Schluß, im übrigen war das Schreiben ein nüchternes, in Rubriken gegliedertes Behördendokument. Seine Kernsätze:

«Die Genfer Konferenz war ein voller Erfolg für die Russen. Sie haben es verstanden, durch billige Gesten alles vergessen zu machen, was auf ihrem Schuldkonto steht ... Die Hinausschiebung der Wiederherstellung der Einheit Deutschlands ist so gefährlich, weil sie zeitlich zusammenfällt mit der in Genf sich ankündigenden Rehabilitierung Rußlands durch die angelsächsischen Großmächte ... Man kann Rußland nicht zur Wiederherstellung der Einheit Deutschlands zwingen, aber wohl kann man den Anschein der Rehabilitierung durch die angelsächsischen Mächte vermeiden ... Ich hoffe, daß Sie inzwischen in Ferien gegangen sind, und wünsche Ihnen und Ihrer Gattin recht gute Erholung. Mit herzlichen Grüßen, wie immer, Ihr Adenauer.»

Dem aufgebrachten Kanzler antwortete Dulles, ihm scheine, daß die Russen jetzt eine Atempause haben wollten und deshalb die Möglichkeit besteht, «die Einigung Deutschlands zu erlangen ... zu Ihren Bedingungen, innerhalb von ein paar Jahren ... wenn wir fest sind.»

Die Antwort war zugleich Beschwichtigung und diplomatisch verbrämte Mahnung an den Bundeskanzler zu Festigkeit und Grundsatztreue bei den anstehenden Verhandlungen Adenauers in Moskau. Mit Blick auf seine für den 8. bis 12. September terminierte Reise in die Sowjetunion hatte Adenauer gegenüber Journalisten erklärt, niemand lasse sich den Appetit auf das Hauptgericht nehmen, nur weil ihm das Vorgericht nicht geschmeckt habe. Um das latente Mißtrauen der Amerikaner gegen direkte deutsch-sowjetische Kontakte zu beschwichtigen, hatte Adenauer im Juni 1955 US-Außenminister Dulles versprochen, er werde auf seiner Moskau-Reise ohne Fortschritte in der Wiedervereinigungsfrage keine diplomatischen Beziehungen zur Sowjetunion aufnehmen. Intern allerdings hatte der Bundeskanzler kurz zuvor schon erklärt, daß er als Zeichen der neu gewonnenen Souveränität einen eigenen Botschafter in die sowjetische Hauptstadt schicken wollte, um unabhängig von den Westmächten einen direkten Kontakt mit der Kreml-Führung zu bekommen. Adenauer: «Sobald wir souverän sind, können wir als ein selbständiger, souveräner Staat unsere diplomatischen Beziehungen einsetzen im Sinne einer Beilegung des Konflikts auch mit den Sowjets. Daher ziehe ich eine Konferenz mit den Sowjets über die Rückgabe der Sowjetzone, bei der wir gleichberechtigt mit am Tisch sitzen, Verhandlungen vor, die über unseren Kopf hinweg von anderen geführt werden.» Seine Genfer Erfahrungen, wo er draußen vor der Verhandlungstür bleiben mußte, sollten sich nicht ein weiteres Mal wiederholen. Hoffnungen auf rasche Erfolge in der Wiedervereinigungsfrage hatte er nach dem ernüchternden Verlauf der Gipfelkonferenz nicht mehr. Nachrichten aus dem gerade in die neutrale Unabhängigkeit entlassenen Österreich signalisierten eine Bereitschaft der Sowjetunion, die Wiedervereinigung um den Preis des NATO-Austritts der Bundesrepublik und der

Zustimmung zu einem kollektiven Sicherheitssystem in Europa anzubieten. Auf solch einen Handel wollte sich Adenauer in Moskau nicht einlassen. Nach einem Gespräch beim Bundeskanzler notierte sein Intimus Krone in sein Tagebuch: «Der Kanzler wies auf das Gefährliche dieses Vorschlags hin. Mit einem solchen Angebot wolle Moskau sich den Weg nach Westdeutschland und Westeuropa bahnen.»

«Wir haben uns alles vom Herzen geredet»

Adenauer in Moskau

Die bevorstehende Expedition in die sowjetische Hauptstadt war für Adenauer ein Wagnis: Die Aufnahme diplomatischer Beziehungen konnte bei den Westmächten Mißtrauen in die außenpolitische Verläßlichkeit Bonns wecken, Wiedervereinigungserwartungen in der deutschen Öffentlichkeit würde er enttäuschen müssen.

Wie hoch die Erwartungen an den Reiseerfolg in der öffentlichen Meinung geschraubt waren, zeigte ein Kommentar der *Zeit*-Kolumnistin Marion Gräfin Dönhoff: «Die Herstellung diplomatischer Beziehungen ist das einzige, was wir zu vergeben haben und was den Sowjets wirklich ungemein wichtig ist – diese Konzession nur im Austausch gegen das, was uns am wichtigsten ist, gegen einen Terminkalender für die Wiedervereinigung.»

Um die Risiken zu begrenzen, entschloß sich Adenauer, im Gegensatz zu seinem bisherigen Vorgehen die SPD in die Mitverantwortung einzubeziehen und das Parlament zu beteiligen. Er lud den Vorsitzenden des außenpolitischen Ausschusses des Bundestags, Kurt Georg Kiesinger, und dessen Stellvertreter, den Sozialdemokraten Carlo Schmid, sowie den Vorsitzenden des außenpolitischen Ausschusses des Bundesrates, NRW-Ministerpräsidenten Karl Arnold, zur Mitreise ein. Die von ihm als politisch unzuverlässig abqualifizierte FDP, seinen Koalitionspartner, wollte er nicht mit in Moskau haben. Ebensowenig wünschte er eine Begleitung durch seinen Wirtschaftsminister Ludwig Erhard, um im Westen nicht den Eindruck aufkommen zu lassen, daß es ihm vorrangig um die Anbahnung von Ostgeschäften gehe.

Da Adenauer nicht wußte, welchen Verlauf die Besprechungen im Kreml nehmen würden, nahm er nicht nur seine engsten politischen Ratgeber mit – die Staatssekretäre Globke und Hallstein, Pressechef von Eckardt, Außenminister von Brentano, sowie die Spitzendiplomaten Blankenhorn (NATO) und Grewe (Washington) –, sondern einen ganzen Troß von Experten. Über hundert Bonner machten sich auf den Weg.

Ein Sonderzug der Bundesbahn mit dreizehn Wagen, darunter ein abhörsicherer Konferenzwagen, reiste als rollender diplomatischer Stützpunkt voraus. Die Sowjets rangierten ihn auf ein Nebengleis, wo sie eigens zwei Blumenbeete und einen Springbrunnen angelegt hatten und das Ganze mit einem hohen, grün angestrichenen Bretterzaun als Lärmschutz gegen vorbeifahrende Züge abschirmten. Die eigentliche Verhandlungsdelegation flog in zwei Superconstellations der Lufthansa ein.

Heinrich von Brentano, ideologisch negativ auf die Sowjetunion fixiert, nahm seinen Pelzmantel mit, weil er wohl schon im September sibirische Kälte in Moskau vermutete. Er habe, so gestand er später, sich während der Moskauer Tage «wie im Zelt einer Räuberbande» gefühlt und bezeichnete die Verhandlungen als «ein Gespräch mit Kidnappern». Adenauers Vertrauter Heinrich Krone notierte am Abreisetag in sein Tagebuch: «Bei allen der Eindruck, daß etwas Gespenstisches in der Luft liegt. Die Reise nach Moskau ist ein Wagnis. Wir müssen es eingehen.»

Das Wachregiment, das zu Adenauers Ehren am Flughafen Wnukowo aufmarschiert war, hatte neue farbenprächtige Paradeuniformen bekommen. Der Kompaniechef machte mit gezogenem Säbel Meldung – Adenauer später: «Da habe ich richtig Angst bekommen» –, dann schritt der Bundeskanzler mit Ministerpräsident Bulganin die Front ab. Zum erstenmal war ein deutscher Kanzler in Moskau. Die Soldaten begrüßte Adenauer mit dem russischen Wort «Sdrastwuitje» – guten Tag. Die Soldaten riefen ihm als Gegengruß: «Immerwährende Gesundheit» entgegen. Adenauers Pressechef Felix von Eckardt: «Es klang wie ein einziger Gewehrschuß.»

Der Konferenzsaal war ein Raum des Spiridonowka-Palais. Ein Großfürst habe es gebaut, erzählte Bulganin seinem deutschen Gast, es später aber einem reichen Zuckerindustriellen verkauft, der dort seine Geliebte untergebracht habe. Auf die Frage des Kanzlers «Und von wem haben Sie es gekauft?» erwiderte Bulganin kurz angebunden: «Es wurde vom Volk enteignet!» Chruschtschow fügte lachend hinzu: «Natürlich alles ganz legal!»

Offizielle Gespräche, gesellige Veranstaltungen und Treffen im kleinen Kreis füllten das Programm der fünf Besuchstage. Die Verhandlungen entwickelten sich zunächst zur Generalabrechnung der deutsch-sowjetischen Beziehungen seit Beginn des Zweiten Weltkriegs. Die zum Teil lautstark, zornig und mit erhobenen Fäusten bestrittenen Auseinandersetzungen zwischen Adenauer und Chruschtschow hatten eine befreiende Wirkung. Adenauer: «Wir haben uns damals alles vom Herzen geredet, und auch das schafft schon eine gewisse Gemeinsamkeit.»

In den politischen Kernfragen der Wiedervereinigung und der europäischen Sicherheit waren die gegensätzlichen Standpunkte unüberbrückbar wie zuvor schon beim Gipfeltreffen in Genf. Eine Bemerkung Chruschtschows, daß die Sowjets Realisten seien und von sich aus die Frage eines NATO-Austritts der Bundesrepublik nicht stellen würden, überging Adenauer. Er wollte sich nicht auf das Thema Wiedervereinigung durch Neutralisierung einlassen, das ihm vorab österreichische Politiker als möglichen Diskussionsstoff angekündigt hatten. Als bei der Wiedergabe der Konferenzdialoge im regierungsamtlichen Bonner Bulletin entsprechende Chruschtschow-Passagen weggelassen wurden, bezeichnete der SPD-Abgeordnete Fritz Erler dies als Beleg dafür, daß Adenauer kein ernsthaftes Gespräch über die Wiedervereinigung gesucht habe.

Als einzige Verhandlungsziele der Bonner Delegation in Moskau blieben die Aufnahme diplomatischer Beziehungen und die Freilassung der in der Sowjetunion zurückgehaltenen Kriegsgefangenen. Das war eine Verhandlungslinie, die von der Auffassung der Russen über den Sinn der Konferenz gar nicht so weit entfernt war. Schon vorab hatte Moskau in Kontakten mit dem Schwedischen Roten Kreuz und über kirchliche Mittelsmänner seine Bereitschaft erkennen lassen, die noch zurückgehaltenen Deutschen in ihre Heimat zu entlassen. Dennoch kam es gerade in dieser Frage zu einem Konflikt, der fast zum vorzeitigen Abbruch des Moskau-Besuchs geführt hätte.

Die Sowjetunion als Siegermacht wollte die Freilassung nicht als Vorbedingung für den Botschafteraustausch akzeptieren und der Bundesrepublik keinen Alleinvertretungsanspruch für etwaige Verhandlungen über diese Frage zugestehen, da es bereits auch schon Gespräche mit Ost-Berlin gab. Außerdem vertrat Moskau den Standpunkt, daß die Internierten Kriegsverbrecher seien, die von sowjetischen Gerichten abgeurteilt waren und nur durch einen einseitigen Gnadenakt entlassen werden könnten. Ein Kompromiß wurde schließlich damit gefunden, daß sich Adenauer mit einer ehrenwörtlichen Zusage Bulganins begnügte. In Adenauers Delegation war diese Lösung sehr umstritten. Die Mehrheit seiner engsten Berater war dagegen, an der Spitze der Opponenten standen Brentano und Hallstein. Der Außenminister hielt dem Kanzler entgegen, nachdem er selber früher immer von den Vertragsbrüchen der Sowjets gesprochen habe, könne er sich jetzt nicht mit mündlichen Versprechen begnügen. Außerdem könne es eine Normalisierung der Beziehungen zur Sowjetunion nur bei Fortschritten in der Wiedervereinigungsfrage geben.

Adenauer setzte sich über diese Einwände hinweg. Zwei deutsche Botschafter in Moskau – das bedeutete eine Art Anerkennung der sowjetischen Zwei-Staaten-Theorie. Um sich gegen Kritiker abzusichern, stellte Adenauer die Vereinbarung unter den Vorbehalt einer Zustimmung durch den Bundestag. Im Kommuniqué wurde festgehalten, daß die Bundesrepublik in der Aufnahme diplomatischer Beziehungen einen Beitrag zur Wiederherstellung eines «deutschen demokratischen Staates» sehe. Die Sowjetunion setzte damit eine Formulierung durch, die die NATO-Mitgliedschaft eines einheitlichen deutschen Staats ausschloß. Die Öffentlichkeit wurde mit dieser vagen Formel – ähnlich wie in Genf – noch einmal darüber hinweggetäuscht, daß keine Ergebnisse in der Wiedervereinigungsfrage zu erreichen waren. Außerdem meldete Adenauer in einem Brief an Bulganin einseitig drei Rechtsvorbehalte an: Nichtanerkennung des territorialen Besitzstands der Sowjetunion, Nichtanerkennung der DDR und Aufrechterhaltung des Alleinvertretungsanspruchs. In einer TASS-Erklärung legte die Sowjetunion ihren gegenteiligen Standpunkt dar.

Argwöhnisch hatten die Amerikaner das Geschehen in Moskau verfolgt. Sie mußten erkennen, daß Adenauer entgegen dem ursprünglichen Versprechen den Botschafteraustausch vereinbarte. Zusätzlich wurden sie irritiert durch die Bilder von Verbrüderungsszenen. Auf der Veranda einer Datscha, die ihm die Russen während der Konferenztage am Moskauer Stadtrand zur Verfügung gestellt hatten, zeigte sich ein verschmitzt lächelnder Adenauer, beidseitig die Hände verschränkt mit Bulganin und Chruschtschow. Nach der Schlußszene des «Romeo und Julia»-Balletts im Bolschoi-Theater, in der sich die zerstrittenen Veroneser Adligen Montague und Capulet über die Leichen ihrer Kinder hinweg die Hände zur Versöhnung reichen, animierte Adenauer seinen Gastgeber Bulganin in der Zarenloge zu einer ähnlichen Geste, begeistert gefeiert vom Publikum im Parkett. Auf den Empfängen im Anschluß an die Konferenzstunden wichen die Deutschen, Adenauer eingeschlossen, keinem Trinkspruch der Russen aus und erwiesen sich als standfeste Partner – dank einem Eßlöffel Olivenöl, das sie auf Anraten Globkes vor den Gelagen geschluckt hatten. Chruschtschow führte Adenauer vor die riesige Hülle eines jener Propagandaballons, die die Amerikaner damals zu Hunderten über der Sowjetunion treiben ließen. Der Bemerkung des kugelköpfigen Ukrainers, solche Ballons könnten Verkehrsflugzeuge zum Absturz bringen, stimmte der Bundeskanzler zu.

Das deutsche Delegationsmitglied Herbert Blankenhorn wurde das erste Opfer des aufgestauten amerikanischen Mißtrauens. Als er in Moskau Botschafter Bohlen über das Konferenzergebnis Bericht erstattete, bekam der amerikanische Diplomat einen Wutanfall: «Wenn ihr für einige Tausend Kriegsgefangene die Sowjetunion anerkennt, was seid ihr dann für siebzehn Millionen Deutsche zu zahlen bereit?» Blankenhorn schrie zurück. Beide beschwerten sich anschließend bei US-Außenminister Dulles. Doch auch Dulles reagierte kühl: «Ich bezweifle nicht, daß die Sowjets ihre Anerkennung der beiden Deutschlands sehr stark als ein an uns gerichtetes Argument ausspielen werden», schrieb er dem Kanzler. Ein einziger unter den westlichen Alliierten war mit Adenauers Reise zufrieden. Der britische Außenminister Harold Macmillan, der später als Premier von Adenauer über Jahre wegen angeblicher Moskau-Hörigkeit diffamiert wurde, notierte in sein Tagebuch: Jetzt müßten die Deutschen wenigstens aufhören, den Briten Nachgiebigkeit gegenüber den Russen vorzuwerfen, wie sie dies so gern täten.

Schon auf dem Rückflug nach Bonn begannen Beamte des Auswärtigen Amts mit Reparaturarbeiten. Wilhelm Grewe bastelte eine Formel, wonach Bonn die Aufnahme diplomatischer Beziehungen mit der DDR durch dritte Staaten künftig als «einen gegen die Lebensinteressen des deutschen Volks gerichteten unfreundlichen Akt» ansehen würde. Die diplomatischen Beziehungen zwischen Bonn und Moskau seien ein Ausnahmefall. Denn die Sowjetunion sei eine der vier Siegermächte, ohne deren Mithilfe die Einheit Deutschlands nicht wiederhergestellt werden könne.

Diese Grewe-Formel ging in die Geschichte der Bundesrepublik als «Hallstein-Doktrin» ein. Der AA-Staatssekretär vermutete hinter dieser Namensgebung den Racheakt eines persönlichen Feindes. Für siebzehn Jahre gehörte die Formel zum politischen Disziplinierungsinstrumentarium Bonns. Auf kurze Sicht erfüllte sie den Zweck einer Schadensbegrenzung der Moskauer Entscheidung. Auf lange Sicht wurde die Hallstein-Doktrin zu einer Fessel für die Aufnahme diplomatischer Beziehungen Bonns zu den Ostblockstaaten, die alle bereits Botschafter mit der DDR ausgetauscht hatten. Sie blockierte überdies den Ausbau der innerdeutschen Beziehungen. Für Staaten der Dritten Welt wurde sie zum Mittel, mit der Drohung diplomatischer Beziehungen zu Ost-Berlin immer höhere Entwicklungsgelder von der Bundesrepublik zu erpressen.

Um westliches Mißtrauen zu besänftigen und seine Opposition gegen die Moskauer Kanzlerentscheidung zu demonstrieren, schnitt Außenminister von Brentano den ersten Sowjetbotschafter in Bonn, Valerian Sorin. Schon nach einem halben Jahr packte Sorin wieder die Koffer. Der Bundeskanzler empfing den Diplomaten zum erstenmal zu seiner Verabschiedung. Vor seiner Abreise vertraute Sorin deutschen Journalisten an, er sei von Vertretern der Bundesregierung kein einziges Mal auf das Thema Wiedervereinigung angesprochen worden.

Für den Rußland-Heimkehrer Adenauer zählte zunächst einmal der

Propagandaerfolg der Gefangenenbefreiung. *Zeit*-Autorin Gräfin Dönhoff blieb mit ihrer Kritik – «die Freiheit von 10000 besiegelt die Knechtschaft der 17 Millionen» – ziemlich allein. Die Öffentlichkeit feierte den Kanzler enthusiastisch. 9626 Kriegsgefangene und 20000 Zivilinternierte kehrten zurück. In seinen Reden gab Adenauer noch eins drauf: «Es ist mir gelungen, hunderttausend deutsche Kriegsgefangene freizubekommen.»

In düsterer Stimmung war Adenauer nach Moskau gereist. Das gehörte zu seinem typischen Verhalten vor Beginn schwieriger Verhandlungen. Immer wieder dasselbe: Er malte gegenüber seinen Mitarbeitern alle nur möglichen negativen Prognosen aus. Dabei kamen ihm die abstrusesten Gedanken. Nachdem er alle Fehlschläge schon theoretisch erfahren und durchlitten hatte, stellte er sich pflichtbewußt der Situation. Er war nun seelisch auf alle denkbaren Verhandlungsabläufe vorbereitet. In der Regel endeten die Gespräche positiver als erwartet. Erleichtert über diesen Ausgang tat der Kanzler dann so, als ob das Ergebnis selbstverständlich und von ihm immer so vorhergesehen worden sei. Psychologen sprechen von einem kontraphobischen Verhalten.

Das zeigte sich auch jetzt wieder. Auf dem Flughafen Wahn empfing ihn Bundestagspräsident Eugen Gerstenmaier, feierlich mit Cut bekleidet, um ihm den Dank des Deutschen Bundestags und des deutschen Volkes auszusprechen für das in Moskau Erreichte. Adenauer gab sich gelassen: «Bei den Verhandlungen in Moskau machten mir die Russen am wenigsten Schwierigkeiten. Der Widerstand kam von Herrn Brentano und Herrn Hallstein.»

Adenauer lud Gerstenmaier ein, mit ihm nach Rhöndorf zu fahren. Als der Wagen an den winkenden Menschen am Straßenrand vorbeifuhr, sagte der Bundeskanzler: «Wissen Sie was, Herr Gerstenmaier: Jetzt sollten wir eigentlich Wahlen haben.»

Der Moskau-Besuch war prägend für Adenauers Verständnis der Sowjetunion. Er registrierte, daß die Menschen in Moskau «völlig niedergeschlagen» wirkten und es keine Kinderwagen in den Moskauer Straßen gab. Er ließ sich über die beengten Wohnverhältnisse berichten – bis zu acht Familien mußten sich nach genauem Zeitplan eine Küche teilen – und zog daraus Schlußfolgerungen auf die innere Schwäche des Systems. Die Sowjetunion brauche «eine Atempause», der Westen dürfe ihr nicht bei der Überwindung ihrer wirtschaftlichen Schwierigkeiten helfen.

Besonderes Gewicht bekamen Chruschtschows Ausführungen beim privaten Gespräch auf der Datscha. Der sowjetische Parteichef hatte ihm als größtes Problem seines Landes das schnelle Anwachsen der Bevölkerung in Rotchina geschildert. Ständig wiederholte Adenauer später in Bonn, wie Chruschtschow die Hände zusammengeschlagen und ihn um Hilfe gebeten habe: «Alles Leute, die von einer Hand voll Reis leben. Was soll daraus werden?»

Adenauer zog daraus den Schluß, daß von Rotchina ein machtpolitisch bedeutsamer Bevölkerungsdruck auf die dünn besiedelte Sowjetunion ausgeübt wurde. Ähnliches hatte er schon in einem Buch des Königsberger Seuchenarztes Wilhelm Starlinger über die *«Grenzen der Sowjetmacht»* gelesen. Das verdichtete sich nun beim Bundeskanzler zu der Überzeugung, daß die Sowjetunion auf die Dauer nicht in der Lage wäre, in Europa und Asien gleichzeitig Truppen zu unterhalten und deshalb auf eine Entspannung angewiesen sei. Dann sei der Zeitpunkt gekommen, von Moskau einen Preis zu verlangen. An die Stelle der Politik der Stärke rückte fortan bei Adenauer die Kalkulation auf die Schwäche der Sowjetunion. Das war über die nächsten Jahre sein Trost, nachdem die Erwartungen, die er in das «stärkste Bündnis der Welt» gesetzt hatte, nicht in Erfüllung gegangen waren.

Freiheit ohne Einheit

Waren an die Genfer Gipfelkonferenz im Juli 1955 noch große Hoffnungen auf Fortschritte in der deutschen Frage geknüpft, so versammelten sich die Außenminister der vier Siegermächte Ende Oktober schon zu einer Art Begräbniskonferenz. Ost und West hatten ihre Vorschläge verschärft mit dem Ziel, der Gegenseite die Schuld für das Scheitern in die Schuhe zu schieben. Moskau benutzte das Treffen, um kräftig für eine Anerkennung Ost-Berlins und ein europäisches Sicherheitssystem zur Einbindung der Bundesrepublik und der DDR unter internationaler Kontrolle zu werben. Der Westen präsentierte eine auf Drängen Bonns erarbeitete und für die Russen nicht akzeptable Variante des britischen Inspektionsplans: Die Achse der Rüstungskontrollzone war von der innerdeutschen Grenze ostwärts an die Oder-Neiße-Linie verschoben worden. Die Konferenz endete mit einem völligen Fehlschlag.

Für absehbare Zeit war die westliche Deutschlandpolitik in die Sackgasse geraten. Das mit großen Hoffnungen begonnene Jahr 1955 endete mit großer Ernüchterung. Adenauer, ohnehin kein Anhänger von Viererkonferenzen, mochte sich fortan auf eine Wiederholung der Genfer Diplomatie nicht mehr einlassen. Über die verfahrene Situation schrieb er an Dulles: «Es ist wenig wahrscheinlich, daß wir vor dem Jahr 1957 einen erheblichen Schritt weiterkommen.» Das hieß: nicht vor den nächsten Bundestagswahlen.

Die Sowjetunion propagierte die «Politik der friedlichen Koexistenz», und auch die Westmächte unter Anführung der USA sahen sich angesichts des atomaren Patts genötigt, fortan Entspannungspolitik auf der Grundlage des Status quo zu betreiben – wenngleich sie ihn nicht offiziell anerkennen mochten.

Im Oktober 1955 erkrankte Konrad Adenauer an einer schweren Lungenentzündung. Nach Auskunft seiner Ärztin, Dr. Roswitha Schlüter-Hermkes, schwebte er in «Todesgefahr». Der feinsinnige Adenauer-Kenner Wilhelm Hausenstein, der erste bundesdeutsche Vertreter in Paris, sah da einen direkten Zusammenhang. In sein Tagebuch notierte er: «Vielleicht hat Adenauers déclin in Moskau schon angefangen, vielleicht hat dort die Peripetie begonnen – die Niederlage seiner Politik, die an die Sphäre der Verzweifelung grenzen mochte. Jedenfalls bin ich von Tag zu Tag sicherer, daß seine Erkrankung in der Hauptsache psychogen gewesen ist.»

Der Fehlschlag von Adenauers Wiedervereinigungspolitik animierte eine Reihe Politiker zu neuen deutschen Initiativen. FDP-Fraktionschef Dehler schreckte den Kanzler mit der öffentlichen Erklärung, es gäbe keine Wiedervereinigung auf dem Boden der Pariser Verträge, Bonn solle direkt mit Moskau über die deutsche Einheit sprechen.

Bundestagspräsident Gerstenmaier schlug vor, Verhandlungen über den Status des wiedervereinigten Deutschland zu beginnen und die Frage freier Wahlen, die in der offiziellen Politik bisher an der ersten Stelle gestanden hatte, erst später zu erörtern. Kurt Georg Kiesinger, der außenpolitische Sprecher der Unionsfraktion, plädierte für eine gemeinsame Deutschlandpolitik mit den Sozialdemokraten und forderte ungeachtet der bisherigen Erfahrungen eine neue Deutschlandkonferenz der vier Mächte. Der CDU-Abgeordnete und *Zeit*-Verleger Gerd Bucerius initiierte eine Aktion «Hauptstadt Berlin» mit dem Ziel, den Sitz der Bundesorgane vom Rhein an die Spree zu verlegen. Der CSU-Politiker Schäffer, der schon 1955 Zweifel an Adenauers Politik geäußert hatte, sprach mit dem stellvertretenden DDR-Verteidigungsminister General Vincenz Müller, einem Freund der Familie, über Möglichkeiten einer deutschen Konföderation. Die freidemokratischen Nachwuchspolitiker Erich Mende, Wolfgang Döring und Walter Scheel reisten zu deutsch-deutschen Erkundungsgesprächen nach Weimar. In einem «Kuratorium Unteilbares Deutschland» sammelten sich Vertreter aller Bundestagsparteien mit dem Ruf nach neuen Initiativen.

Von dieser ganzen Geschäftigkeit hielt Adenauer nichts. Er fürchtete, daß dadurch nur die Westbindung der Bundesrepublik aufgeweicht würde. Außerdem hielt er es für angebracht, nach der Kritik vornehmlich der Amerikaner an seiner eigenen Moskau-Reise eine Karenzzeit einzuhalten. Was er über die in die DDR gereisten FDP-Politiker sagte, galt im großen und ganzen auch für seine Parteifreunde: «Das sind alte Nationalisten, die vorhaben, allmählich die Politik des Bundes herumzudrehen, nach dem Osten hin.»

Um dem Vorwurf eigener Untätigkeit zu begegnen, raffte sich die Bundesregierung im September 1956, ein Jahr nach Adenauers Moskau-Besuch, zu einer eher müden Pflichtübung in der Deutschlandpolitik auf. In einem Memorandum erinnerte sie die vier Siegermächte an die auf der Genfer Gipfelkonferenz übernommene Verpflichtung zur Wiederherstellung der deutschen Einheit. Die Sowjetunion wies das Dokument glatt zurück. Konrad Adenauer: «Die Beziehungen zwischen Bonn und Moskau waren eisig.»

Überlegungen zu einem Neuansatz in der Ostpolitik ergaben sich aus der Entstalinierungsdebatte nach dem XX. Parteitag der KPdSU. In Polen war ein national-kommunistisches Regime unter Gomulka an die Macht gekommen, das auf Distanz zu Moskau ging. Das Bonner Auswärtige Amt glaubte, die Polen nun als Partner in der Wiedervereinigungsfrage gewinnen zu können. Vorsichtige Sondierungen ergaben, daß die Aufnahme diplomatischer Beziehungen sogar ohne ausdrückliche Anerkennung der Oder-Neiße-Linie möglich wäre. Brentano seinerseits sprach von einem «etwas problematischen Anspruch auf die Ostgebiete» – ein für damalige Verhältnisse in Bonn gewagter Realismus.

Auch Adenauer sah das katholische Polen als Teil des Abendlands an. Er stand hier in der Tradition des alten Zentrums. Er hatte schon früher davon gesprochen, die Ostgebiete könnten nach einer Verständigung als deutsch-polnisches Kondominium verwaltet werden. Im Gegensatz zum Auswärtigen Amt aber glaubte Adenauer, der in Kategorien von Großmachtpolitik dachte, nicht an die Möglichkeit, mit Hilfe der Polen in der deutschen Frage voranzukommen. Der Schlüssel zur Wiedervereinigung lag für ihn in Moskau. Zudem mahnten ihn die wütenden Reaktionen der Vertriebenenverbände auf Brentanos Äußerungen zur Vorsicht. Denn Adenauer wollte im kommenden Jahr 1957 die Bundestagswahlen mit möglichst viel Vertriebenenstimmen gewinnen. So blieb die Angelegenheit zunächst in der Schwebe. Die Anerkennung der DDR durch Jugoslawien und die prompte Antwort Bonns – Abbruch der diplomatischen Beziehungen zu Belgrad gemäß der Hallstein-Doktrin – bedeuteten auch das Ende für die Erwägung, eine Botschaft in Warschau einzurichten. Mit einer unüberlegten Geste belastete Adenauer das Verhältnis zusätzlich. Er ließ sich am Grab von Albertus Magnus in Köln zum Ritter des Deutschen Ordens schlagen, gekleidet in das weiße Ordensgewand mit dem schwarzen Kreuz. Adenauer kam sich vor «wie in einem Faschingskostüm», für die Polen aber reihte er sich damit in die Reihe ihrer Unterdrücker ein.

In den Jahren 1956 und 1957 mußte Adenauer erleben, daß auch bei den westlichen Verbündeten das Thema Wiedervereinigung auf den zweiten Rang abgerutscht war und die Entspannungsdiskussion Platz eins beanspruchte. Das 1955 mit den Westmächten vereinbarte Junktim von Wiedervereinigung und europäischer Sicherheit war nicht durchzuhalten, vergeblich erinnerte Adenauer die Alliierten nachdrücklich daran, daß sie sich im Deutschlandvertrag verpflichtet hatten, die Wiedervereinigung anzustreben. Die Londoner Fünf-Mächte-Abrüstungskonferenz – ein von den Vereinten Nationen eingesetztes Gremium der Großmächte und Kanadas – konzentrierte sich auf die Ausarbeitung von Rüstungskontrollvorschlägen für Mitteleuropa. Der sozialistische französische Ministerpräsident Guy Mollet erklärte öffentlich: «Die Frage der Wiedervereinigung Deutschlands wird allen viel klarer erscheinen, wenn erst einmal die Abrüstung erfolgt ist.»

Adenauer war noch aus einem zweiten Grund gegen die Vereinbarung über europäische Rüstungskontrollzonen. Die Bundesrepublik drohte als Objekt dieser Kontrolle in den Rang einer zweiten Macht zu geraten. Sie sollte Beschränkungen unterworfen werden, die Großbritannien und Frankreich nicht übernehmen wollten. Zunächst stellte die Bundesregierung eigene Überlegungen an, durch eine ausgedehnte Rüstungskontrollzone vom Atlantik bis zum Ural die befürchteten Statusverluste für die Bundesrepublik aufzufangen. Adenauer, Pessimist wie immer, verwarf schließlich den ganzen Ansatz und legte sich auf ein hartes «Nein» fest. Im kleinen Kreis sprach er aus: Solange er lebe, werde es keine europäischen Rüstungskontrollzonen geben. In der Öffentlichkeit verlangte der Bundeskanzler, eine allgemeine kontrollierte Abrüstung müsse Vorrang vor regionalen Maßnahmen haben.

Mit dieser Forderung hatte Konrad Adenauer wieder einmal eine Anspruchsformel gefunden, mit der er ihm nicht genehme politische Entwicklungen stören konnte. So wie er bis 1955 mit der Forderung nach freien Wahlen Verhandlungen über die deutsche Frage hintertrieben hatte, so sabotierte er jetzt mit dem Verlangen nach einer allgemeinen kontrollierten Abrüstung regionale Entspannungsvereinbarungen der Großmächte. Wilhelm Grewe später: «Eine propagandistische Leerformel.»

Anfang 1958 erkannte Adenauer, daß es in absehbarer Zeit keine Aussicht auf eine Wiedervereinigung «in Frieden und Freiheit» gebe. Da die große Lösung außer Reichweite gerückt war, wollte er wenigstens eine kleine Lösung auf der Basis der Teilung versuchen.

Überlegungen dazu hatte es schon früher gegeben. Die Engländer hatten bereits Anfang 1954 zur Berliner Außenministerkonferenz Pläne entwickelt, beim Scheitern der Vorschläge für eine Wiedervereinigung durch freie Wahlen einen Modus vivendi in Deutschland anzustreben, der freien Reiseverkehr, verstärkten Handelsaustausch, gegenseitige Sicherheitsgarantien und zwischenstaatliche Beziehungen zwischen Bonn und Ost-Berlin vorsah. Adenauer hatte sich damals vehement gegen diesen «widerwärtigen Plan» gestellt. Im Urteil des Bundeskanzlers war die DDR als ein diktatorisch regierter und von den Sowjets abhängiger Staat kein akzeptabler Verhandlungspartner. Ferner fürchtete er innenpolitische Aufweichungserscheinungen durch gesamtdeutsche Kontakte, die den «Nationalismus» in Westdeutschland anstacheln und kommunistische Infiltration fördern könnten. Die einzigen in seinen Augen legitimen Institutionen für deutsch-deutsche Verbindungen waren die Kirchen.

Auch jetzt wollte sich Adenauer nicht auf direkte Gespräche einlassen – SED-Chef Walter Ulbricht hatte Anfang 1957 eine Konföderation beider deutscher Staaten vorgeschlagen. Als einzige Möglichkeit blieb ihm der Versuch, über die Sowjetunion auf die Verhältnisse in der DDR einzuwirken. Heinrich Krone notierte in sein Tagebuch, er sei sich mit Adenauer einig, daß neue Wege in der Ostpolitik gegangen werden müßten.

Staatssekretär Globke hatte dem Bundeskanzler den Gedanken nahegebracht, eine Österreich-Lösung für die DDR anzustreben. Diese Überlegung paßte in das politische Denken Adenauers, für den Freiheit und Selbstbestimmung der Bevölkerung immer Vorrang vor der Reichseinheit hatten. Der Plan offenbarte aber auch das ganze Bonner Unverständnis für die Außenpolitik und Interessenlage Moskaus. Für die Sowjetunion stand ihr «sozialistischer Bruderstaat» nicht mehr zur Disposition wie noch bis 1954/55, ehe er für souverän erklärt wurde.

Ein günstiger Zeitpunkt, diesen Vorschlag zu unterbreiten, schien Adenauer im Frühjahr 1958 gekommen. Der stellvertretende sowjetische Ministerpräsident und Deutschlandexperte Anastas Mikojan sollte zur Unterzeichnung eines bereits fertig ausgearbeiteten Handelsvertrages nach Bonn kommen. Rechtzeitig vor dem Besuchstermin teilte der Bundeskanzler dem neuen sowjetischen Botschafter Andrej Smirnow die Grundzüge seiner Überlegungen mit. Nachdrücklich bat Adenauer um Geheimhaltung. Der Kanzler: Wenn sein Vorschlag in der deutschen Öffentlichkeit bekannt würde, «riskierte ich, von meinen eigenen Leuten dafür gesteinigt zu werden».

In vorsichtiger Form sprachen Adenauer und der von ihm ins Vertrauen gezogene Verteidigungsminister Strauß vor dem Bundestag die Überlegungen an. Der Bundeskanzler im Parlament: «Mir liegt am Herzen, daß wir endlich dazu kommen, daß die 17 Millionen Deutschen hinter dem Eisernen Vorhang so leben können, wie sie wollen. Darum denke ich, wir sollten die ganze Frage der Wiedervereinigung nicht nur unter nationalen oder nationalistischen Aspekten des Machtbereichs, sondern unter dem Gesichtspunkt betrachten, daß dort 17 Millionen Deutsche zu einer Lebens- und Denkweise gezwungen werden, die sie nicht wollen.» Die Abgeordneten konnten die Bedeutung dieser Andeutungen nicht erfassen, zumal sie sich gerade heftige Redeschlachten um die Atomrüstung der Bundeswehr lieferten.

Die Frage der Atomrüstung der Bundeswehr, die die Russen auf keinen Fall hinnehmen wollten, wurde von Mikojan während seines Bonner Aufenthalts zum Hauptthema gemacht. Mit keinem Wort ging er auf die Bonner DDR-Pläne ein. Adenauer fand zu dem wendigen Armenier, einem der gebildetsten Sowjetführer, einen guten Gesprächskontakt. Der Bundeskanzler, der sich einer alten Übung gemäß vorab über seinen Gast informiert und dabei erfahren hatte, daß Mikojan nach dem Besuch eines Priesterseminars kurz vor der Priesterweihe gestanden hatte, verwickelte den Gast in ein Gespräch über Religion. Mikojan verblüffte Adenauer mit der Schilderung, er habe in einer Glaubenskrise kurz vor der Weihe das *«Kapital»* von Karl Marx gelesen. Das sei für ihn die Offenbarung gewesen. Adenauer erwiderte, er habe auch einmal darin gelesen, es aber einfach nicht verstanden. Adenauer hatte das *«Kapital»* während eines Urlaubs in der Schweiz in der Bibliothek des Grandhotels von Chandolin entdeckt und das Buch dann eigenmächtig entfernt, weil es ihm als Ferienlektüre nicht geeignet erschien.

Der Besuch Mikojans verlief zwar in einer freundlichen Atmosphäre, brachte aber keine sachlichen Ergebnisse. In der Rückschau stellt er sich als die wirklich verpaßte Chance dar: Für das Phantom der Bundeswehr-Atomrüstung verzichtete Bonn auf den Versuch, ein erträgliches Verhältnis zur Sowjetunion zu finden. Erst nach dem Mauerbau begann in der Bundesregierung der große Prozeß des Umdenkens.

Das «Hühnerauge der Westmächte»

Die Berlin-Krise

Die politische Entwicklung in Europa seit der Genfer Gipfelkonferenz von 1955 war nicht zum Vorteil der Sowjetunion gelaufen. Die von Moskau nach dem Krieg geschaffenen Tatbestände – Oder-Neiße-Linie und DDR – waren im Westen immer noch nicht anerkannt. Die Londoner Abrüstungsverhandlungen waren ergebnislos abgebrochen worden. Statt dessen ging die Aufrüstung Westdeutschlands ungebremst weiter. Den Wettbewerb zwischen den beiden Teildeutschlands hatte die Bundesrepublik für sich entschieden – bei seinem Besuch hatte sich Mikojan vom Leistungsstand der westdeutschen Industrie und dem Lebensstandard der Bevölkerung überzeugt und zugleich erkannt, daß Ulbrichts Parolen vom Sieg des Sozialismus in ganz Deutschland mit der Realität nicht viel gemein hatten. Ausdruck des Gefälles zwischen Ost- und Westdeutschland war der Flüchtlingsstrom. Seit der Abriegelung der innerdeutschen Grenze 1952 war die Vier-Sektoren-Stadt Berlin die einzige Möglichkeit, ungehindert von Ost nach West zu wechseln. West-Berlin mit seinen vollen Schaufenstern übte einen destabilisierenden Einfluß auf die DDR aus. In der West-Propaganda rühmte man West-Berlin als «Pfahl im Fleisch der DDR».

Im Frühjahr 1958 hatte Chruschtschow im Kreml die Alleinherrschaft errungen. Die Sowjetunion hatte durch den Start des Sputnik im September 1957 die USA in der Raketentechnik überflügelt. Mit neuem Selbstbewußtsein – «der Sozialismus hat jetzt das Kräfteübergewicht in der Weltarena» – und angestachelt von der frustrierten DDR-Führung ging Chruschtschow zur diplomatischen Offensive über. Er setzte dort an, wo die Westmächte am verwundbarsten waren, in der Berlin-Frage. Chruschtschow: «West-Berlin ist das Hühnerauge der Westmächte, auf das man sie von Zeit zu Zeit kräftig treten muß.»

Am 27. November 1958 verschickte die sowjetische Regierung eine Note an die Westmächte, in der sie binnen eines halben Jahres die Umwandlung West-Berlins in eine «Freie und entmilitarisierte Stadt» forderte, «in deren Leben sich kein Staat, auch keiner der beiden bestehenden deutschen Staaten, einmischen dürfe». Die Freie Stadt West-Berlin könnte ihre eigene Regierung haben und könnte ihre Wirtschaft, Verwaltung und sonstigen Angelegenheiten selbst lenken. Nach Ablauf der Frist werde die Sowjetunion der DDR einseitig sämtliche Rechte für den Transitverkehr nach West-Berlin übertragen.

Zwei Monate später, am 10. Januar 1959, schob Chruschtschow den Entwurf für einen Friedensvertrag mit Deutschland nach. Wie in den frühen fünfziger Jahren wünschten die Sowjets auch jetzt wieder eine Neutralisierung Deutschlands – nun aber auf der Grundlage der Teilung. Artikel 2 sah vor: «Bis zur Wiedervereinigung Deutschlands in dieser oder jener Form werden unter dem Begriff Deutschland die beiden bestehenden deutschen Staaten – die DDR und die BRD – verstanden.» Artikel 25 knüpfte an das Ultimatum an: «Bis zur Wiederherstellung der Einheit Deutschlands erhält Westberlin die Stellung einer Entmilitarisierten Freien Stadt.»

Wenig später baute Chruschtschow an seiner Zwickmühle weiter: er drohte den Abschluß eines separaten Friedensvertrages mit der DDR an. An den verschiedenen Reaktionen in Bonn und in Washington zeigte sich die unterschiedliche Interessenlage. Für die USA stand mit der Präsenz in Berlin weltweit ihre Glaubwürdigkeit als westliche Führungsmacht auf dem Spiel. Adenauer fürchtete, daß die Westmächte bereit sein könnten, den Russen als Gegenleistung für ein weiteres Verbleiben in West-Berlin Konzessionen in der deutschen Frage anzubieten. Am liebsten hätte er es deshalb gesehen, die sowjetischen Forderungen glatt zurückzuweisen. Er warnte Präsident Eisenhower, Chruschtschow «irgendeinen Vorschlag zu machen». Die erste Reaktion der Westmächte ließ indes Bereitschaft zu einem pragmatischen

Vorgehen erkennen. US-Außenminister Dulles sprach von der Möglichkeit, die USA könnten auf den Zufahrtswegen nach Berlin eine Kontrolle durch die Volkspolizei als Beauftrage der Sowjetunion akzeptieren («Agententheorie»). Auch konnte Adenauer nicht verhindern, daß die Westmächte in ihrer Antwortnote der Sowjetunion vorschlugen, die Berlin-Problematik in dem weiten Zusammenhang der deutschen Frage auf einer Außenministerkonferenz zu beraten. Zusätzlich alarmierten den Bundeskanzler Nachrichten aus London, daß die Briten erwogen, mit einer Neuauflage von Rüstungskontrollplänen in Mitteleuropa einen Ausweg aus der Krise vorzuschlagen. Als sich dann auch noch der britische Premierminister Macmillan zu einer Erkundungsreise nach Moskau entschloß, war Adenauer empört. Dieser Besuch sei ein «Triumph» für Chruschtschow und müsse in der ganzen Welt so aufgefaßt werden, als ob der Westen der Sowjetunion Vertragsbrüche gestatte und vor Drohungen zurückweiche.

Mit seinen Vertrauten Krone, von Eckardt und Globke stellte Adenauer Überlegungen an, wie die Bundesrepublik, ohne die Wiedervereinigungsidee endgültig abzuschreiben und ohne West-Berlin an die Kommunisten auszuliefern, aus den anstehenden Verhandlungen herauskommen könnte. In einem Arbeitspapier, das Staatssekretär Globke anfertigte, wurden bisher tabuisierte Positionen zur Disposition gestellt. Die Bundesrepublik und die DDR sollten sich gegenseitig für einen Zeitraum von fünf Jahren völkerrechtlich anerkennen. Für Gesamt-Berlin sollte ein neuer Status als Freie Stadt unter UNO-Kontrolle vereinbart werden. Der Bevölkerung in der DDR sollten binnen der Fünf-Jahres-Frist größere Freiheiten gewährt werden. Zum Abschluß sollte schließlich die Bevölkerung in der DDR und in der Bundesrepublik getrennt darüber befragt werden, ob sie eine Wiedervereinigung wünschten.

Die Bedeutung dieses «Globke-Plans», einer Fortschreibung des Österreich-Vorschlags, liegt in der Wiedergabe der Gedanken des Kanzlers: Freiheit vor Einheit, Selbstbestimmung und keine Gefährdung der Westintegration der Bundesrepublik. Teile dieser Überlegungen speiste der Kanzler in den nächsten Jahren bei Bedarf in die Ost-West-Beratungen ein. Als Wiedervereinigungsmodell hatte der Globke-Plan nie eine Chance, die Zustimmung der Sowjets und der DDR-Regierung zu finden. Eine Funktion des Plans war es sicher auch, Adenauer von dem Vorwurf Dehlers und Heinemanns zu entlasten, er habe sich keine Gedanken zur Wiedervereinigung gemacht. Adenauer wollte nicht als Kanzler der Teilung in die Geschichte eingehen – Heinrich Krone 1985: «Ich bin froh, daß wir mit diesem Dokument vor der Geschichte zeigen können, daß wir uns konkret um Verträge bemüht haben.»

Als Dulles im Februar 1959 bei seinem letzten Besuch in Bonn wieder Festigkeit zeigte, blieb der Globke-Plan unter Verschluß. Dulles, bereits vom Krebs gezeichnet, verlor aber seinen Einfluß auf die Vorbereitung der Außenministerkonferenz, der die Sowjetunion inzwischen zugestimmt hatte. Die Planung für dieses Ost-West-Treffen, das im Mai in Genf beginnen sollte, lag bei einer Arbeitsgruppe der drei Westmächte und der Bundesrepublik. Aus den Beständen diplomatischer Deutschlandverhandlungen der letzten zehn Jahre wurde ein komplizierter Stufenplan für eine Beilegung der Berlin-Krise und die Wiedervereinigung zusammengebastelt. Das Verhandlungspaket wurde nach dem designierten Dulles-Nachfolger, Christian Herter, benannt. In diesem Herter-Plan tauchte auch wieder die Idee einer Rüstungskontrollzone auf. Außenminister von Brentano hatte dem zugestimmt. Als Adenauer während eines Cadenabbia-Urlaubs davon erfuhr, bekam er einen Wutanfall. Er kanzelte seinen Außenminister ab: das vorgeschlagene Sicherheitssystem mache die Bundesrepublik «zu einem Staat zweiter Klasse». Das Recht der Vier Mächte auf Stationierung von Streitkräften in einem wiedervereinigten Deutschland sei «eine Rückkehr zum Besatzungsstatut». Felix von Eckardt mokierte sich über den Streit. Für den Bundeskanzler gebe es «im Augenblick drei Staatsfeinde: die Kommunisten, die Engländer und das Auswärtige Amt».

Auf der Außenministerkonferenz, die mit Unterbrechungen bis August dauerte, zeigte sich rasch, daß der komplizierte westliche Friedensplan für die Sowjetunion nicht einmal als Diskussionsgrundlage akzeptabel war. Ihr neuer Außenminister Andrej Gromyko wollte nicht über Wiedervereinigung sprechen, sondern über einen Friedensvertrag, der zum Abzug der Vier Mächte aus Berlin führen sollte. Einen Abbruch der Konferenz konnte sich der Westen nicht leisten, da es ihm darauf ankam, mit den Verhandlungen die Sechs-Monats-Frist Chruschtschows, die am 27. Mai abgelaufen wäre, außer Kraft zu setzen. Die Sowjetunion wiederum erhoffte sich von einer Fortsetzung des Treffens Zustimmung zu einer von Chruschtschow eigentlich gewünschten Gipfelkonferenz. Ein wesentliches Ziel hatte Moskau bereits damit erreicht, daß die DDR im gleichen Status wie die Bundesrepublik als Beobachter im Konferenzsaal an «Katzentischen» Platz nehmen durfte: Im Abstand von sechs Bleistiftlängen zum Beratungsrund.

Die offizielle Konferenz bildete bald nur noch den äußeren Rahmen für informelle Kontakte auf den damals erfundenen «Arbeitsessen» zwischen den Vier Mächten über einzelne Punkte einer Zwischenlösung für West-Berlin. Die West-Alliierten boten eine Reduzierung ihrer Truppen in Berlin an, Verzicht auf Lagerung von Atomwaffen in Berlin und – anknüpfend an die Agententheorie – die Übertragung gewisser Kontrollfunktionen auf den Zufahrtswegen auf DDR-Behörden sowie die Einstellung jeder Propagandatätigkeit. Alarmiert schrieb der deutsche Konferenzbeobachter Felix von Eckardt «streng vertraulich» an Konrad Adenauer: «Wer soll entscheiden, was noch freie Meinungsäußerung oder schon Hetzpropaganda ist, man kommt auf diesem Gebiet leicht in Gefahr, die Grundfreiheiten der West-Berliner Bevölkerung langsam zu verkaufen.» Adenauer selbst kommentierte, man sei an die Grenze des Zumutbaren gegangen. Der eilends nach Genf eingeflogene Berliner Bürgermeister Willy Brandt war über die Konzessionsbereitschaft entsetzt.

Das «Njet» Gromykos rettete die Bundesdeutschen aus ihrer Verlegenheit. Als die Konferenz schließlich ohne Ergebnis abgebrochen wurde, war Adenauer einerseits erleichtert. Andererseits aber rief eine Einladung Eisenhowers an Chruschtschow zu einem Zweiertreffen auf dem Landsitz des US-Präsidenten in Camp David neues Mißtrauen des Bonner Kanzlers wach, der stets fürchtete, «daß Amerikaner und Russen miteinander Kippe machen». Vergeblich versuchte Adenauer zu verhindern, daß Präsident Eisenhower den zur Vorbereitung des Zweiergipfels nach den USA gereisten Mikojan empfing – ungeachtet der Tatsache, daß Mikojan wenig zuvor sein Gast am Rhein gewesen war. Krone notierte ins Tagebuch: «Eine neue Ära der Koexistenz beginnt. Die Gefahr der Illusionen zieht herauf.»

In Camp David einigten sich Eisenhower und Chruschtschow Ende September 1959 darauf, daß nun Moskau und Washington unter sich das Berlin-Problem verhandeln sollten. Eisenhower deutete seinem russischen Gast Konzessionsbereitschaft an. Wenige Monate später sagte der amerikanische Präsident dem deutschen Kanzler auf einer Konferenz der Westmächte in Paris, zu der Adenauer zeitweise hinzugezogen wurde: die ausdrücklich vereinbarten Rechte der Westmächte in Berlin seien nicht so wichtig, daß die Öffentlichkeit außerhalb Deutschlands ihre Verletzung als ausreichenden Grund für ein gewaltsames Vorgehen ansehen würde. In seinen *«Erinnerungen»* hat Konrad Adenauer seine Antwort festgehalten: «Wenn man hier den Russen einfach auf deren Verlangen nachgäbe und die Rechtsbasis – sicher nicht zugunsten von Berlin – fallen lasse, dann sähe ich überhaupt kein Halten mehr.»

Eisenhower aber hielt es für besser, sich jetzt mit Chruschtschow zu arrangieren, als sich eines Tages durch neue sowjetische Aktionen überraschen zu lassen. Darauf Adenauer: Natürlich sei ein gewisses Risiko mit allem verbunden – «aber wir leben in einer Zeit, in der alles ein Risiko ist».

Adenauers als Grundsatztreue ausgegebene Verzögerungstaktik hatte für sich, daß Chruschtschow sein ursprünglich auf sechs Monate begrenztes Ultimatum inzwischen ohne präzise neue Befristung verlängert und damit an Glaubwürdigkeit eingebüßt hatte. Intern war Adenauer aber voller Zweifel, ob sich seine Politik weiter würde durchhalten lassen. Seine Sorgen richteten sich jetzt auf eine für Mai 1960 in Paris vereinbarte Gipfelkonferenz der vier Großmächte, wo der Westen wieder seine umstrittenen Kompromißangebote zu Berlin präsentieren wollte.

Am 1. Mai 1960, sechzehn Tage vor dem Gipfeltermin, schossen die Sowjets nahe Swerdlowsk ein amerikanisches Spionageflugzeug vom Typ U-2 ab. Chruschtschow flog zwar noch nach Paris, verlangte aber von Eisenhower öffentlich eine persönliche Entschuldigung. Als der ablehnte, ließ der Sowjet-Premier die Konferenz platzen. Dies fiel ihm um so leichter, als der späte Termin der Gipfelkonferenz kurz vor dem Ende der Amtszeit Eisenhowers lag und der Präsident keine weitreichenden Entscheidungen mehr treffen konnte.

Was für Eisenhower, der als Präsident des Friedens in die Geschichte eingehen wollte, zum persönlichen Desaster wurde, geriet Konrad Adenauer zur Freude. Er nahm seinen Staatssekretär von Eckardt beiseite und sagte ihm: «Entschuldigen Sie, Herr von Eckardt, wenn ich jetzt kölnischen Dialekt spreche. Wir haben noch mal fies Jlück jehabt!»

Noch einmal schien das Glück auf Adenauers Seite, als Chruschtschow auf der Rückreise in Ost-Berlin versicherte, er werde bis zum Präsidentenwechsel in den USA keine neuen einseitigen Maßnahmen treffen. Das Ultimatum war damit erneut um mindestens ein halbes Jahr verlängert. SED-Chef Ulbricht kommentierte dies auf einer Funktionärsversammlung: «So kann es nicht weitergehen, es müssen endlich Maßnahmen ergriffen werden.»

So wie Ulbricht über die Halbheiten seines Verbündeten Chruschtschow enttäuscht war, kamen bei Adenauer neue Zweifel auf, ob der Westen seine harte Haltung durchhalten könnte. Der neue amerikanische Präsident Kennedy hatte zwar noch seine Schonfrist, Chruschtschow jedoch gab in einem Memorandum an Adenauer schon zu verstehen, daß der Augenblick des Handelns in diesem Jahr gekommen sei.

Die neue amerikanische Administration setzte sich daran, die in den Schubladen des State Department liegenden Pläne für einen Konflikt um Berlin auf den neuesten Stand zu bringen. Die US-Krisenplaner gingen davon aus, daß Moskau und Ost-Berlin nach einem separaten Friedensvertrag eine Blockade der Zugangswege nach Berlin verhängen würden.

Als Antwort auf eine Sperrung der Landverbindungen wurde ein stufenweises Vorgehen vorgesehen: vom militärischen Probevorstoß auf der Autobahn bis zu einem begrenzten Krieg mit dem Einsatz taktischer Atomwaffen. Bei diesem Denkansatz, der sich an einer Wiederholung der Krisensituation von 1948/49 orientierte, wurde nicht gesehen, daß die Ausgangslage jetzt eine andere war. Während damals die Blockade die Antwort Moskaus auf die Abkehr der Westmächte von dem Abkommen über die Vier-Mächte-Verwaltung Deutschlands gebildet hatte, war nun ein wichtiger Aspekt der östlichen Politik die Bestandssicherung der DDR.

Konrad Adenauer prägte sich seinen Zeitgenossen als der Prototyp des Kalten Kriegers ein. Er betrieb die Aufrüstung der Bundeswehr gegen alle Widerstände und ohne Rücksicht auf ostpolitische Folgen. Die Sowjetunion bezeichnete er als «unseren Todfeind», der nur mit einer Politik der Stärke zu Verhandlungen gezwungen werden könnte. Er bekämpfte jedes Anzeichen von Entspannungswillen bei den westlichen Verbündeten als gefährliche Kapitulation vor dem Bolschewismus und sperrte sich gegen Rüstungskontrollvereinbarungen. Auch in der Berlin-Krise wollte er nicht verhandeln, sondern empfahl den Staatsmännern in Washington, London und Paris Härte und Entschlossenheit zum Durchhalten.

Von einer Politik der Härte aber wollte Adenauer nichts mehr wissen, sobald der Kalte Krieg in die Nähe einer bewaffneten Auseinandersetzung zu geraten drohte. Insbesondere West-Berlin schien ihm diesen Preis nicht wert. Schon als ihm Dulles sagte, die USA seien bei einer Sperrung der Zugangswege nach Berlin zu allen Mitteln entschlossen, notfalls auch zu einem Nuklearkrieg, rief Adenauer dazwischen: Man dürfe doch um Gottes Willen wegen Berlin so etwas nicht erwägen. Wenig später klagte Adenauer gegenüber dem britischen Botschafter Steel, Rußland und der Westen seien wie zwei Schnellzüge, die direkt aufeinander zurasten. Als die Kennedy-Administration deutsche Soldaten an dem geplanten Probevorstoß beteiligen wollte, ließ der Bundeskanzler über Botschafter Grewe einwenden, daß eine Beteiligung von Bundeswehreinheiten krisenverschärfend wirken könnte.

Für Konrad Adenauer waren derartige Planspiele «Träumereien an französischen Kaminen». Sie würden entweder mit einer schrecklichen Blamage enden oder gleich zum Atomkrieg führen. Adenauer wollte lieber Maßnahmen vorschalten, die nicht direkt einen militärischen Konflikt auslösten, aber dem Gegner schon einen spürbaren Schaden zufügten – etwa eine Seeblockade oder einen vollständigen Handelsboykott.

Anfang Juni 1961 trafen sich Kennedy und Chruschtschow zum Zweiergipfel in Wien. Der Sowjetführer hatte sich in eine Zwangslage gebracht: die DDR pochte auf Einlösung des Versprechens, gegen die Präsenz der Westmächte in Berlin vorzugehen, die Chinesen mokierten sich über seine schwächliche Politik ständiger Fristen-Verlängerung. Durch massive Drohungen versuchte Chruschtschow in Wien den amerikanischen Präsidenten einzuschüchtern. Er kündigte den Abschluß eines separaten Friedensvertrags mit der DDR noch im selben Jahr an, falls der Westen nicht bereit sei, auf die sowjetischen Forderungen einzugehen. Wenn die USA nach Abschluß des Vertrags mit der DDR auf Besatzungsrechten bestünden und die Grenzen Ostdeutschlands verletzten, werde Gewalt mit Gewalt beantwortet. Chruschtschow: «Ich wünsche den Frieden. Wenn Sie allerdings Krieg wollen, so ist das Ihre Sache.» Am 25. Juli verkündete Kennedy daraufhin die drei «essentials», die die USA mit allen Mitteln – auch mit Atomwaffen – verteidigen würden: Recht auf Präsenz der Westmächte, Recht auf Zugang durch Ostdeutschland, Sicherung der politischen Freiheit und der Lebensfähigkeit West-Berlins. Ost-Berlin erwähnte Kennedy nicht. Der Pressechef des Berliner Senats, Egon Bahr: «Das ist fast eine Einladung für die Sowjets, mit dem Ostsektor zu machen, was sie wollen.»

«Wir müssen mit den Russen reden»

Der Mauerbau und die Teilung Deutschlands

Die Führer der beiden Weltmächte versuchten, sich gegenseitig mit militärischen Drohgebärden einzuschüchtern. Chruschtschow stoppte die Entlassung von 1,2 Millionen Soldaten und zog im Berliner Umkreis Truppen zusammen. Kennedy ordnete an, die US-Streitkräfte auf ihre Maximalstärke von 1 Million zu bringen. In ganz Deutschland kam Kriegsfurcht auf. In der DDR kursierte das Gerücht, daß Ulbricht das Schlupfloch Berlin schließen werde. Immer mehr Mitteldeutsche entschlossen sich zur Flucht. Im ersten Halbjahr 1961 wechselten 180000 Menschen über die Sektorengrenze, die Hälfte von ihnen war unter 25 Jahre alt.

In Wien hatte Chruschtschow dem US-Präsidenten noch eine Frist von sechs Monaten eingeräumt, und Außenminister von Brentano meinte deshalb, in absehbarer Zeit werde nichts passieren. Anfang August trafen sich in Moskau die Parteichefs der Warschauer-Pakt-

Staaten zu einer Krisensitzung und gaben Ulbricht grünes Licht für «Maßnahmen zur Sperrung der Sektorengrenze von Berlin.»

Am 13. August, in der Nacht von Sonnabend auf Sonntag, zogen am Brandenburger Tor und entlang der Sektorengrenze Volksarmisten, Volkspolizisten und Einheiten der Betriebskampfgruppen auf und errichteten Straßensperren und Stacheldraht.

In Amerika unterrichtete Außenminister Dean Rusk den Präsidenten: amerikanische Interessen seien nicht beeinträchtigt: Kennedy meinte gelassen: «Das ist die Lösung», und begab sich dann an Bord seiner Ferienyacht «Marlin». Der britische Premierminister Macmillan setzte in Schottland seine Jagd auf Moorhühner fort.

Konrad Adenauer, kurz zuvor aus Cadenabbia zurück und eigentlich auf Wahlkampf eingestimmt, erhielt die Nachricht über die Berliner Sperrmaßnahmen durch einen Anruf des Gesamtdeutschen Ministers Ernst Lemmer. Er beriet sich in seinem Rhöndorfer Heim mit seinen engsten Mitarbeitern Globke und Krone. Zunächst begnügte er sich mit einer kurzen abwiegelnden Stellungnahme für Funk und Fernsehen. «Im Verein mit unseren Alliierten werden die erforderlichen Gegenmaßnahmen getroffen. Die Bundesregierung bittet alle Deutschen, auf diese Maßnahmen zu vertrauen.» An die Bürger der DDR gewandt, fuhr er fort: «Sie sind und bleiben unsere deutschen Brüder und Schwestern.» Für die Schweizer *Tat* klang das «wie ein gesprochener Feriengruß auf einer Schallplatten-Postkarte». Tags darauf setzte sich der Bundeskanzler mit seinem Außenminister ins Fernsehstudio. Beide versicherten sich in einem ungelenken Auftritt gegenseitig, es bestehe kein Grund zur Panik, «absolut kein Grund». Die östlichen Willkürmaßnahmen seien Teil eines Nervenkriegs. Entgegen einem Ratschlag Globkes flog Adenauer nicht nach Berlin. Er kam damit auch einem Wunsch der Amerikaner nach, die einen neuen «17. Juni» befürchteten. Drei Tage später empfing Adenauer den sowjetischen Botschafter Smirnow, der ihm versicherte, die russischen Maßnahmen seien nicht gegen die Bundesrepublik gerichtet. Die Russen hatten Adenauer richtig eingeschätzt. Umgehend fand sich der Bundeskanzler bereit, ein von Smirnow schon mitgebrachtes vorformuliertes gemeinsames Kommuniqué zu billigen. Darin wurde versichert, «daß die Bundesregierung keine Schritte unternimmt, welche die Beziehungen zwischen der Bundesrepublik und der UdSSR erschweren und die internationale Lage verschlechtern». Macmillan beglückwünschte den deutschen Regierungschef in einem Telegramm, weil er der Lage mit «heißem Herzen und kühlem Kopf» begegne.

Adenauers zurückhaltende Reaktionen entsprachen indes nicht nur staatsmännischer Einsicht, sondern auch einer groben Fehleinschätzung der allgemeinen, tief aufgewühlten Seelenlage der Deutschen. Das inzwischen weit verbreitete Fernsehen brachte den Bundesbürgern das Berliner Geschehen ins Haus.

Statt nationale Solidarität zu demonstrieren, setzte Adenauer den Bundestagswahlkampf ohne Unterbrechung fort. Er sah in der Sperrung der Sektorengrenze auch eine sowjetische Maßnahme gegen seine Wiederwahl. In Regensburg diffamierte er seinen unehelich geborenen Gegenkandidaten Brandt als «alias Frahm».

Tiefschläge gehörten für den Kanzler zum politischen Geschäft, aber jetzt reagierte die Öffentlichkeit empört. Willy Brandt war als Nationalheld an der Berliner Front unangreifbar geworden. Auch ein zweiter Versuch Adenauers mißriet, den SPD-Kanzlerkandidaten auszuknocken. Der Bundeskanzler lancierte einen kühlen Antwortbrief Kennedys auf einen fordernden Hilferuf Brandts in die *FAZ*. Doch das deutsche Publikum registrierte nur die böse Absicht des Kanzlers.

Von den eigenen Parteifreunden bedrängt, fuhr Adenauer schließlich mit einwöchiger Verspätung nach West-Berlin. An der Sektorengrenze spielten Vopo-Lautsprecher den Schlager: «Da sprach der alte Häuptling der Indianer ...» Als Großverleger Axel Springer dem Bundeskanzler Vorhaltungen machte, entgegnete Adenauer: «Herr Springer, ich verstehe Sie nicht, in Berlin hat sich doch nichts geändert. Fernsehen und Presse haben mit ihrer Berichterstattung aus Berlin das Klima erhitzt.» Die Herren sollten sich nicht wundern, wenn dadurch der Nationalismus in Deutschland angestachelt werde. Springer lief daraufhin grußlos aus dem Raum.

Adenauer gelang es nicht, die Richtigkeit seiner bedächtigen Reaktion den Wählern zu vermitteln. Eine Blitzumfrage drei Wochen vor der Wahl zeigte, daß die CDU von 49 auf 35 Prozent gesunken, die SPD aber auf 46 Prozent geklettert war. 42 Prozent der Bundesbürger sprachen sich für Brandt, nur noch 34 Prozent für Adenauer als Bundeskanzler aus. Konrad Adenauer konnte zwar bis zum Wahltag die

Union wieder auf 45 Prozent hochbringen, die absolute Mehrheit jedoch war verloren. Die Unionschristen machten Adenauer für den Verlust verantwortlich und wollten ihn möglichst bald durch Erhard ersetzen.

Der Mauerbau war zugleich das Ende der Illusion, Adenauers Politik der Westintegration werde zu Erfolgen in der Deutschlandpolitik führen. Es erwies sich, daß die Mitgliedschaft im «stärksten Bündnis der Welt» nur für eine Bestandssicherung gut war. CSU-Chef Strauß verbreitete allenthalben, die Ostpolitik Adenauers sei gescheitert. Der Verlust des Wunderglaubens an die Amerikaner brachte die Westdeutschen langfristig dazu, eine eigene Ostpolitik zu entwerfen. «Die Stunde der großen Desillusion», trug Heinrich Krone am 18. August 1961 in sein Tagebuch ein.

Die Amerikaner, die nicht sicher waren, daß der von ihnen als Defensivmaßnahme eingestufte Mauerbau den östlichen Handlungsbedarf erschöpft hatte, nahmen mit der Sowjetunion Sondierungsgespräche auf mit dem Ziel, die Berlin-Situation zu entschärfen. Um die Präsenz der Westmächte in Berlin und den freien Zugang abzusichern, war Kennedy bereit, die für die Amerikaner abgestanden wirkenden Bonner Grundsatzpositionen in der deutschen Frage aufzugeben und über Anerkennung der Oder-Neiße-Linie, De-facto-Anerkennung der DDR sowie einen neuen Status für Berlin zu reden. Der frühere Hochkommissar John McCloy empfahl den Deutschen Konzessionsbereitschaft in diesen drei Punkten. In Washington machte Botschafter Grewe in einem Interview das bekannt, was Adenauer nur intern sagte: die amerikanische Politik stehe nicht mehr in Übereinstimmung mit den Verpflichtungen aus dem Deutschlandvertrag. Einem Gesprächspartner bekannte der Bundeskanzler: «Uns allen steht das Wasser bis zum Hals.» Die *Bild-Zeitung* machte mit der Schlagzeile auf: «Wird Deutschland jetzt verkauft?»

Im Verein mit de Gaulle versuchte Adenauer, diese amerikanischen Konzessionen zu hintertreiben. Die Zukunft Berlins aber sah auch der französische Freund düster. Das deutsche Volk, so de Gaulle zu Adenauer, solle «nicht zu sehr an Berlin hängen».

Heinrich Krone warnte Adenauer vor den Folgen solch einer Verzichtspolitik: «Wir können nur an Weimar denken und an das Schicksal Erzbergers» – eine dramatisch überspitzte Anspielung darauf, daß der ein Vierteljahr vor Adenauer geborene Zentrumspolitiker Matthias Erzberger 1918 das Waffenstillstandsabkommen unterschrieben hatte und 1921 als «nationaler Verräter» von der Rechten ermordet worden war.

Um die amerikanische Nachgiebigkeit zu unterlaufen, suchte Adenauer jetzt einen Direktkontakt mit Moskau. Er wollte die Sowjets für ein auf zehn Jahre befristetes politisches Stillhalteabkommen in der deutschen Frage gewinnen. Es war die Weiterführung von Ideen, die 1959 erstmals als Globke-Plan im Kanzleramt zusammengefaßt worden waren. Adenauer: «Wir brauchen eine Bremse gegenüber den Plänen des Westens.»

Adenauers Kontaktmann zu Chruschtschow war sein Moskau-Botschafter Hans Kroll, der wenig gemein hatte mit dem sonst von Adenauer bevorzugten Mitarbeitertyp. Kroll war ein Diplomat in der Ost-Tradition der Wilhelmstraße mit ausgeprägtem Geltungsbedürfnis. Als erster Botschafter in einem kommunistischen Land – 1953 hatte er die Mission in Belgrad übernommen – hatte Kroll es fertiggebracht, sich Globke als Ostkenner anzuempfehlen und diesen direkten Draht auch aufrechtzuerhalten, als Adenauer nicht mehr Außenminister war. Kroll sprach fließend russisch und rühmte sich seines guten Verhältnisses zu Chruschtschow. Ein weiterer Vorzug dieses Mannes für die Erkundungsaufgabe war sein schwer kontrollierbares Temperament. Es bot Adenauer die Möglichkeit, über Kroll Versuchsballons steigen zu lassen und bei einem Fehlschlag das ganze Manöver der Eigenmächtigkeit des Botschafters anzulasten. Als die Sowjets Interesse an Direktgesprächen signalisierten, bekam das Auswärtige Amt Bedenken. Mit einer gezielten Indiskretion lancierte die Leitung des Auswärtigen Amtes Nachrichten über einen Kroll-Plan für einen «großen Handel in der Berlin- und Deutschlandfrage» an die Öffentlichkeit. Das gesunkene Prestige Adenauers zeigte sich daran, daß der Kanzler nicht mehr in der Lage war, die Intrige platzen zu lassen. Auf Drängen des amerikafreundlichen Außenministers Schröder wurde Krolls Abberufung aus Moskau vereinbart und der Plan der Direktgespräche verworfen.

Die demonstrative Bündnistreue Schröders wurde von Washington nicht honoriert. Im April 1962 präsentierte Kennedy fünf Vorschläge, mit denen er Außenminister Dean Rusk in neue Berlin-Gespräche mit

Gromyko schicken wollte: die Einrichtung einer internationalen Zugangsbehörde im Berlin-Verkehr, Nichtangriffserklärung zwischen NATO und Warschauer Pakt mit gleichzeitiger Zusicherung, die bestehenden Grenzen zu achten, die Einsetzung technischer Kommissionen aus Vertretern der Bundesrepublik und der DDR, eine Ständige Konferenz der Stellvertretenden Außenminister der Siegermächte über die Deutschland- und Berlin-Frage, die Nichtweitergabe von Atomwaffen durch die beiden Supermächte.

Wenn irgend etwas in Adenauer den «Alptraum Potsdam» wecken konnte, dann waren es die beiden letzten Punkte. Hinzu kam die ultimative Aufforderung der Amerikaner, diesem Verhandlungspaket binnen 48 Stunden zuzustimmen.

Wieder einmal war eine problematische Situation entstanden, wo der Kanzler die Verantwortung auf möglichst viele Schultern legen wollte. Er alarmierte die Vorsitzenden aller Bundestagsfraktionen. SPD und FDP sowie Außenminister Schröder sahen die Vorschläge als nicht so gefährlich an und plädierten für ein größeres Vertrauen zu den USA. Heinrich Krone war entsetzt: «Wenn es zu einem Abschluß mit den Sowjets auf dieser Basis kommt, werden die Möbelwagen in Berlin nicht ausreichen. Berlin würde eine tote Stadt.»

Mit dem bewährten Mittel der Indiskretion wurden die US-Pläne erfolgreich torpediert. Bis heute steht nicht fest, ob Adenauer oder Brentano das Schriftstück in die Presse gebracht hat. Fest steht nur, wer der Leidtragende dieser Affäre war. In einem politischen Ritual wurde Botschafter Grewe, in dem die Amerikaner die Quelle der Indiskretion vermuteten, als Sündenbock geopfert. Adenauer kommentierte die Abberufung des Diplomaten: «Zuweilen, wenn es zu Komplikationen kommt, muß der Unschuldige leiden.»

Das deutsch-amerikanische Verhältnis war nachhaltig gestört. Adenauer, dessen Rücktritt für 1963 vorgesehen war, wollte zum Schluß seiner Amtszeit den Makel einer gescheiterten Ostpolitik tilgen, zumindest vor der Geschichte den Nachweis hinterlassen, daß er alles getan habe, mit der Sowjetunion zu einer Verständigung in der deutschen Frage zu kommen.

Er suchte wieder das direkte Gespräch mit den Russen. Im Juni 1962 unterbreitete Adenauer dem sowjetischen Botschafter Smirnow die Offerte eines «Burgfriedens». Der Vorschlag enthielt wieder die

Zehn-Jahres-Frist eines gegenseitigen Stillhaltens und den Wunsch nach menschlichen Erleichterungen in der DDR. Die Frage der Wiedervereinigung wurde jetzt nicht mehr ausdrücklich angesprochen, sondern Adenauer meinte nur in vager Form, was später zu tun sei, sollte man später überlegen. Er bat Smirnow, für eine schnelle Antwort zu sorgen. Vor seinem großen Staatsbesuch in Frankreich wollte der Kanzler den ostpolitischen Erfolg haben. Doch die Antwort der Russen vier Wochen später war negativ. Chruschtschow bestand darauf, sofort einen Friedensvertrag mit den beiden deutschen Staaten abzuschließen. Auf dieser Basis seien Freundschaft und Zusammenarbeit auch ohne zehnjährige Pause möglich. Ein knappes Jahr später – die Sowjetunion und die USA richteten sich inzwischen nach Bereinigung der Kuba-Krise auf die Entspannungspolitik ein, die Berlin-Krise hatte sich verlaufen – unterrichtete Smirnow den Bundeskanzler, daß Chruschtschow bereit sei, nach Bonn zu kommen und nicht nur über die sowjetischen Vorstellungen, sondern auch über Adenauers Anregungen zu sprechen. Da indes war es zu spät. Adenauer stand kurz vor seinem Rücktritt. Er selbst schrieb dann in den Entwürfen für den vierten, fragmentarischen Band seiner *«Erinnerungen»* auf, was ihn daran hinderte, den Besuch des Kremlchefs zu arrangieren: «Es wurde die Befürchtung geäußert, ich wolle diese Angelegenheit benutzen, um länger im Amt zu bleiben, und konnte deshalb nicht mit der erforderlichen Unterstützung rechnen.»

Am 17. August 1962 wurde der achtzehnjährige Bauarbeiter Peter Fechter beim Versuch, über die Mauer zu flüchten, angeschossen. Mit zwei Lungen- und einem Bauchschuß starb der Junge über eine Stunde lang schreiend vor den Fernsehkameras. Kein amerikanischer Soldat, kein West-Berliner Polizist wagte, ihm zu helfen. Mit aller Brutalität behauptete die Mauer ihre Wirklichkeit als Grenze.

Bis zum Bau der Mauer hatte der Westen versucht, den zweiten deutschen Staat zu ignorieren. Statt die Folgen der Teilung durch eine begrenzte Zusammenarbeit zu überwinden, betrieb Bonn eine Politik der Abgrenzung und Diffamierung. Aus dem Überlegenheitsgefühl, allein demokratisch legitimiert zu sein, leiteten Regierung und Parteien am Rhein das Recht ab, Namen und Institutionen der DDR als «sogenannt» zu diffamieren, in Anführungsstriche zu setzen und die Regierung als «Pankow» zu bezeichnen, um mit dieser Identifikation einer als spießig verrufenen Berliner Vorstadt ein Unwerturteil auszusprechen. Der erste Beitrag der Bonner Regierung zu den innerdeutschen Beziehungen hatte 1949 in dem Entwurf einer Rechtsverordnung bestanden, um die Flüchtlinge aus der DDR an der Grenze abzuhalten und mit Polizeigewalt in die «Ostzone» abzuschieben. Im Bundesrat bezog der Berliner Bürgermeister Ernst Reuter dagegen Stellung: Bonn dürfe nicht den Eindruck aufkommen lassen, als wolle es «eine Mauer zwischen dem Osten und dem Westen aufrichten». Der Entwurf wurde zurückgezogen. Bei einer Rücksprache Adenauers auf dem Petersberg sagte Hochkommissar François-Poncet, der ganze Flüchtlingsstrom aus dem Osten sei ein kommunistisches Mittel zur Destabilisierung Westdeutschlands. Es sei zu überlegen, ob man die Grenze schließen könne. Die Idee einer Grenzsperre blieb auf westlicher Seite bis ins Jahr 1961 lebendig. Zehn Monate vor dem Bau der Mauer brachte Innenminister Schröder den «Entwurf eines Gesetzes über Ein- und Ausreise» ins Parlament, der die Aussperrung politisch unliebsamer Funktionäre zum Ziel hatte.

Schon bei der Diskussion mit François-Poncet hatte Adenauer gegen eine Grenzsperre aus menschlichen Erwägungen Bedenken erhoben: man könne die Ostdeutschen doch nicht mit Polizeigewalt daran hindern, nach Westdeutschland zu kommen. Adenauer war aus seinem naturrechtlichen Grundverständnis immer für eine Politik menschlicher Erleichterungen, solange sie nicht über die Regierung lief und damit zu einer Anerkennung führte. Im Ergebnis bedeutete dies eine Hilfe nur in Einzelfällen.

Als die erste Welle der Empörung über den Mauerbau erfolglos geblieben war und der Tod Peter Fechters die eigene Ohnmacht bewußt werden ließ, setzte sich – zunächst in West-Berlin und dann auch in Bonn – die Erkenntnis durch, daß der Versuch unternommen werden müßte, menschliche Erleichterungen über begrenzte Kontakte mit der DDR zu erreichen.

Im Herbst 1962 bot der Leiter der Treuhandstelle für den Interzonenhandel, Kurt Leopold, der DDR ein Geschäft an: Kredite gegen Passierscheine für West-Berliner. Leopold präsentierte außerdem eine schriftliche Vollmacht Adenauers zur Führung politischer Verhandlungen. Er erklärte die ausdrückliche Bereitschaft der Bundesregierung, auch Probleme zu diskutieren, die «bisher völlig tabu» gewesen seien. Die Bundesregierung sei an einem raschen Abschluß dieser Verhandlungen interessiert. Auch die Amerikaner gaben ihr Placet.

Willy Brandt reiste nach Cadenabbia, um Adenauer dafür zu gewinnen, die Treuhandstelle zu einer Art Ständigen Vertretung Bonns für Kontakte mit der DDR auszubauen. Felix von Eckardt, inzwischen Bundesbevollmächtigter in West-Berlin, präsentierte bei dieser Begegnung Berichte über Gespräche mit Ost-Berliner Mittelsmännern, die das Interesse der Gegenseite an diesem Projekt auswiesen. Adenauer war nicht dagegen, mochte sich aber nicht festlegen. Seine großen Erwartungen setzte er nach wie vor in einen Druck der Rotchinesen auf die Sowjets. Beim Mittagessen mit Willy Brandt hob er das Glas und faßte alles, was aus seiner Sicht zu sagen war, in dem Satz zusammen: «Prost auf Leopold und die Chinesen». Das «Aus» für den Vorschlag kam von dem orthodoxen Bonner Staatssekretärs-Ausschuß für gesamtdeutsche Fragen, an dessen Spitze Globke und Thedieck standen, weil die DDR ihren stellvertretenden Außenminister Paul Wandel als Verhandlungspartner präsentierte.

In seiner letzten Regierungserklärung im Oktober 1962 sagte Adenauer zwar, daß «menschliche Überlegungen für uns eine größere Rolle spielen als nationale», doch hatte diese Erklärung kaum praktische Folgen. Lediglich der neue Gesamtdeutsche Minister Rainer Barzel konnte sich für Häftlingsfreikäufe im größeren Stil eine vorsichtige Zustimmung Adenauers holen – «das geht auf Ihr Risiko» – und sich damit gegen den Staatssekretärs-Ausschuß behaupten. Eine konzeptionelle Einbindung der «Politik der kleinen Schritte» zur Vereinbarung menschlicher Erleichterungen mit der DDR in die amerikanische Entspannungspolitik brachte die CDU nicht zustande. Entwickelt wurde sie nicht von Bonner Berufsdiplomaten, sondern von sozialdemokratischen und freidemokratischen Amateuren, den Journalisten Egon Bahr und Wolfgang Schollwer. Adenauers Ostpolitik blieb bis zuletzt unkonzeptionell und teilweise abstrus. Mal argumentierte der Kanzler mit der «Politik der Stärke», mal mit den fehlenden Kinderwagen in Moskau, mal setzte er auf Datscha-Gespräche mit Chruschtschow, mal auf Kreditbedarf der DDR.

In einer Rede auf dem Bonner CDU-Parteitag 1966 brachte Adenauer es fertig, die Sowjetunion als friedliebende Macht zu loben und zugleich zu bedauern, daß es ihm nicht gelungen sei, sie mit einem

Weizen-Lieferungsboykott zum Nachgeben zu bringen – «das verdammte Geschäft in der Politik kann die beste Politik kaputtmachen».

Verglichen mit anderen Bereichen seiner Politik – Wirtschaft, Sozialleistungen, West-Integration – trägt Adenauers Ostpolitik am ehesten das Zeichen des Scheiterns und kann allenfalls Abwehrerfolge für sich geltend machen. Für Nachfolgeregierungen lag hier der größte Bedarf an Neuorientierung. Ihnen hinterließ Adenauer die Aufforderung: «Wir müssen mit den Russen reden, wir müssen es noch mal versuchen.»

Mit dem Pläneschmieden seit 1958 wollte Adenauer der Gefahr entkommen, als Kanzler der Teilung in die Geschichte einzugehen. Zuletzt blieb ihm nur die Hoffnung auf eine Korrektur in weiter Ferne. Bei den Beratungen des Globke-Plans fragte er einen Völkerrechtsexperten, ob der Begriff «Deutsches Reich» auch noch bestehe, wenn die Teilung 100 Jahre angedauert habe. Seine *«Erinnerungen»* widmete er «Meinem Vaterland».

«Ich bin im Gebrauch der Macht nicht pingelig»

Die Kanzlerdemokratie

Der Kanzler bestimmt die Richtlinien der Politik

Als sich Konrad Adenauer im September 1949 daranmachte, sein Kabinett zusammenzustellen, verlangte Bundespräsident Theodor Heuss nach der Liste der künftigen Minister. Er wolle sie sich «genau ansehen», bevor er Adenauer dem Bundestag als Bundeskanzler vorschlage. Konrad Adenauer weigerte sich. Heuss fügte sich.

Vergeblich versuchte Heuss dann in Gesprächen mit Adenauer, sich das Recht zu sichern, an Kabinettssitzungen teilzunehmen. Gegen den Willen Adenauers konnte Heuss allerdings durchsetzen, daß in der Geschäftsordnung der Bundesregierung die Unterrichtung des Bundespräsidenten festgeschrieben wurde. Der Staatssekretär des Bundespräsidenten nahm an Kabinettssitzungen teil, und Konrad Adenauer suchte Heuss fortan alle zwei Monate zu einem Informationsgespräch auf. Heuss, mit Adenauers Kurs in der Wirtschafts- und Westpolitik voll einverstanden, begnügte sich mit der Rolle eines repräsentativen Staatsoberhaupts. Er hielt geistvolle Reden, die ihm den Beifall auch der SPD einbrachten. Seine professorale Bonhomie wirkte im Inland als Integrationsfaktor, im Ausland trug sie zur Wiedergewinnung des Vertrauens in den deutschen Demokratieversuch bei. Gelegentlich schrieb er an Adenauer kurze Denkschriften oder schickte ihm seine Reden zu. Der Bundeskanzler indes schob sie meist beiseite oder gab sie seinem Sohn Paul zu lesen. Als Heuss in seiner Neujahrsansprache 1958 den amerikanischen Disengagement-Befürworter Kennan einen «behutsamen, geistvollen Mann» nannte, handelte er sich einen Rüffel des Regierungschefs ein: «Herr Kennan ist zur Zeit derjenige Mann, der infolge seiner unrealen Betrachtungsweise zu der Aufweichung in Deutschland in peinlichster Weise beiträgt. Bei den großen außenpolitischen Debatten, die wir demnächst haben werden, wird Herr Kennan Kronzeuge der SPD sein. Es ist daher schmerzlich, daß er von Ihnen so ausgezeichnet ist.» Auch diese Zurechtweisung war für

Heuss kein Anlaß, einen grundsätzlichen Konflikt mit Adenauer zu beginnen.

Adenauers spezielle Art der Amtsführung hatte bereits nach wenigen Jahren Modellcharakter. Das System der neuen Republik hieß «Kanzlerdemokratie». Konrad Adenauer war die Zentralfigur allen politischen Geschehens. Kam er in die Fraktion der CDU / CSU, dann standen die Abgeordneten auf und klatschten minutenlang Beifall. Wie selbstverständlich überließ ihm der Fraktionsvorsitzende Heinrich von Brentano das Mikrofon.

In seinem Kabinett führte Konrad Adenauer ohnehin das Wort. Widersacher waren entweder ausgeschieden, wie der selbstbewußte Innenminister Gustav Heinemann, oder hatten sich mit Unterwerfungsgesten das Verbleiben im Kabinett gesichert. So der Gesamtdeutsche Minister Jakob Kaiser. Die Opposition, unter Kurt Schumacher überdreht, erhöhte durch ihre Angriffe auf Adenauer die Stellung des Bundeskanzlers und zwang die Regierungskoalition zur Geschlossenheit.

Das amerikanische Nachrichtenmagazin *Time* setzte den deutschen Bundeskanzler 1953, acht Jahre nach Kriegsende, als «Mann des Jahres» auf die Titelseite. Die bundesdeutschen Wähler sahen es ähnlich: Bei der Wahl am 15. September 1953 erhielt die Kanzlerpartei 45,2 Prozent der Stimmen und fast die Hälfte der Bundestagsmandate. «Ein gnädiges Schicksal hat Kurt Schumacher vor diesem Ergebnis bewahrt», meinte Herbert Wehner.

Kaum eine demokratische Institution, mit der Adenauer auf dem Weg zur Kanzlerdemokratie nicht kollidiert wäre: Den Bundespräsidenten nutzte er als Schachfigur in seinem politischen Spiel; er versuchte, das Bundesverfassungsgericht zu manipulieren; er überging das Parlament bei der Festlegung seiner Außenpolitik und profilierte sich auf Kosten der Kabinettsmitglieder als «Kanzler der einsamen Entschlüsse». «Recht? Was brauche ich Recht zu klären? Ich würde als Regierungschef nie etwas Unrechtes tun.» – Solche Sprüche Adenauers mochten sensiblere Naturen angesichts der selbstherrlichen Regierungspraktiken nicht als Aphorismen durchgehen lassen. Im *Spiegel* sorgte sich Rudolf Augstein nach dem Plebiszit vom September 1953: «Noch ein solcher Sieg, und die deutsche Demokratie ist verloren.»

Die starke Stellung des Kanzlers war durch das Grundgesetz vorgegeben. Das Scheitern der Weimarer Republik vor Augen, hatten die Verfassungsväter eine Konstruktion ersonnen, die den politisch verantwortlichen Regierungschef in dreifacher Hinsicht stärkte: Gegenüber dem Präsidenten, gegenüber dem Parlament und gegenüber dem Kabinett.

Einen zweiten Hindenburg wollte niemand mehr an der Spitze des neuen Staats sehen, der Präsident sollte nicht wieder ein Ersatz-Kaiser sein. Die Kompetenz des Staatsoberhaupts war vornehmlich auf Repräsentation reduziert. In die Regierungsgeschäfte konnte er kaum noch eingreifen.

Auch gegen destruktive Parlamentsmehrheiten war Vorsorge getroffen. Nicht länger mehr hatte das Parlament die Möglichkeit, sich mit einem Mißtrauensvotum gegen einzelne Minister in die Befugnisse des Kanzlers einzumischen. Genausowenig konnte es gegenüber dem Regierungschef eine reine Verweigerungspolitik treiben. In Artikel 67 des Grundgesetzes war auf Betreiben des sozialdemokratischen Juristen Rudolf Katz – Adenauer erwähnte es noch vierzehn Jahre später in seiner Abschiedsrede voller Lob – das «konstruktive Mißtrauensvotum» eingebaut worden. Eine Parlamentsmehrheit kann den Kanzler nur stürzen, indem sie einen neuen Regierungschef wählt.

Die Machtposition gegenüber den Ministern war durch den Grundgesetzartikel 65 vorgegeben: «Der Bundeskanzler bestimmt die Richtlinien der Politik und trägt dafür die Verantwortung.»

Über dasselbe Instrumentarium verfügten auch Adenauers Nachfolger, doch keiner von ihnen wurde mit dem Begriff «Kanzlerdemokratie» noch einmal in Verbindung gebracht. Adenauers Kanzlerdemokratie blieb eine Ausnahmeerscheinung. Zu ihrem Exklusivcharakter trugen die Zeitumstände bei. Andere Politiker lebten auf möblierten Zimmern, hatten häufig keine gesicherte Einnahmequellen außerhalb ihrer Bezüge für ihre politische Tätigkeit, manche darüber hinaus eine nicht vorzeigbare Biographie, andere waren durch Emigration und Haft den deutschen Verhältnissen entfremdet. Adenauer aber war, ohne sich die Hände schmutzig gemacht zu haben, in Deutschland geblieben, verfügte über ein villenartiges Haus, er hatte eine intakte Familie, er bezog eine Oberbürgermeisterpension. Für die verunsicherten Nachkriegsdeutschen verkörperte er die «gute alte

Zeit». Der Rahmen war glänzend, und Konrad Adenauer füllte ihn mit einer überstarken Persönlichkeit aus.

Wer ihn erlebte und sich erinnert, wählt Worte, die Adenauers Ausstrahlung wie mystische Kraft erscheinen lassen. «Von ihm ging ein Zauber aus» – Hermann Höcherl. «Er hatte eine Autorität, die nach ihm keiner mehr hatte» – Bruno Heck. «Wenn er sich einem zuwandte, die ganze Kraft dieses Mannes war dann zu spüren» – Gerd Bucerius. Und selbst der mit Adenauer zerstrittene Thomas Dehler stellte bewundernd fest: «Wo er erschien, wuchs ihm ohne weiteres die Führung zu.»

Schon die äußere Erscheinung Adenauers hatte etwas Suggestives. Mit seinem Gardemaß von 188 cm überragte der schlanke, stets hochaufgerichtet dastehende Alte die meisten seiner Mitmenschen. Er strahlte eine natürliche Autorität und Würde aus, und er verfügte über eine Spannkraft, die weitaus Jüngere nicht besaßen. Minimale Regungen in seinen maskenhaften Zügen verrieten ein subtiles Spektrum unterdrückter Gefühle. Die Distanz, die er zu seinen Mitmenschen hielt, stilisierte die Verfremdung. Selbst mit Robert Pferdmenges, dem Ratgeber und Helfer über Jahrzehnte, duzte er sich erst ab 1959. Er habe, so sagte Konrad Adenauer, im ganzen Leben nur einen Freund gehabt, den früh verstorbenen Kommilitonen Raimund Schlüter.

Geschichtliche Erfahrung und seine persönlichen Erlebnisse im Dritten Reich hatten ihn zum Menschenverächter werden lassen. «Sie glauben an die Menschen, ich nicht», offenbarte er dem sozialdemokratischen Politiker Carlo Schmid schon im Parlamentarischen Rat, und einen jüngeren Abgeordneten der FDP-Fraktion, den späteren Bundesminister Hans Lenz, unterwies er: «Sie scheinen ein begabter Nachwuchspolitiker zu sein, aber Sie machen einen Fehler: Sie denken, die Menschen sind gut, in Wirklichkeit sind sie schlecht.» Ein Buch über das Böse im Menschen, sagte er kurz vor seinem Tod zu seiner Sekretärin Anneliese Poppinga, das hätte er noch gerne schreiben wollen. Und selbst in Augenblicken des Triumphs ließ Adenauer sich von der Stimmung nicht mitreißen. Als ihm auf der Fahrt im Wahlsonderzug von Hamburg nach Hannover die Menschen zujubelten, löste das nur traumatische Erinnerungen aus: «Diese schrecklich gläubigen Augen.»

Hinzu kam sein konservatives Verständnis, daß die Bevölkerung gegängelt und nicht als mündige Bürger behandelt werden müsse. «So recht sind die Menschen dem Herrgott nicht geglückt. Wären sie dümmer, ließen sie sich leichter regieren. Wären sie klüger, könnte man vernünftiger mit ihnen reden» – das war noch die milde Form von Adenauers Vorbehalt gegenüber seinen Wählern. In der Begeisterungsfähigkeit für den Diktator sah er die politische Unmündigkeit des Volks bestätigt. Bis in die letzten Jahre seines Regiments glaubte er die Rückfallgefahr nicht gebannt. «Was werden die Deutschen tun, wenn ein zweiter Hitler kommt?» Der Jubel auf dem Bonner Marktplatz für de Gaulle brachte ihn auf diese Frage.

Aus dieser Skepsis erwuchs nicht Resignation, sondern Adenauer fühlte sich in die Pflicht genommen, seinem Land zu dienen. Doch das war für ihn nicht nur Last. Politik und Machtausübung waren ihm ein Lebenselixier. Sein sozialdemokratischer Gegenspieler aus Kölner Tagen, Robert Görlinger, meinte, Politik gewähre Adenauer jene «Erregungen, die andere am Roulettetisch finden».

Der autokratische Regierungsstil, den er aus dieser Mischung von Distanz, Selbstbewußtsein und traditionellem Amtsverständnis ableitete, wurde begünstigt durch die Besonderheiten der politischen Entwicklung seit 1945.

Von den drei klassischen Staatsgewalten Exekutive, Parlament und Justiz war die Regierung in der Vorderhand. Das Schwergewicht der von den Besatzungsmächten angeleiteten politischen Tätigkeit im Nachkriegsdeutschland lag – zunächst auf Länderebene – bei der Exekutive. Nachdem es Adenauer 1948 als Präsident des Parlamentarischen Rates gelungen war, der Ansprechpartner der Alliierten zu werden, baute er als frischgewählter Bundeskanzler seine Position systematisch aus. Begünstigt wurde er dabei durch das Besatzungsstatut, dessen Aufgabe es war, die politischen Aktivitäten des neuen Staats zu kontrollieren, auf bestimmten Gebieten auch zu unterbinden. Zu den für die Deutschen «verbotenen Gebieten» gehörten die Außenpolitik und die Verteidigungspolitik. Entsprechende Ministerien konnten also nicht eingerichtet werden. Dies versetzte Adenauer in die Lage, für diese beiden Sachgebiete im Bundeskanzleramt Nebenstellen zu etablieren und die Diskussion über diese Themen bei den Alliierten zu monopolisieren. Seine Hausmacht arrondierte Adenauer mit dem

Presse- und Informationsamt, das er als eine Abteilung dem Bundeskanzleramt angliederte, sowie mit dem Aufbau eines Nachrichtendienstes, der ihm vornehmlich über die militärische Situation in der DDR berichten sollte. Frühzeitig bot auch der von den Amerikanern reaktivierte und bezahlte ehemalige Chef der Abteilung Fremde Heere Ost im Generalstab des Heeres, Generalmajor Reinhard Gehlen, dem Bundeskanzler ein Mitwissen an seinen Auskundschaftungen im Osten an. Nach Erlangung der Souveränität im Mai 1955 wurde seine Organisation als Bundesnachrichtendienst dem Bundeskanzleramt unterstellt.

Da Konrad Adenauer nach seiner Wahl zum Bundeskanzler die Grundausstattung der Bundesregierung völlig neu besetzen mußte, bot sich ihm jede Möglichkeit, durch Postenvergabe Konkurrenten abzuschieben, Widersacher zu neutralisieren, Gefolgsleute zu verpflichten und die Koalition der Union mit FDP und DP zu verleimen. Mitbewerber aus den frühen Tagen der Machteroberung innerhalb der CDU schob Adenauer ins Ausland ab. Hans Schlange-Schöningen übernahm 1950 das Londoner Generalkonsulat der Bundesrepublik, die erste Auslandsvertretung des neuen Staats überhaupt. Den ehemaligen Oberbürgermeister von Herford, Friedrich Holzapfel, dem Adenauer im Handstreich den Vorsitz der CDU in der britischen Zone weggeschnappt hatte und der sich lange Zeit als der eigentlich zum Bundeskanzler berufene Politiker ansah, neutralisierte Konrad Adenauer als Botschafter in der Schweiz.

Erich Köhler, dem Präsidenten des Frankfurter Wirtschaftsparlaments, kaufte Adenauer den Widerstand gegen eine bürgerliche Koalition mit der Bemerkung ab, er wolle doch sicher wieder Parlamentspräsident werden. Prompt erkannte Köhler, dessen hessische CDU enge Kontakte zur SPD hielt, in einer Großen Koalition doch viele negative Seiten und bestieg den Sessel des Bundestagspräsidenten – hier agierte er allerdings so ungeschickt, daß er schon nach einem Jahr durch Hermann Ehlers ersetzt wurde. Eine ähnliche Wandlung machte der andere prominente Befürworter eines Zusammengehens mit den Sozialdemokraten, Jakob Kaiser, durch. Zu ihm sagte Adenauer, in einer Großen Koalition würde die SPD das Ministerium für gesamtdeutsche Fragen beanspruchen, jenes Amt, das Jakob Kaiser anstrebte.

In den Koalitionshandel mit den Freien Demokraten hatte Adenauer bereits das Amt des Bundespräsidenten eingebracht. Für Franz Blücher, der Theodor Heuss als FDP-Vorsitzender nachfolgte, erfand der Bundeskanzler den dekorativen Titel des Vizekanzlers. Bisweilen sicherte sich Adenauer auch mit vage angedeuteten Versprechungen jahrelange Gefolgschaft. So glaubte der Vorsitzende der FDP-Bundestagsfraktion, August Martin Euler, er habe Chancen, Außenminister zu werden, und bedrängte Adenauer in einem Brief Mitte 1951, «das Außenministerium zu Ihrer Entlastung abzugeben». Euler behauptete in dem Schreiben, er habe die Frage mit den Koalitionsparteien vorab erörtert – für Konrad Adenauer ein willkommener Anlaß, an den Chef der CDU/CSU-Bundestagsfraktion, Heinrich von Brentano, der ebenfalls dieses Amt anstrebte, einen Brief zu schreiben: Euler erwecke den Eindruck, daß von Brentano mit seiner Bitte einverstanden sei – «ich kann mir das nicht gut denken ... und ich bitte Sie, Herrn Euler über seinen Irrtum aufzuklären». Ein ähnliches Schreiben ging an Hans Mühlenfeld, den Fraktionsvorsitzenden der Deutschen Partei. Mühlenfeld, der selber gern in den Auswärtigen Dienst wollte – er wurde später Botschafter in Den Haag –, kam Adenauers Bitte umgehend nach. Er schrieb Euler – mit Kopie an den Regierungschef: «Es würde geradezu einer Katastrophe gleichkommen, wenn wir Ihrem Wunsch in diesem Stadium der Außenpolitik entsprechen würden.» Der FDP-Wohnungsbauminister Eberhard Wildermuth trug bis zu seinem Tod im Jahr 1952 die Zusage Adenauers mit sich, er sei der gegebene Mann für den Aufbau einer Armee.

Selbständigkeit am Kabinettstisch war nicht gewünscht. Das zeigte sich in Adenauers Reaktion auf einen Personalvorschlag, der aus der Unionsfraktion an ihn herangetragen wurde. Bei der Kabinettsbildung fühlten sich die evanglischen Christdemokraten zu kurz gekommen. Von den acht Ministern, die die CDU stellte, waren sieben katholisch, nur einer, Ludwig Erhard, evangelisch. Eine Findungskommission – die drei evangelischen Abgeordneten Hermann Ehlers, Robert Tillmanns und Gerd Bucerius – machte sich auf die Suche nach einem geeigneten Glaubensbruder für das Amt des Bundesinnenministers. Bei Kaffee und Kuchen im Gartenrestaurant des Bundeshauses einigten sich die drei auf den Essener Oberbürgermeister Gustav Heinemann. Dem ging schon damals der Ruf eines eigensinnigen, auf politische Moral bedachten Mannes voraus. Von ihm war nicht zu erwarten, daß er sich in die große Schar der Liebediener des Bundeskanzlers einreihen würde. Ärgerlich versuchte Adenauer, dem Dreierkollegium Gustav Heinemann wieder auszureden: «Das geht doch nicht, daß hier jemand ausgesucht wird, weil er mir entgegentritt.» Trotz großer Bedenken gab Adenauer dem Drängen des evangelischen Flügels der Fraktion schließlich nach.

Tatsächlich gab es neben Gustav Heinemann im ersten Kabinett Adenauers nur noch einen einzigen Minister, der es wagte, Adenauers Ansichten entgegenzutreten, CSU-Bundesfinanzminister Fritz Schäffer. Der katholisch-konservative Bayer, unter den Nazis mehrfach verhaftet und zuletzt im KZ Dachau interniert, war von den Amerikanern nach Kriegsende als erster Ministerpräsident in München eingesetzt und wegen Unbotmäßigkeit bald wieder abgesetzt worden. Die Eigenwilligkeiten des kleinen drahtigen Mannes mit der runden Nikkelbrille erfuhr nun Adenauer beim verbissenen Kampf um Haushaltsausgleich und Geldwertstabilität. Stets setzte der Finanzminister die Schätzungen der Steuereinnahmen des Bundes zu niedrig an, um so Geldwünsche der Ressorts abwehren zu können. Als Konrad Adenauer, genervt von der Knausrigkeit des Budgetchefs, Schäffer einmal anfuhr «dann machen Sie eben mal ein paar Schulden», konterte der mit einer treffsicheren Anspielung: «Mir bezahlt aber keiner die Schulden. Ich habe ja keinen preußischen Finanzminister hinter mir wie früher der Oberbürgermeister von Köln.» Es sei das einzige Mal gewesen, erinnerte sich Pressechef Felix von Eckardt, daß Adenauer nicht das letzte Wort behielt und sich geschlagen gab.

Am Kabinettstisch blieb kein Zweifel, wer der große Vorsitzende war. Das fing schon mit dem absoluten Rauchverbot an, das der Nichtraucher Adenauer erlassen hatte. Adenauer, der frische Luft schätzte und bei der Arbeit oft das Fenster öffnete, duldete aber keine Eigenmächtigkeiten seiner Mitarbeiter. «Lassen Sie gefälligst das Fenster zu, ich glaub, Ihnen ist es wohl nicht gut», herrschte er einen Minister an, der den Kabinettssaal lüften wollte. Diskussionen hielt Adenauer kurz. In gotischer Schrift notierte er auf einem Zettel die Wortmeldungen, er rief sie allerdings nicht in der Reihenfolge auf, sondern je nach taktischer Lage und eigenem Gutdünken. Seine Minister sprach Adenauer nie mit ihrem Titel oder gar als «Herr Kollege» an, sondern stets mit ihrem Namen. Umgekehrt versuchte sich nie einer in einer anderen Anrede als «Herr Bundeskanzler». So blieb von vornherein klar, daß keiner der Minister auch nur auf annähernd gleicher Ebene mit ihm verkehren durfte. Setzte einer der Minister zu einer längeren Rede an, wurde Adenauer unruhig und entzog ihm das Wort. Die Minister durften, wie es Ernst Lemmer, ab 1956 im Kabinett, beobachtete, ihr «Sprüchlein sagen». Streitgespräche waren nicht erwünscht und bald wohl auch kein Bedürfnis mehr. Lemmer: «Verwirrende Diskussionen wurden vermieden.» Und Adenauer ersparte es den Ministern, sie dadurch zu verwirren, daß er sie in seine Pläne einweihte. Das Ergebnis fiel wie erwünscht aus. Eine bestimmte Zahl von Kabinettsmitgliedern sagte bei außenpolitischen Entscheidungen «in dem Gefühl des Nichtverstehens» stets ja, so daß Adenauer «immer eine beträchtliche Zahl von Anhängern, wenn nicht sogar die Mehrheit hat», faßte Vizekanzler Blücher seine Erfahrungen nach nur einem Jahr Kabinettszugehörigkeit zusammen. Ein anderer Trick: In Vorgesprächen klärte Adenauer mit einigen ausgewählten Kabinettsmitgliedern strittige Themen, rief dann im Kabinett ihre Behandlung auf, obgleich sie nicht auf der Tagesordnung standen, und drängte so die nicht unterrichteten Ressortchefs in die Defensive. So brachte er es zuwege, daß zuletzt die Kabinettssitzungen nicht länger als zwei Stunden dauerten. Beim Hinausgehen konnte Adenauer einem der Minister, den er bei einer Wortmeldung übergangen hatte, durch eine kurze Bemerkung die Lust an künftigen Beiträgen nehmen: «Wenn Se mal wieder raus müssen, brauchen Se sich doch nicht zu melden.»

Außerhalb der Kabinettssitzungen hielt Adenauer die Minister mit schriftlichen Hinweisen auf sein politisches Weisungsrecht in der Zucht. «Auf Grund des Artikels 65 des Grundgesetzes ersuche ich Sie, bis auf weiteres alle Gespräche und jede Verlautbarung, die meinen Ihnen bekannten Richtlinien über die Behandlung der Ost-West-Frage widersprechen, zu unterlassen» – so an den gerade zum Außenminister ernannten von Brentano. «Eventuell muß meine Entscheidung eingeholt werden, da ich die Richtlinien der Politik bestimme», so an Ludwig Erhard. Nach Unterzeichnung des EWG-Beitritts verpflichtete Adenauer sämtliche Minister unter Berufung auf seine Richtlinienkompetenz darauf, den Gemeinsamen Markt zu unterstützen. Als Finanzminister Schäffer keine Bundesmittel zur Anschaffung von Wolldecken für das Durchgangslager Friedland bewilligen wollte und damit öffentliche Kritik provozierte, erklärte ihm Adenauer, die Anschaffung von Wolldecken gehöre in Zukunft zur Richtlinienkompetenz des Bundeskanzlers – ein Scherz, der weitere Widerworte ausschloß.

Die Schreiben an die Minister begannen – insbesondere bei Konfliktfällen – mit einer betont förmlichen Anrede und waren nur wenige Zeilen lang. Den kürzesten dieser bald berühmt-berüchtigten Kanzler-Kurzbriefe erhielt Anfang der sechziger Jahre der neue Innenminister Hermann Höcherl. Der Brief war eine Zeile lang – «Ich komme auf die Sache nicht zurück – Adenauer». Der Hintergrund: Höcherl hatte auf der Suche nach Nestwärme sich neben seine CSU-Kollegen gesetzt. Als Adenauer ihn auf die traditionelle Sitzordnung hinwies – «Herr Höcherl, Sie sitzen links von mir» –, hatte der Bayer Widerspruch gewagt: «Mir paßt es eigentlich ganz gut hier.» Kaum war er nach der Sitzung zurück im Amt, fand er schon Adenauers Epistel auf dem Schreibtisch vor – und folgte fortan. Höcherl: «Dann bin ich also auf seine linke Seite, sonst wäre der blaue Brief fällig gewesen.»

Dennoch klagte Adenauer über zu wenig Kompetenz gegenüber seinen Ministern. «Das geht sogar so weit, daß ich nicht die Möglichkeit habe, mitzuwirken bei der Anstellung von Ministerialbeamten in den einzelnen Ministerien oder bei Entlassungen.»

Vizekanzler Franz Blücher mußte sich damit abfinden, daß er als der «Stellvertreter des Bundeskanzlers» nicht viel zu bestellen hatte. Ging der Regierungschef in Urlaub, regierte er von seinen Ferienquartieren Mürren oder dem Bürgenstock am Vierwaldstätter See aus weiter. Er sehe sich «in Anbetracht der außerordentlich gespannten Lage» außerstande, sich während seines Urlaubs «ganz von den Regierungsgeschäften zurückzuziehen», teilte Adenauer seinem Vize kurz mit. Regelmäßig kam es dann zu einer Pilgerfahrt von Ministern und hohen Beamten aus Bonn in die Schweiz. Den Eidgenossen wurde es schließlich zuviel. Sie bedeuteten dem Bundeskanzler, die Neutralität der Schweiz gestatte es nicht, daß er seine Amtsgeschäfte von hier aus erledige. Die Schweizer verloren damit einen prominenten Touristen. Konrad Adenauer entschied sich fortan für den italienischen Urlaubsort Cadenabbia am Comer See, einen Tip seines Außenministers, dessen Familie Brentano di Tremezzo aus dieser Gegend stammte.

Mit der Inkonsequenz, die ein Souverän zur eigenen Kurzweil braucht, beklagte Adenauer die Folgen seiner Kabinettsgängelei. «Eine Anzahl von Herren fühlt sich nur als Fachminister und zeigt für politische Fragen viel weniger Interesse, und das halte ich nicht für richtig», so der Kanzler in einem Gespräch mit Journalisten. Seinem Staatssekretär Otto Lenz raunte er 1951 beim Betreten des Kabinettssaals zu: «Wenn ich mir so meine Kabinettsmitglieder ansehe, muß ich sagen, am besten gefällt mir mein Außenminister.» Das war er damals noch selbst.

Bei der Rekrutierung der Beamten für die Regierungszentrale legte Adenauer Wert auf Können. Hier, wo keine politischen Selbstdarsteller zu befürchten waren, sondern klare Abhängigkeitsverhältnisse herrschten, bewies Adenauer seine Treffsicherheit in der Einschätzung von Menschen. Mit den Namen dieser Garde verband sich auf Jahre hinaus die Geschichte vom Aufbau der Bundesrepublik. Adenauers langjähriger Weggefährte Blankenhorn erhielt die Politik-Abteilung. Der politisch völlig unerfahrene Rechtsprofessor Walter Hallstein führte mit großem Geschick die Schuman-Plan-Verhandlungen und wurde dann Staatssekretär für außenpolitische Aufgaben. Der Rechtsanwalt Otto Lenz, der nach dem 20. Juli 1944 wegen Verbindungen zum Widerstand zu vier Jahren Zuchthaus verurteilt worden war und nach Kriegsende in Berlin die CDU mitbegründet hatte, rückte als eine Art Allround-Könner ins Bundeskanzleramt ein, spezialisierte sich dann als quirliger PR-Manager und wurde, als Walter Hallstein 1951 ins neugegründete Auswärtige Amt wechselte, Staatssekretär im Bundeskanzleramt. Der Völkerrechtler Wilhelm Grewe, der 1943 aus der NSDAP ausgestoßen worden war, weil er sich nicht von seiner jüdischen Frau trennen wollte, wurde von Adenauer mit der Leitung der Verhandlungen über die Ablösung des Besatzungsstatuts betraut. Auf der Suche nach einem Pressechef stieß Adenauer nach einigen Fehlgriffen 1952 auf den Chefredakteur des Bremer *Weserkurier*, Felix von Eckardt, einen geistreichen Formulierer, der anders als seine Vorgänger bald das Vertrauen der Bonner Journalisten fand und ihnen mit taktischem Geschick Adenauers Politik verkaufte. Gekleidet in stets neue, farbenprächtige Westen, übernahm der Sohn eines baltischen Adligen in Adenauers Umgebung auch die Rolle des Hofnarren, der es sich leisten konnte, mit lockeren Sprüchen dem Kanzler unangenehme Wahrheiten vorzuhalten. Nur die persönlichen Referenten des Bundeskanzlers wechselten häufig – der allzu enge Kontakt zu dem schwer zufriedenzustellenden, bisweilen auch jähzornigen «Alten» überforderte die meisten.

Hans Globke – das Werkzeug des Kanzlers

Zur grauen Eminenz des Bundeskanzlers avancierte rasch ein Mann, der zunächst nur als Ministerialdirigent eingestellt wurde: Hans Globke. Adenauer, auf Grund seiner Kölner Jahre in der Kommunalverwaltung selbst ein disziplinierter Aktenleser, lernte den peniblen Bürokraten bald als unentbehrlichen Helfer schätzen. Sechs Monate, so hatten Adenauer und Globke verabredet, wollten sie es miteinander versuchen. Daraus wurden vierzehn Jahre. Auf die Zuarbeit und das präzise Gedächtnis Globkes mochte er nicht mehr verzichten. Sonst rasch entschlossen, sich auch von treuen Mitarbeitern zu trennen, wenn sie ihm zur Belastung wurden, hielt Adenauer an Globke selbst dann fest, als die Diskussionen über dessen frühere Tätigkeit unter den Nationalsozialisten die ganze Regierung im In- und Ausland diskreditierten. Verschiedene Rücktrittsgesuche Globkes schob Adenauer beiseite. Erst mit dem Rücktritt des Kanzlers endete auch Globkes ebenso effektives wie umstrittenes Regime.

Hans Josef Maria Globke wurde 1898 als Sohn eines Tuchhändlers in Düsseldorf geboren. 1922 trat der Jurist – Studium in Köln – in die Zentrumspartei ein. Seine Beamtenkarriere begann der gläubige Katholik als Regierungsassessor im preußischen Innenministerium, das 1933 mit dem Reichsinnenministerium vereinigt wurde. Als Referent für Personenstandsfragen hatte Globke schon 1932 Richtlinien gegen die Änderung von Vornamen verfaßt, um Juden die Verschleierung ihrer Herkunft zu erschweren. 1935 verfaßte er einen Kommentar über die NS-Rassengesetze, sein Dienstvorgesetzter Wilhelm Stuckart schrieb dazu ein scharfmacherisch-antisemitisches Vorwort. Die sogenannten «Nürnberger Gesetze» bildeten die pseudojuristische Grundlage für die Judenverfolgung. Die Selektierung als Voll-, Halb- oder Vierteljude war der bürokratische Ausgangspunkt für die spätere «Endlösung». Von 1936 bis 1939 wurde Globke Ko-Referent für Judenfragen. Mit Stuckart unternahm Globke zahlreiche Reisen ins besetzte Ausland, wo dann alsbald auch Judenverfolgungen einsetzten. Der NSDAP trat Globke nicht bei, seine Ernennung zum Ministerialrat im Jahr 1938 war seine letzte Beförderung im Dienst des Reichsinnenministeriums.

Vor dem Nürnberger Gerichtshof zur Aburteilung der Hauptkriegsverbrecher bekannte Globke als Zeuge im Prozeß gegen Stuckart, von der systematischen Ausrottung der Juden gewußt zu haben. Globke wurde Kämmerer der Stadt Aachen. In einer Denkschrift für die britische Besatzungsmacht riet er 1946, der staatliche Wiederaufbau Deutschlands müsse auf «behutsame Umerziehung» und demokratischer Mitwirkung des Volks beruhen. Heinrich Weitz, nach dem Krieg Finanzminister in der nordrhein-westfälischen Landesregierung, machte den Bundeskanzler auf den erfahrenen Verwaltungsbeamten Globke aufmerksam.

Adenauer – der von sich selbst sagte: «Ich würde nicht weitergearbeitet haben unter den Nationalsozialisten» – zog zunächst einmal über Globke Erkundigungen ein. Tatsächlich fügten sich eine Reihe Tatbestände zu einer gewissen Entlastung des umstrittenen Beamten. Globke selbst hat sie 1956 aufgezeichnet. Die Darstellung war aber so konfus, daß er sie nicht veröffentlichte, sondern sie nur besonderen Besuchern zeigte, vornehmlich Vertretern jüdischer Organisationen. Erst 1961 hat er – durch den Eichmann-Prozeß dazu genötigt – sich in einem Interview öffentlich verteidigt. Daraus ergibt sich folgendes Bild: Den Kommentar zu den Rassengesetzen will Globke geschrieben haben, weil er auf diese Weise eine extensive Auslegung der Gesetze durch die NSDAP und die Behörden des NS-Staats glaubte vermeiden zu können. Während der erste Referent für Judenfragen im Innenministerium, Ministerialrat Bernhard Lösener, zunächst ein erklärter Nationalsozialist, angesichts des Unrechts, das er dienstlich erfuhr, unter ausdrücklicher Berufung auf sein Gewissen seinen Posten quittierte, blieb Globke an seinem Schreibtisch. Nach eigenem Bekunden wollte er sich «zugunsten der von den Nürnberger Gesetzen betroffenen Personen verwenden». Er habe Verbindungen zum Widerstand gehabt, in Einzelfällen auf Grund seiner genauen Rechtskenntnisse helfen können, privaten Verkehr mit jüdischen oder halbjüdischen Bekannten nicht eingestellt und durch Benachrichtigung des Bischofs von Berlin, Konrad Kardinal von Preysing, kirchliche Proteste gegen die Pläne einer Zwangsscheidung deutsch-jüdischer Mischehen ermöglicht. Das entsprechende Gesetz sei deshalb nicht zustande gekommen. Zu den Umständen, die Globke selbst zu seiner Entlastung anführte, gehörte auch, daß er das Erscheinen einer zweiten Auflage seines Kommentars unterbunden habe – was allerdings der eigenen Logik widersprach, daß er mit dem Kommentar habe Schlimmeres verhindern wollen. Er habe – so Globke weiter – das Vorhaben von Reichsminister Frick hintertrieben, daß Juden ihren Vornamen die Worte «Jüd» oder «Itzig» anhängen mußten. Statt dessen sei es ihm gelungen, es bei den zusätzlichen Vornamen «Israel» oder «Sara» zu belassen. Nach dem Attentat vom 20. Juli 1944 sei seine Verhaftung geplant gewesen. Zu ihr sei es jedoch zunächst wegen mangelnden Beweismaterials und zuletzt wegen des Vorrückens der Amerikaner nicht gekommen.

Zum klassischen Beleg seiner formalen Denkweise geriet die Begründung, mit der er darlegte, nie einen Treueeid auf Hitler geleistet zu haben: Er habe sich dem Schwur bei der Massenvereidigung der Beamten durch Beiseitestehen in einer Nische entzogen.

Globke konnte zu seinen Gunsten eine Reihe Ehrenerklärungen einbringen, die er sich unmittelbar nach Kriegsende besorgte. Das wichtigste Zeugnis kam von Kardinal Preysing. Der bescheinigte Globke im Zusammenhang mit der verhinderten Zwangsscheidung: «So informierte er mich und meine Mitarbeiter über Pläne und Beschlüsse des Innenministeriums, gab uns auch Kenntnis von streng geheimgehaltenen Gesetzentwürfen und lieferte uns auf diese Weise das Material zu Protesten und Drohungen.» Jakob Kaiser, der im Widerstand mitgearbeitet hatte, schrieb: «Wann immer ich seinen Rat und seine Hilfe für meine Arbeit in der Arbeiterbewegung oder in der Politik in Anspruch nahm, stand er mir vorbehaltlos zur Verfügung. Dr. Globke, dem unser unbedingtes Vertrauen gehörte, war von uns (den Männern des 20. Juli) als Staatssekretär im Erziehungsministerium in Aussicht genommen.»

Otto Lenz bestätigte, Globke habe mit den Stempeln des Reichsinnenministeriums versehene gefälschte Anweisungen besorgt, mit denen Gestapo-Häftlinge bei einem Herannahen der alliierten Truppen befreit werden sollten.

Der sozialdemokratische Bundestagsabgeordnete Adolf Arndt nannte Globkes Verhalten «juristische Prostitution», der DGB schrieb in einem Weißbuch: «Durch sein Werk ist Herr Dr. Globke moralisch mitschuldig geworden an der Ermordung Zehntausender Menschen jüdischen Glaubens.»

In Anbetracht dieser Auseinandersetzungen und des befürchteten Echos im Ausland zögerte Adenauer, Globke formal zum Staatssekretär des Bundeskanzleramts zu berufen, übertrug ihm aber praktisch von Anfang an die Leitung des Bundeskanzleramts. In einem Brief an Jakob Kaiser schrieb der Bundeskanzler, er habe von Globkes Ernennung Abstand genommen, «weil er, der nicht Parteigenosse war, an dem bekannten Kommentar mitgewirkt hatte und wir bei der Ernennung von Staatssekretären sorgsam darauf achten müssen, daß wir nicht irgendwelchen Angriffen dadurch Material geben». Ein paar Jahre später indes änderte Adenauer seine Meinung. 1953, nach Abschluß des Wiedergutmachungsabkommens und seiner erfolgreichen Amerika-Reise, meinte Adenauer, keine Rücksicht mehr auf Auslandsreaktionen nehmen zu müssen, und ernannte Globke zum Staatssekretär als Nachfolger von Otto Lenz, der Bundestagsabgeordneter wurde.

Nie allerdings nahm Adenauer seinen Gehilfen mit nach Amerika. Zweimal kehrte der Staatssekretär mit gepackten Koffern vom Flughafen Köln / Wahn aus ins Kanzleramt zurück, weil im letzten Augenblick die Bedenken gegen eine Reisebegleitung doch überwogen. Globkes erste Auslandsreise fand schließlich im Herbst 1955 statt, als er den Bundeskanzler in die Sowjetunion begleitete. Dort feierte er seinen 57. Geburtstag. Als Chruschtschow das erfuhr, stieß er mit einem Glas Krim-Sekt auf Globkes Wohl an und gab ihm den Bruderkuß. Acht Jahre später, nach Abschluß des Eichmann-Prozesses in Israel, veröffentlichte der Generalstaatsanwalt der DDR einen Steckbrief, erbat Hinweise für die Ergreifung und veranstaltete einen Schauprozeß gegen Globke, der mit seiner Verurteilung endete. Globke versuchte eine Dokumentation über seine Tätigkeit im Dritten Reich zu verhindern, indem er vom Bundesnachrichtendienst die

Druckfahnen beschaffen ließ, um dann durch Einstweilige Verfügung das Erscheinen des Buches gerichtlich verbieten zu lassen. Als dies mißlang, setzte Globke den Verlag mit der Drohung unter Druck, der Bund werde von der Verlagsgruppe keine Gesangbücher für die Bundeswehr mehr kaufen. Daraufhin wurde die Restauflage aus dem Verkehr gezogen. Eine letzte Reaktion des Auslands erfuhr Globke, als er nach seiner Pensionierung ein Haus oberhalb von Vevey am Genfer See als Ruhesitz beziehen wollte. Die Schweizer Behörden verweigerten ihm nach Durchsicht der Dokumentation die Aufenthaltsgenehmigung.

Seit seinem Dienstantritt im Bundeskanzleramt am 26. September 1949, elf Tage nach Adenauers Wahl, kümmerte sich Globke um den inneren Aufbau des Kanzleramtes. In das Chaos der Pioniere, das dem an ordentliche Behördenorganisation gewöhnten Adenauer unheimlich war, brachte Globke rasch Ordnung. Mit der Zuständigkeit für Personalfragen hatte er eine entscheidende Machtposition inne. Er entwarf für die Regierungszentrale ein völlig neues Verwaltungsschema, für das es in den Reichskanzleien kein Vorbild gab. Er richtete Referate ein, die eine Mini-Ausgabe sämtlicher Ministerien waren. Dieses Spiegelkabinett des Dr. Globke koordinierte und kontrollierte die Arbeit in den einzelnen Ressorts, überwachte die Durchführung der Anordnungen des Kanzlers und erarbeitete dem Regierungschef Kabinettsvorlagen, oft auch ohne Beteiligung der eigentlich zuständigen Minister. Im Laufe der Zeit schleuste Globke, der dem Cartell-Verband (CV) der Katholischen Studentenverbindungen angehörte, an entscheidenden Positionen der Ministerien seine Vertrauensleute ein. Die unterrichteten ihn, meist an den Ministern vorbei, über die Ressortgeschäfte und besondere Vorkommnisse. In Bonn machte das Wort die Runde, Zufall werde am Rhein mit CV geschrieben. Hermann Höcherl, der letzte Innenminister Adenauers, bewundert noch heute die Perfektion von Globkes Spitzelsystem: «Er war immer bestens informiert über Schwierigkeiten, die ich in meinem Haus hatte. Das war ein Agentennetz von bemerkenswerter Perfektion. Aber wir haben nie herausbekommen, wer es bei uns war, der ihm berichtete.»

Globke verstand es außerdem, dem Kreis der obersten Beamten ein eigenes Elitebewußtsein zu vermitteln. Er organisierte eine informelle Gesprächsrunde als «Gewerkschaft der Staatssekretäre» und sicherte sich auch auf diese Weise eine Unterrichtung über das Geschehen in den Ministerien sowie die Möglichkeit einer direkten Einflußnahme auf kurzem Telefondraht. Kam es in einer Behörde zu Auseinandersetzungen zwischen Minister und Staatssekretär, entschieden die Beamten den Streit meist für sich mit dem Satz: «Ich habe schon mit Herrn Globke gesprochen. Er ist auch meiner Meinung.» Das Flair des Geheimnisvollen erhöhte Globke mit knappen Mitteln: In seinem Büro hing das von Lenbach gemalte Porträt des Generalfeldmarschalls von Moltke («Der Schweiger»).

Großen Wert legte Katholik Globke auch auf eine ausreichende Berücksichtigung seiner Glaubensbrüder. Der Mann, der als Symbol der Renazifizierung des öffentlichen Dienstes angegriffen wurde, drückte so das traditionelle protestantische Übergewicht der Berliner Ministerien zurück, aus denen sich die Bundesverwaltung rekrutierte. Der Staatssekretär im Bundeswirtschaftsministerium Ludger Westrick, erinnert sich, eines Tages von Globke am Telefon gefragt worden zu sein: «Wieviel katholische Ministerialdirektoren haben Sie?» Westrick reagierte verblüfft: «Wie war die Frage? Ich weiß es nicht. Ich bin nie auf die Idee gekommen, einen nach seiner Konfession zu fragen.» Dafür erfuhr Westrick von Globke, daß er nie Minister werden würde. Westrick: «Ich war ihm nicht katholisch genug.»

Mit Konrad Adenauer verband Globke eine Gesinnungsgemeinschaft. Wie der Bundeskanzler war auch der Staatssekretär von tiefem Mißtrauen gegenüber «der halbasiatischen Sowjetunion» erfüllt. Frei von eigenem politischen Ehrgeiz – angesichts seiner Vergangenheit wäre er ja auch wohl nicht umzusetzen gewesen – ließ sich Globke willig «zum Werkzeug seines Kanzlers machen» (so Adenauers persönlicher Referent Josef Bach). Den Schreibtisch stets mit einer Unzahl von Stichwortzetteln übersät, kümmerte er sich um die Erledigung der Kanzlerwünsche, die den ganzen Tag über an ihn herangetragen wurden. Die Inanspruchnahme durch Adenauer war total. Hatte der Kanzler abends Gäste, schickte er seinen Staatssekretär los: «Herr Globke, holen Sie mal aus dem Weinkeller eine Flasche von den Besseren.» Adenauers unbedingtes Vertrauen sicherte sich Globke neben seiner Sacharbeit durch spezielle Zuträgerdienste. In einer Kartei sammelte er Einzelheiten über das Privatleben von Politikern und Beamten. Zur Informationsbeschaffung spannte er auch die Geheimdienste ein. Wesentliche Aufgabe des ihm unterstellten BND wurde die an sich unzulässige «Inlandsaufklärung». Adenauer, mit einer Neigung «zu obskuren Quellen» (McCloy), wußte die delikaten Details dann gezielt einzusetzen. Seinen Vizekanzler, der die erste Dienstreise nach Paris gleich zum Bordell-Besuch nutzte und sich im Bett fotografieren ließ (ohne aber zu merken, daß ihm Beamte des französischen Geheimdienstes gefolgt waren), ging Adenauer an: «Herr Blücher, ich muß Sie wohl mal am Öhrchen zupfen.» Als der CSU-Abgeordnete Richard Jaeger den Kanzler wegen des schleppenden Aufbaus der Bundeswehr unter Blank bedrängte, fragte ihn Adenauer: «Weiß Ihre Frau eigentlich, daß Sie in Bonn eine Geliebte haben?» Über den CDU-Bundestagsabgeordneten Kurt Schmücker, einen Vertrauten Ludwig Erhards, verbreitete Adenauer: «Der Herr Schmücker sagt immer, er fährt nach Köln in die Oper. Der ist doch nie in der Oper.» Nur bei Otto Lenz verfing diese Masche nicht. Als ihm der Regierungschef Vorhaltungen wegen seines Lebenswandels machte, erwiderte Lenz: «Haben Sie mich als Kaplan oder als Staatssekretär eingestellt?»

Den nützlichen Globke setzte Adenauer bald auch als eine Art Generalbevollmächtigten für die CDU ein. So überwachte der Staatssekretär die Wahlkampfvorbereitungen der CDU und betrieb für die Partei die Beschaffung von Geld und Grundstücken. Die *New York Times* nannte Globke den «zweitstärksten Mann in Westdeutschland», der Bonner Journalist Walter Henkels schrieb in der *FAZ*: «Er hatte mehr Macht als alle Minister zusammen.»

Den meisten Politikern war das bewußt, und sie strebten danach, ein gutes Verhältnis zu Globke zu erreichen. Einzige Ausnahme war der NS-Gegner Heinrich von Brentano. Der sensible Fraktionsvorsitzende der CDU/CSU und spätere Minister hielt zu Globke wegen dessen Vergangenheit bewußt Distanz. Für ihn als Parlamentarier blieb das folgenlos. Anders erging es einem Ministerialbeamten, der sich gegen Globke stellte. Adenauers erster Bundespressechef Heinrich Böx wehrte sich dagegen, daß ihm auf Betreiben Globkes ein Verwaltungsfachmann zur Seite gestellt werden sollte: «Herr Globke, wenn Sie meinen, Sie können jemanden an die Wand drücken, der im Dritten Reich im Gegensatz zu Ihnen keine Kompromisse geschlossen hat, dann haben Sie sich geirrt.» Geirrt hatte sich Böx. Er behielt sein Amt gerade drei Monate.

Die Politik der einsamen Entschlüsse

Insbesondere in den Aufbaujahren waren für Adenauer die Spitzenbeamten des Bundeskanzleramts die eigentlichen Gesprächspartner. Mit ihnen erörterte er seine politischen Projekte. Der Kanzler, kein Mann tiefgründiger Analysen, hatte eine spezielle Technik der Diskussion entwickelt. Im Streitgespräch mit wechselnden Gesprächspartnern erprobte er seine Argumente. Oft übernahm er dabei Standpunkte, die ihm eben erst entgegengehalten worden waren. Die Ansicht, die er schließlich endgültig vertrat, konnte dann völlig entgegengesetzt zu der Meinung sein, mit der er in die Gespräche gekommen war. So wurden nur für Außenstehende seine Entscheidungen «einsame Entscheidungen». Zu den Außenstehenden zählten Kabinettsmitglieder und erst recht die Abgeordneten des Parlaments. Ihnen gegenüber blieb Adenauer verschlossen. Kurt Georg Kiesinger, außenpolitischer Sprecher der CDU/CSU-Bundestagsfraktion, erinnert sich, daß er Adenauer jede Information habe «abzwingen» müssen. Kiesinger: «Es war ja überhaupt Adenauers Taktik, eigentlich nur mit seinen Beamten zu verkehren.»

Beim Aushandeln des Petersberger Abkommens hatte Konrad Adenauer zum erstenmal seine Methode vorgeführt, das Parlament in der Vorbereitung wichtiger Entscheidungen zu umgehen. Diese «Politik der einsamen Entschlüsse» setzte sich fort mit den West-Verträgen. Der Fraktionsvorsitzende Heinrich von Brentano, der in höflichen Briefen um mehr Unterrichtung bat, ging Adenauer schnell auf die Nerven. Schon viereinhalb Monate nach Regierungsbeginn versuchte der Kanzler, ihn auf den Posten eines Generalkonsuls in Paris abzuschieben – allerdings vergeblich. Die ohnehin nur bescheiden formulierten Wünsche der Parlamentarier nach politischer Mitwirkung empfand der Bundeskanzler als Zumutung. Adenauer: «Der Bundestag war ein sehr junges Parlament. Viele seiner Mitglieder bemühten sich, überall in der Exekutive etwas zu tun, wo sie nichts verloren hatten.» Doch auch später stieg das Parlament nicht in seiner Wertschätzung. Zu Willy Brandt sagte er: «Ich will Ihnen mal sagen, was man mit dem Bundestag machen muß, vielleicht denken Sie noch mal dran: Man muß die Herren gut entschädigen, sie viel reisen lassen und ihnen reichlich Urlaub gönnen.» Eugen Gerstenmaier, der 1954 nach dem plötzlichen Tod von Ehlers Bundestagspräsident wurde und sich zum engagierten Hüter der Rechte des Parlaments entwickelte, kommt in einer Analyse über den autokratischen Stil Adenauers zu prinzipiellen Defizit-Befunden: «Sein persönliches Verhältnis zur Demokratie stand im Grunde mehr auf der Hinnahme der Organisationsgrundsätze der Demokratie als auf einer festgegründeten persönlichen Überzeugung ... Den liberalen Prämissen der Demokratie und der Entscheidungsfähigkeit, der politischen Mündigkeit des Stimmbürgers stand er ebenso skeptisch gegenüber wie dem Glauben an den Wert der Diskussion.»

So recht nach Adenauers Vorstellung eines Fraktionsmanagers war Heinrich Krone. Der ehemalige stellvertretende Generalsekretär der Zentrumspartei, nach dem Krieg Mitbegründer der CDU in Berlin, hatte sich schnell vom Kaiser-Flügel losgesagt und war zu Adenauer übergeschwenkt. In der Unions-Bundestagsfraktion fungierte er zuerst als parlamentarischer Geschäftsführer, später als stellvertretender Fraktionschef. Faktisch aber übernahm Krone schon von früh an die eigentliche Führung der Fraktion. Brentanos Engagement galt der Europapolitik. Als sich mit dem Beitritt zum Europarat und der Begründung der Montanunion ein erstes Betätigungsfeld außerhalb der Bundesrepublik eröffnete, sah Brentano hier seine eigentliche Aufgabe. Regelmäßig nahm er an den Sitzungen des Straßburger Parlaments teil. Unter seinem Vorsitz erarbeiteten Politiker der Montan-Sechsergemeinschaft den utopischen Entwurf einer europäischen Verfassung, auf deren Grundlagen nach Ratifizierung des EVG-Vertrags eine Europäische Politische Union (EPU) aufgebaut werden sollte. Auf diese Arbeit stürzte er sich um so entschlossener, als er aus einigen Andeutungen Adenauers entnahm, zum Außenminister berufen zu werden, sobald die Bundesrepublik über die entsprechenden souveränen Rechte verfüge.

Der ruhige Heinrich Krone lag Adenauer schon rein menschlich mehr als der nervöse Kettenraucher Brentano. Jeden Montagmorgen fand sich Heinrich Krone im Kanzleramt zu einer Gesprächsrunde mit Konrad Adenauer und Hans Globke ein. Auf einem Zettel hatte sich Adenauer über das Wochenende die Wünsche an Krone notiert. Bei seinem Vortrag mochte er nicht unterbrochen werden – «hören Sie erst mal zu, Herr Krone». Heinrich Krone, ein Mann ohne eigene politische Ambitionen, akzeptierte es als seine Aufgabe, die Ansichten und Entscheidungen Adenauers in der Fraktion durchzubringen und nicht die Meinung der Fraktion an den Bundeskanzler zu übermitteln. Hermann Höcherl, der als CSU-Landesgruppen-Vorsitzender und Stellvertreter Krones später in diesen Mechanismus der Zusammenarbeit Adenauer/Parlament miteinbezogen war, urteilt in der Rückschau: «Wir mußten ihm die Hasen in die Küche treiben.» Dafür habe Adenauer die Fraktionsspitze «geradezu verhätschelt.» Höcherl: «Wünsche waren schon genehmigt, kaum, daß sie ausgesprochen waren.»

Noch drastischer als die Fraktion funktionierte Adenauer die Partei zu einem Hilfsorgan seiner Kanzlerdemokratie um. Erst Ende Oktober 1950 war er in Goslar auf dem ersten Bundesparteitag der CDU zum Parteivorsitzenden gewählt worden – bis dahin hatte er dieses Amt lediglich kraft seiner Selbsteinschätzung ausgeübt. Fortan bestätigte das Ab der Landtagswahlen und das Auf der Bundestagswahlen die nahezu völlig von der Zugkraft Adenauers abhängige Vorrangstellung der CDU. Der Kanzler und Parteiführer Adenauer handelte entsprechend. Ohnehin kein Mann hochtönender Leitsätze, wies er der CDU nun die Rolle einer Organisation zur Abwicklung von Wahlkämpfen zu. Inhaltliche Diskussionen waren nicht erwünscht, Kanzlerentscheidungen ersetzten das Parteiprogramm. Die Parteitage der CDU gerieten zu einer Art christdemokratischer Heerschau mit anschließendem Vorbeimarsch an dem Oberbefehlshaber. Sitzungen des Parteivorstands berief Adenauer ins Palais Schaumburg ein. Es konnte allerdings auch vorkommen, daß er monatelang dieses Führungsgremium überhaupt nicht zusammenholte. Die Bundeszentrale der CDU, damals noch in einem verwinkelten Altbau in der Bonner Nassestraße untergebracht, hat Adenauer während seiner Regierungszeit nur ein einziges Mal betreten – zur Weihnachtsfeier der Belegschaft 1952.

Diese Praktiken Adenauers veränderten das Nachkriegsbild der deutschen Parteienlandschaft. Anfangs waren die Parteien nach Weimarer Muster als Weltanschauungsparteien wiedergegründet worden. Unter Adenauer aber gerieten die Bundestagswahlen zu Kanzler-Plebisziten. Durch die Beschränkung auf wenige Grundsätze und Ansprache vieler Interessengruppen wandelte sich die Union zur ersten bundesdeutschen «Allerweltspartei», die Stimmen aus allen Volksschichten und allen Konfessionen einsammelte. Dem Pragmatismus des Kanzlers entsprach die Entschlossenheit der Bundesdeutschen, sich auf den Wiederaufbau zu konzentrieren. Wie sehr Adenauer damit als Systemveränderer wirkte, zeigte das Verhalten der zweiten großen Partei. Nach langem Zögern sah sich die SPD gezwungen, das Konzept der Volkspartei nachzuahmen und mit der Präsentation eines «Kanzlerkandidaten» ebenfalls zu einer Personalentscheidung aufzufordern. Amerika und England mit ihrem Zwei-Parteien-System lieferten die Vorlage.

Konrad Adenauer baute seine Kanzlerherrschaft nicht nur auf Wählervotum und Parlamentsmehrheit auf. Er stabilisierte sie zudem durch eine Gleichschaltung vieler Landesregierungen nach Bonner Koalitionsmuster und durch eine breite außerparlamentarische Koalition mit Verbänden, Gewerkschaften und Kirchen. So fest geriet ihm dieses Fundament, daß sich die CDU/CSU selbst zu Zeiten der sozial-liberalen Koalition nicht als Opposition sah, sondern als Regierungspartei im Wartestand empfand.

In gewisser Weise wurde Adenauer durch das Grundgesetz dazu gezwungen, auch in den Ländern Bürgerblock-Mehrheiten durchzusetzen. Sonst drohte ihm die Gefahr, im Bundesrat mit seinen politischen Vorhaben, insbesondere den Westverträgen, zu scheitern. Als Präsident der Länderkammer kündigte der niedersächsische SPD-Ministerpräsident Hinrich Kopf bereits an, sich nicht von Adenauer unter Zeitdruck setzen zu lassen: «Wir lassen die Verträge eingehend untersuchen, denn wir sind nicht dazu da, um das Horst-Wessel-Lied zu singen und ‹ja› zu sagen.»

Als Konrad Adenauer in Bonn die Führung der Bundesregierung übernahm, regierten in den meisten Bundesländern noch Allparteienkabinette. Das entsprach dem Modell der Besatzungsmächte mit den von ihnen eingesetzten Regierungen. Lediglich die Kommunisten hatten auf amerikanische Weisung beim Einsetzen des Kalten Krieges ihre Ministersessel verloren. Unter dem Druck Adenauers mußte Karl Arnold schon Ende 1950 die von ihm favorisierte Zusammenarbeit mit den Sozialdemokraten aufkündigen, er bildete ein Kabinett aus CDU und Zentrum. Ebenfalls im Herbst 1950 kam es in Schleswig-

Holstein zu einer bürgerlichen Regierung, dort schloß die CDU zusammen mit der FDP und dem «Block der Heimatvertriebenen und Entrechteten» (BHE) eine Koalition. Ein Jahr später folgte Rheinland-Pfalz. Peter Altmeier, der nach der ersten Bundestagswahl 1949 in Adenauers Rhöndorfer Heim als vehementer Fürsprecher einer Regierung mit der SPD aufgetreten war, kopierte nun in seinem Land auch die Bonner Koalition mit der FDP. 1953 löste an der Elbe ein «Hamburg-Block» aus CDU, FDP und DP unter dem Ersten Bürgermeister Kurt Sieveking (CDU) die bis dahin von den Sozialdemokraten geführte Regierung ab. Nur in Baden-Württemberg, das im Frühjahr 1952 aus den bisherigen Ländern Baden, Württemberg-Baden und Württemberg-Hohenzollern entstand, gelang es Adenauer nicht, den von den Liberalen gestellten Ministerpräsidenten Reinhold Maier auf die Bonner Linie zu bringen. Maier bevorzugte die Koalition mit der SPD aus Abneigung gegen die Konfessionsschul-Politik der CDU. Angesichts der Mehrheitsverhältnisse im Länderparlament waren aber die fünf Bundesratsstimmen von Baden-Württemberg entscheidend für das Schicksal der Westverträge.

Maier wurde mit Lockungen und Drohungen bearbeitet. Adenauer schlug dem baden-württembergischen Ministerpräsidenten ein politisches Geschäft vor: Auch in einer Koalition mit der CDU könne Maier Regierungschef bleiben. Bundespräsident Theodor Heuss sprach sich ebenfalls gegen die Koalition mit der SPD aus. Der FDP-Bundesvorstand in Bonn mißbilligte ausdrücklich die Regierungsbildung in Stuttgart. Doch erst ein Jahr später, im Herbst 1953, hatten die Bonner Interventionen einen Teilerfolg: In Baden-Württemberg wurde eine Allparteien-Regierung unter dem neuen CDU-Ministerpräsidenten Gebhard Müller gebildet.

Nur in einem Fall wich Adenauer von seiner Politik der Länder-Gleichschaltung ab. Gewinne bei den Wahlen zum Berliner Abgeordnetenhaus im Dezember 1950 hatten der CDU die rechnerische Möglichkeit verschafft, gemeinsam mit der FDP den sozialdemokratischen Regierenden Bürgermeister Ernst Reuter zu stürzen. Ferdinand Friedensburg, Mitbegründer der CDU und bis dahin Stellvertreter Reuters als Bürgermeister, sah sich bereits an der Spitze des Stadt-Staates. Er war in seiner Absicht, mit der FDP eine Koalition einzugehen, von

Konrad Adenauer in einem langen Telefongespräch bestärkt worden. Am nächsten Tag aber erfuhr Friedensburg, daß der Bundeskanzler über den Bundesbevollmächtigten in Berlin, Heinrich Vockel, schriftlich die Anweisung gegeben hatte, «im Interesse der deutschen Politik» sei die Fortsetzung der bisherigen Koalition von SPD und CDU unter Reuters Führung erwünscht. Diese Kehrtwendung, so vermutet Friedensburg in seinen Memoiren, sei auf amerikanischen Einfluß zurückzuführen. Mit seinem kämpferischen Antikommunismus genoß Reuter das Wohlwollen der US-Besatzer. Auch hatten die Berliner Stimmen im Bundesrat wegen des Sonderstatus der Stadt nur symbolische Bedeutung.

Ein verläßlicher Bundesgenosse – die Kirche

Den Segen der Kirchen hatte Adenauer ohnehin. Schon im Juni 1945 – also ein Jahr, bevor Konrad Adenauer der CDU beitrat – hatten sich die katholischen Bischöfe in Werl gegen ein Wiedererstehen des alten Zentrums ausgesprochen und ihre Sympathie für die Neugründung der beide Konfessionen umfassenden Union zu erkennen gegeben. Ihre evangelischen Glaubensbrüder zogen zwei Monate später auf einer Konferenz in Treysa nach. Sie erklärten, daß die Evangelische Kirche «die Bildung einer politischen Partei, die sich selbst auf christliche Grundsätze verpflichtet, mit Wohlwollen aufnimmt».

Diese Unterstützung war eine entscheidende Starthilfe. In dem politischen und gesellschaftlichen Vakuum der ersten Nachkriegsmonate waren die Kirchen die einzigen intakt gebliebenen Institutionen – insbesondere die katholische Kirche. Dank des Konkordats, das der Vatikan 1933 mit Deutschland geschlossen hatte, und auf Grund spezieller politischer Präferenzen von Papst Pius XII. (der früher Nuntius in Berlin gewesen war und über Hitler gesagt hatte: «Mir hat es gefallen, er ist der erste Staatsmann, der gegen den Bolschewismus gesprochen hat») war es der katholischen Kirche gelungen, ihre Organisation über den Zusammenbruch hinwegzuretten. Mit rund 8500 katholischen Pfarreien auf dem Gebiet der Bundesrepublik, etwa 20000 Geistlichen und an die 100000 Nonnen und Mönchen verfügte die katholische Kirche über eine komplette Infrastruktur, die den Christdemokraten bereits zu einer Zeit zugute kam, als noch das von den Besatzungsmächten verfügte politische Betätigungsverbot offiziell galt. Zahlreiche Bischöfe wiesen ihre Geistlichkeit ausdrücklich an, die örtlichen CDU-Neugründungen nach Kräften zu unterstützen. Zugleich achtete die Kirche darauf, daß die neue Parteigruppierung ihre Interessen berücksichtigte.

Als die Kölner CDU-Begründer im Dominikanerkloster Walberberg die ersten Programmaussagen der neuen Partei niederschrieben, überbrachte ein Abgesandter des Kardinals Frings die Formulierung der Artikel über Konfessionsschulen und Religionsunterricht. Weil jedoch aus Rücksicht auf die protestantischen Parteimitglieder eine ausdrückliche Festlegung auf die Bekenntnisschule umgangen und statt dessen mit dem Begriff des «Elternrechts» diese Zielsetzung umschrieben wurde, rief Frings den Kommissionsleiter Leo Schwering zu sich. Er drückte ihm «sein Mißfallen über den Schulartikel» aus. Schwering sagte zu, die Formulierungen könnten «noch weiter im Sinn der Kirche verbessert werden».

Während der Beratungen des Grundgesetzes wurde Adenauer als Präsident des Parlamentarischen Rates der Adressat zahlreicher Briefe des Kölner Erzbischofs, in denen Frings auf eine verfassungsrechtliche Verankerung von Konfessionsschulen drang. Der CDU / CSU gelang es jedoch nicht, dafür im Parlamentarischen Rat eine Mehrheit zustande zu bringen. Adenauer, dem an einer raschen Verabschiedung des Grundgesetzes gelegen war, wurde durch Nachrichten aus Münster aufgeschreckt. Der Bischof von Münster, Michael Keller, wollte die Katholiken im Parlamentarischen Rat auffordern, deshalb gegen das Grundgesetz zu stimmen. In einem Brief an Frings, der als Vorsitzender der Fuldaer Bischofskonferenz eine Sprecherfunktion hatte, warb Adenauer für das bisher Erreichte und für ein abgewogenes Urteil: «Wer auffordern würde, gegen das Grundgesetz zu stimmen, weil bezüglich des Elternrechts nicht alles erreicht worden ist, würde meines Erachtens sich mit Sicherheit dem vernichtenden Vorwurf aussetzen, daß er in der schlimmsten Notzeit des deutschen Volkes gegen dessen Interessen gehandelt habe.» Sollte die Bischofskonferenz der Ansicht «des Herrn Keller» folgen, würde das für die CDU / CSU eine katastrophale Bedeutung haben.

Die Katastrophe blieb der Union erspart, die katholische Kirche erhielt der Union ihr Wohlwollen. Bischof Keller erkannte, was das größere Übel wäre und verkündete, ein katholischer Christ könne die SPD nicht wählen. Mit dem Hirtenbrief zur ersten Bundestagswahl 1949, mit dem die katholische Kirche zur Stimmabgabe für die Partei mit den «christlichen Grundsätzen» aufrief, begann sie eine Übung, die sie erst im Jahr 1969 einstellte. Der CDU-Bundestagsabgeordnete Richard von Weizsäcker, Präsident des Evangelischen Kirchentags und heute Bundespräsident, nannte später diese Wahlhilfe von den Kirchenkanzeln herab «illegitim».

Der Kontaktmann von Kardinal Frings zum Parlamentarischen Rat war Domkapitular Wilhelm Böhler, jener Mann, über den Adenauer einst versucht hatte, seinen alten Horch an den Kirchenfürsten zu verkaufen. Böhler bezog nach dem Amtsantritt der Regierung Adenauer ein Büro in Bonn. Bald erreichte dieses «Katholische Büro Bonn» die Bedeutung einer Botschaft der Kirche. Über Hans Globke setzte Böhler die personalpolitischen Wünsche der Kirche bei der Berufung der Beamten durch. Die allgemeine Zufriedenheit im deutschen Katholizismus teilte nur einer der Kirchenfürsten nicht. Der Erzbischof von München, Michael Kardinal Faulhaber, hatte nicht vergessen, daß ihn Adenauer über ein Vierteljahrhundert zuvor auf dem Katholikentag in München wegen seiner abfälligen Bemerkung über die Weimarer Republik scharf zurechtgewiesen hatte, und murrte jetzt, es sei bedenklich, «daß ausgerechnet dieser Mann der erste Bundeskanzler der Bundesrepublik Deutschland geworden» sei.

Das aber konnte das Einvernehmen nicht trüben. Die katholische Kirche erwies sich für Adenauer bei seinen politischen Unternehmungen als verläßlicher Bundesgenosse. Am spektakulärsten geriet die Schützenhilfe der Kirche für die Wiederbewaffnungspläne. In einer Ansprache vor 25 000 Katholiken in Bonn erklärte Kardinal Frings, die Völker hätten nicht nur das Recht, sondern sogar die Pflicht, mit Waffengewalt gebrochenes Recht wiederherzustellen und einen Angriff auf die «göttliche Ordnung» abzuwehren. Kriegsdienstverweigerung geißelte Frings als «verwerfliche Sentimentalität und ein falsch gerichtetes Humanitätsdenken».

In den zwanziger Jahren amtierte Frings als Pfarrer im Kölner Vorort Braunsfeld. Adenauer, der im benachbarten Stadtteil Lindenthal wohnte, wollte seine Kinder gern auf eine Eliteschule in Braunsfeld schicken. Dazu hätte er die Genehmigung von Frings gebraucht. Wie der selbstbewußte Oberbürgermeister diesen Kniefall umging, schildert später Frings: «Ich freute mich schon darauf, daß der etwas eigenwillige Bürgermeister sich bei mir die Erlaubnis holen mußte. Aber es kam anders. Während der großen Ferien nahm Adenauer eine Neueinteilung der Schulbezirke vor, die so ausfiel, daß nunmehr auch seine Wohnung zum Braunsfelder Schulbezirk gehörte, so daß das Bittgesuch also ausfiel.»

Daß Frings wegen der ständigen Bombenangriffe auf Köln im Frühjahr 1945 seine Gemeinde verließ und nach Bad Honnef übersiedelte, beurteilte Adenauer als «schlecht». Im Schriftverkehr wahrte Adenauer die korrekte Anrede, im persönlichen Gespräch redete der Bundeskanzler den Kardinal mit «Herrn Frings» an, die Worte «Herr Kardinal» oder gar «Eminenz» kamen ihm nicht über die Lippen – die frühe Bekanntschaft mit Frings erleichterte es ihm, auch solch eine Protokollfrage zur Demonstration der Gleichrangigkeit werden zu lassen. Bei Gelegenheit ließ sich das durch eine saloppe Bemerkung noch unterstreichen. «Paul, komm mal her, da kommt dein Chef», rief er bei einem Empfang für alle Umstehenden gut hörbar seinem Sohn zu, als der Kölner Erzbischof den Raum betrat. Als Frings einmal von Adenauer eine stärkere Berücksichtigung kirchlicher Belange durch die Bundesregierung wünschte, erwiderte ihm der Kanzler, die Schärfe nur durch die Vertraulichkeit des beiden gemeinsamen Kölner Dialekts gemildert: «Herr Frings, kümmern Sie sich um Ihre Kirche, und lassen Se mir den Staat. Und wenn Se mal so alt sind wie ich und Se haben Ihre Kirche so in Ordnung wie ich meinen Staat, dann findet sich dat alles von selbst.»

Der Bundeskanzler machte sein politisches Handeln nicht von klerikalen Instanzen abhängig. Dazu war er viel zu pragmatisch, dazu war er insbesondere auch viel zu eigensinnig. Adenauer war ein gläubiger, aber kein unterwürfiger Katholik. Er ging jeden Sonntag zur Kirche, in den Jahren des inneren Exils während der NS-Zeit besuchte er die

Messe sogar täglich. Zur Beichte aber mußte der Honnefer Pfarrer in sein Haus hinaufsteigen. Er habe nie vermocht, einen bischöflichen Ring zu küssen, gestand Adenauer dem zum katholischen Glauben konvertierten Diplomaten und Kunsthistoriker Hausenstein und sagte auch warum: «Es ist so unhygienisch.» Die Autorität der Kirche erkannte er an. Aber er stellte ihr selbstbewußt die eigene Autorität entgegen.

Auch in Glaubensfragen. Es gab, so berichtet sein Sohn Monsignore Paul Adenauer, «eine ganze Reihe von Sitten oder auch Vorschriften, an denen Vater ein Fragezeichen machte.» Am wichtigsten sei seinem Vater gewesen, daß die Amtskirche das Gewissen des einzelnen respektiere. Über den Satz im Vaterunser «Und führe uns nicht in Versuchung» begann Konrad Adenauer eine umfassende Korrespondenz. Konnte Gott wirklich so hart sein, die Menschen bewußt in Versuchung zu führen? Da Adenauer bei den dogmatisch fixierten katholischen Bischöfen wenig Elastizität erwartete, wandte er sich mit seinen Fragen vornehmlich an evangelische Theologen: an Bischof Hermann Kunst, den Bevollmächtigten des Rats der Evangelischen Kirche in Deutschland bei der Bundesregierung, an Eugen Gerstenmaier, den späteren Bundestagspräsidenten, und an den in der Schweiz lebenden katholischen Theologen Otto Karrer, der ihm als angesehener Exeget empfohlen worden war. Müsse es nicht heißen, wollte Adenauer wissen, «In der Versuchung führe uns»? Er vermutete einen Übersetzungsfehler. Nur halbwegs zufrieden gab er sich mit dem Hinweis von Karrer auf eine Stelle im Korintherbrief des Apostels Paulus, daß Gott getreu sei und wenn er jemanden in Versuchung führe, er dann zugleich mit der Versuchung auch den Ausgang weise. «Das war ein Thema, das ihn über Jahrzehnte begleitete», weiß Paul Adenauer. Mit dem Anspruch, auch als Laie eine eigene Kompetenz zu besitzen, habe sein Vater in seinem Selbstverständnis das vorweggenommen, was das Zweite Vatikanische Konzil Anfang der sechziger Jahre dann über die Teilhabe der Laien am kirchlichen Auftrag formulierte. Genauso habe er Überforderungen durch die Kirche abgelehnt. Ein oft wiederholter Satz Konrad Adenauers: «Man kann den Leuten nicht sagen, sie sollten die Zehn Gebote einhalten, wenn man nicht Wohnungen schafft, in denen sie ein Leben lang im Sinne Gottes aufbauen und durchhalten können.»

«Du ergreifst einen gefährlichen Beruf», hatte Konrad Adenauer seinem Sohn gesagt, als der Abiturient ihm den Entschluß mitteilte, Priester zu werden. Denn: «Die Kleriker bekommen überhaupt keinen Widerspruch, und das ist gefährlich für einen Menschen.» Daß «praktisches Christentum» und nicht das Studium der reinen Lehre den rechten Weg weise, hatte Konrad Adenauer sich schon bei Hilty – auch einem Protestanten – angelesen. So gerieten ihm selbst die Worte, mit denen er sich im Gespräch mit dem Sozialdemokraten Carlo Schmid zu seiner Kirche bekannte, zum unbekümmerten Ausdruck der inneren Freiheit: «Ich bin bei der ältesten Firma als Kunde eingetreten, da wird man am reellsten bedient.»

Das konfessionelle Ungleichgewicht in Adenauers erstem Kabinett – von den vierzehn Ministern waren neun Katholiken, fünf Protestanten, darunter mit Heinemann und Ludwig Erhard nur zwei CDU-Angehörige – verriet eher Adenauers Gleichgültigkeit denn Willfährigkeit. Das Versäumnis erkannte er ein Jahr später beim Konflikt mit Heinemann. In seinem Feldzug gegen Adenauers Remilitarisierungspolitik wurde Heinemann, Präses der Synode der Evangelischen Kirche in Deutschland (EKD), durch den hessischen Kirchenpräsidenten, Martin Niemöller, unterstützt. Niemöller leitete das kirchliche Außenamt der EKD und zählte damit ebenfalls zu den führenden Männern der evangelischen Kirche. Zusätzliche Autorität verlieh ihm sein mit KZ-Haft bezahlter Widerstand gegen die Nazis. Die evangelische Kirche, die ihre Stammlande in Mitteldeutschland hatte, stand ohnehin schon Adenauers Politik der Westorientierung distanziert gegenüber. Jetzt bezeichnete Niemöller die Bundesrepublik als «ein Kind, das im Vatikan gezeugt und in Washington geboren wurde» und beklagte, daß der Protestantismus bei der Bildung der Bonner Regierung «eine Schlacht verloren» habe. Die Opposition Heinemanns und Niemöllers, mit der die protestantische Mehrheit in der Bundesrepublik sympathisierte, erweckte so den Eindruck, als sei die interkonfessionelle Einheit der Union nach einem Jahr gemeinsamer Regierungszeit in Bonn bereits aufgekündigt.

Entschlossen versuchte Adenauer das Bild der einseitigen Ausrichtung seiner Regierung zu korrigieren. Er beließ es nicht dabei, Gustav Heinemann durch den Protestanten Robert Lehr zu ersetzen. Als wenige Tage später ein Nachfolger für Erich Köhler als Bundestagspräsident gefunden werden mußte, setzte Adenauer im Fraktionsvorstand die Nominierung von Hermann Ehlers durch, der Mitglied der Bekennenden Kirche gewesen war und in Oldenburg als Oberkirchenrat fungierte. Opfer dieser jetzt von Adenauer strikt betriebenen Konfessionsarithmetik wurde der junge süddeutsche Parlamentarier Kurt Georg Kiesinger. Der damals noch relativ unbekannte Geschäftsführer der CDU von Württemberg-Hohenzollern hatte mit seiner Eloquenz die Aufmerksamkeit von Robert Lehr gefunden und war auf dessen Wahlveranstaltungen mehrfach als Redner aufgetreten. Auf Betreiben Lehrs forderten Unions-Abgeordnete Kiesinger zur Gegenkandidatur gegen den Vorschlag des Fraktionsvorstands auf. Kiesinger fand sich dazu bereit, als er sah, daß er mit der Mehrheit der Fraktion rechnen konnte. Adenauer hatte die Aktion zunächst nicht ernst genommen. Als er erkannte, daß bereits Abstimmungszettel für den Gegenkandidaten ausgeschrieben wurden, bat er Kiesinger vor die Tür des Sitzungssaals. Er erklärte dem Schwaben, angesichts der «gewaltigen Fronde» aus der evangelischen Kirche gegen die von ihm geführte Bundesregierung müsse wieder ein protestantischer CDU-Mann Bundestagspräsident werden. Kiesinger zog seine Kandidatur zurück. Sein Förderer Lehr tröstete ihn anschließend: «Entschuldigen Sie, Herr Kiesinger, bitte nehmen Sie es mir nicht übel, ich hab Sie immer für evangelisch gehalten, Sie sehen so vertrauenerweckend evangelisch aus.»

Zwei Jahre später wurde zur Wiedereinbindung der Protestanten in der Union ein eigener «Evangelischer Arbeitskreis» gegründet.

Die Macht der Verbände

Ebenso zielstrebig ging Adenauer an den Ausbau des Konsenses mit der Verbände-Gesellschaft. Sich selbst sicherte er von vornherein die Rolle des Ansprechpartners. Auch dies war eine Neuerung gegenüber der Vergangenheit. Einflußreiche Verbände hatte es seit der Kaiserzeit gegeben, die Reichskanzlei aber hielt sie auf Distanz. In der Geschäftsordnung der Weimarer Reichsregierung war bestimmt worden, daß der Reichskanzler «Deputationen» nur in Ausnahmefällen empfangen sollte und in der Regel auch dann nur, wenn diese Abordnungen zuvor schon bei dem zuständigen Minister gewesen waren oder bei ihrer Vorsprache durch den Minister begleitet wurden. Nach diesem Muster hatte der erste Entwurf der Geschäftsordnung der Bundesregierung auch die Bestimmung vorgesehen: «Der Bundeskanzler empfängt Abordnungen nur in Ausnahmefällen.» Eigenhändig änderte Konrad Adenauer dies um: «nur in besonderen Fällen».

Besondere Fälle waren fortan immer dann gegeben, wenn Verbandsvertreter größere Wählermassen mobilisieren konnten. Die Funktionäre der organisierten Beamten, Bauern, Mittelständler und Kriegsopfer fanden bei Adenauer stets eine offene Tür und offene Kassen. Da Finanzminister Schäffer von früh an Milliardenbeträge in einem «Juliusturm» für den Aufbau der Bundeswehr zurückgelegt hatte, die neue Armee aber nach 1955 erst langsam aufgebaut wurde, war es im Wahljahr 1957 möglich, Wünsche nach Gehaltserhöhungen, Subventionen, Steuerabschreibungen, Rentenverbesserung weitgehend zu erfüllen. «Denken Sie an die nächste Bundestagswahl, meine Damen und Herren», pflegte Adenauer seinen Parteifreunden diese Gefälligkeitspolitik plausibel zu machen. Selbst später, als die bundesdeutsche Volkswirtschaft nicht mehr mit zweistelligen Zuwachsraten pro Jahr aufwarten konnte und der Staat an die Grenzen seiner Leistungsfähigkeit gestoßen war, konnte sich Adenauer nicht zu einer Umkehr entschließen.

Zum typischen Beispiel geriet das Schicksal einer Kabinettsvorlage von Bundesarbeitsminister Theodor Blank. Mit einer geringen Selbstbeteiligung der Patienten an den Krankheitskosten wollte Blank die rapide gestiegenen Ausgaben der Krankenkassen eindämmen. Die Ärzte, die einen Rückgang der Patientenzahlen befürchteten, organisierten Proteste. Die Sozialdemokraten machten sich zum Fürsprecher der Patienten, die wegen der Selbstbeteiligung angeblich notwendige Arztbesuche unterließen. Adenauer vor der Unionsfraktion: «Das ist doch klar, gegen 70000 Ärzte, von denen jeder 30 Patienten am Tag hat, dagegen ein Gesetz zu machen, ist außerordentlich schwierig.» Eine umfassende Reform scheiterte.

Am innigsten geriet das Verhältnis zwischen Kanzler und den Spitzen der Unternehmerverbände, auf deren Spenden die CDU dringend angewiesen war. Dem Bundesverband der Deutschen Industrie (BDI) besorgte Adenauer über seinen Sohn Max Adenauer, der in Köln Beigeordneter war, eine repräsentative Bleibe in der Domstadt. An Fritz Berg, den Präsidenten des BDI, einen Mann von robustem Selbstbewußtsein und Durchsetzungsvermögen in seinem Verband, fand Adenauer rasch persönlich Gefallen. Berg unterstützte vorbehaltlos die auf Westorientierung gerichtete Außenpolitik Adenauers. Im Direktkontakt mit dem Bundeskanzler hintertrieb Berg eine der Industrie lästige Kartellgesetzgebung, die Wirtschaftsminister Ludwig Erhard vorbereitet hatte. Selbstbewußt renommierte der BDI-Präsident: «Ein Termin beim Bundeskanzler, und die Entwürfe Erhards sind vom Tisch.»

Die Ohnmacht der Opposition

Natürliche Gegner der bürgerlichen Regierungsmehrheit waren die Sozialdemokraten als parlamentarische Opposition und die Gewerkschaften als deren Verbündete. Doch auch sie konnten Adenauers Feldzug zur Eroberung aller gesellschaftlichen Machtpositionen nicht stoppen.

Mit Worten und Taten trieb Kurt Schumacher die SPD in die Isolierung. Er reklamierte für die SPD als Arbeiterpartei den Anspruch auf politische Führung. Das Bürgertum habe mit seiner Unterstützung für Hitler diesen Anspruch verwirkt. Schumacher qualifizierte die Union als «klerikal, konservativ, kleindeutsch und kapitalistisch» ab und verstellte sich damit nur selbst den Blick für die Massenwirkung der Kanzlerpartei. Er weigerte sich strikt, als Juniorpartner mit dem bürgerlichen Lager zusammenzuarbeiten, und legte die Sozialdemokraten auf die Rolle einer Klassenkampfpartei fest. Der Ruf der SPD nach Planwirtschaft und Sozialisierung der wichtigsten Industriebereiche verlor in dem Maß an Überzeugungskraft, in dem sich Ludwig Erhards Marktwirtschaft trotz aller Anlaufschwierigkeiten behauptete. Der sozialdemokratische Gegenspieler Erhards, der einstige NRW-Wirtschaftsminister Erik Nölting, hatte höhere Preise, höhere Arbeitslosigkeit und stagnierendes Wirtschaftswachstum prophezeit. Nun war das Gegenteil eingetreten. Schumacher verlegte daraufhin das Schwergewicht der sozialdemokratischen Politik auf die Frage der Wiedervereinigung und den Kampf gegen die Besatzungsmächte – in seinen Augen hatten die Sozialdemokraten in der Weimarer Republik einen grundsätzlichen Fehler begangen, als sie die nationale Frage der Rechten überlassen hatten. Doch ging auch jetzt das Kalkül der Opposition nicht auf. Diesmal trieb die betont nationale Politik der Sozialdemokraten die Konservativen nur dazu, Adenauers Erfüllungspolitik gegenüber den Siegermächten und seine Westintegration zu akzeptieren.

Schumachers Verbalradikalismus hatte keine großen praktischen Folgen. Sein Widerstand gegen Adenauers Politik beschränkte sich auf brillante Reden im Bundestag und vor Wählerversammlungen. In keinem Fall aber wäre Schumacher – «ein radikaler Demokrat, der sich vor radikalen Aktionen scheute» (Theo Pirker) – zu einer außerparlamentarischen Opposition fähig gewesen – weder beim Widerstand gegen die Montanunion noch im Kampf gegen die Wiederaufrüstung. In der Deutschlandpolitik fesselte sich die SPD zudem durch ihren strikten Antikommunismus selbst die Hände. In einem Vier-Augen-Gespräch mit dem Bundeskanzler versicherte Herbert Wehner ausdrücklich, die SPD sei bei aller Opposition gegen seine Politik gehalten, eine Grenze nicht zu überschreiten – sie werde «in keinem Fall zu einer Kollaboration mit den Parteigebilden in dem sowjetischen Herrschaftsbereich in Deutschland bereit sein», Wehner: «Ich sagte dem Bundeskanzler, da habe er, wenn er so wolle, eine Loyalitätserklärung der Sozialdemokraten.» Über die Konsequenzen war sich Wehner von vornherein im klaren: «Diese Loyalitätserklärung bedeutete eine zusätzliche Stärkung der Politik Adenauers.»

Und eine zusätzliche Schwächung der sozialdemokratischen Oppositionspolitik, die ohnehin mit einem Glaubwürdigkeitsproblem zu kämpfen hatte: Während in den Parlamentsreden die Politik der Westintegration abgelehnt wurde, arbeiteten zur selben Zeit sozialdemokratische Wirtschaftsspezialisten bei den Beratungen des Schuman-Plans in Paris mit. Sozialdemokratische Länderchefs wie Max Brauer in Hamburg, Wilhelm Kaisen in Bremen und erst recht Ernst Reuter in Berlin waren nicht bereit, Schumachers verbale Fundamentalopposition zu übernehmen. Für sie hatte der Wiederaufbau ihrer Städte Vorrang. Sie arrangierten sich mit den Unternehmern und unterstützten Adenauers auf Wirtschaftsaustausch gerichtete Westpolitik.

Für den Taktiker Adenauer war es ein leichtes, solch eine in sich schwache SPD in seinem Sinne zu instrumentalisieren: Er baute sie als roten Buhmann auf, um damit die eigene Anhängerschaft zu integrieren. Daß Schumacher ein militanter Antikommunist war, Wehner ihm gerade eine Loyalitätserklärung abgegeben hatte, daß das «Ostbüro der SPD» beim Ausspionieren der DDR gemeinsame Sache mit CIA und den bundesdeutschen Nachrichtendiensten machte, vermochte den Bundeskanzler nicht zu beirren. Mit den in frühen Jahren erlernten Versatzstücken der Ideologie des «Volksvereins für das katholische Deutschland» und der katholischen Soziallehre stellte er den Materialismus als gemeinsamen Nährboden von Sozialismus und Kommunismus dar und drängte so die Sozialdemokraten in die Nähe der Machthaber in Ost-Berlin und Moskau. Zugleich wurde die Westpolitik als Kampfbündnis gegen die Bolschewisten ideologisiert und damit für den innenpolitischen Gebrauch nutzbar gemacht.

In dem Ex-Kommunisten Herbert Wehner bot sich Adenauer die Chance, diese Thesen zu personalisieren. Und er nutzte sie hemmungslos. So versuchte er zu verhindern, daß Herbert Wehner («Der ist ja noch schlimmer als ein Kommunist») Vorsitzender des Gesamtdeutschen Ausschusses des Bundestages wurde. Dabei stieß Adenauer allerdings selbst in der eigenen Fraktion auf Widerstand. Kurt Georg Kiesinger, seit je Befürworter einer gemeinsamen Politik mit den Sozialdemokraten, stellte sich ihm entgegen, die Fraktion überstimmte Adenauer. Doch der ließ nicht locker. Heinrich von Brentano, 1955 gerade Außenminister geworden, hatte vor der Moskaureise Adenauers nicht nur den neuen SPD-Vorsitzenden Erich Ollenhauer, sondern auch Herbert Wehner empfangen. Prompt schrieb ihm der Bundeskanzler einen zürnenden Brief: Er habe doch gewußt, welche Bedenken er gegen eine Unterredung mit Wehner habe «und welche Bedenken auch gegen Herrn Wehner von seiten einer ausländischen, uns nahestehenden Stelle gehegt werden». Adenauer weiter: «Sie mögen dadurch bei der sozialdemokratischen Fraktion einen besonderen Eindruck gemacht haben, aber sachlich haben Sie einen schweren Fehler begangen, der sicher nicht ohne Folgen bleiben wird.» Als die SPD unter Ollenhauer die Verbindung von Wiedervereinigung und einem gesamteuropäischen Sicherheitssystem propagierte – Schlußpunkt war der «Deutschlandplan der SPD» im Jahr 1959 –, hatte der Regierungschef ein neues Argument, die Sozialdemokraten als unzuverlässig darzustellen. Jetzt trauerte Adenauer dem ersten SPD-Führer nach: «Wenn nur Schumacher noch lebte. Er war eine Garantie für die nationale und prowestliche, ja europäische Politik der SPD – aber ohne ihn ist die SPD führerlos und treibt den Russen zu.»

Die eigene Verteufelungstaktik hinderte Adenauer nicht am Versuch, die SPD in die Mitverantwortung für den Aufbau der Bundeswehr zu nehmen. In seinem Auftrag bot Heinrich Krone dem SPD-Vorsitzenden Ollenhauer 1955 an, daß die Sozialdemokraten im neu zu errichtenden Verteidigungsministerium den Staatssekretär stellen sollten. Ollenhauer beschied Krone: «Das kann ich mit der Fraktion nicht machen, das schaffe ich nicht.» Die SPD stimmte zwar der Wehrergänzung des Grundgesetzes zu und arbeitete in den Ausschüssen, von der Öffentlichkeit kaum registriert, an den Gesetzen zur Wehrpflicht mit. Im Plenum aber lehnte sie den Wehrbeitrag ab.

Unter dem Eindruck ihrer schweren Wahlniederlage von 1957 entschloß sich die SPD, Adenauers Erfolgsrezept Volkspartei zu kopieren. Um mehrheitsfähig zu werden, beschlossen die Sozialdemokraten das «Godesberger Programm» mit seinen anpasserischen Positionen: «Die Sozialdemokratische Partei achtet die Kirchen», «freier Wettbewerb und freie Unternehmerinitiative sind wichtige Elemente sozialdemokratischer Wirtschaftspolitik». Den Schwenk zu Adenauers Westpolitik lieferte Herbert Wehner dann mit einer Bundestagsrede am 30. Juni 1960 nach: «Die Sozialdemokratische Partei Deutschlands bekennt sich in Wort und Tat zur Verteidigung der freiheitlich-demokratischen Grundrechte und der Grundordnung und bejaht die Landesverteidigung» - Zuruf eines CDU-Abgeordneten: «... und die Feuerwehr».

Adenauer aber hatte bereits – getreu seiner Maxime: «Die Opposition muß man mit einem nicht sehr harten Holzhammer auf den Kopf schlagen» – einen neuen Knüppel gefunden. Jetzt forderte er die SPD auf, ihr Bekenntnis zur Westpolitik durch ein «Ja» zur Atombewaffnung der Bundeswehr glaubwürdig zu machen. Und prompt liefen die Sozialdemokraten wieder in die Falle des alten Kanzlers. Anstatt, wie vorgesehen, auf ihrem Parteitag in Hannover 1960 Willy Brandt als siegesbewußten Kanzlerkandidaten und überzeugenden Vertreter des Westkurses vorzustellen, empörten sich die Sozialdemokraten über Adenauers Zumutung. Damit brachten sich die Genossen um den angestrebten Harmonie-Effekt. Ollenhauer: «Wir lehnen die atomare Ausrüstung der Bundeswehr ab.»

Erst im nachhinein dämmerte Herbert Wehner, mit welcher Hypothek die SPD sich über die fünfziger Jahre gequält hatte: «Es war, wie ich finde, ein genialer Fehler unseres damaligen Parteivorsitzenden Kurt Schumacher, seinen Gegner nicht erkannt zu haben. Schumacher hat oft gestöhnt, wie dumm Adenauer sei, man könnte ihm nicht zumuten, sich mit einem solchen Mann auseinanderzusetzen. Aber Adenauer war vielleicht doch der Schlauere in bezug auf das, was man in der deutschen Politik machen konnte. Er verstand es jedenfalls besser, sich alles mögliche aus der schlimmen Zeit der Deutschen für die Nachkriegsperiode nutzbar zu machen.» Doch da schrieb man bereits das Jahr 1966, und Konrad Adenauer riß sich das *Stern*-Interview, in dem Herbert Wehner seine Erkenntnisse verkündete, aus, um es für die Niederschrift seiner Memoiren zu verwenden.

Das einzige, was Adenauer beim Ausbau seiner Kanzlerdemokratie einmal wirklich zu befürchten hatte, war ein politischer Streik der Gewerkschaften. Wie er den abfing, zeigte ihn als instinktsicheren Machtpolitiker, der bereit war, im entscheidenden Augenblick Konzessionen zu machen, um seinen Handlungsfreiraum zu sichern.

Die britische Militärregierung hatte 1947, als sie an die Entflechtung der Ruhrindustrie heranging, den Gewerkschaften ein Mitbestimmungsrecht im Bergbau und in der Eisenindustrie zugestanden. Die Besatzer glaubten, auf diese Weise die Wiederherstellung der alten Machtstrukturen in Deutschlands einstiger Waffenschmiede verhindern zu können. In die Aufsichtsräte zogen neben fünf Vertretern der Aktionäre fünf Arbeitnehmer ein, ein «elfter Mann» wurde als Neutraler von beiden Seiten hinzugewählt. Der hochangesehene DGB-Vorsitzende Böckler – hinter sich sechs Millionen Gewerkschafter – forderte 1950 von Adenauer, daß diese paritätische Besetzung der Aufsichtsräte als deutsches Wirtschaftsrecht festgeschrieben und auf andere Industriebereiche, insbesondere bei der Chemie, ausgedehnt werden sollte. Mit diesem Verlangen forderte Böckler die Gegenleistung für gute Dienste ein. Das «Ja» des DGB zum Petersberger Abkommen hatte Konrad Adenauer zum ersten entscheidenden parlamentarischen Sieg verholfen. Auch in der Frage der Wiederbewaffnung hatte Böckler den DGB-Vorstand auf eine Stillhalteposition verpflichtet und sich nicht von Schumacher zu einer Aktionsgemeinschaft gegen Adenauers Aufrüstungspläne verpflichten lassen. Die Gewerkschaften waren gegen die «Wiedererrichtung einer selbständigen Armee», aber für eine Beteiligung der Deutschen an gemeinsamen Sicherheitsmaßnahmen in Westeuropa.

In der Bundesregierung gab es gegen Böcklers Forderungen erhebliche Widerstände, insbesondere die Freien Demokraten und die Deutsche Partei bekämpften als Interessenvertreter der Industrie diesen Ausbau der Gewerkschaftsmacht. Der DGB drohte daraufhin mit Streik in der Kohle- und Stahlindustrie. Für Adenauer entstand eine bedrohliche Situation. In der Bundesrepublik war die Stimmung ohnehin labil. Nach Ausbruch des Korea-Kriegs herrschten Nervosität und Angst vor einer kommunistischen Invasion.

In Adenauers gesellschaftspolitischen Vorstellungen hatten die Gewerkschaften seit je ihren festen Platz. Der ehemalige Zentrumsmann war bei aller Bürgerlichkeit kein Anwalt nackter Kapitalinteressen. Seinem Sohn Konrad, der Jura studierte, riet Adenauer bei einem Gespräch über dessen künftigen Berufsweg, er solle als Jurist zu den Gewerkschaften gehen, dann wäre sein Fortkommen gesichert. Die Bildung christlicher Gewerkschaften suchte Adenauer nach Kriegsende zu verhindern, sie entstanden 1955 schließlich gegen seinen Willen. Der Bundeskanzler fand sich jetzt bereit, auf die Forderungen seines alten Bekannten Böckler einzugehen, wenigstens zum Teil. Es kam zu mehreren Verhandlungen. Geschickt machte sich der DGB-Chef dabei die Korea-Furcht zunutze. Er argumentierte, gerade das Beispiel

Südkorea zeige, wohin ein starres Festhalten an überlebten Klassenvorrechten führe. Adenauer gestand schließlich eine gesetzliche Absicherung der Mitbestimmung im Montanbereich zu, sie könne jedoch nicht schematisch auf andere Industriebereiche übertragen werden.

Intern zeigte sich der Regierungschef verärgert über die unnachgiebige Haltung der Arbeitgeber und ihrer parlamentarischen Hilfstruppen. Bei einem «Teegespräch» mit Journalisten kündigte Adenauer an, er werde sich, wenn Freie Demokraten und Deutsche Partei die Zustimmung zu dem Mitbestimmungsgesetz verweigerten, dann eben bei anderen Parteien eine Mehrheit suchen. So geschah es. Im Parlament wurde am 10. April 1951 das Mitbestimmungsgesetz gegen die Stimmen der beiden Koalitionspartner DP und FDP und mit Unterstützung der SPD beschlossen. Der Streik war damit abgewendet. Zudem hatte Adenauer die Zusicherung der Gewerkschaften, seine Westpolitik weiterhin mitzutragen. Die SPD war empört – Carlo Schmid: «Geistige Korruption» –, aber machtlos.

Daß die Mitbestimmungsregelung in der Montanindustrie kein Einstieg in ein neues Wirtschaftsmodell war, zeigte sich bald. Unter dem Druck von DP und FDP – Justizminister Dehler drohte mit Rücktritt – lehnte Adenauer fortan Forderungen des DGB ab, das Mitbestimmungsrecht auch auf andere Industriezweige auszuweiten. Inzwischen hatte sich die Position Adenauers gefestigt, und er taxierte den Kurswert der Gewerkschaften niedriger ein. Böckler war gestorben, die neue, in sich zerstrittene Gewerkschaftsführung war für ihn kein Gegner, den er fürchten mußte. 1952 wurde das Betriebsverfassungsgesetz verabschiedet. Es verschaffte den Gewerkschaften zwar Mitwirkungsrechte in sozialen und personellen Fragen, prinzipiell aber schrieb es den «Herr im Haus»-Standpunkt der Unternehmer fest. Eine neue Streikdrohung konnte Adenauer jetzt, wo er seine Westpolitik auf den Weg gebracht hatte, nicht mehr beeindrucken. Zudem hatten die Amerikaner zu verstehen gegeben, daß ihnen schon die bisherige Regelung zu weit gehe.

Mit weit weniger Aufwand ließ sich die Presse an die Leine legen. Adenauer verfolgte eine Doppelstrategie. Einerseits gab es Einladungen bei Hofe – zum Kanzlertee oder auf Auslandsreisen –, in dringlichen Fällen auch direkte Zuwendungen an einzelne Journalisten aus den geheimen Fonds des Bundeskanzleramts. Wenn es nützlich erschien, wurden Zeitungen subventioniert. Die Palette reichte von einigen hundert «Patenschaftsabonnements» für den regierungstreuen katholischen *Rheinischen Merkur* bis hin zu einigen hunderttausend Mark für die *Deutsche Soldatenzeitung*, von der sich die Bundesregierung eine Förderung des Wehrgedankens versprach, obwohl sie mit diesem rechtsradikalen Blatt sonst nichts im Sinn hatte.

In Adenauers Presseverständnis hatten Journalisten Werkzeug der Regierung zu sein. Nicht nur Kommentare, auch die Nachrichtenauswahl mußte ihm gefallen. Mit massiven Interventionen ging der Kanzler gegen die Rundfunkanstalt *NWDR* und gegen die *Deutsche Presse-Agentur* (dpa) vor, weil sie Meldungen verbreitet hatten, die nicht etwa falsch waren, sondern Adenauer politisch nicht paßten. Adenauers Staatssekretär Lenz zum dpa-Chefredakteur Fritz Sänger: Wenn dpa nicht «folgen» werde, gebe es «einen Krieg bis aufs Messer».

Noch in seinen *«Erinnerungen»* schrieb Adenauer einen Satz nieder, der mit seinen Gedankenverbindungen zum Selbstzeugnis geriet: In der Bevölkerung sei die Wiederbewaffnung sehr unpopulär geblieben – «und zwar auf Grund der Agitation der Kommunistischen Partei und der Sozialdemokratischen Partei, auf Grund von Rundfunkkommentaren und Zeitungsäußerungen, auch von angeblich neutralen Blättern».

Die Verleger der *Frankfurter Allgemeinen Zeitung* brachte Adenauer dazu, den politischen Ressortchef und Mitherausgeber Paul Sethe als lästigen Kritiker seiner Deutschlandpolitik vor die Tür zu setzen. Um Druck auszuüben, griff Adenauer auf ein Mittel zurück, das er bereits in seinen Kölner Oberbürgermeistertagen erprobt hatte. Mehrfach und massiv fragte er Vertreter der Industrie, warum man so viele Anzeigen in einem Blatt erscheinen lasse, in dem Paul Sethe – Adenauer nannte ihn einen «Bolschewistenfreund» – schreiben dürfe. Als Paul Sethe 1955 die *FAZ* verlassen mußte und auf Dauer keine vergleichbare Position wiedererlangte, schrieb er über seine Erfahrungen mit Verlegern: «Die Pressefreiheit ist die Freiheit von 200 reichen Leuten, ihre Meinung zu verbreiten. Willfährige Journalisten finden sich allemal.»

Aber auch mit der von ihm auf Regierungskurs gebrachten Presse war Adenauer nicht zufrieden. «Sagen Sie mir, warum sind die Tageszeitungen so mittelmäßig in Deutschland?» fragte er im Dezember 1966 Rudolf Augstein. «Früher habe ich doch jeden Montag die Leitartikel von Theodor Wolff gelesen, da bekam man etwas mit. Die *FAZ* kann man doch nicht mehr lesen.»

Aus Adenauers ständiger Unzufriedenheit mit der Berichterstattung und seinem Verständnis, die Presse müsse Instrument der Regierung sein, entstand das Projekt eines Superministeriums für Information und Regierungspropaganda. Otto Lenz wollte diese Behörde nach den Wahlen 1953 aufbauen und damit Meinungsforschung und Meinungsmache für Regierungszwecke monopolisieren. Als die Pläne bekannt wurden, gab es einen Sturm der Entrüstung. Die *Zeit* veröffentlichte einen Bericht auf ihrer Titelseite «Des Dr. Goebbels Überministerium». Man brauchte nur Namen und Daten auszutauschen, und schon wurde klar, daß derselbe Machtmißbrauch, der mit dem «Reichsministerium für Volksaufklärung und Propaganda» des Joseph Goebbels getrieben wurde, mit dem «Bundesministerium für Information» des Otto Lenz ermöglicht wurde. Als die Kritik, insbesondere auch aus dem Ausland, immer schärfer wurde, warf Adenauer Ballast ab. Obgleich er Lenz zu den Planungen ermutigt hatte, ließ der Kanzler jetzt erklären, er habe ein Informationsministerium «von Anfang an» abgelehnt. Lenz, der inzwischen ein Bundestagsmandat hatte, wurde nach den Wahlen 1953 nicht in die neue Bundesregierung berufen.

Aufgedeckt hatte die Pläne wieder einmal der *Spiegel*. Mit seinen Enthüllungsgeschichten über Bonner Skandale und Kabinettsinterna war die Hamburger Zeitschrift zu einem lästigen Störer geworden. Versuche zur Abstrafung und Einschüchterung hatten sich als wirkungslos erwiesen. Der *Spiegel* wurde nicht zu den vertraulichen Teegesprächen zugelassen, das Kabinett beschloß, dem Magazin keine Interviews zu geben. 1952 berichtete der *Spiegel*, Adenauer habe vor seiner Kanzlerwahl über einen Mann namens Hans-Konrad Schmeisser Kontakte zum französischen Geheimdienst gehabt. Der Bericht drohte die Westpolitik des Bundeskanzlers zu diskreditieren. Adenauer setzte die Beschlagnahme des *Spiegel* durch und freute sich: «Diese Beschlagnahme kostet den *Spiegel* 80000 DM. Das ist mir eine angenehme Nachricht. Wenn es 40000 DM sind, bin ich auch noch vergnügt.» Doch die Freude währte nicht lange. Der *Spiegel* errang den Ruf, *das* regimekritische Blatt der Adenauer-Zeit zu sein, und konnte seine Auflage stetig steigern.

Die erste Titelgeschichte über Adenauer hatte Rudolf Augstein, der Begründer des *Spiegel*, im Oktober 1948 unter der Überschrift «Es gibt nur einen Adenauer» geschrieben. Nach einem Drei-Stunden-Gespräch und einem Fototermin – Adenauer posierte mit Gärtnerhut und Gießkanne – stellte Augstein den 72jährigen Präsidenten des Parlamentarischen Rats in einem mit Sympathie gezeichneten Porträt als «vorläufige höchste Staatsperson über 47 Millionen Westdeutsche» vor. Im Frühjahr 1950 verfestigte sich bei Augstein die Befürchtung, Adenauers Kurs der Westbindung und Wiederbewaffnung sowie seine verbale Politik der Stärke gegenüber der Sowjetunion entferne die Bundesrepublik immer weiter von dem vorgegebenen Ziel der Wiedervereinigung. Unter dem Pseudonym Jens Daniel warnte er deshalb in zahlreichen Leitartikeln vor nicht mehr gutzumachenden Versäumnissen. Er kritisierte Adenauer als frankreichhörigen Rheinbundpolitiker, der die deutsche Einheit nicht anstrebe («Ein Lebewohl den Brüdern im Osten»). In der zweiten Hälfte der fünfziger Jahre versuchte Augstein, die FDP auf eine Koalition mit der SPD festzulegen, um so zu einer Kursrevision in der Deutschlandpolitik zu kommen. Augstein wurde auch Ansprechpartner der intellektuellen Oppositionsgruppe in der DDR um Wolfgang Harich, Lektor im Aufbauverlag, die für den dritten Weg eines neutralisierten wiedervereinigten Deutschland warb. Beim Hochverratsprozeß gegen Harich wurden diese Kontakte als strafverschärfend angeführt. In der Bundesrepublik veröffentlichte Augstein seine wichtigsten Adenauer-Kritiken als Buch unter dem Titel *«Deutschland – ein Rheinbund?»* im August 1953. Vier Wochen später errang die CDU / CSU bei der Bundestagswahl die absolute Mehrheit der Mandate. Der Wahlausgang zeigte, daß auch der *Spiegel* keine wirkliche Gefahrenstelle für Adenauers Machtausbau war. Empfindlich gebremst wurde Adenauer hingegen von der dritten staatlichen Gewalt, dem Verfassungsgericht.

Kräftemessen mit dem Bundesverfassungsgericht

Die Praktiken, mit denen der Kanzler in Bonn Bundespräsidenten und Bundeskabinett, Parlament und Bundesrat, Opposition und Presse seinen Willen aufzwang, verfingen nicht gegenüber dem neugeschaffenen Verfassungsgericht in Karlsruhe. Im Gegensatz zur allgemeinen Justiz, wo noch Richter aus der Kaiser- und Hitler-Zeit Recht sprachen, waren in diesem Gremium auch Emigranten und politisch erfahrene Juristen zusammen. Zudem hatte ein Verfassungsrichter nach seiner Wahl keine weiteren Karriereerwartungen. Bunt gemischte, aber – wie sich zeigen sollte – insgesamt günstige Voraussetzungen: Das Gericht entwickelte sich während Adenauers Regierungszeit in zahlreichen innenpolitischen Streitfällen zum Wahrer der Freiheitsrechte der Bürger.

Als es zum ersten Kräftemessen kam, war das Gericht gerade fünf Monate alt. Die beiden Senate des Verfassungsgerichts waren von Bundestag und Bundesrat besetzt worden. Der Erste Senat galt wegen einer Überzahl von Richtern, die man der SPD zurechnete, als der «Rote Senat». Den Vorsitz führte hier allerdings ein Freidemokrat, Hermann Höpker-Aschoff. Er war auch Präsident des Verfassungsgerichts. Im zweiten, dem «Schwarzen Senat», mit seiner CDU-Mehrheit, war der Vorsitzende ein Sozialdemokrat, Rudolf Katz, der «Erfinder» des konstruktiven Mißtrauensvotums.

Im Streit um die Wiederbewaffnung hatte die SPD-Fraktion im Januar 1952 beim Bundesverfassungsgericht eine sogenannte vorbeugende Feststellungsklage erhoben. Sie wollte durch das Gericht vorab bestätigt bekommen, daß der EVG-Vertrag und der damit zusammenhängende Generalvertrag verfassungswidrig seien, da das Grundgesetz keine Bestimmungen über militärische Fragen enthielte. Entsprechende Verfassungsartikel hätten nur mit einer Zweidrittelmehrheit beschlossen werden können, über die Adenauers Regierungskoalition zu der Zeit noch nicht verfügte. Zuständig für die SPD-Klage war der erste, also der «Rote Senat». Als der Bundeskanzler die Gefahr sah, daß der Erste Senat seine außenpolitischen Vorhaben stoppen könnte, setzte er sich mit Theodor Heuss in Verbindung. Er veranlaßte den Bundespräsidenten, der ja die ratifizierten Verträge unterschreiben mußte, beim Bundesverfassungsgericht ein Gutachten über die Rechtslage anzufordern. Damit sollte die sozialdemokratische Taktik gleich auf dreierlei Weise unterlaufen werden. Das Rechtsgutachten würde nicht von einem der Senate, sondern vom Plenum des Verfassungsgerichts, also unter Einschluß des «Schwarzen Senats», verfaßt werden. Ferner war anzunehmen, daß das Gericht dem Gutachten Vorrang vor dem Normenkontrollverfahren der SPD einräumen würde. Drittens schließlich würde die Formulierung eines Gutachtens erhebliche Zeit in Anspruch nehmen, das Bonner Parlament aber sollte – einem Wunsch Adenauers gemäß – bereits mit den Beratungen der Verträge beginnen und durch seine politischen Entscheidungen das Bundesverfassungsgericht möglichst präjudizieren.

Als der Erste Senat tatsächlich vorschlug, das von den Sozialdemokraten beantragte Verfahren bis zum Abschluß des Gutachtens auszusetzen, legte die Opposition Widerspruch ein. Sie bestand auf einem Urteil. Der Erste Senat entschied daraufhin, daß der sozialdemokratische Antrag zum gegenwärtigen Zeitpunkt unzulässig sei, da die Verträge, über deren Verfassungsmäßigkeit die Richter urteilen sollten, noch nicht verabschiedet und damit kein geltendes Recht seien. Zur gleichen Zeit erreichten aber Adenauer Gerüchte aus Karlsruhe, daß das Gutachten «nicht in unserem Sinne, sondern negativ ausfallen würde» (Adenauer). Der Kanzler war alarmiert: «Es mußte etwas geschehen.» Jetzt – es war mittlerweile Dezember 1952 – erhob die CDU/CSU-Bundestagsfraktion auf Drängen Adenauers ihrerseits Klage in Karlsruhe. Sie wollte festgestellt wissen, daß die SPD-Fraktion mit ihrer Behauptung, die Vertragswerke bedürften einer verfassungsändernden Zweidrittelmehrheit, gegen das Grundgesetz verstoße, da sie damit die Rechte des Bundestags bei seinen politischen Entscheidungen beeinträchtige. Positiv ausgedrückt: das Verfassungsgericht sollte zu dem Urteil kommen, daß die Verträge mit dem Grundgesetz vereinbar seien. Für dieses Verfahren, eine Organklage, war der zweite, also der «Schwarze Senat» zuständig – und das spielte bei dem Schachzug der Koalition eine entscheidende Rolle.

Doch die Spekulation auf ein parteipolitisch gefärbtes Urteil des Zweiten Senats ging nicht auf. Die Verfassungsrichter beider Senate, die ihre richterliche Unabhängigkeit in Frage gestellt sahen, einigten sich auf eine gemeinsame Erklärung: Das Präsidentengutachten werde beide Senate in allen übrigen Verfahren binden.

Adenauer versammelte sein Kabinett zur Krisensitzung. Er legte die Minister auf die Ansicht fest, daß dieser Bindungsbeschluß des Bundesverfassungsgerichts «mit den Bestimmungen des Grundgesetzes und des Gesetzes über das Bundesverfassungsgericht nicht übereinstimme». De facto beschuldigte er damit das Verfassungsgericht des Verfassungsbruchs. Die Ministerrunde beschloß, den Bundespräsidenten zu veranlassen, er solle sein Gutachten-Ersuchen zurückziehen.

Begleitet von seinem Justizminister Thomas Dehler und einigen anderen Ministern machte sich Adenauer auf den Weg in die Villa Hammerschmidt, dem Amtssitz des Bundespräsidenten. Als erstes bat Adenauer das Staatsoberhaupt, keinen anderen Politiker, keinen Vertreter irgendeiner Fraktion zu empfangen, «ehe er seine Entschlüsse fasse». Damit war schon mal Exklusivität gesichert.

Es ist nie ganz geklärt worden, wie das Gespräch bei Heuss weiter ablief. Nach der einen – Adenauers – Version soll Heuss, noch ehe Adenauer mit seinem Lagebericht geendet hatte, auf einen Zettel geschrieben haben: «Ich werde das Ersuchen um ein Gutachten zurückziehen.» Nach einer anderen Darstellung, und die stützt sich auf Äußerungen Dehlers, ging es wesentlich dramatischer zu. Thomas Dehler war damals noch ein Adenauer treu ergebener Mann. Zu jeder Kabinettssitzung brachte er dem Regierungschef ein paar Stücke Bamberger Mürbeteig-Zwetschenkuchen mit, den seine Frau buk. In dem Gespräch in der Villa Hammerschmidt soll der Justizminister, um Adenauers Ersuchen Nachdruck zu verleihen, den Bundespräsidenten ausdrücklich an seinen Amtseid erinnert haben. Dieser Amtseid mache es ihm zur Pflicht, sich dem Verfassungsgericht entgegenzustellen und sein Gutachten zurückzuziehen. Wie auch immer: Heuss handelte den Wünschen des Kanzlers entsprechend. Beim Verlassen der Villa Hammerschmidt meinte Adenauer zu seinem Staatssekretär Lenz, er werde heute so gut schlafen wie schon lange nicht mehr.

Am nächsten Morgen wurde per Kurier ein Brief von Heuss an den Präsidenten des Verfassungsgerichts, Höpker-Aschoff, übermittelt. Mit dem Schreiben zog Heuss sein Gesuch um ein Rechtsgutachten zurück, «da mir der Charakter eines Gutachtens schlechthin und in seinem grundsätzlichen Wesen durch diesen Beschluß des Bundesverfassungsgerichts aufgehoben zu sein scheint».

Damit hatte die Affäre allerdings noch nicht ihr Ende. Justizminister Thomas Dehler bescheinigte den Karlsruher Verfassungshütern öffentlich, ihnen fehle die richterliche Qualität. Ihr Beschluß sei «völlig rechtlos» und schlechthin «ein Nullum», das die Bundesregierung niemals anerkennen werde.

Dehler mußte bald erleben, daß sich seine Nibelungentreue nicht bezahlt machte. Adenauer hatte zwar kurzfristig auch erwogen, die Karlsruher Richter abzustrafen und ihre Kompetenzen einzuengen. Angesichts der Empörung in der Öffentlichkeit und der harschen Proteste aus Karlsruhe aber erschien es ihm dann doch sinnvoller, sich erst einmal selbst aus der Feuerlinie zu ziehen. Im Bundestag sicherte sich Adenauer auf Kosten Dehlers die Lacher: «Ich habe eben wieder das Wort ‹Nullum› gehört, das Herr Dehler geprägt hat. Ich erlaube mir zu sagen, daß das, soweit ich weiß, grammatikalisch völlig falsch ist. Wenn man etwas Derartiges sagen will, muß man sagen ‹ein nihil› und nicht ‹ein nullum›.» Auf Betreiben von Höpker-Aschoff, der Adenauer eigens in dessen Urlaubsquartier auf der Bühler Höhe aufsuchte und Dehler als untragbar im Amt des Justizministers bezeichnete, berief der Bundeskanzler nach der Wahl 1953 Dehler nicht wieder in sein Kabinett. Dehler machte dieselbe Erfahrung wie Otto Lenz: Loyalität gegenüber angeschlagenen Mitstreitern kannte Adenauer nicht. Dehlers enttäuschte Liebe – er habe doch nur «bis zur letzten Konsequenz dem Bundeskanzler und seiner Politik dienen» wollen – schlug in Haß um.

Das Wahlergebnis machte den ganzen Streit mit dem Verfassungsgericht gegenstandslos. Konrad Adenauer konnte nach dem Herbst 1953 eine Koalition mit Zweidrittelmehrheit im Bundestag zusammenschmieden und so die Verfassung ändern.

Die Wahl war zum krönenden Triumph in der Erfolgsgeschichte des Aufbaus der Kanzlerdemokratie geworden. Die CDU/CSU hatte den Wahlkampf nach dem Vorbild der Eisenhower-Wahlen auf die Person des Bundeskanzlers abgestellt. Zugleich hatte sie durch Diffamierung des politischen Gegners eine Polarisierung der Wähler betrieben. Sie klebte Plakate, auf denen ein löffelohriger Iwan wie Kilroy über die Kimm lugte: «Alle Wege des Marxismus führen nach Moskau! Darum CDU». Nach der Wahl aber zählten die Stimmen, nicht die Methoden. «Bonn ist nicht Weimar», interpretierte der Schweizer Publizist Fritz René Allemann in einem Buch die Unionsmehrheit als ein Zeichen der politischen Stabilität der Bundesrepublik. Die Blütejahre der Kanzlerdemokratie konnten beginnen.

Die Disziplinierung der Koalitionspartner

Seine Koalitionspartner – FDP und DP wie im ersten Kabinett, dazu jetzt noch die Vertriebenenpartei GB / BHE (Gesamtdeutscher Block / Bund der Heimatvertriebenen und Entrechteten) – wußte Adenauer über Ministerposten für die Parteiführer und Konzessionen in zweitrangigen innenpolitischen Fragen einzubinden. Sein erstes Kabinett war noch eine klassische Koalitionsregierung im Stil der Weimarer Zeit gewesen, wo die Minister die Loyalität zur eigenen Partei nicht über der Kabinettsloyalität vergaßen. Der Streit um die Bindungsklausel etwa zeigte, daß die Koalitionsfraktionen noch erfolgreich ihre Minister dazu einsetzen konnten, abweichende Ansichten gegenüber dem Regierungschef zur Geltung zu bringen. Im zweiten Kabinett aber war Adenauers Stellung bereits weitaus beherrschender. Nur weil er für die Ratifizierung der Westverträge die Wehrpflicht mit einer Zweidrittelmehrheit ins Grundgesetz schreiben lassen mußte, konnte er nicht von vornherein ausspielen, daß ihn die neu eroberte Mehrheit im Grunde von Koalitionspartnern unabhängig machte. Sobald sich aber abzeichnete, daß es dem CSU-Abgeordneten Richard Jaeger als Vorsitzenden des Verteidigungspolitischen Ausschusses gelang, die Stimmen der Sozialdemokraten für die Grundgesetzänderung gewinnen, ließ Adenauer Rücksichtnahmen fallen.

Die kleine Fraktion der DP war ohnehin willfährig. Die BHE-Regenten Waldemar Kraft (zunächst Sonderminister für Wasserfragen) und Theodor Oberländer (Vertriebenenminister) trennten sich nach zwei Jahren von ihrer Partei, die ihnen zu große Nachgiebigkeit gegenüber Adenauer vorwarf, um sich so das Verbleiben am Kabinettstisch zu sichern. Nur die Freien Demokraten waren mit vier Ministern im Kabinett und 48 Mandaten im Bundestag eine relativ starke Gruppierung, die sich nicht ohne weiteres gängeln ließ.

Zur Disziplinierung der FDP hielt der Bundeskanzler ein besonderes Drohmittel in Bereitschaft: die Änderung des Wahlrechts. Schon seit den Beratungen im Parlamentarischen Rat hatte die CDU/CSU ein reines Mehrheitswahlrecht nach englischem Muster angestrebt, das nur dem Sieger eines Wahlkreises den Einzug in den Bundestag gestattete. Ihr Argument: So könne das Auftreten etlicher Splitterparteien wie in der Weimarer Zeit verhindert werden. FDP und SPD aber setzten das Verhältniswahlrecht durch, das über ein kompliziertes Rechenverfahren alle abgegebenen Stimmen bei der Verteilung der Bundestagsmandate berücksichtigte. Ihr Gegenargument: Auf diese Weise würden alle Kreise der Bevölkerung am Wiederaufbau beteiligt. Auf ihrem Wahlparteitag 1953 hatte die CDU die Forderung nach dem Mehrheitswahlrecht wiederholt. Bei Bedarf konnte dieser Knüppel jederzeit hervorgeholt werden.

Den Bedarfsfall sah Adenauer ab Herbst 1955 kommen. Thomas Dehler, der nicht wieder ins Kabinett geholt worden war und daraufhin zum Fraktionsvorsitzenden der FDP gewählt wurde, hatte als Kontrast zu Adenauers striktem Westkurs eine eigenständige, nationalliberale Deutschlandpolitik entwickelt. Am 1. Oktober 1954 plädierte er für Verhandlungen mit dem Osten, noch ehe deutsche Truppen aufgestellt seien. Wenig später wurde er noch deutlicher: Die einzige tragende Kraft sei die Idee des Nationalstaats, nicht die Schaffung eines katholischen Klein-Europas. Zunehmend folgten die Liberalen Dehler auf seinem Weg für eine «Dritte Lösung» der deutschen Frage. Es lag in der Tradition der Partei, ihr Abgeordneter Karl Georg Pfleiderer hatte schon 1952 eigenständige Wiedervereinigungsideen auf der Basis eines Auseinanderrückens der Machtblöcke vorgetragen.

Am 3. Februar 1955, drei Wochen vor der im Bundestag angesetzten Ratifizierung der Westverträge, schlug die FDP-Fraktion vor, zunächst das jüngste sowjetische Angebot über international beaufsichtigte Wahlen in ganz Deutschland zu klären. Zwar stimmten die Liberalen dann am 27. Februar doch dem NATO-Beitritt und dem Souveränitätsabkommen zu, doch Dehler hielt die Diskussion über ein blockfreies, wiedervereinigtes Deutschland wach, würzte das Ganze mit Attacken auf die «Hybris und den Übermut der CDU» und beschuldigte Konrad Adenauer, er trage die Verantwortung dafür, daß es zu keiner gemeinsamen Außenpolitik mit der Opposition gekommen sei. Im Herbst 1955 schließlich kam von führenden FDP-Politikern der Vorschlag, die Bundesrepublik solle in direkten Gesprächen mit der Sowjetunion Möglichkeiten zur Wiedervereinigung auskundschaften.

Der Bundeskanzler, seit seiner Moskau-Reise im September 1955 ohnehin schon darum bemüht, westliche Rapallo-Ängste zu beschwichtigen, traktierte Dehler nun mit einer Reihe von Briefen. Adenauer wollte den Konflikt bewußt auf dic Spitze treiben, um den Fraktionschef, der wegen hitziger Sonntagsreden auch in der eigenen Partei nicht unumstritten war, zu isolieren und die Fraktion zum Sturz Dehlers zu animieren. Seinen Außenminister von Brentano rügte Adenauer ausdrücklich, daß er sich mit Dehler zu einem Versöhnungsgespräch zusammengesetzt hatte – «dadurch wurde die von mir beabsichtigte, schriftlich eingeleitete Auseinandersetzung mit der FDP erheblich erschwert». Auch das Presseamt wurde in Adenauers Kampagne eingespannt. Zum FDP-Parteitag 1956 druckte die vom Kanzleramt abhängige Behörde eine Broschüre mit dem Titel «Dehler gegen Dehler», in der mit einem Aneinanderreihen verschiedener Zitate der FDP-Fraktionsvorsitzende als unzuverlässig dargestellt werden sollte.

Gleichzeitig brachte die Unionsfraktion in einem neugebildeten Wahlrechts-Sonderausschuß des Bundestags den Vorschlag eines neuen Wahlsystems ein. Danach sollten 60 Prozent der Bundestagsabgeordneten direkt, 40 Prozent auf Listen nach dem Verhältniswahlsystem gewählt werden. Anders als beim Verhältniswahlrecht aber sollten die direkt gewonnenen Mandate nicht mit den Listenmandaten verrechnet werden, beide Wahlverfahren – Mehrheitswahl und Listenwahl – vielmehr getrennt die Gesamtzahl der Abgeordneten ergeben. Dieses sogenannte Graben-Wahlsystem bevorzugte die großen Parteien und benachteiligte die kleinen.

Adenauers Konfliktstrategie zeigte Wirkung, allerdings nicht die gewünschte. In ihrer Mehrheit solidarisierte sich die FDP mit Dehler. Seine Position festigte sich.

Zudem trieb Adenauer damit die um ihre Existenz bangenden Freidemokraten in Nordrhein-Westfalen in die Arme der SPD. Gemeinsam stürzten sie im Februar 1956 die CDU-geführte Regierung unter Karl Arnold und etablierten in Düsseldorf die erste sozial-liberale Koalition. Das Unternehmen, darauf abgestellt, im Bundesrat eine Mehrheit gegen das neue Wahlrecht zusammenzubringen, drohte sich nun auch auf andere Länder auszuweiten, wo die Freien Demokraten den Christdemokraten noch zur Mehrheit verhalfen – Schleswig-Holstein, Niedersachsen und Rheinland-Pfalz.

Dagegen zählte vergleichsweise wenig, daß die Bonner FDP nun doch in die Krise geraten war und sich spaltete. Die Mehrheit der Fraktion kündigte Ende Februar 1956 die Koalition mit der CDU/CSU auf. Sechzehn ihrer Abgeordneten, darunter sämtliche FDP-Minister im Kabinett Adenauer, aber blieben bei der Unionsfahne. Als Freie Volkspartei (FVP) fristeten sie bis zur nächsten Bundestagswahl ein Schattendasein, keiner der wertlos gewordenen Adenauer-Getreuen kehrte danach ins Kabinett zurück.

Vergeblich versuchte Adenauer, den Mißerfolg seiner Intrige aufzufangen, indem er dem eben noch heftig attackierten Dehler den Posten des Justizministers und Erich Mende ein Amt als Bundesminister für besondere Aufgaben anbot. Als Gegenleistung sollte die FDP die gerade neugebildete Düsseldorfer Regierung wieder verlassen. Die Freidemokraten aber machten dieses Spiel nicht mit, obgleich die CDU/CSU auch ihre Wahlrechtsänderung wieder zurückgezogen hatte.

Die Bundestagswahl 1957 wies dann die CDU als die große politische Sammlungspartei aus. Die politische Substanz ihrer Koalitionspartner sog sie auf: Die FVP scheiterte an der Fünf-Prozent-Klausel, die FDP war auf 7,7 Prozent zusammengeschrumpft. Die DP wurde nur im Huckepack-Verfahren – die CDU überließ ihr drei sichere Wahlkreise – ins nächste Parlament gerettet. Die Unionsparteien aber errangen einen grandiosen Sieg: 50,2 Prozent der Stimmen und 270 von 497 Bundestagsmandaten.

Wirtschaftswunder und Restauration

Daß ein neuer Anfang keinen Erfolg versprach, wenn man diejenigen, die vor 1945 gegen die Demokratie gearbeitet hatten, also die Mehrheit, vom demokratischen Neubeginn ausschloß, hatten schon die Väter des Grundgesetzes erkannt. In die Verfassung fügten sie einen Artikel 131 ein, mit dem ehemaligen NS-belasteten Angehörigen des öffentlichen Dienstes eine Sicherung ihrer Existenz in Aussicht gestellt wurde. Das Ausführungsgesetz für diese Wiederbeschäftigung der «Opfer der Entnazifizierung» (Alfred Grosser) wurde später im Bundestag einstimmig, mit den Stimmen auch der Kommunisten, verabschiedet. In der Praxis führte es zu einer Wiederherstellung des über Kaiserreich, Weimarer Zeit, Nazizeit erhalten gebliebenen Verwaltungs- und Justizapparats. Die damit beabsichtigte Befriedung kam vornehmlich Konrad Adenauer als Anführer einer konservativen Partei zugute. Ehemalige Naziwähler sicherten den Unionsparteien ihre Erfolge. Die CDU/CSU erfüllte mit der Funktion, Auffanglager der Rechten zu werden, auch eine staatspolitisch wichtige Aufgabe. Dies trug mit dazu bei, daß sich stabile Mehrheiten bildeten und es keinen Aufstand von rechts gegen die Regierung gab wie in der Weimarer Zeit. Die Nachkriegsordnung geriet zur stabilsten Demokratie, die je in Deutschland erreicht wurde.

Adenauer sorgte dafür, daß diese Anhängerschaft nicht verlorenging. Auf seinen Wunsch wurde in einem Annex zum Deutschlandvertrag festgelegt, daß deutsche Gerichte die von den alliierten Militärgerichten abgeurteilten Tatkomplexe nicht erneut aufgreifen dürften. Auf diese Weise wollte er den Wiederaufbau des Rechtsstaats nicht mit einer neuen Auseinandersetzung über die Verbrechen des NS-Staats belasten. Adenauer, der entschiedene NS-Gegner, hatte allerdings auch noch ein zweites Motiv: Er mißtraute den deutschen Justizbehörden, daß sie möglicherweise die alliierten Urteile durch mildere Strafen ersetzen könnten.

Unter dem unmittelbaren Eindruck der NS-Verbrechen hatte Adenauer bei Kriegsende zunächst mit kompromißloser Härte die Bestrafung aller NSDAP-Mitglieder gefordert. Als wiedereingesetzter Oberbürgermeister aber erkannte er rasch, daß ihm bei einer rigoros gehandhabten Entnazifizierung die Mitarbeiter für den Wiederaufbau der Stadtverwaltung fehlen würden. In einer Denkschrift an den britischen Stadtkommandanten setzte er sich im Juni 1945 zugunsten der «Mitläufer» in der NSDAP ein. Bestraft werden sollte, «wer sich bereichert hat, wer andere unterdrückt hat, wer andere verleumdet hat, wer andere geschädigt hat». Das Zurückstoßen «harmloser Mitläufer und Soldaten» hingegen züchte nur einen neuen «verstiegenen und extremen Nationalismus». Drei Monate später, bei einer Begegnung mit SPD-Politikern, erklärte er, es sei falsch, «jeden kleinen Beamten, der formell der NSDAP angehört habe, zur Rechenschaft zu ziehen, auf der anderen Seite aber die Geschäftsleute, die scheffelweise Geld für die Partei hergegeben hätten, ungeschoren zu lassen». Mit dieser Akzentverschiebung gerieten nun die «Bonzen, die hohen Militärs, die Großindustriellen» in die öffentlichen Anklagen Adenauers als Hauptschuldige. Doch auch hier fand der Großbürger kurze Zeit später zu Differenzierungen. Bald zählte der von ihm seit je verabscheute Militarismus zum Hauptschuldigen.

Am 14. Juni 1946 schrieb Adenauer einen Leserbrief an das *Neue Deutschland* – seine erste und letzte Zuschrift an das SED-Zentralorgan. Er griff einen Artikel auf, wonach er in einer Kölner Versammlung «feierlich» verkündet hätte, «es träfe nicht zu, daß das Großkapital den Nationalsozialismus ins Leben gerufen habe». Dazu Adenauer in dem Leserbrief: «Das Zitat ist richtig, aber völlig unvollständig aus dem Zusammenhang gerissen. Ich habe in dieser Versammlung erklärt, daß der Militarismus den Nationalsozialismus ins Leben gerufen habe und daß die Wirtschaft ihn erst unterstützt habe, als er gewissermaßen die Approbation des Militarismus, insbesondere der Reichswehr, gefunden habe.» Man solle jetzt nicht den Kampf gegen den Militarismus zugunsten des Kampfes gegen Konzerne zurückstellen. «Das Großkapital ist zur Zeit in Deutschland erledigt, der militaristische Gedanke aber noch keineswegs.»

Parallel zum allmählichen Wandel in Adenauers öffentlichen Äußerungen änderten sich die Situationsbeschreibungen in den CDU-Programmen. Im Entwurf zu den Kölner Leitsätzen, mit denen die CDU aus der Taufe gehoben wurde, hieß es noch: «Mit dem Größenwahnsinn des Nationalsozialismus verband sich die ehrgeizige Herrschsucht des Militarismus und der großkapitalistischen Rüstungsmagnaten. Am Ende stand der Krieg, der uns alle ins Verderben stürzte.» Das Programm von Neheim-Hüsten, von Konrad Adenauer formuliert, verzichtete bereits auf Spezifizierungen und machte die «materialistische Weltanschauung» aus, in der «der Nationalsozialismus wurzelte». Damit war auch schon die Komponente gefunden, um aus der Betrachtung der Vergangenheit eine Konfrontation für den künftigen politischen Kampf aufzubauen – frei nach dem Motto «Hitler ist tot, aber Ulbricht lebt». Die Nazi-Lehre sei in jenen katholischen und evangelischen Teilen Deutschlands auf den stärksten Widerstand getroffen, «die am wenigsten der Lehre von Karl Marx, dem Sozialismus, verfallen» gewesen seien. «Das ist es, worum es sich in Zukunft handeln wird: Soll in Deutschland herrschen die christliche Auffassung oder soll herrschen die marxistische und materialistische Auffassung.» So Konrad Adenauer in seiner ersten Grundsatzrede als Vorsitzender der CDU in der britischen Zone am 1. März 1946.

Mit der in zahlreichen öffentlichen Ansprachen wiederholten Formel «Ich habe mich seit 1933 oft geschämt, ein Deutscher zu sein, jetzt bin ich wieder stolz darauf, ein Deutscher zu sein» bot der von den Nazis verfolgte Konrad Adenauer eine politische Bandage für jene Belasteten, die jetzt von der CDU umworben wurden.

Als Bundeskanzler baute Adenauer dann seine Verwaltung mit dem Rückgriff auf die bewährten alten Kräfte des Berufsbeamtentums auf. In den Ländern handelten sozialdemokratische Ministerpräsidenten ähnlich. Immerhin beließ es Adenauer nicht nur bei der Rekrutierung von Leuten wie Globke, sondern versuchte Anfang der fünfziger Jahre in seiner Eigenschaft als Außenminister – mit Rücksichtnahme auf das empfindsame Ausland – eine Umorientierung. Er schickte unbelastete Amateurdiplomaten nach Paris, Washington und London.

Die alte Garde aus der Berliner Wilhelmstraße aber war bald wieder in der Oberzahl, vermittelt von Herbert Blankenhorn, der ab 1950 die Dienststelle für Auswärtige Angelegenheiten im Bundeskanzleramt leitete. Blankenhorn kam aus dem Berliner Auswärtigen Amt. Nach der Machtübernahme durch die Nazis war er der NSDAP beigetreten, was ihm nach Kriegsende sechs Monate automatischen Arrest in einem amerikanischen Lager eintrug. Beim Hereinholen der alten Kameraden entwickelte Blankenhorn großen Einfallsreichtum. Seiner Dienststelle wurde Anfang 1950 eine Akte mit 140 Bewerbungen von politisch einwandfreien und qualifizierten Kandidaten übergeben, die noch der einstige Oberdirektor des Vereinigten Wirtschaftsgebietes, Pünder, zusammenstellen ließ. Ein Amtsrat machte sich dann daran, diese Bewerbungen in alphabetischer Reihenfolge einem anderen Aktenbündel unterzumischen, das rund 10000 Bewerbungen enthielt. Die Unbelasteten gingen damit in der Masse unter. Einer von ihnen, Alexander Drenker, wehrte sich. Auf seinen Protest hin wurde er Anfang 1952 eingestellt. Er arbeitete später als Presseattaché in Den Haag und Bern.

Die Restauration des alten Auswärtigen Dienstes wurde so offenkundig betrieben, daß sich schließlich ein Untersuchungsausschuß des Bundestags damit beschäftigte. Der SPD-Abgeordnete Fritz Erler erklärte im Parlament, ihm sei keine andere Behörde bekannt, «die sich in dieser Vollkommenheit als direkte Fortsetzung der Tradition eines Berliner Ministeriums fühlte». Konrad Adenauer nahm es hin. Im April 1952 sagte er zu Journalisten: «Es gibt ein rheinisches Wort, das besagt ‹man schüttet kein dreckiges Wasser aus, wenn man kein reines hat!›»

Der aus der Emigration in London zurückgekehrte SPD-Politiker Erich Ollenhauer erfuhr persönlich die Gültigkeit dieses Satzes. Im Parlament entdeckte er auf der Regierungsbank als persönlichen Referenten Ludwig Erhards den Beamten des alten AA, der nach 1933 seine Ausbürgerung und die vieler SPD-Genossen «pflichtgemäß» betrieben hatte. Ollenhauer wunderte sich nur: «Ja ist denn das möglich?!»

Beim Zusammensetzen des eigenen Kabinetts ließ Adenauer auch Nutzen vor Schönheit gelten. Um den BHE als Koalitionspartner einzubinden, ernannte Adenauer zum Vertriebenenminister 1953 Theodor Oberländer, der schon 1923 mit dem putschenden Adolf Hitler zur Münchner Feldherrnhalle marschiert war. Über ihn hatte Adenauer keine Illusionen. Auf Oberländers braune Vergangenheit angesprochen, sagte der Bundeskanzler später: «Braun? Der war tiefbraun.»

Beim Militär setzte die Reaktivierung der Hitler-Generale mit Verzögerung ein. Als am 1. Januar 1956 die ersten Freiwilligen in Andernach einrückten, kamen an die Spitze der neuen Armee die früheren Hitler-Generale Hans Speidel, Adolf Heusinger und Friedrich Foertsch. Speidel und Heusinger hatten bereits 1951 bei Beginn der Wehrdiskussion als Wortführer des deutschen Offizierskorps durchgesetzt, daß sich General Dwight D. Eisenhower, der Oberbefehlshaber der Invasionsstreitkräfte und künftige NATO-Oberbefehlshaber in Europa, für frühere negative Äußerungen entschuldigte und eine öffentliche Ehrenerklärung für die deutschen Soldaten des Zweiten Weltkriegs abgab. Damit war die alte Traditionslinie wieder instandgesetzt. An jedem 20. Juli allerdings gab es Feierstunden, in denen der Widerständler gegen Hitler gedacht wurde. Doch die Berufung auf den Widerstand diente im wesentlichen der Rehabilitierung des konservativen Offizierskorps, insbesondere gegenüber dem Ausland. In der Praxis sah es so aus: zur Einweihung des Denkmals für die Opfer des 20. Juli im ehemaligen Reichskriegsministerium in der Berliner Bendlerstraße kamen ein Minister und ein Staatssekretär. Zu einem Soldatentreffen am selben Tag in Hannover, besucht im wesentlichen von der HIAG (Hilfsgemeinschaft auf Gegenseitigkeit der Waffen-SS), erschienen zwei Bundesminister, zwei Landesminister und etliche Staatssekretäre. Daß die Bundeswehr letztlich nicht zu einer Neuauflage der alten Wehrmacht wurde, ist der französischen Verzögerungspolitik bei der Wiederbewaffnung zu verdanken. Die Militärs mußten sich erst in zivilen Berufen bewähren.

Rückkehrende Emigranten hatten in dem neuen Staat nur eine Chance, wenn sie stramm antikommunistisch eingestellt und bereit waren, sich den bestehenden Verhältnissen anzupassen. Zum Aufnahmeland der unangepaßten Links-Emigranten, vornehmlich Schriftsteller, wurde die DDR: Stefan Heym, Stephan Hermlin, Arnold Zweig, Anna Seghers.

«Es ist eine politisch lebensfähige Bundesrepublik errichtet worden, aber nicht überall hat sich der Aufbau ihrer Institutionen völlig gesund entwickelt. Adenauer hat als Regierungschef gewisse autoritäre (allerdings keine faschistischen) Züge an den Tag gelegt. Das gilt besonders für seine Neigung, das Parlament zu ignorieren.» Dieser Satz steht in einer Analyse des US-Außenministeriums vom 1. Februar 1951. Und auch der: «Zu viele ehemalige Nazis kehren wieder ins öffentliche Leben zurück.»

Das entscheidende Datum für die geistig-moralische Wende der Bundesrepublik war der Ausbruch des Korea-Kriegs. Die Zeit der Reue und Besinnung war vorbei. In dem Gefühl, wieder gebraucht zu werden, breitete sich eine kämpferisch-reaktionäre Grundstimmung aus. Im Sommer 1951 wurden durch das sogenannte Blitzgesetz die vom Kontrollrat 1945 gestrichenen Staatsschutzbestimmungen des Dritten Reiches aus dem Jahr 1934 wieder in das Strafgesetzbuch aufgenommen – Hochverrat, Staatsgefährdung und Landesverrat. Die juristischen Sachbearbeiter waren auch wieder dieselben.

Konrad Adenauer gab das neue Leitbild des Antikommunismus vor. Das hatte zudem den Vorzug, nahtlos an frühere Überzeugungen anzuschließen. Jene Gruppierung, die im Kampf gegen Hitler große Opfer gebracht hatte, wurde allmählich wieder an den Rand des Staates gedrängt und dann rigoros verfolgt.

Dabei spielte auch keine Rolle mehr, daß die Kommunisten als Vertreter der vierten Besatzungsmacht eine gesamtdeutsche Funktion reklamieren konnten. Im Gegenteil, es geriet ihnen zum Nachteil. Die Stufen der Drangsalierung: Zuerst wurde die Papierzuteilung für kommunistische Zeitungen reduziert. Dann wurden Kommunisten wegen Beleidigung der Besatzungsmacht bestraft. In der amerikanischen Zone wurden die Kommunisten praktisch von der zunächst auf Länderebene beschlossenen Wiedergutmachung ausgeschlossen – das Entschädigungsgesetz stellt fest, daß das Recht auf Entschädigung verwirke, wer der NS- oder «einer anderen Gewaltherrschaft» Vorschub geleistet habe. 1950 erließ die Adenauer-Regierung einen Erlaß über die Unvereinbarkeit der Beschäftigung im öffentlichen Dienst mit der Zugehörigkeit zu kommunistischen oder kommunistisch beeinflußten Organisationen. Ein Jahr später wurden KP-Organisationen wie die Freie Deutsche Jugend und der Demokratische Frauenbund Deutschland verboten. Im Herbst 1951 stellte die Bundesregierung auf Betreiben der Amerikaner beim Bundesverfassungsgericht den Antrag auf Verbot der KPD. Die Hochkommissare Englands und Frankreichs, in deren Ländern es kommunistische Parteien gab, fragten den deutschen Regierungschef verwundert, was denn aus gesamtdeutschen Wahlen werden solle, wenn man jetzt die KPD verbiete. Die Kommunisten könnten das doch wohl nur mit einem CDU-Verbot in Ostdeutschland beantworten. Die Antwort des

Kanzlers: In der Sowjetzone gäbe es ohnehin keine CDU, keine FDP oder SPD mehr. Doch habe die ganze Angelegenheit noch Zeit.

Die englisch-französischen Bedenken veranlaßten die Bundesregierung, das Verfahren in die Länge zu ziehen. Das Verbot der KPD wurde erst 1956 ausgesprochen. Zugleich wurde der Einzug des KPD-Vermögens angeordnet. Von 1956 an ging dann eine Welle von Prozessen gegen KPD-Mitglieder durch die Bundesrepublik. Bei einer der Aktionen wurde selbst die Schreibmaschine eines kommunistischen Sportredakteurs aus Kiel eingezogen, weil sie ein «Gegenstand des Verbrechens» sei. Der Höhepunkt der Verfolgungskampagne war ein Prozeß in Lüneburg. Dort wertete es der Staatsanwalt als strafverschärfend, daß ein angeklagter Kommunist schon im Dritten Reich gegen die Staatsschutzbestimmungen verstoßen habe und deshalb ein Wiederholungstäter sei.

Der frühere Generalbundesanwalt Max Güde – für die CDU ab 1961 im Bundestag – kam zu dem harschen Urteil: «Die heutige politische Justiz judiziert aus dem gleichen gebrochenen Rückgrat heraus, aus dem das Sondergerichtswesen Hitlers zu erklären ist.»

Für die Mehrheit der Bundesdeutschen waren Fragen der Ethik und der politischen Moral irrelevant. Warum sollten sie sich über Urteile wie das Lüneburger aufregen, wanderten da doch Leute ins Gefängnis, die gemeinsame Sache machten mit den Unterdrückern des Aufstands vom 17. Juni 1953 in der DDR, der Volkserhebung in Ungarn von 1956. Das beste war, sich gar nicht wieder mit Politik zu befassen, sondern sich aufs Privatleben zu konzentrieren. Da war die Welt wieder in Ordnung. Im Kino liefen *«Sissi»* und der *«Förster vom Silberwald»* oder *«Sauerbruch – das war mein Leben»*, ein Film über Professor Ferdinand Sauerbruch, den großen, alten Mann, dem man sich blindlings anvertrauen konnte und der alles zum Guten wendete. Am Kiosk erreichten die Mecki-Titel der *Hör zu* Rekordauflagen.

«Haste was, dann biste was» – warben in den fünfziger Jahren die Banken in der Bundesrepublik. Den Katakombenbewohnern von 1945 bis 1949, die Einkehr, Besinnung und Reue geübt und Borchert (*«Draußen vor der Tür»*) gelesen hatten, leuchtete dieser Slogan ein. Das hatten sie nach den Hungerjahren gelernt: Wer Geld hatte, konnte sich nach der Aktentasche auch ein Fahrrad, Motorrad, Auto, Musiktruhe mit indirekt beleuchteter Cognac-Bar und vielleicht sogar ein eigenes Haus leisten. Der Besitz vermittelte ihnen das Gefühl, endlich die lästige Vergangenheit abschütteln und wieder fordernd um sich blicken zu können. Für dieses Gefühl fand Ludwig Erhard die Worte: «Wir sind wieder wer.»

Der rasante wirtschaftliche Aufstieg – etwas, das es in der Weimarer Republik nicht gegeben hatte – war nicht nur eine ökonomische, sondern insbesondere eine ideologische Absicherung des Adenauer-Regimes. Hinzu kam, daß Konrad Adenauer mit seinem Zentrum-geschärften sozialen Empfinden von früh an darauf achtete, daß die Marktwirtschaft nicht einseitig den Unternehmern zugute kam, sondern die erwirtschafteten Gewinne halbwegs gerecht verteilt wurden. Eine der frühesten Maßnahmen zum Erhalt des politischen Konsenses war der «Lastenausgleich». Das Lastenausgleichsgesetz sollte die einseitige Bevorzugung der Sachwertbesitzer durch die Währungsreform abmildern sowie einen Ausgleich zwischen den vom Krieg Verschonten und den Bombengeschädigten und Vertriebenen schaffen. Die Beratungen über die Maßnahmen hatten schon im Frankfurter Wirtschaftsrat begonnen, die amerikanische Besatzungsmacht aber hatte die entsprechenden Gesetze zunächst ausgesetzt, weil sie befürchtet hatte, daß eine ertragsunabhängige Vermögensteuer auch in den USA Schule machen könnte. 1952 schließlich wurden die Gesetze in Kraft gesetzt, die Väter dieses Werks sprachen anschließend gern von der «größten Vermögenstransaktion in der Weltgeschichte» (Bucerius). Damit wird eine revolutionär klingende Terminologie für eine höchst systemkonforme Maßnahme benutzt: Das Lastenausgleichsgesetz belaste nur die Erträge der Unternehmer und Sachwertbesitzer mit einer Art Sondersteuer, es rührte nicht an die Grundsubstanz der Eigentumsordnung. Zudem war es auf einen Zeitraum von dreißig Jahren gestreckt und der bald einsetzende wirtschaftliche Aufschwung mit zweistelligen Zuwachsraten relativierte die Abgabeleistungen. Für die Vertriebenen, die Anfang der fünfziger Jahre das Gros der Arbeitslosen stellten und überwiegend in Notquartieren hausten, war das Lastenausgleichsgesetz indes ein wichtiges Signal der Solidarität. Es trug wesentlich dazu bei, eine Radikalisierung der rund zehn Millionen Vertriebenen und Flüchtlinge zu vermeiden.

Adenauers Gesellschaftsphilosophie vom «mäßigen Besitz» setzte sich in der Politik fort mit der Förderung des Eigenheimbaus, dem sozialen Wohnungsbau, der Sparförderung und schließlich den Volksaktien. Zu einem weiteren wichtigen Element der Konsens- und Wählererhaltung wurde die Rentenreform von 1957. Nachdem die Wirtschaftspolitik zunächst nur die im aktiven Erwerbsleben stehende Bevölkerung bevorzugt hatte, setzte Adenauer gegen den Widerstand Ludwig Erhards und seines Finanzministers Fritz Schäffer ein Versorgungsmodell durch, wonach Renten automatisch mit der Steigerung der Löhne von Arbeitern und Angestellten erhöht wurden. Die Rentner wurden so – einmalig in der Welt – am Ertrag der allgemeinen wirtschaftlichen Entwicklung beteiligt. Die «dynamische Rente» war der Wahlschlager von 1957 – etliche Nummern größer als der Wahlbonbon von 1953, die Senkung der Kaffeesteuer. Obwohl auch die SPD einen wesentlichen Anteil am Zustandekommen der Rentenreform hatte, wurde sie von der Öffentlichkeit nur der Union gutgeschrieben. Der Erfolg des «sozialen Kapitalismus» mit seinem Konsumangebot legitimierte in den Augen der Mehrheit der Bundesdeutschen die absolutistischen Regierungspraktiken «des Alten». Für die an einen Obrigkeitsstaat gewöhnten Deutschen, für die das Wort Weimar nach wie vor negativ besetzt war, erfüllte Adenauer genau die allgemeinen Vorstellungen eines großen Staatsmanns. Der aus Deutschland stammende französische Politologe Alfred Grosser mochte Adenauers «patriarchalische Demokratie» als eine Art Warmlauftraining gelten lassen, sofern es sich dabei «um einen Übergang zu einer parlamentarischen Demokratie handelte».

Adenauers Versuch, die untergegangene heile bürgerliche Welt wiederherzustellen, geriet zur Restauration auf breiter Front. Im Schulwesen blieb es bei der klassischen Dreiteilung von Volksschule für die Arbeiterkinder, Mittelschule für Handwerker und Angestellte, Oberschule für das gehobene Bürgertum. Auch die klassische Ordinarien-Universität lebte wieder auf. Bald konnten die Korporationen, selbst die von den Besatzungsmächten zunächst verbotenen Schlagenden Verbindungen, ihre alte Burschenherrlichkeit proben.

Die Kirchen segneten die Restauration ab. Der Vatikan bestand auf Einhaltung des mit Hitler abgeschlossenen Reichskonkordats und versuchte, ein neues Schulgesetz der SPD-geführten niedersächsischen Landesregierung zu verhindern, die an Stelle der Konfessionsschulen Gemeinschaftsschulen einführen wollte. In der evangelischen

Kirche spielte Martin Niemöller bald nur noch eine Außenseiterrolle, das Wort zum Alltag sprach der einst kaisertreue und jetzt Adenauertreue Bischof Otto Dibelius. Mit seiner Unterschrift unter den Militärseelsorge-Vertrag löste er die Spaltung der evangelischen Kirche zwischen Ost- und Westdeutschland aus. Selbst Kanzlerreferent Horst Osterheld, Autor einer Adenauer-Biographie, urteilt, dem ersten Bundeskanzler sei das Wichtigste nicht gelungen, eine moralische Erneuerung des deutschen Volks.

Aus Antibolschewismus und Bruttosozialprodukt rührte die Adenauer-Regierung jenen Schaumteppich zusammen, mit dem sie jede Diskussion über gesellschaftliche Reformen im Keim erstickte. Der einprägsamste Erfolgsslogan der CDU, erfunden zur Wahl 1957: «Keine Experimente». Das Wahlergebnis war ein Freibrief, in der eingeschlagenen Richtung weiterzugehen. Die Gesetzgebung wurde darauf abgestellt, jede emanzipatorische Bestrebung zu ersticken. Mit einer «Lex Soraya» – benannt nach der damaligen Ehefrau des Schah von Persien, Reza Pahlewi – sollte der Presse die Herabwürdigung von Herrscherhäusern und Bonner Staatsgästen verboten werden. Die Gleichberechtigungs-Forderung des Grundgesetzes wurde nur schleppend verwirklicht. Die Ehe wurde per Gesetzgebung nahezu für unauflösbar erklärt. Für die psychologische Kriegführung gegen Kritiker der Atomrüstung wurde der abendländische Kampfverein «Rettet die Freiheit» ins Leben gerufen. Nach der Methode des amerikanischen Kommunistenjägers McCarthy inszenierte das Komitee eine Treibjagd auf vermeintliche Linke. In einem *«Rotbuch – Verschwörung gegen die Freiheit»* wurden 453 Politiker, Künstler, Geistliche, Schriftsteller, Professoren und Organisationen der KP-Anfälligkeit verdächtigt: Von Pastor Niemöller bis zum Schauspieler Victor de Kowa und dem damaligen CDU-Bundestagsabgeordneten Peter Nellen. Über diesen Parlamentarier, einen entschiedenen Gegner der Atomrüstung, hieß es: Er stehe wahrscheinlich in keinem direkten Kontakt zum Osten, jedoch «in einem bedenklichen geistigen Verwandtschaftsverhältnis zu ihm». Nellen trat daraufhin zur SPD über.

Erster Vorsitzender des Vereins war der junge, als Schützling Arnolds 1957 in den Bundestag gekommene Abgeordnete Rainer Barzel. Konrad Adenauer ermutigte ihn. Als sich aber die Schadensersatzklagen häuften und der Verein wieder zumachen mußte, ließ der Kanzler

Rainer Barzel fallen und schickte ihm noch Spott hinterher: «Dat janze Unternehmen hat den falschen Namen. Dat müßte nicht ‹Rettet die Freiheit›, sondern ‹Rettet den Barzel› heißen.»

Öffentliche Prüderie feierte fröhliche Urständ. Gegen einen Film wie *«Die Sünderin»*, wo im abendlichen Zwielicht Hildegard Knefs nackter Busen zu sehen war, oder gegen eine laszive Abraxas-Inszenierung mobilisierten katholische Störer Demonstrationen und warfen, vorweg ein Kaplan, Stinkbomben – ganz in der Tradition des organisierten Katholizismus der Weimarer Zeit. Konrad Adenauer, der ganz auf dieser Linie als Oberbürgermeister Brecht zensiert hatte, empörte sich auch. «Finden Sie es denn richtig», so fragte der Bundeskanzler den AA-Pressereferenten Günther Diehl, «daß man auf offener Bühne den Beischlaf darstellt?» Einmal allerdings wurde die Doppelmoral der neuen westdeutschen Gesellschaft bloßgestellt. In Frankfurt konfiszierte die Polizei nach dem Mord an der Lebedame Rosemarie Nitribitt den Kundenkalender. Es war ein Gotha der neuen Oberschicht.

1957 stand Adenauer im Zenit seiner Macht. Die Bundesrepublik ohne Konrad Adenauer könne man sich genauso schwer vorstellen wie früher einen Film über Friedrich den Großen ohne Otto Gebühr, schrieb der Publizist Rüdiger Altmann. Was dem einen der Krückstock, war dem anderen der mahnend erhobene Zeigefinger: «Die Lage war noch nie so ernst.»

Zur Volkstümlichkeit trug die Sprache bei. Vorträge, vom Blatt abgelesen, mißrieten zum Aktendeutsch des Verwaltungsjuristen. Seine Könnerschaft entfaltete Adenauer in der situationsflinken Pointe, die er in der Lautmalerei des Kölschen Idioms anbrachte. Der Dialekt milderte auch die Demagogie des Wahlredners Adenauer. Sein begrenzter Wortschatz irritierte Intellektuelle, doch einer von ihnen, Gerd Bucerius, begeistert sich: «Er hatte in seiner primitiven Art glänzende Formulierungen.»

Längst schon war der 5. Januar, Adenauers Geburtstag, zum eigentlichen Nationalfeiertag der Bundesrepublik geworden. Im langen Defilee und im feierlichen Rahmen überbrachten Kirchenfürsten, Botschafter, Parteiführer, Verbandsfunktionäre, Minister und Parlamentarier Glückwünsche und Geschenke. Die Nation wärmte sich an Fotos, die den «Alten» im Kreis seiner Kinder, Enkel und Urenkel zeigten. Es war fast wie einst beim Kaiser. Und es sollte sich bald zeigen: auch so trügerisch. Vier Jahre später gewann die FDP die Bundestagswahl 1961 mit der Parole: Mit der CDU, aber ohne Adenauer.

Eine Reihe von Faktoren trugen zu Adenauers Machtverfall bei. Zu einem guten Teil wurde Adenauer Opfer der eigenen Erfolge. Der wirtschaftliche Aufschwung der Bundesrepublik löste Verschiebungen in der sozialen Gemengelage aus, die das Fundament der Adenauer-Herrschaft brüchig werden ließen. Das spezifisch katholische Milieu, in dem Konrad Adenauer seinen Rückhalt hatte, begann sich aufzulösen. Industrialisierung und Verstädterung bewirkten den Zerfall jener ländlichen, mittelständischen und kleinbürgerlichen Schicht, deren Bewußtseinslage bislang von den beiden K – Kirche und konservativ – bestimmt wurde. Mit dem Schwinden der Unterschiede zwischen Stadt und Land setzte ein Trend zur Säkularisierung ein. Die Diskussion um die Auflösung der Konfessionsschulen begann. Entscheidend verstärkt wurde der Wechsel der gesellschaftspolitischen Bewußtseinslage durch das sich rapide ausbreitende Fernsehen. Bald sprachen die Soziologen von der «Fernsehgesellschaft». Damit einher ging ein allgemeiner Modernisierungstrend. Der Kitsch der frühen Jahre wurde abgelöst durch die «Braun»-Kultur; kantige, weißwandige Flächen ersetzten den Neo-Barock. Rockmusik, die Bestseller von Günter Grass (*«Blechtrommel»*) und Heinrich Böll (*«Billard um halb zehn»*) waren Ausdruck eines Wechsels im allgemeinen Bewußtsein. Die Bereitschaft, obrigkeitsstaatliche Gefolgschaft zu leisten, sank. Zehn Jahre nach Gründung der Bundesrepublik ging ein Zeitabschnitt zu Ende. Das Presseamt der Bundesregierung stellte den Titel der Jahresberichte um. Aus «Deutschland im Wiederaufbau» wurde jetzt «Deutsche Politik».

Über die Unionsparteien versuchte die katholische Kirche eine Widerstandslinie gegen diese gesellschaftlichen Veränderungen aufzubauen. Sie setzte eine Reihe weltanschaulich geprägter Gesetze durch: Das Sozialhilfegesetz und eine Novelle zum Jugendwohlfahrtsgesetz bestimmten den Vorrang kirchlicher Träger der Wohlfahrt vor kommunalen Trägern, eine Änderung des Ehescheidungsgesetzes machte eine Scheidung gegen den Willen des «schuldlosen» Partners nahezu unmöglich. Doch durch diese einseitige Rücksichtnahme auf eine bestimmte Gruppierung wurde das Selbstverständnis der Union als interkonfessionelle Volkspartei gefährdet.

Bislang hatte es Adenauer, an der Innenpolitik ohnehin vor allem unter dem Aspekt des Machterhalts und der Absicherung seiner Außenpolitik interessiert, stets verstanden, die Balance zwischen Katholiken und Protestanten in der CDU zu halten. 1953 war zwar schon mit Franz-Josef Wuermeling als Familienminister ein kämpferischer Katholik ins Kabinett eingezogen. Wuermeling wollte es per Gesetz verbieten lassen, daß ein Paar, das ein uneheliches Kind hatte, heiraten durfte, wenn dies die Scheidung eines der Partner bedingte – was ihm mißlang. Er wollte Präservativ-Automaten an Hausaußenwänden untersagen – was ihm gelang. Adenauer hatte den eifernden Katholiken stets auf Distanz gehalten. Als Wuermeling im Bundestag seine «Anti-Schutzmittel-Automaten-Rede» mit dem paradoxen Schlußsatz beendete: «Es sollte unser wichtigstes Anliegen sein, unserer Jugend den Schutz, auf den sie Anspruch hat, nicht zu verweigern», wandte sich der Bundeskanzler an ihn: «Herr Wuermeling, war dat nich ne Lapsus?» Beschwerden Wuermelings, daß er wegen seiner Sonntagsreden zur Wahrung der sittlichen Grundwerte vom evangelischen Bundestagsabgeordneten Bucerius in der *Zeit* persifliert worden sei, tat Adenauer mit dem Bemerken ab: «Wissen Sie, das ist doch ganz furchtbar einfach. Sie brauchen nur nicht so zu reden, dann wird der Bucerius auch nicht so schreiben.» Eine programmatische Ausarbeitung des CDU-Abgeordneten Rainer Barzel mit der Forderung, die CDU solle sich auf das «Hohe C» zurückbesinnen, legte Adenauer mit dem Bemerken beiseite, das sei ihm zu weltanschaulich geraten.

Schließlich aber kam es doch zu einem offenen Eklat über konfessionelle Fragen in der CDU/CSU-Bundestagsfraktion. Die Dominikaner hatten in einem Papier zum Zweiten Vatikanischen Konzil auf die Bestätigung der theologischen Absicht gedrungen, daß Sünder nach ihrem Tod in einem echten Höllenfeuer, angezündet vom Teufel, geschmort würden. Unter der Überschrift «Brennt in der Hölle wirklich ein Feuer?» hatte der *Stern* dies in einem Artikel aufgegriffen und dabei auch behauptet, daß die Protestanten der CDU-Bundestagsfraktion unterdrückt würden. Dieser an sich nebensächliche Vorgang wurde in einer Situation, in der die Katholiken in den Protestanten die geistigen Wegbereiter der Liberalisierungstendenzen mutmaßten, zu einer Staatsaktion. Der Verleger des *Stern* war Bucerius. Der CDU-Bundesvorstand forderte in einem Beschluß die eigene Fraktion auf, sie solle entscheiden, ob «die Veröffentlichungen mit der Mitgliedschaft des Verlegers in der CDU und in der CDU / CSU-Bundestagsfraktion vereinbar sind». Diesmal gelang es Adenauer nicht mehr, die Angelegenheit auf bewährte Weise runterzuspielen: «So wichtig ist der Herr Bucerius doch gar nicht.» Bucerius, um einem Rausschmiß zuvorzukommen, legte sein Mandat nieder und erklärte seinen Austritt aus der CDU: «Der Beschluß des CDU-Bundesvorstands ist ein mir unbegreiflicher und in der CDU nicht üblicher Fall von Intoleranz.»

Für zusätzliche Irritation sorgte der Papstwechsel in Rom. Solange Pius XII. auf dem Heiligen Stuhl saß, konnte sich Adenauer des höchsten Segens seiner antikommunistischen Politik sicher sein. Christliche Völker, die bedroht seien, dürften sich nicht einer passiven Teilnahmslosigkeit hingeben, so Pius schon 1948. Und auf dieser Linie warnte der von deutschen Jesuiten beratene Papst 1956 in einer Botschaft an den 77. Deutschen Katholikentag in Köln «vor dem Trugbild einer falschen Koexistenz». Sein Nachfolger, Johannes XXIII. aber hatte den Kalten Kriegskurs verlassen und befürwortete einen Dialog mit den sozialistischen Staaten. Bei einer offiziellen Audienz für den Bundeskanzler kam es zum Eklat. Entgegen allen Usancen flocht Adenauer in seine Ansprache, deren Text dem Vatikan zuvor übergeben worden war, den Satz ein: «Der Herrgott hat dem deutschen Volk den Auftrag erteilt, einen Damm gegen den gottlosen Kommunismus zu bilden.» Johannes XXIII., der dies als bewußte Provokation auffassen mußte, konterte, indem auch er bei der Verlesung seines Textes improvisierte: «Herr Bundeskanzler, was den Auftrag des Allmächtigen an das deutsche Volk angeht, so können wir als Christen nur beten und gute Werke vollbringen!» Adenauer hatte es auf einmal eilig, sich vom Papst zu verabschieden, und verlangte, an die Gruft Pius' XII. geführt zu werden. Das Vaterunser, das er dort verrichtete, schrieb der mitgereiste Diplomat Paul Frank, sei als Demonstration gegen den Papst Johannes XXIII. gedacht gewesen. Adenauer: «Dieser Mann sieht mich nicht wieder.»

Nichts war mehr so wie früher. Der Tod seines Freundes Dulles, das Abtreten der alten Führungsgarde in den europäischen Hauptstädten bedeutete für das stark personenbezogene Denken Adenauers einen Verlust an Orientierung. Und dies gerade in einer Phase des Übergangs vom Kalten Krieg zu einer Politik der Entspannung. In der Innenpolitik unterlief die SPD mit ihrer Wende hin zum außen- und wehrpolitischen Kurs der CDU/CSU Adenauers jahrelang erfolgreich angewandtes Konfrontationskonzept. Herbert Wehners Umarmungstaktik erschwerte das Austeilen von Tiefschlägen.

Hinzu kam neuerdings das eigene Alter. Im Herbst 1955 hatte Konrad Adenauer eine schwere Lungenentzündung überstanden. Seither hatte sich die Öffentlichkeit daran gewöhnt, daß jedes Jahr mit Beginn der naßfeuchten Jahreszeit aus Bonn die Nachricht kam, der Arzt habe dem Bundeskanzler wegen einer «Anfälligkeit der oberen Luftwege» Bettruhe verordnet. Doch es galt als genauso selbstverständlich, daß vierzehn Tage später der Regierungssprecher die Meldung verkündete, Konrad Adenauer habe die Amtsgeschäfte wieder aufgenommen. Das Alter des Bundeskanzlers schien lange allenfalls ein Thema für Anekdotensammler zu sein. Zu ihrem Prachtstück gehört die Erzählung, wie Adenauer reagierte, als ihn 1957 Robert Pferdmenges zum erstenmal vorsichtig auf einen möglichen Rücktritt ansprach – «Ich bin dafür, daß wir beide Schluß machen mit der Politik. Die anderen sollen sich jetzt mal ärgern». Noch am Abend desselben Tages rief Adenauer bei Frau Pferdmenges an. Er mache sich Sorgen um ihren Mann, sie solle mal mit ihm zu einem Arzt gehen: «Er hat neuerdings so merkwürdige Ansichten.»

Die Jahre waren lediglich ein kosmetisches Problem. Vor der Wahl 1957 ließ Adenauer Porträt-Fotos einziehen, auf denen er zu greisenhaft aussah. Kriminalbeamte schwärmten aus, um an den Kiosken rund ums Bonner Bundeshaus die alten Aufnahmen einzusammeln und gegen neuere, weicher fotografierte Ansichtskarten auszutauschen. Die Partei bevorzugte für den Wahlkampf 1957 gemalte Adenauer-Plakate, die einen erblondeten blauäugigen Bundeskanzler zeigten. Mit dem Aufkommen der Fernsehkultur Ende der fünfziger Jahre geriet Jugendlichkeit immer mehr zum Qualitätsmerkmal, und Adenauer selbst gab vor dem Wahlkampf 1961 bewußt Proben seines Stehvermögens. Im Bonner Presseclub trank er mit den Journalisten bis zum frühen Morgen, zog seinen Schuh aus, um Chruschtschows berühmten UNO-Auftritt nachzuahmen, und entließ seinen Pressechef von Eckardt, der vorsichtig anfragte, ob am nächsten Morgen sich der Arbeitsbeginn verschiebe: «Se hätten ja eher gehen können, Herr von Eckardt, wenn Se das nich vertragen.»

Die Fitness-Demonstrationen – dazu gehörte eine Weltreise 1960, die auf besonderen Kanzlerwunsch nicht per Jet, sondern mit einer viermotorigen Superconstellation absolviert wurde – gerieten immer stärker zum Imponiergehabe, um den Führungsanspruch zu verteidigen.

Franz Josef Strauß staunte: «Konrad Adenauer ist ein physisches Wunder» – und die gespielte Begeisterung, die die geistige Spannkraft des Gefeierten bewußt außer acht ließ, wurde von Adenauer mit Verärgerung registriert.

Dennoch: gegen Ende der fünfziger Jahre verlor Adenauer vieles von seiner Ausstrahlungskraft. Seine Charaktereigenschaften versteinerten. Aus Entschiedenheit wurde Starrheit, aus Distanz zu Mitmenschen wurde Mißtrauen, aus der Neigung zu «einsamen Entschlüssen» wurde ein Sich-Abkapseln von Fraktions- und Parteifreunden. Die einzigen Partner, zu denen er Vertrauen hatte, waren bald nur noch Globke und Krone. Die Deutschlandpläne, die er mit ihnen schmiedete, erfuhren weder der Gesamtdeutsche Minister noch der Außenminister. Adenauer hatte keine sichtbaren Alterserscheinungen, aber dennoch ging seine herausragende Fähigkeit verloren, Situationen und geschichtliche Entwicklungen zu ertasten und darauf zu reagieren. «Das war jetzt alles ein bißchen unkonzentriert und ungeordnet, diffus. Ein Abfallen seiner intellektuellen Leistung war klar erkennbar», sagt Gerd Bucerius heute. Dieses Urteil deckt sich mit dem, was Adenauers langjähriger Gefährte Herbert Blankenhorn damals notierte: «Was mich schmerzlich bewegt und mit Sorge erfüllt, ist die wachsende Isolierung, in der der Kanzler lebt und in der er sich ohne eine intensive Beratung durch Dritte Urteile über Menschen und Dinge bildet, die entweder einseitig sind oder auf Tatsachen beruhen, denen er zu große Bedeutung beimißt.» Adenauers nach wie vor große Autorität verstärkte diesen Vereinsamungsprozeß. Nur wenige in Bonn wagten, ihm gegenüber anderer Ansicht zu sein. Blankenhorn schrieb auf, warum: «Gewiß ist dies auch nicht leicht, da der Kanzler aus Auffassungen, die ihm nicht behagen, Schlüsse auf den Gesprächspartner zieht, die für den Betreffenden negative Folgen haben können.»

Aus der Erkenntnis, daß der Alte nicht mehr war wie früher, begann in der CDU/CSU die Diskussion um die Nachfolge. Für Adenauer war das ein unerfreuliches Thema. Mit unfreiwilliger Selbstironie schreibt er in seinen *«Erinnerungen»*: «Ich hatte mich schon seit Jahr und Tag mit dem Gedanken getragen, das Amt des Bundeskanzlers abzugeben, und war bemüht, einen geeigneten Nachfolger zu finden. Aber eine Lösung hatte sich nicht gezeigt.»

«Ich gehe nicht frohen Herzens»

Das Ende der Ära Adenauer

Gotisch und barock

Konrad Adenauer und Ludwig Erhard

Im Frühjahr 1956 hatte sich Adenauer von seinen beiden Vertrauten Krone und Globke in eine Nachfolgediskussion verwickeln lassen. Ihr Kandidat war der evangelische CDU-Politiker Franz Etzel, Vizepräsident der Hohen Behörde der Montanunion. Als Etzel nach der Wahl 1957 von Brüssel nach Bonn übersiedelte und das Finanzministerium übernahm, wurde dies von Eingeweihten als Zeichen dafür gewertet, daß Adenauer ernsthaft darangehe, einen Kronprinzen aufzubauen. Doch wenige Monate später brachte Adenauer einen neuen Kandidaten ins Gespräch, den ebenfalls evangelischen Bundesminister Gerhard Schröder. Dann, nach der Regierungsbildung 1957, gab Adenauer gegenüber Heinrich Krone zu erkennen, auch er komme für das Amt des Bundeskanzlers in Betracht. Der rasche Wechsel der Favoriten, insbesondere aber auch die Nennung Krones, der bislang stets nur als unselbständiger Zuarbeiter tätig gewesen war und keine Kabinettserfahrung hatte, machten deutlich, daß es Adenauer nicht ernsthaft darum ging, seinen Stuhl zu räumen. Was er damit eigentlich bezweckte, wurde bald erkennbar. Er wollte verhindern, daß jener Mann ihn beerben würde, den er verachtete: Bundeswirtschaftsminister Ludwig Erhard. Konrad Adenauer hatte 1949 Ludwig Erhard angeworben. Er hatte durchgesetzt, daß der Vortrag des parteilosen Wirtschaftsprofessors vor den Christdemokraten der britischen Zone über Soziale Marktwirtschaft zum Wirtschaftsprogramm der CDU erhoben wurde. Mit den Düsseldorfer Leitsätzen, die daraus unter der Federführung Franz Etzels formuliert worden waren, und mit Ludwig Erhard als Zugpferd hatte Konrad Adenauer die erste Bundestagswahl gewonnen. Dank Ludwig Erhards Wirtschaftspolitik, die ihm den Rücken freihielt, konnte Adenauer die Westbindung und die Wiederaufrüstung der Bundesrepublik durchsetzen – wie auch umgekehrt Adenauers Politik der Bundesrepublik neues Vertrauen im Ausland erwarb, ihr den Zugang zu den Weltmärkten öffnete und so erst das «Wirtschaftswunder» ermöglichte.

Doch schon nach kurzen Flitterwochen hatte sich das Verhältnis zwischen Bundeskanzler und Wirtschaftsminister mit Spannungen aufgeladen. Nur waren diese Auseinandersetzungen nicht öffentlich ausgetragen worden. Doch das sollte sich bald ändern. Die letzten zehn Jahre seines Lebens verwendete Konrad Adenauer zum großen Teil darauf, Ludwig Erhard zunächst den Weg ins Kanzleramt zu versperren und dann – ab 1963 – ihn wieder aus dem Kanzleramt zu vertreiben.

Im Grunde hatten Konrad Adenauer und Ludwig Erhard mehr Gemeinsamkeiten, als sie sich je eingestanden: Beide waren soziale Aufsteiger aus dem Kleinbürgertum, beide waren durch das Dritte Reich in ihrer beruflichen Karriere gehindert worden, beide einte der Antisozialismus als Grundeinstellung. Erhard wie Adenauer waren nach dem Zweiten Weltkrieg eine «Entdeckung» der Amerikaner, beide wurden aus ihren ersten politischen Ämtern durch die Besatzungsmächte wieder entfernt.

Als es immer offenkundiger wurde, daß solche Gemeinsamkeiten keine Basis für Gemeinsamkeit waren, mühten sich die Parteigänger Adenauers und Erhards um Deutungen, die das Gegensätzliche der beiden Persönlichkeiten erklären sollten. Nur: die Fundstücke waren genauso willkürlich. Adenauer – Rheinländer, katholisch, von hagerer Gestalt, im Grund seines Wesens Pessimist. Erhard – Franke, evangelisch, pyknisch, optimistisch, die stets qualmende Zigarre als Zeichen eines inneren Wohlbehagens. Dirigent hatte er eigentlich werden wollen, er spielte Klavier. «Er ist gotisch, und ich bin barock», deutete Ludwig Erhard einmal die Verschiedenheit.

Daran ist zumindest richtig, daß Konrad Adenauer solch ein blumiger, auf unbestimmte Assoziationen abgestellter Vergleich nicht eingefallen wäre. Für den nüchternen Juristen Adenauer war Politik zunächst einmal diszipliniertes Handwerk. Er studierte jeden Aktenvorgang, notierte sich in einer blauen Kladde mit seiner steilen Schrift eigenhändig alle wichtigen außenpolitischen Termine, erschien auf die Minute pünktlich zu jeder anberaumten Sitzung – Krone: «Man konnte die Uhr nach ihm stellen». Ludwig Erhard hingegen schenkte sich die Teilnahme an einer Fraktionstagung, wenn im Fernsehen gerade interessantes Fußballspiel lief. Zu Kabinettssitzungen erschien er häufig verspätet. Für Adenauer, der den Menschen nicht traute, bedeutete Politik Kampf, zur Durchsetzung seiner Ziele war ihm fast jedes Mittel recht. Erhard vertraute darauf, mit Argumenten überzeugen zu können, ein Freistilringen um die Macht nannte er «brutal und im letzten Sinne sogar dumm».

Das war wohl einer der entscheidenden Punkte. Ludwig Erhard war in Adenauers Augen ein guter Mensch in des Wortes schlimmster Bedeutung: «Der glaubt sogar, was er sagt.» Ein anderer Punkt: Erhard machte mit seiner erfolgreichen Wirtschaftspolitik Konrad Adenauer die alleinige Vaterschaft vom Nachkriegsdeutschland streitig. «Geschichtsneid» habe wohl auch eine Rolle gespielt, sagte Erhard selbst. Diesen Neid hatte Adenauer schon Ernst Reuter und Willy Brandt wegen ihrer guten Beziehungen zu Amerika spüren lassen.

Hinzu kam, daß Konrad Adenauer, eingestandenermaßen ohne Fachkenntnis auf wirtschaftlichem Gebiet, nichts verstand, wenn der Nationalökonom Erhard redete. Als Oberbürgermeister in Köln hatte Adenauer die Erfahrung gesammelt, daß die Verwaltung mit Planung und Lenkung in die Wirtschaft eingreifen mußte, um Notlagen zu meistern und das Wohl der Stadt zu mehren. In besonderen Fällen halfen auch noch die Gespräche mit dem Kölner Klüngel. In Erhard aber stand ihm einer gegenüber, der die Wirtschaft dem freien, uneingeschränkten Wettbewerb aussetzen wollte, dem staatliche Eingriffe zuwider waren. Statt gegen Preissteigerungen mit Preiskontrollen vorzugehen, statt steigende Arbeitslosenzahlen mit Beschäftigungsprogrammen zu bekämpfen, verließ sich Erhard mit unbekümmertem Optimismus auf die Leistungskraft der Marktwirtschaft: «Das wird sich schon wieder einpendeln.» Daß er damit die erste Krise wenige Monate nach der Währungsreform im Vorfeld der entscheidenden Bundestagswahl erfolgreich durchgestanden hatte, hatte Adenauers Mißtrauen nicht auszuräumen vermocht. Daß Erhard auf Adenauers Frage, wann denn die Preise nicht mehr steigen würden, antwortete: «Im Herbst» und auf die Nachfrage, woher er das denn so genau wisse, erwiderte: «Das weiß ich mit nachtwandlerischer Sicherheit», war für den interventionsfreudigen Adenauer die Bestätigung seines Vorurteils, es in Ludwig Erhard mit einer Art heilsgläubigem Gesundbeter zu tun zu haben, dem die Wirtschaftsbelange auf keinen Fall in alleinige Verantwortung übergeben werden dürften. Adenauer hatte nicht vergessen, wie 1923 wirtschaftliche Not an der Ruhr einen kommunistisch beeinflußten Massenstreik begünstigt hatte und kreidete Erhard an, nie die politischen Folgen wirtschaftlicher Krisen erfahren zu haben: «Sie in Bayern sind nie an der Ruhr gewesen und haben es ja dort 1923 nicht miterlebt.»

Ein weiterer Punkt, der das Verhältnis zwischen Adenauer und Erhard belastete, kam später hinzu, als die Kanzlerkandidaten-Frage dringlich wurde. Franz Etzel brachte das auf den Satz: «Jeder Nachfolger Adenauers ist ein Selbstmörder.»

Seine deutlichen Reserven gegenüber Erhard ließ Adenauer bereits bei der Bildung seiner ersten Regierung im Herbst 1949 erkennen. Erhard war davon ausgegangen, er würde als eine Art Superminister für sämtliche Wirtschafts- und Konjunkturfragen in das Kabinett einrücken, dessen Entscheidungen sich die anderen mit Geld- und Finanzfragen befaßten Ressorts beugen müßten. Statt dessen aber behielten der Finanzminister, der Marshallplan-Minister und der Landwirtschaftsminister ihre volle Eigenständigkeit. Mehr noch: Anderthalb Jahre nach Regierungsbeginn legte sich Konrad Adenauer eine wirtschaftspolitische Nebenregierung zu. Eine Reihe von Ressortministern faßte er zu einem Wirtschaftskabinett unter seinem Vorsitz zusammen. Zum Stellvertreter und eigentlich geschäftsführenden Vorsitzenden berief Adenauer nicht Ludwig Erhard, sondern Vizekanzler Blücher. Zugleich installierte der Regierungschef im Bundeskanzleramt einen wirtschaftspolitischen Koordinierungsstab, dem neben den Referenten der betroffenen Ministerien auch Experten aus Wirtschaft und Landwirtschaft angehörten. Zum Vorsitzenden dieses Gremiums, das sich mit Fragen der Preis-Lohn-Entwicklung, der Versorgungslage und der Rohstoffverteilung befassen sollte, machte Adenauer den früheren Reichskommissar für das Bankgewerbe, Friedrich Ernst. Adenauer wollte ihn mit «besonderen Vollmachten als Kommissar» ausstatten, das heißt: mit einem Weisungsrecht gegenüber den Ministerien. Er mußte das aber auf den Protest der Kabinettsmitglieder aufgeben.

Um die Entmündigung seines Wirtschaftsministers perfekt zu machen, kümmerte sich Adenauer anschließend auch noch selbst darum, einen in seinen Augen geeigneten Staatssekretär für den in Verwaltungsfragen nachlässigen Ludwig Erhard auszusuchen. Er fand ihn – nach einigen Absagen – schließlich in dem Industriellen Ludger Westrick. Beim Einstellungsgespräch im Palais Schaumburg fragte Westrick den Bundeskanzler: «Was sagt denn Minister Erhard dazu?» Adenauer: «Dem werde ich das noch sagen.» Westrick: «Haben Sie etwa mit ihm noch nicht gesprochen?» Adenauer: «Das tue ich, wenn wir uns einig sind. Sie können aber schon mal hingehen.» Zum Amtsantritt gab Adenauer dem Staatssekretär mit auf den Weg: «Wenn Sie mit dem Herrn Erhard nicht fertig werden, dann sollten Sie wissen, daß ich hinter Ihnen stehen werde.» Intern verbreitete Adenauer sogar bereits, er sähe in Westrick einen möglichen Nachfolger Ludwig Erhards. Die Geringschätzung seines Wirtschaftsministers machte Adenauer schon dadurch deutlich, daß er dessen Namen stets mit «dt» schrieb.

Erhards Marktwirtschaft hatte mit erheblichen Anlaufschwierigkeiten zu kämpfen. Im Winter 1949/1950 war der erste Aufschwung festgelaufen. Auf der einen Seite näherte sich die Zahl der Arbeitslosen der Zweimillionengrenze. Weil Arbeitskraft nach der Währungsreform wieder teuer geworden war, hatten viele Betriebe Massenentlassungen vorgenommen, außerdem strömten Flüchtlinge und Vertriebene in die Bundesrepublik. Zugleich kletterten die Preise, denn die Produktion konnte der Nachfrage nicht folgen. Das Außenhandelsdefizit wuchs beträchtlich. Die Sozialdemokraten sahen sich bereits als politischer Erbverwalter des drohenden Massenelends, ihr Wirtschaftsexperte Erik Nölting triumphierte im Bundestag: «Ein Wirtschaftssystem mit steigender Arbeitslosigkeit ohne Chance ihrer Bewältigung hat den eindeutigsten Gegenbeweis gegen sich selbst geliefert.» Auch die Alliierten fürchteten, die Bundesrepublik werde das Schicksal der durch permanente Wirtschaftsmiseren erschütterten Weimarer Republik erleiden.

Beeinflußt von den Planungsdenkern der Truman-Administration, die als Harvard-Schüler an die «managed economy» glaubten, forderten die Alliierten Hohen Kommissare die Bundesregierung zu Interventionen auf. US-Hochkommissar John McCloy drohte damit, die Marshallplan-Hilfe einzuschränken, wenn die bisherige Politik des laisser faire weitergeführt würde. Bundeskanzler Adenauer bedrängte seinen Wirtschaftsminister ebenfalls. Er argumentierte auf seine Weise. Leberwurst-Liebhaber Adenauer, der gelegentlich bei der Fahrt ins Kanzleramt an einem Metzgerladen in Bad Godesberg-Plittersdorf halten ließ, traktierte seinen Wirtschaftsminister mit einem Kurzbrief. Er habe soeben festgestellt, daß die Leberwurst wieder teurer geworden sei. «Was gedenken Sie dagegen zu tun?»

Durch den Ausbruch des Korea-Kriegs im Juli 1950 geriet Erhards Wirtschaftspolitik in ihre gefährlichste Krise. Die Rohstoffe verknappten und wurden teurer: Kautschukpreise stiegen um das Dreieinhalbfache. Wolle verteuerte sich um 70 Prozent. Es kam zu Hamsterkäufen. Das alles löste in der Bundesrepublik einen Inflationsschub aus. Nur durch Sonderkredite des Auslands konnte das Handelsdefizit der Bundesrepublik aufgefangen werden. Im Bundestag brachten die SPD-Abgeordneten einen Antrag ein, die Bezüge des Wirtschaftsministers aus dem Bundeshaushalt zu streichen – weil es ein Mißtrauensvotum gegen einen einzelnen Minister nicht mehr gab, wollten die Sozialdemokraten auf diese Weise Erhard stürzen. Mit den Stimmen der Regierungskoalition wurde dieser Antrag zwar abgewehrt, doch Ludwig Erhard war damit noch nicht aus der Gefahrenzone. Zum zweitenmal intervenierten die Alliierten massiv und forderten Bewirtschaftungsmaßnahmen. Wenn es nicht zu «einer umfangreichen Modifizierung der freien Marktwirtschaft» komme, drohten sie mit der Einstellung «weiterer Dollarhilfen». Sie hatten Adenauer auf ihrer Seite, der seinen Wirtschaftsminister vor versammelter Kabinettsrunde anging: «Herr Erhard, nun hören Sie doch endlich auf mit ihrer freien Marktwirtschaft! Sie sehen doch, daß auf vielen Wirtschaftssektoren die Preise davonlaufen und der Arbeitsmarkt beunruhigt ist. Wir werden vielleicht gezwungen sein, Preiskontrollen einzuführen.»

Erhard ließ sich weder durch Adenauers personalpolitische Eingriffe irritieren, noch war er bereit, in der Sache nachzugeben. Zur Beruhigung seines Kanzlers und der Alliierten sprach er nun zwar öfter von «Richtpreisen» oder «Kalkulationsnormen» und holte einen sozialdemokratischen Preiskommissar in seine Behörde. Doch er beließ es bei der Ankündigung planwirtschaftlicher Methoden und konzidierte lediglich Mengenerfassungen. In der zweiten Hälfte des Jahres 1951 wendete sich dann die Entwicklung zugunsten Erhards. Die

USA und Großbritannien hatten ihre Rüstungsproduktionen intensiviert, für zivile Exportgüter mußten sie immer längere Lieferfristen veranschlagen. In die entstandene Marktlücke stießen die deutschen Verbrauchsgüter. Der Korea-Boom setzte das deutsche Wirtschaftswunder in Gang. Die bisherigen Handicaps der deutschen Wirtschaft entpuppten sich jetzt als Vorteile. Die Zerstörung oder Demontage von Fabriken erzwang den Ersatz veralteter Anlagen durch modernste Maschinen, die den Deutschen als Wettbewerber auf dem Weltmarkt einen Vorsprung sicherten. Die in die Bundesrepublik geströmten Flüchtlinge und Vertriebenen wurden gesuchte Arbeitskräfte, dank ihrer unfreiwilligen «Mobilität» waren sie bereit, dorthin zu ziehen, wo es Arbeit gab.

Wie im großen, so auch im kleinen. Ludwig Erhard und der ihm als Aufpasser zugeteilte Ludger Westrick fanden zu einem Vertrauensverhältnis. Adenauer wunderte sich: «Herr Westrick, Sie besuchen mich gar nicht. Ich dachte, Sie würden auch mal über die Probleme sprechen mit mir, die Sie da im Wirtschaftsministerium haben.» Westricks Antwort: «Herr Bundeskanzler, ich arbeite in Loyalität zu diesem Minister.» In den folgenden Jahren machte Adenauer dem Staatssekretär mehrfach Karrierevorschläge. Er bot ihm an, Präsident der Montanunion zu werden, und schlug Westricks Einwand beiseite, daß dies bei den anderen Staaten so kurz nach Kriegsende nicht durchzusetzen sei: «Dat sollen Sie mal sehen, wie ich das durchsetze.»

Durch Schaden nicht klug geworden, versuchte Adenauer auch weiterhin, Erhards Ministerverantwortlichkeit zu unterlaufen. Erhard hatte bereits in der ersten Legislaturperiode den Entwurf für ein Anti-Trust-Gesetz vorgelegt. Auf einer Linie mit den Amerikanern, die schon seit 1945 die Dekartellisierung in Westdeutschland betrieben und eine Übernahme der scharfen amerikanischen Anti-Trust-Gesetzgebung favorisierten, hatte Erhard grundsätzlich alle Zusammenschlüsse verbieten wollen, die durch Preisabsprachen oder Wettbewerbseingrenzungen den freien Markt einschränkten. Sein Entwurf sah zugleich eine Anzahl von Ausnahmeregelungen vor. Der Bundesverband der Deutschen Industrie (BDI), angeführt von Fritz Berg, protestierte vehement. In einer dreisten Begriffsumkehrung erklärte Berg öffentlich: «Es ist völlig unverständlich, weshalb der Herr Wirtschaftsminister darauf besteht, der deutschen Industrie eine Freiheit aufzuzwingen, die sie nicht will.» Der Bundeskanzler, von Berg bedrängt, schaltete sich ein. Er machte sich zum Fürsprecher des BDI-Gedankens, daß Kartelle nicht grundsätzlich verboten sein sollten, sondern nur deren Mißbrauch. Zwei Motive bestimmten Adenauers Haltung. Als CDU-Führer war er auf Parteispenden des BDI angewiesen und wollte sich erkenntlich zeigen. Als Kölner hatte er sein Leben am Rand des Ruhrgebiets zugebracht, für ihn war die Schwerindustrie eine Schlüsselindustrie, die besonderen Schutz verdiente. Adenauer in seiner typisch verharmlosenden Art zu Erhard: «Lassen Se dem Berg doch sein Kartellchen.» Mit fünf Jahren Verzögerung wurde schließlich ein Gesetz gegen die Beschränkung des Wettbewerbs beschlossen, das mit Erhards ursprünglichen Absichten nicht mehr viel gemein hatte.

Als Anwalt der Industrie zeigte sich Adenauer auch, als es 1956 um ein Anti-Inflationsprogramm ging. Die deutsche Wirtschaft war durch den rasanten Wiederaufbau in eine Phase überschäumender Konjunktur geraten. Preissteigerungen setzten auf breiter Front ein. Erhard wandte sich mit seinen ersten Maßhalteappellen an die Öffentlichkeit. Zugleich verabredeten Wirtschaftsminister, Finanzminister und die Bank deutscher Länder – Vorläufer der Bundesbank – eine Reihe von Maßnahmen, um den Preisauftrieb zu stoppen. Die Einfuhrzölle sollten um 30 Prozent gesenkt werden. Mit Geldpolitik – darunter eine Diskonterhöhung, also eine Verteuerung der Kreditkosten – sollte Kaufkraft abgeschöpft werden. Einmal mehr fand Fritz Berg in Adenauer einen geneigten Zuhörer, als er sich über das Abbremsen der Konjunktur und das Hereinholen ausländischer Konkurrenzprodukte beschwerte.

Obgleich Adenauer die Zollsenkung selbst gutgeheißen hatte, machte er jetzt Front gegen seinen Wirtschaftsminister. In einer Rede vor Industriellen und Geschäftsleuten, die sich zur Jahresversammlung des BDI im Kölner Gürzenich versammelt hatten, verurteilte der Bundeskanzler Erhards Maßhaltepolitik. Die Senkung der Einfuhrzölle nannte er ein «sehr zweischneidiges Schwert». Heftig kritisierte er auch die Diskonterhöhung, die mit ihm nicht abgesprochen gewesen sei. Der Kanzler kündigte Konsequenzen an: «Es ist der deutschen Konjunktur ein schwerer Schlag versetzt worden, auf der Strecke bleiben werden die Kleinen. Ich habe eine Kabinettssitzung anberaumt, in der namentlich der Wirtschaftsminister und der Finanzminister, die an den Beratungen des Zentralbankrats teilgenommen haben, uns darüber Rechenschaft geben werden.» Für Finanzminister Schäffer hatte Adenauer noch einen speziellen Seitenhieb in Reserve: Das Steuersystem sei viel zu kompliziert, allein für die Einkommensteuer gebe es 125 verschiedene Vorschriften – «Leute, die so konfus denken, sind meistens nicht besonders klug».

Aus diesem Kräftemessen ging Erhard wieder als Sieger hervor. In der Presse erhob sich ein Entrüstungssturm gegen Adenauers einseitige Parteinahme für Industrieinteressen. Mit erschrecktem Erstaunen wurde der mangelnde Sachverstand des Bundeskanzlers registriert. Adenauer aber bewies einmal mehr sein taktisches Geschick. Ein Jahr vor den nächsten Bundestagswahlen zählten bei ihm geballter öffentlicher Unwille mehr als das Beharren auf der eigenen Meinung. Er entschuldigte sich bei Erhard und Schäffer.

Waren dies noch punktuelle Kontroversen, kündigten sich 1957 tiefgreifende politische Gegensätze an. Die auf Westintegration gerichtete Außenpolitik Adenauers war von Ludwig Erhard vorbehaltlos unterstützt worden. In der Gründung des Wirtschaftsblocks EWG aber erkannte Erhard, der einen möglichst freien Welthandel anstrebte, einen «volkswirtschaftlichen Unsinn». Dem überzeugten Freihändler mißhagte zudem die geplante Einrichtung einer supernationalen gewaltigen Bürokratie und deren dirigistische Vollmachten. Die angestrebte politische Zusammenarbeit rechtfertigte in seinen Augen nicht, daß sich die Sechsergemeinschaft von den übrigen westeuropäischen Ländern abkapselte. Die Skepsis des Wirtschaftsministers wurde zum Keim eines Dauerkonflikts, der sich in den sechziger Jahren dann als Streit zwischen «Atlantikern» und «Europäern» in den Unionsparteien voll entfaltete und Adenauers persönlichen Aversionen gegen Erhard eine scheinbare politische Rechtfertigung lieferte.

Das Echo auf seine Gürzenich-Rede hatte Adenauer zum erstenmal vor Augen geführt, welchen politischen Rückhalt Ludwig Erhard bereits in der deutschen Öffentlichkeit hatte. Meinungsumfragen zeigten ab 1956 ein sprunghaftes Ansteigen der Popularität des «Dicken». Mühelos überholte er 1957 alle anderen Politiker, die als mögliche Nachfolger Adenauers genannt wurden.

Die Konflikte, die Erhard im Kampf um Preisstabilität und eine möglichst konsequente Marktwirtschaft mit Teilen der deutschen Industrie hatte, stellten nie seine grundsätzlich unternehmerfreundlich orientierte Haltung in Frage. Der Wirtschaft war dies teuer: Sie finanzierte Erhard schon ab 1953 einen eigenen Unterstützungsverein, «Die Waage». Damit war der Wirtschaftsminister in der Lage, unabhängig von den Geldzuweisungen der CDU eigene Wahlkämpfe zu führen und Großanzeigen kleben zu lassen. Widerstrebend zollte Adenauer der herausragenden Stellung seines Wirtschaftsministers Tribut. Am 4. Februar 1957 stand Erhards 60. Geburtstag an. Staatssekretär Westrick nahm sich vor, den Bundeskanzler zu überreden, zur anberaumten Geburtstagsfeier in das Casino der Galwitz-Kaserne, dem damaligen Sitz des Wirtschaftsministeriums, zu kommen. Als der Staatssekretär seinen Minister in den Plan einweihte, meinte Erhard: «Das ist ein hoffnungsloser Versuch.» Adenauer lehnte Westricks Vorschlag zunächst auch entschieden ab: «Das mache ich nicht. Das habe ich noch bei keinem meiner Minister getan.» Von Staatssekretär Globke mußte sich Westrick anhören: «Ich habe von Ihrem Ansinnen an den Bundeskanzler gehört. Ich finde das ungeheuerlich.» Adenauer erschien schließlich doch. Und er schenkte Ludwig Erhard eine silbergerahmte Fotografie mit der Widmung: «Meinem treuen Mitarbeiter in Freundschaft».

In einer Rede vor rund tausend Bundesbediensteten sagte der Gratulant dann, sein Vertrauen in Erhard sei stets groß gewesen, wenn auch ihre Ansichten manchmal beträchtlich auseinandergingen. Aber, so fügte der Bundeskanzler hinzu, «wenn zwei Leute immer der gleichen Meinung sind, dann ist gewöhnlich keiner von ihnen viel wert». Die Harmonievorführung hielt gerade bis zum Wahltag.

Kanzler auf Zeit

Der Streit um die Nachfolge

Bei der Bildung seines dritten Kabinetts im Herbst 1957 hatte Adenauer zu entscheiden, wen er als neuen Vizekanzler einsetzen sollte. Sein bisheriger Stellvertreter Franz Blücher war mit der Freien Volkspartei an der Fünf-Prozent-Klausel gescheitert und nicht mehr ins Parlament zurückgekehrt. Adenauer bot das Amt des Vizekanzlers zunächst dem CSU-Politiker Fritz Schäffer an, auch als Entschädigung dafür, daß Schäffer seinen Stuhl als Finanzminister für Franz Etzel räumen und mit dem Amt des Justizministers vorlieb nehmen mußte. Schäffer aber bat um Bedenkzeit. Erhard, der zunächst keine Ambitionen auf diesen mehr dekorativen Posten hatte, wurde jetzt von seinen engsten Mitarbeitern und Freunden in der Fraktion bedrängt, seinen Anspruch anzumelden. Diese Sympathisantentruppe war weitaus zielstrebiger als der Minister und hatte sich in Bonn den Spitznamen «Brigade Erhard» eingehandelt – eine phonetische Anspielung auf die Brigade des Kapitäns Hermann Ehrhardt, dessen Freikorps sich 1920 am Kapp-Putsch gegen die Weimarer Republik beteiligt und Fememorde begangen hatte. Anführer der «Brigade Erhard» war der Pressereferent des Wirtschaftsministers, Karl Hohmann. Er drängte jetzt: In Anbetracht von Adenauers Alter gewinne das Amt einen hohen symbolischen Wert, der neue Vizekanzler erscheine automatisch als Kronprinz Adenauers. Die Unionsfraktion, die in Erhard bereits die «Wahllokomotive» für nächste Wahlkämpfe erkannt hatte, unterstützte das Projekt. Der Bundeskanzler fand sich damit schließlich ab. Am 22. Oktober 1957 ernannte er Erhard zum Stellvertreter.

Die Entwicklung, die er damit eingeleitet hatte, versuchte Adenauer ein Jahr später zum erstenmal wieder aufzuhalten. Auf dem CDU-Bundesparteitag in Kiel im September 1958 hatte Bundestagspräsident Eugen Gerstenmaier in einer Rede über «Staatsordnung und Gesellschaftsbild» vor einem weiteren Ausbau des Sozialstaates gewarnt. «Wir haben keinen großen Spielraum mehr. Treten wir über ihn hinaus, so besteht die Gefahr, daß wir kopfüber in das Gesellschaftskonzept des modernen Sozialismus stürzen. Er weiß nichts anderes, als durch die weitere Ausdehnung der Staatskompetenz die egalitäre Massengesellschaft zu organisieren.» Gerstenmaier hatte damit das Leitmotiv Adenauers getroffen, der schon von früh an im «übermächtigen Staat» das gemeinsame Grundübel von Preußentum, Nationalsozialisten und Sozialisten ausgemacht hatte. Nach der Rede ging Adenauer auf Gerstenmaier zu, schüttelte ihm die Hand und sagte: «Eigentlich sollten wir jetzt unser Finanz- und Wirtschaftsministerium in einer Art Schatzamt vereinigen. Wollen Sie das nicht machen?» Gerstenmaier lehnte ab: Auf solch eine Idee wäre er nie gekommen. Er besäße dafür weder Neigung noch Eignung. Außerdem sei er mit Ludwig Erhard befreundet.

Ein Jahr später unternahm Adenauer seinen nächsten Versuch, Erhard abzuschieben. Diesmal ging er entschlossener vor. Im September 1959 lief die Amtszeit des Bundespräsidenten ab. Theodor Heuss, der bereits einmal wiedergewählt worden war, konnte nach dem Grundgesetz nicht erneut in diesem Amt bestätigt werden. Eine auf ihn zugeschnittene Neuregelung der Verfassung lehnte Heuss ab, da, wie er sagte, «man ein Grundgesetz nicht deshalb ändern dürfe, weil gerade ein netter Mann auf dem Markt sei». Bis zum 31. Januar 1959, an dem Heuss seinen 75. Geburtstag feierte, hatten die Parteien im stillschweigenden Einvernehmen auf eine öffentliche Erörterung der Nachfolgefrage verzichtet. Das Datum, an dem das neue Staatsoberhaupt gekürt werden sollte, stand bereits fest: der 1. Juli 1959. Am 12. Februar 1959 nominierte die SPD einstimmig Professor Carlo Schmid für die Präsidentenwahl. Mit seinem schöngeistigen Flair stellte Schmid auch für das Bürgertum eine akzeptable Figur dar, Heuss sah in dem sprachgewandten und gebildeten Landsmann ebenfalls einen geeigneten Nachfolger. Alarmiert stellte Konrad Adenauer fest, daß auch in den Reihen der CDU die Nominierung Schmids Anklang fand. Für den Bundeskanzler war der Sozialdemokrat nicht akzeptabel: «Man würde es in der westlichen Welt nicht verstehen, wenn ein Mann, der zehn Jahre lang gegen die Politik des Anschlusses an den Westen gestimmt hatte, nunmehr Staatsoberhaupt würde. Man würde den Eindruck hervorrufen, daß die außenpolitische Meinung der Sozialdemokratie zum Sieg im deutschen Volk gekommen sei.» Und würde dann nicht auch ein Sozialdemokrat – Fritz Erler vielleicht oder Adolf Arndt – Staatssekretär des Bundespräsidenten werden mit dem Recht, an Kabinettssitzungen teilzunehmen?

In dieser Situation kam Adenauer der Vorschlag seines Innenministers Gerhard Schröder wie gerufen, Ludwig Erhard als Kandidaten der CDU für das Präsidentenamt zu nominieren. Auf eigene Initiative hatte Schröder ein Vorgespräch mit Erhard geführt. Dessen gegrummelte Einwände, er müsse sich doch bereit halten, eines Tages die Nachfolge Adenauers anzutreten, hatte der Minister, der inzwischen selbst Kanzlerambitionen hegte, nicht für eine endgültige Absage nehmen wollen. An sich hätte es jetzt für Adenauer nahe gelegen, direkt Kontakt mit Erhard aufzunehmen, der gerade im Schwarzwaldort Glotterbad kurte.

Indes: ohne Rücksprache mit Erhard trieb Adenauer schon einen Tag nach Schröders Besuch die Entscheidung voran. Unter seinem Vorsitz versammelte sich am 24. Februar 1959 im kleinen Kabinettsaal des Palais Schaumburg ein Gremium von sechzehn führenden Unionspolitikern, die die Präsidentenwahl vorbereiten sollten. In seiner schon oft erprobten Taktik gezielter Worterteilungen – die Befürworter der Idee, an ihrer Spitze Schröder, bekamen ausführliche Redegelegenheit; die Gegner kamen kaum zum Zuge – steuerte Adenauer die Diskussion in seinem Sinne. Der Frage aber, ob Erhard überhaupt zur Annahme der Kandidatur bereit sei, konnte Adenauer schließlich nicht ausweichen. Jetzt mußte er mit Erhard sprechen, nach Lage der Dinge ging das nur per Telefon. Adenauer verließ den kleinen Kabinettsaal und sprach von seinem Amtszimmer aus mit dem ahnungslosen Erhard. In diesem Telefonat erweckte Konrad Adenauer den Eindruck, als sei von dem Wahlmännergremium bereits einhellig Erhards Nominierung beschlossen worden. Der Minister fand gerade noch Zeit, seine Verwunderung zu formulieren, daß dieser Beschluß ohne ein vorheriges Gespräch mit ihm zustande gekommen sei und daß man ihn jetzt am Telefon zu einer umgehenden Antwort dränge. Andererseits aber mochte sich Erhard einer Berufung in das höchste Staatsamt nicht rundweg entziehen. Die Idee reizte ihn. Er machte zur Bedingung, die zuständigen Gremien in der Fraktion und in der Partei müßten seine Kandidatur einmütig unterstützen. Dann formulierte er Vorbehalte: Im Grunde sei der Vorschlag falsch, auf keinen Fall sollte jetzt schon die Presse unterrichtet werden; er müsse seine Entscheidung auch noch von einem Gespräch mit seiner Frau abhängig machen, für die das Präsidentenamt ja auch Aufgaben mit sich brächte.

Je nach Interessenlage konnte man dies als halbes ‹Ja› oder als verdecktes ‹Nein› interpretieren. Adenauers Interessenlage war es, den wartenden Nominierungsgremien mitzuteilen, daß Erhard bereit zur Kandidatur sei, wenn alle zuständigen Parteiinstanzen darauf bestünden. Um die Sache festzuklopfen, ließ Adenauer ein Kommuniqué formulieren und es – entgegen der ausdrücklichen Bitte Erhards – noch am selben Abend über das Bundespresseamt, das eigentlich nur für Regierungsangelegenheiten zuständig war, verbreiten: «Die Anwesenden haben einhellig beschlossen, den zuständigen Gremien die Wahl von Bundeswirtschaftsminister Professor Erhard als Kandidaten der CDU / CSU für die Wahl des Bundespräsidenten vorzuschlagen.» Das Überrollmanöver aber mißglückte. Die Unionsfraktion wollte in ihrer Mehrheit Ludwig Erhard, ihr Zugpferd für die nächste Wahl, nicht gehen lassen. Auch Krone sprach sich dagegen aus. An der Fraktionssitzung konnte Adenauer wegen einer Grippeerkrankung nicht teilnehmen. Noch in seinen *«Erinnerungen»* ärgerte ihn dies: «Es war sehr bedauerlich gewesen, daß ich unmittelbar nach der Sitzung am 24. Februar 1959 erkrankte und dadurch gehindert war, als Vorsitzender der CDU persönlich in der Fraktion zu den Vorgängen Stellung zu nehmen und die Aufregung, die dort herrschte, beizulegen.» Erhard selber reiste aus seinem Kurort an und besuchte Adenauer in Rhöndorf. Der Bundeskanzler entschuldigte die Bekanntgabe der Nominierung als «technisches Versehen».

Zwischen den beiden Männern begann ein Nervenkrieg. Erhard wollte die Kandidatur wieder abschütteln, zumal ja die Fraktion nicht die Bedingung erfüllt hatte, ihn einmütig zu nominieren. Adenauer, inzwischen wieder gesund, glaubte, die Dinge in Bonn wenden zu können, und bat Erhard dringend darum, vor der nächsten Fraktionssitzung keine Entscheidung zu verkünden. Es kam zu einem heftigen Streit zwischen Adenauer und Krone. Der CDU / CSU-Fraktionsvorsitzende wollte sein Amt zur Verfügung stellen, der Bundeskanzler erwiderte erregt, er würde selbst zurücktreten, wenn die außenpolitische Lage nicht so besorgniserregend wäre. Letzter Akt: Ludwig Erhard formulierte eine endgültige Absage – «Pflicht und Gewissen halten mich, mein Amt als Wirtschaftsminister fortzuführen.»

«Die Wahrheit ist, daß Adenauer mich die Treppe hinaufstoßen wollte», kommentierte Ludwig Erhard anschließend die Vorgänge. Als Drahtzieher im Hintergrund vermutete Erhard Leute der Schwerindustrie, die ihn wegen seiner Anti-Kartellpolitik los sein wollten.

Eine andere Sicht hatte Heinrich Krone: Schröder habe durch die Benennung Erhards einen Rivalen um die Kanzlernachfolge aus dem Weg räumen wollen. Schlaglichtartig hatten die Auseinandersetzungen aber auch die Ansprüche eines Dritten erkennbar werden lassen. Als entschiedenster Widersacher einer Nominierung Erhards war Bundestagspräsident Gerstenmaier hervorgetreten mit dem Argument, der nächste Bundespräsident müsse Katholik sein, damit bei der Regelung der Kanzlernachfolge ein Protestant eine «faire Chance» habe. «Bemerkenswert» kommentierte es Adenauer noch in seinen *«Erinnerungen»*.

Das war es in der Tat. Denn Gerstenmaiers Einwurf zeigte, daß die Frage, wer der Heuss-Nachfolger sein sollte, bereits überlagert war vom Thema der nächsten Jahre, der Nachfolge im Bundeskanzleramt.

Konrad Adenauer mußte aus der öffentlichen Reaktion auf den mißglückten Versuch, Ludwig Erhard fortzuloben, in aller Deutlichkeit erkennen, daß der Wirtschaftsminister sich als ein über den Parteien stehender Publikumsliebling behauptete. «Vater des Wirtschaftswunders» hatte ihn die Bevölkerung getauft. Die Gutmütigkeit und Wärme, die er ausstrahlte, seine Bereitschaft zum kollegialen Miteinander ließen das autokratische Regiment kalter Machtpolitik, das derzeit im Palais Schaumburg ausgeübt wurde, um so drückender erscheinen. «Bonn spricht vom Kronprinzen-Mord» hatte die *Welt* ihre Berichterstattung über Adenauers fehlgeschlagenen Coup übertitelt und mit dieser Wortwahl zugleich ein generelles Mißbehagen am herrschenden politischen Stil artikuliert.

Das hieß nun nicht, daß ein allgemeines Harmoniebedürfnis in den Unionsparteien sich zu dem einhelligen Wunsch verdichtet hätte, Ludwig Erhard das Amt des Bundeskanzlers zu übertragen. Eine Reihe jüngerer Politiker war durchaus entschlossen, bei einem sich anbahnenden Führungswechsel auf eigene Rechnung zu arbeiten. Nicht nur Schröder und Gerstenmaier zählten dazu, auch Franz Josef Strauß machte jetzt eigene Karriereplanungen.

1953 hatte Adenauer den ebenso ehrgeizigen wie hemdsärmeligen

Bayern in die Kabinettsdisziplin genommen. Es war auch der Lohn dafür, daß der junge CSU-Politiker ihn ein Jahr zuvor mit einer brillanten Rede voller verteidigungspolitischer Detailkenntnis aus einer für Adenauer schlecht gelaufenen Wehrdebatte im Bundestag gerettet hatte. Strauß wurde Sonderminister (Bayernparteichef Baumgartner: «Deutschlands höchstbezahlter Arbeitsloser»). Der 37jährige Benjamin der Regierung entwickelte sofort ein kräftiges Selbstbewußtsein. Bei der Vereidigung des Kabinetts setzte sich der neue «Minister ohne Geschäftsbereich» in die erste Reihe der Ministerempore, die traditionsgemäß den Inhabern klassischer Ressorts und dem Bundeskanzler reserviert war. Zwei Jahre später wurde Strauß Atomminister, ein Ressort, das zwar auf sein technisches Interesse zugeschnitten war, ihn aber noch nicht befriedigte. Mit Sätzen wie «es kann eine Zeit kommen, wo eine Kaserne genauso wichtig ist wie eine Kirche» zeigte Strauß an, wohin sein Sinn stand. Er wollte Theodor Blank vom Posten des Verteidigungsministers verdrängen. «Solange ich Bundeskanzler bin, werden Sie nicht Verteidigungsminister», versuchte Adenauer den zielstrebigen Strauß zu stoppen – vergebens.

Strauß zermürbte mit systematischer Kritik den amtierenden Verteidigungsminister Blank – Helfershelfer waren Strauß ergebene Militärs im Verteidigungsministerium, die ihn mit Informationen über Aufbaufehler Blanks belieferten, und CSU-Politiker in Bonn und München, die Blanks Rücktritt forderten. Am 16. Oktober 1956 war es soweit. Strauß wurde doch Verteidigungsminister und Konrad Adenauer um eine Erkenntnis reicher: «Strauß ist ein vorwärtsdrängender dynamischer Mann. Es kann sein, daß es jetzt viele Tote und Verwundete gibt, und vielleicht bin ich eines Tages sogar unter den Leichen.»

Noch aber sah Strauß, daß zunächst die Narben heilen mußten, die er auf seinem Weg nach oben anderen zugefügt hatte. Seine Chance rechnete er sich als Erbfolger eines schwachen Übergangskanzlers nach Adenauer aus, etwa Ludwig Erhard.

So lange mochte Eugen Gerstenmaier nicht warten. Als Sitzungsleiter fühlte er sich schon seit längerem nicht mehr ausgelastet. Dabei hatte er das Amt des Bundestagspräsidenten prächtig ausstaffiert – der Ruf «der Präsident» scheuchte zu Sitzungsbeginn die Abgeordneten von ihren Plätzen hoch, während ein vom Tonband gespielter Glockenschlag verhallte und der 1,68 Meter große Schwabe, drei Schritte hinter ihm der Bundestagsdirektor mit dem Grundgesetz unter dem Arm, seinem Sessel zustrebte. Aus seiner erfolgreichen Amtsführung leitete Gerstenmaier die Berufung zu größeren politischen Aufgaben ab. «Der Gerstenmaier, der hat ja nicht nur den Bundestag geleitet, sondern war gleichzeitig ein Astronom, der guckte immer ein bisserl nach den Sternen und ob denn überhaupt nicht mal ein vernünftiges Amt – Bundeskanzler, wenn es ging, aber auch Außenminister – in Sicht wäre», charakterisiert ihn in der Rückschau Hermann Höcherl. Seit 1956 hatte sich Gerstenmaier mit eigenen deutschlandpolitischen Ideen zu profilieren versucht. Seine Ausführungen waren als Versuch verstanden worden, sich als Kanzler einer Großen Koalition zu empfehlen. Sie brachte ihm außer Ärger mit Adenauer und von Brentano innerhalb der CDU den Ruf ein, daß er für Überraschungen immer gut sei.

Dies bestätigte er jetzt aufs neue. Eben hatte er noch vehement dagegen gestritten, daß ein Protestant Bundespräsident werden dürfte. Jetzt, als die Union nach Erhards Absage wieder ohne eigenen Präsidentenkandidaten dastand, liebäugelte Gerstenmaier mit dem Gedanken, sich als Überraschungskandidat der Oppositionsparteien für das höchste Staatsamt bereitzustellen. In der Befürchtung, daß sie für ihren eigenen Kandidaten Carlo Schmid wohl nicht die Mehrheit in der Bundesversammlung erhalten würde, war in der SPD der Gedanke aufgetaucht, dann für den letzten Wahlgang Eugen Gerstenmaier zu nominieren. Der Bundestagspräsident, von Parteifreunden darauf angesprochen, ob er dieses Spiel mitmachen würde, sagte: «Sorgen Sie dafür, daß eine solche Situation nicht eintritt. Wenn ich in der Bundesversammlung plötzlich auf den Schild gehoben werde, würde mir nichts anderes übrigbleiben als anzunehmen.»

Für die Unionsparteien war die Situation jetzt da. Sie mußten nun rasch einen überzeugenden eigenen Kandidaten finden. Mit dem Mut der Verzweiflung wagten sich die Christdemokraten an einen Gedanken, der an sich von vornherein nahegelegen hätte: Konrad Adenauer die Kandidatur anzutragen. Die Begründung mußte ja nicht sein, daß man einen lästig gewordenen starrköpfigen alten Mann aus dem Palais Schaumburg vertreiben wollte. Das Ganze ließe sich ja auch positiv formulieren: Auf diesem Weg könnte die Kontinuität der bisherigen Politik gesichert werden.

Ein neues Gremium zur Kandidatenfindung, das jetzt 65 Unionspolitiker umfaßte, war bereits eingesetzt worden. Auf Einladung Adenauers sollte es am 7. April 1959 zum erstenmal im Palais Schaumburg zusammenkommen. Fünf Tage vorher, am 2. April, eröffnete Globke seinem Dienstherrn beim täglichen Spaziergang durch den Park des Palais Schaumburg, er müsse damit rechnen, daß ihm einige seiner Parteifreunde den Vorschlag unterbreiten würden, er solle kandidieren. Globke, selber amtsmüde geworden, erwähnte mit psychologisch geschickter Beiläufigkeit, was er seinen Gesprächspartnern über Adenauers voraussichtliche Reaktion gesagt habe: Daß die Idee keine Chance habe, «es sei denn, wir hätten eine Verfassung, wie de Gaulle sie hat». Vorerst ließ Adenauer die Dinge auf sich beruhen: «Ich nahm die Sache nicht ernst, sie schien mir eine der vielen Kombinationen zu sein, die umherschwirrten.»

Aber die Saat keimte. Am nächsten Tag schon bat der Bundeskanzler seinen Staatssekretär, er möge mal aufschreiben lassen, welche Befugnisse der Bundespräsident eigentlich habe. Abends in Rhöndorf erörterte er mit seinem Sohn Paul, der bei ihm zu Hause wohnte, das Für und Wider einer Kandidatur. Der Kaplan riet seinem Vater zu. Jetzt sei noch Zeit, sein Haus ordentlich zu bestellen.

Am 6. April hatte Konrad Adenauer einen kleinen Kreis führender Unionspolitiker ins Palais Schaumburg zu einem vorbereitenden Gespräch für die Sitzung des Wahlmännergremiums am nächsten Tag eingeladen. Der nordrhein-westfälische Ministerpräsident Franz Meyers trug dem Bundeskanzler bei dieser Gelegenheit die Kandidatur an. Adenauer stellte zunächst nur die Gegenfrage, ob denn Franz Etzel sein Nachfolger werden könnte. Der Unions-Fraktionschef Krone hielt Adenauer mit einer vagen Antwort hin: Er wisse doch, daß er, Krone, Etzel favorisiere. Hermann Höcherl, ebenfalls dabei, gab vorsichtig zu bedenken, ob denn Etzel die nötige Härte habe. Es gäbe in der Fraktion auch einige Stimmen für Erhard, meinte der Bayer. Beiden – Höcherl wie Krone – war eigentlich klar, daß Etzel in der Fraktion ohne Chancen war. Adenauer aber mißverstand diese Äußerungen als Zusicherung zugunsten Etzels. Nun tat er den nächsten vorsichtigen Schritt auf dem Weg zur eigenen Kandidatur. Er verpflichtete die Runde darauf, daß über die Nachfolge des Bundeskanzlers erst nach der Präsidentenwahl geredet würde. Er wollte auf diese

Weise sein Recht als neuer Bundespräsident gesichert sehen, seinen Nachfolger im Kanzleramt vorzuschlagen.

Am nächsten Tag schilderte Adenauer vor dem Wahlmännergremium die Gefahren, die von einem sozialdemokratischen Bundespräsidenten Carlo Schmid drohten, aber nur, um dem Wahlmännergremium klarzumachen, welche Kompetenzen er als Bundespräsident beanspruchen wolle: an Kabinettssitzungen teilnehmen, «auf Grund seiner Stellung als Staatsoberhaupt» natürlich als Vorsitzender; die auswärtige Politik festlegen, weil ja der Bundespräsident als Staatsoberhaupt Verträge unterzeichnen müsse und den Staat nach außen vertrete; durch Ansprachen sowohl Einfluß auf die Außen- wie Innenpolitik zu nehmen – es bestehe keine Möglichkeit nach dem Grundgesetz, dem Bundespräsidenten den Mund zu verbieten; den Kanzler bestimmen und durch sein Ernennungsrecht Einfluß auf die Auswahl der Bundesminister, Bundesbeamten und des Offizierkorps nehmen.

Unerwähnt ließ er, daß es ferner seine Absicht war, als Bundespräsident im Palais Schaumburg zu bleiben. «Alte Gäule läßt man nicht mehr den Stall wechseln», sagte er bald einigen Freunden. Und er dachte auch daran, als gewählter Bundespräsident vorerst noch Parteivorsitzender zu bleiben.

Halb war Adenauer bereits hingesunken, es fehlte nur noch einer, der ihn zog. Das war eine Aufgabe wie geschaffen für Eugen Gerstenmaier. Adenauer hatte sich nach seinem Referat wieder in sein Amtszimmer begeben, Gerstenmaier kam hinterher. Beredt gelang es ihm, den Kanzler auf die Bereitschaft zur Kandidatur festzulegen. Anschließend brachte Gerstenmaier das Wahlmännergremium zu einem einstimmigen Nominierungsbeschluß.

Am Nachmittag hielt Adenauer vor der Unionsrunde bereits eine Ansprache über seine künftige Amtsführung als Präsident. Mit einem Witzchen sorgte er für Stimmung: «Ich werde jetzt auch versuchen, meiner wahren Natur der Gerechtigkeit gegenüber der SPD Ausdruck zu geben.» Das Sitzungsprotokoll verzeichnet an dieser Stelle: «Große Heiterkeit.» In die Heiterkeit träufelte Adenauer die Ankündigung, daß er als Präsident für eine «extensive Interpretation des Grundgesetzes» eintreten werde. In einer Fernsehansprache tags darauf baute er diesen Gedanken noch aus: «Die Stellung, die Aufgabe und die Arbeit des Bundespräsidenten werden in der deutschen Öffentlichkeit und damit auch in der internationalen Öffentlichkeit zu gering eingeschätzt. Sie ist viel größer, als man schlechthin glaubt.» Im privaten Kreis sagte er es pointierter: «Der Bundespräsident hat so viel Macht wie der Bundeskanzler schlechte Nerven.»

Die Sozialdemokraten begeisterte die Nachricht, daß ihr unbezwingbarer Gegner die Kampfstätte räumte. Herbert Wehner: «Es ist zu schön, um wahr zu sein.» Ein anderer Zuhörer war weniger begeistert. Bundespräsident Heuss ersuchte Adenauer in einem «groben Brief», den Eindruck zu vermeiden, daß der bisherige Bundespräsident sein Amt ungenügend ausgefüllt habe.

Ludwig Erhard erreichte die Nachricht von Adenauers Kandidatur während einer Wahlreise in Norddeutschland. Kaum zurück in Bonn, meldete Erhard seinen Anspruch auf die Kanzlernachfolge in einem Gespräch mit Robert Pferdmenges an. Adenauer könne doch unmöglich an ihm, dem populärsten und erfolgreichsten Minister seines Kabinetts, vorbeigehen. Pferdmenges unterrichtete davon umgehend Adenauer. Dessen knappe Antwort an den Bankier, mit dem er sich inzwischen duzte: «Davon mußt du Erhard abbringen.» Anschließend reiste Adenauer in Urlaub nach Cadenabbia.

Adenauers Urlaubsquartier in Cadenabbia war die Villa Collina, ein schon etwas bröckelnder Jahrhundertwendebau an den Hängen des Comer Sees, dessen willkürlich zusammengetragene, meist nicht gebrauchsfertige Inneneinrichtung Toleranz für verschrobenen Charme abforderte. Zwischen den dicken braunen Deckenbalken des Salons kämpfte blau-golden leuchtender Stuck gegen die grünen Fliesen des Steinbodens an, den zum Teil ein abgetretener Perserteppich deckte. Eine Standuhr ohne Gewichte hielt permanent die Mittagszeit fest, ein schwarzer Bechstein-Flügel war so verstimmt, daß er nur noch als Untersatz für zwei verkniffen blinzelnde Porzellanpekinesen diente. In einem Mahagonieckschrank lagen als Dekoration künstliche blaue Weintrauben, die Wände waren dekoriert mit vergilbten Stichen, die Mitglieder der englischen Königsfamilie des 17. und 18. Jahrhunderts zeigten. Licht spendeten je nach Bedarf ein Lüster, silberne Leuchter mit roten Kerzen oder vier Wandlampen mit angesengten braunen Papierschirmen. Adenauer hatte sich für die Villa Collina wegen des schönen Parks entschieden. Die Gartenanlage reichte in Terrassen bis zum See herab, zwischen Zedern und Kiefern leuchtete roter Oleander, blaßblaue Glyzinien umrankten Grotten und Sitznischen mit steinernen Bänken und moosbedeckten Tischen. Die Ruhe dieser 19. Jahrhundert-Idylle bot dem Urlauber aus Bonn reichlich Gelegenheit, die in der Hektik der vergangenen Tage gefällten Entscheidungen noch einmal zu überdenken.

Eine «Akte Erhard» hatte Adenauer schon längst angelegt: Zeitungsmeldungen, Redetexte und Korrespondenz – alles Belege für die mangelnde Europabegeisterung seines Wirtschaftsministers. Ihm fehlte noch der aktuelle Anlaß für einen neuen Angriff auf Erhard. Eine Ansprache, die kurz zuvor der Wirtschaftsminister in Rom gehalten hatte, kam ihm gerade recht. Adenauer ließ sich den Text zum Urlaubsort nachschicken. Hier las er nun, daß Erhard gesagt hatte, die Europäische Wirtschaftsgemeinschaft sei nicht «der Weisheit letzter Schluß», ihre Institutionen dürften «nicht unantastbar oder gegen jede Kritik gefeit» sein. Adenauer: «Diese Rede bestärkte mich in meiner Überzeugung, daß Erhard als Bundeskanzler nicht in Frage komme.»

Damit war der Haken fürs eigene Abseilen geschmiedet. Der Entschluß, ihn zu nutzen, wuchs von Tag zu Tag. Zeigte sich doch, daß auf dem Hochplateau des Präsidentenamts die große Leere drohte. Gerhard Schröder als der für das Verfassungsrecht zuständige Innenminister, wies den Kanzler bei einem Besuch in Cadenabbia darauf hin, daß selbst eine extensive Auslegung des Grundgesetzes nicht die Basis dafür abgebe, nach der Kanzlerdemokratie nun eine Präsidialdemokratie zu versuchen. Zusätzlich forderten SPD und Staatsrechtler wie Rudolf Laun und Theodor Eschenburg, der Kanzler müsse sofort sein bisheriges Amt niederlegen, wenn er sich zum Präsidenten wählen lasse. Er könne damit nicht bis zum September warten, bis Heuss die Villa Hammerschmidt geräumt hätte. Mit der Rolle des designierten Staatsoberhaupts sei der politische Tageskampf unvereinbar. Das aber bedeutete für Adenauer: Sein Nachfolger als Regierungschef würde gewählt werden, noch ehe er im Präsidentenamt wäre. Ihm wäre dann die Möglichkeit genommen, den Kandidaten seiner Wahl vorzuschlagen, sein letzter Trumpf im Kampf gegen Ludwig Erhard.

Viel wert war dieser Trumpf ohnehin nicht. Erhard hatte in der Unionsfraktion von vornherein ungleich mehr Anhänger als Etzel. Schließlich hatte der Wirtschaftsminister den Christdemokraten bereits dreimal zu glänzenden Wahlsiegen verholfen. Nun streute die «Brigade Erhard» gezielt aus, der populäre Minister würde sein Amt niederlegen und aus der Bundesregierung ausscheiden, wenn ihm nicht die Nachfolge Adenauers angetragen würde. Die Aussicht, den nächsten Wahlkampf ohne Erhard und ohne Adenauer zu bestreiten, verschob die Gewichte weiter. Mindestens zwei Drittel der Fraktion seien für Erhard, berichtete Krone dem Bundeskanzler. Etzel habe kaum Chancen.

Adenauer war jetzt entschlossen, seine Kandidatur rückgängig zu machen. Daß es gelte, Erhards Kanzlerschaft zu verhindern, war sein politisches Argument. Daß ihm die eigene Kandidatur inzwischen unsinnig erschien, er schlichtweg lieber Bundeskanzler bleiben und nicht Bundespräsident werden wollte, war das eigentliche Motiv. Nur konnte er das schlecht öffentlich sagen. Intern aber gab er es zu erkennen. Gegenüber Pferdmenges, der ihn in Cadenabbia besuchte, sagte er schon frühzeitig, er halte die Präsidentschaftskandidatur für einen Fehler. Gegenüber dem CSU-Landesgruppenchef Höcherl, den Adenauer auf der Rückfahrt von Cadenabbia nach Bonn in Baden-Oos in seinen Sonderwagen zusteigen ließ, gestand er gleichfalls, das Amt des Bundespräsidenten sei «doch nicht das Richtige». Höcherl: «Kein Wort von Erhard.»

Die Demontage Erhards betrieb Adenauer fortan mit Eifer. Von allen Seiten erreichten Adenauer plötzlich schlechte Nachrichten über den Wirtschaftsminister. Da war der italienische Ministerpräsident Antonio Segni in Cadenabbia gewesen und gab sich «erschüttert» über Erhards Rom-Rede. Der neue amerikanische Außenminister Herter betonte beim Besuch in Bonn, die Vereinigten Staaten «werden an Europa festhalten, wenn die europäische Integration fortschreitet und wenn innerhalb dieser Integration Frankreich und Deutschland freundschaftlich zusammenleben» – was Adenauer «das sichere Gefühl» vermittelte, diese Erklärung sei gegen eine Kanzlerschaft Erhards gerichtet. Adenauers Pressechef Felix von Eckardt wußte von der laufenden Ost-West-Außenministerkonferenz aus Genf zu berichten, Erhards mögliche Kanzlerschaft habe «die Meinung unserer Partner gegenüber Deutschland schon jetzt merkbar verschlechtert». Bei einem Aufenthalt in Washington zur Beerdigung von Dulles sprach Adenauer mit «amerikanischen Freunden in maßgebenden politischen

Positionen» und brachte die Nachricht mit nach Hause: «Man habe in Washington über Erhard nur den Kopf geschüttelt.» Adenauer ließ den Präsidenten der Europäischen Wirtschaftsgemeinschaft, Walter Hallstein, nach Bonn anreisen, gegen dessen Bürokratie Erhard mehrfach Front gemacht hatte. Hallstein «teilte meine Bedenken».

In einem Brief an Krone zog Adenauer die Bilanz, daß Ludwig Erhard der Untergang Deutschlands sei: «Herr Erhard genießt nicht das Vertrauen unserer Bündnispartner. Ohne das Vertrauen unserer Bündnispartner können wir die Bundesrepublik gegenüber dem östlichen Ansturm nicht halten. Sie wird ein Opfer der östlichen Bedrohung.»

Allerdings gab es auch ein paar Versuche, Erhard zum freiwilligen Verzicht auf die Kanzlerkandidatur zu überreden. Wäre Adenauer dann Präsident geworden? Wohl kaum. In Anbetracht der offenkundigen Entschlossenheit des Wirtschaftsministers – über die Adenauer sehr wohl wußte: «Erhard war von einem nicht zu bändigenden Ehrgeiz erfüllt» – waren dies wohl mehr Alibiveranstaltungen. Dafür spricht auch die Qualität der von Adenauer gebrauchten Argumente: «Ich fragte Erhard, wer nach seiner Meinung Wirtschaftsminister werden sollte, wenn er Bundeskanzler würde. Erhard antwortete: ‹Westrick›. Ich gab zu bedenken, Westrick werde jetzt 65 Jahre alt.» Zum Zeitpunkt dieses Gesprächs war Adenauer 83.

«Ein Staatsmann wird nicht schlecht behandelt. Einen Staatsmann erkennt man daran, daß er andere schlecht behandelt» – nach dieser Definition, mit der Gerd Bucerius in jenen turbulenten Tagen seinen Favoriten Erhard in Form bringen wollte, war Konrad Adenauer nach wie vor ein großer Staatsmann. Am 4. Juni, fast auf den Tag genau zwei Monate nach seiner Entscheidung für das Präsidentenamt, unterrichtete Adenauer Fraktionsvorstand und Fraktion der CDU/CSU von seinem Entschluß, Kanzler zu bleiben. Kühl fertigte er die aufgebrachten Abgeordneten ab: man könne ja, wenn man ihn nicht mehr wolle, ein konstruktives Mißtrauensvotum im Bundestag gegen ihn einbringen. Adenauer brachte Eugen Gerstenmaier, der sich wieder einmal um alle Hoffnungen eines Karrieresprungs betrogen sah – etwa Außenminister unter Erhard zu werden – mit einem trockenen Satz dazu, aus dem Saal davonzulaufen: «Es ist sonderbar, daß man in den Augen eines Menschen den Haß in seinem Herzen ablesen kann.» Als sich der CSU-Abgeordnete Heinrich Aigner darüber erregte, wie Adenauer der Fraktion seinen Willen aufzwingen wolle – «wir sind nicht hier, um nur ja und Amen zu sagen» –, konterte Adenauer: «Es genügt, wenn Sie ‹ja› sagen.» Höcherl erinnert sich an die Wirkung: «Da war der Dampf weg.» Der CDU-Abgeordnete Ernst Majonica spottete, Adenauer trage den Titel eines Ehrendoktors der Medizin zu Recht, denn es sei ihm gelungen, 270 Mitgliedern der CDU / CSU das Rückgrat wegzuoperieren, ohne daß ein Tropfen Blut geflossen sei.

Für Ludwig Erhard hielt Adenauer ein ganzes Arsenal an Demütigungen parat. Am Abend des 1. Juni hatte sich Erhard bei Adenauer verabschiedet, um eine zehntägige Amerikareise anzutreten. Während seiner Abwesenheit werde sich doch nichts ereignen, fragte der Minister. Adenauer: Er könne beruhigt sein. Am nächsten Tag, Erhards Flugzeug war gerade über dem Atlantik, weihte der Bundeskanzler den CDU-Abgeordneten Oberkirchenrat Adolf Cillien in seinen Entschluß ein: Er werde die Präsidentschaftskandidatur zurückziehen und Regierungschef bleiben. «Das ist Gewissenssache», entwaffnete Adenauer die Einwände des Lutheraners. In der Fraktionssitzung mokierte sich der Bundeskanzler in Abwesenheit Erhards über dessen politische Fähigkeiten: «Wenn man mir eine Staffelei und eine Palette hinstellt, kann ich noch lange nicht malen.» Als Erhard zehn Tage später zornentbrannt – «mit dem Mann bin ich fertig» – nach Bonn zurückkehrte, weigerte sich Adenauer, einem Vorschlag Krones zu entsprechen und Erhard zu einem Gespräch zu bitten. Adenauer: «Ich dachte nicht daran. Es war Erhard, der sich bei mir von seiner Amerikareise zurückmelden mußte.»

Stellvertretend lud Krone den Wirtschaftsminister zum Aussöhnungsgespräch ins Bundeskanzleramt ein. Adenauer: «Ich selbst erledigte, als Erhard im Palais Schaumburg eintraf, mit Globke dringende Dienstgeschäfte. Erhard war in Begleitung von Höcherl gekommen. Es war Sache von Krone, mit Höcherl und Erhard zu sprechen.» Schließlich waren die dringenden Dienstgeschäfte erledigt, der Bundeskanzler hatte Zeit. Statt sich zu rechtfertigen, überschüttete Adenauer den Wirtschaftsminister mit Vorwürfen: Er verstehe nichts von Außenpolitik, mit seinen Reden zur EWG habe er großen Schaden angerichtet. Erhard verlangte öffentliche Genugtuung. Doch das konnte nicht ausdiskutiert werden. Adenauer mußte zu einem diplomatischen Frühstück zu Bundespräsident Heuss: «Mir blieb nicht viel Zeit für ein Gespräch mit dem Herrn Erhard.»

Auf einer Fraktionssitzung am Nachmittag dieses Tages vermied es Adenauer sorgfältig, Erhards Eignung für das Kanzleramt anzuerkennen. Statt dessen stellte er den Wirtschaftsminister als zu dünnhäutig dar: «Wenn Herr Erhard sagt, er fühle sich verletzt durch all das, was in der letzten Zeit über ihn geschrieben worden ist, dann muß ich sagen: Ich müßte am Boden zerschlagen sein durch das, was in den letzten Tagen über mich geschrieben worden ist.» Immerhin fand Adenauer sich bereit, Erhards fachliche Arbeit anzuerkennen – «auch wenn Einzelheiten seiner Wirtschaftspolitik umstritten gewesen sind». Und er schloß: «Ich freue mich auf unsere weitere gemeinsame Zusammenarbeit.»

Der Händedruck, den Adenauer und Erhard dann austauschten, hinderte den Bundeskanzler nicht daran, eine Woche später in einem Interview mit der *New York Times* nachzuhaken. Vizekanzler Erhard fehle es noch an der politischen Erfahrung, gab die Zeitung den Kernpunkt des Gesprächs als indirektes Kanzlerzitat weiter. Nachdrücklich habe Adenauer auch die Ansicht zurückgewiesen, Erhard habe als Kanzlernachfolger die Unterstützung der Mehrheit der CDU/CSU gehabt.

In der Unionsfraktion war die Aufregung so groß, daß Heinrich Krone den Bundeskanzler bat, an der nächsten Sitzung nicht teilzunehmen. Das war bisher noch nicht vorgekommen. In der Fraktion erregte sich Ludwig Erhard: «Der Kanzler zerstört das deutsche Ansehen im Ausland und die Partei.» Das Schicksal der CDU/CSU stehe auf dem Spiel. Nun sah sich Adenauer wieder in der Vorhand. Die US-Zeitung hatte längere, differenziertere Ausführungen in der Wiedergabe komprimiert. Adenauer schickte ein Telegramm an Erhard: «In der Fraktionssitzung haben Sie Vorwürfe gegen mich auf Grund falscher Zeitungsmeldungen erhoben. Ich bin der Auffassung, daß wir nicht in der Öffentlichkeit das Schauspiel einer Auseinandersetzung bieten dürfen. Ich beabsichtige daher nicht, auf Ihre Ausführungen vor der Fraktion zu antworten.»

Das allerdings reichte nicht, Erhard zu beruhigen. Wieder einmal mußte eine Versöhnungsformel gefunden werden, und Adenauer war sich sicher, dies ohne Gesichtsverlust erreichen zu können. Als ihn Staatssekretär Westrick aufsuchte und sagte: «Ich habe die große Sorge, Erhard wird die Brocken hinschmeißen», antwortete Adenauer nur: «Das tut der nie.» Adenauer behielt recht. Globke und Westrick formulierten einen zur Veröffentlichung bestimmten Briefwechsel zwischen Kanzler und Wirtschaftsminister, der mit Floskeln gegenseitigen Vertrauens «die Fortsetzung unserer freundschaftlichen und vertrauensvollen Zusammenarbeit» festschrieb. Die letzte Demütigung sparte sich Adenauer für seine Memoiren auf. In dem ersten Band, der die Gründung der Bundesrepublik und ihren Aufstieg bis 1953 schildert, gelang ihm das Kunststück, den wirtschaftlichen Durchbruch abzuhandeln und den Namen Erhard nur ein einziges Mal beiläufig zu erwähnen. Um so genüßlicher aber breitete Adenauer dann im dritten Band sein Bemühen aus, die Kanzlerschaft Erhards zu verhindern. In aller Ausführlichkeit zitierte Adenauer sämtliche Briefe und Gespräche, in denen er Erhard mangelnde politische Qualifikation bescheinigte. Da hatte er zudem die Genugtuung, daß sich sein Urteil bereits als zutreffend erwiesen hatte. Nach nur drei Jahren Kanzlerschaft war Erhard gestürzt worden.

Vierzehn Tage vor der Bundesversammlung kürte die Union schließlich als Verlegenheitskandidaten den Landwirtschaftsminister Heinrich Lübke für das Präsidentenamt. Adenauer kannte Lübke aus den Jahren unmittelbar nach Kriegsende. Damals war Lübke Landwirtschaftsminister in Nordrhein-Westfalen, aus Rhöndorf erreichten ihn Briefe des Kölner Ex-OBs mit der Bitte, einem befreundeten Winzer den Bezugsschein für einen Trecker auszustellen. Über Lübkes mangelnde Qualifikation für das höchste Staatsamt war sich Adenauer im klaren. «Er hat doch so schöne weiße Haare» – an diesen spöttischen Kommentar Adenauers erinnert sich der ehemalige CDU-Generalsekretär Bruno Heck. Der englische Journalist Terence Prittie, Autor einer Adenauer-Biographie, verbürgte sich, daß Adenauer nach Lübkes Wahl zum Präsidenten bei einem Essen zu einem westlichen Diplomaten sagte: «Wissen Sie, wer das ist? Zwei Plätze neben Ihnen? Das ist mein neuer Landwirtschaftsminister. Er ist noch dümmer als sein Vorgänger.» Damit sollte Adenauer sich täuschen. Lübke, der zwar ungelenk sprach, zeigte bei der Wahrnehmung der Rechte seines Amtes mehr Charakterstärke als Heuss.

Diejenigen, die 1959 die «Präsidentenkrise» miterlebten, glaubten, Adenauer habe durch sein Verhalten die Fundamente des Staats untergraben. «Wenn man mit der Kandidatur für das höchste Amt in der Bundesrepublik so jonglieren, so spielen kann, wo soll eigentlich da in unserem Volk und in der Welt das Vertrauen zu den Institutionen und zu den Männern, die diese Institutionen bekleiden, bleiben?» Dieser Satz des SPD-Vorsitzenden Ollenhauer gab das damals allgemein herrschende Urteil wieder. Adenauer, so schrieb die *Sunday Times*, offenbare «einen gewissen Mangel an Sympathie für die Art, wie eine Demokratie funktionieren muß». Der Bundeskanzler sah das schon damals nüchterner: «In vierzehn Tagen ist alles vorbei.»

Adenauer irrte sich. Mit dem Verbleiben im Bundeskanzleramt hatte er seine Selbstdemontage eingeläutet. Er hatte die Chance verpaßt, sich einen würdigen Abgang aus der Tagespolitik zu verschaffen und als Bundespräsident die Pflege seines Nachruhms zu betreiben.

Der Verfall der Macht

Die Erinnerung verschönt. So ist im zeitlichen Abstand das Bild Konrad Adenauers bestimmt von der Aufbauleistung während der fünfziger Jahre, seinen außenpolitischen Erfolgen und der Souveränität, mit der er Macht ausübte. Tatsächlich aber war ein Viertel der Regierungszeit Adenauers geprägt vom Verfall.

Niemand hätte Konrad Adenauer zu irgendeiner Zeit das Kanzleramt streitig machen können. Daß er die Diskussion über einen Nachfolger eröffnet hatte, war sein erster politischer Fehler. Daß er diese Diskussion anschließend nicht steuern und den von ihm aufgebauten Kronprinzen nicht durchsetzen konnte, ließ Führungsschwächen erkennen, die es bis dahin an ihm nicht gab. In den nächsten Jahren häuften sich Adenauers Fehlleistungen. Große politische Erfolge, die bislang zur Rechtfertigung seiner Methoden dienten, blieben aus.

Zunehmend wurden Adenauer in der Öffentlichkeit negative Eigenschaften beigemessen. Umfragen, die das Allensbacher Meinungsforschungsinstitut dem Presseamt übermittelte, wiesen den Sympathieverlust zwischen 1955 und 1959 drastisch aus. Die Zahl derjenigen, die ihn für aufrichtig hielten, minderte sich um ein Drittel. Dafür verdoppelte sich nahezu die Zahl derjenigen, die ihm die Prädikate «eigensinnig», «unnachgiebig», «herrschsüchtig» zuwiesen. Das strahlende Bild des politischen Wiederaufbaus der Bundesrepublik wurde zudem eingetrübt durch die ab 1959 verstärkt einsetzenden NS-Prozesse und die öffentliche Diskussion über die NS-Vergangenheit prominenter Politiker. Unter dem Druck der öffentlichen Meinung sah sich Adenauer gezwungen, den NS-belasteten Vertriebenenminister Theodor Oberländer fallenzulassen. Die Ergreifung des Judenmörders Adolf Eichmann verstärkte das negative Erscheinungsbild der Bundesrepublik insbesondere auch im Ausland. Eine neue Welle von Angriffen gegen Adenauers Staatssekretär Hans Globke setzte ein, der jetzt zur Symbolfigur für die in die Untaten des Dritten Reichs verstrickte Beamtenschaft und Justiz der Bundesrepublik wurde. Der Vorwurf der «unbewältigten Vergangenheit» wurde gegen das Adenauer-Regiment erhoben.

Um das negative Erscheinungsbild seiner Regierung aufzufangen und rechtzeitig zur Wahl 1961 auf die Öffentlichkeit einzuwirken, wollte Adenauer nun ein bundeseigenes, durch Werbeeinnahmen finanziertes Fernsehen etablieren. Warnungen Kardinal Frings', ein kommerzielles Fernsehen werde zu einer weiteren Entchristlichung führen, ließen Adenauer kalt. Der Kanzler konnte nicht damit rechnen, daß die Länder, die aus ihrer Kulturhoheit das alleinige Recht zur Ausstrahlung von Fernsehprogrammen ableiteten, einem Gesetz oder Vertrag zustimmen würden. Deshalb entschloß er sich zu einem handstreichartigen Vorgehen. Zusammen mit seinem Finanzminister Schäffer gründete er eine privatrechtliche Gesellschaft, die «Deutschland Fernsehen GmbH». Den Ländern wurde eine Minderheitenbeteiligung angeboten. Adenauer spekulierte darauf, daß der Wunsch der Öffentlichkeit nach einem zweiten Fernsehprogramm und die Wirkung «vollendeter Tatsachen» stärker wären als rechtliche Vorbehalte gegen das Verfahren. Diese Rechnung ging nicht auf. Die Länder – christdemokratisch regierte genauso wie sozialdemokratisch geführte –

weigerten sich mitzumachen. Der nordrhein-westfälische Innenminister Josef-Hermann Dufhues, CDU, zu Adenauer: «Wenn man so verfahren wollte wie Sie, dann hätte man auch die Bundeswehr als GmbH aufziehen können.» Das Bundesverfassungsgericht stoppte im Dezember 1960 das Unternehmen mit einer einstweiligen Anordnung. Das im Februar 1961 folgende Fernsehurteil konservierte für die nächsten 25 Jahre das System öffentlich-rechtlicher Fernsehanstalten der Länder.

Der herannahende Wahltermin nötigte die CDU zum Schulterschluß mit ihrem eigenwilligen Chef. Zugleich aber ließen es die Umfragezahlen angeraten erscheinen, den alten Kanzler einzurahmen. Der Slogan für die Wahl 1961 lautete: «Adenauer, Erhard und die Mannschaft». Zunehmend wurde jetzt auch Adenauers Alter zum Handicap beim Wählervolk. Seit in den USA der 43jährige Kennedy als Präsident den alternden Eisenhower abgelöst hatte, wurde auch den Westdeutschen bewußt, daß ein Generationswechsel überfällig war. Die Sozialdemokraten präsentierten mit dem jugendlichen Berliner Bürgermeister Willy Brandt, der im offenen weißen Mercedes-Cabriolet Homburg-schwenkend durch die Lande reiste, eine westdeutsche Taschenbuchausgabe Kennedys. Brandt hatte in den letzten Jahren seine Popularität erheblich steigern können, nicht zuletzt dank finanzieller Unterstützung durch die Bundesregierung, die ihn nach dem Berlin-Ultimatum Chruschtschows als «Botschafter des freien Berlin» um die Welt schickte. Die Freidemokraten hatten gleichfalls den Generationswechsel vollzogen. Ihr neuer Spitzenkandidat Erich Mende nutzte die politische Marktlücke und warb für eine Neuauflage der bürgerlichen Koalition – mit der CDU, aber ohne Konrad Adenauer. Trotz alledem sagten Meinungsumfragen eine neue absolute Mehrheit für die Christenpartei voraus.

Der Mauerbau brachte die Wende.

Als am Wahlabend die Kanzlerpartei 29 Mandate verlor und damit die absolute Mehrheit einbüßte, kam es in der CDU/CSU zur geballten Kritik an Adenauer. Ihm wurde vorgeworfen, durch sein taktisches Fehlverhalten die Verluste verschuldet zu haben. Jetzt schien der Zeitpunkt der Rache gekommen für diejenigen, die Adenauer in den letzten Jahren durch sein harsches Verhalten sich zum Feind gemacht hatte. Das Rudel wollte den alten Führungswolf in der Stunde der Schwäche wegbeißen.

Für diesen Tag waren schon verschiedene Positionen vorbereitet worden.

In einer Schlußansprache hatte Eugen Gerstenmaier auf der letzten ordentlichen Sitzung des alten Bundestags die Grundzüge für eine Regierungserklärung eines Kanzlers einer Großen Koalition vorgetragen. In dieser Rede, die Konrad Adenauer als Mißbrauch des Amts des Bundestagspräsidenten bezeichnete, war Gerstenmaier auf die Linie seines alten Vorschlags zurückgekehrt, Friedensvertragsverhandlungen aufzunehmen. In der Wahlnacht trat der ehrgeizige Schwabe dann aus der Kulisse hervor: Er könne sich eine neue Bundesregierung auch ohne Adenauer vorstellen.

Der CSU-Vorsitzende Franz Josef Strauß hatte mit FDP-Chef Mende verabredet, nach der Wahl Ludwig Erhard als Kanzlerkandidaten vorzuschlagen. Strauß, der nur mit einer kurzen Regierungszeit des Franken rechnete, sah dann seine Stunde kommen. Noch in der Wahlnacht verkündete Strauß: «Die Entscheidung der CSU ist gefallen: Wir haben uns für Dr. Erhard entschieden.»

Doch Konrad Adenauer stach alle Frondeure aus. Am Morgen nach dem Wahlsonntag verkündete er auf einer Pressekonferenz in Bonn seinen Anspruch, auch die nächste Bundesregierung zu führen. Er kleidete dies in ein Zurückweisen sämtlicher Forderungen nach einer neuen Außenpolitik. Adenauer: «Was nun? Da möchte ich Ihnen eines sagen, für mich ist das wichtigste und wesentlichste, daß die Außenpolitik so, wie sie von der CDU / CSU geführt worden ist, ungebrochen stark in der gleichen Richtung weitergeht.» Mendes Ohne-Adenauer-Parolen nahm er gelassen: «Es sind doch nicht alles, was im Wahlkampf verkündet wird, Bibelsprüche.»

Die nächsten Züge im taktischen Spiel: auf den Kopf zu fragte er die beiden Konkurrenten Erhard und Gerstenmaier, ob einer von ihnen gegen ihn als Bundeskanzler kandidieren wolle. Den offenen Kampf wagten beide nicht. Erhard verbrämte es als staatspolitische Noblesse: «Für mich hätte es bedeutet, daß man die Demokratie zu einem persönlichen Handgemenge erniedrigt.» Zur Beschwichtigung des aufgebrachten Gefolges verkündete Adenauer wenig später im Bundesvorstand der CDU, ihm schwebe vor, «daß ich etwa in der Mitte dieser vier Jahre, wenn ich zum Kanzler gewählt werden sollte, zurücktreten würde, um einem anderen Mann Platz zu machen, damit sich der neue Mann bis zu den Wahlen 1965 einarbeiten kann». Ein genauer Termin wurde noch nicht genannt. Damit hatte Adenauer sein kurzfristiges Ziel erreicht, sich die Unterstützung der CDU-Oberen für seine neue Kandidatur zu sichern.

Doch Adenauer verfing sich diesmal in der eigenen Taktik. Anders als beim Spiel um die Präsidentschaft kam er von dieser Erklärung trotz heftiger Bemühungen nicht mehr los. Bei den bald einsetzenden Koalitionsgesprächen sollte sich zeigen, daß ihn starke Kräfte in der eigenen Partei und in der FDP auf einen vorzeitigen Rücktrittstermin festlegten. Fortan galt er als Kanzler auf Zeit.

Es war der zweite Akt der Selbstdemontage. Hans Katzer, der für die CDU-Linken im Bundesvorstand saß und zu Adenauers Bewunderern zählte, hält Adenauers Teilzeitangebot für den entscheidenden Fehler. Katzer: «Ich habe es nie verstehen können, weshalb der Alte das gemacht hat. Niemand hätte ihn dazu zwingen können.»

Erst einmal als Kanzlerkandidat durch den Bundesvorstand und wenig später auch durch die Fraktion nominiert, lehrte Adenauer die FDP das Fürchten. Im Hochgefühl ihres Sieges – 12,8 Prozent der Wählerstimmen bedeuteten einen Nachkriegsrekord – glaubte die FDP eine Zeitlang, sie könne ihre Adenauer-Blockade durchhalten. Er hoffe, sagte Erich Mende, als er die Nachricht von der Nominierung Adenauers durch die CDU/CSU erhielt, daß die Freidemokraten «in der nächsten Woche nicht umfallen». Der nordrhein-westfälische FDP-Vize Walter Scheel sekundierte: «Wir würden unseren Wahlsieg verschenken, wenn wir unter Adenauer eine Koalition bilden.» Einige Tage später aber wurden die FDP-Granden von der Nachricht hochgeschreckt, daß Konrad Adenauer die SPD-Führer Ollenhauer, Wehner und Brandt zu einer Besprechung eingeladen habe. Deklariert wurde diese Begegnung noch als außenpolitische Bestandsaufnahme. Herbert Wehner sah darin schon die Einleitung der Großen Koalition, auf die er seit 1960 hingearbeitet hatte. Seinen zögerlichen Genossen redete der zielstrebige Sachse ihre Vorbehalte aus: «Machen Sie nicht den gleichen Fehler wie Mende!» Den 85jährigen Adenauer bezeichnete er als einen «Kanzler der Liquidation, politisch wie physisch.» Allein wichtig sei, daß die Genossen hoffähig würden. «Wenn wir einmal mit sechs oder acht Bundesministern vier Jahre lang in der Regierung in Bonn sind, dann wollen wir mal sehen, ob ‹der Bürgerschreck› noch in Deutschland sitzt und ob dann nicht eine neue Zeit begonnen hat. Wir müssen in die Regierung.»

Die FDP sah sich in eine Zuschauerrolle gedrängt. Erich Mende scheiterte mit Versuchen, Ludwig Erhard und anschließend auch Eugen Gerstenmaier doch noch zu einer Kandidatur gegen Adenauer zu überreden. Gerstenmaier brachte das, was inzwischen alle vormaligen CDU/CSU-Revoluzzer dachten, auf die Formel: «Ich habe nicht den Ehrgeiz, als Kanzler-Killer Adenauers in die Geschichte einzugehen.» Die FDP erkannte jetzt, daß sie ihre Kräfte überschätzt hatte. Unter dem Druck der Verhältnisse erklärte Mende bereits zwei Wochen nach der Wahl, die FDP werde prüfen müssen, «Adenauer für eine Übergangszeit ihr Vertrauen zu geben». Mende heute: «Damit wollte ich unsere Kompromißbereitschaft signalisieren, um der Gefahr einer Allparteienregierung oder eines Ausmanövrierens der FDP zu begegnen, wie sie fünf Jahre später im Herbst 1966 durch die Große Koalition zwischen CDU/CSU und der SPD eintreten sollte.»

Nach dieser Erklärung hatte Adenauer gewonnenes Spiel. Jetzt ging es nur noch darum, Formeln zu finden, die es der FDP erlaubten, einigermaßen das Gesicht zu wahren. An 58 Tagen – solange wie nie zuvor – wurde um Posten und Positionen verhandelt. Mit dem eigenen Verzicht auf Ministerwürden – angeboten wurden ihm das Innen- und zeitweilig sogar das Außenministerium – glaubte Mende, den Umfall der FDP abzufedern. Am Ende der Verhandlungen wurde zum erstenmal ein umfangreiches Koalitionsabkommen paraphiert, und Konrad Adenauer belehrte den FDP-Chef: «Sehen Sie, Herr Mende, wie richtig das französische Sprichwort ist: Man sollte nie niemals sagen. In der Politik muß man immer Alternativen haben und darf sich nicht so festlegen, daß man dann von seinen Erklärungen nicht mehr herunter kann!»

Bei den Koalitionsverhandlungen mit der FDP hatte Adenauer noch einmal die «erschreckende Undankbarkeit» (Kiesinger) demonstriert, zu der er des eigenen Vorteils willen gegenüber seinen Mitstreitern fähig war. Die Freien Demokraten hatten auf Mitsprache in der Außenpolitik bestanden und für sich einen Europaminister oder einen Staatsminister im Auswärtigen Amt gefordert. Ohne den Außenminister zu informieren, hatte der Bundeskanzler dem künftigen Koalitionspartner den gewünschten Staatsminister zugesagt. Als Brentano auf einer Sitzung des Fraktionsvorstands der CDU / CSU dies als eine «unerträgliche Beschränkung» seiner Amtsbefugnisse bezeichnete, erwiderte ihm Adenauer, er könne ja zurücktreten und Justizminister werden. Brentano war so getroffen, daß er mit bleichem Gesicht den Raum vor Ende der Sitzung verließ. Einen Tag darauf schrieb Brentano an Adenauer, dem er zwölf Jahre lang ergeben zugearbeitet hatte, sein Abschiedsgesuch. Zwei Tage lang hoffte Brentano vergeblich darauf, von Adenauer gehalten zu werden. Dann verkündete er öffentlich seinen Rücktritt: «Ein Kabinettsmitglied, ganz besonders der Außenminister, bedarf in seiner Tätigkeit des Vertrauens des für die Richtlinien der Politik verantwortlichen Regierungschefs.»

Doch auch jetzt wollte Brentano noch nicht endgültig glauben, daß Adenauer bereit war, ihn zu opfern. Er beteiligte sich noch an einer nächtlichen Besprechung der Unionsführung im Bundeskanzleramt kurz vor Abschluß der Koalitionsverhandlungen. Über seine Ministerauswahl schwieg sich Adenauer da noch aus. Dann fuhr Brentano zusammen mit Hans Katzer in seine Junggesellenwohnung in Bonn-Muffendorf. Während die schlaftrunkene Haushälterin Whisky servierte, schaltete Brentano die Mitternachtsnachrichten im Radio ein. Was Adenauer ihm bislang nicht persönlich gesagt hatte, erfuhr er jetzt vom Westdeutschen Rundfunk. Sein Name stand nicht mehr auf der neuen Kabinettsliste. Brentano zu seinem Gast Katzer: «Das ist doch eine Unverschämtheit.»

Doch auch der so erfolgreiche Taktierer Adenauer war aus den Koalitionsverhandlungen nicht unbeschädigt hervorgegangen. Mit einem Brief an den Fraktionsvorsitzenden Krone – Kopie an Erich Mende – mußte der Bundeskanzler seine Absicht zum vorzeitigen Rücktritt festschreiben.

Die neue Regierung Adenauer hatte schlechte Kritiken. Angesichts der angespannten internationalen Situation nach dem Mauerbau konnte die Öffentlichkeit das Parteigerangel in Bonn nicht verstehen. Bei der FDP blieb wegen des Umfallens latenter Unmut. In der Union begannen die Grabenkämpfe zwischen den potentiellen Nachfolgern. Der erste Auftritt der neuen Regierung war kennzeichnend für ihr künftiges Erscheinungsbild. Die Vereidigung der Minister fand vor halbleerem Parlament statt. Die SPD war aus dem Sitzungssaal ausgezogen, weil der Kanzler keine Regierungserklärung vortragen wollte

– wegen einer bevorstehenden Amerikareise hatte Adenauer sein künftiges Programm noch nicht fertiggestellt. Vierzehn Tage später las Vizekanzler Erhard den Text vor, weil Adenauer inzwischen mal wieder an Bronchitis erkrankt war.

Die Adenauer-treue *Neue Zürcher Zeitung* schrieb: «Adenauer hat das Charisma des unbestrittenen und erfolgreichen Führers verloren. Es gehen jetzt auch in seinem eigenen Lager Zweifel um, ob er die Dinge wirklich noch im Griff habe.»

Die erste Konsequenz, die die CDU / CSU aus dieser Einschätzung zog, war ein neuer Ansatz zur Parteireform. 1958 war es Adenauer noch gelungen, die Diskussion über eine organisatorische Stärkung der CDU abzublocken und damit sein Alleinvertretungsrecht als Kanzler und Parteivorsitzender zu wahren. 1962 aber zwang ihm die CDU einen geschäftsführenden Vorsitzenden auf, der eine Organisationsreform der Partei einleiten sollte. Gewählt wurde kein Erfüllungsgehilfe Adenauers, sondern der wirtschaftlich unabhängige Industrieanwalt und Adenauer-Gegner beim Streit um das Deutschland-Fernsehen, Josef-Hermann Dufhues. Adenauer wollte Dufhues lediglich als eine Art besseren Bundesgeschäftsführer akzeptieren. Sobald der ambitionierte Parteistratege erste Anzeichen von Selbständigkeit entwickelte, suchte Adenauer den Konflikt. Dufhues hatte während eines Cadenabbia-Urlaubs Adenauers auf eigene Faust eine Sitzung des Präsidiums anberaumt. Als Adenauer davon erfuhr, bekam er «einen der wenigen Wutausbrüche, die von ihm bekannt sind», berichtet Horst Osterheld, Abteilungsleiter im Bundeskanzleramt, der Zeuge der Szene war. Adenauer schickte von Cadenabbia aus Fernschreiben an die Mitglieder des Parteipräsidiums und sagte die Sitzung wieder ab. Dufhues stellte er am Telefon zur Rede: «Was fällt Ihnen ein, Herr Dufhues!»

Dufhues wurde seines Lebens in der CDU-Zentrale nicht froh. Schließlich schränkte er die Arbeit auf zwei Wochentage ein. Doch selbst ein reduzierter Dufhues war Adenauer zuviel. Als Neunzigjähriger schrieb er seinem geschäftsführenden Mitvorsitzenden: «Die klare Absicht, mich aus den für die Partei entscheidenden Fragen auszuschalten, macht mir eine weitere Zusammenarbeit mit Ihnen nicht mehr möglich.»

Die Spiegel-Affäre

Zum negativen Image der letzten Jahre der Regierung Adenauer hatte wesentlich die kritische Berichterstattung des *Spiegel* beigetragen. Anfang der sechziger Jahre zählten die Affären des ebenso macht- wie lebenshungrigen Verteidigungsministers Franz Josef Strauß zu den bevorzugten *Spiegel*-Sujets. In einem Artikel «Der Endkampf» wurden die Attacken politisch verdichtet: Die Atomrüstungspolitik von Strauß in Verbindung mit seinem ungezügelten Antikommunismus – Strauß über die Sowjets: «Einen Sittlichkeitsverbrecher läßt man auch nicht frei herumlaufen» – machten den Verteidigungsminister in der Darstellung des *Spiegel* zum Sicherheitsrisiko. Nach einem Artikel des *Spiegel* über die mangelnde Einsatzbereitschaft der Bundeswehr, worin die Bundesanwaltschaft Landesverrat sah, erfolgte eine Polizeiaktion gegen das Hamburger Magazin. Fahnder der Bonner Sicherungsgruppe, einer Dependance des Bundeskriminalamts, durchsuchten Redaktion, Archiv, Telefonzentrale und Bildlabor. Es kam zu sechs Verhaftungen. Prominenteste Opfer waren Rudolf Augstein und der verantwortliche *Spiegel*-Redakteur Conrad («Conny») Ahlers, der während eines Spanienurlaubs festgenommen wurde.

In der Rückschau von über zwanzig Jahren mildern etliche Weichzeichner die krassen Rechtsverletzungen während der *Spiegel*-Aktion. Die Verhafteten mußten wieder freigelassen werden – Augstein saß immerhin 104 Tage –, eine Anklage wurde erhoben, das Verfahren aber nicht eröffnet. Die unmittelbaren Gegenspieler versöhnten sich bald wieder. Augstein schenkte Adenauer zum Abschied aus dem Bundeskanzleramt ein Jahr später einen Leder-Prachtband mit Glückwunschschreiben und Würdigungen bedeutender Zeitgenossen. Conny Ahlers wurde unter dem CDU-Kanzler Kurt Georg Kiesinger stellvertretender Pressechef. Adenauer überreichte ihm seinen ersten Memoirenband mit einer persönlichen Widmung und dem Bemerken: «Damit ist Ihre Spanien-Reise aber beendet.» Zwei Jahrzehnte später warb Franz Josef Strauß für einen Faksimile-Abdruck des *Spiegel*: «Ein Blick in den *Spiegel* von damals beweist, daß Zeitungsgeschichte ein Stück Zeitgeschichte ist.»

Damals allerdings war Adenauer entschlossen, einen lästigen innenpolitischen Widersacher auszuschalten. Pressefreiheit, Bürgerrechte und Wahrung rechtsstaatlicher Verfahren waren in seiner konservativen Vorstellungswelt der Staatsräson nachgeordnet. Ausdrücklich billigte der Bundeskanzler das Verfahren, ermutigte seinen Verteidigungsminister, am zuständigen freidemokratischen Justizminister Wolfgang Stammberger vorbei loszuschlagen. Adenauer empörte sich vor dem Parlament, der *Spiegel* habe «systematisch, um Geld zu verdienen, Landesverrat getrieben»; «wir haben einen Abgrund von Landesverrat im Lande.» Die Reaktion in der Öffentlichkeit und im Parlament zeigten bald, daß Adenauer sich übernommen hatte.

Zum erstenmal kam es zu einer spontanen Massendemonstration gegen die Übergriffe der Staatsmacht. Zum erstenmal solidarisierten sich auch die adenauerhörige Presse mit ihren sonst mißliebigen Hamburger Kollegen. Die plötzliche Bewußtseinsänderung sollte noch langfristige Folgen haben. Das Mißtrauen gegen obrigkeitsstaatliche Herrschaftspraktiken wuchs, die schon von Innenminister Schröder vorgelegten Notstandspläne waren nicht mehr zu realisieren und mußten vertagt werden. Die Freiheitsrechte des einzelnen gewannen einen höheren Stellenwert als die Sicherheitsinteressen des Staats. Lang tabuisierte Themen wie die Effizienz der Bundeswehr, die Qualität ihrer Ausrüstung und Verteidigungsplanung konnten fortan mit größerem Freimut öffentlich diskutiert werden. Auch war die erste Schneise auf dem Weg zu einer Liberalisierung des Staatsschutzrechts geschlagen. Der *Spiegel* selbst ging aus der Affäre gestärkt hervor und gewann den Status einer unangreifbaren Kontrollinstanz.

Die heftige öffentliche Reaktion zwang die sonst anpassungsbegierige SPD im Bundestag, Aufklärung zu verlangen. Während dramatischer Fragestunden im Bundestag, in denen Strauß unvollständige und unwahre Angaben machte, stärkte sich der Eindruck eines privaten Rachefeldzugs des Verteidigungsministers und seines Kanzlers gegen mißliebige Kritiker.

Die Freien Demokraten forderten daraufhin aus Solidarität mit ihrem überspielten Ministerkollegen Stammberger den Rücktritt von zwei CDU-Staatssekretären – Volkmar Hopf im Verteidigungsministerium und Walter Strauß im Justizministerium –, die auf kurzgeschlossenem Draht die ganze Aktion vorbereitet hatten. Adenauer, der sonst stets dazu neigte, sich bei den ersten Schwierigkeiten von Mitarbeitern zu trennen, sah in den beiden Beamten pflichtgetreue Vollstrecker des Staatsschutzinteresses und war nicht bereit, ihnen den Laufpaß zu geben. Auch als ihn sein Staatssekretär Globke und der als Sonderminister ins Kabinett eingerückte Heinrich Krone darauf hinwiesen, daß möglicherweise die Koalition in die Brüche gehen könnte, blieb der Kanzler hart. Als Adenauer dann von Verbindungen zwischen *Spiegel* und BND erfuhr – der *Spiegel* hatte sich vor Abdruck des umstrittenen Artikels durch Rückfragen bei dem Geheimdienst abgesichert –, nahm die Affäre eine kuriose Wendung. Nun erst recht überzeugt, vor einem Abgrund von Landesverrat zu stehen, rief Adenauer Justizminister Stammberger zu sich und forderte ihn auf, den im Nebenzimmer wartenden BND-Chef Gehlen zu verhaften. Stammberger entgegnete, er glaube nicht, daß ein Bundesrichter einen Haftbefehl gegen den BND-Chef ausstellen werde, wenn man keine harten Beweise habe. Adenauer erinnerte sich an persönliche Berufserfahrungen, die 60 Jahre zurücklagen: «Ich bin auch mal Staatsanwalt gewesen. Früher war das aber anders.»

Krone behielt recht. Die freidemokratischen Minister traten zurück. Damit war die Koalitionskrise ausgebrochen. Um Adenauer eine neue Regierungsbildung zu ermöglichen, stellten anschließend auch die Unionsminister ihre Ämter zur Verfügung.

Für Adenauer war dieses Ende die Hoffnung auf einen neuen Anfang. Warum es jetzt nicht mit der SPD versuchen, wo sich doch die FDP als ein so schwieriger Partner erwiesen hatte? Die Zusammenarbeit in der Koalition sei im letzten Jahr «schrecklich» gewesen, klagte Adenauer vor dem Fraktionsvorstand.

Die Abneigung war gegenseitig. Die Freidemokraten hatten noch nicht vergessen, wie sie 1956 von Adenauer vor die Tür gesetzt wurden. So lebten sie ständig in der Furcht, von der mächtigen CDU aufgesogen zu werden, und bemühten sich deshalb um ein eigenes Profil. Seit der Regierungsbildung 1961 war es geradezu zur fixen Idee der FDP geworden, den Ruch der «Umfallpartei» wieder loszuwerden.

Die von Herbert Wehner disziplinierte SPD war in den Augen des konservativen Kanzlers ein Muster an Geschlossenheit und Folgsamkeit gegenüber den Führern. Den Ordnungssinn der Sozialdemokraten hatte Adenauer schon früh schätzen gelernt. Der Kölner Sozialdemokrat Sollmann hatte dem Oberbürgermeister Adenauer geholfen, mit den Wirren der November-Revolution 1918 fertig zu werden. Während der Weimarer Zeit erkannte Adenauer in der Großen Koalition von Sozialdemokraten und Zentrum in Preußen das stabilisierende Element der ganzen Ära. Seine Bereitschaft, das Amt des Reichskanzlers zu übernehmen, hatte Adenauer vom Zusammengehen mit der SPD abhängig gemacht. Nach 1945 hatte er die Konfrontation mit den Sozialdemokraten nicht aus einer grundsätzlichen Gegnerschaft, sondern zur eigenen Machtsicherung betrieben, er war nicht bereit gewesen, den von Schumacher geforderten Führungsanspruch der SPD anzuerkennen.

So war es für Adenauer – anders als es seine Zeitgenossen 1962 sahen, die sich noch an des Kanzlers Verdammungsurteil erinnerten, daß ein Sieg der SPD «der Untergang Deutschlands» sei – kein Überbordwerfen von Prinzipien, vielmehr die Rückkehr zu einer für ihn seit je denkbaren Alternative, als er jetzt für Koalitionsverhandlungen mit der SPD plädierte. Auch in der Unionsfraktion gab es, zum Teil noch aus der Zeit gemeinsamer Länderbündnisse nach Kriegsende, zahlreiche Abgeordnete, die sich ein Zusammengehen mit der SPD vorstellen konnten. Fraktionschef Heinrich von Brentano etwa unterhielt aus jenen Tagen noch immer enge Kontakte zur hessischen SPD. Adenauers Vertrauter Krone duzte sich mit Ollenhauer. 1923 hatten die beiden nach Hitlers Marsch auf die Feldherrnhalle eine gemeinsame Kundgebung von Arbeiterjugend und Zentrumsjugend im ehemaligen Preußischen Herrenhaus gegen den Putschversuch veranstaltet. Antifaschistische Aktivitäten teilte der aristokratische CSU-Abgeordnete Karl Theodor Freiherr von und zu Guttenberg mit zahlreichen sozialdemokratischen Abgeordneten. Insbesondere war Guttenberg auch ein innerparteilicher Gegner des in der *Spiegel*-Krise schwer angeschlagenen CSU-Vorsitzenden Franz Josef Strauß. Auch Kardinal Frings befürwortete ein Zusammengehen mit den Sozialdemokraten, dem antiklerikalen Liberalismus der Freidemokraten mißtraute er zutiefst.

Von Konrad Adenauer ermutigt, führten Unionspolitiker wie Guttenberg und der katholische Wohnungsbauminister Paul Lücke erste Sondierungsgespräche mit der SPD. Adenauer forderte auch seinen

Gefolgsmann Krone auf: «Reden Sie doch mal mit Wehner. Wo der sich hinlegt, da liegt die SPD.» Die christdemokratischen Unterhändler verständigten sich mit der regierungslüsternen SPD-Führung nach kurzer Zeit auf die Kernpunkte eines gemeinsamen Programms: Fortsetzung der bisherigen Außenpolitik, eine nicht begrenzte Kanzlerschaft Adenauers bis zum Ende der Legislaturperiode, gemeinsame Verabschiedung der Notstandsverfassung, eine Finanzreform, die dem Bund mehr Geld zufließen lassen sollte. Verabredet wurde auch ein Mehrheitswahlrecht schon für die nächste Wahl 1965, das in der Bundesrepublik ein Zweiparteien-System etablieren sollte, damit Koalitionen künftig überflüssig würden. In einem gemeinsamen Gespräch der SPD- und CDU-Vertreter bei Adenauer am 4. Dezember wurden die Vereinbarungen bestätigt. Beim Abschied setzte SPD-Chef Ollenhauer versehentlich Adenauers Hut auf. Er bemerkte den Irrtum erst am nächsten Tag und sandte die Kopfbedeckung zurück. Der Kanzler ließ sie chemisch reinigen.

Es zeigte sich jedoch, daß es in beiden Fraktionen erhebliche Widerstände gegen die Absprachen gab. Die SPD-Abgeordneten stritten über die Einführung des Mehrheitswahlrechts und die Verlängerung der Kanzlerschaft Adenauers. In der Unionsfraktion organisierte die «Brigade Erhard» den Widerstand gegen eine schwarz-rote Koalition. Die Erhard-Truppe hatte nicht nur prinzipielle Einwände, sie fürchtete, daß ihr Protagonist, der während der ganzen *Spiegel*-Affäre toter Käfer gespielt hatte, bei einem längeren Aufschub seine Kanzlerchancen verlöre. Erhard hatte bereits – wie die jüngsten Umfragen auswiesen – zehn Prozent Popularität eingebüßt. Auch Strauß, der seinen Verzicht auf ein künftiges Regierungsamt erklärt hatte, legte sich quer.

Die Widerstände in der SPD verhärteten sich bald so, daß ein positiver Abschluß der Verhandlungen zweifelhaft wurde. Adenauer überlegte sich jetzt, ob er Neuwahlen anstreben oder die Koalition mit der FDP fortsetzen sollte. «Was soll ich tun?» fragte er seine Ratgeber Krone und Globke. Deren Antwort: Er solle im Laufe des nächsten Jahres zurücktreten, am besten nach den Sommerferien, und bis dahin mit den Freidemokraten weiterregieren.

Der erfolglose Anlauf zur Großen Koalition und die daraufhin erzwungene Neuauflage der bürgerlichen Regierung brachte für Adenauer einen weiteren Autoritätsverlust. Nun mußte er sich gegenüber den Freidemokraten auf einen zeitlich genau datierten Rücktrittstermin festlegen.

Mit dem Herbst 1962 war die eigentliche Ära Adenauer zu Ende. Für vier Unionsminister endete sie wieder mit den Spätnachrichten. Ernst Lemmer, Siegfried Balke, Hans-Joachim von Merkatz und Franz-Josef Wuermeling hörten wie ein Jahr zuvor ihr Kollege von Brentano aus dem Radio, daß sie nicht mehr gebraucht wurden.

«Ich bin von den großen Dingen abgeschnitten»

Der Abschied von der Politik

Adenauers letzte Regierungsmonate waren eine quälende Abfolge von Mißhelligkeiten und Niederlagen. Zwischen den Koalitionspartnern herrschte Zwist und Mißtrauen. Alle Hoffnungen auf neue politische Erfolge knüpften sich bereits an die Zeit nach Adenauer. Der Kanzler selber erlebte, wie gering sein verbliebener Einfluß war. Es gelang ihm nicht, die Unionsparteien auf seine Frankreich-Politik zu verpflichten, der von ihm als Lebenswerk betrachtete deutsch-französische Vertrag wurde durch eine Präambel entwertet. Vergeblich versuchte Adenauer noch, Ludwig Erhard als seinen Nachfolger zu verhindern.

Seit 1961 befand sich die CDU in einer verzwickten Lage. Auf der einen Seite wollten die Christdemokraten dem Uralt-Kanzler einen würdigen Abgang verschaffen. Auf der anderen Seite waren sie entschlossen, den populären Wirtschaftsminister, der ihnen als Wahlkampflokomotive unentbehrlich erschien, zum Regierungschef zu küren. Vierzehn Jahre Kanzlerschaft Adenauers hatten indes bei den Unionsparlamentariern schwere Haltungsschäden verursacht. Obgleich eine Landtagswahl nach der anderen verlorenging, wagten sie nicht, das einzig politisch Vernünftige und auch Unausweichliche zu tun: Ludwig Erhard zu nominieren. Statt dessen schoben sie drei Kurfürsten der CDU/CSU – Brentano, Strauß und Dufhues – den Auftrag zu, einen Kronprinzen zu finden. Der FDP-Politiker und Ex-Generalsekretär Karl-Hermann Flach spottete: «Wie Aladin mit der Wunderlampe. Lächerlichkeit kann töten.»

Von dem Vorrecht großer Männer, ihren Abschied zur Tragikomödie zu gestalten, machte Adenauer ausgiebig Gebrauch. Er startete einen Nervenkrieg gegen Erhard, für den ihm kein Anlaß zu klein war. In einem seiner Kurzbriefe beschuldigte der noch amtierende Kanzler Erhard, er ließe Kabinettssitzungen abhören. Der Hintergrund: Die beiden Referenten des Wirtschaftsministers, Dankmar Seibt und Karl Hohmann, hatten ihren Chef im Anschluß an eine Kabinettssitzung vom Palais Schaumburg aus zu einer Reise abholen wollen. Als sie eintrafen, tagten die Minister noch. Die beiden waren gesehen worden, als sie in einem Nebenraum, dem sogenannten Hallstein-Zimmer, warteten.

Erhard zerriß den Brief Adenauers, doch Karl Hohmann fischte die Papierschnipsel aus dem Papierkorb und erklärte dem Wirtschaftsminister: «Das können Sie so nicht hinnehmen. Das ist ja immerhin ein Aktenvorgang. Da müssen Sie uns in Schutz nehmen.» Den zerrissenen Brief bewahrt Karl Hohmann heute zu Hause auf.

Nach einer harschen Kritik Erhards an Frankreich wegen de Gaulles Veto gegen eine Aufnahme Englands in die EWG wies der Bundeskanzler den Wirtschaftsminister in einem Brief auf seine mangelnde Sachkompetenz hin: «Wenn der Bundeswirtschaftsminister es für notwenig hält, irgendwie politisch tätig zu werden, muß er sich vorher mit dem Auswärtigen Amt verständigen.» Jetzt, wenige Monate vor dem Schlußtag, traute sich auch der sonst als «Gummilöwe» apostrophierte Erhard zu einer selbstbewußten Antwort und schrieb, «daß ich deshalb die von Ihnen geübte Kritik zurückweisen muß. Es ist nur fair, wenn wir uns gemäß den in den Regierungserklärungen der letzten Jahre gegebenen Zusicherungen verhalten.»

Als Adenauer nach dieser Antwort merkte, daß der Nervenkrieg Erhard nicht zermürbte, suchte er nach neuen Ablehnungsgründen. Zu dem Argument mangelnder außenpolitischer Kenntnisse kam jetzt der Einwand, daß ein Wirtschaftler als Regierungschef die CDU in den Ruf der Industriehörigkeit bringen könnte. BDI-Freund Adenauer: «Das würde Tür und Tor zu einer Interessengemeinschaft öffnen.»

Zeitweilig sann der Alte sogar darauf, die Verpflichtung zum vorzeitigen Rücktritt aufzukündigen. Voller Interesse hörte er sich einen Vorschlag des Bauernverbands-Präsidenten Edmund Rehwinkel an, die Landwirte zu einer großen Anti-Erhard-Demonstration nach Bonn zu bringen, damit er – Adenauer – über den Herbst hinaus weiter amtieren könne.

Aber der Tag der Entscheidung sollte am 23. April sein. Dann wollte der Fraktionsvorstand der Unionsparteien einen Nominierungsvorschlag an die Gesamtfraktion leiten. Jetzt versuchte Adenauer, auf Zeit zu arbeiten. Mit dem Argument, man dürfe das Vorschlagsrecht des Bundespräsidenten nicht präjudizieren, wollte er die Nominierung wieder abblasen. Einen Tag vor der entscheidenden Sitzung berief er noch eine Geheimkonferenz mit fünf Ministern ins Palais Schaumburg ein, die er für Erhard-Gegner hielt. Er versuchte, diesen Kreis dafür zu gewinnen, die Nominierung auf den Herbst zu vertagen, um bis dahin den unterkühlt wirkenden Außenminister Gerhard Schröder zum attraktiven Kanzlerkandidaten aufzubauen.

Doch die schon oft geübte Praxis, über einen vorgeschalteten kleinen Kreis von Vertrauten die Entscheidung des verantwortlichen Gremiums vorzuprägen, blieb jetzt ohne Erfolg. Von Brentano eröffnete die Sitzung des Fraktionsvorstands: «Meine Suche nach dem Nachfolger ist beendet. Es kommt nur ein Kandidat in Frage: Erhard.» Darauf Adenauer ungebrochen: Seiner Meinung nach kämen vier Kandidaten in Frage – Brentano, Schröder, Krone und Erhard. Brentano antwortete ohne Zögern: «Wenn Sie mich mitgerechnet haben sollten, ich bin kein Kandidat. Ich habe Ihnen das ja schon immer gesagt.» Auch Krone winkte ab. Lediglich der ehrgeizige Außenminister Gerhard Schröder hielt seine Bereitschaft zu einer Kandidatur in der Schwebe. Auf einen Zuruf «Wollen Sie etwa kandidieren?» wagte Schröder dann nicht, in offener Feldschlacht gegen Erhard anzutreten. Er verpaßte damit seine einzige, allerdings auch sehr ungewisse Chance, Kanzler zu werden. Nach vierstündiger Debatte verließ Adenauer die Sitzung als Geschlagener. Seiner Sekretärin Anneliese Poppinga diktierte er noch am selben Abend eine Aktennotiz: «Auf mich hörte kein Mensch mehr.»

Am nächsten Tag, als sich die Gesamtfraktion anschickte, die Entscheidung des Fraktionsvorstands zu ratifizieren, hatte sich Adenauer schon regeneriert. Wieder leistete er Widerstand: «Es ist meine Pflicht, gegen Herrn Erhard zu sprechen, eine Pflicht, die mich hart ankommt. Aber ich tue es für die Partei, für die ich den letzten Tropfen meines Bluts hergeben würde.» Dann überraschte Adenauer noch mit einem neuen Einwand: Es sei undemokratisch, daß nur ein einziger Kandidat zur Verfügung stehe. In geheimer Wahl wurde schließlich abgestimmt. Von 225 Stimmen erhielt Erhard 159. Mit «Nein» stimmten 47 Christdemokraten, 19 enthielten sich der Stimme.

Die Anstrengungen des Endkampfs und die Niederlage gingen an Adenauer nicht spurlos vorbei. Er erlitt einen Herzinfarkt und mußte zwei Wochen lang in Rhöndorf das Bett hüten. Die Erkrankung wurde verschwiegen. Seine merkliche Zurückhaltung in den nächsten Monaten galt als Loyalität gegenüber der Partei.

Der Amtswechsel war auf den 15. Oktober 1963 festgelegt. Adenauers letzter offizieller Besucher war der belgische Regierungschef Théodore Lefèvre. Zum Mittagessen ließ Adenauer drei Weißweingläser decken, eins mehr als üblich. Das Geheimnis des dritten Glases klärte sich beim Dessert auf. «Sie wundern sich wohl, Herr Ministerpräsident, über die drei Gläser», wandte sich Adenauer an seinen Gast, «das will ich Ihnen erklären: Bevor ich jetzt hier ausziehe, habe ich Herrn Globke im Weinkeller feststellen lassen, was noch da ist. Da waren noch acht Flaschen Trockenbeerenauslese. Na, für den Herrn Erhard, der versteht ja nichts von Wein, sind die zu schade. Die trinken wir jetzt aus.»

Durch schwierige und gefährliche Gewässer hatte der Lotse das Staatsschiff gesteuert. Doch die Gefühle zu seinem Abschied waren durchaus zwiespältig. Dank und Verehrung bis hin zur Verklärung sollten erst später einsetzen, als die Erinnerung an die letzten Jahre des Verfalls verblaßte, als sogar bei Herbert Wehner die Sehnsucht nach dem «politischen Urgestein» Adenauer aufkam. Noch überwog die Entschlossenheit, selbst gegen eigene tiefsitzende Zweifel an Ludwig Erhard die Chance eines politischen Neubeginns zu ergreifen. Und nicht so sehr die Betroffenheit darüber, daß eine Epoche zu Ende ging, sondern eher ängstliche Zweifel, daß diese Epoche vielleicht noch gar nicht zu Ende sein werde, kennzeichnete die Stimmungslage. Aus Basel hatte der Philosoph Karl Jaspers schon während des Nachfolgestreits daran erinnert: «Adenauer ist nicht am Ende seiner politischen Laufbahn. Der Doge Dandolo übernahm mit 95 Jahren die Leitung des Vierten Kreuzzugs und eroberte Konstantinopel.» Mit britischem Sinn für schwarzen Humor stiftete der Oxforder Historiker A. J. P. Taylor in einem Würdigungsartikel zum Amtsende Adenauers Unruhe: «Er droht die mächtigste Kraft der deutschen Politik auch noch nach seinem theoretischen Rücktritt zu sein.»

Zum Rücktritt des Kanzlers hatte Bundestagspräsident Gerstenmaier jene Räume für den Abgeordneten Konrad Adenauer renovieren lassen, in denen einst der Präsident des Parlamentarischen Rats seine Bonner Karriere begann. Es waren drei Zimmer: Büro des Altkanzlers, Sekretariat und ein Raum für den persönlichen Referenten. Dazu kamen eine kleine Küche und eine eigene Toilette. Wieder einmal, zum letztenmal, konnte Adenauer einer seiner Lieblingsbeschäftigungen nachgehen: Amtsräume einzurichten. Sein Schreibtisch aus dem Bundeskanzleramt sollte herübergeräumt werden, ein Möbel, das er sich erst wenige Jahre zuvor nach eigenem Entwurf von dem Schreinermeister Walkenbach aus Bad Honnef hatte anfertigen lassen. An die Wand hinter dem Schreibtisch kam ein Ölbild, das der Sonntagsmaler Winston Churchill gemalt hatte – die Ruine eines griechischen Tempels, am Himmel viel Blau. Zwei Stiche vom alten Rom, Geschenke des Europa-Mitbegründers und italienischen Ministerpräsidenten Alcide de Gasperi, kamen hinzu. Ein spanischer Wandteppich wurde aus dem Rhöndorfer Heim hergebracht; eine geschnitzte Madonna mit Kind aus dem 14. Jahrhundert, Geschenk des Bundeskabinetts zu Adenauers 75. Geburtstag, aus dem Palais Schaumburg geholt. Aufgestellt wurde noch ein mächtiger Globus, den die Minister ihm zum 80. Geburtstag verehrt hatten. Auf einen Ruheraum wie im Palais Schaumburg mußte Adenauer verzichten. Fortan konnte er sich mittags nur auf einem gelben Seidenripssofa mit gelockertem Schlips ausstrecken.

Freitag, der 18. Oktober 1963, die «Brigade Erhard» drängte, sie wollte das Palais Schaumburg besetzen. Ob der Umzug wohl endlich beendet sei? Ein letztes Mal schritt Adenauer durch die Kanzlerräume, ein letztes Mal zog er die alte Standuhr auf und blickte hinaus in den Park: «Vom Bundeshaus aus wird der Blick sehr beengt sein.»

Bundestagspräsident Eugen Gerstenmaier hatte ihm im Parlament mit seiner Abschiedsrede einen Strauß überreicht, dessen Rosen voller Dornen waren: «Wenn Sie jetzt gehen, ist vieles unvollendet. Deutschland ist noch immer geteilt, die Spannung zwischen Ost und West noch gefährlich groß, die Einigung Europas ist in einer schwierigen Phase, unsere innere Selbstgestaltung ist in vielem noch nicht so, wie sie sein sollte.» Stehend hatte Adenauer dieser Rede gelauscht, keine Miene verzogen, als Gerstenmaier – geschützt vom Pathos der Stunde – ein lästerliches Urteil sprach: «Bismarck, in dessen Regierungszeit Sie geboren sind und der wahrscheinlich auch der einzige ist, mit dem sich der Vergleich lohnt, hatte unter unvergleichlich viel günstigeren Bedingungen als Sie die Kanzlerschaft übernommen. Er regierte länger als Sie, und ihm wurde, allerdings wiederum unter günstigeren Bedingungen, das zuteil, was Ihnen und uns versagt blieb: nämlich die Einheit des Deutschen Reichs. Aber im Unterschied zu Ihnen schied er im Unfrieden aus seinem Amt, so glanzvoll auch sein Abschied aussah.»

Die Abgeordneten hatten sich von ihren Plätzen erhoben, als Gerstenmaier zum Ende kam: «Konrad Adenauer hat sich um das Vaterland verdient gemacht.»

In seiner Antwortrede dankte Adenauer den Deutschen. Jedes Volk bedürfe zwar einer «gewissen Lenkung». Aber: Der Erfolg für jedes Parlament und für jede Regierung bleibe versagt, «ohne daß das Volk mithandelt, ohne daß das Volk mit die Last auf sich nimmt». Man solle nicht zuviel sprechen, formulierte Adenauer als Lebensweisheit für sein künftiges Abgeordnetendasein und wußte schon jetzt mit Worten sparsam umzugehen: Mit keiner Silbe erwähnte er in seiner Abschiedsansprache seinen Nachfolger Ludwig Erhard. Bei einem Empfang anschließend in der Bonner Beethovenhalle sagte Adenauer zu dem Journalisten Walter Henkels: «Ich gehe nicht frohen Herzens.»

Die neue Regierung unter Ludwig Erhard, der mit dem Vorsatz angetreten war, «die Deutschen zur Demokratie zurückzuführen», hatte einen hoffnungsvollen Start. Der «Volkskanzler» wollte das Defizit der letzten Adenauer-Jahre auffüllen: Kollegialität im Kabinett, mehr politische Diskussion in Fraktion und Partei, Gespräche mit den Intellektuellen, fairer Umgang mit der Opposition. Erhard, sein Außenminister Schröder und die FDP schienen gut, der Bundesrepublik auch außenpolitisch den Anschluß an die neue Zeit, die Kennedy-Ära, zu sichern, das belastete Verhältnis zu den USA wieder in Ordnung zu bringen, das Brachland der Ostpolitik zu kultivieren. In den Medien, insbesondere auch in der liberalen Presse, wurde Erhard mit großen Vorschußlorbeeren bedacht.

Konrad Adenauer hatte derweil Mühe, sich in sein neues Leben als Altbundeskanzler einzugewöhnen. Das fing schon an mit der Fahrt zum Büro. Aus dem Fuhrpark des Kanzleramts hatte Adenauer seinen Mercedes 300 beim Kilometerstand 43 000 für 8500 DM erworben. Für Benzinkosten kam fortan die Partei auf. Das Regierungs-Nummernschild BD-1-03 wurde ausgewechselt gegen die zivile Zulassungsnummer SU-A 254. Kein schwarzer Polizeiporsche mit Blaulicht sorgte mehr für freie Fahrt, der Wagen des Abgeordneten Adenauer wartete an allen Kreuzungen geduldig auf grünes Licht und brauchte doppelt solange wie zur Kanzlerzeit, um das Bundeshaus zu erreichen. Adenauers erster Besucher im neuen Büro war – die Geschichte kehrte zu ihren Anfängen zurück – der Amerikaner Dean Acheson.

Nicht nur der Transport, auch der Service war schlechter. Es kam niemand mehr zum morgendlichen Lagebericht. Seine Informationen mußte sich Adenauer aus dpa-Meldungen, einem runden Dutzend Tageszeitungen und dem Nachrichtenspiegel des Presseamts selbst erarbeiten. Reduziert auf das Leben eines einfachen Parlamentariers erlebte Adenauer die Nachwirkungen der Kanzlerdemokratie. «Herr Bundestagspräsident», so wandte er sich mit formellem Beschwerdeton an Eugen Gerstenmaier, «was hat eigentlich ein Abgeordneter in diesem Haus zu bestellen? Wie kann er Einfluß auf die Politik nehmen? Was kann er überhaupt tun?»

Adenauer, der früher einen randvollen Terminkalender hatte, erlebte nun, daß kaum noch jemand seinen Rat suchte. Seinen gesunkenen Stellenwert erfuhr der Altkanzler gleich zu Beginn. Früher war Adenauer, wo er auftauchte, sofort von einem Schwarm Liebediener umringt gewesen. Als er jetzt während der Debatte über Erhards Regierungserklärung den Plenarsaal einmal verließ und sich in der Lobby des Bundestags einer Gruppe Parteifreunde zum Schwatz zugesellen wollte, nahmen die von ihm keine Notiz. Sie drehten ihm den Rücken zu. «Widerlich» nannte der Berner *Bund* den Vorfall. Einen Monat nach der Amtsübergabe besuchte Adenauer einen Empfang der «dimitag»-Nachrichtenagentur in der Godesberger Redoute. Kaum war der neue Bundeskanzler Erhard im Raum, wandten sich die Gesprächspartner von Adenauer ab. Einsam suchte der Altenteiler den Ausgang und verirrte sich in Nebenräumen, ehe ihn ein CDU-Gehilfe durch einen Hinterausgang zu seinem Wagen brachte.

Gegenüber seiner Sekretärin Poppinga führte Adenauer Klage: «Das ist alles so kleinkariert, was ich tun muß. Ich bin von den großen Dingen ganz abgeschnitten.» Die Nachrichten vom Tod des ersten Bundespräsidenten Theodor Heuss und kurz darauf vom SPD-Vorsitzenden Ollenhauer – beide waren jünger als er – verdüsterten im Dezember 1963 Adenauers Gemütsverfassung. In ihrem Buch *«Meine Erinnerungen an Konrad Adenauer»* notierte Anneliese Poppinga aus jenen Tagen: «Seine Stimmungen wechselten sehr. Außenstehende ließ er es jedoch nicht erkennen. Er konnte ausgeglichen und zufrieden wirken, wenig später dann wieder deprimiert.»

Fraktion und Regierung verabredeten schließlich eine Besuchstherapie für den einsamen alten Mann im Zimmer 119 des Bundesratsflügels. Staatssekretär Westrick und Fraktionsvize Barzel teilten sich die Kontaktpflege. Schließlich versprach auch Außenminister Schröder, ihm wieder den alten Zugang zu Geheiminformationen zu verschaffen.

Adenauers Grundangst seit mehreren Jahren war die Sorge um die Fortführung seiner Außenpolitik. Deshalb hatte er den Rücktritt immer wieder hinausgeschoben, deshalb hatte er die Nachfolge Ludwig Erhards zu verhindern versucht, deshalb hatte er mit dem deutsch-französischen Vertrag jede künftige Bonner Regierung binden wollen. Die Angst blieb, als Erhard dennoch kam, als der Vertrag mit einer Präambel entwertet wurde. Jetzt wollte der 87jährige sein Vermächtnis als Memoirenwerk weitergeben. Um «zu sehen, wie man so etwas aufbaut», studierte Adenauer die Erinnerungen Trumans, Eisenhowers und Churchills. Kein Literat wie Carlo Schmid oder Theodor Heuss, war Adenauer unsicher, ob und wie er sich in dieses Metier begeben sollte. Sein erstes und bis dahin letztes Buch, das er geschrieben hatte, war eine Broschüre von 38 Seiten im Kriegsjahr 1915 gewesen *«Die neue Regelung unserer Nahrungsmittelwirtschaft»*. Adenauer war in seinem Politikerleben ein Mann des Gesprächs gewesen. Jetzt war er auf sich allein gestellt, einen Ghostwriter wollte er nicht engagieren. Er entschied sich, seine Arbeit ähnlich aufzubauen wie Churchills Geschichte des Zweiten Weltkriegs, die eigene Korrespondenz und Dokumente mit verbindenden Passagen und wertenden Analysen wiedergibt.

Weil seine Memoiren die aktuelle Politik beeinflussen sollten, nahm sich Adenauer vor, mit der Zeit nach 1945 anzufangen – seinem dritten Leben. Anneliese Poppinga stellte mit Hilfe des *Europa-Archivs* Zeittafeln auf, der künftige Autor kreuzte dann die Daten an, zu denen seine eigenen Reden und auch Dokumente aus dem Archiv des Auswärtigen Amts heranzuholen waren. Da er für die Jahre von 1945 bis 1949 über wenig offizielles Archivmaterial verfügte, wurden aus der Bibliothek des Bundestages die Bände der *Neuen Zeitung* herausgesucht – das Blatt, von den amerikanischen Besatzern für die deutschen Leser gegründet, hat auch heute noch für Historiker wegen seiner genauen und ausführlichen Berichterstattung über innenpolitische und ausländische Themen herausragenden Wert.

Bis Ende 1964 wollte Adenauer das Manuskript fertig haben. Doch erst im Herbst 1964 ging er tatsächlich an die Arbeit. Zweimal waren VW-Lieferwagen mit Pappkartons voller Unterlagen zwischen Bonn und dem Urlaubssitz Cadenabbia hin- und hergefahren, ehe Adenauer schließlich in Rhöndorf, wo ihm im Garten Schwiegersohn Multhaupt einen achteckigen verglasten Pavillon als Kreativzentrum aufgebaut hatte, mit der Niederschrift begann. Was er mit eigener Hand vorformulierte oder direkt Anneliese Poppinga in den Block diktierte, war die teils wörtliche, teils indirekte Wiedergabe von Akten, Reden und Dokumenten, versetzt mit leitmotivischen Interpretationen seiner außenpolitischen Grundsätze. Innenpolitik kam nur am Rande vor. Er verzichtete auf Situationsschilderungen und Anekdoten. Heraus kam ein etwas trocken geschriebener erster Band, dem zwei weitere Bücher und posthum ein fragmentarischer vierter Band folgten. Den in Aussicht gestellten Band für die Frühzeit konnte Adenauer nicht mehr in Angriff nehmen, auch der angekündigte Dokumentenband erschien nicht. Der im neunten Lebensjahrzehnt stehende Autor schaffte ein Gesamtwerk von über zweitausend Seiten, keiner seiner wesentlich jüngeren Nachfolger brachte eine ähnliche Leistung zustande. Adenauer betitelte das Werk *«Erinnerungen»* und meinte in Anspielung auf Bismarcks *«Gedanken und Erinnerungen»*: «Es genügt, wenn ich mich erinnere. Die Gedanken sollen sich lieber die Leser machen.» Als Widmung schrieb er den Bänden voran: «Meinem Vaterland.»

«Aus der kunstlosen, fast niemals eitlen Diktion tritt er als ein Staatsmann hervor, der zäher Konsequenz, großzügiger Betrachtungsweise und instinktsicherer Taktik fähig ist», lobte Rezensent Augstein das Werk. Der CDU-nahe Politologe Schwarz hob den Wert dieser Bände für die Forschung hervor. Der prominente Autor freute sich an den Tantiemen, die bald in Millionenhöhe flossen, als allein vom ersten Band binnen kurzer Zeit 250000 Exemplare abgesetzt wurden. Nur die Umsatzsteuer, die er zu zahlen hatte, verärgerte ihn: «Das ist doch unverschämt, daß geistige Leistung besteuert wird.» Die erhoffte politische Wirkung der Memoiren blieb aus. Die politische Diskussion im Nach-Adenauer-Bonn orientierte sich allmählich auf eine Entspannungspolitik und einen neuen Kurs in der Deutschland- und Ostpolitik hin, wie sie von den beiden Supermächten vorgezeichnet war.

Adenauer hatte sich indes von vornherein nicht allein auf die Kraft seines geschriebenen Wortes verlassen wollen. Zum Verdruß der CDU stellte er sich 1964 zur Wiederwahl als Parteivorsitzender für weitere zwei Jahre. Bald mußte Ludwig Erhard erkennen, daß er einen schwerwiegenden Fehler gemacht hatte, als er nach der Kanzlerwahl bewußt darauf verzichtet hatte, auch den Vorsitz in der CDU zu übernehmen, um so seinem Image als über den Parteien stehender «Volkskanzler» zu dienen. Schon im Sommer 1964 endete die Schonfrist, die Adenauer seinem ungeliebten Nachfolger gewährt hatte. Bislang hatte der Ex-Kanzler lediglich intern mit ironischen Bemerkungen – «es gibt mindestens drei Regierungen in Bonn, und Erhard ist für keine von ihnen verantwortlich» – den neuen Regierungschef verärgert. Jetzt setzte Adenauer nach außen Zeichen. Im Juli 1964 kam de Gaulle an den Rhein. Ehe er ins Palais Schaumburg fuhr, stattete er seinem entmachteten Traumpartner Adenauer einen Besuch in dessen Abgeordnetenzimmer ab. Adenauer brachte es fertig, daß de Gaulle zwanzig Minuten über die angesetzte Zeit blieb und Ludwig Erhard derweil im Palais Schaumburg warten mußte. Von kleinen Mahnzetteln «Die Zeit ist um», die Sekretärin Poppinga auf Ersuchen des deutschen Protokollchefs dreimal reinreichte, ließen sich die beiden Alten nicht stören.

Auch de Gaulle wollte diese Demonstration: er war verärgert darüber, daß Ludwig Erhard den Beziehungen Bonns zu den USA wieder den ersten Rang zuerkannte und die verabredete Zweierunion mit Frankreich nicht betreiben wollte. Die deutsch-französische Ehe sei zwar geschlossen, sagte de Gaulle zu Adenauer, aber sie sei nicht vollzogen worden. Er fahre als Jungfrau wieder nach Paris.

Die Frankreich-Politik sollte den letzten großen Dauerstreit zwischen Adenauer und Erhard auslösen. Die Unionsfraktion spaltete sich in «Atlantiker» unter Anführung von Außenminister Schröder und in «Gaullisten», deren Exponenten vornehmlich aus dem CSU-Lager kamen, an ihrer Spitze Franz Josef Strauß, der nun ständig die Konfrontation mit Erhard suchte. Das Amt des Parteivorsitzenden verlieh Adenauers Schelte an Erhards Politik Autorität. Erhard hingegen verfügte über kein Instrument, um die Geschlossenheit der Partei wiederherzustellen. Zudem hatte er in dem zum Fraktionsvorsitzenden aufgerückten Rainer Barzel auch keinen zweiten Krone, der uneigennützig die Parlamentsmannschaft auf seinen Kurs eingeschworen hätte. Bald schon suchte Barzel die politische Nähe zu Strauß, um im Bündnis mit dem CSU-Chef den Sturz Erhards vorzubereiten und seine eigene Kanzlerschaft zuwege zu bringen.

Politische Führungslosigkeit, auswuchernde Streitereien zwischen den verantwortlichen Politikern wurden das besondere Kennzeichen des Adenauer-Nachfolgers. Der FDP-Publizist Karl-Hermann Flach beschrieb die Bilanz nach einem Jahr Regierung Erhard als «Griff in Watte». Allerdings stand Erhard auch vor der kaum lösbaren Aufgabe, den Schutt zerstörter Führungsstrukturen aus der Verfallszeit von Adenauers Kanzlerdemokratie beiseite zu räumen und die Rivalen wieder unter die Autorität des Regierungschefs zu zwingen. Im November 1964 startete Adenauer einen Generalangriff auf Erhard, der auch die innenpolitischen Versäumnisse mit einbezog. «So schafft es Erhard nicht!» – unter dieser Schlagzeile veröffentlichte *Bild am Sonntag* ein Interview mit dem Altkanzler: «Das deutsche Volk verlangt eine klare Politik und eine klare Führung. Wenn die ihm nicht geboten wird, dann ist es unzufrieden. Das deutsche Volk zieht auch eine Klarheit, die hart ist, einer Unklarheit vor, die weich erscheint.» Die Bundesregierung müsse konsequenter arbeiten und Leistungen hinlegen. Dann versetzte er Außenminister Schröder, wegen seiner kühlen Haltung gegenüber Frankreich bei Adenauer in Ungnade gefallen, einen

Seitenhieb: «Ich hoffte, in diesen bewegten Zeiten hätte der Außenminister eine bessere Gesundheit und wäre an Ort und Stelle.» Schließlich fand er ein abgewogenes, eher lobendes Urteil über den Erhard-Kritiker Strauß: «Strauß hat eine eminente politische Begabung. Er ist auch klug. Sein Hindernis ist sein Temperament. Nun meine ich, man sollte das Gute von einem Menschen nehmen und dafür sorgen, daß das weniger Gute zurückgeht. Nicht, indem man dem Betreffenden den Schädel einschlägt, sondern indem man mit ihm spricht.»

1965 war Wahljahr. Die zerstrittenen Fraktionen der Unionsparteien schlossen in Anbetracht der Umfragezahlen, die ein Kopf-an-Kopf-Rennen von CDU und SPD prophezeiten, einen Burgfrieden. Nur der CDU-Vorsitzende machte nicht mit. Adenauer war nicht wie die anderen Unions-Karrieristen auf einen Wahlerfolg angewiesen. Seine neue Taktik: Um sich nicht dem Vorwurf parteischädigenden Verhaltens auszusetzen, andererseits aber auf Erhards Sturz hinarbeiten zu können, verlangte er jetzt die Bildung einer Großen Koalition. Nur im Bündnis mit ihr könnten die großen anhängenden Probleme – Notstandsverfassung, Finanzreform, Reform der Krankenversicherung und der Lohnfortzahlung im Krankheitsfall – bewältigt werden.

Erhard selbst hatte erklärt, daß er als Kanzler einer Großen Koalition nicht in Betracht käme. Zwar errang die CDU/CSU am Wahltag ein respektables Ergebnis – mit 47,6 Prozent führte sie weit vor der SPD mit 39,3 Prozent –, aber Erhard sah sich durch Adenauers Manöver um den Triumph der absoluten Mehrheit gebracht.

Die CDU zog die Konsequenz aus der Erfahrung des Wahljahres. «Es ist nun wirklich keine Frage mehr, daß der Regierungschef automatisch auch der Chef der Partei sein sollte, der er angehört», befand Ludwig Erhard. Der Geschäftsführende CDU-Vorsitzende Dufhues rügte Adenauer öffentlich: «Auch die Führungskräfte einer Partei müssen sich, mag es auch noch so schwerfallen, in der Tugend der Disziplin üben. Ich hoffe, daß kein Politiker unserer Partei mehr der Versuchung unterliegen wird, Sonntagszeitungen unnötige Interviews zu geben.» Eine Parteikommission erhielt den Auftrag, dem Veteranen Adenauer schonend beizubringen, daß er den CDU-Vorsitz auf dem nächsten Parteitag zu räumen habe. Adenauer schien zunächst durchaus entschlossen, sich mit 89 Jahren noch einmal für zwei weitere Jahre im Amt bestätigen zu lassen. Immer, wenn Parteisprecher mit Pflichtdementis vorzeitige Meldungen über einen Wechsel im Vorsitz aus der Welt räumen wollten, kommentierte er: «Das ist gut, daß das mal wieder klar gesagt worden ist.»

Auf Zuraten seiner Familie, die sich um die Gesundheit des Patriarchen sorgte, und in der Erkenntnis, daß er in der eigenen Partei keinen Rückhalt mehr für eine neue Kandidatur hätte, entschloß sich Adenauer, seinen Verzicht auf eine Wiederwahl öffentlich bekanntzugeben. Am Nikolaustag 1965 bescherte der Alte das Parteipräsidium mit der Rücktrittsankündigung. Zugleich aber weckte er Ängste, die Kabalen, wie sie die CDU beim Wechsel im Präsidentenamt und bei der Nachfolge im Kanzleramt durchlitten hatte, könnten sich noch einmal wiederholen. «Die Frage der Nachfolge im Parteivorsitz muß sehr sorgfältig vorbereitet werden», meinte Adenauer und machte damit klar, daß er nach alter Art wieder einmal den eigenen Nachfolger selbst bestimmen wolle. Sein Kandidat war der inzwischen zum Innenminister avancierte Paul Lücke, nach der *Spiegel*-Affäre 1962 im Auftrage Adenauers CDU-Unterhändler für eine Große Koalition. Lücke jedoch winkte ab.

Der neunzigste Geburtstag am 5. Januar 1966 hielt die Verfallsgeschichte kurz auf. Der Glanz der Feiern überstrahlte die triste Gegenwart. Noch einmal war Adenauer im Mittelpunkt bei den Geburtstagsempfängen in der Beethovenhalle, im Bundeshaus, im Kreis der ehemaligen und amtierenden Minister im alten Kabinettssaal. Doch Adenauer wußte um den falschen Schein, in bitterer Ironie meinte er: «90 Jahre, da ist man wie eine Art Museumsstück. Aber ich werde denen sagen: 90 Jahre und nur zweimal im Gefängnis.»

Im März 1966 wurde Ludwig Erhard CDU-Vorsitzender. Drei Jahre zuvor erst war Erhard, schon zum Unions-Kanzler gewählt, in Ulm-Heidenheim der Partei beigetreten. Die Mitgliedskarte wurde auf 1949 zurückdatiert, weil Erhard damals Kandidat des Ulmer Wahlkreises geworden war und eine nach dem Wahlgesetz vorgeschriebene Unterschrift geleistet hatte, daß er die CDU-Kandidatur annehme. Konrad Adenauer, der 16 Jahre lang die Partei geführt hatte, behielt den Posten eines Ehrenvorsitzenden mit vollem Stimmrecht.

Jetzt, wo ihm auch noch das letzte einflußreiche Amt von Erhard genommen worden war, überkamen Adenauer Verfolgungsängste. Latente Neigung dazu hatte er schon seit längerem. 1962 beauftragte er das Postministerium, seine Rhöndorfer Telefonleitung zu überprüfen, weil er ständig knackende Geräusche hörte. Adenauer verkündete das sogar vor dem Bundestag (bei der Debatte über die *Spiegel*-Affäre): «Seit langer Zeit wage ich nicht mehr, vertrauliche Sachen – geheime Sachen kommen nicht in Frage – über meinen Fernsprecher von Rhöndorf nach Bonn zu sprechen, weil offenbar ständig andere damit verbunden sind.» Später erhielt er die fachliche Auskunft, seine Anlage sei überaltert. Nun glaubte er, Erhard ließe ihn überwachen – und erzählte diesen Verdacht mehreren Parteifreunden.

Nur noch passiv erlebte Konrad Adenauer den Niedergang der Regierung Erhard, die Entscheidung für eine Große Koalition und die Wahl eines neuen Kanzlers. Seine Briefe an verschiedene CDU-Politiker wie Rainer Barzel und Eugen Gerstenmaier, daß sie das Zeug zum Regierungschef hätten, blieben ohne Wirkung, weil der Absender nicht mehr als kompetent angesehen wurde. Gewählt wurde der baden-württembergische Ministerpräsident Kurt Georg Kiesinger, von früh an Befürworter einer Zusammenarbeit mit der SPD und nicht in die Bonner Dschungelkämpfe der letzten Jahre verwickelt.

«Kein Grund zum Weinen»

Der Tod Konrad Adenauers

Wer heute nach Bonn kommt, fährt auf der Adenauerallee am Palais Schaumburg vorbei. Über die Konrad-Adenauer-Brücke geht es weiter nach Rhöndorf zur Dr.-Konrad-Adenauer-Straße. Im Wohnhaus des ersten Kanzlers sitzen jetzt die Mitarbeiter der «Stiftung Bundeskanzler-Adenauer-Haus», Geschäftsführerin ist Adenauers langjährige Sekretärin Dr. Anneliese Poppinga. Sie hat inzwischen mit einer Arbeit über *«Das Grundsätzliche in der Politik Adenauers in seinem Selbst-*

verständnis» promoviert. Aufgabe der Stiftung ist es, «das Andenken an den deutschen Staatsmann und verdienten Europäer Dr. Konrad Adenauer zu bewahren, die Hinterlassenschaft zu sammeln und für die Interessen der Allgemeinheit zugänglich zu machen».

Rund 100000 Besucher kommen jährlich in die Ausstellung der Stiftung, Tendenz steigend, betrachten die zeitgenössischen Fotos und Dokumente – vom väterlichen Zeugnis für den Fünfjährigen «Cöln, den 13. April 1881, Der Privatlehrer Papa» bis zum handgeschriebenen Abschiedsgesuch Adenauers vom 10. Oktober 1963: «An den Bundespräsidenten der Bundesrepublik Deutschland Herrn Dr. H. Lübke. Sehr verehrter Herr Bundespräsident! Hiermit erkläre ich meinen Rücktritt vom Amt des Bundeskanzlers der Bundesrepublik Deutschland mit Ablauf des 15. Oktober 1963. In besonderer Verehrung bin ich Ihr sehr ergebener – Adenauer.»

Über steile Stufen geht es dann hinauf zum Privathaus, dreißig Jahre lebte Adenauer hier, und die Zeit ist konserviert. Im Badezimmer noch die Augentropfen, die er auf die stets geröteten Lider träufelte, in seinem Schlafzimmer noch in Griffnähe die Schallplatte mit Schuberts Liederzyklus *«Die schöne Müllerin»*, die er in seinen letzten Lebensmonaten sich immer wieder anhörte. In der kleinen Küche setzt Adenauers Haushälterin Resi Schlief wie zu seinen Lebzeiten das Teewasser auf.

Was suchen die Leute, die dann weiterwandern zum Waldfriedhof, den kleinen weißen Pfeilen folgen, die zum Grab mit dem in Stein gehauenen Auferstandenen führen, wo Konrad Adenauer neben seinen Eltern, seinen beiden Frauen Emma und Gussie und dem bald nach der Geburt gestorbenen Sohn Ferdinand liegt?

Auch das Palais Schaumburg ist inzwischen Museum. Es war eine Idee des sozialdemokratischen Kanzlers Helmut Schmidt, die Amtsräume Adenauers wieder so herrichten zu lassen, wie sie während seiner 14 Jahre Regentschaft waren. Hohe Staatsgäste werden daran vorbeigeführt, und das Knarren der Dielen klingt wie das Echo aus fernen Tagen.

Kyffhäuser-Mythos entsteht. Bei Wählern genauso wie bei Gewählten. Jeder nachfolgende Kanzler – egal ob christ- oder sozialdemokratisch – hat sich auf Adenauer berufen, hat vorgegeben, auf seinem Werk weiterzubauen. «Der Uralte hat Werte bewahrt, die sich als unverbraucht erwiesen», erkannte Willy Brandt und: «Wir alle sind Erben dieses bedeutenden Mannes, der Aktiva und der Passiva seiner Bilanz.»

Bei den Bundesbürgern hat als «größter Deutscher» Bundeskanzler Konrad Adenauer den Reichskanzler Bismarck überrundet. Längst ist die süffisante Frage von Günter Grass «Welchen Hering wird man nach Konrad Adenauer benennen?» irrelevant geworden. Die Antwort paßt zu dem technisch interessierten, auf Erfindungen sinnenden Mann. Wer seinen Wagen aus der guten alten Zeit besonders attraktiv verkaufen will, der inseriert ihn als «Adenauer-Mercedes».

In seinem Geburtshaus in der Balduinstraße wohnen heute Familien, die Zayim, Marovic oder Momcilovic heißen. Ärmliche Gegenwart verdrängt hier die Verklärung. An der Hauswand eine kleine Bronzeplatte: Adenauer im Halbprofil. «Is dat nich furchbar, dat Schild. Und wat dat jekostet hat», erregt sich ein Passant und ist doch stolz: «Von denen heute kommt keiner an ihn heran.»

Die letzten Monate vor seinem Tod aber war Adenauer ein Mann, der in Bonn kein Gehör mehr fand, und auf ihn hören wollte erst recht niemand.

Adenauer wollte sich aber noch einmal zu Wort melden, weil er wieder einmal die Gefahr sah, daß die Bundesrepublik Opfer der beiden Supermächte werden könnte. Ausgelöst wurden diese neuen Potsdam-Ängste durch den zwischen den USA und der Sowjetunion ausgehandelten Vertrag über die Nichtverbreitung von Atomwaffen. Im Entspannungsklima nach der gemeinsam bewältigten Kuba-Krise hatten Washington und Moskau aus sicherheitspolitischen Erwägungen sich vorgenommen, durch ein globales Abkommen die Gefahr des Entstehens weiterer Atommächte zu verhindern. Die bislang schon existierenden Kernwaffenstaaten sollten sich verpflichten, dritten Staaten weder direkt noch indirekt Zugang zu Kernwaffen zu verschaffen. Nichtnukleare Staaten sollten sich durch eine Beitrittsunterschrift darauf festlegen, keine Kernwaffen zu erwerben und außerdem ihre friedliche Atomforschung einer internationalen Kontrolle zu unterstellen.

Im Dezember 1966 wurde der neue SPD-Außenminister Willy Brandt von seinem amerikanischen Kollegen Dean Rusk über die Grundsätze der Vereinbarung ins Bild gesetzt. Die Sowjetunion erklärte, für sie sei das Abkommen ohne einen Beitritt der Bundesrepublik – der sie ein Streben nach Atomwaffen unterstellte – ohne Wert.

Für die Bonner Konservativen war damit klar, daß die Bundesrepublik gegenüber England und Frankreich in eine zweitrangige Rolle gedrängt werden sollte. Um die deutsche Öffentlichkeit gegen den Vertrag zu mobilisieren, wurde mit dem Argument gearbeitet, die internationale Kontrolle werde die deutsche Atomindustrie behindern und der Bundesrepublik schweren wirtschaftlichen Schaden zufügen. Adenauer glaubte sein Werk durch diesen Vertrag gefährdet und sah sich durch de Gaulles Nein zu einem französischen Beitritt bestätigt. Nun bot das katholische antibolschewistische Franco-Spanien Konrad Adenauer die Gelegenheit zu einem großen Auftritt. Ohne Zögern nahm der in Bonn einflußlose Ex-Kanzler die Einladung an. Obwohl ihn seine Ärztin warnte – er war wieder einmal erkältet –, reiste Adenauer nach Madrid. Kernsätze seiner Rede im Ateneo am 16. Februar 1967: «Sowjetrußland will über das gesamte atomare Gebiet in Deutschland die Kontrolle erhalten, weil es damit die Kontrolle jeder Herstellung von atomarer Kraft in der Bundesrepublik erhält und damit bei der rapiden Steigerung von Atomkraft im wirtschaftlichen Leben auch die Kontrolle im größten Umfang über die deutsche Wirtschaft. Die Deutschen würden dadurch in wirtschaftliche Abhängigkeit von der Sowjetunion geraten und nicht nur die Deutschen, sondern große Teile von Westeuropa. Das wird das Ende eines freien Europas sein.» Sorgfältig kontrollierte Adenauer, ob seine Rede in Deutschland ein angemessenes Echo fand. An den *Spiegel*, der seiner Ansicht nach unzureichend über sein Fanal berichtete, schickte er einen Brief: «Ich bitte Sie dringend, dafür zu sorgen, daß Sie entweder überhaupt nichts mehr über mich schreiben oder aber in einer der Sache angemessenen Weise, wobei ich das Recht der sachlichen Kritik Ihnen durchaus zubillige.»

Die Franco-Spanier, stolz auf die Imageverbesserung ihres Regimes durch den Besuch des ersten deutschen Kanzlers, arrangierten für Adenauer ein aufwendiges Programm. Ein Ausflug in die Berge zum düsteren Königskloster Escorial: Adenauer stieg hinunter in die Gruft unter der Basilika der Kathedrale, stand lange vor dem Sarkophag Karls V., der einst über ein katholisches Europa regierte, betrachtete die anderen steinernen Särge mit den Gebeinen fast aller nachfolgenden Könige. Die leeren Sarkophage an der Seite des Gewölbes – was damit sei, wollte Adenauer wissen. Ein Mönch erklärte ihm, sie seien für künftige Könige bestimmt. Danach ging es weiter zur Tunnelbasilika im Tal der Gefallenen, der Gedenkstätte für die Toten des Spanischen Bürgerkriegs. Schneeregen und ein eisiger Wind setzten dem deutschen Besucher zu.

Die Rückreise führte über Paris. Nachts noch wurde das Petit Palais aufgeschlossen. Adenauer wollte vor den Gesprächen mit de Gaulle die Ausstellung der Grabfunde des Pharaonen Tut-ench-Amun sehen, die damals zum erstenmal außerhalb Ägyptens gezeigt wurden. Am nächsten Tag, noch einmal hatte er mit de Gaulle über das Dauerthema der politischen Einigung Europas konferiert, verfiel Adenauer wieder in eine der düsteren Stimmungen, die ihn in letzter Zeit häufig überkamen. Plötzlich wandte er sich an seine Tochter Libet Werhahn, die ihn begleitete: Er habe Heimweh nach Spanien – «zu einem der leeren Sarkophage».

«Der Schnee, das Eis, es schlägt mir ins Gesicht.» Monsignore Paul Adenauer, der zweitjüngste Sohn und die langjährige Kanzler-Vertraute Anneliese Poppinga stehen am Sterbebett Konrad Adenauers und versuchen, in seine Fieberphantasien einzudringen. Sie reden mit ihm: Welcher Schnee? Er glaubt sich auf dem Weg nach Straßburg, zu einer Sitzung des Europarats. Die Erlebnisse seiner letzten Reise mischen sich in seinen Phantasien mit jenem ersten, heftig umkämpften Schritt, den Beitritt der Bundesrepublik in den Europarat durchzusetzen. Er will, daß dieser Weg weitergegangen wird, trotz aller Schwierigkeiten. Immer wieder sagt er: «Das muß festgehalten werden.» Der Sohn sagt: «Ja. Vater, wir sorgen dafür, daß Fotografen und das Fernsehen es aufnehmen.» Der Sterbende: «Nein, das doch nicht, sondern das Eis und der Schnee, das muß festgehalten werden.»

Es war ein langes Sterben. Das starke Herz des 91jährigen mochte nicht aufgeben. Er rang nach Luft. Sieben Ärzte an seinem Krankenbett versuchten mit Sauerstoffzufuhr und Medikamenten, die das Atmen anregen und den Kreislauf stützen sollten, das Geschehen aufzuhalten. Als es ihm vorübergehend besser ging, bat Adenauer, ihn in sein Arbeitszimmer zu führen, wo der Blick auf Garten und Rhein ging. Sohn Paul sollte ihm – noch nie hatte er darum gebeten – dabei vorsingen. Der Priester sang das Gloria aus der lateinischen Messe, das

Credo und Sanctus. Monsignore Paul: «Was ich so konnte. Ich wußte so viel Latein auch nicht auswendig. Das war dann auch gut.»

Konrad Adenauer starb am 19. April 1967. Noch einmal aus der Bewußtlosigkeit erwacht, zeigte er auf das Bild, das neben seinem Bett hing, ein Gnadenstuhl-Motiv: Gottvater im roten Gewand, der Farbe des Erbarmens, auf den Knien seinen vom Kreuz abgenommenen Sohn. «Do jitt et nix zo kriesche» – kein Grund zum Weinen. Mit sich und seinem Wirken im reinen, tröstete er im Kölner Dialekt seine sieben Kinder, die das Todeslager umstanden.

Hans Globke, seit Adenauers Rücktritt pensioniert, leistete seinem Kanzler einen letzten Dienst. Er übernahm die Organisation der Begräbnisfeierlichkeiten. Gemeinsam mit Beamten des Kanzleramts betrachtete er den Farbfilm über die Beerdigung Churchills. Daraus wurden Anregungen für das Beisetzungs-Protokoll entnommen: Aufbahrung im Kabinettssaal, dann Überführung in den Hohen Dom von Adenauers Heimatstadt, nach dem Pontifikalrequiem würde das Schnellboot «Condor» den Sarg zur Insel Grafenwerth bei Bad Honnef bringen, das letzte Geleit zum Waldfriedhof sollte ihm die Sankt-Hubertus-Schützenbruderschaft aus Rhöndorf geben.

Das Pontifikalamt, das am 25. April Erzbischof Josef Kardinal Frings im Kölner Dom zelebrierte, vereinte die Gemeinschaft, in die Adenauer die Bundesrepublik in vierzehn Jahren Kanzlerschaft geführt hatte. Mehr als hundert Botschafter, zwanzig Außenminister, fünfzehn Staatspräsidenten und Regierungschefs nahmen an der Messe teil. Vor dem Sarg des Gründungskanzlers verneigten sich der amerikanische Präsident Lyndon B. Johnson, General de Gaulle, der britische Premierminister Wilson, Israels ehemaliger Ministerpräsident Ben Gurion.

Nicht anwesend war der Mann, der an der Spitze der Sowjetunion stand. Und auch nicht der Repräsentant des zweiten Deutschland.

Zeittafel

18. Januar 1871	Reichsgründung
März 1871	Das «Zentrum» wird als katholisch christliche Partei gebildet.
Mai 1873	Die entscheidenden Kulturkampfgesetze gegen die katholische Kirche werden erlassen.
5. Januar 1876	Konrad Adenauer wird in Köln geboren.
16. Oktober 1880	Der Vorschüler Konrad Adenauer beobachtet vom Balkon aus Kaiser Wilhelm I. an der Spitze des Festumzugs durch Köln aus Anlaß der Dombauvollendungsfeier. Acht Jahre später, im Dreikaiserjahr 1888, sieht er dessen Nachfolger Wilhelm II. in Köln.
18. März 1890	Entlassung Reichskanzler v. Bismarcks
15. Mai 1891	Sozialenzyklika Papst Leos XIII.
23. Juli 1891	Französischer Flottenbesuch in Kronstadt Ein Jahr später wird eine russisch-französische Militärkonvention abgeschlossen.
5. März 1884	Konrad Adenauer besteht das Abitur am Apostelgymnasium in Köln.
1. April 1894	Adenauer beginnt eine Banklehre im Bankhaus Seligmann in Köln.
Mai 1894 bis März 1897	Studium der Rechtswissenschaft an den Universitäten Freiburg, München und Bonn
26. bis 30. August 1894	Der Student Adenauer nimmt am 41. deutschen Katholikentag in Köln teil.
22. Mai 1897	Adenauer besteht das Referendarexamen mit der Note «gut».

Juli 1897 bis Oktober 1901	Referendardienst
19. Oktober 1901	Assessorexamen mit der Note «ausreichend»
26. Oktober 1901	Adenauer wird zum Gerichtsassessor ernannt und erhält eine Stelle bei der Staatsanwaltschaft. Er wechselt zwei Jahre später in die Kanzlei des Rechtsanwalts Kausen über und wird im Dezember 1905 Hilfsrichter beim Landgericht in Köln.
23. bis 27. August 1903	Adenauer nimmt am 50. deutschen Katholikentag in Köln teil.
28. Januar 1904	Adenauer heiratet Emma Weyer.
7. März 1906	Adenauer wird von der Stadtverordnetenversammlung zum Beigeordneten der Stadt Köln gewählt. Er scheidet aus dem Justizdienst aus.
21. September 1906	Adenauers erster Sohn Konrad («Koko») geboren
22. Juni 1909	Wahl Adenauers zum Ersten Beigeordneten. Er ist damit in drei Jahren vom 12. zum 1. Stellvertreter des Oberbürgermeisters aufgerückt.
21. September 1910	Adenauers zweiter Sohn Max geboren, zwei Jahre später folgt das dritte Kind, Tochter Maria («Ria»).
1. August 1914	Beginn des Ersten Weltkriegs. Der Erste Beigeordnete Adenauer übernimmt zusätzlich eine neue Aufgabe, das Ernährungsdezernat.
2. Mai 1915	Adenauer läßt sich das von ihm erfundene «Kölner Brot» patentieren.
Juli 1915	Adenauer veröffentlicht in der *Kölnischen Zeitung* eine Artikelfolge «Die neue Regelung unserer Nahrungsmittelwirtschaft». Die Artikelfolge erscheint anschließend auch als Buch.
5. Oktober 1916	Adenauers erste Frau Emma stirbt.
20. März 1917	Adenauer erleidet einen Autounfall. Als blei-

bende Unfallfolge entsteht der Charakterkopf mit dem «Indianerlook».

18. September 1917 — Adenauer wird von der Stadtverordnetenversammlung für zwölf Jahre zum Bürgermeister der Stadt Köln gewählt. Fünf Wochen später verleiht Wilhelm II. als preußischer König dem Gewählten den Titel «Oberbürgermeister».

12. Februar 1918 — Oberbürgermeister Adenauer wird auf Lebenszeit in das Preußische Herrenhaus berufen.

8. November 1918 — Revolution in Köln. Bildung eines Arbeiter- und Soldatenrates. Oberbürgermeister Adenauer wird vom Arbeiter- und Soldatenrat zum Ordnungsbeauftragten ernannt.

9. November 1918 — In Berlin wird die Republik ausgerufen.

10. November 1918 — Kaiser Wilhelm II. dankt ab und geht nach Holland. Bildung eines Wohlfahrtsausschusses der Stadt Köln unter Beteiligung der bürgerlichen Parteien, Adenauer wird Vorsitzender.

11. November 1918 — Waffenstillstand

6. Dezember 1918 — Einzug der britischen Besatzungsstreitkräfte in Köln

1. Februar 1919 — Rede Adenauers vor einer Versammlung der linksrheinischen Abgeordneten der deutschen Nationalversammlung, der preußischen Landesversammlung und der Oberbürgermeister der besetzten rheinischen Städte in Köln. Adenauer schlägt die Bildung eines westdeutschen Bundesstaates im Verband des Deutschen Reiches vor.

20. Juni 1919 — Adenauer erhält den Ehrendoktor der Medizin und der Wirtschaftswissenschaften der neu eröffneten Universität zu Köln.

25. September 1919 — Konrad Adenauer heiratet Auguste («Gussie») Zinsser. Die Kinder aus dieser zweiten

	Ehe sind Paul (geb. 1923), Lotte (geb. 1925), Elisabeth («Libet», geb. 1928) und Georg (geb. 1931).
13. März 1920	Das Freikorps «Brigade Ehrhardt» putscht in Berlin gegen die legale Reichsregierung, um den ehemaligen Generallandschaftsdirektor Wolfgang Kapp an die Macht zu bringen («Kapp-Putsch»).
20. Mai 1920	Auf Adenauers Vorschlag wählt die Stadtverordnetenversammlung den Hamburger Stadtbauarchitekten Fritz Schumacher zum Beigeordneten der Stadt Köln. Schumacher hatte den Wettbewerb für die Anlage eines Grüngürtels auf dem ehemaligen Festungsgelände in Köln gewonnen.
7. Mai 1921	Adenauer wird für ein Jahr zum Präsidenten des Preußischen Staatsrats gewählt. Adenauer wird in den nächsten zwölf Jahren in diesem Amt bestätigt, 1933 verzichtet er auf eine neue Kandidatur.
27. bis 29. August 1922	Adenauer ist Präsident des 62. Deutschen Katholikentages in München.
13. Januar 1923	Die Reichsregierung ruft zum «passiven Widerstand» gegen die rechtswidrige Besetzung des Ruhrgebiets durch Frankreich auf.
21. Oktober 1923	Im Rheinland herrscht die «Revolverrepublik» der Separatisten für einige Wochen.
25. Oktober 1923	Auf einer Konferenz zwischen Vertretern der besetzten Gebiete und der Reichsregierung in Hagen spricht Adenauer von der Möglichkeit einer Loslösung der Rheinlande vom Reich und spricht sich für Verhandlungen mit Frankreich aus.
16. Mai 1925	Oberbürgermeister Adenauer eröffnet in Anwesenheit von Reichskanzler Luther, Reichsaußenminister Stresemann und Ministerpräsident Braun die Jahrtausendausstellung in

	Köln, eine große Kulturschau über die tausendjährige Zugehörigkeit der Rheinlande zum Deutschen Reich.
14. Juli 1925	Adenauer spricht sich für Sportförderung aus: «Der Sport ist der Arzt am Krankenlager des deutschen Volkes.»
21. März 1926	Oberbürgermeister Adenauer hält bei der Rheinlandbefreiungsfeier in Köln eine Ansprache in Anwesenheit von Reichspräsident v. Hindenburg.
14. Mai 1926	Adenauer reist nach Berlin zu Verhandlungen über eine Reichskanzlerkandidatur.
19. Mai 1927	Adenauer setzt in einer Kampfabstimmung in der Stadtverordnetenversammlung mit der Stimmenmehrheit von Zentrum und KPD durch, daß sein Lieblingsprojekt einer Hängebrücke über den Rhein angenommen wird.
12. Mai 1928	Adenauer eröffnet in Anwesenheit zahlreicher Vertreter des Reiches und des Auslands die Internationale Presseausstellung Pressa 1928, die bedeutendste Ausstellung in Köln während der Weimarer Zeit.
1928	Adenauer verspekuliert sein Vermögen durch den Ankauf von Glanzstoff-Aktien. Ein öffentlicher Skandal und ein drastischer Vermögensverlust kann nur dadurch vermieden werden, daß sich Adenauer vom Vorstandsvorsitzenden der Glanzstoff-AG, Blüthgen, aus einem schwarzen Fonds ein Aktienpaket im Nominalwert von 250000 Mark «ausleiht».
17. Dezember 1929	Die Stadtverordnetenversammlung wählt Oberbürgermeister Adenauer mit knapper Mehrheit wieder, mit 49 von 96 Stimmen.
20. Juli 1932	«Preußenschlag», die Reichsregierung läßt die preußische Regierung Braun / Severing

	durch Notverordnung des Reichspräsidenten absetzen.
30. Januar 1933	Hitler wird Reichskanzler.
6. Februar 1933	Staatsratspräsident Adenauer widersetzt sich in dem durch die Verfassung vorgesehenen «Drei-Männer-Gremium» der vorzeitigen Auflösung des preußischen Landtages.
19. Februar 1933	Oberbürgermeister Adenauer ist nicht bereit, den zu einer Wahlkampfrede aus Berlin angereisten Reichskanzler zu empfangen, und läßt Hakenkreuzfahnen von der Deutzer Brücke entfernen.
5. März 1933	Wahlen zum 8. Reichstag, die NSDAP erhält 44 Prozent der Stimmen.
13. März 1933	Adenauer verläßt Köln. Der NS-Gauleiter gibt die Absetzung Adenauers bekannt. Am 17. Juli wird Adenauer förmlich als Oberbürgermeister nach § 4 des Gesetzes zur Wiederherstellung des Berufsbeamtentums als «national unzuverlässig» entlassen.
13. Juni 1933	Adenauer findet für ein Jahr Schutz im Kloster Maria Laach.
30. Juni 1934	Adenauer wird in seiner vorübergehend angemieteten Wohnung in Neubabelsberg von der Gestapo verhaftet, jedoch nach zwei Tagen wieder freigelassen.
Mai 1935	Die Familie Adenauer zieht von Neubabelsberg nach Rhöndorf. Mittelsmänner der KPD versuchen, Adenauer für den Widerstand zu gewinnen. Adenauer lehnt diese erste und spätere Aufforderungen katholischer, gewerkschaftlicher und konservativer Widerstandsgruppen ab.
20. November 1935	Adenauer ist auf einem Tiefpunkt angelangt. Er trägt sich mit Selbstmordgedanken.
28. August 1937	Adenauer schließt mit der Stadt Köln einen Vergleich über seine Forderungen. Mit dem

	Betrag kann er seinen Hausbau in Rhöndorf finanzieren.
August 1939	Adenauer fährt mit seiner Familie für einige Wochen in die Schweiz in Ferien, weil er den Ausbruch eines Krieges und eine neue Verhaftungswelle befürchtet. Vergeblich fordert er seinen Freund Prof. Schmittmann auf, ebenfalls zu verschwinden. Schmittmann wird umgebracht.
1. September 1939	Beginn des Zweiten Weltkriegs
Januar 1943	Kriegswende nach Stalingrad
23. August 1944	Im Rahmen der Verhaftungsaktion «Gewitter» wird Adenauer festgenommen und in das Auffanglager Köln-Messegelände geschafft.
25. September 1944	Durch Vermittlung eines kommunistischen Kapos war Adenauer in ein Krankenhaus gelangt. Nach einem unsinnigen Fluchtversuch verhaftet die Gestapo den ehemaligen Oberbürgermeister erneut und liefert ihn in das Gefängnis Brauweiler ein. Am 26. November wird er nach Rhöndorf entlassen.
19. März 1945	Amerikanische Truppen in Rhöndorf. Adenauer wird zum Berater der Militärregierung in Köln und wenig später zum Oberbürgermeister von Köln ernannt.
8. Mai 1945	Kriegsende in Europa
17. Juni 1945	Gründung der CDU in Berlin und Köln ohne Beteiligung Adenauers
2. August 1945	Die Konferenz der Regierungschefs der drei Großmächte (Truman, Stalin und Attlee) in Potsdam endet mit der Unterzeichnung eines Beschlußprotokolls, dem «Potsdamer Abkommen».
6. Oktober 1945	Oberbürgermeister Adenauer wird vom britischen Militärgouverneur Barraclough entlassen.
14. Dezember 1945	Reichstreffen der CDU in Bad Godesberg

22. Januar 1946	Adenauer wird in Herford zum 1. Vorsitzenden der CDU in der britischen Zone gewählt.
1. März 1946	Der Zonenausschuß der CDU billigt auf seiner Tagung in Neheim-Hüsten ein von Adenauer vorgestelltes Programm.
März 1946	Adenauer wird Mitglied des Zonenbeirats für die britische Zone und Mitglied des Provinzialrats der Nordrheinprovinz.
21./22. April 1946	Vereinigung von SPD und KPD in der sowjetischen Zone zur SED
17. Juli 1946	Gründung des Landes Nordrhein-Westfalen. Adenauer wird Fraktionsvorsitzender der CDU im ersten Landtag.
1. Oktober 1946	Urteilsverkündung im Prozeß gegen die Hauptkriegsverbrecher vor dem Internationalen Militärgerichtshof in Nürnberg.
1. Januar 1947	Die britische Zone und die amerikanische Zone werden zur Bi-Zone vereinigt.
3. Februar 1947	Die CDU beschließt das «Ahlener Programm».
5./6. Februar 1947	Auf der Tagung der Arbeitsgemeinschaft von CDU und CSU in Königstein/Ts. weist Adenauer den vom Berliner CDU-Führer Kaiser erhobenen Führungsanspruch zurück.
10. März bis 24. April 1947	Außenministerkonferenz der Vier Mächte in Moskau über Deutschland bringt keine Ergebnisse.
12. März 1947	US-Präsident Truman verkündet die neue Politik der Eindämmung des Kommunismus («Truman-Doktrin»).
20. April 1947	Landtagswahlen in der britischen Zone, die CDU wird stärkste Partei in Nordrhein-Westfalen.
5. Juni 1947	US-Außenminister Marshall kündigt ein wirtschaftliches Hilfsprogramm für Westeuropa an («Marshall-Plan»).

6. Juni 1947	Gesamtdeutsche Ministerpräsidentenkonferenz in München scheitert.
25. Juni 1947	In Frankfurt konstituiert sich der Wirtschaftsrat, ein Wirtschaftsparlament der Bi-Zone.
25. November bis 15. Dezember 1947	Außenministerkonferenz in London scheitert.
20. Dezember 1947	Die CDU-Vorsitzenden der sowjetischen Zone, Kaiser und Lemmer, werden von der Besatzungsmacht abgesetzt.
23. Februar bis 6. März 1948	Sechsmächtekonferenz in London berät ohne die Sowjetunion über die Gründung eines Weststaates.
2. März 1948	Prof. Ludwig Erhard wird zum Direktor für Wirtschaft der Bi-Zone gewählt.
10. März 1948	Tod von Adenauers zweiter Ehefrau
17. März 1948	Brüsseler Pakt
20. März 1948	Letzte Sitzung des Alliierten Kontrollrates in Berlin
19. bis 23. Juni 1948	Getrennte Währungsreformen in Westdeutschland und in der Ostzone
23. Juni 1948 bis 12. Mai 1949	Blockade der Land- und Wasserverbindungen zwischen Westdeutschland und West-Berlin. Berliner Luftbrücke
1. Juli 1948	Die Militärgouverneure der Westmächte überreichen den Ministerpräsidenten der Westzonen in Frankfurt Richtlinien für die Gründung eines Weststaates («Frankfurter Dokumente»).
1. September 1948	Der Parlamentarische Rat nimmt in Bonn seine Arbeit zur Schaffung eines Grundgesetzes auf. Konrad Adenauer (CDU) wird zum Präsidenten gewählt, Vorsitzender des Hauptausschusses wird Professor Carlo Schmid (SPD).
4. April 1949	Gründung der NATO
3. Mai 1949	Der Europarat in Straßburg wird gegründet.

8. Mai 1949	Der Parlamentarische Rat verabschiedet das Grundgesetz.
23. Mai 1949	Das Grundgesetz tritt in Kraft.
23. Mai bis 20. Juni 1949	Die Außenministerkonferenz der Vier Mächte kann sich nicht über die Wiederherstellung der deutschen Einheit verständigen. Beschlossen wird eine «kleine Lösung» der deutschen Frage, die Abmilderung der Folgen der Teilung.
14. August 1949	Wahlen zum 1. Bundestag
21. August 1949	Rhöndorfer Konferenz spricht sich für Adenauer als Bundeskanzler aus.
12. September 1949	Theodor Heuss wird Bundespräsident,
15. September 1949	Konrad Adenauer Bundeskanzler.
21. September 1949	Besatzungsstatut tritt in Kraft.
11./14. November 1949	US-Außenminister Acheson besucht die Bundesrepublik und Berlin.
22. November 1949	Petersberger Abkommen
30. November 1949	Bundesregierung tritt der Ruhrbehörde bei.
3. Dezember 1949	Adenauer spricht sich in einem Interview mit dem *Cleveland Plain Dealer* für einen westdeutschen Verteidigungsbeitrag aus.
13./15. Januar 1950	Frankreichs Außenminister Schuman in Bonn
9. Mai 1950	Schuman-Plan für eine Montanunion veröffentlicht
15. Juni 1950	Bundestag stimmt dem Beitritt zum Europarat zu.
25. Juni 1950	Ausbruch des Korea-Kriegs
29. August 1950	Sicherheitsmemorandum des Bundeskanzlers an die drei Westmächte
12./18. September 1950	Konferenz der Außenminister der drei Westmächte in New York
10. Oktober 1950	Bundesinnenminister Heinemann tritt zurück.
20./22. Oktober 1950	1. Bundesparteitag der CDU in Goslar, Adenauer zum Bundesvorsitzenden gewählt.

26. Oktober 1950	Frankreich schlägt Europa-Armee vor.
29. Oktober 1950	Errichtung der Dienststelle Blank als Vorläufer des Verteidigungsministeriums
6. März 1951	Revision des Besatzungsstatuts
15. März 1951	Bundeskanzler Adenauer übernimmt zusätzlich das neugeschaffene Außenministerium.
18. April 1951	Erster Besuch des Bundeskanzlers in Paris zur Unterzeichnung des Montanunionsvertrages.
10. April 1951	Verabschiedung des Gesetzes über die paritätische Mitbestimmung bei Kohle und Stahl im Bundestag
10. / 14. September 1951	Außenministerkonferenz der drei Westmächte in Washington gibt den Weg für Verhandlungen über die Ablösung des Besatzungsstatuts frei.
24. September 1951	Beginn der Verhandlungen zwischen dem Bundeskanzler und den drei Hochkommissaren. Parallel dazu wird in Paris über die Bildung einer Europäischen Verteidigungsgemeinschaft verhandelt.
27. September 1951	Bundestag verabschiedet Wahlordnung für gesamtdeutsche freie Wahlen.
	Wiedergutmachungserklärung der Bundesregierung gegenüber Israel
28. September 1951	Das Bundesverfassungsgericht konstituiert sich in Karlsruhe.
16. November 1951	Die Bundesregierung stellt Verbotsantrag gegen die KPD beim Bundesverfassungsgericht.
1. März 1951	Rückgabe der Insel Helgoland
10. März 1952	«Stalin-Note» der Sowjetregierung an die Westmächte zur deutschen Einheit
26. / 27. Mai 1952	Unterzeichnung des Generalvertrags (Deutschlandvertrag) in Bonn und des EVG-Vertrags in Paris
9. / 12. Juli 1952	Parteikonferenz der SED beschließt den Auf-

	bau der Grundlagen des Sozialismus in der DDR.
20. August 1952	Tod des SPD-Vorsitzenden Kurt Schumacher
20. Januar 1953	Amtsantritt des neugewählten US-Präsidenten Eisenhower und seines Außenministers Dulles
20. September 1952	Unterzeichnung des Wiedergutmachungsabkommens der Bundesrepublik mit Israel
27. Februar 1953	Unterzeichnung des Londoner Schuldenabkommens
5. März 1953	Tod Stalins
6. / 17. April 1953	Adenauers Besuchsreise durch die USA
17. Juni 1953	Aufstand in der DDR und Ost-Berlin
20. August 1953	Sowjetregierung gibt die Explosion einer H-Bombe bekannt.
6. September 1953	Wahlen zum 2. Bundestag
6. Oktober 1953	Globke zum Staatssekretär und Chef des Bundeskanzleramtes ernannt.
20. Oktober 1953	Bildung der zweiten Regierung Adenauer.
25. Januar bis 18. Februar 1954	Viererkonferenz in Berlin über Deutschland, Österreich und die europäische Sicherheit
26. Februar 1954	Bundestag stimmt erster Wehrergänzung des Grundgesetzes zu.
7. Mai 1954	Fall der Dschungelfestung Dien Bien Phu
30. August 1954	Die französische Nationalversammlung lehnt den EVG-Vertrag ab.
28. September bis 3. Oktober 1954	Neun-Mächte-Konferenz in London über eine Ersatzregelung für die gescheiterte EVG. Am Abend des ersten Konferenztages äußert Adenauer im Claridge-Hotel düstere Zukunftsahnungen: «Mein Gott, was soll aus Deutschland werden.»
19. / 23. Oktober 1954	Fertigstellung und Unterzeichnung der neuen Verträge auf einer Konferenz in Paris («Pariser Verträge»)
27. / 30. Dezember 1954	Die französische Nationalversammlung stimmt den Pariser Verträgen zu.

15. Januar 1955	Letztes Angebot der Sowjetregierung für gesamtdeutsche freie Wahlen
5. Mai 1955	Pariser Verträge treten in Kraft. Die Bundesrepublik ist souverän.
9. Mai 1955	Die Bundesrepublik wird in die NATO aufgenommen.
14. Mai 1955	Abschluß des Warschauer Vertrages der Sowjetunion mit den anderen sozialistischen Staaten Osteuropas (1985 verlängert)
6./7. Juni 1955	v. Brentano Bundesaußenminister, Blank Bundesverteidigungsminister
18./23. Juli 1955	Gipfelkonferenz der Regierungschefs der vier Großmächte in Genf
9./13. Sept. 1955	Moskaureise Bundeskanzler Adenauers
22. September 1955	«Hallstein-Doktrin» der Bundesregierung zur diplomatischen Isolierung der DDR
23. Oktober 1955	Volksabstimmung an der Saar. Eine Zweidrittelmehrheit lehnt das Saar-Statut ab.
27. Oktober bis 16. November 1955	Vier-Mächte-Außenministerkonferenz in Genf
1. Januar 1956	Die ersten Soldaten der Bundeswehr rücken im Garnisonsort Andernach ein.
5. Januar 1956	80. Geburtstag Adenauers
20./28. Februar 1956	Koalitionskrise zwischen CDU und FDP führt zum Regierungswechsel in Nordrhein-Westfalen und zur Spaltung der FDP.
6. März 1956	Zweite Wehrergänzung des Grundgesetzes vom Bundestag mit Zustimmung der SPD beschlossen.
23. Mai 1956	Bundeskanzler Adenauer greift in einer Rede vor dem BDI im Kölner Gürzenich die Wirtschaftspolitik von Bundeswirtschaftsminister Erhard an.
7. Juli 1956	Bundestag verabschiedet Wehrpflichtgesetz
17. August 1956	Bundesverfassungsgericht spricht Verbot der KPD aus.
16. Oktober 1956	Franz Josef Strauß löst Verteidigungsminister Blank ab.

23. Oktober bis 6. November 1956	Doppelkrise: Ungarn-Aufstand und Suez-Intervention
6. November 1956	Wiederwahl US-Präsident Eisenhowers
1. Januar 1957	Anschluß des Saarlandes an die Bundesrepublik.
22. Januar 1957	Bundestag billigt Rentenreformgesetz.
4. April 1957	Adenauer spricht sich auf einer Pressekonferenz für die Ausrüstung der Bundeswehr mit Atomwaffen aus («Weiterentwicklung der Artillerie»).
12. April 1957	«Göttinger Appell» von 18 deutschen Atomwissenschaftlern gegen eine deutsche Atomrüstung.
4. Juli 1957	Bundestag verabschiedet Kartellgesetz.
15. September 1957	Wahlen zum 3. Bundestag: absolute Mehrheit für die CDU / CSU
5. Oktober 1957	Sowjetunion gibt den Start des ersten künstlichen Erdsatelliten «Sputnik» bekannt.
29. Oktober 1957	Dritte Regierung Adenauer
1. Januar 1958	Die Römischen Verträge vom 25. März 1957 über die Gründung der Europäischen Wirtschaftsgemeinschaft (EWG) und der Europäischen Atomgemeinschaft (Euratom) treten in Kraft.
23. Januar 1958	In einer Bundestagsdebatte greifen die ehemaligen Bundesminister der ersten Regierung Adenauer Dehler (FDP) und Heinemann (SPD) die «verfehlte Deutschlandpolitik» Adenauers an.
7. März 1958	Gründung eines Arbeitsausschusses der Bewegung «Kampf dem Atomtod»
25. März 1958	Im Anschluß an eine dreitägige Debatte ermächtigt der Bundestag die Bundesregierung zur Ausrüstung der Bundeswehr mit Atomwaffen.
25. / 28. April 1958	Besuch des stellvertretenden sowjetischen Ministerpräsidenten Mikojan in Bonn. Ade-

	nauer versucht vergeblich, seinen Gast für den Plan einer «Österreich-Lösung» für die DDR zu gewinnen.
1. Juni 1958	Rückkehr General de Gaulles an die Macht in Frankreich.
14./15. September 1958	Adenauer trifft mit de Gaulle auf dessen Landsitz Colombey-les-deux-Eglises zusammen.
28. Oktober 1958	Papst Johannes XXIII. zum Nachfolger Pius' XII. gewählt.
27. November 1958	Chruschtschows Berlin-Ultimatum an die Westmächte
Januar 1959	Globke-Plan für eine Wiedervereinigung in Etappen
7. April 1959	Nominierung Adenauers zum Kandidaten für das Amt des Bundespräsidenten. Zwei Monate später tritt Adenauer von der Kandidatur zurück.
11. Mai bis 20. Juni und 13. Juli bis 5. August 1959	Außenministerkonferenz der Vier Mächte mit deutschen Beraterdelegationen tagt in Genf.
26./27. August 1959	US-Präsident Eisenhower zu Besuch in Bonn
10. September 1959	SPD beschließt in Bad Godesberg ein neues Parteiprogramm («Godesberger Programm»). Der neue Kurs der SPD wird durch die außenpolitische Rede Wehners im Bundestag am 30. Juni 1960 ergänzt.
15./27. September 1959	Chruschtschow zu Besuch in den USA. Absprache von Camp David
16. Januar 1960	Rundfunk- und Fernsehansprache Bundeskanzler Adenauers zu antisemitischen Schmierereien in der Bundesrepublik
1. Mai 1960	Amerikanisches Aufklärungsflugzeug vom Typ U2 wird in der Sowjetunion abgeschossen.

3. Mai 1960	Der NS-belastete Bundesvertriebenenminister Oberländer (CDU) muß zurücktreten.
16. Mai 1960	Chruschtschow läßt Gipfelkonferenz der vier Großmächte in Paris platzen.
6. Juni 1960	Judenmörder Eichmann wird nach Israel entführt.
29./30. Juli 1960	Treffen Adenauers mit de Gaulle in Rambouillet
7. September 1960	Tod des Präsidenten der DDR, Wilhelm Pieck. Das Amt des Präsidenten wird zugunsten eines Staatsrates der DDR abgeschafft. Walter Ulbricht wird Staatsratsvorsitzender.
8. November 1960	Kennedy gewinnt amerikanische Präsidentschaftswahl.
21./25. November 1960	Willy Brandt wird auf dem Parteitag der SPD in Hannover zum Kanzlerkandidaten der SPD nominiert.
28. Februar 1961	Bundesverfassungsgericht erklärt Adenauers Deutschland-Fernsehen GmbH. für verfassungswidrig.
31. Mai 1961	Gesetz zur Lohnfortzahlung im Krankheitsfall im Bundestag verabschiedet.
13. August 1961	Mauerbau in Berlin
17. September 1961	Wahlen zum 4. Bundestag
30. Oktober 1961	Außenminister v. Brentano tritt zurück.
14. November 1961	Vierte Regierung Adenauers gebildet.
2./5. Juni 1962	CDU-Bundesparteitag in Dortmund. Dem Parteivorsitzenden Adenauer wird ein Geschäftsführender Vorsitzender an die Seite gestellt.
6. Juni 1962	Adenauer schlägt Sowjetbotschafter Smirnow einen zehnjährigen Burgfrieden vor.
2./8. Juli 1962	Staatsbesuch Adenauers in Frankreich
17. August 1962	Die Erschießung des achtzehnjährigen Bauarbeiters Peter Fechter an der Mauer in Ost-Berlin löst spontane Protestdemonstrationen in West-Berlin aus.

4./9. September 1962	Staatsbesuch de Gaulles in der Bundesrepublik
22./27. Okt. 1962	Kuba-Krise
26. Oktober 1962	Nacht-und-Nebel-Aktion der Bundesanwaltschaft gegen den *Spiegel*, Durchsuchung der Redaktionsräume, Verhaftung des Herausgebers und mehrerer Redakteure wegen des Verdachts auf Landesverrat
19./30. November 1962	Wegen der *Spiegel*-Affäre treten die FDP-Bundesminister zurück, anschließend die CDU/CSU-Bundesminister, Verteidigungsminister Strauß verzichtet auf eine Rückkehr ins Amt.
5. Dezember 1962	Gespräche über die Bildung einer großen Koalition von CDU/CSU und SPD scheitern.
13. Dezember 1962	Neubildung der letzten Regierung Adenauer
22. Januar 1963	Adenauer und de Gaulle unterzeichnen in Paris den Vertrag über deutsch-französische Zusammenarbeit.
29. Januar 1963	Abbruch der Verhandlungen über einen Beitritt Englands zur Europäischen Gemeinschaft auf Verlangen Frankreichs.
4. Februar 1963	Vizekanzler Erhard lehnt in einem Zeitungsinterview die französische Europapolitik ab.
22. April 1963	Der Fraktionsvorstand der CDU/CSU nominiert Erhard als Kanzlerkandidaten zum Nachfolger Adenauers.
23./26. Juni 1963	Staatsbesuch Präsident Kennedys in der Bundesrepublik und Berlin
15. Juli 1963	Egon Bahr schlägt eine neue Deutschlandpolitik unter dem Motto: «Wandel durch Annäherung» vor.
5. August 1963	Die Außenminister der USA, Englands und der Sowjetunion unterzeichnen in Moskau einen Vertrag über das Verbot von Kernwaffenversuchen (Teststoppvertrag).

30. September 1963	Staatssekretär Hans Globke tritt zurück.
15. Oktober 1963	Rücktritt Adenauers
16. Oktober 1963	Ludwig Erhard zum neuen Bundeskanzler gewählt.
22. November 1963	Präsident Kennedy in Dallas ermordet.
12. Dezember 1963	Tod des Altbundespräsidenten Theodor Heuss
17. Dezember 1963	Unterzeichnung des ersten Passierscheinabkommens in Berlin
1. Juli 1964	Der 1959 als Nachfolger von Bundespräsident Heuss gewählte Heinrich Lübke wird mit den Stimmen von CDU/CSU und SPD wiedergewählt.
14./15. Okt. 1964	Sturz Chruschtschows
19. August 1965	Urteil im Auschwitzprozeß
September 1965	Adenauer spricht sich in einem Zeitschriftenaufsatz für eine große Koalition aus.
19. September 1965	Wahlen zum 5. Bundestag
12. Oktober 1965	Der erste Band von Adenauers *«Erinnerungen»* wird ausgeliefert.
21./23. März 1966	Adenauer verzichtet beim CDU-Bundesparteitag auf eine neue Kandidatur für den Parteivorsitz. In der Eröffnungsansprache bezeichnet er die Sowjetunion als eine Macht, die «den Frieden wolle».
25. März 1966	«Friedensnote» der Bundesregierung
30. November 1966	Bundeskanzler Erhard tritt zurück.
1. Dezember 1966	Kurt Georg Kiesinger als Bundeskanzler einer Großen Koalition aus CDU/CSU und SPD gewählt
16. Februar 1967	Rede Adenauers im Ateneo in Madrid auf der letzten Auslandsreise nach Spanien
19. April 1967	Tod Konrad Adenauers
25. April 1967	Staatsakt im Bundestag in Bonn, Pontifikalrequiem im Hohen Dom zu Köln, Beisetzung auf dem Waldfriedhof in Rhöndorf

Literaturverzeichnis

ACHESON, DEAN: Present at the Creation. My Years in the State Department. London und New York 1969.

ADENAUER, KONRAD: Erinnerungen 1945–1953 (I). Erinnerungen 1953–1955 (II). Erinnerungen 1955–1959 (III). Erinnerungen 1959–1963. Fragmente (IV). Stuttgart 1965–1968.

ADENAUER, KONRAD: Reden 1917–1967. Eine Auswahl. Herausgegeben von Hans-Peter Schwarz. Stuttgart 1975.

ADENAUER, KONRAD: Rhöndorfer Ausgabe der Stiftung Bundeskanzler-Adenauer-Haus Hg. v. Rudolf Morsey und Hans-Peter Schwarz. Briefe 1945–1947 u. Briefe 1947–1949 bearb. v. Hans-Peter Mensing. Teegespräche 1949–1954, bearb. v. Hanns Jürgen Küsters. Berlin 1983/84.

ADENAUER, KONRAD: Die neue Regelung unserer Nahrungsmittelwirtschaft. Berlin 1915.

KONRAD ADENAUER. Oberbürgermeister von Köln. Festgabe der Stadt Köln zum 100. Geburtstag ihres Ehrenbürgers am 5. Januar 1976. Hg. v. Hugo Stehkämper. Köln 1976.

KONRAD ADENAUER und die CDU der britischen Besatzungszone. Dokumente. Hg. v. Helmuth Pütz, Bonn 1975.

KONRAD ADENAUER. Seine Zeit – sein Werk. Ausstellungskatalog aus Anlaß des 100. Geburtstages am 5. Januar 1976. Historisches Archiv der Stadt Köln 1976. Köln 1976

ADENAUER STUDIEN. Band I–IV. Herausgegeben von Morsey, Rudolf und Konrad Repgen. Mainz 1971–1977.

KONRAD ADENAUER. Seine Deutschland- und Außenpolitik 1945–1963. München 1975.

KONRAD ADENAUER und seine Politik. Politik und Persönlichkeit des ersten Bundeskanzlers. Band I: Beiträge von Weg- und Zeitgenossen. Band II: Beiträge der Wissenschaft. Herausgegeben von Dieter Blumenwitz, Klaus Gotto, Hans Maier, Konrad Repgen und Hans-Peter Schwarz. Stuttgart 1976.

ALLEMANN, FRITZ RENÉ: Bonn ist nicht Weimar. Köln–Berlin 1956.

AMÉRY, CARL (Hg.) Die Provinz. Kritik einer Lebensform. München 1964.

ANFÄNGE westdeutscher Sicherheitspolitik 1945–1956. Hg. v. Militärgeschichtlichen Forschungsamt. Bd. 1 Von der Kapitulation zum Pleven-Plan, München 1982.

AUFTAKT zur Ära Adenauer. Koalitionsverhandlungen und Regierungsbildung 1949. Hg. v. Udo Wengst. Düsseldorf 1985.

AUGSTEIN, RUDOLF (Ps. JENS DANIEL): Deutschland – ein Rheinbund? Kommentare zur Zeit. Darmstadt 1953.

Ders.: Konrad Adenauer und seine Epoche, in: Die Ära Adenauer. Einsichten und Ausblicke. Hg. v. Janko Musulin. Frankfurt 1964.

BARING, ARNULF: Außenpolitik in Adenauers Kanzlerdemokratie. Bonns Beitrag zur Europäischen Verteidigungsgemeinschaft. München–Wien 1969.

Ders.: Sehr geehrter Herr Bundeskanzler! Heinrich von Brentano im Briefwechsel mit Konrad Adenauer 1949–1964. Hamburg 1974.

BERTSCH, HERBERT: CDU/CSU demaskiert. Berlin 1961.

BIKINI. Die fünfziger Jahre. Kalter Krieg und Capri-Sonne. Hg. v. Eckhard Siepmann, Berlin 1981.

BILLSTEIN, REINHOLD (Hg.): Das andere Köln. Demokratische Traditionen seit der Französischen Revolution. Köln 1979

BLANKENHORN, HERBERT: Verständnis und Verständigung. Blätter eines politischen Tagebuchs 1949 bis 1979. Frankfurt a. M.–Berlin–Wien 1980.

BÖLLING, KLAUS: Die zweite Republik. 15 Jahre Politik in Deutschland. Köln und Berlin 1963.

BRACHER, KARL-DIETRICH (Hg.): Nach 25 Jahren. Eine Deutschland-Bilanz. München 1970.

BRANDT, WILLY: Begegnungen und Einsichten. Die Jahre 1960 bis 1975. Hamburg 1976.

BRANDT, WILLY und RICHARD LÖWENTHAL: Ernst Reuter – ein Leben für die Freiheit. Eine politische Biographie. München 1957.

BRÜNNECK, ALEXANDER VON: Politische Justiz gegen Kommunisten in der Bundesrepublik Deutschland 1949–1958, Frankfurt 1978.

BUCERIUS, GERD: Der Adenauer. Subjektive Beobachtungen eines unbequemen Weggenossen. Hamburg 1976.

DIE BUNDESREPUBLIK in der Ära Adenauer 1949–1963. Ihre Geschichte in Texten, Bildern und Dokumenten. Hg. v. Hans Dollinger. München 1966.

CDU/CSU-Reden ... und Taten. «Zitatenschatz» aus vier Jahren CDU/CSU-Politik. Hg. v. Vorstand der SPD. Bonn 1957.

CONZE, WERNER; ERICH KOSTHORST und ELFRIEDE NEBGEN: Jacob Kaiser. 4 Bde. Stuttgart 1967/72.

CZICHON, EBERHARD: Der Bankier und die Macht. Hermann Josef Abs in der deutschen Politik, Köln 1970.

VOM DADAMAX zum Grüngürtel. Köln in den 20er Jahren. Ausstellungskatalog des Kölner Kustvereins. Hg. v. Wulf Herzogenrath, Braunschweig 1975.

DES DEUTSCHEN VOLKES WILLE zum Leben. Bevölkerungspolitische und volkspädagogische Abhandlungen über Erhaltung und Förderung deutscher Volkskraft. Hg. v. Martin Fassbender. Freiburg 1917.

Diederich, Reiner u. a.: Die rote Gefahr. Antisozialistische Bildagitation 1918 bis 1976. West-Berlin 1976.

Dokumente zur Deutschlandpolitik. Herausgegeben vom Bundesministerium für innerdeutsche Beziehungen. Bearbeitet von Ernst Dauerlein u. a. IV. Reihe (10. November 1958 bis 31. Dezember 1964). Frankfurt/M. 1971 bis 1980.

Dokumente zur parteipolitischen Entwicklung in Deutschland seit 1945. 9 Bände. Berlin 1962–1971.

Dreher, Klaus: Der Weg zum Kanzler. Adenauers Griff nach der Macht. Düsseldorf und Wien 1972.

Ders.: Ein Kampf um Bonn. München 1979.

Eckardt, Felix von: Ein unordentliches Leben. Lebenserinnerungen. Düsseldorf–Wien 1967.

Edinger, Lewis J.: Kurt Schumacher. Persönlichkeit und politisches Verhalten. Köln und Opladen 1967.

Endres, Elisabeth: Die Literatur der Adenauerzeit. München 1980.

Erdmann, Karl Dietrich: Adenauer in der Rheinpolitik nach dem Ersten Weltkrieg. Stuttgart 1966.

Flach, Karl-Hermann: Erhards schwerer Weg, 2. erw. Aufl. Stuttgart 1964.

Frank, Paul: Entschlüsselte Botschaft. Ein Diplomat macht Inventur. Stuttgart 1981.

Frank-Planitz, Ulrich: Konrad Adenauer. Eine Biographie in Bild und Wort. Bergisch Gladbach [2]1975.

Freund, Michael: Deutsche Geschichte, Gütersloh 1981

Gerst, Wilhelm Karl: Bundesrepublik Deutschland – Weg und Wirklichkeit, Berlin 1956.

Ders.: Bundesrepublik Deutschland unter Adenauer. Berlin 1957.

Gerstenmaier, Eugen: Streit und Friede hat seine Zeit. Ein Lebensbericht. Frankfurt/M.–Berlin–Wien 1981.

Geschichte der deutschen Arbeiterbewegung. Hg. v. Institut für Marxismus-Leninismus beim Zentralkomitee der SED. 8 Bde. Berlin 1966.

Geschichte der Bundesrepublik Deutschland. Bd. 1: Theodor Eschenburg: Jahre der Besatzung 1945–1949; Bd. 2/3: Hans-Peter Schwarz: Die Ära Adenauer 1949–1957/ 1957–1963; Bd. 4: Klaus Hildebrand: Von Erhard zur Großen Koalition 1963–1969. Stuttgart und Wiesbaden 1981/84.

Glaser, Hermann: Maschinenwelt und Alltagsleben. Industriekultur in Deutschland vom Biedermeier bis zur Weimarer Republik. Frankfurt 1981.

Gotto, Klaus (Hg.): Der Staatssekretär Adenauers. Persönlichkeit und politisches Wirken Hans Globkes. Stuttgart 1980.

Grewe, Wilhelm G.: Deutsche Außenpolitik der Nachkriegszeit. Stuttgart 1960.

Ders.: Rückblenden 1976–1951. Aufzeichnungen eines Augenzeugen deutscher Außenpolitik von Adenauer bis Schmidt. Frankfurt/M.–Berlin–Wien 1979.

Grosser, Alfred: Die Bonner Demokratie. Deutschland von draußen gesehen. Düsseldorf 1960.

Ders.: Geschichte Deutschlands seit 1945. Eine Bilanz. München [9]1981 (1974).

GROSSMANN, KURT R.: Die Ehrenschuld. Kurzgeschichte der Wiedergutmachung. Frankfurt und Berlin 1967.

HAHN, GERHARD: Bibliographie zur Geschichte der CDU und CSU 1945–1980. Stuttgart 1982.

HAUSENSTEIN, WILHELM: Pariser Erinnerungen. Aus fünf Jahren Diplomatischen Dienstes. München 1961.

HEINEMANN, GUSTAV: Verfehlte Deutschlandpolitik. Irreführung und Selbsttäuschung. Frankfurt 1966.

HENKELS, WALTER: Doktor Adenauers gesammelte Schwänke. Rastatt 1981.

Ders.: ... gar nicht so pingelig, meine Damen und Herren. Rastatt 1980.

Ders.: 99 Bonner Köpfe. Düsseldorf–Wien 1963.

HEUSS, THEODOR: Tagebuchbriefe 1955–1963. Herausgegeben und eingeleitet von Eberhard Pikart. Tübingen 1970.

HILTY, CARL: Glück. 3 Bde. Frauenfeld und Leipzig 1891/95.

HOHMANN, KARL (Hg.): Ludwig Erhard. Erbe und Auftrag. Aussagen und Zeugnisse. Düsseldorf–Wien [2]1978.

HOMMEL, ENGELBERT: Der Kölner Konrad Adenauer, Köln 1984

HRBEK, RUDOLF: Die SPD – Deutschland und Europas. Die Haltung der Sozialdemokratie zum Verhältnis von Deutschland-Politik und West-Integration (1945 bis 1957). Bonn 1972.

JAENECKE, HEINRICH: 30 Jahre und ein Tag. Die Geschichte der deutschen Teilung. Düsseldorf und Wien 1974.

KOCH, DIETHER: Heinemann und die Deutschlandfrage. München 1972.

KOCH, PETER: Das Duell. Franz Josef Strauß gegen Helmut Schmidt. Hamburg 1979

KÖHLER, HENNING: Adenauer und die rheinische Republik. Der erste Anlauf 1918-1924, Opladen 1985.

KÖRNER, KLAUS: Die deutsche Frage. Von der Vorbereitung der Teheraner Konferenz der drei Großmächte 1943 bis zum Inkrafttreten des Grundlagenvertrages zwischen der Bundesrepublik und der DDR 1973. Sonderdruck aus Handbuch der deutschen Außenpolitik. Hg. v. Hans-Peter Schwarz. München 1975

Ders.: Deutschland nach dem Zusammenbruch. Die Ära Adenauer – Geschichte der Jahre 1945–1963. Sonderdruck aus: Deutsche Geschichte Bd. 12. Hg. v. Heinrich Pleticha, Gütersloh 1984.

KOGON, EUGEN: Die unvollendete Erneuerung. Deutschland im Kräftefeld 1945 bis 1963. Frankfurt 1964.

KUBY, ERICH: Das Mädchen Rosemarie. Neuausgabe Hamburg 1985.

LOEWENBERG, GERHARD: Parlamentarismus im politischen System der Bundesrepublik Deutschland. Tübingen 1969 (1967).

LÖWENTHAL, RICHARD und HANS-PETER SCHWARZ (Hg.): Die zweite Republik. 25 Jahre Bundesrepublik Deutschland – eine Bilanz. Stgt. [3]1979 (1974)

LÖWKE, UDO F.: Für den Fall, daß ... Die Haltung der SPD zur Wehrfrage 1949 bis 1955. Hannover 1969.

LOTH, WILFRIED: Die Teilung der Welt 1941-1955. München 1980.
Ders.: Katholiken im Kaiserreich, Düsseldorf 1984.
LUKOMSKI, JESS M.: Ludwig Erhard. Der Mensch und Politiker. Düsseldorf 1965
MANSFELD, MICHAEL (Ps. f. ECKART HEINZE): Bonn–Koblenzer Straße. München 1967.
MATTHIAS, ADOLF: Wie erziehen wir unseren Sohn Benjamin. München 1900
DIE MAUER oder der 13. August. Hg. v. Hans Werner Richter. Reinbek 1961
MENDÈS-FRANCE, PIERRE: Choisir. Conversations avec Jean Bothorel. Paris 1974
MEWIS, KARL: Im Auftrag der Partei. Erlebnisse im Kampf gegen die faschistische Diktatur, Berlin 1972.
MÜLLER-ROSCHACH, HERBERT: Die deutsche Europapolitik. Wege und Umwege zur politischen Union Europas. Baden-Baden 1974.
MÜNCH, INGO VON (Hg.): Dokumente des geteilten Deutschland. 2 Bde. Stuttgart 1968/74.
MORGAN, ROGER: Washington und Bonn. Deutsch-amerikanische Beziehungen seit dem 2. Weltkrieg. München 1975.
OSTERHELD, HORST: Konrad Adenauer. Ein Charakterbild. Bonn 1973.
PETRI, FRANZ und GEORG DROEGE: Rheinische Geschichte. Bd. 1–3. Düsseldorf 1979.
PIRKER, THEO: Die SPD nach Hitler. Die Geschichte der Sozialdemokratischen Partei Deutschlands 1945–1964. München 1965.
PLETICHA, HEINRICH (Hg.): Deutsche Geschichte. 12 Bde. Gütersloh 1983/84.
POPPINGA, ANNELIESE: Meine Erinnerungen an Konrad Adenauer. Stuttgart 1970.
Dies.: Konrad Adenauer. Geschichtsverständnis, Weltanschauung und politische Praxis. Stuttgart 1975.
PRITTIE, TERENCE: Konrad Adenauer. Vier Epochen deutscher Geschichte. Stuttgart 1971.
PÜNDER, HERMANN: Von Preußen nach Europa. Lebenserinnerungen. Stuttgart 1968.
REGIERUNG ADENAUER 1949–1963. Herausgegeben vom Presse- und Informationsamt der Bundesregierung. Wiesbaden 1963.
REINERS, HERIBERT: 1000 Jahre rheinischer Kunst. Bonn 1925.
HEINZ RENNER. Das Leben eines unvergessenen Menschen. Hg. v. VVN Essen. Essen 1965.
RHÖNDORFER GESPRÄCHE. Veröffentlichungen der Stiftung Bundeskanzler-Adenauer-Haus. Bd. 1: Repgen, Konrad (Hg.): Die dynamische Rente in der Ära Adenauer und heute. Bd. 2: Schwarz, Hans-Peter (Hg.): Entspannung und Wiedervereinigung. Deutschlandpolitische Vorstellungen Konrad Adenauers 1955–1958. Bd. 3: Morsey, Rudolf (Hg.): Konrad Adenauer und die Gründung der Bundesrepublik Deutschland. Bd. 4, Schwarz, Hans-Peter (Hg.): Wiederherstellung des deutschen Kredits. Das Londoner Schuldenabkommen. Bd. 5, Schwarz, Hans-Peter (Hg.): Die Legende von der verpaßten Gelegenheit. Die Stalin-Note vom 10. März 1952. Bd. 6, Schwarz, Hans-Peter (Hg.): Berlin-

Krise und Mauerbau. Bd. 7, Schwarz, Hans-Peter (Hg.): Adenauer und Frankreich. Die deutsch-französischen Beziehungen 1958 bis 1963. Stuttgart/Zürich 1978 bis 1982 und Bonn 1985

Sänger, Fritz: Verborgene Fäden. Erinnerungen und Bemerkungen eines Journalisten. Bonn 1978.

Schulze, Hagen: Otto Braun oder Preußens demokratische Sendung, Frankfurt und Berlin 1977

Schumacher, Fritz: Stufen des Lebens. Erinnerungen eines Baumeisters. Stuttgart und Berlin 1935.

Schwarz, Hans-Peter: Vom Reich zur Bundesrepublik. Deutschland im Widerstreit der außenpolitischen Konzeptionen in den Jahren der Besatzungsherrschaft 1945–1949. 2. erweiterte Auflage. Stuttgart 1980 (1966).

Ders. (Hg.): Handbuch der deutschen Außenpolitik München–Zürich 1975.

Ders.: Das außenpolitische Konzept Konrad Adenauers. In: Konrad Adenauer. Seine Deutschland- und Außenpolitik 1945–1963. München 1975.

Sethe, Paul: Ins Wasser geschrieben. Porträts, Profile, Prognosen. Frankfurt 1968.

Sethe, Paul; Ferdinand Fried und Hans Schwab-Felisch: Das Fundament unserer Zukunft. Bilanz der Ära Adenauer. Düsseldorf u. Wien 1964.

Soell, Hartmut: Fritz Erler – Eine politische Biographie. 2 Bände. Berlin und Bonn-Bad Godesberg 1976.

Steininger, Rolf: Deutsche Geschichte 1945–1961. Darstellung und Dokumente in zwei Bänden. Frankfurt 1983.

Ders.: Eine vertane Chance. Die Stalin-Note vom 10. März 1952 und die Wiedervereinigung. Bonn 1985.

Strecker, Reinhard-M.: Dr. Hans Globke. Aktenauszüge – Dokumente. Hamburg 1961.

Stürmer, Michael: Das ruhelose Reich. 1866–1918. Berlin 1983.

Trümmer Träume Truman. Die Welt 1945–49. Bilderlesebuch. Hg. v. Gabriele Dietz u. a. Berlin 1985

Ulbricht, Walter: Zur Geschichte der deutschen Arbeiterbewegung. Aus Reden und Aufsätzen. 10 Bde. u. 3 Ergbde. Berlin 1953–1971.

Verhandlungen des Deutschen Bundestages. Stenographische Berichte. Bonn 1949–1967

Verhandlungen der Generalversammlung der Katholiken Deutschlands, Köln 1894, Köln 1903 und München 1922.

Wengst, Udo: Staatsaufbau und Regierungspraxis 1948 bis 1953. Düsseldorf 1984.

Weymar, Paul: Konrad Adenauer. Die autorisierte Biographie. München 1955.

Willis, F. Roy: France, Germany, and the New Europe, 1945–1963. Standford, Cal.–London 1965.

Winter, Ingelore M: Der unbekannte Adenauer. Düsseldorf und Köln 1976.

Ziebura, Gilbert: Die deutsch-französischen Beziehungen seit 1945. Mythen und Realitäten. Pfullingen 1970.

Namenregister